快速学习和掌握中外经典的必备工具书

一本书读通中外经典

文若愚　编著

北京联合出版公司
Beijing United Publishing Co.,Ltd.

图书在版编目（CIP）数据

一本书读通中外经典 / 文若愚编著 .— 北京：北京联合出版公司，2013.7

ISBN 978-7-5502-1728-7

Ⅰ . ①一…　Ⅱ . ①文…　Ⅲ . ①名著—介绍—世界　Ⅳ . ① Z835

中国版本图书馆 CIP 数据核字（2013）第 164212 号

一本书读通中外经典

编　　著：文若愚
责任编辑：肖　桓
封面设计：艺和天下
版式设计：王明贵
责任校对：徐胜华
美术编辑：北京东方视点数据技术有限公司

北京联合出版公司出版
（北京市西城区德外大街83号楼9层　100088）
北京楠萍印刷有限公司　新华书店经销
字数500千字　720毫米×1020毫米　1/16　28印张
2014年11月第3版　2014年11月第1次印刷
ISBN 978-7-5502-1728-7
定价：59.00元

前言

自从文字出现以后，至今已诞生了许多脍炙人口的经典名著，从诗、词、歌、赋，到戏曲、小说、散文、学术典籍，无不凝结了人类的睿智和哲思。经典名著是文明的奠基，是创新的先导，是历史的沉淀。读经典名著，能提升我们的文学素养，增长我们的智慧，还能提高我们处理问题的能力。正如巴金先生所言：“读书是在别人的思想的帮助下，建立自己的思想。”不仅如此，读经典名著还可以培养一个人的素养，让你心中有一种正确而优雅的为人处世观，使我们的精神世界得到升华。正所谓：“品读名著似饮清露，鉴赏圣书如含甘饴。”是一种高层次的审美享受。

读经典，是我们每个人都必需的，而且是永远必需的。有的古典名著里面包含了计谋、军事的运用、成功的秘诀、社会的规律，这些在任何年代都适用；有的名著文采斐然，可以提高我们的文笔和阅读水平；有些名著有励志作用，看后使我们倍感振奋；有些名著是弘扬人类传统美德与文化的不朽之作，可以陶冶我们的情操。读经典名著还可以了解文学常识与各方面的知识，增长见识与眼光；任何对经典的了解，都会让我们的人文价值、人文精神不断地升华。读名著还可以使我们的人生少走许多弯路，不去步那些失败者的后尘。从小读经典名著，并加以思考，对孩童的人格塑造也有很大的益处。可以使他们通过这些不朽作品去认识、感悟世界，认识、理解真善美、假恶丑，在潜移默化中接受人生哲理，比大人们的说教更有影响和教益。

在瞬息万变的数字时代，我们面对着繁重的工作和学习任务，无法做到对每部经典名著都细致阅读，因此高效阅读越来越显示出它的重要性。那么，如何在有限的时间内领略中外经典的神韵，汲取经典名著的丰厚精髓？为了解决这一问题，让读者在最短时间内获取经典名著最大限度的滋养，我们精心打造了这本《一本书读通中外经典》。

本书是一部帮助读者快速学习和掌握中外经典的工具书，分为上、下两篇，上篇为“中国经典名著”，下篇为“外国经典名著”，内容涉及政治、经济、军事、医学、科技等方面，设置了“作者简介”、“背景介绍”、“名著概要”、“阅读指导”、

“作品评价”、“作品影响”、“作品特色”、“名家点评”等栏目。这些栏目从不同角度和层面剖析作品，浓缩原著精华，提炼作品主旨，讲述名著背后的故事，捕捉作品中的点睛之笔，给读者营造出一种轻松的阅读环境，让读者在较短时间内跨越鸿篇巨制的障碍，领略名著的风采，同时也为读者以后深入学习和研究这些经典奠定了基础。这些栏目介绍作家的生平经历、主要作品、文学成就及其在文学史上的地位；讲述名著的创作时代、社会背景或者著作中的逸事等；对作品的主要内容、情节、人物等进行提纲挈领的勾画；对名著提出指导性的阅读建议；收集了著名文学评论家对名著的独到见解，给读者提供阅读名著的不同视角；摘录名著中历经时间考验沉淀下来的不朽词句，引起读者心灵深处的共鸣；介绍与名著相关的内容，当作引申阅读。所有这些内容，由点及面，或纵向深入，或横向延伸，全方位阐释名著的内涵，让读者在有限的时间内博览群书，领略经典名著的博大精深，并产生进一步研究的愿望和探求新知的浓厚兴趣。

本书版式设计生动活泼，力图为读者打造轻松愉悦的阅读空间。二百余幅精美插图，包括作者肖像、精版书影、文物照片、遗址风貌、传世名画等，全方位、立体地展现中外名著的内涵，让信息的传递更直观、明了，符合现代人的阅读习惯和阅读趣味，使广大读者在汲取知识的同时，获得更为广阔的文化视野和想象空间。

目录

上篇 中国经典名著

下篇　外国经典名著

上篇

中国经典名著

尚书 / 春秋早期 / “纪言述事之祖”

作者简介

《尚书》是由谁编写的呢，历来有不同的说法，但司马迁和班固都认为是孔子编写的。孔子是中国古代文化承上启下的集大成者，他生活的年代是礼、乐废弛，《诗》、《书》缺佚的春秋末期。所以他周游列国之后回到鲁国，把晚年的精力都花在编订《诗》、《书》、《礼》、《易》、《乐》、《春秋》六经上面，还为《尚书》写了序。《尚书》有今文和古文之别，今文《尚书》是汉代伏生所授，在汉代有欧阳氏、大小夏侯氏三家传授。东晋末年，又有梅赜献出的古文《尚书》，综合起来，便形成了今天流行的《尚书》本子。但据清代阎若璩、惠栋等人考证，确认古文《尚书》为伪本。不过其中仍保留了原已散佚的今文《尚书》内容，因而仍有一定的史料价值。

名著概要

《尚书》即上古之书，是儒家经典《六经》之一，故又称为《书经》，也简称《书》。它是我国现存最早的一部史书，其体裁属史料选辑，它的内容主要是商、周二代的政府文书，如政府报告、公告、誓词、命令之类，因而可以说它是一部远古的行政档案汇编。

在《汉书·艺文志》和《隋书·经籍志》中都言明《尚书》为百篇，但经过秦始皇焚书，《尚书》一度散佚，到了汉文帝时，才由伏生口授出来，共28篇。这就是所谓的今文《尚书》。

28篇中以朝代分，计《虞书》2篇：《尧典》、《皋陶谟》；《夏书》2篇：《禹贡》、《甘誓》；《商书》5篇：《汤誓》、《盘庚》、《高宗肜日》、《西伯戡黎》、《微子》；《周书》19篇：《牧誓》、《洪范》、《大诰》、《金縢》、《康诰》、

作品评价：

《尚书》反映了商、周王朝由建立而巩固而兴盛的全过程，是研究商和西周初期政治、经济、文化的极其重要的资料。如《尧典》记载着尧、舜、禹的“禅让”故事，反映了原始公社制度权位继承情况。《禹贡》是我国最早的历史地理文献。《盘庚》记述商朝迁都的情况。但它是政治文件汇编，内容上各篇互相独立而缺乏内在联系，加之又无明确的时间记载顺序，这就为研究古代史的人留下了很多的困难。

《酒诰》、《梓材》、《召诰》、《洛诰》、《多士》、《无逸》、《君奭》、《多方》、《立政》、《顾命》、《费誓》、《吕刑》、《文侯之命》、《秦誓》。

《尚书》书影

《尚书》是以记言为主的史书，其内容大都是历史人物的言语以及朝廷的文诰。若按其性质可分为以下6类：1. 讲述帝王事迹：如《尧典》，这已经可以称之为正史；2. 记载典章制度：属于后来明志书性质，如《禹贡》，可以说是我国最早的地理志；3. 议论国家政治：《洪范》就是箕子为武王论天地之大法、谈治国平天下的道理；4. 誓师词：如《甘誓》、《牧誓》；5. 策命：如《文侯之命》；6. 诰：在全书中所占比重最大，其内容所涉及的范围也很广，有的是自上而下，也有的是自下而上。由此可见，前三类是历史记载，后三类是文书档案。

虽然仅存28篇，但它所涉及的历史很长。《虞书》这两篇的内容上有较为密切的联系，可以看作是姊妹篇。《尧典》着重记载尧和舜的事迹，反映原始社会末期氏族制度解体的历史。《皋陶谟》的中心问题是讨论治国的方略，提出"知人"、"安民"，同时提出了"五礼"与"五刑"。这说明当时等级制度与国家机器正在酝酿产生中。《夏书》这两篇反映夏代两件大事：禹治水和夏王伐有扈。禹治水是我国古代一个重要的历史传说，先秦古籍中多有记载。夏王伐有扈则是中国社会制度转化的一件大事。此外《禹贡》一篇的重要性，不单在于记载了这一重要的历史传说，同时还是一篇不可多得的古代地理名著，文中详细地记载了山川的方位和脉络，行政区域划分方面，将全国区分为9州。《甘誓》一篇，虽然文字极为简短，但它所写的战争事件，意义非常重大，对研究我国奴隶社会的建立，提供了文献依据。《尚书》中记载殷商时代历史的，共有5篇：《汤誓》记载了商王朝的建立；《盘庚》、《高宗肜日》两篇记载了商王朝的中兴；《西伯勘黎》、《微子》记载了商王朝的衰亡。可见5篇基本上反映了商王朝的发展过程。记载周代历史的共有19篇，在今文《尚书》中所占篇幅最多，其史料价值最高。由《牧誓》至《顾命》这15篇，记载的是西周初期的历史，亦即文王、武王、成王、康王时期的历史。《吕刑》、《文侯之命》、《费誓》等的主要内容是写周王朝建立过程中的重大历史事件以及周王朝建立以后所采取的巩固政权的措施。就历史事件而言有：武王伐纣、平定武庚禄父及三监的叛乱、周公执政、成王之死与康王受命。

阅读指导

《尚书》在所有中国古代典籍中，最为难读。因此，要阅读《尚书》，必须参

相关链接

《今文尚书考证》，清人皮锡瑞撰。皮锡瑞，字鹿门，湖南善化人。科场不利，遂以治学著书为务。皮氏以今文经学名世，尤其对《尚书》用力最勤。一生著书30余种，尤以此书及《经学历史》、《经学通论》最为著名。《今文尚书考证》全书共30卷，以29卷考证今文《尚书》29篇，最后为一卷考证书序。皮氏坚信《尚书》为孔子手定，《序》亦出于孔子之手。为了证明自己的观点，皮氏大量引用史、传及诸子之书详加考证，本着实事求是的态度，来研究《尚书》，该书可以说是清代《尚书》之学的总结，对研究《尚书》具有很高的参考价值。

照其他书一块儿来读。其中最有参考价值的是《史记》中的《五帝本纪》、《夏本纪》、《商本纪》和《周本纪》，司马迁在写作时利用了《尚书》中的大量资料，并用当时的语言叙述出来，因而对阅读《尚书》很有帮助。此外，在版本选择上，可供选择的有孔颖达的《尚书正义》、蔡沈的《书经集传》、孙星衍的《尚书今古文注疏》以及刘逢禄的《尚书今古文集解》，这些书各有所长，可供读者选择。

诗经 / 春秋 / 响彻千年的木铎钟声

作者简介

孔子像

据说孔子是最早对《诗经》进行修正和删节的人，今天流传的《诗经》就是由孔子删订而成的。

《诗经》是我国古时的一部诗歌总集。它不是一个人或者几个人写出来的。《诗经》的作者，有的本诗中就有记载，例如《小雅》的《节南山》明说“家父作诵”，《巷伯》明说“寺人孟子，作为此诗”，《大雅》的《崧高》、《保民》都明说“吉甫作诵”；有的可以从别种古书上查出来，例如《尚书》说《鸱鸮》的作者是周公旦，《左传》说《载驰》的作者是许穆公夫人，《棠棣》的作者《国语》说是周公、《左传》说是召穆公。

但有作者可指的毕竟是极少数，大量的诗是采诗官从民间收集起来的，我们无法知道那些优美而婉转的诗歌的作者到底是谁。我们可以假想这样一个情景：人高兴或悲哀的时候，常愿意将自己的心情诉说出来。日常的言语不够，便用歌唱。碰到节日，大家聚在一起酬神作乐，也要用歌唱表达感想。歌谣越唱越多，留在了人们的记忆里。有了现成的歌谣，就可借着抒发感情，要是没有合适的，就删改一些，直到满意。这样，歌谣经过大众的修饰，经采诗官记录下来，结成集子，就是我们现在看到的《诗经》。完全可以说，《诗经》的作者就是上古的大众。

背景介绍

《诗经》中作品的年代大多不可考，但它所收诗的年代断限，一般是由公认的最早或最晚的几首诗来确定的。据记载，《豳风》中的《东山》、《破斧》是反映"周公东征"的。周公东征在周成王4到3年左右（前1113～前1112年）。《诗经》中最晚的诗是《陈风·株林》，它所反映的是"刺灵公"的事。据《左传》记载，陈灵公淫乱的事在周定王七年（前600年），相当于春秋中叶。也就是说，《诗经》中诗篇的时代，应上起西周初，下不晚于春秋中叶。

西周和春秋时代，周王朝实行的是分封制，中国由许许多多诸侯国统治着。那时各国都养着一班乐工，各国使臣来往或者宴会时都得奏乐唱歌。乐工们不但要搜集本国乐歌，还得搜集别国乐歌；不但搜集乐词，还得搜集乐谱。那时的社会有贵族与平民两级。乐工们是伺候贵族的，搜集的歌谣自然得迎合贵族的口味，平民的作品往往必须经过乐工们的加工后才会入选。除了搜集的歌谣以外，太师们所保存的还有贵族们为了特殊事情，如祭祖、宴客、房屋落成、出兵、打猎等等所作的诗，这些可以说是典礼的诗。当时还有这样一种风气，臣下想要劝谏或者赞美君主的时候，往往不直接说出自己的意见，而是作了诗献给君上，让乐工唱给君上听，这就是献诗。太师们保存下这些带着乐谱的唱本、唱词共有三百多篇，当时通称作"《诗》三百"。到了战国时代，贵族渐渐衰落，平民渐渐抬头，新乐代替了古乐，职业的乐工纷纷散去，乐谱就此亡失，但还是有三百多篇唱词流传了下来，这便是后来的《诗经》。

名著概要

《诗经》是我国第一部诗歌总集，共收入诗歌305篇（《小雅》中另有6篇"笙诗"，有目无辞，不计在内），最初称《诗》，汉代儒者奉为经典，乃称《诗经》。

《诗经》分为《风》、《雅》、《颂》三部分。《风》包括《周南》、《召南》、《邶风》、《鄘风》、《卫风》、《王风》、《郑风》、《齐风》、《魏风》、《唐风》、《秦风》、《陈风》、《桧风》、《曹风》、《豳风》，共15《国风》，诗160篇；《雅》包括《大雅》31篇，《小雅》74篇；《颂》包括《周颂》31篇，《商颂》5篇，《鲁颂》4篇。

《诗经》歌咏的内容很复杂，由于诗歌的性质不同，描述的内容也相应有所不同。下面，我们分别选择若干重要的类型加以介绍。

《周颂》是周王室的宗庙祭祀诗。除了单纯歌颂祖先功德以外，还有一部分于

精彩语段

关关雎鸠，在河之洲。窈窕淑女，君子好逑。

——《周南·关雎》

昔我往矣，杨柳依依，今我来思，雨雪霏霏。行道迟迟，载渴载饥。我心伤悲，莫知我哀。

——《小雅·采薇》

蒹葭苍苍，白露为霜。所谓伊人，在水一方。溯洄从之，道阻且长。溯游从之，宛在水中央。

——《秦风·蒹葭》

京师之野，于时处处，于时庐旅，于时言言，于时语语。

——《大雅·公刘》

春夏之际向神祈求丰年或秋冬之际酬谢神灵的乐歌，我们从中可以看到西周初期农业生产的情况。如《丰年》中唱道："丰年多黍多稌，亦有高廪，万亿及秭。为酒为醴，烝畀祖妣，以洽百礼，降福孔皆。"而《噫嘻》则描绘了大规模耕作的情形："噫嘻成王，既昭假尔，率时农夫，播厥百谷。骏发尔私，终三十里。亦服尔耕，十千维耦。"

《大雅》中的《生民》、《公刘》、《绵》、《皇矣》、《大明》5篇是一组周民族的史诗，记述了从关于周民族的始祖后稷到周王朝的创立者武王灭商的历史。如《生民》叙述后稷的母亲姜祷神求子，后来踏了神的脚印而怀孕，生下了后稷，不敢养育，把他丢弃，后稷却历尽苦难而不死："诞置之隘巷，牛羊腓字之。诞置之平林，会伐平林。诞置之寒冰，鸟覆翼之。鸟乃去矣，后稷呱矣。实覃实讦，厥声载路。"

西周后期，由于戎族侵扰、诸侯兼并，社会剧烈动荡。《大雅》、《小雅》中产生于这一时期的诗，有很多批评政治的作品。如《瞻卬》中说："人有土田，女反有之。人有民人，女覆夺之。此宜无罪，女反收之。彼宜有罪，女覆悦之。"更多的政治批评诗，表达了作者对艰危时事的忧虑，对统治者的强烈不满。如《十月之交》写道："烨烨震电，不宁不令。百川沸腾，山冢崒崩。高岸为谷，深谷为陵。哀今之人，胡憯莫惩！"

《国风》中也有这一类的诗，如《伐檀》："坎坎伐檀兮，置之河之干兮。河水清且涟漪。不稼不穑，胡取禾三百廛兮？不狩不猎，胡瞻尔庭有县貆兮？彼君子兮，不素餐兮！"《相鼠》也是类似的作品："相鼠有皮，人而无仪。人而无仪，不死何为！相鼠有齿，人而无止。人而无止，不死何俟！相鼠有体，人而无礼。人而无礼，胡不遄死！"

关于战争和劳役的作品也很多。《小雅》中的《采薇》、《杕杜》、《何草不黄》，《豳风》中的《破斧》、《东山》，《邶风》中的《击鼓》，《卫风》中的《伯兮》等，都是这方面的名作。这些诗歌大都从普通士兵的角度来表现他们的遭遇和想法，着重歌唱对于战争的厌倦和对于家乡的思念。其中《东山》写出征多年的士兵在回家路上的复杂感情，在每章的开头，他都唱道："我徂东山，慆慆不归。我来自东，零雨其濛。"又如《卫风·伯兮》："伯兮朅兮，邦之桀兮。伯也执殳，为王前驱。自伯之东，首如飞蓬。岂无膏沐，谁适为容？其雨其雨，杲杲出日。愿言思伯，甘心首疾。焉得谖草，言树之背。愿言思伯，使我心痗。"这首诗是以女子口吻写的。她既为自己的丈夫感到骄傲，因为他是"邦之桀（杰）"，能"为王前驱"；又因丈夫的远出、家庭生活的破坏而痛苦不堪。

在《国风》中，最集中的是关于恋爱和婚姻的诗。《召南·野有死麕》："野有死麕，白茅包之，有女怀春，吉士诱之"、"舒而脱脱兮，无感我帨兮，无使尨也吠"。一个打猎的男子在林中引诱一个"如玉"的女子，那女子劝男子别莽撞，别惊动了狗，表现了又喜又怕的微妙心理。《郑风·将仲子》写道："将仲子兮，无逾我里，无折我树杞！岂敢爱之，畏我父母。仲可怀也，父母之言，亦可畏也！""仲子"是她所爱的情人。但她却不敢同他自由相会，且不准他攀树翻墙，只因父母可畏。《国风》中有许多情诗，咏唱着迷惘感伤、可求而不可得的爱情。又如："月出皎兮，佼人僚兮，舒窈纠兮，劳心悄兮！"（《陈风·月出》）"南有乔木，不可休思。汉有游女，不可求思。汉之广矣，不可泳思。江之永矣，不可方思。"（《周南·汉广》）《国风》中还有许多描写夫妻间感情生活的诗。像《唐风·葛生》，一位死了丈夫的妻子这样表示："夏之日，冬之夜，百岁之后，归于其居。"《邶风》中的《谷风》，《卫风》中的《氓》，是最著名的两首弃妇诗。《诗经》中写恋爱和婚姻问题的诗，内容丰富，感情真实，是全部《诗经》中艺术成就最高的作品。

阅读指导

阅读《诗经》，我们能获得美的享受。诗歌的美不仅体现在内容上，而且体现在手法与节奏上。古人说《诗经》有"六义"，即风、雅、颂与赋、比、兴。风、雅、颂是诗的性质、体制上的分类，赋、比、兴则是诗的创作手法上的分类。朱熹《诗传纲领》云："赋者，直陈其事；比者，以彼状此；兴者，托物兴词。""赋"是直抒情意，直述人事；"比"是借物为比，喻其情事；"兴"是托物兴起，抒写情意。例如，"关关雎鸠，在河之洲。窈窕淑女，君子好逑"这一章，以河洲上雎鸠之关关而鸣以求其偶为比，以兴起后二句所赋的淑女、君子之为佳偶，这一类诗是"兴"的作法。

《诗经》中的诗以四言诗为主，但也有例外。《郑风·缁衣》云："缁衣之宜兮，敝，予又改为兮。适子之馆兮，还，予授子之粲兮。""敝"和"还"是一言的。《小雅·祈父》云："祈父，予王之爪牙。""祈父"是二言的。《召南·江有汜》云："江有汜，之子归，不我以。不我以，其后也悔。"前四句都是三言的。《召南·行露》云："谁谓雀无角，何以穿我屋？谁谓女无家，何以速我狱？"都是五言的。《小雅·十月之交》的"我不敢效我友自逸"，是八言的。但以全部《诗经》而论，终以四言诗占绝对多数。《诗经》中也有"兮"字调，如《周南·麟之趾》的"麟之趾，振振公子，于嗟麟兮"，则每章末句用"兮"字；《召南·摽有梅》的"摽有梅，其实七兮。求我庶士，迨其吉兮"，则间一句用"兮"字。以全部《诗经》而论，虽然"兮"字调只占极少数，但还是可以看出由《诗经》增变到《离骚》体的"兮"字调的痕迹来。

黄帝内经 / 春秋至战国 / "医学之宗"

作者简介

黄帝像

《黄帝内经》冠以黄帝名，并非真为黄帝所作。《淮南子》曾指出："世俗之贱今，必托之于神农、黄帝。"《内经》非黄帝之作早已为确论，但其成书究竟何时，又出于何人之手，历代以来意见纷纭，始终未能取得共识。综观历代学者所言，《内经》现存本的汉代原本是由谁编订一无所知。仅有的争论在于第 9 篇的部分内容，第 66 ~ 71 篇的全部及第 74 篇有关"五运"的部分，这些都不见于全元起的校注本，而一般认为是后人所伪造的。由宋英宗治平四年（1067 年）版的注释中推测这些部分是由唐人王冰补入的，这种看法已被后来的学者所认可。而只有范适是一个显著的例外，他极其繁复地论辩哪些部分是由五代或宋初的无名氏补入的。在《黄帝内经》成书年代的问题上约有以下几种观点：如成书于春秋战国说，成书于春秋战国至秦汉之际说，成书于西汉说，或谓更为晚出说等等，现仍为学者争论极为激烈的问题之一。在这个争论上，有一点则为大家所公认，即明代医学家吕复之所论："乃观其旨意，殆非一时之言。其所撰述，亦非一人之手。"

名著概要

《黄帝内经》这一名称常常分别冠于《素问》、《灵枢》、《太素》、《明堂》4 本书标题前。自北宋以后它常作为前两部分的总称，在这种用法上，它常缩写为《内经》。《黄帝内经》由黄帝与同样具有传说色彩的六大臣之间的对话组成。尽管最著名的部分是黄帝提问，由岐伯作答，但在其他部分这些大臣也参加谈话。全书中他们对宇宙、人们生活的直接的环境与人体、情绪之间的关系、对生活习惯与健康之间的关系、对人体内各脏器之间的关系、对生命过程与病理过程之间的关系、对于病症与症状之间的关系，以及对如何通过对所有这些的分析而做出诊断与医疗决定都提供了见解。《黄帝内经》流传甚广，现就《素问》、《灵枢》分述之。

《素问》：公元 6 世纪全元起首次对《素问》作全面注释，当时第七卷早佚，故只有8卷。762年，王冰补注，称为《黄帝内经·素问》24卷，81篇，其中除72～73篇有目缺文外，经王氏补入了"旧藏"7篇。11世纪，北宋校正医书局对王氏注本再加校勘注释，改名《重广补注黄帝内经素问》，成为宋之后历代刊刻研究之蓝本和依据，刊刻本有数十种之多。

《灵枢》、《素问》书影

《灵枢》：在《汉书·艺文志》名为《九卷》，公元6世纪前后，其名有《针经》、《九虚》、《九灵》、《灵枢》等不同书名之传本。南北朝、隋唐间，《针经》注本多种曾有流传，并见于隋唐及日、朝之医事法令，甚至将其列为医学教材，但未能流传后世。如前所述，宋代刻刊《灵枢》（1135年）后，即成为《九卷》之唯一刻本流传于世，虽有12卷本与24卷本之不同，但篇目内容次第等并无差异。

《黄帝内经》内容十分丰富，《素问》偏重人体生理、病理、疾病治疗原则原理，以及人与自然的关系等基本理论；《灵枢》则偏重于人体解剖、脏腑经络、腧穴针灸等等。二者之共同点均系有关问题的理论论述，并不涉及或基本上不涉及疾病治疗的具体方药与技术。

《内经》认为：认识人类疾病必须首先认识人类自身。《内经》的作者们很可能直接参与了对人体的解剖研究，并实地进行了人体体表与内脏的解剖。

《内经》中涉及许多高明的医疗技术。例如该书不但记述了水浴疗法、灌肠技术，而且比较正确地论述了血栓闭塞性脉管炎——脱疽的外科手术截趾术等。《内经》已设计使用了筒针（中空的针）进行穿刺放腹水的医疗技术，这是一次改善腹水治疗和减轻患者痛苦比较成功的尝试。筒针穿刺放腹水虽然未能创造出根治腹水的方法，但作为一种医疗技术在后世得到了发展和应用。

《内经》提倡疾病预防，强调早期治疗。中国医学自古就十分重视促进人体健康以预防疾病的思想，追其源则始于《内经》。

作品评价：

《内经》是先秦诸多医学家对其前代医学发展的一次系统的总结，是对十分丰富的医疗经验的高度概括，并从而奠定了中医学发展的理论基础，达到了历史的高水平，有着许许多多的科学成就和十分正确的预见。《内经》很早即被朝鲜、日本以及东南亚医学家所研究和运用。同时，《内经》也早已被欧美汉学家、私人收藏家、国家图书馆所广泛收藏和流传，而且被节译或全译为英、法、德等文本出版。在当代科学发展日新月异的今天，《内经》也更为医学界所重视。

阅读指导

《黄帝内经》以对话的形式写成，由黄帝提问，六大臣作答，在阅读上，要把重点放在黄帝的提问、岐伯作答的部分上，这是全书最著名的地方所在，要注意把握书中关于宇宙、直接的环境与人们情绪之间的关系，生活习惯与健康之间的关系、病症与病症之间的关系等见解。对于普通读者而言，《黄帝内经》的专业性还是很强的，因而可以先通过阅读一些介绍性的读物作初步了解，然后再进行阅读。在版本上最好采用人民卫生出版社出版的校注本。

山海经 / 春秋晚期 / “古今语怪之祖”

作者简介

《山海经》的作者与成书年代，众说纷纭。传统上《山海经》被认为是大禹及其助手益所作，如《论衡》、《吴越春秋》及刘歆的《上山海经表》所说。另外一些人表示怀疑，北魏郦道元作《水经注》时已发现：《山海经》编书稀绝，书策落次，难以辑缀，后人又加以假合，与原意相差甚远。北齐的颜之推注意到了书中出现的汉代地名，认为是在秦代焚书之后或董卓所加，此后随着考古学与辨伪学的发展，禹、益之说日趋被否定。当代学者较一致认为《山海经》是由几个部分汇集而成，并非出于一人一时之手。但具体看法又不同，有学者认为《山海经》由三大部分组成，其中以《山经》成书年代最早，为战国时作；《海经》为西汉所作；《大荒经》及《大荒海内经》为东汉至魏晋所作。有的学者对《山海经》中的《山经》与《禹贡》作比较研究，结论是《山经》所载山川于周秦汉间最详、最合。至于时代当在《禹贡》之后，战国后期。

名著概要

《山海经》记述的内容十分丰富，囊括了天文、历法、地理、气象、动物、植物、矿物、地质、水利、考古、人类学、海洋学和科技史等诸多内容。同时也保留了大量远古神话传说。《山海经》的今传本为18卷39篇，分《五藏山经》、《海外经》、《海内经》、《大荒经》4部分，其中《五藏山经》5卷，包括《南山经》、《西山经》、《北山经》、《东山经》、《中山经》，共21000字，占全书的2/3。《海内经》、《海外经》8卷，4200字。《大荒经》及《大荒海内经》5卷，5300字。

相关链接

《禹贡》是《尚书》中的一篇，古代经学家认为是大禹治水和重新制定贡法的记录，实际上是托大禹治水记载古代地理情况的著作，为中国古代最早的地理文献。假托为夏禹治水后的行政制度，用自然分区的方法，记述当时的全国地理状况，分别记述各州的山脉、河流、土壤、物产、贡赋、交通等情况，其中很多记载具有很高的学术研究价值。此书对《汉书·地理志》、《水经注》以及唐宋以下的许多地理学专著，都产生了直接的影响。

《山经》以五方山川为纲，记述的内容包括古史、草木、鸟兽、神话、宗教等。《海经》除著录地理方位外，还记载远国异人的状貌和风格。在古代文化、科技和交通不发达的情况下，尤为可贵。

卷 1 ～ 5 分为 26 节，描写了 447 座中央陆地上的山脉。每座山的描写至少包括它的名字，它距前面提到的山脉的距离，以及关于其植物、动物和矿物的信息。还包括对居住于一座山或者一群山脉上的守护神和怪物，以及某些神话传说的评说。当一条河与一座山相连时，原文详细说明了河流的起源和出口、流向以及其中所见的物品。在 24 个小部分的末尾，还提供了一些有关山精崇拜的规定，这些记载对研究中国早期宗教是十分重要的。卷 6 ～ 18 的内容有些不同。地名几乎无法确认，植物学和动物学让位于虚构的民族学；医学的、占卜的和仪式的规定再也找不到了，神话记录倒为数更多。

作者以《中山经》所在地区为世界的中心，四周是《南山经》、《西山经》、《北山经》、《东山经》中所记录的山系，它们共同构成大陆，大陆被海包围着，四海之外又有陆地和国家，再外还有荒远之地，这就是《山海经》所描绘的世界。

《山海经》的地域范围依今天的行政区划来分析，大致如下：《南山经》东起浙江舟山群岛，西抵湖南西部，南抵广东南海，包括今天的浙、赣、闽、粤、湘 5 省。《西山经》东起晋、陕间的黄河，南起陕、甘秦岭山脉，北抵宁夏盐池西北，西北达新疆阿尔泰山。《北山经》西起今内蒙古、宁夏腾格里沙漠贺兰山，东抵河北太行山东麓，北至内蒙古阴山以北。《东山经》包括今山东及苏皖北部。《中山经》西达四川盆地西北边缘。

《山经》以山为纲，分中、南、西、北、东 5 个山系，分叙时把有关地理知识附加上去。全文以方向与道里互为经纬，有条不紊。在叙述每列山岳时还记述山的位置、高度、走向、陡峭程度、形状、谷穴及其面积大小，并注意两山之间的相互关连，有的还涉及植被覆盖密度、雨雪情况等，显然已具备了山脉的初步概念，堪称我国最早的山岳地理书。在叙述河流时，必言其发源与流向，还注意到河流的支流或流进支流的水系，包括某些水流的伏流和潜流的情况，以及盐池、湖泊、井泉的记载。《山海经》中最具有地理价值的部分《五藏山经》，在全书中最为平实雅正，从形式至内容都以叙述各地山川物产为主。

另外本书中记载的医学史料、药物知识，对研究中国医药学的萌芽和演化尤为重要。据学者吕子方统计，《山海经》载录的药物数目，动物药 76 种（其中兽类 19 种，鸟类 27 种，鱼龟类 30 种），植物药 54 种（其中木本 24 种，草本 30 种），矿物药及其他 7 种，共计 137 种，并且所收载的药物有明确的医疗效能的记述。经过长期的研究证实，《山海经》还是世界上最古老的矿藏地质文献，所记载的 226 处金、银、铜、铁、锡等矿藏，现在大都可以证实。

楚辞 / 战国 / 屈原 / 神奇而瑰丽的骚体之祖

作者简介

《楚辞》是我国古代又一部重要的诗歌集，它编纂于西汉末年。编纂者是著名的文学家、目录学家刘向。《楚辞》的主要作者是屈原和宋玉。

屈原像

屈原，名平，字原，战国时楚国秭县（今湖北省秭归县）人，约生于公元前 340 年，卒于公元前 278 年。出身贵族，是楚武王后裔，曾任左徒、三闾大夫。怀王时，主张联齐抗秦，选用贤能，但受其他贵族排挤而不见用。遭靳尚与上官大夫等人毁谤，先被放逐到汉北，又被流放至江南，终因不忍见国家沦亡，怀石自沉汨罗江而死。传说，屈原投汨罗江这天，正是农历五月初五，村民得知他投江，赶紧划着船，在江上打捞。但江水茫茫，已经无法寻找了。村民们怕鱼儿咬伤屈原的尸体，就用竹叶包了米饭，撒在江中喂鱼，算是对屈原的祭奠。从此以后，每年的这一天，人们为了怀念屈原，都要划龙舟、包粽子。这一习俗流传下来，就成了我们现在的端午节。

宋玉的生平，古书中记载很少。传说他是屈原的学生，更详细的情况我们现在已经无法知道了。

背景介绍

与黄河流域一样，长江流域也孕育着古老的文化，楚文化就是这一地域文化的代表。楚人很早就和中原的国家有联系，同时，它也始终保持着自身强烈的特征，因而楚人长期被中原国家看作野蛮的异族。楚文化的兴起比中原文化迟，原始宗教——巫教盛行可以说是楚文化落后的表现。但在其他方面，楚文化不一定落后，甚至有许多地方远远超过中原文化。

南方的自然经济条件比北方优越，在南方谋生比较容易，不需要结成强大的集体力量去克服自然、维护生存，所以楚国没有形成像北方国家那样严密的宗法政治制度。在这样的生活环境中，个人受集体的压抑较少，个体意识相应就比较强烈，这就造成了楚国艺术的高度发展，这是楚文化明显超过中原文化的一个方面。中原文化中，艺术包括音乐、舞蹈、歌曲，主要被理解为“礼”的组成部分。与此不同，在楚国，艺术，无论娱神的还是娱人的，都是在审美愉悦的方向上发展，展示的是人的活跃的情感。就是在这样的背景下，楚地的歌谣演变出了楚辞。

名著概要

《楚辞》一书中选编了屈原的《离骚》、《九歌》、《天问》、《九章》、《远游》、《卜居》、《渔父》及宋玉的《九辩》、《招魂》等名篇。

《离骚》是屈原最重要的代表作。全诗三百七十余句，两千四百余字，是中国古代最宏伟的抒情诗。它的写作年代，是在屈原被放逐之后。

《离骚》的题旨，司马迁解释为“离忧”，班固把“离骚”解释为“遭忧作辞”，王逸则把“离骚”解释为“离别的忧愁”。这三种说法都有一定的道理。总之，这是屈原在政治上受到严重挫折之后，面临个人和国家的厄运，对于过去和未来的思考，是一个崇高而痛苦的灵魂的自传。

《离骚》从第一句“帝高阳之苗裔兮”开始，诗人用大量笔墨，从多方面描述自我的美好而崇高的人格。他自豪地叙述他是楚王的同姓，记叙自己降生在一个吉祥的时辰（寅年寅月寅日），被赐以美好的名字，又强调自己禀赋卓异不凡，并且叙述自己及时修身，培养高尚的品德，锻炼出众的才干，迫切地希望献身君国，令楚国振兴。诗人自我的形象，代表着美好和正义。“党人”是同诗人敌对的，代表着邪恶。他们只顾苟且偷安，使楚国的前景变得危险而渺茫，还“内恕己以量人，各兴心而嫉妒”，“谓余以善淫”，诬蔑诗人是淫邪小人。诗人受到沉重的打击，却更激起了诗人的高傲和自信。他反复用各种象征手法表现自己高洁的品德。同时，再三坚定地表示：他决不放弃自己的理想而妥协从俗，宁死也不肯丝毫改变自己的人格。而后诗人在想象中驱使众神，上下求索。

临李公麟《九歌图》（局部）

他来到天界，然而帝阍——天帝的守门人却拒绝为他通报。他又降临地上“求女”，但那些神话和历史传说中的美女，或“无礼”而“骄傲”，或无媒以相通。诗人转而请巫者灵氛占卜、巫咸降神，给予指点。灵氛认为楚国已毫无希望，劝他离国出走；巫咸劝他留下，等待君臣遇合的机会。于是，诗人驾飞龙，乘瑶车，扬云霓，鸣玉鸾，自由翱翔在一片广大而明丽的天空中。在幻想中，正当诗人“高驰邈邈”的时候，“忽临睨夫旧乡。仆夫悲余马怀兮，蜷局顾而不行”。他发现自己根本无法离开故土，既不能改变自己，又不能改变楚国，那么，除了以身殉自己的理想，以死完成自己的人格外，也就别无选择。《离骚》闪耀着理想主义的光辉异彩。诗人以炽烈的情感、坚定的意志，追求真理，追求完美的政治，追求崇高的人格，至死不渝，具有巨大的艺术感染力。

《九章》由9篇作品组成：《惜诵》、《涉江》、《哀郢》、《抽思》、《怀沙》、《思美人》、《惜往日》、《橘颂》、《悲回风》。《九章》的内容都与屈原的身世有关，这与《离骚》相似。在《九章》中，《橘颂》的内容和风格都比较特殊。作品用拟人化的手法，细致描绘橘树灿烂夺目的外表和“深固难徙”的品质，以表现自我优异的才华、高尚的品格和眷恋故土、热爱祖国的情怀。在描写过程中，诗人既不黏滞于作为象征物的橘树本身，又没有脱离其基本特征，从而为后世咏物诗的创作开辟了一条宽广的道路。其他篇章，多为屈原在放逐期间所作。《涉江》是屈原在江南长期放逐中写的一首纪行诗。诗中叙写作者南渡长江、又溯沅水西上、独处深山的情景。其中的风光描写最为人称道。楚辞中这类风光描写，成了后代山水诗的滥觞，屈原也被推为我国山水文学的鼻祖。《哀郢》作于秦将白起攻陷楚都以后。屈原在流亡中，亲眼目睹了祖国和人民遭受的苦难，心情沉痛，写下这首诗，哀叹郢都的失陷。《怀沙》是屈原临死前的绝笔。诗人一面再次申说自己志不可改，一面更为愤慨地指斥楚国政治的昏乱，表现出对俗世庸众的极度蔑视。诗人希望世人能够从自己的自杀中，看到为人的准则。《九章》的大部分都反映了屈原流放生活的经历，这些诗篇善于把纪实、写景与抒情相结合，

精彩语段

操吾戈兮披犀甲，车错毂兮短兵接。旌蔽日兮敌若云，矢交坠兮士争先。凌余阵兮躐余行，左骖殪兮右刃伤。霾两轮兮絷四马，援玉枹兮击鸣鼓。天时怼兮威灵怒，严杀尽兮弃原野。出不入兮往不反，平原忽兮路超远。带长剑兮挟秦弓，首身离兮心不惩。诚既勇兮又以武，终刚强兮不可凌。身既死兮神以灵，魂魄毅兮为鬼雄！

——《九歌·国殇》

屈原既放，游于江潭，行吟泽畔，颜色憔悴，形容枯槁。渔父见而问之曰：“子非三闾大夫欤！何故至于斯？”屈原曰：“举世皆浊我独清，众人皆醉我独醒，是以见放。”渔父曰：“圣人不凝滞于物，而能与世推移。世人皆浊，何不淈其泥而扬其波？众人皆醉，何不餔其糟而歠其醨？何故深思高举，自令放为？”屈原曰：“吾闻之，新沐者必弹冠，新浴者必振衣；安能以身之察察，受物之汶汶者乎？宁赴湘流，葬于江鱼之腹中；安能以皓皓之白，而蒙世俗之尘埃乎？”渔父莞尔而笑，鼓枻而去。乃歌曰：“沧浪之水清兮，可以濯吾缨；沧浪之水浊兮，可以濯吾足。”遂去，不复与言。

——《九章·渔父》

以华美而富于表现力的语言，写出复杂的、激烈冲突的内心状态。

《天问》是一篇奇文。它就自然、历史、社会以及神话传说，一口气提出172个问题。这些问题，有些是在当时已经有公认答案的，但诗人并不满足，还是严厉地追问，想找到新的答案。比如尧舜，在当时已被儒家奉为偶像，在《离骚》、《九章》中也被反复当作理想政治的化身来歌颂，但在《天问》中，他们仍然不能逃脱深刻的怀疑。

《九辩》是宋玉的代表作，它明显受到屈原的影响。《九辩》中袭用或化用《离骚》、《哀郢》等作品中现成语句的地方共有十余处。《九辩》借悲秋抒发"贫士失职而志不平"的感慨，塑造出一个坎坷不遇、憔悴自怜的才士形象。《九辩》的哀愁，主要是一种狭小的、压抑的哀愁，基调是"惆怅兮而私自怜"。宋玉的文才，他的怀才不遇的遭遇，他的见秋景而生哀的抒情模式，都影响了后世标榜清高而自惜自怜的文人，写出许多伤春悲秋的诗文。

阅读指导

楚辞受楚地歌谣的影响很深。楚歌的体式和《诗经》不同，不是齐整的四言体，而是每句长短不一，句尾或句中常用"兮"字作语气词。这也是楚辞的显著特征，阅读时不可不注意。

楚地盛行的巫教也影响了楚辞，使楚辞具有浓厚的神话色彩。楚辞充满奇异的想象和炽热的情感。诗人在表现情感时，大量运用神话材料，驰骋想象，上天入地，飘游六合九州，给人以神秘的感受。比如《离骚》由"神游"到"降神"，都借用了民间巫术的方式。这是楚辞的另一个突出的特点。

中原文化对楚国的影响在楚辞中也有明显的痕迹。《九章》中的《橘颂》全诗都用四言句，在隔句的句尾用"兮"字，可以看作《诗经》体式对《楚辞》体式的渗透。这种影响正是春秋战国时期华夏民族融合过程的反映。

周易 / 西周至战国晚期 / "推天道以明人事之书"

作者简介

对《周易》的作者说法不一，传说伏羲氏画卦，周文王作彖辞，孔子作传，不见得可靠。据近人研究，它可能产生于殷周之际，是对于古代卜卦的记录，经过较长时间的积累而成。而其中的传等形成于战国晚期，是多人合手而成的。

背景介绍

在原始社会，由于生产力的低下，人们对自然和社会现象的客观情况和规律性缺乏认识，因而产生宗教迷信，当时人们是根据神灵的启示来判断吉凶的，而传达神灵启示的手段是占卜。进入阶级社会之后，占卜逐渐成为一门专业，从事这门专业的人叫作“卜人”或“筮者”。这些卜人，把他们积累的经验编辑成书，以便翻检和传授。在夏朝有《连山》，在商朝有《归藏》，在周朝时出现了《周易》。

名著概要

《周易》，又称《易经》，简称《易》，包括“经”和“传”两部分。“经”的部分主要包含卦象、卦辞和爻辞。“传”的部分主要包含象传、象传、文言、系辞传、说卦传、序卦传和杂卦传等，古称“十翼”。从不同的角度而言，它是古代的卜筮学、哲学、预测学、信息学、系统学、伦理学、宇宙代数学的混合产物。它涉及到天文、地理、气象、历法、数学、物理、化学、生物、医学、武术、炼丹、养生、哲学、历史、文学、艺术、教育、民俗、心理、伦理、军事、宗教、卜筮等等领域。它还有许多有价值的方法和思想，如简单性原则、相似性原则、循环原则以及稳定与不稳定、无穷演化的思想等等。

《周易》认为，阴阳是天地、万物的总起源，自然界与人及动物没有什么两样，也是由两性相交产生的。万物在阴阳两势力的矛盾中产生变化，而变化的形式就是通过交感。《周易》认为世界上没有东西不在变化。变化又是有阶段性的，发展到最后阶段，就会带来相反的结果，“物极”就要走向反面。

《易传》是《易经》的解释。它包括《象》上下、《象》上下、《系辞》上下、《文言》、《说卦》、《序卦》、《杂卦》，也称《十翼》。《象》是对卦辞的解释。《象》是对爻象和爻辞的解释。《系辞》总论《易经》的基本观点，阐发这些基本观点如何应用于自然和社会。《文言》专论乾、坤两卦的基本概念。《说卦》论述六十四卦的排列秩序。《杂卦》说明卦名的意义及其相互关系。

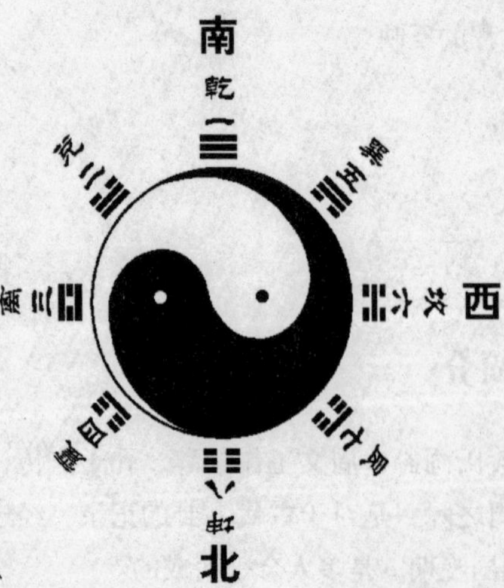

八卦

《易传》的基本思想:(一)“—”“— —”宇宙存在论，“—”为阳爻，“— —”为阴爻。宇宙存在说的观点：第一，八卦产生不是人类主体思维之虚构，它来自人们“近取诸身、远取诸物”，是对宇宙客观

名家点评：

司马迁《史记·齐太公世家》称：“后世之言兵及周之阴权。皆宗太公为本谋。”

存在的认识。第二，八卦论说宇宙生成存在的逻辑思维，是从人的生命之源，来推演宇宙其他事物之源与其变化。男女交而生人，故宇宙亦在交合中产生。第三，宇宙是对立统一体。第四，八卦用对立统一解释事物的普遍性质。六十四卦来自八卦之重叠，八卦最终取自阴（——）阳（—）二符号，（—）（——）二符号是对六十四卦所阐述的各种具体事物的普通性质的抽象化，（—）（——）抽象的对立统一物，代表了事物的普通性质。（二）“变则通”的宇宙发展论。第一，《易传》肯定事物都在发展变化中存在，“易穷则变，变则通，通则久”。第二，变化是事物吉凶的征兆。第三，事物变化的原因是事物间相互交感的矛盾运动。（三）《易传》社会学说：《易传》对自然的揭示，为人类社会管理提供了摹拟的依据。在孔子看来，有一种本质无边的东西存在，那就是天（乾）一定在上，地（坤）一定在下，在上者必尊，在下者必卑。这种上下有序、尊卑有别的思想，便形成了儒家政治思想的基础。

《周易》把“道”作为宇宙的本体，如履卦九二爻辞有：“履道坦坦，幽人贞吉。”随卦九四爻辞：“有孚在，道以明，何咎。”这里所讲的“道”，就是作为宇宙本体的“道”。“十翼”对于《周易》所提出的作为宇宙本体的“道”可以说是理解很深刻、发挥很透彻的，超越了《周易》作者的水平。

阅读指导

阅读《周易》，重在理解其最基本的概念，以及它对宇宙、社会、人生的看法。但是阅读起来还是有相当困难的，因此，为了方便读者阅读，这里着重推荐如下几个版本，以供读者选择：中国书店出版的唐代李鼎祚撰《周易集解》、孔颖达撰《周易正义》，宋代朱熹撰《周易本义》、清代丁寿昌撰《读易会通》。而最能帮助读者理解的当属近人顾颉刚的《周易卦爻辞中之故事》和高亨的《周易古经今注》、《周易大传今注》。这几本书可以说代表了现代人研究周易的成就。

道德经 / 春秋 / 老子 / 中国哲学发展的重要源头

作者简介

关于老子其人、其书及其“道论”历来有争论。根据《史记》介绍如下：老聃，姓李名耳，字伯阳，楚国苦县厉乡曲仁里（今河南鹿邑东）人，是春秋时著名的思想家，道家学派的创始人。他的生卒年月不详。老子做过周朝的“守藏室吏”，所以他谙于掌故，熟于礼制，不仅有丰富的历史知识，并且有广泛的自然科学知识。他和孔子是同时代的人，较孔子年辈稍长。世称“老子”。公元前520年，周王室发生争夺王位的内战，这场长达5年的内战，最终以王子朝失败告终。王子朝失败后，席卷周室典籍，逃奔楚国。老子所掌管的图书也被带走。于是老子被罢免而归居。由于身受当权者的迫害，为了避免祸害，老子不得不“自隐无名”，流落四方，后来，他西行去秦国。经过函谷关（在今河南灵宝县西南）时，关令尹喜知道老子将远走隐去，便请老子留言。于是老子写下了5000字的《道德经》。相传老子出关时，骑着青牛飘然而去，世不知其所终。

背景介绍

春秋战国时期，奴隶制走向崩溃，封建制度逐步确立，社会矛盾尖锐复杂。封建制度先后在各个国家确立起来后，社会主要矛盾已经不是新兴地主阶级同奴隶主阶级的矛盾，而是地主阶级与农民阶级的矛盾，同时也有地主阶级内部的矛盾。当时国与国之间的战争，各个政治集团的争夺，就属于地主阶级内部矛盾性质。面对当时的社会动乱，诸子百家都提出了自己的济世之方。儒家主张礼治、德治和贤治；墨家反对礼治，但也主张德治和贤治；法家反对墨家而主张法治。同诸家相对立，老子则主张无为而治，认为社会之所以动乱，在于人们的智巧太多，欲望太甚，而智欲的根源在于物质生活的发达和种种造作有为的政治。

名著概要

《道德经》又名《老子》、《老子五千文》，是中国道家的主要经典，全面反映了老子的哲学思想。全书共81章，分上下两篇，上篇37章为《道经》，讲的是世界观问题，下篇44章为《德经》，讲的是人生观问题。全书文辞简奥，哲理宏富，且体系完整，内容丰富，涉及宇宙、社会、人生、军事、政治、医学等各个方面。其中“道”的观念，是其思想体系的核心。老子反对儒墨两派的道德观，认为真正的道德是不追求道德，提倡柔弱虚静，减少私欲，知足不争；理想政治是无为而治，理想社会是小国寡民的社会。老子提出了以“道”为核心的哲学体系，用“道”来说明宇宙万物的本质、构成、变化和根源。老子认为“道’是天地万物的本源，他的“道论”的中心思想是：“道即自然，自然即道。”他说，“道”是万物之母，“道可道，非常道。名可名，非常名。无，名天地之始。有，名万物之母”。也就是说，作为宇宙的本原就是道，它是永远存在的。道的运行是自由的、必然的，即按其自身的规律而运行。天地万物都是由它产生的，它是宇宙的母体。老子认为，道产生了天地，德是道的性能，天地生养着万物，万物各成其形，各备其用。所以万物没有不尊道而贵德的。道的尊崇，德的贵重，不是有谁给它爵位，而是自然而然的，所以道产生天地，德畜养万物，长育万物，成熟万物，覆盖万物。老子的“道”是超形象、超感觉的观念性存在，是无，没有颜色，没有声音，没有味道。

老子出关图 明 陈洪绶

《道德经》一书中具有丰富的辩证思想。它触及了矛盾普遍存在的原理，提出了一系列对立范畴：阴阳、刚柔、强弱、智愚、损益……它认为这些对立双方处在互相依存之中，而且这些对立的双方又是互相成就、互相转化的。对立双方之所以能互相转化，乃是因为它们的相互包含，不过，对立面的转化有一个量的积累过程。老子的辩证法是来自实际、返诸现实的。老子观察了自然界的变化，生与死、新与旧的相互关系，观察了社会历史与政治的成与败、福与祸等对立的双方的相互关系，发现了事物内部所具有的一些辩证规律。同时还深刻地论证了相反相成的道理：长和短二者只有彼此比较才能显现出来，不同的声音产生谐和，前后互相对立而有了顺序。总之，老子承认事物是在矛盾中发展的。老子还初步意识到量的积累可以引起质的变化。

老子的“道论”，基本上可以概括为“天道自然观”。所以老子的人生哲学和政治哲学基本上是人当法道，顺其自然。至于如何治理国家，老子认为最好是采取“无为而治”的办法，让人民去过自由自在的生活，用无所作为、听其自然发展的办法，来达到治理好国家的目的。在老子看来，无为正是有所作为，“无为而无不为”。老子反对用刑、礼、智这些来治理国家，反对向人民加重赋税，反对拥有强大的兵力。在老子看来，人类社会不要“圣智”、“仁义”、“巧利”，国家就大治了。这3种东西不足以治国，最好的办法是使人们着意于“朴素”、“少有私欲”，不求知识，就可以没有忧患了。

老子所向往的理想世界是小国寡民的原始社会。他的这一设想在一定程度上反映了当时人民迫切要求休养生息和减轻剥削的愿望。这是老子政治思想的进步因素。但是，小国寡民的理想，却是幻想，它是违反社会历史发展规律的。

作品特色

《道德经》一书，基本是抽象的理论阐发，而不涉及人物描写。它的艺术特色主要表现为句式比较整齐，多用韵语，读起来琅琅上口，便于记忆。但在韵语之外，又恰到好处地结合了散体文章，这种韵散结合的文体，使得它在先秦诸子的散文中

作品评价：

《道德经》五千言，包容着极大的智慧，在中国乃至世界哲学史和文化史上占有十分重要的地位。这部著作不仅影响先秦诸子各家各派，而且对整个哲学史中的重大哲学派别都有极大的影响。自先秦韩非以来，注释《道德经》者不下千家。魏晋玄学家把《道德经》列为“三玄”之一。在传统文化中，医学、军事、气功、天文、养生、政治等各个领域都离不开对《道德经》的研究。当然，由于受时代的限制，老子的自然辩证观是直观的、原始的、朴素的，缺乏科学的论证，并且他的小国寡民的理想是幻想，是违反社会历史发展规律的。但《道德经》一书中光辉的思想火花是值得我们珍视的一份历史遗产。

独树一帜，既不同于《论语》的语录体散文，也不同于《诗经》的韵诗，而显得别具一格。

《道德经》的第二个艺术特色是善用比喻。为了说明一个比较深奥的道理，老子常用身边的事物打比方。如为了说明“有无相生”的道理，他以碗为例：如果一个碗做成实心的，看起来是“有”了，可它起不到碗的作用，也就是说它在碗这个意义上是“无”，而如果把它做成空心的，看起来它的中心是“无”，可正是这必要的“无”，使它有了碗的功用。这些例子，都取之于人们的生活本身，所以显得通俗易懂，但却能将“有无相生”这样抽象深奥的道理讲得透彻明白。

《道德经》的第三个艺术特色是它的行文凝练精妙，多用格言警句。如：“合抱之木，生于毫末；九层之台，起于垒土；千里之行，始于足下。”（《道德经》第六十四章）

这些格言警句短小精悍，而且寓意深刻，具有很深的启发意义。和差不多同时期的语录体《论语》相比，显得更为精警洗练。因此有人认为《道德经》不是一人一时所作，而可能是不同时期的人们将生活中的谚语和格言汇总在一起而形成的，所以不是每一句话都紧扣道家的思想。当然，这些都是瑕不掩瑜的小问题。

作品影响

《道德经》对中国乃至世界的影响是无与伦比的。它对中国传统文化有着巨大的影响，对中国思想史有不可替代的作用。战国时期，儒家的孔子、道家的庄子、法家的韩非子都受到《道德经》的影响。汉初，黄老之学盛行，并渗入到政治生活中，名相萧何、曹参在治国时，“镇以无为，从民之欲而不扰乱”（《汉书·刑法志》）。东汉末年，道教奉老子为教主，视《道德经》为经典。魏晋时期，玄学昌盛，在朝的玄学家注重《道德经》的无为而治，在野的玄学家提倡《道德经》的“自然”之说，《道德经》的思想成为抒发政治主张、抨击现实的武器。大唐盛世，帝王自称为老子后裔，为之立庙，唐太宗采用“无为而治”为兴国方针，唐高宗封老子为“太上玄元皇帝”，唐玄宗将《道德经》开为贡举策试的经典之一，并亲身为它作注。宋代帝王对道教情有独钟，宋真宗加封老子为“太上老君混元上德皇帝”，宋徽宗把《道德经》列为太学及地方学校的课本。这一时期，《道德经》的思想对理学也有所渗透，并影响甚大。在中国几千年的历史里，每个朝代在其鼎盛时期，无一例外地采用“内用黄老，外示儒术”的治国理念，即内在的、起领导作用的是中国传统文化中的道家理想。

孔子问道图

这幅画反映的是孔子游学途中，拜访老子、虚心求学的情景。图中将孔子的谦虚，老子的睿智表现得十分到位。

《道德经》的影响不仅时间久、历史长，而且领域广、方面多。在宗教上，它是道教的开山之作；在修身方面，“功成身退”是文人入世的信条；在军事方面，“以柔克刚”成为军事家奉行的准则；在管理方面，老子的“以人为本”是日本企业最基本的信条；在艺术方面，“道法自然”成为书法家、绘画家、诗人遵循的理念；在文学方面，《道德经》精警凝练，处处闪烁着哲人的智慧，妙语巧喻、格言警句比比皆是，蕴含人生哲理。

《道德经》的影响不仅在中国，在世界上，它也备受关注和推崇，形成了老子热。《道德经》被译成多种文字，海外发行量居中国传统文化经典之首，堪与《圣经》比肩。他的思想影响了诸如托尔斯泰、奥尼尔、海德格尔、爱因斯坦、汤川秀树等世界级的科学家、思想家和文学家。

阅读指导

《道德经》是一部哲理诗，用诗歌的语言来说明深奥的道理，往往缺乏必要的论证，这也是造成人们理解不一以至误解的重要原因，这就要求阅读时，一定要把握其特点，一定要弄清《道德经》所谈问题的针对性和角度，这样才能真正理解其深刻含义，从中吸取其有利于自身健康发展的东西。

孙子兵法 / 春秋 / 孙武 / 世界古代第一兵书

作者简介

孙子即孙武，字长卿。春秋末期著名军事家。孙子出生于齐国乐安，出身将门家庭，生卒年月不详。他是陈国公子完的后裔，由于内乱，陈完出奔齐国，以食邑改姓田氏。孙武的祖父孙田书，因伐莒有功，齐景公赐姓孙氏，封地乐安，并封其为齐国大夫。后因孙武家族人谋反作乱，不得不逃往吴国。公元前512年，孙武因文武兼备得到伍子胥引荐，得到了吴王阖闾的重用，并以自著兵法13篇献于吴王阖闾，阖闾得知孙武能用兵，封其为大将。

背景介绍

春秋时期，各诸侯国之间连年争战，战争规模也日益扩大，长期的兼并战争使各国积累了丰富的战争经验，对作战的战略战术的要求也越来越高，新兴地主阶级为了巩固政权、扩大领土，迫切需要总结战争经验，找出战争的规律，制定用兵的战略战术。《孙子兵法》正是诸侯兼并、战争频繁以及诸子百家学术争鸣这一特定时代的产物。

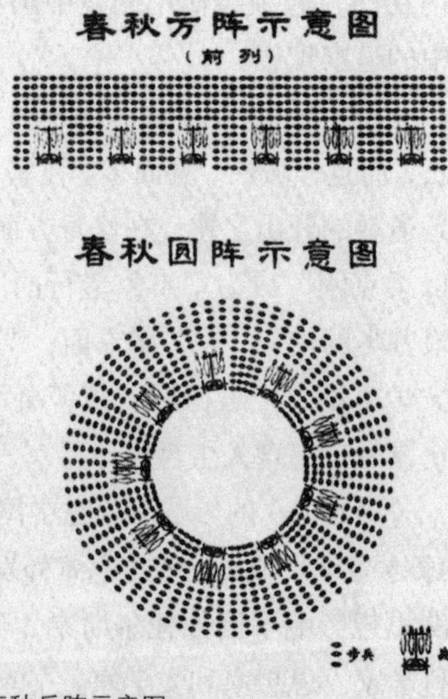

春秋兵阵示意图

名著概要

《孙子》，又称《孙子兵法》、《吴孙子兵法》、《孙武兵法》。传世本《孙子兵法》13篇，是孙武一派兵家的著作，其主要内容和核心思想属于孙武，但经过他的门生和战国兵家的整理补充。该书中所描写的战争规模，似是战国时代的情况。现存的《孙子兵法》是经过三国时代曹操删定编注的，全书分为13篇：《计》、《作战》、《谋攻》、《形》、《势》、《虚实》、《军争》、《九变》、《行军》、《地形》、《九地》、《火攻》、《用间》，总结了春秋至战国时期长期战争的经验，揭示了战争的一些规律，具有朴素的唯物主义思想和原始的军事辩证法思想。其思想内容主要有三方面：

一、战略指导思想

战略论是孙子军事学说的主体部分。孙武在此书中首次提出了战略概念——“庙算”，具体论述“安国保民”的最高目标、“五事七计”的全局运筹、“不战屈敌”的止战谋划、“知彼知己”的作战指挥等战略思想。在战略论中，孙子提出“安国全军”、“唯民是保”的战略目标，把“重战”、“慎战”作为根本用战原则。并从其对待战争的严肃态度出发，评述了“五事七计”的重要性。“重战”，即重视战争，提高警惕，加强戒备，应取态度是：“无恃其不来，恃吾有以待之；无恃其不攻，恃吾有所不可攻也”。“慎战”，即开始须慎重，其原则是：“非利不动，非地不用，

相关链接

战国初名将吴起所著《吴子》一书与《孙子兵法》都论及了一些军事理论和方法，对战国以后的历代军事家均有较深的影响。《吴子》篇主要论述了战争观问题。该篇既反对恃众好战，也反对只重修德，而废弛武备。它认为只有内修文德，外治武备，才能使国家强盛。《图国》篇发展了孙武“兵贵胜，不贵久”的思想。《料敌》篇主要讲述如何判断敌情，因敌制胜的问题。《治兵》篇主要论述如何治军，指出战争的胜负不是取决于军队人数的多少，而是取决于军队是否法令严明，赏罚必信，打不散，拖不垮。《论将》篇主要论述将帅的重要和对将帅素质的要求。将帅是全军的统帅，必须刚柔兼备。将帅必须依靠金鼓旗帜和禁令刑罚来治军和指挥作战。《应变》篇阐述了在不同的情况下的应变之术和作战方法。《励士》篇主要讲述如何激励士气。

非危不战”。“五事七计”书中详述“道”（治道）、“天”（天时）、“地”（地利）、“将”（将帅）、“法”（法度）五要素，及其“主孰有道、将孰有能、天地孰得、法令孰行、兵众孰强、士卒孰练、赏罚孰明”等7个对战备全局作正确估计的条件。但孙子并没有认为军事力量越强越好，而是主张顾及国力，有限地发展军事。孙子反复强调要以“伐谋”、“伐交”作为优先的决策，总结“不战而屈人之兵”的“全胜战略”。而在实战中争取一“军”、一“旅”、一“卒”、一“伍”之“全”仍不失为上策。如此，“谋”、“攻”思想已贯彻到底。

孙子关于“知彼知己”和“致人而不致于人”之说，为作战指挥的战略原则。并尽可能“策之而知得失之计，作之而知动静之理，形之而知死生之地，角之而知有余不足之处”。争取“先机之利”，“致人”、“不致于人”，掌握战争的主动权。

二、作战策略思想

以战略为基础，孙子提出相应用兵策略。其重要策略原则有六：其一，因利制权，因敌制胜。其二，奇正相生，出奇制胜。其三，避实击虚，击其惰归。其四，我专敌分，以众击寡。其五，攻其无备，出其不意。其六，示形用诈，诡道制胜。

三、军事哲学思想

孙子论“天”：“阴阳、寒暑、时制也”，是自然界之天；论“道”：“令民与上同意也”，具有民本主义因素。在书中把具有理性思维的人，放在认识和掌握战争规律的主体地位，并详细分析了战争对客观条件的依赖关系。孙子重视矛盾的相互依存，尤其重视矛盾的相互转化，说“乱生于治，怯生于勇，无恒形”，关键是造成“胜兵先胜”的条件，促使矛盾向有利方面发展。《孙子兵法》除3个主要方面以外，各篇均有其主题思想，又构成一个完整的思想体系。

《计》篇论述的是能否进行战争的问题。开宗明义指出战争是国家大事，关系到生死存亡，因而首要的是明了战争的规律和决定战争胜负的主客观条件。该篇主要提出了“道”、“天”、“地”、“将”、“法”是决定战争胜负的5项基本要素。

《作战》篇主要阐述的是如何进行战争。孙子认为，战争的消耗和战费的开支是十分庞大的，战争旷日持久势必危及国家的存亡，所以主张速胜。

孙五（武）子演阵教美人战 年画

《谋攻》篇主要论述如何进行攻敌的问题。孙子主张以尽可能小的代价，去取得最大的成功，即力求不战而胜，不靠硬攻而夺取敌城，不需久战毁灭敌国。而要做到这一点，就不仅要知己，还要做到知彼。

《形》篇主要讲如何利用物质之“形”来保全自己，取得完全的胜利。孙子认为，只有先使自己立于不败之地，然后等待和寻求战胜敌人的时机，才能夺得战争的胜利。当取胜条件不足时，应采取守势；当取胜条件具备时，则应采取攻势。

《势》篇主要阐述如何造成有利的态势来压倒对方。强调“势”与“造势”。所以，要出奇制胜，就应该善于因时、因地、因事制宜，根据情况的变化，改变奇正的战法。此外，要造成有利的态势，还必须善于故意向敌示弱，诱敌以利，以达到欺骗和调动敌军的目的，造成战胜敌军的有利时机。

《虚实》篇主要论述指挥作战如何争取主动权，主动灵活地打击敌人。“五行无常胜，四时无常位”，指出“夫兵形象水，水之形避高而趋下，兵之形避实而击虚，水因地而制流，兵因敌而制胜”。

《军争》篇论述的是如何通过机动掌握主动，先于敌人造成有利态势和取得制胜的条件。

《九变》篇主要讲述了如何发挥指挥上的灵活性。孙子认为，灵活性的基础在于对利弊进行全面的衡量。

《行军》篇主要讲述如何配置、组织军队、观察判断敌情和团结将士。孙子认为，行军作战必须占据便于作战和生活的有利地形，善于根据地形配置兵力。

《地形》篇主要论述在不同的地形条件下如何指挥军队的行动。孙子认为，地形是用兵的辅助条件。

《九地》篇论述在 9 种不同的作战地区指挥作战的原则。孙子认为，在不同的作战地区，将帅应该根据地形的不同而采取不同的行动。

《火攻》篇主要指出火攻的目标、种类、发火的物质和气象条件，以及实施方法。孙子认为，火攻只是辅助军事进攻的一种手段。

《用间》篇主要论述使用民间间谍的重要性及其方法。孙子认为，是否了解敌情对战争的胜负具有重要影响。

作品影响

《孙子兵法》是中国古代兵学著作的杰出代表，是中国优秀传统文化的重要组成部分。它的军事思想、军事体系、文学语言，对后世产生了深远的影响，跨越古今，渗透中外，荣膺“世界古代第一兵书”的美誉。

历代军事家、政治家无不从《孙子兵法》中汲取养料，行军治国平天下。秦末的项羽，汉代的韩信、霍去病，三国的诸葛亮，唐朝的太宗李世民，宋代的岳飞，明朝的戚继光，都曾从《孙子兵法》中受益匪浅。他们运用其理论指导战争、治理国家。到近代，它更是声誉日隆，影响甚大。孙中山先生曾说：“就中国历史来考究，二千多年的兵书，有十三篇，那十三篇兵书，便形成了中国的军事哲学。”毛泽东历来重视对《孙子兵法》的研究，他称孙武是“中国古代军事学家”，认为“知彼知己，百战不殆”是颠扑不破的科学真理。他不但在著作中多次提到孙武和《孙子兵法》，而且在中国革命战争中创造性地灵活运用这部兵书的理论精髓。可以说，《孙子兵法》丰富和促成了毛泽东卓越的军事思想。

精彩语段

夫将者，国之辅也。辅周则国必强，辅隙则国必弱。故君之所以患于军者三：不知军之不可以进而谓之进，不知军之不可以退而谓之退，是谓縻军；不知三军之事而同三军之政，则军士惑矣；不知三军之权而同三军之任，则军士疑矣。三军既惑且疑，则诸侯之难至矣。是谓乱军引胜。故知胜有五：知可以战与不可以战者胜，识众寡之用者胜，上下同欲者胜，以虞待不虞者胜，将能而君不御者胜。此五者，知胜之道也。故曰：知己知彼，百战不贻；不知彼而知己，一胜一负；不知彼不知己，每战必败。

——《孙子兵法·谋攻第三》

1772 年，法国神父约瑟夫·阿米欧在巴黎出版了法文《中国军事艺术》丛书，其中有《孙子十三篇》。1815 年，拿破仑大败滑铁卢后被囚禁于圣赫勒拿岛，一日，读到《孙子兵法》，拍案叫绝，唏嘘慨叹：“倘若早日见到这部兵法，我是不会失败的。”

日本一些大公司的高层管理人士必读《孙子兵法》，认为它是一本“商战圣典”，是任何人都应该学习的一本书；美国著名的西点军校将它列为必读书目之一。进入 20 世纪 80 年代，国际上流行“《孙子兵法》热”。《孙子兵法》不但受到军事界和战略家的重视，而且已经扩展到军事以外的其他领域，如经济、体育、管理、外交等，尤以商业和管理业中的应用最为瞩目。

总而言之，《孙子兵法》以高度凝炼的形式概括总结了放之四海而皆准的规律和法则，是一门攻无不克的艺术、创造辉煌的科学。

阅读指导

《孙子兵法》在现代已不仅仅是一部军事学著作，更多的人把《孙子兵法》的思想运用于经济领域。因而在阅读时，不能仅仅要求了解事例本身的蕴义，更应注意与现实生活相结合，学以致用。

延伸阅读

战国中期齐国的军事家孙膑是孙武的四世孙，著有《孙膑兵法》。它的体系与风格和《孙子兵法》一脉相承，强调“必攻不守”、“贵势”的战术思想。

北宋神宗元丰年间，朝廷将《孙子》、《六韬》、《吴子》、《三略》、《尉缭子》、《司马法》、《李卫公问对》合在一起，号为“武经七书”。

论语 / 春秋末期 / 孔子 / “五经之管辖，六艺之吼吟”

作者简介

孔子杏林讲学图 明

孔子（前551 ~前479年），名丘，字仲尼，春秋后期鲁国人，是儒家学派的创始人、中国古代最著名的思想家和教育家。孔子的先世是宋国的大臣，后迁于鲁，但孔子出生时家境已衰落。他父亲孔纥，又名叔梁纥，曾做过陬邑（今山东曲阜东南）宰，本身属于贵族阶级下层的“士”。他的母亲姓颜，名叫征在。孔子早年接受过良好的教育，十分熟悉六艺，加上孔子天资聪明，谦虚好学，因此学识日进。孔子30岁时，他的博学举世闻名，并且开始招收门徒，传授古代文化典籍。孔子早年在鲁国执政季氏手下担任管理仓储、牛羊的小官，都能恪尽职守。后因鲁国内乱，旅居齐国，后又回鲁国收徒讲学，门下弟子达三千之众。50岁后，一度被鲁国国君委以官职，做到司寇，主管鲁国的司法工作。但由于他的主张与当政的季氏等三家大夫产生了矛盾，被迫离开鲁国。此后，孔子为了推行自己的政治思想，先后到过卫、曹、宋、郑、陈、蔡、楚等诸侯国，并在卫国、陈国停留了较长的时间，但他始终没有找到贤明君主来实现自己的政治抱负。在奔走于各国期间，孔子仍坚持不懈地进行治学和教育，留下了很多著名的言论。公元前484年，浪迹约40年的孔子重返鲁国，此后他一边继续讲学，一边整理文化典籍，对诗、书、礼、乐、易、春秋六部典籍进行删订，编成最后的定本。孔子晚年生活屡遭不幸，独子孔鲤、得意门生颜渊和子路都先他而去世。公元前479年，孔子病逝于家中，弟子们为其举行了隆重的葬礼。然而终其一生，他没有为自己著书立说。他逝世之后，他的弟子及再传弟子根据其平日的言传身教收集整理，编辑成《论语》。

背景介绍

春秋时期，是一个奴隶制向封建制过渡的大变革时期。各诸侯国的社会经济继续发展，奴隶和自由民的反抗斗争不断，一些主要大国，在争霸的形势下，为了顺应社会变革的潮流，都实行了不同程度的改革，社会变革的结果是：诸侯的逐渐崛起和周王室的日益衰落，一些大国尽力发展自己的实力，出现了旷日持久、错综复杂的“大国争霸”局面。这个时期各诸侯之间兼并争霸战争以及相互交往的频繁，构成了这一时期的历史特点。

名著概要

《论语》是一部语录体散文，全书总共20篇，计有《学而》、《为政》、《八佾》、《里仁》、《公冶长》、《雍也》、《述而》、《泰伯》、《子罕》、《乡党》、《先进》、《颜渊》、《子路》、《宪问》、《卫灵公》、《季氏》、《阳货》、《微子》、《子张》、《尧曰》等，篇名取篇首的前两三字为题，无意义。全书言简意赅，古朴生动，既富于启发性、哲理性，又幽默诙谐，口语化，体现出语录体散文的独特魅力。

《论语》的核心是仁的精神和境界。而在《论语》中对“仁”这个概念做了多角度的阐释。一是“仁者爱人”；二是“克己复礼为仁”；三是“仁者人也”。我们可以看出孔子对“仁”的最简单表述就是“爱人”，即对人尊重和有同情心。孔子认为：一个人如想达到“仁”的标准，就必须“克己复礼”，通过对自己的克制和约束以提高道德水平，从而符合礼的要求。孔子将“仁”看作道德的最高准则，也是道德的主体。孔子还提到很多其他道德名目，如忠、孝、义、信、廉等。但他认为这些都是局部性的东西，能做到某项或几项，值得肯定，但还不能算是达到“仁”。孔子把求仁看作是人生的根本原则。他认为，礼和乐固然能陶冶性情，加强修养，但一个人能否成为品质高尚的君子，关键还在于他能否自觉地按照“仁”的要求去进行实践活动。孔子反对“过”和“不及”，以中庸为至德，对人处世常采取“无可无不可”的态度，但在求仁行义问题上，他认为求仁或违仁是君子与小人的分水岭，有志之士应当为实现崇高的道德理

圣迹图・孔门弟子守丧　明

想而奋斗。

孔子把以“仁”为核心的伦理道德思想贯彻到政治领域，提出“仁政”的学说。他希望统治者“节用以爱人，使民以时”，反对对人民过分剥削压榨，而提出富民惠民的主张。他又希望统治者“为政以德”，反对一味使用严刑峻法，而要先用严格的道德标准要求自己，以身作则，通过道德感化搞好政治。综观《论语》，孔子以德治天下的决心和构想昭然可见。在礼崩乐坏的春秋乱世，孔子的德治主义自然是四处碰壁，但孔子并不因此而改变初衷。

在天道观上，孔子不否认天命鬼神的存在，但又对其持怀疑态度，主张“敬鬼神而远之”。相对天命而言，孔子更加注重人事，强调人的主观努力，把探讨和解决人世间的实际问题放在优先地位。

孔子重义轻利，但并非一概否定功利。他重视公利，主张见利思义，旨在谴责见利忘义、为谋私利而不择手段的行为，要人们追求合乎正道的利益。孔子的义利观，有义利相分的倾向，也有义利并重的倾向。

与从政事业相比较，孔子一生在教育领域取得的成就就要大得多。他是中国历史上第一个向平民普及文化教育的人。他不但提出“有教无类”的原则，而且还创立了一套行之有效的教育方法，提出“因材施教”，重视启发式教育，注意培养学生的学习自觉性和独立思考能力。

作品特色

《论语》是一部以记言为主的语录，同时具有一定的文学价值。它以当时通俗平易、明白晓畅的口头语言为主，又吸收古代书面语言精粹洗炼、典雅严谨的长处，形成了一种言简意赅而又深入浅出、朴实无华而又隽永有味的独特语言风格。《论语》善于从常见的生活现象中概括出深刻哲理，尤其善于把深邃的哲理凝聚于具体的形象之中，使抽象的说理文字具有某种诗意。如“岁寒，然后知松柏之后凋也”(《子罕》)，通过赞扬耐寒的树木，来歌颂坚贞不屈的人格，形象鲜明，意境高远，启迪了后世无数文人的诗情画意。《论语》词汇丰富、新鲜、生动、活泼，大量使用排比、递进、并列、对偶等手法，句式长短相间，错综变化，造成迂徐婉转、抑扬唱叹的效果，有很强的表现力。同时，《论语》中经常采用“比物连类”的含蓄手法，造成特殊的意蕴和审美效果。如《阳货》：“不曰坚乎！簟艋磷。不曰白乎，涅而不缁。吾岂瓠也哉，焉能系而不食？”连用三件具体实物，一层进一层地表明自己的政治态度，把微妙的心理寄寓在浅近的形象之中，再辅以重叠反诘的句式，更显出一种无可奈何的苦衷，耐人寻味。

作品影响

自西汉武帝以后，由于孔子及儒家地位的提升，《论语》成为每个文人的必读书。从元代仁宗皇帝开始直到明清，更是被定为科举考试的教科书，不仅是平民百姓教育子孙的启蒙读物，而且也是士人考取功名、齐家治国平天下的宝典。北宋赵普曾对太宗赵光义说："臣有《论语》一部，以半部佐太祖定天下，以半部佐陛下致太平。"可见，《论语》包含有深邃的政治思想和治国之道。

该书的另一大价值体现在文学上。由于它是中国散文的最初形式——语录体，多为记言，所以言简意赅，生动凝炼，质朴无华，不少篇章闪烁着智慧的光芒，妙语联珠，发人深省，如"子在川上曰：'逝者如斯夫，不舍昼夜。'"、"岁寒，然后知松柏之后凋也"。前者由东流之水联想到人生的沧桑，富有诗意，含着哲理；后者由树的常青象征风骨的凛然。这样的句子，《论语》中比比皆是，许多已成为今天常见常用的成语，如因材施教、当仁不让、过犹不及、三思而行、功亏一篑等等。此外，《论语》大量运用语气词、叠句、排比、对偶等手法，许多章节富有故事情节和感情色彩，对后世的小说、散文、诗歌产生了很大影响。

总之，作为构成中华文明的儒家经典，《论语》对几千年来中国人的心理结构、文化价值观、道德素质、风俗习惯都有着不可估量的作用，是了解中国古代社会的一把钥匙。

阅读指导

阅读《论语》一书，关键是在于读者的出发点。这里所提出的只是可供选择的版本。自《论语》成书以来，最有代表性的是三国魏何晏的《论语集解》、南朝皇侃的《论语义疏》、北宋邢昺的《论语注疏》、南宋朱熹的《论语章句集注》、清刘宝楠的《论语正义》，还有近人杨树达的《论语疏证》、杨伯峻的《论语译注》。

《论语》的思想具有两重性。一方面，它体现了鲜明的民本思想，要求君主重视老百姓的利益和愿望，"使民以时，与民实惠"，而"不可滥施刑罚，不教而诛"。另一方面，它是站在统治阶级维护统治的立场，要为恢复礼乐教化而努力，因此提倡"仁悌孝信"，反对"犯上作乱"。这种矛盾是由孔子当时所处的阶级、社会、时代的局限性所决定的。在阅读的时候，应该客观地进行分析，剔除那些落后的东西，保留那些有价值的东西，以充分吸取《论语》中熠熠发光的珍贵思想。

延伸阅读

《论语》是儒家的经典之一。诸子百家除儒家外，还有墨家、道家、阴阳家、法家、名家、纵横家、农家、杂家、小说家等。

儒家的另一本经典著作是由亚圣孟子所作的《孟子》，他提倡“仁政”，认为士大夫应“富贵不能淫，贫贱不能移，威武不能屈”、“善养浩然之气”，这对后代文人的思想影响甚大。

荀子是孟子之后的儒家学派的代表人物，他的著名弟子有李斯、韩非。《荀子》同样是荀子门人辑纂的语录，其构思之缜密，结构之严整，条理之清晰，可称鸿篇巨制，在文学上成就斐然。

大学 / 战国 / 曾子 / “初学入德之门”

作者简介

《大学》原是《礼记》中的一篇，约为秦汉之际儒家的作品。一说是曾子所作。

曾子（前 505 ~ 前 435 年），春秋鲁南武城人，名参，字子舆，孔子弟子。其事迹散见于《论语》各篇及《史记 · 仲尼弟子传》中，《汉书 · 艺文志》有《曾子》80 篇，已佚。

名著概要

《大学》就是大学问的意思，就其实质来说，它是儒家的政治哲学。《大学》对儒家理想人格的修为之道进行了从内到外的总结，《大学》全篇所阐释的是一种修己治人之道，亦即儒家思想一以贯之的内圣外王之道。《大学》一开始便讲“自天子以至于庶人，壹是皆以修身为本”。把“修身”作为其整个道德修养体系的价值目标和根本目的，并且成为其治国平天下的逻辑出发点。具体说就是，《大学》明确提出了两条最基本的儒家道德修养原则，即“三纲领”说和“八条目”说，而“修身”正是《大学》“三纲八目”说的核心。《大学》开宗明义写道：“大学之道，在明明德，在亲民，在止于至善。”“明明德”就是修明天赋的光明德性；“亲民”就是管理好臣民百姓，“止于至善”就是要达到至善至美的境界。这 3 个基本原则被认为是封建统治者一生努力的方向和奋斗的目标，所以这也叫作“三纲领”。要达到这 3 个努力的方向和奋斗的目标，必须加强个人的道德修养。通过对《大学》中“三纲领”的分析，我们可以看到它们之间存在的一种递进的逻辑关系。这一关系表明了道德主体从“在明明德”出发，经过“亲民”的发展，最终达到“止于至善”的理想境界，这种对主体修为实践活动的规定直接引发出“内”、“外”两种相联系的具体修为方式，儒家同样以逻辑发展的合理结果提出了“八条目”的具体实践之道。

《大学章句序》书影

《大学》在提出了“大学之道”即“三纲领”说之后接着又提出了“八条目”之说。一般来说，我们把格物、致知、诚意、正心作为道德的内在修为，而把修身、齐家、治国、平天下作为道德的外在修为。《大学》提出的“修身”途径主要是指“八条目”中的格物、致知、诚意、正心，实际上可以概括为两个步骤：正心诚意和格物致知。《大学》认为，修身的起点是格物致知，《大学》对格物致知没有作过多的解释，通过历代一些学者的注疏，我们可以看出，所谓“格物”就是指“对自然外界进行研究”的意思，“格物”、“致知”是联系紧密、层层递进的两个步骤，“格物”的逻辑结果是获得了对万事万物运行发展规律的理性认识，而这正是“致知”的内在含义。而“致知”的来源首先是个体对客观外界事物的认知，所以《大学》说：“格物而后致知。”《大学》教人如何防止个人感情欲望的发展。《大学》把修身看作根本，而修身是建立在取消或以之忿恨、恐惧、好乐、忧患各种感情欲望的基础之上。只有对这些感情欲望彻底消除或抑制，才能达到“致知”的境界，否则“修身为本”只能是一句抽象的空话。《大学》认为最根本的修身方法应该是“慎独”，也即“内心反省”，也就是说要使自己的意念真诚，就是不要欺骗自己，就像厌恶臭味、喜欢美色一样。所以，君子即便是独自一人时，也务必要谨慎地进行内心反省。小人在别人看不见时做不好的事，看见了君子就躲躲闪闪，把不好的德行掩盖起来，以证明自己有好的德行。人们还是有一定的判断力的，一旦把他们的本质看透，那又有什么益处呢？这就是讲，人的内心必然要表现于外表的，所以，君子一个人时也要进行自我修养。在政治观上，《大学》直接秉承了孔子、孟子的思想，主张统治者不要过分盘剥人民，要爱民，其目的在于巩固封建等级制度。它强调统治阶级要修己，目的在于取得被统治阶级的理解，达到所谓上行下效的结果。

作品评价：

《大学》是儒家经典之一，自从朱熹把它编入《四书章句集注》以后，历代的封建统治者都把它奉为“初学入德之门”的必读教科书。自宋代以后，《大学》的地位越来越高，它和《中庸》、《论语》、《孟子》合称为“四书”。

阅读指导

在阅读《大学》时，读者应该有意识地记忆一些言语，最好是能够背诵下来，在这样的基础上就能比较好地理解其中的一些哲学思想。《大学》中的许多内容是用来修身的，读者在阅读时，可以静下来修养身心。

中庸 / 战国 / 子思 / “孔子传授心法”

作者简介

子思（约前483～前402年），孔子的孙子，名伋，字子思。关于子思的生平，现存资料极少。只有《孟子·公孙丑》记载他受到鲁缪公优礼一事，其余不甚了了。《汉书·艺文志》著录《子思》23篇，已佚。现存《礼记》中除《中庸》外，《表记》、《坊记》等相传也是他的作品。关于《中庸》是否是子思的作品，历来就有过多次争议，汉时司马迁在《史记·孔子世家》中，肯定子思“作《中庸》”。近代多数学者根据《中庸》中的思想也认为它出自子思之手，后人曾对它做过增损和润色，但并没有失去原作的本来面目。

相关链接

《礼》包括《周礼》、《仪礼》和《礼记》，又称《三礼》。《周礼》又称《周官》，包括《天官冢宰》、《地官司徒》、《春官宗伯》、《夏官司马》、《秋官司寇》、《冬官司空》6篇。《冬官司空》亡佚，取《考工记》补，故称《冬官·考工记》。《仪礼》17篇，有戴德、戴圣、刘向3种传本。《礼记》主要有两种版本，一是戴圣编的，称《小戴礼记》，另一是戴德编的，称《大戴礼记》。《小戴礼记》内容极为丰富，《大学》和《中庸》就包含在里面。

名著概要

《中庸》首先主要体现为以“诚”为本体的唯心主义世界观。“诚”原本指的是十分完美的、“至善”的精神世界。在《中庸》中是一个道德概念，构成了世界的本原，成了第一性的东西。“诚”就是天道，它本身不是由什么另外更高的东西产生的，而是“自成”的，更进一步地说，它不但“自成”，而且还产生万物、派生万物。《中庸》讲的这个从道德精神本体到物质演变过程的“诚”，集中地体现了它的唯

《监本四书》书影

朱熹为“四书”所作之注是封建社会对“四书”经义最权威的解释，科举考试都以朱熹的《四书集注》为准。

心主义宇宙观。这种宇宙观推衍方法的前提是“至诚无息”。

其次表现为“尊德性”、“道学问”的认识论和修身术。《中庸》说，一个人如果完完全全地把“诚”体现出来，就达到了“至诚”的境界，便与“天道”合一成为“圣人”。如何达到“至诚”，认为有两条途径：一条是明白自己的本性，即“尊德性”；一条是从事学习，接受教育，即“道学问”。《中庸》写道：“天命之谓性，率性之谓道。”这是说，人的本性是由天命决定的，顺着这种天赋的本性的行为，才算作道。因而“反求诸其身”。明白和保持这种天赋的道德本性——“尊德性”，乃是修身的根本要求。对自己的行为，在别人看不到的地方和别人听不到的地方也要谨慎警惕。《中庸》的这种明白和保持天赋的道德本性的方法实际上是一种主观内省、自身体验的先验论。“道学问”是达到“至诚”的另一条途径。“道学问”可以分为5个步骤，即“博学之，审问之，慎思之，明辨之，笃行之”。人们如果能按照“道学问”这5个步骤去做，“人一能之，己百之；人十能之，己千之”。如果加倍的话，那么“虽愚必明，虽柔必强”，任何人都能达到目的。在认识论中，认为有了“诚”就有了一切知识，而且这种知识是最可靠的、最根本的知识。另一方面，“明”也可以达到“诚”，“明”的目的就在于恢复“诚”。

精彩语段

唯天下至诚，为能尽其性；能尽其性，则能尽人之性；能尽人之性，则能尽物之性；能尽物之性，则可以赞天地之化育；可以赞天地之化育，则可以与天地参矣。

素富贵行乎富贵，素贫贱行乎贫贱，素夷狄行乎夷狄，素患难行乎患难，君子无入而不自得焉。

在上位不陵下，在下位不援上，正己而不求于人，则无怨。上不怨天，下不尤人。故君子居易以俟命，小人行险以侥幸。

君子之道，辟如行远，必自迩；辟如登高，必自卑。

子曰：回之为人也，择乎中庸，得一善，则拳拳服膺，而弗失之矣。

子曰：道之不行也，我知之矣，知者过之，愚者不及也；道之不明也，我知之矣，贤者过之，不肖者不及也。

最后体现为“中庸”之道的处世哲学。《中庸》认为，“诚”的具体化，就是“中庸”，也叫“中和”、“中道”。《中庸》一书把“中庸”当作处世从政的根本法则。“天下之达道”就是“君臣也，父子也，夫妇也，昆弟也，朋友之交也”。这五者是人人具有的5方面的关系，处理这5方面关系的准则为“君惠臣忠”、“父慈子孝”、“夫义妇顺”、“兄友弟恭”、“朋友有信”。靠通行天下的三达德：智、仁、勇，仁是这三达德的核心。

《中庸》认为，在人与政治制度等政治实体的关系中，人是活的主动的因素，治国之本在人而不是在于政治实体，如制度、法律、已形成的政治传统等。据此主张人治，反对法制和政治。同时《中庸》认为只有修身之人才能处理好德与才的关系。

阅读指导

《中庸》这本书自从被朱熹从《礼记》中提出来以后，便成为了士大夫进身求名的必读书。因此，在阅读该书时，应着重体悟《中庸》一书中所阐释的儒家的生活哲学内涵，体悟“中庸”、“诚”、“明”等概念在现代社会中的意义，从而对自己的人生修养有所裨益。

考工记 / 战国 / 世界第一部手工艺科技专著

作者简介

《考工记》是我国先秦时期的手工艺专著，据考证是春秋末年齐国的官书，作者不详。令人可惜的是，由于年代久远和社会动荡，特别是秦朝统治者的“焚书”暴政，这部珍贵的科学文献一度散佚，直至西汉才重新问世。当时河间献王广征图书，开献书之路，有人献《周官》5篇，失《冬官》1篇，悬赏千金而不得，于是将《考工记》补入代替，所以《考工记》又叫《周礼·冬官考工记》。

背景介绍

春秋战国是我国古代社会大变革的重要阶段，农业、手工业、商业、科学技术此时都有了很大的发展。在手工业中，一方面是原有的操作工艺更为纯熟，另一方面又产生了许多新的工艺，而且分工更为精细，打破了春秋以前“工商食官”的格局，除了官府手工业外，还出现了许多私营的个体手工业。学术百家争鸣，许多士人都重视实践，关心社会的进步和生产技术的发展，鲁班、墨翟、李冰等一些杰出的学者、技术发明家便是这一时期出现的。为了进一步组织和指导生产，需对已获得的生产经验和技术思想进行总结，《考工记》便是在这一社会大背景下产生出来的。

名著概要

今见《考工记》一书是作为《周礼》的一个部分出现的。此书原无名称，《考工记》之名亦是汉代人所起。《考工记》全书记载的范围很广，涉及运输和生产工具、兵器、容器、乐器、玉器、皮革、染色、建筑等项目，每一项目又各自有更细的分工。《考工记》记述了30项手工业生产的设计规范和制作工艺，并在记述各种经验技术知识的同时，力图阐述其中的科学道理。在书中记载手工艺技术的文字中包含了丰富的物理学知识，特别是关于力学、声学、热学的知识，堪称中国古代的物理学技术著作。

《考工记》一书包括两个部分。第一部分约与总目、总论相当，主要述说“百工”的含义，它在古代社会生活中的地位，获得优良产品的自然和技术条件。第二部分分别述说“百工”中各工种的职能及其实际的“理想化”了的工艺规范。书中说国有六职，即王公、士大夫、百工、商旅、农夫、妇功。

在《考工记》的卷首，概述了当时工商业蓬勃兴起、手工业高度发展和分工日细的特征，这表明《考工记》的出现不是偶然的，它是春秋时期手工工业生产中各种工艺技术和操作经验的总汇，是对中国自上古到战国初期的手工艺科技知识的总结，对了解我国古代的科技发展具有重要的意义。

生熟铁冶炼图

《考工记》里提出了世界上最早的合金规律，并能根据火焰和烟气颜色来辨别熔炼进程。

本书的主要科技成就在于：

在金属冶铸方面。“攻金之工·六齐”条谈到了不同使用性能的器物应使用不同成分的合金，说：“六分其金而锡居一，谓之钟鼎之齐；五分其金而锡居一，谓之斧斤之齐……”这是世界上记载最早的合金规律。“㮚氏为量”条谈到了合金熔炼过程中，如何依据火焰和烟气颜色来辨别熔炼进程，这是世界上关于观察熔炼火候的最早记载。

在丝绸漂印染技术方面。“𢌿氏湅丝”条谈到了“以栜为灰，渥淳其帛”，“昼暴诸日”等丝绸漂湅操作，这是我国古代关于灰水脱胶、日光脱胶漂白的最早记载。“钟氏染羽”条谈到了“三入为纁，五入为緅，七入为缁”的染色工艺，这是我国古代关于媒染剂染色的最早记载。这些记载在世界上也是较早的。

在标准化管理方面。“㮚氏为量”条说金属熔炼时，需“不耗然后权之，权之然后准之，准之然后量之”。这是对熔炼工艺的一种规范。又如“车有六等之数”条说：“兵车之轮六尺有六寸，田车之轮六尺有三寸，乘车之轮六尺有六寸。”这是对车轮尺寸的一种标准化管理。若依齐尺（每尺约合 19.7 厘米）推算，此兵车、乘车之轮直径应为 1.30 米；而经测量，河南辉县琉璃阁战国墓出土的 16 号车轮直径正好为 1.30 米。

在力学方面的论述较多，在“轮人”、“輈人”、“弓人”、“矢人”、“匠人”等条都曾涉及。有古代关于滚动摩擦与轮径关系的最早记载，有以沉浮法来确定物体的质量分布，把箭羽作为负反馈控制装置的最早记载，对惯性现象也有明确的记载，书中指出“马力既竭，輈犹能取也”。意思是说，马拉车的时候，马虽然停止前进了，即对车不再施力了，但车还会前进一段距离。此外，《考工记》中还记载了一些其他的力学知识，如力的测量、斜面受力分析、材料强度和建筑施工中的一些力学知识等等。

在声学方面，中国古人就已经认识到了物体发声的高低与物体的振动之间的关

春秋冶铁遗址

系。《考工记》中记载：“凫氏为钟，……薄厚之所震动，清浊之所由出。”意思是说薄钟和厚钟的振动是声音清浊的来源，这里清浊讲的是音调的高低。我们现在知道音调的高低由振动的次数决定，而振动情况与发声物体的厚薄有关。中国古代工匠在公元前3世纪就已经发现了这个道理，并应用于实践。《考工记》中记载：“磬人为磬，让则磨其旁，已下则磨其端。”意思是说，当石制的磬体发声太高，则磨磬体的两旁，使其变薄，振动次数减少，声音就正常了；反之就磨它的两端，使磬体相对变厚，因而提高振动次数，声音就正常了。此外从《考工记》记述制钟、制鼓的文字中可以看出中国古代工匠对声音的音品、响度等概念也有一定认识。

在实用数学方面。“车人之事”条、“筑氏为削”条、“辀人为辀”条、“轮人为轮”条、“矢人为矢”条、“㮚氏为量”条等，都包含有丰富的实用数学知识，并分别涉及到了分数、角度、嘉量容器的计算方法等问题，对后世产生过不同程度的影响。如“车人之事”条谈到了矩、宣、欘、柯、磬折，这是我国最早的一套角度概念。

在天文学方面。“辀人为辀”条谈到了二十八星和四象，且明确地提到了其中一些星的名称，一般认为，这是我国古代关于二十八星最早的较为明确的记载。《周礼·春官·冯相氏》、《周礼·秋官·哲簇氏》虽也提到过二十八星，但都不曾明确地提到星名和四象。

《考工记》中对春秋时期，中国古人所掌握的测温知识也有记载。据《考工记·轮人篇》记载，当用火烧烤一根木条并希望把它弯成轮牙时，只有恰当地控制火候，才能使木条外不断绝，内不折裂，旁不弯曲。在论述熔铸青铜合金时，书中明确记载要先把铜熔化再加进锡料（含有锌、铅），并对冶炼过程中火候、合金颜色的变化进行了准确的描写。今天我们知道，在熔铸青铜过程中，温度的控制是至关重要的，特别要注意缩短液体合金在高温下停留的时间。因为组成青铜的几种原料铜、锡、锌等，铜的熔点最高（1083℃），锡、锌等熔点都远低于这个温度。所以现代冶炼青铜时，都是先把铜熔化，然后加锡、锌等原料。中国古人在两千多年前就掌握了这个诀窍，实在难能可贵。

阅读指导

因为《考工记》是先秦时期的作品，很多术语与现在相差甚远，所以在阅读时，最好翻阅一下字典、词典；其次先从第一部分了解当时获得优良产品的自然和技术条件；最后了解“百工”中各工种的职能及其实际的“理想化”了的工艺规范，这是作者比较有见地的方面。

左传 / 战国 / 中国史学叙事传统的开山之作

作者简介

《左传》是研究春秋历史的最重要典籍；而且在文学史上也有极高的价值。然而这样一部史学和文学的名著，它的作者究竟是谁，历来众说纷纭，莫衷一是。自西汉以来的许多记载，都说《左传》是左丘明所撰。司马迁在《史记·十二诸侯年表序》中称：“鲁君子左丘明惧弟子人人异端，各安其意，失其真，故因孔子《史记》（即《春秋》），具论其语，成《左氏春秋》。”《汉书·艺文志》著录有“《左氏传》三十卷”。班固自注云：“左丘明，鲁太史。”刘歆亦谓：“《春秋左氏》，丘明所修。”然而这个说法是大成问题的。《论语·公冶长》篇载孔子曰：“巧言、令色、足恭，左丘明耻之，丘亦耻之；匿怨而友其人，左丘明耻之，丘亦耻之。”据此，左丘明是孔子尊重的前贤，不是孔丘的弟子，年龄不会小于孔子。但《左传》记事，却说到晋“知伯贪而愎，故韩、魏反而丧之”，还称赵无恤之谥为“赵襄子”。知伯之灭在孔子死后26年，赵无恤之死更在其后，左丘明怎么能活到那时？再说，《左传》的文风绝不同于孔子。可见《左传》的作者绝不会是与孔子同好恶的左丘明。在清代和近现代，还有一些学者如刘逢禄、康有为、徐仁甫等，认为《左传》是刘歆窜乱他书的伪作而托之左丘明。这种说法因论据不足而多为人所不取。究竟《左传》是左丘明写的，或是左史倚相、子夏、吴起所纂，还是哪些人的集体创作？要作一个明晰的结论，实在不是一件容易的事。鉴于《左传》所记涉及孔子死后数十年之事，而其文风又驳杂浮夸，故历来有不少学者，如唐人赵匡，宋人叶梦得、郑樵等，都认为《左传》的作者不是左丘明，而是战国时代的另一个左氏，却又说不出他的名字。

作品评价：

《春秋》及三传作为儒家经典，备受历代统治者的推崇，长期成为封建统治阶级的教科书和科举取士的考试内容。《左传》在唐宋两代被定为“大经”；《谷梁传》和《公羊传》在唐代被定为“小经”，在宋代被定为“中经”。三传与《春秋》合刊，均被列入十三经中。司马迁发扬《左传》的传统，为世人留下了亦史亦文的巨著《史记》，司马光著《资治通鉴》，体裁、手法均深受《左传》影响。

目前一种较有影响的说法，认为《左传》是由吴起纂集而成。此说源自清代的姚鼐、章炳麟，而现代学者郭沫若、童书业、钱穆等都赞同之。

背景介绍

周平王东迁以后，至于春秋战国之际，社会急剧变化，阶级斗争复杂激烈，奴隶主贵族日趋没落，地主阶级逐渐兴起。为了维护各自的利益，他们都必须汲取历史的经验教训。国有大事，互相赴告；会盟朝聘，史不绝书；褒善贬恶，直笔不隐。因此各国史官便自觉地积累了大量的档案资料，以备编纂之用。这时候，从前专门记载王朝、诸侯的诰命和大事记如《尚书》、《春秋》之类，已不能满足新时代的需要，于是产生了以记载各国卿大夫和新兴阶级士的言论以及诸侯各国的政治、外交和军事活动为主要内容的历史，这就是《左传》、《国语》、《战国策》等新型历史著作。

名著概要

《左传》全名《春秋左氏传》，或称《左氏春秋》，是我国古代记述春秋时期周王与各诸侯国事迹的编年体史书。全书共有十八万余字，始于鲁隐公元年（前 722 年），迄于鲁悼公四年（前 464 年），前后长达 259 年。《左传》一书，丰富多彩。其主要内容为春秋列国的政治、外交、军事各方面的活动及有关言论。其次则为天道、鬼神、灾祥、卜筮、占梦之事，作者认为可资劝戒者，无不记载。

《左传》的记事文体大概可分 3 类，每类的来源不同，其史料价值因之而异。第一种是文字比较简短，但有月日，此类应出自当时史官记事，其史料价值最高。其次是一般记事，包括那些零星的故事，一般无时间记载，多半出自各国私人记录，史事与传说都有，一般是可信的，少数是后人插入的，那就不可信了。再其次是一些长篇大论的文章，类似《国语》，很像后人借题发挥，其可信度就很小了，有的是不可信的，当分别观之。

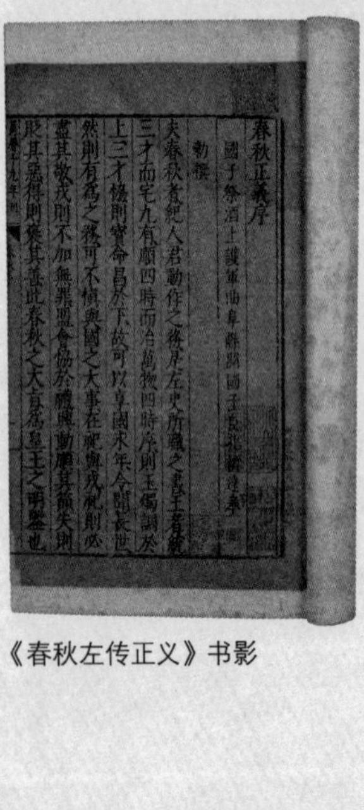

《春秋左传正义》书影

《左传》叙事，往往很注重完整地叙述事件的过程和因果关系，叙事最突出的成就在描写战争。《左传》的战争描写，全面反映了其叙事特点，记录了大大小小几百次战争，城濮之战、崤之战、邲之战、鄢陵之战等大战的描述历来被人们赞不绝口，不计其数的小战役也写得各具特色，精彩生动。一般说来，《左传》写战争，不局限于对交战过程的记叙，而是深入揭示战争起因、酝酿过程及其后果。对事件因果关系的叙述，还常有道德化与神秘化的特点。《左传》是一部历史著作，但作者有时就像一个故事讲述者，把事件叙述得颇具戏剧性。大量生动的戏剧性情节，使这部作品充满故事性。不仅如此，有的叙事记言，明显不是对历史事实的真实记录，而是出于臆测或虚构。《左传》叙事中人物的行动、对话构成了表现人物的主要手段，而绝少对人物进行外貌、心理等主观静态描写。通过人物在重大历史事件中的言行，人物性格得以展现，形象得以完成。《左传》在战争描写中还有许多与整个战局关系不大的事，这些事只是反映了战争的一些具体情状，在战争中并不具有重要意义。《左传》还在复杂的战争过程、政治事件中，大量描写细节。作为历史著作，这些描写内容完全可以不写或略写，但《左传》却大量地描写了这些琐事细节，它们在叙事生动和人物刻画方面具有文学意义。

由于春秋战国时期社会变革的影响，《左传》通过人物言行所表现的进步思想是很显著的。首先是民本思想，例如卫人逐其君，晋侯以为太甚。师旷说："或者其君实甚……夫君，神之主也，民之望也。若困民之主，匮神乏祀，百姓绝望，社稷无主，将安用之？弗去何为？"又说："天之爱民甚矣！岂其使一人肆于民上，以从（纵）其淫，而弃天地之性？必不然矣。"（襄公十四年）师旷这番议论，在从前是不可想象的。他表面上似乎没有摆脱天道鬼神的观念，但实际上却是根据人民利害来发表他的政见的。其次是爱国思想。弦高遇秦兵侵郑，机智地以犒师为名，因而保全了郑国（僖公三十三年）。吴师入郢，昭王奔随。申包胥如秦乞师，七日夜哭不绝声，勺饮不入口。秦竟出兵，败吴而复楚（定公四年）。作者记载这些动人的历史事件，就是有意表扬他们高度的爱国主义精神。

作品特色

尽管《左传》被认为是一部阐释春秋时期鲁国史书《春秋》的作品，但其实质上是一部独立撰写的史书。

《左传》是一部史书，但它又不仅仅是一部史书。它没有对历史事件作客观的罗列，而是以"礼"的规范总结历史、批判人物，为人们提供历史的借鉴。同时，作者敏锐的目光已经深刻地穿透了历史，看透了周王室的衰落和诸侯的争霸，看透了新旧势力的消长和社会变革的趋势。作为一部刚刚摆脱了"巫"文化不久的历史著作，《左传》已经开始表现出"人"的觉醒的力量，这就是至今仍为人们所称道的"民本"思想。一方面，《左传》揭露了贪婪无耻、暴虐荒淫之辈，褒扬了忠良正直之士；另一方面，在《左传》的作者看来，只有尊重人民的权利，才能得到人民的拥护；只有得到人民的拥护，国家政权才能稳固。在《桓公六年》中，作者借师旷之口表明了自己的观点："夫民神之主也。是以圣王先成民而后致力于神。"在《庄公三十二年》，说："国将兴，听于民；将亡，听于神。"这些议论，在以前几乎是不可想象的，然而却实实在在地发生在奴隶社会行将衰亡的时代。表面上看来，天道鬼神的痕迹依然无法抹去，但实质上，“民”已经成为与这些神秘力量平起平坐，甚至高于他们之上的宇宙间的高大形象。在黑暗的奴隶社会，这是怎样的一道人性的曙光啊！由它所埋下的人性觉醒的火种，必然在不久的将来开花结果。

严格来讲，《左传》并不是文学著作，但它却处处孕育着文学的细胞。作为中国第一部大规模的叙事性作品，《左传》的叙事能力比以前任何一种著作都表现出惊人的发展。许多头绪纷杂、变化多端的历史大事件，都在作者笔下处理得有条不紊，繁而不乱。尤其是关于战争的描写，更是曲折完整，精彩动人，为后人所称道、所借鉴。《左传》一书，记录了大大小小几百次战争，不但像城濮之战、鄢陵之战这样的大战役写得惊心动魄、曲折动人，就是那不计其数的小战役也写得精彩纷呈、各具特色。《左传》并不限于对战争过程的描述，而是将战争的远因近因、各国关系的组合变化、战前策划、交锋过程、战争影响，都以简练而不乏文采的文笔一一交代清楚。在那样久远的年代，这种早熟的叙事能力令人感叹不已。而且，《左传》在记叙历史事件与历史人物时，并不完全从史学价值考虑，而是常常注意到故事的生动有趣，常常以较为细致生动的情节，表现人物的形象。这些都使作品充满了浓厚的文学色彩。

在整个中国文学史上，小说与戏剧在很久以后才产生。然而与此有关的文学因素，却在春秋战国时代就借助了历史著作的母胎而孕育着。《左传》正是第一部包含着丰富文学因素的历史著作，它所创立的文史合一的创作传统，既为后代小说、戏剧的写作提供了经验，又为之提供了丰富的素材。

阅读指导

《左传》不仅是一部内容丰富、史料价值很高的重要历史著作，还是一部富有文学价值的历史散文名著。阅读时，可以关注《左传》的语言，特别是对春秋时期几次大规模战争的描写，体会《左传》对行文辞令的表达，既委婉曲折，又刚劲有力。

国语 / 战国 / 中国最早的国别体史书

作者简介

关于本书的作者，历史上多有争议。唐宋以前，人们都认为是与孔子同时代的左丘明所著。比如西汉时的司马迁，在《史记》卷一百三十中提到左丘明整理了这部著作，还有东汉的班固、三国吴的韦昭、唐朝的刘知几等。按照他们的说法，我们可以得知《国语》的成书经过为：孔子作《春秋》后，左丘明为之作传，即《春秋左氏传》。后来，左丘明不幸失明，根据纂著《春秋》时所剩材料，编著了一本《国语》。根据《史记》记载，左丘明在20岁左右时，会见过年老的孔子，而在他编《国语》时差不多70岁了，如果真是这样，那么这部书的形成就不可能早于公元前425年。唐宋以后很多学者对左丘明是《国语》的作者一事提出异议，现代学者中也有人认为《国语》是在战国初年编辑而成，作者有待进一步考证。

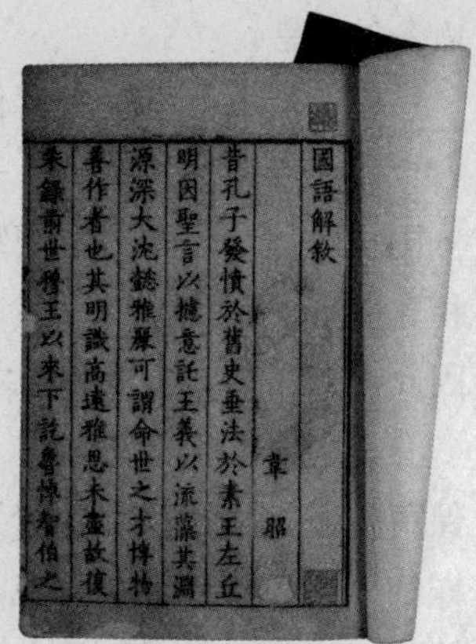
國語解敘
韋昭
昔孔子發憤於舊史垂法於素王左丘
明因聖言以攄意託王義以流藻其淵
源深大沈懿雅麗可謂命世之才博物
善作者也其明識高遠雅思未盡故複
采錄前世穆王以來下訖魯悼智伯之

《国语解叙》书影

背景介绍

随着周平王的东迁，周王朝对于诸侯的控制逐渐受到挑战，各个诸侯国为了自己领土的扩张，攻伐与结盟这两种手段在诸侯国之间被普遍采用。在诸侯国之间的交往中，对于治国方略、外交辞令的要求不断提高，对于前代经验的总结也成了历史的必然。这就是《国语》一书出现的历史背景。

名著概要

《国语》言谈为事实而发，事实又作为言谈的验证。它着重记述“邦国成败，嘉言善语”，故名《国语》。《国语》是我国第一部纪传体史书，所记载史实的时间，上起西周周穆王征犬戎（约前976年），下至韩、赵、魏灭智伯，共约500年间的历史，内容涉及周、鲁、齐、晋、郑、楚、吴、越八国，以记载言论为主，但也有不少记事的成分。这部书不是系统完整的历史著作，除《周语》略为连贯外，其余各国只是重点记载了个别事件。可能作者所掌握的原始材料就是零散的，他只是将这些材料汇编起来，所以各国史事的详略多寡也不一样。其中《晋语》9卷，占全书近半；《周语》3卷；《鲁语》、《楚语》、《越语》各2卷；《齐语》、《郑语》、《吴

作品评价：

《国语》开创了以国分类的国别史体例，对后世产生了很大影响，陈寿的《三国志》、常璩的《华阳国志》、崔鸿的《十六国春秋》、吴任臣的《十国春秋》，都是《国语》体例的发展。《国语》具有较高的文学价值，以其缜密、生动、精练、真切的笔法，在历史散文中占有比较重要的地位。《国语》与《左传》不同，详于记言而略于记事，记言的文笔又略较《左传》浅显。既有史家“尚实录，寓褒贬”的传统，又能运用形象思维来写史，具有较强的文学价值和史学价值。

语》各1卷。

但《国语》不是编年体，它是以国分类。《国语》中《周语》排在最前面，内容也很丰富，它又和鲁、齐、晋、郑、楚、吴、越并列，所以又不像严格意义上的分国史体例。《国语》记载晋国史事最多，内容最丰富，其卷数占整书的近一半，相比之下，其他国的记载就很简略了，如《郑语》，仅记载了桓公与史伯的对话。因此，有人将《国语》称之为《晋史》，也是有一定道理的。

《国语》记有穆、恭、厉、幽、宣、襄、定、灵、景、敬十王的大事，为后代保留了研究周王室的宝贵资料。《国语》的《齐语》专记管仲相齐的业绩，对后人详细了解齐桓公霸业形成之经过大有裨益。《越语》用很大的篇幅，生动详细地记载了越王勾践如何忍辱负重，发愤图强，最终灭吴的历史。《国语》很注重各国贵族的言论。

《国语》以记述西周末年至春秋时期各国贵族言论为主，通过不同风格、特色的语言来塑造人物性格，表述不同人物的思想及命运，记载波澜壮阔的历史大事。《国语》记史，生动、精练，为历代所称道。《吴语》、《越语》记载吴越两国斗争始末，从吴败越，越王勾践卑事吴王夫差，最后终于灭吴，如此大事，包括两国最高层的谋略，大臣的劝谏，两国外交、内政、战争以及人心向背等，大都是通过对话来表现的。除表现重大历史事件外，作者还善于选取一些精彩的言论，用以反映重大社会问题。如《周语》“召公谏厉王弭谤”一节，提出了统治者如何对待民间舆论的问题，对那些专制霸道、妄图用高压手段压制来自人民的批评的统治者提出了警告：“防民之口，甚于防川。”这一著名论断也反映了当时统治阶级中开明之士的重民思想。《国语》中的《鲁语》，记载孔子的言论，含有儒家的思想；《齐语》记管仲谈霸术，含有法家思想；《越语》记范蠡尚阴柔，功成身退，带有浓厚的道家思想。因此，《国语》又是古代思想史研究的资料来源。

《吴语》和《越语》在全书中风格较为特殊。它以吴越争霸和勾践报仇雪耻之事为中心，写得波澜起伏，很有气势。其中写到吴王夫差发兵北征，与晋人争霸中原，事情尚未成功，后院起火，传来了越王勾践袭击吴都姑苏的消息。夫差急召大臣合谋，采用王孙雒的建议，连夜布成3个万人方阵，中军白旗白甲，左军红旗红甲，右军黑旗黑甲，望去“如荼”、“如火”、“如墨”。晋军“大骇不出”，吴王乘势要求晋君让他当盟主，然后连忙撤兵，班师回吴。这一段写得有声有色，宛如后世小说笔法。

《国语》所反映的进步思想虽不如《左传》鲜明，然如祭公谏穆王征犬戎说：“先王耀德不观兵。”又说：“无勤民于远。”召公谏厉王弭谤说：“防民之口，甚于防川。川壅而溃，伤人必多，民亦如之。是故为川者决之使导，为民者宣之使言。”都是很有意义的文章。从文学上的成就说，《国语》远不如《左传》。这从长勺之战可以看出。两书所记，意同而辞不同，一则简练而姿态有神，一则平庸而枯槁乏味。试一比较，优劣自见。

但《国语》记言之文亦有风趣绝佳者，如《晋语》记姜氏与子犯谋醉重耳一段，重耳和子犯二人对话，幽默生动，当时情景如在目前，而《左传》于此过于求简，反觉有所不足。此外《晋语》八记叔向谏晋平公事，滑稽讽刺有似《晏子春秋》；《越语》下载越王勾践与范蠡的问答多用韵语，也各具特色。

阅读指导

凡是研究古代史学的人，都在研究《国语》和《左传》的关系，鉴于此，我们在阅读时，可以把《左传》、《国语》进行比较，因为两者都同是记载春秋时期的历史，都成书于战国时期，可以比较出它们各自的特点。同时《国语》也可与《尚书》比较，虽同属记言之书，但两者还是有其差别。

战国策 / 战国末 / “文辞之最、行人辞令之极”

作者简介

《战国策》是一部记录战国时代谋臣策士的言论与行状的文章集，不是某一人的作品，它是战国至秦汉间纵横家游说之辞和权变故事的汇编，它不作于一时，也不成于一手。战国时代，有人专门从事外交策略的研究，讲究如何揣摩人君主观心理，运用纵横捭阖的手腕，约结与国，孤立和打击敌国，史称纵横家。他们对谈说之术非常重视，为了切磋说动人君的技艺，就不断收集资料，储以备用，有时并自行拟作，以资练习，《战国策》中的许多篇章是这样产生的。由西汉刘向辑录成书，书名也为刘向所定。刘向（约前77～前6年）是汉代著名学者，除经学与文学外，在古籍整理上贡献亦

信陵君夷门访侯嬴　清　吴历

战国时代魏人信陵君广纳贤士，且待人诚恳，当他听说夷门侯嬴十分贤能，便去拜访，并最终以真情感动侯嬴，使其成为自己的门客。

多。汉成帝时，刘向受诏校录群书，《战国策》即其中之一。据刘向《战国策书录》，该书收集的文章，在他以前已以《国策》、《国事》、《短长》、《事语》、《长书》、《修书》等书名流传。他做的工作只是收集，按国别和大体时间排序并除去重复章节。

背景介绍

战国时期是我国古代历史发生剧烈变动的时代。在社会经济方面，由奴隶制转变为封建地主制。在政治方面，由春秋时期小国林立的争霸局面，变为秦、齐、楚、赵、魏、韩、燕七大国争雄为主。这就促使各国国君和贵要人物去重视一些虽非出自世卿之家，但有某方面实际能力的人，形成了盛行一时的“养士”之风。在这种形势的激发下，产生了怀抱各种政治主张的游士，奔走于列国之间，进行游说，希望自己的主张能被当政者采纳，而自己受到重用。

名著概要

汉代刘向按东周、西周、秦、齐、楚、赵、魏、韩、燕、宋、卫、中山十二策分编，共33卷，定名为《战国策》。它记载了继《春秋》以后，至楚、汉之起以前，共245年间的历史。因而此书思想活跃，有许多纵横阴谋之术，不合于儒家的思想，故被儒家所排斥，未得在世广泛传播，后来便渐渐残缺不全。如刘向编订的《战国策》有《蒯通说韩信自立》一篇，曾被司马贞的《史记索隐·淮阴侯列传注》所引，但后来《战国策》中此篇丢失。据《崇文总目》称，共散失11篇。北宋著名文学家曾巩从士大夫的私人藏书中访求书籍，并加以校订，正其谬误，重新凑足了33篇。然而，由于历史的原因，曾巩所校订的《战国策》与刘向所编订的《战国策》在篇目上已有了出入。所以，历史上就存在两种文本的《战国策》，刘向所编为古文，曾巩所校补的为新本。

今本《战国策》的篇目如下：

（一）《西周策》1篇，分为17章。（二）《东周策》1篇，分为22章。（三）《秦策》5篇，分为64章。（四）《齐策》6篇，分为57章。（五）《楚策》4篇，分为52章。（六）《赵策》4篇，分为66章。（七）《魏策》4篇，分为81章。（八）《韩策》3篇，分为69章。（九）《燕策》3篇，分为34章。（十）《宋卫策》1篇，分为14章。（十一）《中山策》1篇，分为10章。以上共33篇，486章。这是元朝泰定二年（1325年），由东阳人吴师道校订的。

《战国策》的学术价值在于，记载了战国时期各个历史阶段的重大事件：

一、战国历史大致可分为3个阶段，自公元前475年至公元前334年是魏国强大和魏齐争霸时期，属战国前期。本期中的重大事件，如魏国霸业的形成，魏、齐的争衡和互尊为王，在《史记》中均语焉不详，若明若昧，主要靠《战国策》保存了这些事件的梗概。

二、从公元前333年到公元前288年齐、秦称帝，属于战国中期。《战国策》所载，此期的大事有：五国相王，齐破燕，苏秦和燕、齐的关系。

三、自公元前287年到公元前221年是战国历史的第三阶段，属战国后期。这是齐、赵削弱，秦国由独立强大到统一的时期。尤其应提出的是《战国策》作为一部纵横家的言论集，特别记载了六国灭亡前夕合纵派游士的活动。战国后期，比较有力量与秦国相抗的是赵国，因为人民习于战争，又有廉颇、赵奢、李牧等名将指挥作战，故“天下之士合纵相聚于赵而欲攻秦”。许多合纵的故事，包括苏秦游说六国之辞和佩六国相印之说，大致都是这个时期编撰出来的。这些聚集在赵国的游士后来被范雎派人分化、收买，最后发生分裂，不再谈合纵，于是张仪为秦破纵连横的故事也就出现了。

《战国策》中所收游说之士的纵横之论，反映了战国时的社会风貌和各国政治、经济、军事、外交的重大活动，生动记载了纵横家们的机智善辩、聪明智慧，使人如临其境，如闻其声。纵横家们在当时的社会大舞台演出了一幕幕生动感人、有声有色的话剧，《战国策》为后人留下了那段历史的宝贵材料。受战国纵横家们的智慧、谋略的影响，至西汉时还涌现了陆贾、蒯通、主父偃、徐乐、邹阳、严助、庄安等一批纵横家。

《战国策》语言流畅犀利，笔调辛辣，善于将寓言故事巧妙地穿插于文中，用以说明抽象的道理，阐述自己的论点，是论辩文的典范。《战国策》中运用工整的对偶和排比法及主客对答、抑客申主的写法，亦为汉赋所继承。《战国策》文笔优美，叙事生动形象，刻画人物栩栩如生，对后世文学产生了深远的影响。汉初著名的散文学家贾谊、晁错、司马迁，宋代的苏洵、苏辙、苏轼的散文都受到《战国策》的影响。

作品特色

和《左传》一样，《战国策》也是一部历史著作。它上接《春秋》，下迄秦统一，以策士的游说活动为中心，反映出这一时期各国政治、外交的情状。它原来的书名并不确定，是在西汉刘向考订整理后，定名为《战国策》。虽然我们习惯上把《战国策》也归为历史著作，但它与《左传》已经有了太多的不同。从春秋到战国，社会已经发生了翻天覆地的变化。周天子至高无上的权威已经荡然无存，作为威胁社会秩序纽带的“礼”也已然断裂，天下诸侯蜂起，战乱频繁，新兴的士阶层日益崛起，逐渐成为历史舞台的主角。在这种情况下产生的《战国策》，生动地反映了时代的气息。《战国策》以大量的事实展示了“士”的重要性，如《齐策四》记载齐宣王重用王斗，王斗举荐5个人出任要职，结果齐国大治；《燕策一》记载燕昭王师事郭隗，招揽

毛遂自荐图 清 吴历

天下之士，结果燕国强大起来，联合五国讨伐齐国。这些布衣之士左右天下局势的事迹被作者津津乐道，甚至加以虚构。他们甚至在诸侯王公面前也毫不掩饰自己的锋芒。在《齐策四》中，道出：“士贵耳，王不贵。”这种思想不仅完全突破了讲究等级尊卑的宗法观念，而且与《左传》的民本思想根本不同。它说明，在社会的巨变中，作为一支新兴的社会力量，士的影响力和地位在不断地上升，自我意识不断地加强，终于要和传统的贵族分庭抗礼了。这样一个战乱频繁的时代，传统的道德在沦丧，传统的伦理在崩溃，人们撕掉了过去笼罩在国家和人际关系方面温情脉脉的“礼”的面纱，而代之以赤裸裸的利益关系。如苏秦始以连横之策劝说秦王并吞天下，后又以合纵之说劝赵王联合六国抗秦。他游秦失败归来时，受到全家人的蔑视；后富贵还乡，父母妻嫂都无比恭敬。于是他感慨道：

> 嗟夫，贫穷则父母不子，富贵则亲戚畏惧。人生世上，势位富贵，盖可忽乎哉！

苏秦在失败时和富贵时人们的态度变化，正说明了那个时代崇实尚利的人际关系实质。名利思想已经侵入了社会生活的各个领域，成为支配人们行为的原动力。围绕谋臣策士的游说活动，《战国策》描写了一大批个性鲜明的人物。上至诸侯王公，下至闾巷细民，三教九流的人物都出现在《战国策》中，使得它的人物画廊空前地开阔。当然，最活跃的还是那些俊雄宏辩之士。他们在历史舞台上纵横捭阖，任意驰骋，转危为安，运亡为存，显示出卓异的风采。作者在叙述他们的事迹时，往往集中笔墨叙写一个人的事迹，通过富于特征的言行表现他们的性格，展示他们的内心世界。同时，作者还使用大量的夸张、渲染和虚构手法，和铺陈、排比、夸张、比喻的手法，造成酣畅淋漓的启示和铿锵有力的文章节奏。这样，就使得奇异曲折的情节与恢奇卓异的人物有机地结合在一起，使作品既文采飞扬，又充满了传奇色彩。《战国策》在叙事写人上取得的成就，以及它绚丽恣肆、词采华丽的文风，在文学史上都具有承上启下的作用。秦汉的政论散文、汉代的辞赋，都受到《战国策》艺术风格的影响；司马迁的《史记》描绘人物形象，也是在《战国策》的基础上的向前发展。

阅读指导

《战国策》一书，因其对战国时代各国之间错综复杂的政治斗争及谋臣策士们在此斗争中的折冲周旋有不少生动的记叙，所以可以作为史书来读。此外，该书叙事记言，起伏跌宕，文笔极佳，又可作为文学书来读。

庄子 / 战国 / 庄周 / 游逍遥、达齐物的智慧结晶

作者简介

庄子像

关于《庄子》一书的作者，自司马迁开始，绝大多数研究者认为：庄子（约前369～前286年），名周，字子休，战国时宋国蒙（今河南商丘东北）人，先秦著名思想家，道家学派的主要代表人物。庄子与梁惠王、齐宣王是同时代的人，较孟子稍晚，为惠施挚友。他曾做过蒙地漆园小吏，管理生产漆的工匠，任职不久即辞官。庄子一生视仕途为草芥，不追逐官禄，因而他家境贫寒，一生穷困潦倒，除讲学、著述外，有时靠打草鞋维持生活，有时靠钓鱼糊口。曾经向监河侯（官名）借过粮食，也曾经穿着粗布麻鞋见魏王。相传楚威王以厚金聘他做楚国的丞相，但他却坚辞不就，后来终身脱离仕途，过着隐居的生活。庄子蔑视权贵，鄙视吏禄，追求个人自由。他猛烈地抨击当时的社会，在文章中大声疾呼“圣人生而大盗起”，直接把矛头指向暴君，表现出对统治者和当时社会制度的不满和蔑视。庄子还是一位十分豁达的文人，面对什么事情都能处之泰然，并练就了一套“喜怒哀乐不入于胸次”的功夫。庄子一生虽处于穷困之中，但他能在逆境中博览群书，这使他具备了丰富的知识和敏锐的思维。庄子的思想与老子相近，推崇并发展了老子的学说，并且“著书十余万言”，后被编成《庄子》一书。

背景介绍

庄子处于战国乱世，当时的许多统治者口尧心桀，盗用仁义之空名，奢谈无定之是非，以行其争权夺利、压迫人民之实，造成了社会黑暗和人生灾难。庄子生活的宋国，当时宋王偃“射天笞地”，荒淫无道，不得人心。在此背景下，庄子对人生的前途和传统的价值观念丧失了信心，产生了悲观厌世的情绪。因而更加推进了老子的自然无为思想。

名著概要

《庄子》亦称《南华经》，根据汉代流传的古本，有52篇，内篇7，外篇28，杂篇14，解说3，共十余万字。但传世的郭象注本只有33篇：内篇7，外篇15，杂篇11。这些是不是都是庄子的著作，历来有争议。一般认为，《内篇》思想连贯，文风一致，是全书的核心，应当属于庄子的著作，《外篇》、《杂篇》冗杂，有可能是庄子门徒或后学所作。

《庄子》以“寓言”、“重言”、“卮言”为主要表现形式，书中绝大部分是寓言。所谓“寓言”指言在此而意在彼；所谓“重言”是借重古先哲或当时名人的话，或另造一些古代的“乌有先生”来谈道说法，让他们互相辩论，或褒或贬，没有一定的定论。所谓“卮言”就是漏斗式的话，漏斗空而无底，隐喻无成见之言。

《内篇》是全书的核心，包括《逍遥游》、《齐物论》、《养生主》、《人间世》、《道充符》、《大宗师》、《应帝王》7篇，各篇各有中心思想，但又具内在联系，反映了庄子的宇宙观、认识论、人生观、道德观、政治观和社会历史观。

《逍遥游》是《庄子》的第一篇，主旨是讲人应该如何才能适性解脱，达到逍遥自由的境界。他认为只有忘绝现实，超脱于物，才是真正的逍遥。庄子认为人生种种苦恼和不自由的根本原因在于“有待”、“有己”，而“逍遥”的境界是“无所待”的，即不依赖外在条件、他力的。

《齐物论》表述了庄子的“天地与我并生，万物与我为一”的思想，强调自然与人是有机的生命统一体，肯定物我之间的同体融合。认为一切事物都是相对的，如果要达到解脱逍遥，就必须齐物，所谓“齐物”就是齐同物。首先，从绝对“道体”的高度来看，认识对象的性质是相对的，处于不断转化之中，其性质因而就无法真正认识。其次，人的主观认识能力和知识的可靠性也是相对的，没有客观标准，所以知与不知是不能证明和区分的。再次，探求事物的是非、真假，应该是没有意义的，因为没有客观标准。所以庄子认为，不论客观万物还是人的内心世界都受“道”的主宰，因而事物的彼此、认识上的是非等都是相对的。

《养生主》主要讲人生观，即养生之道或原则。庄子正面阐述养生的原则，就是要“缘督以为经”，即顺乎自然的中道。而后，又以“庖丁解牛”等具体说明：在错综复杂的社会中，如何找出客观规律以适应现实并“游刃有余”，形体的缺陷不影响养生，养生主要是使精神得到自由，人之生死是自然现象，不必过分感情激

相关链接

《庄子》的文章已经形成了浑融完整的篇章结构，特别是内篇中的作品，每篇有明确的中心思想，有反映中心思想的标题，它们的篇幅大都较长，篇中围绕中心观点展开论述。庄子行文信笔挥洒，不拘一格，文中忽而议论，忽而譬喻，忽而叙事，纵横驰骋，变幻莫测，已经显示出成熟散文的风范来。《庄子》因此而成为先秦散文的集大成者。

名家点评：

其文则汪洋辟阖，仪态万方，晚周诸子之作，莫能先也。

——鲁迅

动而影响养生，养生之道重在精神而不在形体。

《人间世》是讲处世哲学，提出了“心斋”的命题。他认为耳目心智无法去认识道，只有使精神保持虚静状态，才能为道归集，悟得妙道。又以一连串的寓言来说明待人接物要安顺，并说明有用有为必有害，无用无为才是福。

《道充符》主要是讲道德论。通过寓言的形式，写了几个肢体残缺、形状丑陋的人，但他们的道德却完美充实。庄子所指的“德”指领悟大道，因循变化，顺其自然。

《大宗师》的主旨是讲“道”和如何“修道”。“道”是客观存在的，又是看不见摸不着的，其存在不以它物为条件，不以它物为对象，在时空上是无限的，是一无始无终的宇宙生命。万物的生命，即此宇宙生命的发用流行。庄子认为，人们通过修养去体验大道，接近大道，可以超越人们对于生死的执着和外在功名利禄的束缚。修养的方法就是“坐忘”，即通过暂时与俗情世界绝缘，忘却知识、智力、礼乐、仁义，甚至我们的形躯，达到精神的绝对自由。

《应帝王》主要是讲政治。通过寓言来强调“无为”的重要性。

《外篇》和《内篇》中还有许多有价值的思想，如在《秋水篇》中提到物质的无穷性、时空的无限性和事物的特殊性；在《则阳》篇中论述了关于矛盾对立面相互依存和相互作用的思想；《天下》篇是介绍先秦几个重要学派哲学思想的专论。

作品特色

《庄子》艺术上最大的特色，就是善于用艺术形象来阐明哲学道理。庄子认为，至高无上的大道理难以用语言表达，逻辑的语言并不能充分地表达思想，只能借助于直觉领悟。因此，《庄子》采用了“寓言”、“重言”、“卮言”为主的表现形式。所谓“寓言”，意思是言在此而意在彼，作者借助河伯、海神、云神、元气，甚至鸱鸦狸狲、山灵水怪等逸出尘想的艺术形象，演为故事，来讲述一定的道理。所谓“重言”，是借重古先圣哲或当时名人的话，或另造一些古代的“乌有先生”来谈道说法，让他们互相辩论，或褒或贬，没有一定之论。但在每一个场合的背后，却都隐藏着庄子的观点和身影。“卮”是古代的漏斗，所谓“卮言”，就是漏斗式的话。漏斗的特点是空而无底，“卮言”隐喻没有成见的言语。通过这 3 种暗示性的表现方式，《庄子》把深奥的哲理化作具体生动的艺术形象，给读者留下了广阔的想象空间，似乎具有无限阐释的可能性。

在《庄子》中，作者为人们展现了一个奇幻丰富、光怪陆离的艺术想象世界，使得作品充满了浪漫主义的瑰丽色彩。作者向古代神话传说汲取了丰富的养料，再加上自己匠心独运的艺术创造，编制出新奇怪诞的形象和故事，使作品充满了神奇莫测、出人意表的境界。在作者富有想象力的生花妙笔下，小到草木虫鱼，大到飞禽走兽，都获得了人的思想、情趣和性格，而在这些生物的活动以及它们所发的议论中，又表现出作者自己的思想和观点。《庄子》这种恣肆纵横、奇特瑰丽的浪漫主义特征对后世影响极大，后人因此把《庄子》与浪漫主义的另一典范《离骚》并称为“庄骚”。

作品影响

《庄子》一书是道家与道教的经典，对后世产生了极其深远的影响。在封建社会，庄子曾被统治者封为南华真人，《庄子》被封为《南华真经》。从魏晋玄学，到宋代理学，从嵇康、阮籍、陶渊明，到李白、苏轼，再到汤显祖、金圣叹、曹雪芹，《庄子》博大精深的思想影响了一代又一代的中国文人。

庄生梦蝶图 元

此图取材于“庄周梦蝶”的典故，画家将此场景置于炎夏树阴。童子倚树根而眠，庄周袒胸卧木塌，鼾声正浓，其上一对蝴蝶翩然而乐，点明画题。笔法细利削劲，晕染有致。（此图为局部）

阅读指导

《庄子》一书文笔纵横、气势磅礴，使人读来往往有一种心神清旷、超然欲仙的感觉。《庄子》一书的后世注笺本比较多，其中最为有名的是郭象的《庄子注》、郭庆藩的《庄子集释》、王先谦的《庄子集释》、刘武的《庄子集释内篇补正》。文笔风流，发藏掘隐，各具千秋，可以说是读者阅读和领略《庄子》一书神采的理想选本。

韩非子 / 战国 / 韩非 / 法家学说集大成者

作者简介

韩非（约前 280 ~ 前 233 年），出身韩国贵族，战国末期著名思想家，古代法家思想的集大成者。韩非出身于没落贵族家庭，他与李斯都是荀子的学生。当时韩国国势弱小，屡败于秦国，割地损兵。于是，他曾数次上书韩王谏议变法图强，均未被采纳。韩非口吃不善言谈，但下笔滔滔，文辞雄辩，著有阐明自己法治理想的著作《孤愤》、《五蠹》、《说难》等十余万言。在这些书里，韩非总结历史经验教训，陈述自己的政治主张。此书流传到秦国。秦王看后遂有发兵进攻韩国之意。韩安釐王只好派韩非出使秦国以平息战事。韩非到了秦国以后，并没有受到秦王的重用，他曾多次向秦王建议，秦国要先稳住楚、魏二国，进攻赵、齐，暂缓进攻韩国，后又状告上卿姚贾私交诸侯，并警告秦王提高警惕。后来，李斯与姚贾陷害韩非，使之下狱，后来又使之在狱中服毒自尽。《韩非子》是先秦法家集大成者韩非的著作。司马迁在《史记·韩非列传》中说："韩非者，韩之诸公子也，喜刑法术之学……悲廉直不容于邪枉之臣，观往者得失之变，故作《孤愤》、《五蠹》、《说林》、《说难》十余万。"这说明《韩非子》确系韩非所著。

精彩语段

一曰从端参观，二曰必罚明威，三曰信赏尽能，四曰一听责下，五曰疑诏诡使，六曰挟知而问，七曰倒言反事。

尧为匹夫，不能治三人，而桀为天子，能乱天下；君以此知势位之足恃而贤智之不足慕也。

人民少而禽兽众；人民不胜禽兽虫蛇。有圣人作，构木为巢以避群害，而民悦之，使王天下，号曰有巢式。民食果蓏，腥恶臭而伤害肠胃，民多疾病，有圣人作，钻燧取火，以化腥臊，而民悦之，使王天下，号曰燧人氏。

夫言行者，以功用为之的彀者也。

——《韩非子》

背景介绍

韩非生活的战国时代是中国历史上一个大变革、大动荡时代的末期。生产力的发展、经济关系的变革，一方面加强了各诸侯国的经济实力，另一方面使各诸侯国力量的不平衡加剧，于是出现了诸侯国之间更为激烈的兼并战争。在这种激烈的竞争环境下，为争夺人才，各诸侯国广招贤士，为更多的新兴地主与士人进入政治舞台创造了条件。社会现实政治的变化，必然引起人们道德观念和政治思想的转变。各个学派纷纷提出了各自的主张和见解，形成百家争鸣的局面。影响最大的学派当推儒墨道法四家。韩非就是在这样一种时代要求下脱颖而出。

名著概要

《汉书·艺文志》著录"《韩子》五十五篇"与今本《韩非子》55篇相同。《隋书》、《旧唐书》、《新唐书》、《宋史》、《四库全书总目提要》皆著录《韩子》20卷，这说明《韩非子》从先秦流传到现在，基本上没有遗失的现象，这在先秦哲学典籍中，是不多见的。《韩非子》本名《韩子》，后因唐代韩愈的名气越来越大，后人为了加以区别，故改名《韩非子》。

在自然观方面，韩非通过对道家思想的诠释和借鉴，提出了唯物主义自然观：

竹简 秦

韩非的法家思想为秦朝统治阶级采用，这部出土于湖北省云梦睡虎地秦墓的律简，真实生动地记载了秦国是如何以法治国的。

道不是存在于自然界之外，而是存在于自然界万物的生长、变化之中。道是万物的本原，又是万物的总规律。他又引进“理”作为事物的特殊规律。同时他把道和理的关系解释为客观事物的普遍规律和特殊规律的关系。《韩非子》坚持了彻底的无神论，认为天和人各有自己的规律，自然界的天地没有意志。

在认识论方面，韩非受荀子的影响最大。他认为，人们的认识都必须依赖于感觉器官，人的眼睛能看东西，耳朵能够听声音，心能思考问题，这都是人具有的自然属性，所以他称之谓“天明”、“天聪”、“天智”。他说：“目不明则不能决黑白之分，耳不聪则不能别清浊之声，智失别则不能审得失之地。目不能决黑白之色则谓之盲，耳不能别清浊之声则谓之聋，心不能审得失之地则谓之狂。盲则不能避昼日之险，聋则不能知雷霆之害，狂则不能免人间法令之祸。”这就说明了人的感觉和思维器官与认识对象的关系，坚持了唯物主义的认识路线。在认识方法上，韩非主张“去喜去恶”，切忌主观偏见和先入为主的成见来左右人们的认识。

《韩非子》一书，重点阐述了法、术、势相结合的法治理论，主要反映在《难势》、《难三》、《定法》、《扬权》、《有度》等篇中。在韩非看来，商鞅治秦只讲“法”，不讲“术”，不擅“法”，甚至片面强调“势”，这都是不全面的，“皆未尽善也”。只有把“法”、“术”、“势”三者有机地结合起来，才是切实可行的。他说：“君无术则弊于上，臣无法则乱于下，此不可一无，皆帝王之具也。”《五蠹》、《显学》、《诡使》诸篇主要阐述了韩非的社会历史观。他认为，时代变了，治国措施也要变，应以法治代替礼治，以官吏代替师儒，以耕勤之民、力战之士为贵而当赏，以五蠹之民为贱而当除。《显学》篇对儒、墨等显学进行了进一步的抨击和驳斥，认为他们的学说不合时务，无益于当世。《诡使》篇则更明确地指出“道和者乱，道法者治”，主张明智的君主必须禁止儒家等有害于耕战之人，而尊崇能耕善战之士。《孤愤》、《说难》、《难言》等篇述说了推行新政、厉行法治的重重阻难，对占据要位的既得利益者，“贵重之臣”做了深刻揭露和无情申斥，指明“智法之士与当途之人不可两存之仇也”。《奸劫弑臣》、《说疑》、《爱臣》等篇集中揭露权奸近嬖对王权统治的严重威胁及其种种奸术。韩非指出君臣只是互相利用，君臣之交其实是计谋之交，没有情感或道德可言。《解老》、《喻老》两篇是韩非对道家的主要哲学范畴的阐释和发挥。一方面，他认为道是万物的本原，即道是“万物之所以成”。另一方面，他又说道是万物的总规律，即“道者，万物之所以然也”。韩非借解释道家《老子》一书，对《老子》哲学体系的核心“道”进行了唯物主义的改造，赋予了客观物质性的内容。他说：“道者，万物之所然也，万理之所稽也。”在这里，韩非又第一次提出了“理”的概念范畴。“理者，成物之文也……物有理，不可相薄，故理之为物之制。万物各异理，而道尽稽万物之理，故不得不化。”

值得一提的是，《韩非子》书中记载了大量脍炙人口的寓言故事，著名的有“自相矛盾”、“守株待兔”、“讳疾忌医”、“滥竽充数”、“老马识途”等等。这些生动的寓言故事蕴涵着深刻的哲理，以其思想性和艺术性的完美结合，给人们以智慧的启迪，具有较高的文学价值。

阅读指导

在阅读《韩非子》时注意两点：第一，韩非生活在战国末期，受百家争鸣浪潮的激荡，其思想虽以法家为主体，但多少也沾染了百家的色彩，这在书中时时有所体现。第二，可以结合相关著作阅读，历代集注《韩非子》以今人梁启雄的《韩子浅解》最为优异，该书不仅对每篇原著都有题解，而且还对各篇真伪做了考证。

墨子 / 战国 / 墨翟 / 中国逻辑学的代表作

作者简介

墨子，姓墨名翟，春秋战国之际的政治家、思想家，墨家学派的创始人。近代学者一般认为，墨子生于公元前476年左右，卒于公元前390年左右。墨子出生何地，也有争议。《史记·孟子荀卿列传》说他是“宋之大夫”，《吕氏春秋·当染》认为他是鲁国人，也有的说他原为宋国人，后来长期住在鲁国。墨子自称“今翟上无君上之事，下无耕农之难”，似属当时的“士”阶层。但他又承认自己是“贱人”。他可能当过工匠或小手工业主，具有相当丰富的生产工艺技能经验。有学者认为墨子的祖先是宋国的贵族，后来在宋国的内乱中迁往鲁国。到墨子时，已经降为贱人。墨子擅长于车辖、兵器、机械制造，并且曾经与公输班较量过智巧。墨子早年时“学儒者之业，受孔子之术”，后来因为不满于儒家崇尚天命、繁文缛节、厚葬久丧、尚宗费财及爱有差等，就自己成立了一个学派，招收徒弟进行讲学。他把“兴天下之利，除天下之害”作为教育目的，与儒家并峙。在先秦诸子百家中，儒、墨两家号称“显学”，墨子在当时的声望与孔子差不多。墨子“日夜不休，以自苦为极”，长期奔走于各诸侯国之间，宣传他的政治主张。相传他曾止楚攻宋，实施兼爱、非攻的主张。他“南游使卫”，宣讲“蓄士”以备守御。又屡游楚国，献书楚惠王。他拒绝楚王赐地而去，晚年到齐国，企图劝止项子牛伐鲁，未成功。越王邀墨子做官，并许以五百里封地。他以“听吾言，用我道”为条件，而不计较封地与爵禄，目的是为了实现他的政治抱负。墨子一生主要从事讲学和政治活动。墨家学派既是学术团体也是政治组织。墨子倡导尚贤、尚同、兼爱、非攻、节用、节葬等主张，基本反映了广大劳动阶层的呼声，因此，墨子被誉为劳动人民的哲学家。

背景介绍

墨子的生活时代正处在春秋战国之交，奴隶制度已经开始崩溃，封建制度正在逐步建立过程中，这是一个社会大变革时期。墨子代表的是作为小生产者的手工业阶层，他们具有独立的经济地位，但在政治上却没有发言权。社会的动荡给他们带来极大的苦恼，这些小生产者一方面希望社会的变革，一方面又害怕社会变革所带来的混乱给自己造成损失。因此，他们一方面反对传统保守的社会制度，憧憬尧舜禹时代的社会理想，一方面又反对战争，反对暴力，他们幻想通过博爱来实现美好的社会。

名著概要

《墨子》是记载墨翟言论和墨家学派思想资料的总集，由墨子及其弟子乃至后学相递著述而成。《汉书·艺文志》著录《墨子》71篇，今存15卷53篇。全书大致分5个部分：卷一有《亲士》、《修身》、《所染》、《法仪》、《七患》、《辞过》、《三辨》7篇；卷二至卷九共24篇，有《尚贤》、《尚同》、《兼爱》、《非攻》、《节用》、《节葬》、《天志》、《明鬼》、《非乐》、《非命》、《非儒》11个题目；卷十、卷十一有《经上》、《经下》、《经上说》、《经下说》、《大取》、《小取》6篇，通称为《墨经》；卷十二、卷十三有《耕柱》、《贵义》、《公孟》、《鲁问》、《公输》5篇；卷十四、卷十五有《备城门》等11篇。《墨子》记录了墨家的哲学、社会政治学说、伦理思想、逻辑学说、自然科学观点和城守兵法等，尤其是它的逻辑思想，是先秦逻辑思想史的奠基作。

《墨子》的政治思想主要反映在《尚贤》、《尚同》、《非攻》、《节用》、《节葬》、《非乐》诸篇中，主张任人唯贤的用人原则，反对任人唯亲，反对世袭制度，主张从天子到下面的各级官吏，都要选择天下的贤人来充当。墨子反对侵略战争，声援被侵略的国家，并为此而奔走呼号，主持正义。墨子主张对统治者要限制，不能让统治者过骄奢淫逸的糜烂生活。对葬礼，墨子主张节俭，反对铺张浪费。

关于伦理思想主要反映在《兼爱》、《亲士》、《修身》等篇中，墨子的伦理

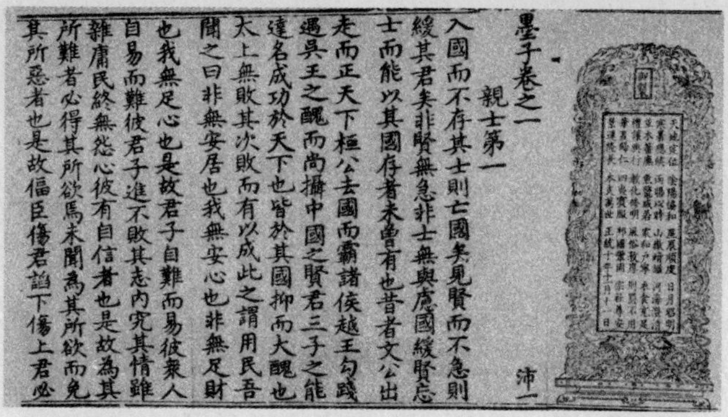

墨子卷之一
親士第一
入國而不存其士則亡國矣見賢而不急則緩其君矣非賢無急非士無與慮國緩賢忘士而能以其國存者未曾有也昔者文公出走而正天下桓公去國而霸諸侯越王句踐遇吳王之醜而尚攝中國之賢君三子之能達名成功於天下也皆於其國抑而大醜也太上無敗其次敗而有以成此之謂用民吾聞之曰非無安居也我無安心也非無足財也我無足心也是故君子自難而易彼衆人自易而難彼君子進不敗其志內究其情雖雜庸民終無怨心彼有自信者也是故為其所難者必得其所欲焉未聞為其所欲而免其所惡者也是故偪臣傷君諂下傷上君必

《墨子》书影

思想以兼爱为号召，以交相利为实质。他认为人们之间不分贫贱，都要互爱互利，主张“兼相爱”，反对儒家的等级观念。国君要爱护有功的贤臣，慈父要爱护孝顺的儿子，人们处在贫困的时候不要怨恨，处在富有的时候要讲究仁义，对活着的人要仁爱，对死去的人要哀痛，这样社会就会走向大同。

墨子的哲学思想主要反映在《非命》、《贵义》、《尚同》、《天志》、《明鬼》、《墨经》诸篇中。墨子一方面倡天志明鬼，一方面非命尚力。他认为，天有意志，创造了一切，天能赏善罚恶，主宰人类一切行为。人类社会秩序的建立，国家的形成，都是天志的体现。天志的核心是兼相爱，交相利。墨子反对命定论，把人力的作用提到十分重要的地位。他主张把知识分为“闻知”、“说知”、“亲知”三类，“闻知”是传授的知识，“说知”是推理的知识，“亲知”是实践经验的知识。同时，在认识论方面，墨子提出了著名的“三表法”：“有本之者，有原之者，有用之者。于何本之？上文之于古者圣王之事。于何原之？下原察百姓耳目之实。于何用之？废以为刑政，观其中国家百姓人民之利。此所谓有三表也。”即要重视历史经验、直接经验和实际效用。

逻辑思想主要反映在《经上》、《经下》、《经说上》、《经说下》、《大取》、《小取》6篇中，其中提出了辩的任务、目的和原则，揭示了概念、判断和推理的实质作用，并做了较科学的分类。《墨经》6篇内容，已构成墨辩逻辑体系，它与亚里士多德逻辑、佛教因明逻辑并称世界三大逻辑体系。在《小取》中论述了辩论的作用，即分析是非的区别，审查治乱的规律，弄清同异的所在，考察名实的道理，辨别利害，解决疑似；还阐述了辩论的几种方式，对推理的研究也甚为精细。

军事思想主要反映在《备城门》、《备高临》、《备水》等篇中，由于墨家主张“兼爱”、“非攻”，因而反对侵略战争，所以它的军事思想主要是积极的防御战术。

《墨子》中有丰富的自然科学知识内容，涉及数学和物理知识的有四十余条，包含了器械制造、冶金化学、动物等自然科学知识。

阅读指导

阅读时要注意墨子前后期思想的差异，特别要注意墨子前期思想中与儒家思想相似的地方。着重把握墨子的逻辑思想，同时可以联系亚里士多德的三段论进行学习。

孟子 / 战国 / 孟轲 / 儒学“内圣”走向的开启者

作者简介

孟子像

孟子（约前 372 ~ 前 289 年），名轲，字子舆，邹国（今山东省邹县一带）人，是战国中期著名的思想家、政治家和教育家，是战国中期儒家学派的主要代表，是孔子嫡孙子思的学生。被尊奉为仅次于孔子的“亚圣”。孟子生于何时，众说纷纭。一般认为他生于周烈王四年（前 372 年）的说法较为合理。孟子的经历与孔子颇为相似。孟子从 30 岁到 40 岁这段时间，主要的活动是收徒讲学，宣扬儒家学说。44 岁时，孟子便带领着学生周游列国，宣扬他的“仁政”、“王道”学说。他游历宋、齐、滕、魏等国，以王道、仁政学说游说诸侯，一度担任过齐宣王的客卿。鲁平王即位以后，他的弟子乐正克为政，孟子曾到鲁国，但未曾见用。滕文公即位后，孟子又来滕国。梁惠王十五年，孟子到魏国，这时已经 70 岁左右。次年，惠王死，襄王嗣位，孟子就离开了。但是孟子所处的时代，是各国诸侯互相兼并的战国时代，各国统治者只讲争霸争利，怎么会相信孟子的“性善”论和“仁政”学说呢？孟子在实践中不断碰壁后，晚年和学生一起，“序《诗》、《书》，述仲尼之意，作《孟子》七篇”。（《史记·孟子荀卿列传》）孟子结束周游生活后，83 岁去世。

背景介绍

战国以来，由于社会经济的迅速发展，各地区间经济、文化联系的日益密切，割据混战的局面已成为社会经济进一步发展的严重障碍。在尖锐激烈的社会变革和错综复杂的社会矛盾下，各个学派的代表人物都提出了自己的思想主张。他们著书立说，聚徒讲学，成为那个时期学术界、政治界的活跃人物。各派各家之间展开激烈争论，各自宣传自己的主张。

名著概要

司马迁在《史记》中说“作《孟子》七篇”，但班固在《汉书·艺文志》中却说“《孟子》十一篇”。现在一般认为是《孟子》七篇，即《梁惠王》、《公孙丑》、《滕文公》、《离娄》、《万章》、《告子》、《尽心》。本来《孟子》七篇并没有分上下篇，到东汉赵岐著《孟子章句》时，才把七篇分为上下篇，后来加以沿用。在形式上有模仿《论语》之处，亦是摘取每篇开头的几个重要字眼来命名，并没有别的意义。《孟子》一书以问对、答辩方式展开，以驳论为主要的论证方法，与语录体散文《论语》略有不同。《孟子》翔实地记载了孟子的思想、言论和事迹，保存了丰富的历史资料，是研究孟子思想和先秦文学、历史、经济和哲学的重要著作。孟子的政治思想是行“仁政”，即主张以德政争取人心，统一天下。“仁政”学说的新发展是“民为贵，社稷次之，君为轻”的民本主义思想。“仁政”学说的理论基础是性善论。孟子认为人生而具有天赋的“仁心”，即善的本性，这是实行“仁政”的保证。为了实施“仁政”，孟子还提出“劳心者治人，劳力者治于人；治于人者食人，治人者食于人”的社会分工论，反对“君民并耕”的主张。孟子认为王权是“天”授予，“天”是宇宙万物的主宰，“天”意通过贤明的君主来实现。他十分强调人的主观能动性，主张“万物皆备于我”。强调思想的作用，重视理性认识。

《孟子》一书的思想可以概括如下：

第一，仁者无敌。《孟子》一书中，反映最突出的是仁义思想。仁是儒家学说中的中心，孔子常讲仁很少讲义，孟子则仁义并重。孟子的性善说是他仁政思想的理论基础。他说：“先王有不忍人之心（即善性），斯有不忍人之政（即仁政）矣。”孟子把法家的以法治国、以力服人、用暴力实现统一称为霸道，把儒家的以仁政治国、以德服人称之为王道，并且孟子深信“仁者无敌”。在此基础上，孟子提倡“民为贵，君为轻”的思想，把能否赢得民心看作是统治者成就伟业的关键，提倡“省刑罚，薄税敛”，“不违农时”等主张。在后来封建社会历史上，对于反对暴政、反对横行暴敛、要重视人民的吃饭穿衣问题有很好的影响。

第二，人皆可以为尧舜。孟子超凡的胆略和自信，源于他对人性的思索。孟子认为，每个人都具有与生俱来的善端，只要个体能够自觉地实行仁义礼智，经过努力就都

相关链接

《孟子字义疏证》是清戴震的代表作，他借疏证孟子来阐发自己的政治和哲学思想，抨击了程朱理学。《疏证》由序及上、中、下三卷组成，序用简洁的语言说明了《疏证》的写作目的和主要内容，卷上包括“理”15条，批判了当时占统治地位的程朱理学，对儒家理论做出新的解释；卷中包括“天道”4条，批判了程朱理学的谬说。“性”9条，借解释孟子“性善论”集中批判了程朱的“性即理”，全面阐述自然人性论的观点；卷下表述了性善才美的看法，阐发了伦理道德观。

可以成为像尧舜那样的圣人。他的“人皆可以为尧舜”的观点，被人们发展为不迷信任何权威的主张。他不仅有这种观点，而且还常常以古代圣贤为榜样，激励自己奋发向上。孟子的性善论有个根本的观点，那就是认为仁义礼智的本性，具体表现在人们服从现实社会的君臣、父子等伦理关系这些方面。他主张尚贤，重视修养，提倡为臣的要以仁义规劝君主，反对阿谀奉承，这有益于培养士大夫知识分子的骨气，有益于澄清吏治、限制朝廷的胡作非为。

第三，“乐以天下，忧以天下”。孟子与孔子相似，都想做一个周公式的贤相，以辅佐当世的圣君，实现大治天下的伟业，并且在气魄和胆略上还略胜一筹。孟子在他的书中表露出这样的观点：要等待文王兴起后才振作的人，是平庸的凡夫，杰出能干的人才即使没有文王也能振作。他认为自己是民众中的先知先觉者，有责任以正道去启发引导天下万民。他认为，历史上每经五百年必定有圣王兴起，其中还必定有声望很高的辅佐者。那么从周朝到孟子生活的年代，已经有七百多年了，且逢诸侯争霸、烽烟四起的乱世，以他的眼光看，正当仁人志士有作为的时候。孟子认为，社会责任感是人和动物相区别的根本标志，人不能只考虑自身的完满，而必须为他人和社会做出贡献。这种“乐以天下，忧以天下”的精神是《孟子》中最富感染力的部分。

作品特色

《孟子》的文章体现出高超的辩论艺术。为了让自己的“仁政”理想推行天下，孟子动辄便与人言辞交锋，唇舌开战，而且必欲争胜。他曾经说过：“吾善养吾浩然之气。”（《公孙丑上》）这种浩然之气，是一个正直笃行的士大夫对仁义道德进行坚持不懈的修炼，从而形成一种至大至刚、充塞于天地之间的人格魅力。由这种人格魅力所决定，《孟子》在嬉笑怒骂之间传达观点，绝不作吞吞吐吐之状，感情激越，词锋犀利，气势恢宏，如长河大浪磅礴而来，横行无阻，震荡乾坤。他对自己憎恶的人物与现象总是予以辛辣讽刺，猛烈抨击，毫不留情，因此文章总是显得理直气壮，义正辞严。他对自己的理想、信念坚信不移，每当述及理想的时候总是激昂慷慨，深情无限。例如“鱼我所欲也”、“天将降大任于斯人也”两章以及向齐宣王宣扬仁政的威力等处，或悲壮，或庄严，或热情洋溢，都具有强烈的抒情性。这些作品不仅有

孟母择邻 版画

凌轹一切的理论力量，而且使读者受到感染。这种理直气盛的做人和行文的风格，以其巨大的魅力，影响着后世一代又一代的作家。在与人辩论中不管对方是国君还是平民，他都能不卑不亢，有理有据，从容陈词，步步紧逼，纵横捭阖，有时因势导利，有时犯颜诘问，尤其善于抓住对方心理、抓住对方破绽展开长篇大论，大有战国纵横家的气概。

《孟子》的文章又以善用譬喻见长。孟子喜欢在说理文章中结构故事、使用寓言、恰切比喻，以阐述深奥的理论问题。这些譬喻大都从现实生活中取材，平易通俗而又发人深省。比如，他把百姓盼望仁政比作"大旱之望云霓"，把道义与生命的关系比作鱼和熊掌等，都浅显易懂，形象生动。书中的寓言大都不长，其中很少刻意渲染，但又寓意鲜明，涉笔成趣。如"日攘邻人之鸡"、"奕秋"等，都颇为生动传神。

阅读指导

《孟子》一书，主要着眼于孟子的"性善论"、"仁政论"和"义利观"。在解析"性善论"时，最好能够纵观历史上关于"人性"的看法，这样能加深对"性善论"的理解。

吕氏春秋 / 秦 / 吕不韦 / 诸子百家思想的总结

作者简介

吕不韦（？~前235年），战国末年秦相。原是卫国濮阳（今河南濮阳西南）人，后来到韩国经商，成了"家累千金"的"阳翟大贾"。吕不韦在赵都邯郸见人质于赵的秦公子子楚（即异人），认为"奇货可居"，遂予重金资助，并游说秦太子安国君宠姬华阳夫人，立子楚为嫡嗣。后子楚与吕不韦逃归秦国。安国君继立为孝文王，子楚遂为太子。次年，子楚即位（即庄襄王），任吕不韦为丞相，封为文信侯，食河南洛阳10万户。没过几年，庄襄王死去，年幼的太子政立为王，即后来的秦始

作品评价：

《吕氏春秋》是中国历史上最早的一部具有一定规模和统一系统的私人学术著作。它以生活的具体实践和一定的体验为基础，对先秦诸子百家的观点进行批判地继承，包含了丰富的思想内容。它吸收了各种不一致的学说，反映了当时全国走向统一的趋势。它所提供的一些寓言故事，至今脍炙人口，富有启发意义。但因其中诸家杂陈，远比不上《荀子》和《韩非子》的总结所达到的理论深度。杂家自称是在做集腋为裘的工作。

皇，尊吕不韦为相国，号称“仲父”。至此，吕不韦在政治上达到了空前显赫的地位。门下有食客3000人，家僮万人。命食客编著《吕氏春秋》，有八览、六论、十二纪，共二十余万言，汇合了先秦各派学说，“兼儒墨，合名法”，故史称“杂家”。执政时曾攻取周、赵、卫的土地，立三川、太原、东郡，对秦王政兼并六国的事业有重大贡献。后因叛乱事受牵连，被免除相国职务，出居河南封地。不久，秦王政复命其举家迁蜀，吕不韦自知不免，于是饮鸩而死。

背景介绍

战国时期，由于社会经济的快速发展，各地区间经济、文化联系的日益密切，割据混战的局面已成为社会经济进一步发展的严重障碍，实现全国统一在战国后期已成为历史发展的必然趋势。当时各国都想以自己为中心来实现统一，为实现统一的目的，必定要进行兼并战争。当时秦国的变法比较彻底，在兼并战争中，无论军事、政治、经济等各方面，都逐步取得了压倒性的优势。

名著概要

《吕氏春秋》，又名《吕览》，战国末年秦相吕不韦集合众多门客共同编辑。完成于秦始皇八年（前239年）。该书是以儒家学说为主干，以道家理论为基础，以名、法、墨、农、兵、阴阳家思想学说为素材，以封建大一统政治需要为宗旨，熔诸子百家之说于一炉的理论巨著。全书分十二“纪”、八“览”、六“论”三大部分，共160篇，二十余万字。

《吕氏春秋》对先秦诸子的思想进行了总结性的批判，它写道：“老聃贵柔，孔子贵仁，墨翟贵廉，关尹贵清，列子贵虚，陈骈贵齐，阳生贵己，孙膑贵势，王廖贵先，儿良贵后。”《吕氏春秋》并没有均等地对待各派学说，并没有简单地把各家观点原封不动地糅合在一起，而是赋予所吸收的各家学说以新的内容，以儒家思想为主干融合各家学说。它改造和发展了孔夫子开创儒家学派时的儒家思想。如关于儒家维护“君权”的思想，在《吕氏春秋》里，实质虽然没有变，但有其独特的形式，它主张拥立新“天子”，即建立封建集权的国家。对法家、农家、墨家和阴阳家的思想，《吕氏春秋》也是遵循这一原则。《吕氏春秋》中的法家是儒家化了的法家，墨家是兵家化了的墨家，如此等等。

吕不韦像

《吕氏春秋》依照预定计划编写，有明确的目的，有大体上统一的学术见解。全书分纪、览、论3部分，以纪为主干。按其形成而论，十二纪是采用阴阳家的《月令》作为章法，仿照《管子》的《幼官》和《幼官图》作的。它把一些论文分配在春夏秋冬四季之下。《吕氏春秋》分配在春季之下的论文都是阐述养生方法的，分配到夏季的论文大部分是有关教育和音乐的，把主要是兵家和法家关于战争的论文分配到秋季，把提倡忠信、廉洁、气节、中庸、节葬等内容的论文分配到冬季。

《吕氏春秋》的《八览》、《六论》则分门别类地对其他一些问题进行了论述。天文、地理、政治、经济、生产技术等无所不及，每览8篇，每论6篇。

《吕氏春秋》中有不少朴素的唯物主义思想和朴素的辩证法思想。在关于物质起源的问题上，认为“太一”是万物的本原，世界万物都是从“太一”那里产生出来的，由阴阳二气变化而成的。“太一”就是“道”的名称，是看不见摸不着，没有形状的“至精”的气——“精气”。“精气”派生的万物是在不停地运动着，上至天上的日月星辰，下至地上的水泉草木，都处于不断的运动变化的状态中。在认识的来源上，《吕氏春秋》认为人的知识绝非天生，而是从学习中得来的；在认识的方法上，主张要想取得对事物的正确认识，必须去掉主观偏见，强调认识事物还要随着客观情况的变化而变化；在社会历史观方面，承认社会历史是不断变化发展的，社会历史是一个统一的、前后相连的历史，是不能割裂的。了解今天的事情，有助于了解古代的事情，知道古代的事情，对了解今天的事情有帮助。

阅读指导

《吕氏春秋》对先秦诸子的思想进行了总结性的批判，值得注意的是并没有照搬，而是吸收，并且随着时代的变化而增加了新的内容。它其中所提供的一些脍炙人口的寓言故事，则更应细细品味，慢慢斟酌。

淮南子 / 西汉 / 刘安 / 西汉前期道家思想的系统总结

作者简介

《淮南子》又名《淮南鸿烈》，西汉初年淮南王刘安及门客李尚、苏飞、伍被等共同编著。刘安（前179 ~前122年），汉高祖刘邦的少子淮南厉王刘长的儿子，汉武帝刘彻的皇叔。刘长谋反死后，汉文帝封刘安为淮南王。刘安智慧过人，很有文才，

作品评价：

《淮南子》是一部百科全书式的学术著作，有人说比《老子》更系统，比《论语》、《孟子》更深刻，比《墨子》更全面，比《庄子》更现实。坚持唯物主义认识论，反对神学目的论，坚持认识论上的唯物主义，把认识描绘成一个过程，强调按客观规律办事，发挥众人智慧和力量的无为而治，反对封建统治者任情纵欲的压榨、骚扰人民和独断专行等，这些思想无疑具有进步的意义。《淮南子》对后世有一定的影响，许多哲学家从不同的方面对它进行了批判或吸收。

好读书鼓琴，不喜欢驰骋射猎。他对中央心怀怨恨，常常想要叛逆。他用施恩行惠的方法争取人心，召集宾客方术之士数千人为羽翼，究天论地，著述立说，使淮南成为当时全国重要的学术中心。汉武帝时，淮南王刘安招集以道家为首的百家游士，仿秦吕不韦著《吕氏春秋》，集体写作《淮南内》21篇，又名《淮南子》或《淮南鸿烈》。“鸿”是广大的意思，“烈”是光明的意思，作者自认为此书包括广大而光明的道理，所以称为《淮南鸿烈》。由于后来谋反事发，刘安自杀。

背景介绍

汉王朝高层多来自民间，他们参加过农民起义，了解人民力量的伟大，采取了比较符合人民要求的“轻徭薄赋”、“无为而治”的政策。经过汉初六七十年的休养生息，社会经济得到了迅速的恢复和长足的发展，出现了空前繁荣的局面。在思想领域，汉武帝接受董仲舒的建议，罢黜百家，独尊儒术，结束了战国以来“百家争鸣”的局面。

名著概要

《淮南子》认为：宇宙万物的总根源是“道”，是道始于一，不是道生一。在天地未形成之前，大宇宙是一个浑然一体、没有定形的“一”。既然世界万物的最后根源是物质的“一”，那么万物的产生及其发展就绝不是有意志的天安排的，而只能是一个自然而然的过程。天极尽高，地极尽厚，白天日光普照，晚上众星闪亮，阴阳的变化，并不是什么天有意志的体现，而是按照万物自然而然发展变化的。阴阳四时，并不是为了生成万物而代御，雨露也不是为了滋养草木而降。万物的生长不过是自然的神妙作用和阴阳变化的结果罢了。

《淮南子》认为，人类历史也有一个混沌纯朴的时代，称之为“至德之世”。“至德之世”以后，社会发生了大动荡，急剧地向两极分化，一方面，人主、贵族极尽宫室、花园之乐，另一方面，黎民百姓无所归宿。同时《淮南子》认为生产技术的进步是必然的现象，技术的进步是适应人民克服困难、趋利避害要求而产生的，不应该因循守旧，而应该日新月异。生产技术是不断发展的，社会也是不断进化的，

“一人得道，鸡犬升天”版画

那么法令制度也应当适应时代的需要而相应地改变。这些观点自然有助于汉初封建王朝建立新的法制。

《淮南子》认为，既然自然性是社会历史发展的最高原则，那么，统治者要治理好国家，就必须遵循事物的自然规律，实行无为而治。无为而治的内容可以概括为两个方面：一方面要“循理”，不要纵欲。这就是要求君主在施政方面按客观规律办事，不要放纵个人欲望。君主施政治国必须重视人民的吃饭问题，这是国家的根本问题。衣食有余，封建道德观念就会加强，封建秩序就会安定和巩固。反之，社会就会发生争夺暴乱，统治地位就会动摇。因此，君主要把保证人民的衣食问题当作一个根本问题。《淮南子》还提出了保证人民衣食之源的方法。另一方面，要“因资”，不要自用。这就是说在用人方面，要求君主放手任用众人的才智，不要自作聪明地包揽一切，这乃是“君道无为”的重要内容。它要求君主虚心好学，集中众人的智慧。同时主张发挥每一个臣下的长处，反对君主干涉职能部门的工作。如果君主与臣下争能，官员就会无所事事，顺意取宠。众人的才智藏而不用，君主势必弄得智穷力竭，成为孤家寡人。君主的本职工作应该是“无为而有守也，有立而无好也”。即君主不应该做具体工作，而是把操守“法律度量”、驾驭臣下当作本职工作。在立法和持法时，要合乎民心，执法要以身作则。要重视众人的智慧和力量，能较正确地对待个人与众人的关系。

在认识论上，《淮南子》首先承认有独立于人们主观意识之外的外物的存在，但是，这个外物不是不可知的，人具有反映外物的能力，这个外物是可以被人所反映、所认识的。书中还提到认识过程中掌握原理和正确方法的重要性，只要遵循事物的普遍法则，根据天地本来的样子去对待事物，认识和处理天下所有事物并不是难以企及的事情。

阅读指导

《淮南子》一书将道家、阴阳家、墨家、法家和一部分儒家思想糅合在一起，但倾向于先秦道家，所以在阅读时要加以辨别，如《淮南子》中对于“道”的阐述就不同于《道德经》，关于“无为而治”的论述也有所不同，只有注意不同点，才能更好地把握此书的精髓。

史记 / 西汉 / 司马迁 / “史家之绝唱，无韵之离骚”

作者简介

司马迁像

司马迁，字子长，汉朝左冯翊夏阳（今陕西韩城）人。他大约生于汉景帝中元五年（前145年），约卒于汉武帝征和三年（前90年），是西汉著名历史学家和散文家，自幼深受父亲司马谈的学术思想熏陶。他的父亲司马谈，是汉武帝时的太史令，崇尚道家，曾以黄老学说为主，著有《论六家要旨》，对儒、墨、名、法、阴阳、道等各家学说，进行过批判和总结。这种家学传统，对司马迁影响很大。司马迁自幼好学，博闻强记，10岁的时候便通读《左传》、《国语》等史籍。青少年时，向古文学家孔安国学过《古文尚书》，向今文学家董仲舒学过《春秋》、《公羊传》。他涉猎的范围很广，使他积累了丰富的文化知识，精通天文历法、史学、儒学等各家学说。20岁时，开始到各地游历，足迹遍及名山大川，从而更广泛地领略到人间冷暖和风土民情。此次远游，使他开阔了眼界，认识了社会，积累了知识，并对其进步历史观的形成产生了巨大的影响。回长安以后，入仕郎中，其间随武帝巡游了很多地方。元鼎六年（前111年）奉命“西征巴蜀”，到达邛、笮、昆明一带，从而进行了第二次大游历。元封元年（前110年），父亲司马谈病逝，元封三年，即继任父职做了太史令，时年38岁。这样，使他有机会阅读宫廷收藏的大量文献典籍。此时，在司马迁的主持下，于太初元年（前104年）冬

> **精彩语段**
>
> 天下熙熙，皆为利来；天下攘攘，皆为利往。谚曰：“千金之子，不死于市。”
>
> ——《史记·货殖列传》
>
> 天子为治第，令骠骑视之，对曰：“匈奴未灭，无以家为也。”
>
> ——《史记·卫将军骠骑列传》
>
> 信曰：“狡兔死，良狗烹；高鸟尽，良弓藏；敌国破，谋臣亡。天下已定，我固当烹。”
>
> 吕后曰：“人生一世间，如白驹过隙，何至自苦如此乎？”
>
> ——《史记·淮阴侯列传》
>
> 豫让曰：“士为知己者死，女为说己者容。”
>
> ——《史记·刺客列传》
>
> 传曰：“鸟之将死，其鸣也哀；人之将死，其言也善。”
>
> ——《史记·滑稽列传》

制成新历——《太初历》。同年，司马迁开始撰写巨著《史记》。专志写作的司马迁因李陵之祸而被武帝下狱并遭腐刑。他在身心上受到极大摧残，痛苦之中，数欲“引决自裁”，但恨《史记》未能成稿，遂以坚韧不拔的精神，忍辱发愤地过了8年。出狱之后，任中书令，继续笔耕。征和二年（前91年），历经16年终于完成《史记》的写作。司马迁大约卒于汉武帝末年，只活了五十多岁。这部巨著问世之后，当时称为《太史公书》或《太史公记》，也叫《太史公》。

背景介绍

司马迁生活在充满阶级矛盾的汉武帝时代，此时西汉已开始从鼎盛走向衰弱。刘邦建立西汉政权后，为了稳定和巩固统治地位，采取了一些轻徭薄赋、休养生息的政策。经过“文景之治”，到汉武帝继位时，西汉经济达到了空前的繁荣。随着经济形势的好转，汉武帝采取了一系列削弱同姓诸王的措施，使封建专制主义的中央集权制得到了进一步强化。在经济繁荣的基础上，汉武帝在北方抗击匈奴，向西打通了西域，往南开辟了西南，使西汉成为大一统的封建帝国。与此同时，汉武帝好大喜功，连年对外用兵，耗费了巨大的人力、物力和财力，出现了“海内虚耗，户口减半”的局面。所以其在位期间，农民与地主阶级的矛盾日益尖锐，暴动、起义事件时有发生。这就从思想上给司马迁打上了充满矛盾的时代烙印。

名著概要

《史记》全书130篇，由本纪12篇、表10篇、书8篇、世家30篇、列传70篇组成，计52.65万字。它记载了上起黄帝轩辕氏，下迄汉武帝太初四年（前101年），近3000年的历史。

司马迁的伟大历史功绩之一，在于他开创了新的历史著作的编写方法，它就是后世史学家所称誉的“纪传体”。它由“本纪”、“表”、“书”、“世家”、“列传”5种体例组成。《史记》的五体结构是一个完整的体系。

“本纪”是全书的提纲，按编年记载历代帝王的兴衰和重大历史事件。专取历代帝王为纲，以编年的形式，提纲挈领地记载了上起轩辕，下迄汉武这一历史阶段的国家大事。

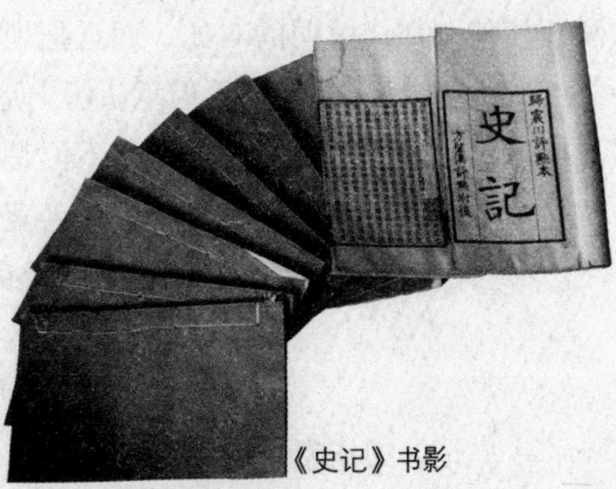

《史记》书影

“十表”以年表形式，按年月先后的顺序，记载重要的历史大事。以清晰的表格，概括地排列各个历史时期的人事，或年经国纬，或年纬国经，旁行斜上，纵横

名家点评：

史家之绝唱，无韵之离骚。

——鲁迅

百代而下，史官不能易其法，学者不能舍其书，六经之后，唯有此作（《史记》）。

——郑樵

有致。分世表、年表、月表3类，以汉代年表为详。

“八书”记载各种典章制度的演变，以及天文历法等，以叙述社会制度和自然现象为主体，对礼乐、天文、历法、经济、水利等制度的发展状况进行了系统记述，具有文化史性质。

“三十世家”记载自周以来开国传世的诸侯，以及有特殊地位的人物事迹；其中主要包括春秋战国以来的诸侯国君、汉代被封的刘姓诸侯子侄以及汉朝所封的开国功臣。此外，还有《孔子世家》、《陈涉世家》和《外戚世家》。

“列传”记载社会各阶层代表人物的事迹，其中有著名的思想家、政治家、军事家、文学家等，还有循吏、儒林、酷吏、游侠、刺客、名医、日者、龟策、商人的传记。该部分以“扶义倜傥，不令己失时，立功名于天下”为标准。最后，还专录《太史公自序》一篇。

《史记》作为我国古代第一部正史，包括政治、经济、军事、文化、少数民族和外国历史等丰富的内容。具有以下长处：首先，发凡起例，创纪传史书体裁。秦汉以前，诸朝列国史书体例纷杂，记事笔法各异，鉴于这种情况，太史公确立以人物为中心的述史体系，首创五体，互为表里。因此，《汉书》以降，直至《明史》，整个封建正史全都袭用纪传体例，除断代为书之外，“少有改张”，就连民国期间成书的《清史稿》也一仍其旧而未变动。其次，立意深刻，具有进步的历史观。《史记》中，歌颂什么，反对什么，态度是十分明朗的，他痛恨封建专制的残暴统治，歌颂人民的反抗斗争，同情人民所受的痛苦。比如，对于我国历史上第一次农民起义，司马迁在《史记》中，把陈胜、吴广两人的事迹列入“世家”，而且将陈胜比作汤、武，肯定他们推翻暴秦的历史功绩。又如，他也尽力描写推翻暴秦的项羽的英雄气概来和狡诈的刘邦作鲜明的对比，而且把项羽的事迹列入“本纪”，不因项羽失败而抹煞他的历史地位。司马迁不但承认历史是发展变化的，而且还试图从历史生活现象中，去寻求历史变化的原因。司马迁不但是中国史学家之父，也是全世界古代伟大的历史学家之一。《史记》和希腊史学名著相比较，它的特点在于全面性，尤其是对于生产活动、学术思想和普通人在历史上的地位的重视。

阅读指导

《史记》的作者主要通过史例来选择、组织、论述史料，读者可以扣住史例来分析和评价历史。读者可以在对客观史实的叙述过程中，来感悟司马迁的观点。由于作者在某些章节上的写法是“显古隐今”的，读者可以委婉含蓄地看出作者的观点。

汉书 / 东汉 / 班固 / 中国第一部纪传体断代史

作者简介

班固（32 ~ 92 年），字孟坚，东汉扶风安陵（今陕西省咸阳市东）人。班固出身于一个世代显贵豪富的家族，并有家学渊源。父亲班彪，字叔皮，到东汉光武帝时，官至望都长。班彪博学多才，专攻史籍，是著名的儒学大师。他不满当时许多《史记》的续作，便作《后传》65 篇，以续《史记》。班彪有二子：班固、班超。班超为东汉时通西域的著名将领。班固从小就非常聪明，9 岁便能作诗文，长大之后，班固熟读百家书，并深入研究。渊博的学识以及很强的写作能力，为他以后的作史创造了十分有利的条件。在他 23 岁那年即建武三十年（54 年），班彪去世，班固私自修改国史，因此被捕入狱。他的弟弟班超赶到洛阳，为班固申辩。当明帝审阅地方官送来的班固的书稿时，十分欣赏班固的才华，并任他为兰台令史，负责掌管图籍，校定文书。此后他与陈宗、尹敏、孟异等共同撰成《世祖本纪》。随后迁任为郎，典校秘书。班固后又写了功臣、平林、公孙述的列传、载记 28 篇。后来明帝又命令班固继续完成他原来所欲著述的西汉史书。班固通过一再的思索之后，经过潜精积思二十余年，终于在建初七年（82 年）完成了《汉书》。《汉书》一写成，影响就很大。和帝永元初年（89 年），班固以中护军随大将军窦宪出征北匈奴。永元四年（92 年），窦宪以外戚谋反而畏罪自杀，班固因此受到牵连。先被免官，后有人因曾受班固家奴侮辱，便借机搜捕班固入狱。不久，班固死于狱中，时年 60 岁。班固死后，《汉书》尚未完成的八表和《天文志》主要由班固的妹妹班昭继续完成。

背景介绍

班固生活的时代，正是东汉社会生产发展、经济文化繁荣的时期，这就为史学的

相关链接

《汉纪》全书为 30 卷，当时被称为“辞约事详”，就《汉纪》本身而言，只是对《汉书》删繁存要，但是它却采取了以传释经的方法，用《汉书》的本纪为纲，采摘各传及志表之文，按其年月前后，记入本纪各年下。此书的作者是汉代的荀悦，他为用编年史体撰述断代历史创建了典范，对后世编年史的发展起了一定的影响。

发展提供了物质条件；而东汉统治者为了总结前期的历史经验，迫切需要编写前朝的历史，司马迁的《史记》又只写到汉武帝，武帝以后便缺而不录，虽有许多学者相继加以续补，总归不是一部完整的史著；加之司马迁又把汉初的历史“编于百王之末，侧于秦项之列”，这与“汉承尧运”是不相称的，也是东汉统治者所不能允许的。西汉一代历史应该重新编写，独立成书，这些就是班固创立断代史的客观要求。

名著概要

《汉书》是我国第一部纪传体断代史，体制全袭《史记》而略有变更，《史记》包括本纪、表、书、世家、列传5种体裁，《汉书》有纪、表、志、传，改“书”为“志”，没有世家，凡《史记》列入世家的汉代人物，《汉书》均写入“传”。《汉书》这种体裁上的改动是符合历史事势变化的，是合理的。《汉书》沿袭《史记》的体例，但做了一些改动，也有了一些创新。在纪部分，《汉书》不称“本纪”，而改称为“纪”，在《史记》的基础上，《汉书》增立《惠帝纪》，以补《史记》的缺略；在《武帝纪》之后，又续写了昭、宣、元、成、哀、平等6篇帝纪。在表的部分，《汉书》立38种表，其中6种王侯表是根据《史记》有关各表制成的，主要记载汉代的人物事迹。只有《古今人表》和《百官公卿表》，是《汉书》新增设的两种表。《古今人表》专议汉代以前的古代人物，表现了班固评论人物的论事标准，暗示出他对汉代人物褒贬的立意，且网罗甚富，亦不无裨益。而《百官公卿表》记述了秦汉官制和西汉将相大臣的升迁罢免死亡，是研究古代官制史、政治制度史的重要资料，有重要的学术价值。在志部分，《汉书》改《史记》的“书”为“志”而又予以丰富和发展，形成我国史学上的书志体。

《汉书》将《史记》的《律书》、《历书》并为《律历志》，《礼书》、《乐书》并为《礼乐志》，增写《史记·平准书》为《食货志》，改《史记·封禅书》为《郊祀志》、《天文志》，《河渠书》为《沟洫志》。除上述诸志增加了主要是武帝以后的内容之外，《汉书》还创设了刑法、五行、地理、艺文四志。《汉书》十志比较《史记》八书在先后次序上也有所不同，《汉书》的志包括律历、礼乐、刑法、食货、郊祀、天文、五行、地理、沟洫、艺文等10种。其中，改变或者并八书名称的有律历、礼乐、食货、郊祀、天文、沟洫等6种，但它们的内容或者不同，或者有所增损。如《食货志》在继承了《平准书》部分材料的同时，又增加新的内容，分为上、下两卷。上卷记“食”，叙述农业经济情况；下卷载“货”，

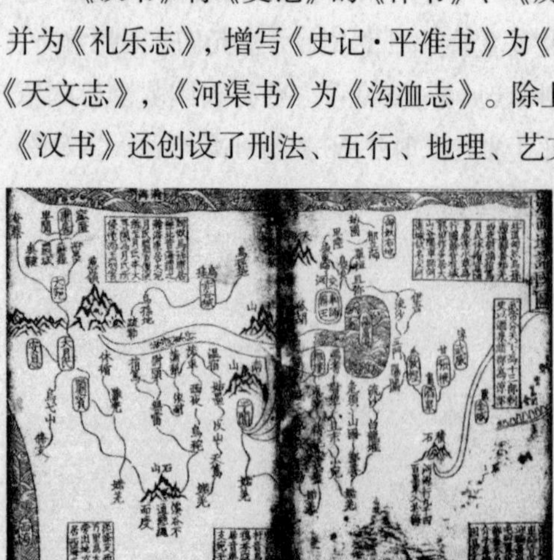

汉西域诸国图

介绍工商及货币情况。《史记》列传篇题的定名，或以姓，或以名，或以官，或以爵，多不齐一，且排列顺序难为论析。《汉书》则一律以姓名题篇，排列顺序是先专传，次类传，后四夷和域外传，最后是外戚和王莽传，整齐划一。《汉书》将《史记》的《大宛传》扩充为《西域传》，详细记述了西域几十个地区和邻国的历史，是研究古代中国各兄弟民族和亚洲有关各国历史的珍贵资料。

《汉书》主要有4个特点：

第一，《汉书》较真实地记述和评论了西汉一代的政绩及其盛衰变化，从一统功业的角度，对于各时期所取得的成就进行了热情的称颂。《汉书》评述西汉政治，有用“时”、“势”或“天时”变异来表达历史是发展的看法。

第二,《汉书》广泛地评价了各种人物在西汉政治中的作用。他记述汉代的兴盛时，承认是由于有众多的文臣武将和智谋极谏之士，在中央和地方的各方事务中竭其忠诚，做出贡献。

第三，《汉书》暴露了皇权的争夺、外戚的专横，以及封建统治阶级的淫奢，反映了人民的痛苦生活和反抗斗争，暴露了西汉外戚势力的专横、残暴与奢侈。《汉书》以很多笔墨暴露了王室及大臣聚敛财富，奢侈淫逸。

第四，《汉书》详细记述了古代尤其是汉代的政治典制，表现了西汉文化的发展规模及其重要价值。其中《刑法志》记述了古代的兵学简史，叙述刑法典核详明，首尾备举，论其变化正本清源。《食货志》系统地记述了自西周以至王莽时期的农政和钱法，反映了一千多年以来社会经济发展的重要侧面。《地理志》先叙由古之九州说而进至秦的郡县变迁，是中国地理最为详尽的记载。

阅读指导

读者在阅读《汉书》时，可以尝试与司马迁的《史记》比较阅读。《汉书》在一定程度上继承了《史记》的风格，但《汉书》十志对纪传体史书的书志部分有很大的影响，从而形成了中国史学史上的书志体，读者在阅读时可以品味这个特点。由于《汉书》的作者喜欢使用古文字，给读者的阅读带来了一定的不便。

后汉书 / 南朝宋 / 范晔 / “简而且周，疏而不漏”

作者简介

范晔（398 ~ 445年），字蔚宗，南朝宋顺阳人。范晔的祖先是东晋的世家大族，

光武帝涉水图 明 仇英

祖父范宁，曾任豫章太守，著有《春秋谷梁传集解》一书；父亲范泰，曾任御史中丞。范晔少时就出继给叔父范弘之，因而被封武兴县五等侯。刘裕势力发展时，范晔投靠刘义康，在其部下担任要职，参与军机大事。宋文帝元嘉五年（428年）父亲去世，他守制去官。此后他虽担任了很多官职，但一直受到权贵的打击排挤，元嘉九年（432年）被人告发参与拥立刘义康一事，以谋反罪被杀，时年48岁。范晔自幼深受儒家思想的教育，再加家学的影响，他广泛涉猎经史资料，写得一手好文章。他不但是南北朝时期著名的史学家，而且是有贡献的文学家、音乐家和发明家。范晔为人正直，有气概，屡屡触犯封建礼法；有才华，但却恃才傲物，与同僚不合，他的死与此是有一定的关系的。范晔有无神论思想。他不仅曾想著《无鬼论》来反驳佛教转世说，临死前，他还向政敌宣称："天下决无佛鬼。"在《后汉书·西域传论》中，他批评佛教教义"好大不经，奇谲无已"，指出智者不应相信精灵起灭、应报相导的说教。对于天人感应、图谶符命等神学迷信，他也进行了一定程度的批判。范晔死时，只完成了《后汉书》的纪和传，没有志。到南梁时，刘昭取晋司马彪《续汉书》的八志30卷，加以注释增补，附在范晔原著的后面。时至南宋，才将范晔所著和司马彪《续汉书》的八志30卷重新校勘，合为今天的《后汉书》。

背景介绍

范晔著《后汉书》开始于宋文帝元嘉九年。当时刘宋王朝正处于兴盛时期，政治稳定。统治者为了更进一步巩固政权，很注意思想文化方面的工作，而编写史书，总结前人的经验和教训则是其中极为重要的一项。范晔就十分重视从历史中去总结经验，他编撰《后汉书》的目的就是要总结前人之得失。由于范晔当时被贬，郁郁不得志，他编撰《后汉书》亦有寄情于著述之意，要通过对历史的论述来发表他的政治见解。范晔著《后汉书》时，前人已撰写过不少东汉史，对于前人的著作，范晔都用发展的眼光去进行考察。

名著概要

《后汉书》全书共120卷，记载自汉光武帝建武元年（25年）到汉献帝建安二十五年（220年）间195年的史事，包括本纪10卷，列传80卷，志30卷。

《后汉书》在撰写上，不仅吸取了前人的撰史经验，接受过去行之有效的治史方法，而且根据当时的具体情况和要求，进行了大胆的创新，进一步开拓了纪传体史书叙事的范围，并在纪传体史书写作手法上总结积累出一定的经验。

《后汉书》在编纂上有几点很有创造性：

一、《后汉书》继承了《史记》、《汉书》的体制，基本上按照已有的传目去叙事和写人，但又不完全囿于旧有的模式，而是针对东汉一代特有的社会风尚和特点，适时制宜地创设一些新的传目去反映。

二、立传以类相从，叙事繁简得宜。《后汉书》继承了《史记》、《汉书》立类传的做法，但在某些方面又有发展。《后汉书》中的类传，一般不受时间先后的限制，或按人品相同，或按事迹相近，或按性质相类等原则来归类立传，使得某个历史事件或某类人物得到集中的反映。《后汉书》的类传中，传主是各有独立的传记的，与整个类传联系起来看，可表现出其一般性；而各人的事迹又表现出其个别性。

三、注重史评，特崇论赞。论赞是《后汉书》的重要组成部分，在书中占有相当多的篇幅。在每篇纪或传之后的论，主要是针对历史人物或历史事件而作评论，或者是作者对于历史、社会、政治的见解。赞放在每篇纪传的最后面，是四字为句的韵语，作为史学评论的一种特殊的形式，用来品评人物，或补充正文与前论辉映。

范晔著《后汉书》，着力探讨东汉社会问题，贯彻了“正一代得失”的宗旨。书中的《王充王符仲长统传》，载王符《潜夫论》5篇，仲长统《昌言》3篇，都是探讨东汉为政得失的名作。他在传末写了一篇长约600字的总结，对其言论进行具体分析。

范晔重视东汉的对外关系，特别是很注意当时的海上交通问题。东汉和帝永元九年（97年），班超派甘英出使大秦，这是中西关系史上的一件大事，丝绸之路在此时重新出现兴盛之势。《西域传》中大笔描述了当时情况说：“立屯田于膏腴之野”，“邮置于要塞之路”，好一派繁荣的景象。此外，范晔在《西域传》中叙述了大秦社会的富裕繁荣，并认为这是与其民主政治分不开的，大秦国王按时治理国事，“国无常人，皆简立贤者，国有灾异及风雨不时，辄废而更立，受放者甘黜不怨”，而“置三十六将，皆会议国事”。很明显，范晔这是作中西对比，以史为鉴，针砭当时封建君主专制之失，也表达了他对大秦民主政治制度的向往。

《后汉书》的文字优美流畅、热情奔放，具有相当高的文学成就。书中的论赞是范晔用力最多之处，一般都具有精湛思想理论、深刻历史见解与高超文字技巧相结合的特点。他特别欣赏自己在史论之后所加的赞语："赞自是吾文之杰思，殆无一字空设。奇变不穷，同含异体，乃自不知所以称之。"

阅读指导

由于《后汉书》注重对史料的评价，特别是重视论赞，论赞是作者针对历史人物或历史事件而提出思想见解的评论，读者可以抓住这些论赞，领悟作者对各人物和事件的观点，就能更好地读懂《后汉书》。

论衡 / 东汉 / 王充 / 中国古代哲学划时代的著作

作者简介

王充（27 ~ 104 年），字仲任，会稽上虞（今浙江上虞）人。王充的祖籍本是魏郡元城（今河北大名），先祖因立军功受封于会稽阳亭，但只过了一年就失去了爵位。随后就在当地安家，以农桑为业。王充的家庭非常重义气，好行侠。他的祖先因为要避开仇敌，迁到了钱塘，后来就弃农经商。王充的父亲与伯父因为与豪族结怨，最后迁居到上虞。王充 6 岁开始学习读书写字，8 岁到书馆学习，从小品学兼优。18 岁左右，到京师洛阳上太学。他聪颖好学，勤奋刻苦，博览群书，兴趣极为广泛。因为家境贫困，王充经常在洛阳书市上阅读别人卖的书籍，并且能够过目不忘，因而他通晓诸子百家的学说，注意力并没有局限在儒家经典上。后来，王充回到乡里教书。他也曾在县、郡、州里做过一些小官，但在职时间均不长，往往因意见不合得罪当权者，最终弃官而去。王充的晚年与仕途无缘，孤独无靠，贫无供养，郁郁不得志。他一生著作多种，流传至今的只有《论衡》一书。

作品评价：

《论衡》是东汉思想界唯物主义与唯心主义激烈对抗的集中体现，在中国哲学史上占有重要地位。该书的基本精神是追求真知，反对迷信。它对先秦各家的思想，如儒、墨、道、法，进行了批判的继承，把中国古代唯物主义哲学推进到一个新的高度。《论衡》极具战斗性的唯物主义无神论思想，成为后来中国无神论的重要理论营养。但《论衡》一书不可能摆脱当时时代的局限，用自然主义和直观的观察来描述世界，特别是在社会历史观上基本是唯心论的，但它毕竟在历史上起了划时代的作用。

背景介绍

王充所处的时代是东汉之初，儒家思想在社会思想领域占支配地位，但与春秋战国时期所不同的是，儒家学说上打上了神秘主义的色彩，掺进了谶纬学说，使儒学变成了“儒术”。所谓谶，是关于政治的宗教语言，所谓纬，是相对“经”而言，即对儒家经典的解说和补充，以此宣扬迷信。谶纬迷信在汉代就开始盛行。汉章帝时，为了加强思想统治，召令诸儒在白虎观聚会，编撰了带有浓厚神学味的著作《白虎通义》，大肆宣扬迷信。东汉的思想界一片混乱。在这种情况下，《论衡》问世。

名著概要

《论衡》一书共 38 卷，计 85 篇。其中《招致》篇已失，实存 84 篇。《论衡》细说微论，解释世俗之疑，辨明是非之理，即以“实”为根据，疾虚妄之言。“衡”字本义是天平，《论衡》就是评定当时言论的价值的天平。它的目的是“冀悟迷惑之心，使知虚实之分”。《论衡》的基本思想包括唯物主义的元气自然论，反对迷信的无神论思想，唯物主义的认识论和历史观。

一、唯物主义的元气自然论。汉儒思想体系是董仲舒提出的唯心主义哲学思想，其核心是“天人感应”说，并由此生发出其对其他一切事物的神秘主义的解释和看法。汉儒唯心主义者认为天地是由“太初”产生的，这个“太初”是虚无缥缈的本原。针对这种观点，王充提出：天地万物（包括人在内）都是由“气”构成，“气”是一种统一的物质元素，天和地都是从元气中分化而来的，天气和地气交合就产生出人和物来。“气”有“阴气”和“阳气”，有有形和无形，人、物的生都是“元气”的凝结，死灭则复归“元气”，这是个自然发生的过程。在此基础上，王充进一步提出了自然无为论。他认为“元气”产生万物是一种无意识的过程，不可能是天的故意安排和制作。他以“元气”自然论为武器，否定了天地生人、派生万物的神学目的论。他认为天地生人，就如同夫妇生子一样，是一个自然而然的过程。十月怀胎，一朝分娩，婴儿的耳目口鼻、发肤纹理、肌肉血脉和骨骼是在母亲腹中自然形成的。这就否认了造物者的存在，坚持了以自然的原因说明自然的唯物主义观点。

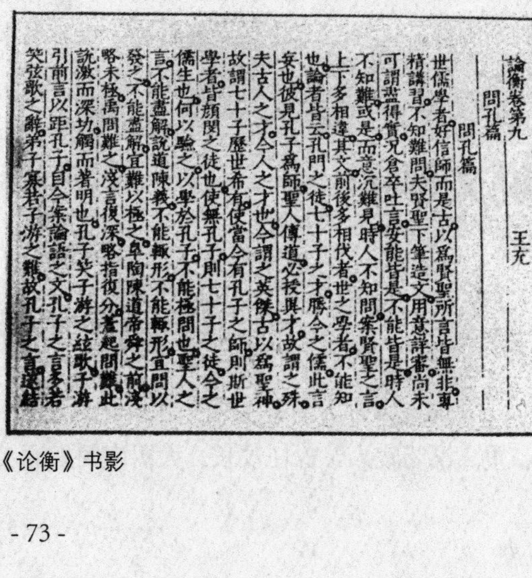
論衡卷第九
問孔篇
王充
問孔篇
世儒學者好信師而是古以爲賢聖所言皆無非專
精講習不知難問夫賢聖下筆造文用意詳審尚未
可謂盡得實況倉卒吐言安能皆是不能皆是時人
不知難或是而意沉難見時人不知問案賢聖之言
上下多相違其文前後多相伐者世之學者不能知
也論者皆云孔門之徒七十子之才勝今之儒此言
妄也彼見孔子爲師聖人傳道必授異才故謂之殊
夫古人之才今人之才也今謂之英傑古以爲聖神
故謂七十子歷世希有使當今有孔子之師則斯世
學者皆顏閔之徒也使無孔子則七十子之徒今之
儒生也何以驗之以學於孔子不能極問也聖人之
言不能盡解說道陳義不能輒形不能輒形宜問以
發之不能盡解宜難以極之皋陶陳道帝舜之前淺
略未極禹問難之淺言復深略指復分蓋起問難此
說激而深切觸而著明也孔子笑子游之弦歌子游
引前言以距孔子自今案論語之文孔子之言多若
笑弦歌之辭弟子寡若子游之難故孔子之言遂結

《论衡》书影

二、反对迷信的无神论思想。当时流行的灾异谴告说认为，如果君主统治无道，老天就会用寒温不节、风雨失调来谴告。王充认为，谴告说与自然无为的天道是相违背的，是否认大自然的客观规律性的。他指出，自然灾害并非政治黑暗所导致的上天谴告，而是一种自然现象。《论衡》反对迷信的思想还体现在他的无鬼论。他首先用“元气”自然论的观点来解释人的生命现象，提出了唯物主义的形知观。他认为人的生命乃是阴气和阳气交合而成的。阴气构成骨肉形体，阳气构成精神意识。由阳气构成的精神，只有依赖于由阴气构成的五脏器官，才能产生出聪明智慧等精神现象。《论衡》明确肯定了物质第一性精神第二性的原则，并为其无鬼论奠定了坚实的基础。他认为，人之所以存在是由于阴阳二气结合在一起的缘故。人死之后，精神离散而形体腐朽，人就又还原为本来的气。正是由于物质变化的不可逆性，决定了人死之后不能复生为人之形。王充进一步指出，人们所见的“鬼”只是一种幻觉。“鬼”的出现是人身体患病、思想恐惧、精神恍惚所致。

三、唯物主义的认识论。在认识论上，《论衡》反对神化圣人，否定了圣人生而知之的先验论，提出了注重效验的唯物主义认识论。王充指出，世上没有什么生而知之的圣人，任何人大都必须依靠感觉经验，才能了解事实获得知识。圣人也是通过后天的学习而成的，他反对把圣人偶像化，反对把圣人之言奉为圭臬。同时，王充认为感性经验是知识的来源，而且也是检验知识的必要手段，这就是“效验”。

四、历史观。王充认为，国家的治乱、朝代的兴衰是不以个人的意志为转移的，而有其内在的客观规律。历史是进化的，历史发展的客观规律是由自然原因所决定的治乱往复的规律。《论衡》不仅对儒家思想进行了尖锐而猛烈的抨击，而且还批判地吸取了先秦以来各家各派的思想，特别是道家黄老学派的思想。

阅读指导

《论衡》一书是站在唯物主义无神论立场上，运用当时的自然科学成果和丰富的历史知识，对谶纬学说进行的批判，因而读者可以拿《春秋繁露》、《白虎通义》对照阅读，这样王充的观点更鲜明，更容易掌握。

说文解字 / 东汉 / 许慎 / 中国第一部字典

作者简介

《说文解字》简称《说文》，作者是东汉许慎。许慎（约58～约147年），字叔重，汉昭陵人。曾任汶长、太尉南阁祭酒。从贾逵受业，博通经籍，时人谓之“五经无双许叔重”。此书作于和帝永元二年（100 年），历时 21 年，直到安帝建光二年（121 年）才告完成。许慎在病中遣其子许冲将此书连同一份相宜的奏章献给安帝。《说文》之所以会在编成之后被耽误了二十多年才面世，这与许慎编纂这本书的目的，以及与一世纪末二世纪初汉代朝廷的政治、学术环境有密切关系。

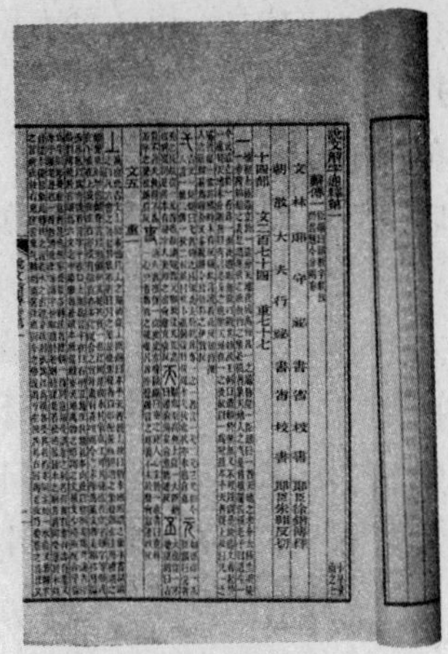

《说文解字系传》书影

《说文》在唐代虽然传习不废，但善解其意者不多。代宗大历年间（766 ~ 779 年），李阳冰善于摹写李斯小篆，并刊定《说文》，修正笔法，而臆说颇多。南唐时，徐铉、徐锴兄弟二人精究《说文》，徐锴作注。图为《说文解字系传》，详解许书，并大量纠正了李阳冰之误。

背景介绍

《说文解字》是在经学斗争中产生的。今文经学与古文经学之争是汉代学术思想领域中最重要的一场论争。秦以前的典籍都是用六国时文字写的，汉代称六国文字为“古文”，用古文书写的经书称为古文经。秦始皇出于愚民政策的需要，把这些用古文字写成的《诗》、《书》等典籍付之一炬。西汉初年，一些老年儒生凭记忆把五经口授给弟子，弟子用隶书记下来。隶书是汉代通行的文字，称“今文”，用今文书写的经书，称今文经。后来陆续发现用古文字写的经书。这样在汉代经学家中就分成了今文经学家和古文经学家两派。两派的区别不只是表现为所依据的经学版本和文字不同，更主要的表现为怎样使经学为封建统治服务。今文经学家喜欢对经书作牵强附会的解释和宣扬迷信的谶纬之学；古文经学家则强调读懂经典，真正理解儒学精髓，为此侧重名物训诂，重视语言事实，比较简明质朴。许慎属于古文经学派，他编著《说文》是要以语言文字为武器，扩大古文经学在政治上和学术上的影响。

名著概要

《说文》是中国历史上第一部字典，全书共收单字 9353 个，另有重文（异体字）1163 个，附在正字之末，把 9353 个字分别归在 540 个部首之中。

《说文》一书的突出贡献可以概括为以下 4 点：

一、建立部首是许慎的重大创造之一。汉字是凭借形体来表示意义的，因此，对汉字义符加以分析，把所有汉字都按所属义符加以归类，这是汉字学家的工作，这项工作由许慎最先完成了。《说文》一共分 540 部，除了个别部首还可以合并与调整外，从总体上说都是合理的，都符合造字意图。许慎在安排 540 部的次序上煞费苦心，把形体相近或相似的排在一起，这等于把 540 部又分成若干大类，这可以帮助读者更深刻地理解义符，更正确地理解字义。每部所属的字的排列也不是杂乱无章的，而是依据以类相从的原则。具体说来有 3 种情况：其一，词义相近的字排在一起；其二，词义属于积极的排在前边，属于消极的排在后边；其三，专有名词排在前边，普通名词排在后边。许慎创造的540个部首和一部之中各个字的排列方法，都是从文字学角度出发的，这种排列方法更能体现部首与部首、字与字之间的意义联系，这与后世从检字法角度的分部和按笔画多少分类迥然不同。

二、训释本义。许慎之前的经学家为经典作注，都是随文而释，所注释的字（词）义，基本上是这个字在一定语言环境中的具体意义和灵活意义。许慎在《说文》中紧紧抓住字的本义，并且只讲本义（由于历史的局限，个别字的本义讲得不对），这无疑等于抓住了词义的核心问题，因为一切引申义、比喻义等都是以本义为出发点的，掌握了本义，就能够以简驭繁，可以推知引申意义，解决一系列有关词义的问题。此外，许慎在训释本义时，常常增加描写和叙述的语言，使读者加深对本义的理解，扩大读者的知识面，丰富本义的内涵和外延。

三、对汉字形音义三方面分析。许慎在每个字下，首先训释词义，然后对字形构造进行分析，如果是形声字，在分析字形时就指示了读音，如果是非形声字，则常常用读若、读与某同等方式指示读音。汉字是属于表义系统文字，是由最初的图画文字演变而来的，这样通过字形分析来确定、证实字义完全符合汉民族语言文字的一般规律。而语音是语言的物质外壳，文字不过是记录语言的符号，许慎深知“音义相依”、“义傅于音”的原则，所以在《说文》中非常重视音义关系，常常以声音线索来说明字义的由来，这为后世训诂学者提供了因声求义的原则。

四、以六书分析汉字。在许慎之前，有仓颉依据六书造字的传说。现代文字学家认为，六书是对汉字造字规律的总结，而不是汉字产生之前的造字模式。在许慎之前，仅有六书的名称：象形、指事、会意、形声、转注、假借，没有具体阐述，更没有用来大量地分析汉字。许慎发展了六书理论，明确地为六书下定义，并把六书用于实践，逐一分析《说文》所收录的9353个汉字，这在汉字发展史和研究史上有着承前启后、继往开来的重要意义，从而确立了汉字研究的民族风格、民族特色。

《说文》问世以后，研究者蜂起。清代是《说文》研究的高峰时期。清代研究《说文》的学者不下200人，其中称得上专家的有数十人之多。清代《说文》之学，可分为4类：其一，是校勘和考证工作，如严可均的《说文校议》；其二，对《说文》进行匡正，如孔广居的《说文疑疑》等；其三，对《说文》的全面研究，如段玉裁的《说文解

相关链接

《说文解字注》，清段玉裁撰。段玉裁（1735～1815年），字若膺，号茂堂，江苏金坛县人，乾隆时期举人。早年师从戴震。他是乾嘉学派的著名学者，杰出的文字训诂学家，尤其是在音韵方面，有很深的研究。《说文解字注》一书是被公认为解释《说文》的权威著作，被王念孙称为“千七百年来无此书矣”。该书在阐明许书体例、语言、文学理论上都有新贡献，是研究《说文》的必读书。

字注》、桂馥的《说文解字义证》、朱骏声的《说文通训定声》、王筠的《说文句读》；其四，订补前人或同时代学者关于《说文》研究的著作，如严章福的《说文校议》、王绍兰的《说文段注订补》等。其中第三种最为重要，段玉裁、桂馥、朱骏声、王筠被誉为清代《说文》四大家。4 人之中，尤以段玉裁、朱骏声最为突出。

阅读指导

《说文解字》一书就阅读而言，是相当困难的。因而，阅读该书最好能选择其注释本，例如：段玉裁《说文解字注》、王筠《说文释例》和《说文解字句读》、朱骏声《说文通训定声》和桂馥的《说文解字义证》。

伤寒杂病论 / 东汉 / 张仲景 / 中医“众方之祖”

作者简介

傷寒論卷第一　仲景全書第一
漢　張仲景述　晉　王叔和撰次
宋　林　億校正
明　趙開美校刻
沈　琳仝校
辨脉法第一　平脉法第二
辨脉法第一
問曰脉有陰陽何謂也荅曰凡脉大浮數動滑此
名陽也脉沈濇弱弦微此名陰也凡陰病見陽脉
者生陽病見陰脉者死

《伤寒杂病论》被后人整理成《伤寒论》和《金匮要略》两书行世。图为明万历年间虞山赵开美校刻本《伤寒论》。

张仲景（约 150 ~ 219 年），原名机，字仲景，以字行。东汉南阳郡涅阳（今河南邓州穰东镇）人。据史料记载，年轻时曾跟从同郡张伯祖学医，经过多年的刻苦钻研，青出于蓝，医术远超其师，终成汉代贡献最大的临床医学家。张仲景医术精湛，素为诸家所称颂。相传汉献帝初，张仲景被举孝廉，建安年间官居长沙太守，因此被人呼为张长沙，他的方书亦被称为“长沙方”。相传他经常在公堂之上为人诊病，如今的“坐堂医”由此得名。张仲景一生的著述十分丰富，可惜大部分都已失传了，只留下《伤寒论》和《金匮要略》，统称为《伤寒杂病论》。《伤寒杂病论》一书，撰成于东汉末年，然而其具体之年份却难于考证。今多据其自传推断，其著述应始于建安十年（205 年）之后，终于建安十五年（210 年），另有观点认为，“建安纪年”为建安十二年，则著书应是在建安二十年以后。尚有人认为建安乃建宁之误，则著述应始于建宁十年（178 年）之后。张仲景是中医临床医学的奠基人，被后世尊称为“医圣”。

背景介绍

张仲景生活在东汉末年，其时宦官专权、政治黑暗，人民生活在水深火热之中，官逼民反，各地纷纷爆发农民起义。统治者纠集武装力量疯狂镇压，战火绵延，天灾频仍，疫病流行，到处是“白骨露于野，千里无鸡鸣”的惨状。严酷的现实迫切需要解决伤寒病的防治问题。张仲景因此立志发愤钻研医学，“勤求古训、博采众方”，刻苦攻读经典古代医书，并结合当时医家及自己长期积累的医疗经验，终于写出了《伤寒杂病论》这部临床医学名著。

名著概要

《伤寒杂病论》共16卷，是我国医学发展史上影响极大的著作之一。该书流传至宋代，后由林亿等人整理校定为现存的《伤寒论》和《金匮要略》。在中药方剂方面，《伤寒论》载方113首，《金匮要略》载方262首，除去重复，两书实收方剂269首，使用药物达214种，基本上概括了临床各科的常用方剂，被誉为“方书之祖”。

《伤寒杂病论》系统总结了汉朝以前的医学理论和临床经验，记载了对疾病的各种治疗原则、治疗方法和治疗各种传染病和杂病的药方，奠定了中医治疗学的基础。该书把病症分成若干条目，每条先介绍临床表现，然后根据辨证分析，定为某种病症，最后根据病症提出治法与药方。

《伤寒论》是《伤寒杂病论》一书中综合论述传染病、流行病理论与治疗规律的重要部分，共10卷。

《伤寒论》在大量治疗传染病、流行病经验总结的基础上，对其发病因素、临床症状病候表现、治疗过程与愈后等等之共性问题，进行了比较系统而全面的综合分析，从而创造性提出了六经辨证的理论学说，即将当时几乎年年常发的许多热性病，按其发病初期、中期、末期不同的临床表现，以及不同治疗的反应与结果，分为辨太阳病、辨阳明病、辨少阳病、辨太阴病、辨少阴病、辨厥阴病脉证并治。此即历代所称的“辨伤寒六经病”，由此构成了该书的主体内容。有的学者视六经病为六个征候群以帮助学者学习理解。实际上，太阳病所论基本上是综合论述了许多传染性或流行性疾病初发的症状、征候表现，以及切脉等四诊之要点和治疗之原则方法等。在这些辨证论治的过程中，张仲景以其渊博的学识，以及极其丰富的临床经验，依据各种传染病、流行病与不同病人体质等不同反应所表现的千变万化的征候，做出了颇富科学思想的综合、分析、论述和预见性结论。与此同时，张仲景还以“平脉法”、“辨脉法”、“伤寒例”（一说为王叔和整理时所加），集中论述了伤寒的切脉与切脉诊断等问题。

《伤寒论》的理论体系即六经病证的辨证论治体系。它以六经辨证为纲，方剂辨证为法，对六经传变过程中之征候、脉象等各阶段的审证、辨脉、论治的结果，

张仲景墓
在河南南阳张仲景故乡。

给予遣方、用药等，进行了有规律性的论述。世称《伤寒论》113 方、397 法，虽不尽确切，但其逐条评述传染病、流行病不同发展时期不同表现的因素、病理、症状、体征以及据以诊断的依据，治疗处方用药的原则与具体方法，无不条分缕析。

《金匮要略》是《伤寒杂病论》的组成部分，专论内科等杂病，共 3 卷。全书共分 25 篇，所论述之内科杂病有：痉、湿、暍、百合病、狐惑病、阴阳毒、疟、中风、疬疖、血痹、虚劳、肺痈、咳嗽上气、消渴、黄胆、下痢等四十多种；外科、骨伤科方面疾病有：痈肿、肠痈、浸淫疮、刀斧伤等；此外，还有妇科病症等专门论述。

该书认为上述疾病的发作，其病因不越三条，即六淫（风寒暑湿燥火）为外因；七情（喜怒哀乐悲惊恐）过甚为内因，金刃、虫兽咬伤与饮食偏颇而造成伤病者为不内不外因。张仲景对内科等杂病之认识，重视一个病一个病地进行比较具体的叙述，在诊断上强调望、闻、问、切四诊合参，辨证多以脏腑经络为重点，运用营卫气血、阴阳五行等学说，以指导临床治疗之实施。该书共收方剂 262 个，其特点与《伤寒论》之方剂一样，药味精炼，配制严密，多富有针对性。该书记载了对自缢患者的抢救，其所叙述的原则要求、技术要领，特别是对人工呼吸法全过程的生动描述，几乎与现代之人工呼吸法没有什么两样，甚至更富有综合性技术要求。

阅读指导

《伤寒杂病论》是一部临床医学著作，不同于《千金方》等。所以在阅读时，要更多地注重对内科病、外科病等病症的诊治。对六经病证的辨证论治体系要深刻领会：以六经辨证为纲，方剂辨证为法，论述六经传变过程中之征候、脉象等各阶段的审证、辨脉、论治的结果，给予遣方、用药等。

搜神记 / 晋 / 干宝 / 六朝小说之白眉

作者简介

《搜神记》的作者是晋朝人干宝。干宝，字令升，新蔡（今河南新蔡县）人。

少年时便勤于学习，博览群书，以才气闻名，被朝廷征召为著作郎。曾著《晋记》，记事忠直而文笔婉转，被誉为“良史”。又著有《春秋左氏义外传》等书。干宝喜好阴阳术数。传说，他家中曾发生两件怪事：他父亲的妾随父陪葬十余年，后来开墓，竟然生还，并说“其父常取饮食与之，恩情如生”；某年，干宝的兄长气绝身亡，尸体却未冷，很多天后复苏，叙说自己碰见鬼神的种种事情。这些事情触发干宝，“集古今神奇灵异人物变化为《搜神记》”。书写成之后，送给刘惔，刘惔读后说：“卿可谓鬼之董狐。”对其人其书推崇备至。

背景介绍

魏晋时期，我国陷入长期的分裂状态，政权更迭频繁，社会动荡，民族之间矛盾尖锐，民众的生活痛苦不堪。痛苦的生活容易催生人的幻想，晋人笃信天地鬼神的存在，鬼怪故事很流行。

在社会动荡的大背景下，东汉后期以至魏晋南北朝，老庄哲学渐渐兴起。对汉代的儒学感到厌倦的士人，借用老庄哲学标榜的“自然”和“无为而治”，企图摆脱传统力量的束缚。这一社会思潮的根本内涵即是对个性价值的重视。在“任自然”这个名目下，他们所要得到的是更大的精神自由，是个人选择其生活方式的权利。

佛教从两汉之际传入中土，到了东晋、十六国时期，迅猛发展起来。无论北方南方，无论上层下层，佛教很快成为一种普遍的信仰，寺庙建筑遍布各地。南朝梁武帝虔诚信奉佛教，甚至4次舍身到同泰寺为奴。道教则是中国的本土宗教，东汉末年正式形成。它讲求仙，讲炼丹，不但不否定现世生活，相反以各种法术来帮助享乐，也很受民众的欢迎。

鲁迅先生在《中国小说史略》中说：“中国本信巫，秦汉以来，神仙之说盛行，汉末又大畅巫风，而鬼道愈炽；会小乘佛教亦入中土，渐见流传。凡此，皆张皇鬼神，称道灵异，故自晋迄隋，特多鬼神志怪之说。”一语道破《搜神记》产生的背景。

名著概要

《搜神记》主要内容是记载鬼神怪魅，作者著此书的主旨在于“发明神道之不诬”，该书是较早集中记述神话传说、俗闻逸事的专书，共收集故事464篇。书中故事大都源于神话传说、宗教演义和民间传闻，虽然虚妄荒诞，却也各有理寓。讲忠孝节义的，反映儒家观点；讲神仙术数的，植根道教思想；表现因果报应的，源于佛学宗旨；劝善惩恶则是三教殊途同归的目的。如果我们撩开其鬼怪世界的神秘面纱，可以窥见民俗风情，可以了解世道人心。

书中有很多鬼故事：有的写人鬼相恋，如卷十六《紫玉》、《附马都尉》、《汉谈生》、《崔少府墓》等，这些故事或者反映帝王扼杀自由恋爱的专制，或者反映女子对婚

名家点评：

情节古雅，文字简洁，实六朝小说中白眉。

——日·盐谷温

其文字简洁质朴，有魏晋史家之文的特征。

——章培恒、骆玉明《中国文学史》

姻和生儿育女的渴望，都写得情节曲折，楚楚动人；有的写鬼扬善惩恶，如卷五《赵公明参佐》中勾魂使者徇情枉法，放还阳寿已尽的高官王佑，阴曹使者深情地述说放他生还的理由，“卿位大常伯，而家无余财。向闻与尊夫人辞诀，言辞哀苦。然则卿国士也，如何可令死？”又如卷十七《倪彦思》中，鬼魅痛斥前来驱鬼的典农：“汝取官若干百斛谷，藏著某处。为吏污秽，而敢论吾！”那贪官污吏被揭疮疤，立即“大怖而谢之”，大快人心；有的写不怕鬼的故事，最著名的是卷十六的《宋定伯》。宋定伯不怕鬼而能制鬼获利，很耐人寻味。歌颂英雄人物的凛然正气与藐视鬼神妖怪是本书的主题之一，这类作品中传颂最广的是卷十九的《李寄》。无能昏官年年搜求童女祭祀巨蛇，巨蛇先后吃掉9个女孩。童女李寄自告奋勇，愿作祭品，设法将巨蛇杀死。李寄的智勇双全，令人钦敬。

本书中的神怪故事都有“神道设教”警世醒俗的意味。神道一如人道，有正有邪有善有恶有宽有猛，秉性各不相同。同样是凡人戏谑地指神像为婚，卷四《张璞》中的庐君义还二女，而卷五《蒋山祠（三）》中的蒋侯却逼死三子，贤与不肖相映成趣。魏晋人太信神，因此多淫祀，本书对这种现象有所揭示。卷十九《丹阳道士》写龟、鼍之辈冒充庙神，徒费人间祭祀酒食。后来毁庙杀怪，地方才太平无事。卷五《张助》更妙，桑树空洞中生出李树，目痛者偶然休息于树阴下，碰巧病愈，于是哄传有神，能使盲人复明。因此不论远近的人都来祭祀，“车骑常数千百，酒肉滂沱”。后来被张助道出原委，拆穿骗局。这则故事对当时滥

嫦娥执桂图　明　唐寅

唐寅，字伯虎，号六如居士，桃花庵主，吴县人，其诗、书、画皆臻妙境，与文征明、祝允明、徐祯卿并称“吴中四子”。嫦娥的故事始见于《搜神记》中，是干宝根据民间传说创作的。画家在绘制嫦娥时，将自己傲物不羁的性情融入其中，心与笔齐，色墨并施，堪称卓绝。

> **精彩语段**
>
> 国家不废注记之官，学士不绝诵览之业，岂不以其所失者小，所存者大乎。……其著述，亦足以发明神道之不诬也。
>
> ——《搜神记·序》
>
> 妖怪者，盖精气之依物者也。气乱于中，物变于外，形神气质，表里之用也。本于五行，通于五事，虽消息升降，化动万端，其于休咎之征，皆可得域而论矣。
>
> ——《搜神记·卷六》

信神者无疑是当头棒喝，具有反迷信色彩。

本书精彩篇章不少，脍炙人口的还有卷十一《三王墓》、《东海孝妇》、《韩凭妻》等。这些故事反映了社会上层统治者的残暴、荒淫和昏聩，下层百姓无辜惨死的血海深仇以及他们渴望复仇申冤的强烈心态。《三王墓》中干将、莫邪的儿子眉间尺为报父仇毅然自刎，借手侠客，通过神奇的方式最终杀死楚王。这种复仇精神具有震撼人心的力量。这个故事虽然虚幻，结果却大快人心，因而被广为传诵。鲁迅先生还将这个故事改编成小说《铸剑》，收在《故事新编》中。《韩凭妻》中荒淫无耻的宋康王活活拆散韩凭、何氏一对恩爱夫妻，并将他们迫害至死。结果韩凭夫妇虽然未能同穴而葬，然而两墓各生大梓树，“屈体相就，根交于下，枝错于上”。树上早晚栖息着一对鸳鸯，交颈悲鸣。在悲剧色彩中，显示他们没有被帝王的淫威所征服，以超自然的力量重新紧密结合在一起，表现出至死不渝、忠贞不屈的抗争精神。这个故事的结局与汉乐府《孔雀东南飞》末尾“两家求合葬，合葬华山傍。东西植松柏，左右种梧桐，枝枝相覆盖，叶叶相交通。中有双飞鸟，自名为鸳鸯，仰头相向鸣，夜夜达五更”很相似，也和后世戏曲《梁山伯与祝英台》末场彩蝶追随双飞情景相仿佛，都是不向黑暗势力屈服的象征，有浓烈的浪漫色彩。《东海孝妇》是一个著名冤案，孝妇周青被昏聩的太守判成死罪，行刑时鲜血逆流而上旗杆，行刑后东海枯旱3年。这个故事与卷七《淳于伯》情节类同，都是对“刑罚妄加”黑暗司法的控诉和揭露。

总之，《搜神记》464篇小说中有很多貌似离奇、实则广泛深刻反映社会现实的故事，读者在品味怪诞情节的同时，也能够形象地了解历史，受到启迪。

阅读指导

《搜神记》是古代民间传说的总汇，有一部分是后来民间传说的根源。它所收的传说有许多至今还流传在平民口头上，例如“蚕神的故事”、“盘瓠的故事”、“颛顼氏二子的故事”、“细腰的故事”等；或者经过许多变化，而演变成今日流行的传说，成为后代戏曲的素材，比如“董永的故事”、“嫦娥的故事”等。《董永》、《三王墓》、《李寄》、《韩凭妻》、《毛衣女》、《神农》、《华佗》、《嫦娥》等篇甚至得到国际民俗学界的重视。我们读《搜神记》，可以看到很多我们很熟悉的故事的雏形，这是很有意思的。

《搜神记》中有不少故事是精彩的文言小说，有人物形象、曲折情节、生动细节乃至对话、动作等，欣赏它们能够获得美的享受。然而也有些故事情节简单、形象单薄，像简要新闻。当时小说发展尚处雏型阶段，对素材的整理加工还比较粗糙，不及后世的精雕细琢。任何事物的发展期往往如此，不能因为这些瑕疵而否定全书。

三国志 / 晋 / 陈寿 / 叙事可信、文笔优雅的断代史

作者简介

陈寿，字承祚，晋朝巴西安汉（今四川南充）人。生于三国蜀后主建兴十年（233 年），去世于晋惠帝元康七年（297 年），享年 64 岁。他自幼好学，从小师从于谯周，谯周是当时有名的学者，历史学家，著有《古史考》等书。在这位历史学家的教授下，陈寿少年就有志于史学事业，对于《尚书》、《春秋》三传、《史记》、《汉书》等史书进行过深入的研究。在蜀汉时，陈寿曾担任卫将军主簿、东观秘书郎、散骑黄门侍郎等职。当时宦官黄皓专权，朝中大臣多阿附于他，陈寿不为所屈，后受排挤去职。曹魏灭蜀以后，司马炎夺取曹魏政权，建立晋朝。陈寿受到司空张华的赏识，在西晋政权中担任著作郎、长平太守、治书侍御史等官职。在这个时期，由于中书监荀勖和中书令和山乔的奏请，要他整理诸葛亮文集。晋武帝太康元年（280 年），孙吴降晋，三国鼎立的局面最后统一于晋。从这个时候开始，陈寿着手撰写《三国志》。陈寿还著有《益都耆旧传》、《古国志》等书，可惜这些书后来都亡佚了。《三国志》成书以后，张华、杜预等都很赞赏陈寿的才华，纷纷向皇帝推荐他出任要职。张华推荐陈寿为中书郎，由于荀勖与张华有矛盾而对陈寿也有不满，将陈寿调任长平太守。因为此地与洛阳相距较远，陈寿以母亲年老为由，辞去了这个职务。镇南将军杜预表荐他可任散骑侍郎，但此职已有寿良担任，后任陈寿为治书侍御史。两个职位都是皇帝左右的侍从官，职位都很重要。不久陈寿因母病危去职。母亲死后，陈寿因将其葬在洛阳而不葬于蜀受到贬议。其实是他母亲有遗言要葬在洛阳。数年后担任太子中庶子，还来不及就职，即因病去世。

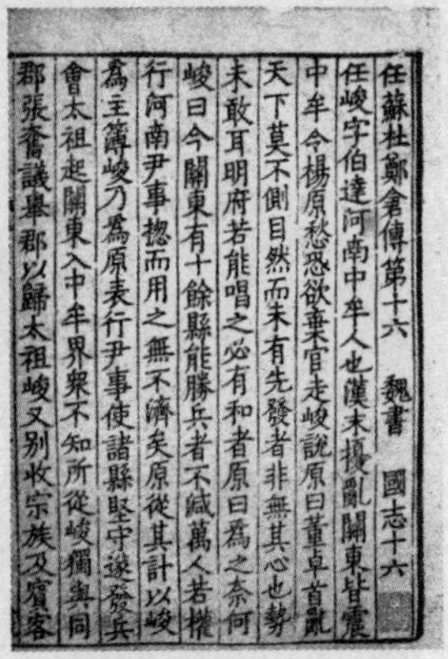
任蘇杜鄭倉傳第十六 魏書 國志十六
任峻字伯達河南中牟人也漢末擾亂關東皆震
中牟令楊原愁恐欲棄官走峻說原曰董卓首亂
天下莫不側目然而未有先發者非無其心也勢
未敢耳明府若能唱之必有和者原曰為之奈何
峻曰今關東有十餘縣能勝兵者不減萬人若權
行河南尹事摠而用之無不濟矣原從其計以峻
為主簿峻乃為原表行尹事使諸縣堅守遂發兵
會太祖起關東入中牟界衆不知所從峻獨與同
郡張奮議舉郡以歸太祖峻又別收宗族及賓客

《三国志》内页

背景介绍

陈寿能编撰出《三国志》与他当时所处的时代和具有的主客观条件是分不开的。从主观方面看，陈寿从小对历史就有兴趣，精研了《尚书》、《春秋》三传、《史记》、

《汉书》等。其中《春秋左氏传》是编年体史书的范例，《史记》和《汉书》是纪传体史书的典型。《三国志》从体例上来看，可以说完全取法《史记》和《汉书》，但又有所改变。从客观环境来看，陈寿的历官行事，也有助于他研究历史，从事著述。在仕蜀期间，曾任东观秘书郎，入晋以后，历任著作佐郎、著作郎等职。而这些职务，即是史官之职。陈寿任著作郎的时候，受命整理诸葛亮的文集，并且写了一篇全面评价诸葛亮的文章，呈给晋武帝。由此可见，陈寿有不少时间担任的是史官之职。陈寿生活在三国后期和西晋前期，由他撰写三国史，有其便利条件。当代人写当代史，对不少史事，可以说是耳闻目睹、闻见真切。由于陈寿所具备的各种条件，决定了《三国志》这部书能成为传世之作。

名著概要

《三国志》是我国古代一部著名的纪传体史书，名为志，其实无志。全书共65卷，分为《魏志》30卷，《蜀志》15卷，《吴志》20卷，记载了汉献帝初平元年到晋太康元年之间共90年的历史。其中《魏志》1～4卷是帝纪，《魏志》其他部分和《蜀志》、《吴志》全部是列传。《三国志》成书后就受人推崇，人们赞誉它“善叙事，有良史之才”，“辞多劝戒，明乎得失，有益风化”。这确实道出了《三国志》的特点。

《三国志》在史学方面的成就和贡献，可概括为以下4个方面：

第一，三国并列为书，创纪传体国别史的典范。东汉末年，由于军阀割据，最后形成魏、蜀、吴三国鼎立的局面。记载这一时期历史，也以三国并列，成《魏》、《蜀》、《吴》三书，是切合当时的历史实际的。《魏》、《蜀》、《吴》三书合起来就是一部书——《三国志》。由于这种可分可合的特点，因此说它是纪传体国别史，是切合实际的。

第二，记事以历史时期的特点为断限标准，不为王朝年限所约束。《三国志》也是一部断代史，它所记录的历史就是三国时期的历史。三国时期，魏、蜀、吴三国的建立和灭亡，各不相同。魏国建立最早，曹丕称帝在220年，紧接着第二年刘备建立了蜀国，第三年孙权建立了吴国。最先灭亡的是蜀国，263年为魏所吞并，两年以后，魏国为司马炎所取代，建立了晋朝，最后灭亡的是吴国，直到280年，投降于晋。陈寿撰《三国志》时，正视了这个历史事实，所以断限的起点不定在曹丕建国，

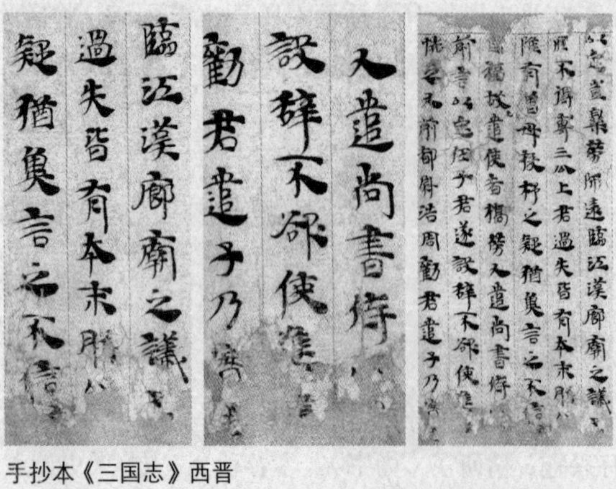

手抄本《三国志》西晋

而是从汉灵帝末年开始，上溯了将近40年。这是很有卓见的。

第三，取材谨慎，史事编排详略互见，少彼此矛盾、重复之嫌。《三国志》在叙事方面，对于史事的安排是比较严密的。同是一事，采取详略互见，既避免了重复，又充分再现了当时的历史。

第四，全书文笔简洁，记人叙事，生动传神，在传记文学方面，亦有较大的贡献。作为一个史学家，如果没有较高的文学修养，是写不出著名史书的。陈寿从小就以“属文富艳”著称。

陈寿对三国历史有个总揽全局的看法和处理方式。三国时期历史复杂，三个政权并存，在史书上如何恰当地反映这种情况，是颇费斟酌的，陈寿对此处理得比较得当。《三国志》以魏为中心，为其帝王立纪，也是符合历史实际的。同时陈寿又为蜀和吴单独写书，与《魏书》实际上并无统属关系。三书分开各自是国别史，合起来则是三国史，用三国并叙的方法，反映了三国鼎立的历史局面。

陈寿还能在叙事中做到隐讳而不失实录，扬善而不隐蔽缺点。陈寿所处时代，各种政治关系复杂，历史与现实问题纠缠在一起，他在用曲折方式反映历史真实方面下了很大工夫。《三国志》对汉魏关系有所隐讳，但指词微而不诬，并于别处透露出一些真实情况。如他在《荀彧传》、《董昭传》和《周瑜鲁肃吕蒙传》中都反映了当时的真实情况。陈寿对蜀汉虽怀故国之情却不隐讳刘备、诸葛亮的过失，记下了刘备以私怨张裕和诸葛亮错用马谡等事。这也是良史之才的一个表现。

阅读指导

《三国志》的文笔比较简洁，记人叙事，生动传神，读者在阅读此书时，可以把它当作传记文学看待。《三国志》的记事以历史时期的特点为断限标准，读者在阅读时，不要因各王朝存在的年限而限制了事件的发展。

抱朴子 / 东晋 / 葛洪 / 道教丹学之宗

作者简介

葛洪（283 ~ 363年），字稚川，号抱朴子，丹阳句容（今属江苏省）人。他是晋代的名医，以炼丹术著称于世，特别是在养生术方面成就最高，他在后来人眼里几乎就是养生术的代名词。他出身于官宦之家，13岁时父亲就去世，家道中落，日益贫寒，但是他仍然不废诵读。16岁开始博览经史、老庄诸子之书，探求“神仙导养之法”以及“三元”、“遁甲”之术。20岁以后，曾任小官。石冰起义后，葛洪被推荐为将兵都尉，随军征伐。东晋王朝建立后，要追叙有功人员的军功，封葛洪为关内侯。此后朝廷一再封赐，但他志在炼丹求道，皆辞而不受。葛洪曾拜炼丹家郑隐、鲍玄为师，学得炼丹之术，晚年在罗浮山炼丹著述，成为当时金丹道的始祖，81岁无疾而终。葛洪一生著述很多，《晋书》本传说他“博闻深洽，江左绝伦，著述篇章，富于班马”。认为他的著作比班固和司马迁还要多，这并不是虚言。据史志著录，他的著作约七十余种，他在其《抱朴子·自序》中说：“凡著《内篇》二十卷，《外篇》五十卷，碑颂诗赋百卷，军书檄移章表笺记三十卷，又撰俗所不列者为《神仙传》十卷，又撰高尚不仕者为《隐逸传》十卷，又抄五经、七史、百家之言、兵事、方伎、短杂奇要三百一十卷，别有目录。”他的著作之多，由此可见一斑。

背景介绍

炼丹术的发展，到葛洪时，已经有了几百年的历史。当时的炼丹术，以追求长生为目的。人们追求长生成仙，最早是在自然界寻找所谓的长生不老药，后来演化成为人工冶炼金丹，希望通过服食丹药达到长生成仙之目的。可是，服食丹药能否长生？仙人究竟是否存在？对于这些问题，炼丹家们虽然也曾有人谈论，但这些谈论从来都缺乏系统性和理论性，是葛洪在《抱朴子》中首次对长生成仙的可能性和现实性做了认真系统的“论证”。

名著概要

在葛洪众多著述之中，《抱朴子》是其流传至今的代表作之一。该书由《内篇》20卷、《外篇》50卷两部分组成。《内篇》主要论述战国以来神仙家的理论、炼丹方法，阐释他自己关于长生术的见解和实践等，是我国现存年代较早而又比较完整的一部炼丹术著作。《外篇》则为政论性著作，表达的是葛洪的社会政治主张和思想。科学史界一般对《内篇》要更重视些。

一提到道家，我们便会想到长生不老，想到炼制丹药，到底服用丹药能不能长生不老，能不能成仙？葛洪在《抱朴子》中首次对长生成仙的可能性和现实性做了认真系统的“论证”。他的论证当然不能成立，但透过他的论证，我们可以窥见道

作品评价：

《抱朴子》的价值不仅仅在于它从理论上“论证”了长生术的可能性，它记载的炼丹术中所反映的化学知识，是中国化学史的重要研究对象。《抱朴子》还广泛涉及到药物学和医学，记录了大量矿物、植物药，它对一些疾病成因和治疗的论述，也非常深刻。《抱朴子》对于研究葛洪的哲学思想、社会政治思想等，也都具有极为重要的参考价值。

家在这一问题上的思维方式。另外，葛洪在论证过程中，记述了一些具体的炼丹方法，他对金银和丹药炼制的记述，集汉、魏以来炼丹术之大成。这些记述，对于我们了解当时人们所具有的化学知识，是十分有益的。《抱朴子》的这种论证，完全是从物质变化角度出发，认为人通过自己的后天努力，可以养身延命，进而达到长生。这一论证过程，没有为上帝留下位置。这一论证过程的内核是合理的，科学进步已经越来越证实了这一点。葛洪的错误在于对之做了无限外推，由人可以通过自己努力延长寿命推出了长生可得的结论，这就不能成立了。

既然葛洪认为一个人能够成仙，能够长生不老，那又如何才能长生不老呢？按葛洪的说法是要“以药物养身，以术数延命”。问题的关键在于要服用什么样的药物，《抱朴子·内篇·金丹》指出，只有服食金丹、黄金才能成仙，达到长生不老之目的。原因在于：“夫金丹之为物，烧之愈久，变化愈妙。黄金入火，百炼不消，埋之毕天不朽。服此二物，炼人身体，故能令人不老不死。此盖假求于外物以自坚固。”这段话表明，葛洪长生术的理论依据可以归结为“物性转移”说。金丹在烧炼过程中会有变化，其特点是“烧之愈久，变化愈妙”，而黄金则性能稳定，“百炼不消”，与天地同寿。人如果服食这两种东西，吸取其精华，把它们的这些性能转移到自己身上，就能做到不老不死。这是炼丹家的基本思想。葛洪认为，要想长生，除了服食丹药以外，还要“以术数延命”。他在其《抱朴子·内篇·至理》卷中说：“服药虽为长生之本，若能兼行气者，其益甚速。若不能得药，但行气而尽其理者，亦得数百岁。然又宜知房中之术，所以尔者，不知阴阳之术，屡为劳损，则行气难得力也。”他把服食金丹、导引行气、房中之术列为长生之道的三大要素，只有具备这三要素，才有可能长生不老。

《抱朴子》的养生之道著称于世：“善养生者，先除六害，然后可以延驻于百年。何者是邪，一曰薄名利，二曰禁声色，三曰廉财货，四曰损滋味，五曰除佞妄，六曰去沮嫉，六者不除，休养之道徒设尔。”要实现上述目标，就需要做到“十二少”，即少思、少念、少笑、少言、少喜、少怒、少乐、少愁、少好、少恶、少事、少机。如果无法做到，那“六害”“伐人之生，甚于斤斧，损人之命，猛于豺狼”。此外，还要做到“四无”，即无久坐、无久行、无久视、无久听。在饮食和起居方面，抱朴子认为，主要应该做到“不饥勿强食，不渴勿强饮。体欲常劳，劳勿过极；食欲常少，少勿至饥。冬朝勿空心，夏夜勿饱食。早起不在鸡鸣前，晚起不在日出后”。抱朴子还劝告人们“从心澄则真神守其位，气内定则邪物去其身，行欺诈则神悲，行争竞则神沮，轻侮于人则减算，杀害于物则伤年”。总的看来，抱朴子的养生之术就是静心养气，以宽容豁达的心态来面对人世万物，这样，自然也就能长生了。

阅读指导

《抱朴子》全书都围绕一个问题进行论证，即长生成仙的可能性和现实性。阅读时可以紧扣这一论题，然后再涉猎相关的一些化学知识，当然，《抱朴子》中的养生之道也是一个重点。

金刚经 / 后秦 / 鸠摩罗什（译）/ 禅宗理论的基石

作者简介

《金刚经》成书的确切年代已不可考察，传为佛教弟子阿难听释迦牟尼说法，记述佛与须菩提的问答而成，属般若部，学术界一般认为它是公元1世纪的作品。曾经许多人增补，渐成现在的规模。公元402年，中国佛教著名的翻译家鸠摩罗什在后秦姚兴的支持下，首次将它翻译为汉文，其后有北魏菩提流支、南朝陈真谛、隋朝达摩笈多、唐玄奘、义净等人也先后翻译此经。鸠摩罗什译本最早，文字流畅、简明，流传最广，是人们最常用的译本。鸠摩罗什（343 ~ 413年），祖籍印度，其父是一婆罗门，他从小聪明异常，记忆超群，7岁出家，遍学经乘，崇尚佛法。鸠摩罗什在后秦姚兴的礼待下，在长安逍遥园讲法译经，一生翻译经书35部294卷，是我国佛教的四大翻译家之一。

金刚经图 唐

背景介绍

《金刚经》一直受到中国封建社会最高统治者的喜欢和推崇，开元二十四年（736年），唐玄宗在全国颁布了他的《御注金刚般若波罗蜜经》，并把《金刚经》和道家的《道德经》、儒家的《孝经》相提并论，还认为此三经是释、道、儒三家具有代表性的经典之作。在明太祖、成祖时也编撰了《金刚经集注》，下令天下百姓读诵奉行。

名著概要

《金刚经》全称《能断金刚般若波罗蜜多经》，又称《金刚般若波罗蜜经》。“能断金刚”喻此经中所阐发真理如同金刚，无坚不摧，无往不利。“般若”意为“智慧”，指用以成佛的特殊方式，“波罗蜜多”原意为“到达彼岸”，指佛教所说的解脱一切烦恼、痛苦而求超度彼岸，解脱一切苦厄烦恼。《金刚经》是学佛唯一必读的佛典，其经义是成佛唯一无二的无上妙道。故经言“一切诸佛及诸佛阿耨多罗三藐三菩提法，皆从此经出”。《金刚经》阐发的义理是：万物本原是无形象的，世间所见物不过是本原在瞬间内虚幻的表相，尽管人们赋予它们各种名称，但本质上都是虚幻不实的。只有了解这一真理，才能获得真正的智慧，解脱苦恼；只有弘扬这一真理，才是功德无量的布施。《金刚经》所阐发的义理是大乘佛教的核心思想，因此历来受到中国佛教各宗派重视。特别是禅宗，将其视为首要经典。

《金刚经》全文五千余字，约与我国传统的道家尊奉的根本经典《道德经》的字数相当，内容十分丰富，包括了般若经典的主要思想。它的 32 个主题不外说明诸法“性空幻有”的理论，可以这样说，它是一本般若思想的纲要性著作，自其问世以来就受到大乘佛教徒的重视和推崇。所以然者，学佛成佛必遵循一定的因果规律。从果上说，成佛是自觉觉他、觉行圆满的大自在、大解脱者；从因上说，是要修大菩萨行，起慈、悲、喜、舍四无量心，修布施、爱语、利行、同事四摄，以及布施、持戒、安忍、精进、禅定、般若六波罗蜜。总起来说，就是要悲智等运、福慧双修、真俗圆融，久久行持，才能证得觉行圆满的伟大佛果。而《金刚经》所说：“以无我、无人、无众生、无寿者，修一切善法，即得阿耨多罗三藐三菩提。”即以简驭繁、守约施博。

《金刚经》着重谈学佛的修证功夫。但修证必须有一定的理论根据，故从经中某些精炼的言说章句，即可窥见其理论的卓越。如：“一切有为法，如梦幻泡影，如露亦如电，应作如是观”，“一切贤圣皆以无为法而有差别”，“若菩萨通达无我法者，如来说名真是菩萨”。诸如此类的言说章句，其义理幽微，融会贯通自成体系。

《金刚经》卷首述如来乞食的生活细节，因为佛与凡夫都是活着的人，都要吃饭、穿衣、行路、睡觉、工作、学习，这是佛与众生没有差别之处。但是，凡与圣毕竟

相关链接

《般若波罗蜜多心经》简称《般若心经》或《心经》。全经 260 字，阐述五蕴、三科、四谛、十二因缘等皆空的佛教义理，而归于“无所知”、“无所见”、“无所得”。认为般若能度一切苦，得达涅槃，证得菩提果。该经首尾都说到般若能度苦厄，经末尊重赞叹般若波罗蜜多，以之为大神咒、大明咒等。由于经文短小精悍，便于持诵，一直很流行。

有巨大的差异，就是一般凡夫不达缘生如幻。在吃饭时，执有能吃的实人，即是我执；执有所吃之食物，即是法执。由有我法二执，故在吃饭上沉迷颠倒。在睡眠时，执有我这个实人在睡，有实在的卧具等物，为我受用，而亦有严重的我法二执，迷惑颠倒。《金刚经》云："诸菩萨摩诃萨应如是生清净心，所谓不住色生心，不住声、香、味、触、法生心，应无所住而生其心。"这句话就是教学佛者必须在现实中生清净心，迅速入道。

学佛修菩萨行，首须兴大悲心，发宏誓愿，广度无边众生。同时，又必须在度众生的实际生活中了知缘生如幻，我法本空，而时时生起无漏智慧。如是悲智等运，即是自觉觉他盘的大乘佛学始终不移的最高准则。《金刚经》即坚持这种准则，而于卷首、卷中、卷末都强调这一准则。

阅读指导

《金刚经》的内容比较深奥，哲学性强，不易读懂。读者在读此经时，如古代汉语比较好，可以阅读古文的《金刚经》，以便更好地理解该经的哲理；如古代汉语一般，可以阅读白话文的《金刚经》，可以理解别人翻译后的含义。

洛阳伽蓝记 / 北魏 / 杨炫之 / 中国北朝散文的瑰宝

作者简介

杨炫之（有的书中"杨"误作"羊"，也有写作"阳"的），北魏著名散文家，北平（今河北满城）人，约生活于北齐天保（550 ~ 559 年）年间。《魏书》、《北史》均不立传，生平事迹不甚可考。有的说他曾任北齐时期城郡太守，也有的说他官至秘书监。从本书卷首书名和卷中自述来看，曾任北魏抚军府司马，担任过奉朝请，后升秘书监，并且亲身经历了北魏中后期的全盛与变乱。后任北齐期城（今河南泌阳县）太守。北魏自太和十九年（495 年）迁都洛阳后，大修佛寺，"金刹拥有僧尼二百万，寺院多达三万处"，东魏武定五年（547 年）杨炫之重返洛阳，目睹洛阳多年战乱、城郭崩毁的凄凉景象，抚今思昔，感慨之余，著《洛阳伽蓝记》。梵文的"伽蓝"，意思是"众园"或"僧院"，即佛教寺院。作者之所以写这部书，不单是为了记录北魏佛教全盛时期的概貌，也是为了记述当时社会的富庶，追溯祸乱的由来，悲叹繁华的消失。

背景介绍

汉朝以后佛教鼎盛，佛寺众多。北魏信佛以建功德求福祉为主要特征，孝文帝迁都洛阳后，进行了一系列的改革。由于生产力的提高与社会经济的发展，社会财富大量积累，佛教寺院更是大规模兴建，佛教在中国如日中天。他的儿子宣武帝是佛教迷，在位16年，造龙门石窟，营缮寺庙，远近承风，大家无不事佛。上行下效，建造出一千多个庙来。后来尔朱荣、高欢两次作乱，“寺观灰烬，庙塔丘墟”。据史书记载，到公元536年东魏分裂、孝静帝迁都邺城前，全国僧尼已达200万，佛寺多达三万余所，仅洛阳城内外就有佛寺1376所，“寺夺民居，三分且一”。

名著概要

《洛阳伽蓝记》是以洛阳的寺院为纲而展开的，全书共分城内、城东、城南、城西、城北5卷。作者先从城内开始，由里及外，并且表列门名，兼记远近市里、官署、道路、桥梁、时人宅第与名胜古迹。全书记载了洛阳大大小小八十多所寺院。记寺院先记立寺人、立寺时间、寺院方位，再记建筑结构、周围环境及其兴废沿革。市里、官署、道路、桥梁、时人宅第及名胜古迹等，也多交待其地理位置，有的还兼记遗闻佚事，同时还叙述了中外佛教文化的交流情况，在这些记述中，还记录了所交往各国的社会政治、风土人情、物产出品等。

经过孝文帝改革，北魏社会经济有了明显的发展，特别是朝廷放松了对技作户的控制后，民间的手工业与商业日益活跃起来。《洛阳伽蓝记》在描绘佛寺的盛况时，也为我们提供了这方面的材料。如在《法云寺》篇记载洛阳大市东西南北时写道：“市东有通商、达货二里，里内之人尽皆工巧屠贩为生，资财巨万”；“市西有延酤、治觞二里，里内之人多酿酒为业”；“市北有慈孝、奉终二里，里内之人以卖棺椁为业，赁辆车为事”；“别有阜财、金肆二里，富人在焉。凡此十里，多诸工商货殖之民”。工商业的发达必然导致城市生活的丰富多彩，《洛阳伽蓝记》所记载的当时民间杂技百戏之盛，也正是城市生活丰富多彩的一个侧面，这在《长秋寺》、《景乐寺》、《禅虚寺》等中都有精彩的记载。从这些记载看，当时的表演节目形形色色，场面相当阔大，情节精彩纷呈，观众众多，上自帝王，下至普通青年男女。

白马寺中佛像

《洛阳伽蓝记》以佛寺为线索，还描写了许许多多的人物，其中有不少是作者赞赏的人物，如刘白堕、杨元慎、邢子才、王肃等，不仅交待他们的生平、爵里，有

名家点评：

《洛阳伽蓝记》与《水经注》一道被人们誉为中国北朝散文著作的双璧。

被誉称南北朝骈体文范本。

的还花费大量笔墨记载佚事。

《洛阳伽蓝记》之所以能够长盛不衰，不仅仅由于它的内容，同时也有赖于它的描写技艺。书中说："至武定五年，岁次丁卯（547 年），余因行役，重览洛阳。城廓崩毁，宫室倾覆，寺观灰烬，庙塔丘墟，墙被蒿艾，巷罗荆棘。野兽穴于荒阶，山鸟巢于庭树。游儿牧竖，踯躅于九逵；农夫耕老，艺黍于双阙。麦秀之感，非独殷墟；黍离之悲，信哉周室。"在这种苍凉的故国之悲下，他在书里，写出宫闱、写出政事，写出腐败统治者的贪淫豪奢，写出寺庙中不会诵经的假和尚，笔触所及，都哀伤人世，寓意深远，令人跟着也为之惆怅、为之感慨。

阅读指导

《洛阳伽蓝记》涉及很多方面的内容，但它是以记佛寺为纲的历史文献，因而要主次分清，注意抓住主线索，即以佛寺为纲，然后再关注涉及到的人物叙述、中外佛教交流及其各国的政治、经济和其他方面的情况。

齐民要术 / 北魏 / 贾思勰 / 世界最早最系统的农业科学专著

作者简介

贾思勰，青州齐郡益都（今山东寿平）人，是我国南北朝时期（531 ~ 550 年）杰出的农业科学家。生平不详。贾思勰出生在一个世代务农的书香门第，历代都很喜欢读书，尤其重视对农业生产技术知识的学习和研究。贾思勰的家境虽然不很富裕，但拥有大量藏书，使得年幼的贾思勰就有机会博览群书。成年以后，走上了仕途，到过山东、河南、河北等地，做过高阳郡（今山东淄博）太守等官职。他走到哪儿，都非常重视农业生产，认真考察和研究当地的农业生产技术，认真向具有丰富经验的老农请教。中年以后，回到自己的家乡，开始经营农牧业，亲自参加农业生产劳动和放牧活动，对农业生产有亲身体验。约在 6 世纪 30 年代至 40 年代间写成农业科学技术巨著《齐民要术》，将自己积累的许多古书上的农业技术资料，询问老农获得的丰富经验，以及自己的亲身实践加以分析、整理和总结。

背景介绍

贾思勰生活于北魏末期，青少年时，孝文帝实行“文治”，进行汉化运动，提倡农业，朝廷议政都以农事为首。太和九年（485 年）又实行均田制，解决人民温饱问题。黄河流域是我国农业发源地之一，旱地农业生产一直居于领先地位，农业生产工具的改进和生产技术的提高，一直都在进行中。比如耕作工具，魏晋时出现了“铁齿”（人字耙）和耱（无齿耙）。到北魏时又积累了一整套耕作经验，形成了完整的耕作体系。生产技术的提高和生产经验的积累为其写作《齐民要术》提供了丰富的内容和资料。

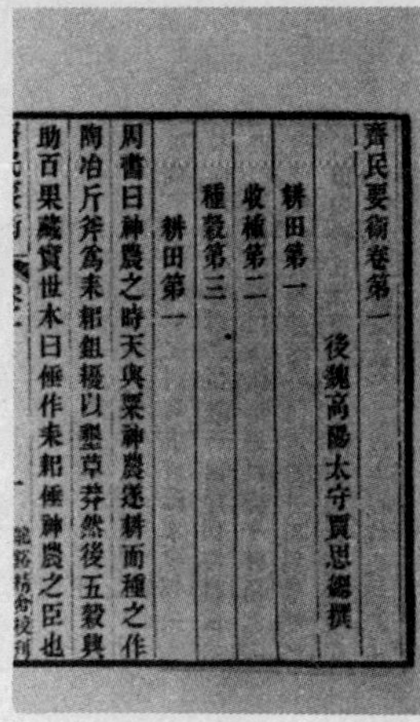
齊民要術卷第一　後魏高陽太守賈思勰撰
耕田第一
收種第二
種穀第三
耕田第一
周書曰神農之時天雨粟神農遂耕而種之作
陶冶斤斧爲耒耜鉏耨以墾草莽然後五穀興
助百果藏實世本曰倕作耒耜倕神農之臣也

《齐民要术》书影

名著概要

《齐民要术》系统地记述了黄河中下游地区，即今山西东南部、河北中南部、河南东北部和山东中北部的农业生产，包括了农、林、牧、渔、副等部门的生产技术知识，堪称我国古代的一部农业百科全书。《齐民要术》分为 10 卷，共 92 篇，约 11 万字，其中正文约 7 万字，注释约 4 万字。书前还有“自序”和“杂说”各一篇。“序”中反复强调“食为政首”的重农思想，通过援引圣君贤相、有识之士重视农业的事例，来强调“治国之本，在于安民；安民之本，在于足用”。把农业生产提到治国安民的高度。

全书的结构体例相当严密，每篇由篇题、正文和经传文献组成。根据不同的作物，所述详略不一。篇题下有注文，相当于“释名”、“集解”，包括异名、别名、品种、地方名产、引种来源及其性状特征；正文则为实际调查和亲身体验，这是各篇的主体；篇末则援引文献以补充论证正文，包括重农思想、经营管理、生产技术、农业季节、农业地理、农业品贮存与加工。

《齐民要术》的内容极为丰富。卷一，耕作、收种、种谷各 1 篇；卷二，谷类、豆、麦、麻、稻、瓜、瓠、芋等粮食作物栽培论 13 篇；卷三，种葵、蔓菁等各论 12 篇；卷四，园篇、栽树各 1 篇，枣、桃、李等果树栽培 12 篇；卷五，栽桑养蚕 1 篇，

作品评价：

《齐民要术》规模之庞大，内容之丰富，结构之严谨，都远远超过前代。它是在前代农学的基础上，全面、系统地总结了魏晋以来 40 年间黄河流域旱地农业生产的新经验和新成就，引起历代政府之重视。其中，《农桑辑要》、《王祯农书》、《授时通考》均受其影响。《齐民要术》在国外也具有深远的影响，达尔文曾参阅过，并援引有关事例作为他的学说的佐证。在当今面临农业困境的情况下，《齐民要术》更是引起欧美学者的极大注视和研究。

榆、白杨、竹以及染料作物10篇，伐木1篇；卷六，畜、禽及养鱼6篇；卷七，货殖、涂瓮各1篇，酿酒4篇；卷八、卷九，酿造酱、醋、乳酪、食品烹调和储存22篇，煮胶、制墨各1篇；卷十，“五谷果蔬菜茹非中国物产者”1篇，记温带、亚热带植物100余种，野生可食植物60余种。总括了农艺、园艺、造林、蚕桑、畜牧、兽医、选种育种、酿造、烹饪、农产品加工储存，以及备荒、救荒等，基本上属于广义的农业范畴，反映了当时农、林、牧、渔、副多种经营方式亦具备了较为完整的规模。

《齐民要术》全面、系统地总结了以耕－耙－耱为主体，以防旱保墒为中心的旱地耕作技术体系，以增进地力为中心的轮作倒茬、种植绿肥等耕作制度，以及良种选育等项措施；并且首次系统地总结了园、林经验，林木的压条、嫁接等繁育技术；畜禽的饲养管理、外形鉴定和良种选育；农副产品加工和微生物利用以及救荒备荒的措施。

阅读指导

在阅读《齐民要术》时，首先要牢牢把握“食为政首”的思想，在阅读正文时，要注意把正文与注释结合起来阅读，注意附录的参考文献，这是补充正文的内容的。

世说新语 / 南朝宋 / 刘义庆 / 清言之渊薮

作者简介

《世说新语》的作者是南朝宋的刘义庆。刘义庆是宋武帝刘裕之侄，袭封为临川王。史载刘义庆自幼聪敏过人，伯父刘裕很赏识他，曾夸奖他说：“此我家之丰城也。”他年轻时曾跟从刘裕攻打长安，历任中书令、荆州刺史、开府仪同三司。刘义庆为人“性简素，寡嗜欲”，“受任历藩，无浮淫之过，唯晚节奉养沙门，颇致费损”。他喜爱文艺，喜欢与文学之士交游。在他的周围，聚集着一大批名儒硕学。他自己也创作了大量著作，著有《徐州先贤传》，又曾仿班固《典引》作《典叙》，记述皇代之美；此外还有《集林》200卷，以及志怪小说《幽明录》等，其中，最著名的当然是千古流传的《世说新语》。

背景介绍

用史学家的眼光看，魏晋南北朝是“乱世”。这一时期的政治领域最重要的现象是士族门阀制度。在汉代，形成许多世代官宦的豪门大族，经过汉末大乱，这些豪门大族成为具有很强独立性的社会力量。他们有自己的庄园、私人武装，大量依附农民，使任何统治者都不敢忽视。三国时魏国开始的“九品中正制”实际上形成了门阀制度，巩固了士族的地位。这一时期政权不断兴替，朝代频繁更迭，士族的地位却很少受影响。因此，他们的子弟并不关心实际的事务，而尽情追求内心的超逸。

东汉后期以来，老庄哲学兴起。厌倦了儒学空虚的士人，醉心于老庄哲学所标榜的“自然”和“无为而治”。魏晋时代，这一思潮在社会中更加深入和普遍。到曹魏末年，由于政治环境的残酷，许多文人对此既无法忍受又难以公然反抗，于是纷纷宣称“越名教而任自然”，寄情药酒，行为放旷，毁弃礼法，以表示对现实的不满和不合作，具有十分强烈的叛逆精神。

雪夜访戴图　夏葵

此幅图绘冬季山水。写“雪夜访戴”的故事，画东晋王徽之雪夜访戴逵，至其门，不入而返，人问其故，答曰“兴尽”(事见《世说新语》)。此画学南宋马、夏画风，以斧劈皴刷山石，画树多露根，瘦硬曲折。

魏晋是一个大动荡的时代，也是一个大解放的时代。魏晋之际，人们从两汉的经学中解放出来，人格美被极大地高扬，主体的自我被认为高于礼法和名教。此时无论在人格审美上还是艺术审美上，都有一种重要的倾向，就是重神而轻形。所以，魏晋时期品评人物的德行标准，不再是外在的功德名节，而是对人物内在的智慧、才情、风度的欣赏，人们追慕着一种心灵的深远无极、湛若冰雪的神韵之美。魏晋名士的高扬主体人格，追求自由，注重内心的真实，不务实际，崇尚空谈，举止潇洒，行事率性，形成一种风尚，这就是所谓的“名士风度”。《世说新语》记载的，正是这些魏晋名士们的言行。

名著概要

《世说新语》按照以类相从的形式编排，分为《德行》、《言语》、《政事》、《文学》、《方正》、《雅量》、《识鉴》、《赏誉》、《品藻》、《规箴》等36门，内容主要记述自东汉至东晋文人名士的言行，侧重于晋朝。书中所载均属历史上实有的人物，但他们的言论或故事则有一部分出于传闻，不尽符合史实。本书相当多的篇幅是采自前人的记载，如《规箴》、《贤媛》等篇所载个别西汉人物的故事，采自《史记》和《汉书》。一些晋宋之间人物的故事，如《言语》篇记谢灵运和孔淳之的对话等，则因这些人物与刘义庆同时或稍早，可能采自当时的传闻。

书中所记事情，以反映人物的性格、精神风貌为宗旨。书中表彰了一些孝子、贤妻、良母、廉吏的事迹，也讽刺了士族中某些人物贪残、酷虐、吝啬、虚伪的行为，体现了一些基本的评价准则。就全书来说，并不宣扬教化，也不用狭隘单一的标准褒贬人物，而是以人为本体，宽泛地认可人的行事言论。高尚的品行，超逸的气度，豁达的胸怀，出众的仪态，机智的谈吐，都是本书所欣赏的；勉力国事，忘情山水，豪爽放达，谨严庄重，作者都加以肯定；即使忿狷轻躁，狡诈假谲，调笑诋毁，也不轻易贬损。这部书记录了士族阶层的多方面的生活面貌和思想情趣。

士族的实际生活，不可能如他们宣称的那样高超，但是作为理想的典范，是要摆脱世俗利害得失、荣辱毁誉，使个性得到自由发扬的。这种特征，在《世说新语》中有集中的表现。对某些优异人物的仪表风采的关注，是因为这里蕴涵着令人羡慕的人格修养。同样的例子很多。如《容止》篇记当时人对王羲之的评价："飘若游云，矫若惊龙。"又如《任诞》篇载："王子猷居山阴，夜大雪，眠觉，开室，命酌酒。四望皎然，因起彷徨，咏左思《招隐诗》，忽忆戴安道。时戴在剡，即便夜乘小船就之。经宿方至，造门不前而返。人问其故，王曰：'吾本乘兴而行，兴尽而返，何必见戴？'"任由情性，不拘法度，自由放达，这是当时人所推崇的。《雅量》篇记载："谢公与人围棋，俄而谢玄淮上信至。看书竟，默默无言，徐向局。客问淮上利害，答曰：'小儿辈大破贼。'意色举止，不异于常。"谢安是东晋名相，当时他的侄子谢玄在淝水前线与前秦八十万大军对敌。国家兴亡，在此一举，他临大事而有静气，风度超脱。在魏晋的玄学清谈中，士人常聚集论辩，因此锻炼了语言表达的机智敏捷，这种机智又运用到日常生活中来。《世说新语》各篇中，随处可以读到绝妙话语，有《言语》一篇作专门的记载。《世说新语》中所写的上层妇女，往往也有个性，有情趣，不像后代妇女受到严重的束缚；人们对妇女的要求，也不是一味地温顺贤惠，如《贤媛》篇记载，谢道韫不满意丈夫王凝之，回娘家对叔父谢安大发牢骚："不意天壤之中，乃有王郎！"《世说新语》还记载了不少儿童的故事，如《孔文举》。孔文举 10 岁时，去拜见当地的大官李元礼，门卫不替他通报。孔文举就说："我和李大人是亲戚，你赶紧通报吧。"结果李元礼并不认识孔文举，便问："你叫什么名字？你和我又是什么亲戚？"孔文举报了自己的名字后解释道："从前我们家老祖宗孔子曾拜你们家的祖先李伯阳（即老子）为师，这么说来，我们两家从上古的时候起就有交情了。"李元礼和宾客们听了这话，都非常吃惊，连夸他是神童。只有一个叫陈韪的人不以为然，说小时候很聪明，长大了未必能成器。孔文举听说这话，立刻反驳道："想来先生你小时候，一定是很聪明的喽！"这则小说用对话活灵活现地描绘了孔文举聪明机智的生动形象。《世说新语》中这一类故事还很多，如《周处》、《王戎夙慧》等。

在《世说新语》中，记言论的篇幅比记事的多些。记言方面有一个特点，就是往往如实地记载当时口语，不加雕饰，因此有些话现在已很不好懂，如"阿堵""宁馨"

等当时的俗语。《世说新语》的文字，一般都是很质朴的散文，有时虽然直接记录口语，而意味悠长，颇具特色，历来被人们所喜爱，其中有些故事后来成为通行的成语典故，如“捉刀人”、“阿堵物”、“坦腹东床”等等。

阅读指导

《世说新语》笔法简约隽永，含蓄委婉，给人以美的感受。它没有使用铺叙或过多的描写，反将人物本身最有特征、最富于意味的动作和语言，直接呈现出来。寥寥几笔，就把人物的形象表现得相当生动。以简单的文字再现人物自身的活动，能描绘出人物的神韵来，这是《世说新语》最显著的艺术上的特色。

《世说新语》的一个特点是通过人物在特定环境中的言语行动，在对比中表现不同人物的个性。如《雅量》写魏明帝砍掉老虎爪牙，放在宣武场上，让百姓去参观。此时王戎才 7 岁，也去观看。忽然老虎攀着栏杆大吼，声音惊天动地，观看的人群无不吓得魂飞魄散，只有王戎毫无惧色地站在那里，一动也不动。

通过细节描写来表现人物性格特征，是《世说新语》的又一特点。如《忿狷》篇讲王蓝田吃鸡蛋，先用牙签去刺，鸡蛋滑溜溜的，刺不进去。王蓝田大怒，拿起鸡蛋往地上摔去，没想到鸡蛋在地上转了几圈，仍然不碎。王蓝田又用脚去踩它，又没踩着。王蓝田气得要命，一手就把它从地上抓起来，放进嘴里，咬了个稀巴烂。这则小故事非常形象地描绘出王蓝田个性急躁的特点。

千字文 / 南朝梁 / 周兴嗣 / 中国最早的蒙学读物

作者简介

自南朝流传至今的《千字文》为南朝梁周兴嗣所编写。周兴嗣《梁书》49 卷有传。他仕梁，颇得梁武帝萧衍的赏识和称誉，多以文笔之事见用。他的《次韵王羲之书千字》在《隋书》、《旧唐书》的《经籍志》，以及《新唐书》、《宋史》的《艺文志》等史志目录中都有著录，在敦煌文献中也有周本《千字文》。关于他何以要编写《千字文》，我们可以从唐李绰《尚书故实》和韦绚《刘宾客嘉话录》等书中寻得解答。原来是当年梁武帝令殷铁石在王羲之书写的碑文中拓下不重复的 1000 个字，供皇子们学书用的。但由于字字孤立，互不联属，所以他又召来周兴嗣嘱道：“卿有才思，为我韵之。”周兴嗣只用了一个晚上就编好进呈武帝。这便是传至今日的《千字文》。

背景介绍

在《千字文》初行的时代，作为家庭教育的启蒙课本，同时还有其他几种，如《字训》、《幼训》、《字统》等。《字训》等湮没无闻，独《千字文》得以流传。

名著概要

谈到魏晋南北朝时期的常识教学内容，不能不提到《千字文》，它在常识教学的发展方面，起了承先启后的作用。《千字文》汲取了前人编写识字教材的经验，有所发展提高。这部识字兼常识课本编成于梁武帝大同（535 ~ 546 年）年间，是周兴嗣执行梁武帝的命令编选而成的。

《千字文》全书只有 1000 字（仅个别字重复），组成连贯通顺的四字句，押韵，便于儿童朗读背诵。内容从天象、地理、历史典章、为人处世等，到务农、读书、饮食、居处、园林、祭祀等各个方面，其中有不少劝诫之言和具体的景物描写。所采多为古籍常用字，用典也不深，故流传甚久。

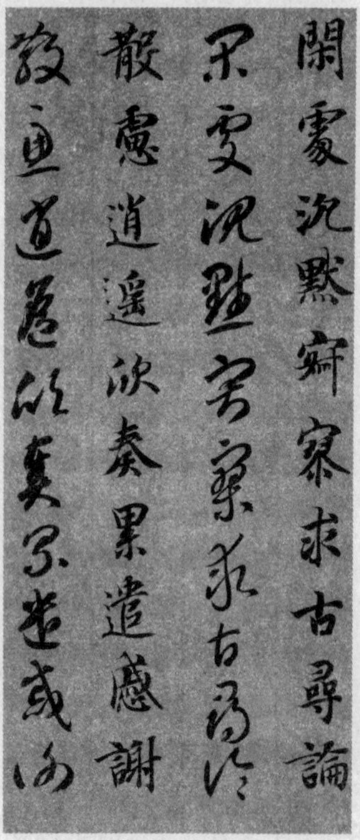

真草千字文 隋 释智永

释智永，乃书圣王羲之的七世孙，向从萧子云学书，后则以右军为范，出家山阴永兴寺，《真草千字文》今有墨迹、刻本两种垂世。智永之书，苏东坡以为“精能之至，返透疏淡”。明都穆则评道：“智永真草千字文真迹，气韵飞动，犹如神品，为天下法书第一。”

《千字文》虽然只用了有限的字，却并不是 1000 个单字的堆砌，而是组织成通俗的能够表达一定意义的若干句子，这些句子的安排又大致前后连贯，相当有条理。开头一部分从“天地玄黄，宇宙洪荒”说起，接着就分别说“天”的一些现象。如：“日月盈昃，辰宿列张。寒来暑往，秋收冬藏。云腾致雨，露结为霜。”再说“地”的一些现象。如：“金生丽水，玉出昆冈。剑号巨阙，珠称夜光。海河咸淡，鳞潜羽翔。”这样就介绍了一些有关自然界的名物，然后叙述上古之世，介绍一些有关历史的知识，如：“推位让国，有虞陶唐，吊民伐罪，周发殷汤，坐朝问道，垂拱平章。”以下说到君子修身之道，并推类而及君臣、父子、兄弟、夫妇、朋友之伦，也不无可取的劝诫。还有一些优美的景物描写，如：“渠河的历，园莽抽条。枇杷晚翠，梧桐早凋。陈根委翳，落叶飘飖。游鹍独运，凌摩绛霄。”

只用了 1000 个字而能写出这么丰富的内容，并且大多数的句子通畅可读，没有多少牵强硬凑的痕迹，这确是很不容易的。《千字文》编成后，很快就成了流行各地的通俗的识字、常识课本。《唐摭言》记载：“顾蒙，宛陵人，博览经史，慕燕许刀尺，亦一时之杰……甲辰淮浙荒乱，避地至广州，人不能知，困于旅食，以至书《千字文》授于聋俗，以换斗筲之资。”《千字文》的语句当时在社会上也广泛流行。《太平广记》引《启颜录》（唐人侯白作）的记载，有人用《千字文》里的话戏作乞社：“若不云腾致雨，何以税熟贡新。”甚至某些商人账册的编号，考场试卷的编号，以至大部头书的卷册编号，常用《千字文》里的字序作线索，编成“天字某号”、“地字某号”。

后世仿效《千字文》的层见迭出，如《续千文》、《重续千字文》、《叙古千文》、《稽古千文》、《广易千文》、《正字千文》、《增寿千字文》、《训蒙千字文》、《梵语千字文》、《千字文释义》、《百体千字文》等。《千字文》的种种续编、改编本中均包括自然、社会及历史等方面的常识内容。如《续千文》开头的几句是：“混沌初开，乾坤刚柔，震兑巽坎，角亢奎娄。”宋胡寅编的《续古千文》第七节讲西汉的几句：“炎汉开创，规模广延。勃诛禄产，光拥昭宣。董相仲舒，儒术穷研。请罢辟邪，乃绩巍焉。”清李崇忠重编的《千字文》开头几句是：“天地定位，造化生成。曦晖月朗，闰积阶平。俯察川岳，仰眺星辰。藏图出洛，翔鸟跃鳞。”唐代三藏法师义净撰的《梵语千字文》开头几句是：“天地日月，阴阳圆矩，昼夜明暗，雷电风雨。”这些续编本和改编本，曾在一时一地流行过，然而都不久远。其重要原因在于内容艰深，不符合儿童的接受能力，不符合初步识字及学习常识的需要。

阅读指导

作为一本古代的启蒙教育的教材，首要的任务就是识字，即使受过多年教育的人，这1000个字未必都能认识。其次，主要作为常识性教材，从《千字文》中了解关于天文、地理、农业、气象、矿产、特产、历史等方面的常识。当然，如果当作启蒙教育课本，也可作为开发记忆力的极好教材。

文心雕龙 / 南朝梁 / 刘勰 / 文学批评系统理论之鼻祖

作者简介

《文心雕龙》的作者是南朝梁的刘勰。刘勰（约465～520年），字彦和，东莞莒（今山东莒县）人，世代居住在京口（今江苏镇江）。少年时家境贫寒，为生活所迫，跟随沙门僧十余年，并因此精通佛教经典。梁代初年，做过南康王萧绩的记室，又曾担任太子萧统的通事舍人，为萧统所赏识。后来出家为僧，法名慧地。刘勰受儒家思想和佛教的影响都很深。他的著作最有名的就是我们这里要说的《文心雕龙》。

背景介绍

前面我们已经介绍过魏晋时期的社会状况，在社会思想相对自由、重视个体价值的背景下，魏晋南北朝时期艺术迅猛发展，文学、音乐、舞蹈、绘画、雕塑、书法乃至园林建筑都在这时发生了重大变化。这个时期，人们开始重视文学，重视文学观的发展。很多社会上层人物，包括许多帝王在内，普遍热心于文学创作，他们的活动影响了整个社会，曹操父子就是典型的例子。曹操与他的两个儿子曹丕与曹植都是一代大诗人，中国的五言诗就是在他们手里走向成熟的。曹丕在《典论·论文》中说："盖文章，经国之大业，不朽之盛事。"他所说的"文章"，当然包括抒情的诗赋。实际上，在魏晋南北朝，文学已经成为上层社会的一种必备素养。

这一时期，文学集团开始活跃起来。文学已经进入社会上层人士的社交生活，成为他们相互交往与沟通感情的媒介，而且也是一种高雅的娱乐，这样，就形成了文学集团。建安时期，在曹操父子周围聚集的文人们就是一个文学集团。魏末有以阮籍、嵇康等人的"竹林七贤"，齐竟陵王萧子良周围有著名的"竟陵八友"。这些文学集团刺激了文学的兴盛，孕育出一些新的文学现象，也使得他们的文学思想变得更加完整明确。

魏晋南北朝文学存在一种风气：追求"新变"。人们普遍把"新变"作为文学应该追求的目标，也拿"新变"做准绳来衡量文学作品的优劣。人们不再把文学看作政教的工具，而注重表现作者个人心灵的感受。因此，文学的题材有许多拓展：陶渊明开创了田园诗，谢灵运、谢朓完成了玄言诗到山水诗的转变，梁代开始出现了"宫体诗"。文学形式也在不断演化。五言古诗在建安诗人（尤其是曹植）和阮籍等人的手里又有新的发展。齐永明年间，沈约等人提出"四声八病"说，创造了"永明体"，这是律诗的开端。对华美修辞的追求，也是魏晋南北朝文学的普遍风气。同时，由于玄学的影响，文学开始与哲理相结合，这使文学的内涵变得更加丰富与深沉。魏晋南北朝的诗，通常认为阮籍、陶渊明的最耐人寻味，这和他们的作品富于哲理性有直接关系。

鲁迅在《魏晋风度及文章与药及酒之关系》一文中，称魏晋是"文学的自觉时代"，又说"这时代的文学的确有点异彩"。在上述背景下，探讨文学的各种理论问题，评论历代作家的得失，就成为很有必要而且很有意思的工作。因此，魏晋南北朝的文学批评也空前繁荣，这方面最重要的著作就是刘勰的《文心雕龙》。

名著概要

《文心雕龙》是我国历史上第一部系统的文学理论著作。《文心雕龙》评论了

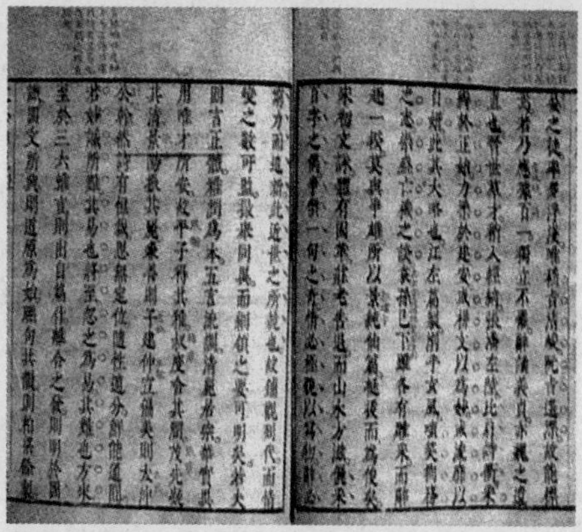

《文心雕龙》书影

《文心雕龙》的版本较多，最早的刻本是元至正本。这个本子是以后各版本的祖本。此外尚有清人黄叔琳的《文心雕龙辑注》、今人范文澜《文心雕龙注》、杨明照《文心雕龙校注》、周振甫《文心雕龙注释》以及詹锳的《文心雕龙义证》。

晋宋以前二百多位重要作家，总结了35种文体的源流演变和特点，全面论述了文学创作和评论上的一些重要问题，内容丰富多采。全书共50篇，由四大部分组成：

总论：由《原道》、《征圣》、《宗经》3篇构成。《原道》中论述的“自然之道”，主要说明万事万物必有其自然的文采：“形立则章成矣，声发则文生矣。”刘勰据此说明：文学作品必须有文采，但应该是由相应的内容决定其文采。《征圣》、《宗经》两篇强调学习儒家经典的写作原则。《宗经》篇论述了“六义”，即认为学习儒家经典对文学创作有六大好处：“一则情深而不诡，二则风清而不杂，三则事信而不诞，四则义直而不回，五则体约而不芜，六则文丽而不淫。”要求从儒家经书学得“情深”、“风清”、“事信”、“义直”等，是侧重于内容方面的要求。刘勰认为圣人的著作“衔华而佩实”，所以《征圣》篇强调：“志足而言文，情信而辞巧，乃含章之玉牒，秉文之金科矣。”这正是《原道》、《征圣》和《宗经》三篇总论提出的核心观点。很明显，《文心雕龙》的文学思想是以儒家思想为核心的。

文体论：从第五篇《辨骚》到《书记》共21篇，通常称为文体论。这部分从4个方面论述了各种文体：一是文体的起源和发展概况，二是文体的名称、意义，三是评论各个时期有代表性的作品，四是总结各种文体的特点及写作要领。所以，这部分不仅论文体，还具有分体文学史的意义，也是批评论的重要组成部分；特别值得注意的是，本书的创作论正是以这部分所总结各种文体的创作经验为基础提炼出来的。

创作论：从《神思》到《总术》共19篇是创作论；《时序》、《物色》两篇介于创作论和批评论之间，也包含一些论创作的重要意见。这是本书的精华部分。其中分别对艺术构思、艺术风格、继承与革新、内容和形式的关系、文学与社会现象和自然现象的关系等重要问题，分别进行了专题论述；也对声律、对偶、比兴、夸张以至用字谋篇等，逐一进行了具体的探讨。《文心雕龙》对于风格和风骨也有深入的研讨和论述。在《体性》篇中，刘勰继承曹丕关于风格的意见，做了进一步的发挥，认为形成作家风格的原因，有先天的才情、气质的不同，也有后天的学养和习染的殊异。在风格论的基础上，刘勰特别标举“风骨”。“风骨”一词本是南朝品评人物精神面貌的术语。文学理论批评中的“风骨”一词，正是从这里借用出来的。

“风”是要求文学作品要有较强的思想艺术感染力，即《诗大序》中的“风以动之”的“风”；“骨”则是要求表现上的刚健清新。《文心雕龙》关于艺术想象的理论也有精辟的论述。《神思篇》借用“形在江海之上，心存魏阙之下”这一成语，论述艺术想象超越时空限制的特点：“故寂然凝虑，思接千载；悄焉动容，视通万里。”刘勰认为艺术想象并非凌虚蹈空而生的，它以“博见为馈贫之粮”的形象化比喻，说明艺术想象的基础只能是客观生活中的素材或原料。《文心雕龙》还强调，惟有当作家的精神心理处于“虚静”状态，不受外界的纷扰时，才能更好地驰骋自己的艺术想象力。《文心雕龙》在论述艺术想象时，还提出了“积学以储宝，酌理以富才，研阅以穷照”等见解，强调艺术想象要有平日广泛的积累和生活知识。

批评论：本书集中阐述文学批评理论的，只有《知音》一篇。但是，从总体上看，三篇总论同时也是批评论的总论；文体论对各种文体的作品所作评论，同时也是刘勰的作品论；《才略》篇论历代作家的才华，《程器》篇论历代作家的品德，这同时也就是刘勰的作家论了；创作论中所论述的创作原理，也正是刘勰评论作家作品的原理。所以，从整体上看，他的批评论相当丰富。《知音》篇提出了批评的态度问题、批评家的主观素养问题、批评应该注意的方面等。有些论述虽然带有经学家的口气，但不少论述都是较精辟的。例如关于批评态度问题，刘勰非常强调批评应该有全面的观点。又如他特别强调批评家的广博识见的重要性，他提出了一个在后世非常出名的论断：“操千曲而后晓声，观千剑而后识器”，认为任何批评中的真知灼见，只能建立在广博的学识和阅历基础之上。

阅读指导

《文心雕龙》是一部比较艰深的理论著作，普通的读者也许会觉得读懂它很困难。但是，只要方法得当，基本理解本书的内容还是可以做到的。在阅读过程中，我们要善于利用其论述的特点。《文心雕龙》讲的是理论问题，能抓住其理论的脉络，就比较容易理解了。另外，《文心雕龙》文字上的突出特点是骈偶文，这也是可以利用来帮助理解部分文字的。根据上下对应的文章结构，就很容易理解一些貌似艰深的言辞。其次，要注意“以刘解刘”。本书的用语，有些是刘勰自己新造的，有的虽然是古书常用的，刘勰却自有其特定的用意。只有以刘勰书中的解释来理解，才是准确可靠的。对于《文心雕龙》中涉及的典故史实，只要勤于查检，一般是不难理解的。另外，《文心雕龙》的译注本对我们很有帮助。比较有名的有范文澜的《文心雕龙注》和周振甫的《文心雕龙注释》。

颜氏家训 / 北齐 / 颜之推 / 古今家训之祖

作者简介

颜之推（531 ~ 590 年），字介，祖籍琅琊临沂（今山东临沂），出身于世代精于儒学的仕宦之家，梁中大通三年（531 年），颜之推出生在江陵。他青年时正好赶上侯景之乱，21 岁的颜之推被俘，囚送建康，第二年返回江陵，任元帝的散骑侍郎，奉命校书。两年以后，西魏讨伐梁，攻陷江陵，他又一次被俘，被遣送到关中。不久，颜之推冒着生命危险逃奔北齐，齐武平三年（572 年）任黄门侍郎，主持文林馆，修类书《御览》。北齐灭亡后，颜之推到北周，任御史上士。隋朝建立后，他被召为学士，受到尊重，约在开皇十年后病逝。晚年为了用儒家思想教育子孙，鼓励子孙继承家业，扬名于世，写下《颜氏家训》20 篇。颜之推一生著述丰富，但流传下来的只有《颜氏家训》和《还冤志》二书。

背景介绍

颜之推生活的年代，战乱频繁，破国亡家之事屡见不鲜，就他本人而言，也是深有体会。加之南北朝后期，门阀制度已经开始衰败，家庭伦理观念开始遭到新的冲击，家庭教育的重要性越发明显，文风的浮藻华靡，亟须补充务实、真切的清新气息，来改变现实。这就是《颜氏家训》出现的大背景。

名著概要

《颜氏家训》虽以儒家思想为正统，但也受到佛道两家思想的影响，是颜之推在乱世中退能安身立命、进能立身扬名的经验以及当时许多人士取祸杀身的教训的总结。书中用许多历史故事来论述问题，对颜氏子孙的教养起过颇大的作用。

《颜氏家训》共 20 篇，“序致”第一，是全书的自序，讲述撰写该书的目的，作者从亲身经历入手，告诫子孙好好做人；“教子”第二，讲如何教育子女；“兄弟”第三，讲兄弟之间如何相处；“后娶”第四，讲夫或妻死后，活着的该不该再婚等问题；“治家”第五，讲管家的问题；“风操”第六，讲当时做人的风度节操；“慕贤”第七，讲如何礼敬时贤；“勉学”第八，讲如何为学；“文章”第九，讲如何做文章；“名实”第十，讲做人的名与实；“涉务”第十一，强调多做实事；“省事”第十二，强调

贤母图 康涛

从此图的题款“临民听狱，以庄以公。哀矜勿喜，孝慈则忠”，可以推知此为贤母向即将离家赴任的儿子所做的教诲。画家以高超的笔法将贤母严肃训诫却又暗含离别伤感之态、儿媳恭顺侍立而又对丈夫依恋不舍之情、儿子恭敬聆听却踌躇难离之意，刻画得极其生动传神。

做事专精；“止足”第十三，强调知足的道理；“诫兵”第十四，作者从家世入手，讲弃武习文的道理；“养生”第十五，讲保养身体；“归心”第十六，讲归心于佛教；“书证”第十七，是本书中最长的一篇，为作者对经史文章所作的考证的汇集；“音辞”第十八，讲古今语音的变化；“杂艺”第十九，讲书法、绘画、射箭、算术、医学、弹琴及卜筮、六博、投壶、围棋等；“终制”第二十，讲死后的安排，反对厚葬等。

颜之推对于教育作用的看法，完全继承了孔子的“唯上智与下愚不移”的先验论观点，强调中人教育。即上智者有先天的才智，无须教育，下愚者教育无效，惟有中人非教不可，不教不正。

颜之推注重家庭教育，认为应该及早对子女进行教育，甚至主张胎教。把儒家的“少成若天性，习惯如自然”作为自己的指导思想，并针对父母易于溺爱孩子的情况，主张将爱子之情与教子之方结合起来，对孩子严格要求，勤于监督，爱得其所，爱得其法。同时，他很注意周围环境对子女的影响，要求审慎地看待子女左右的人，发挥教育习染的积极影响。

颜之推注重全面教育，要求把做人、为学、强身、杂艺相结合，在做人方面，主张虚心好学，不能妄自高大，不能凌忽长者，不能轻慢同列，倡导父慈子孝、夫义妇顺等儒家道德规范。

在为学方面，他主张求学，知行结合，反对空守章句和迂阔无所归趋的浅薄之风。主张博学，博涉经传，兼通文史。

在士大夫教育方面，对当时腐朽空泛之弊，进行了深刻的揭露和批判，主张进行培养国家实际有用的人才的“求实”教育，认为国家大约需要6种人才，即政治家、理论家和学者、军事家、地方官吏、外交官、管理者和工程技术专家。他指出一个人要对这6个方面都有所了解，但不必面面精通，可根据个人的差别专其一面。

关于学习态度和方法，他强调要珍惜时光，虚心学习，尤其要重视亲身观察获得的知识，反对那种“贵耳贱目”、“以讹传讹”的学风，并提倡在师友之间共同研究切磋，相互启发。

颜之推注重子女教育，家风所被，后代人才辈出。

阅读指导

《颜氏家训》的许多问题是通过故事来说明的，因而可以在读故事的过程中体味颜之推的教育思想，同时也可以结合现代的教育观，进行对照和比较，看看颜之推教育思想对现在的可取之处，以弥补现代教育的不足。

大唐西域记 /唐/玄奘/中西交流重要的历史地理文献

作者简介

玄奘，俗姓陈，洛州缑氏（今河南偃师市南缑氏镇）人。他于隋文帝仁寿二年（602年）出生于一个世代儒学之家，出家后法名玄奘，敬称三藏法师，俗称唐僧。13岁时在洛阳净土寺诵习佛典，后来去唐朝都城长安，游历成都、荆州（今湖北江陵）、扬州、苏州、相州（今河南安阳）、赵州（今河北赵县）等地，遍访名师，然后又回到长安，拜师于法常、僧辩两位大师。随着学业的日益进步，他的疑问和困惑也越来越多，而这些疑惑中国的佛典和高僧又解决不了。玄奘于是下定决心去佛教的发源地印度取经求法。唐太宗贞观元年（627年），玄奘从长安出发，孤身踏上征程，开始西行之路。途经秦州（今甘肃天水）、兰州、凉州（今甘肃武威）、瓜州（今甘肃安西东南），偷渡玉门关，历五天四夜滴水不进，艰难地通过了八百里沙漠，取道伊吾（今新疆哈密），年底到达高昌（今新疆吐鲁番），沿天山南麓西行，历经属国，沿大清池西行，来到素叶城，在这里巧遇突厥叶护可汗，并得到可汗的帮助。然后继续西行，经过昭武九姓中的七国，翻越中亚史上著名的铁门，到达吐火罗，由此又南行，经大雪山，来到迦毕试国，东行至团犍驮罗国，进入印度。当时的印度分为东、西、南、北、中5部分，史称五印度或五天竺。玄奘先到北印度，在那里拜望高僧，巡礼佛教圣地，跋涉数千里，经历十余国，进恒河流域的中印度。在中印度，历史悠久的摩揭陁国拥有全印度规模最大、有700年历史的那烂陀寺，这是当时全印度的文化中心，玄奘西行求法的目的地。玄奘在那烂陀寺留学5年，向寺主持、当时印度佛学权威戒贤法师学习《瑜珈论》等，又研究了寺中收藏的佛教典籍，兼学梵文和印度很多的方言。后到中印度、东印度、南印度、西印度游学，足迹几乎遍及全印度，再返回那烂陀寺，戒贤法师命他为寺内众僧讲解《摄大乘论》等佛典，赢得了极大声誉。贞观十七年（643年）春，玄奘谢绝了戒日王和那烂陀寺众僧的挽留，携带657部佛经，取道今巴基斯坦北上，经阿富汗，翻越帕米尔高原，沿塔里木盆地南线回国，两年后，回到了阔别已久的首都长安。唐太宗得知玄奘回国，在洛阳召见了他，并敦促他将在西域、印度的所见所闻撰写成书。于是玄奘口述，由其弟子辩机执笔的《大唐西域记》一书，于贞观二十年（646年）七月完成。

背景介绍

隋朝末年，由于连年征战，国力衰微，突厥人便乘机兴起，不断扩大割据地盘，到唐朝开国后，仍不时对边境进行侵扰，有时连长安都受到严重威胁。为了求得暂时安稳的环境，唐高祖不得不忍辱向突厥称臣，每年还要贡奉大量的财物。唐太宗即位后，急于打败突厥，和邻国建立友好的关系，以巩固统一的多民族国家，这就需要对西域各国的地理环境有个比较详细的了解，所以玄奘回国后，唐太宗一方面让他翻译佛经，一方面迫不及待地让他修《西域记》。

名著概要

《大唐西域记》分12卷，共十余万字，书前冠以于志宁、敬播两序。卷一记载今天新疆和中亚的广大地区，是玄奘初赴印度所经之地。卷二之首有印度总述，其后直到卷十一分述五印度的各国概况，其中摩揭陁一国情况占去了八、九两整卷的篇幅。卷十二记载玄奘返国途中经行的帕米尔高原和塔里木盆地南缘诸国概况。全书共记述了玄奘亲身经历的110国和得之传闻的28国情况，书中对各国的记述繁简不一，通常包括国名、地理形势、幅员广狭、都邑大小、历时计算法、国王、族姓、宫室、农业、物产、货币、事物、衣饰、语言、文字、礼仪、兵刑、风俗、宗教信仰以及佛教圣迹、寺数、僧数、大小乘教的流行情况等内容。《大唐西域记》记载了东起我国新疆、西尽伊朗、南到印度半岛南端、北到吉尔吉斯斯坦、东北到孟加拉国这一广阔地区的历史、地理、风土、人情，科学地概括了印度次大陆的地理概况，记述了从帕米尔高原到咸海之间广大地区的气候、湖泊、地形、土壤、林木、动物等情况。

《大唐西域记》 唐 玄奘

《大唐西域记》所载内容十分丰富：（一）综述各国的地理形势、气候、物产、政治、经济、文化、风俗、宗教等概况。书中多数国家的介绍都是从自然环境叙述到社会概况，语言简洁，内容翔实，章法基本统一。尤为珍贵的是还用 17 个专题对印度做了重点介绍，基本上囊括了印度的全貌，堪称古代和中世纪印度的简史。（二）记载了重要的历史人物和历史事件。全书介绍的国家多数都涉及一些历史人物或历史事件，但该书并非历史人物传记，只是一部地理志，历史人物与历史事件是玄奘参谒名人故地、观看遗存文物时引发出来的。书中记载的历史事件尽管都与佛教有关，但对考察该国的政治状况也都有重要的参考价值。（三）记述了佛教各教派的演变与分布状况。玄奘漫游印度各地，随时记录各国信教情况。

《大唐西域记》记录玄奘亲自游过的110个和传闻得知的28个以上的城邦、地区、国家的情况，是唐代杰出的地理著作，主要成就表现在4个方面：（一）新的地理内容。我国自汉代起，就把昆仑山脉西部高山地区称作葱岭。《大唐西域记》卷十二有波谜罗川的地名，指出这是葱岭的一部分，“其地最高”。这是我国古代地理著作中首次提到帕米尔（波谜罗）这个名称和地理概念。（二）对中亚、印度等国地理环境的详细描述，超过了以前的任何著作。（三）对某个地区的描述，既有自然地理的内容，又有经济地理内容。是今天研究中亚、印度一带的历史地理所必需的文献。（四）《大唐西域记》除去首尾两卷有中国地理内容外，其余各卷都是讲外国地理，是我国古代外国地理专著之一。

阅读指导

阅读此书时，主要着眼于两点：第一，关于印度古代和中世纪的历史，介绍了释名、疆域、数量、岁时、邑居、衣饰、文字、教育、佛教、族姓等内容，概括了印度的全貌；第二，以佛教各教派的演变和分布状况为线索，全面了解印度佛教的发展过程。

虬髯客传 / 唐 / 杜光庭 / 中国武侠小说的鼻祖

作者简介

《虬髯客传》的作者是杜光庭（850 ~ 933 年），唐末五代人，字宾圣，号东瀛子，处州缙云（今属浙江）人。少年学习儒学，勤奋好学，学问渊博，但科举却很不顺利。他感慨古今沉浮，于是入天台山修道，拜天台道士应夷节为师，成为司马承祯的五传弟子。唐僖宗听说他的名声，将他召到京城，封为麟德殿文章应制，后来随唐僖宗避乱入蜀，从此留在成都。唐亡后，受到前蜀高祖王建赏识，封蔡国公，赐号广成先生；后主王衍封杜光庭为传真天师、崇真馆大学士。后来杜光庭辞官，隐居青城山白云溪，潜心修道终老。

杜光庭学识渊博，精通儒道典籍，对于道教教义、经典、教史、法术等很有研究。他归纳道教科范仪轨，对金箓、黄箓、玉箓大斋醮法，以及设坛立仪等规则很有建树。他终身注释、整理道教经文，对道教做过不少实地调查，并进行过整理归纳。杜光庭尤其喜欢编撰神话故事阐扬道教，存世的有《灵异记》、《神仙感遇记》、《墉城集仙记》等。

背景介绍

侠士在中国人的想象中，是一些武艺高强、行踪诡异而又义薄云天的形象，侠士是古代社会中的英雄人物。他们有独立的人格，敢于寻求、实践和恢复社会公正和道义的理想。先秦时期的著作中，我们就能看见侠士的身影。千百年来，武侠小说一直深受民众喜爱。武侠文学的雏型是《战国策》、《国语》、《左传》等先秦史著中的一些篇章。著名的侠士有孟尝君门下弹铗长歌的冯谖，不辱使命而公然挑战秦王的唐雎，以及慨然赴难、热血酬知己的聂政、荆轲等。司马迁的《史记》中有《游侠列传》，为秦汉之际名闻天下的布衣侠士朱家、田仲、郭解、剧孟等人立传。《史记·游侠列传》毕竟只是一种历史著作，而不是文学创作。史传中的人物性格单薄，事迹抽象，文笔简略。真正的文学侠士形象，出现在唐传奇中。

隋唐时代是秦汉以后又一个富于游侠精神的浪漫时代。盛唐的一些人物，如大诗人李白、陈子昂、杜甫，年轻时都曾经挟剑远游。他们一面研习纵横之术，一面修仙访道，任性放浪。他们确实很有游侠的傲骨和气派。中唐安史之乱后，藩镇割据，社会动乱，游侠之风愈加兴盛。而神仙方术的盛行，又赋予这些侠客以神秘色彩。人们在动荡的社会中对现实不满，又找不到出路，便寄希望于那些锄强扶弱、伸张正义的侠客身上。就在这个时代，产生了《虬髯客传》这样的侠士小说。

风尘三侠 清 任颐

名著概要

隋炀帝游幸江都，司空杨素留守西京。杨素大权在握，目空一切，骄奢淫逸。卫公李靖穿着平民衣服来向他进言献策，杨素倚在床上见他。李靖说：“天下正乱，各地英雄蜂拥而起，你是皇帝的重要大臣，应该收罗天下英雄豪杰，不应该倚在床上见客。”杨素这才收敛了傲慢姿态，

> **精彩语段**
>
> 其夜五更初，忽闻扣门而声低者，靖起问焉，乃紫衣戴帽人，杖揭一囊。靖问："谁？"曰："妾杨家之红拂妓也。"靖遽延入，脱衣去帽，乃十八九佳丽人也。素面华衣而拜。靖惊。答曰："妾侍杨司空久，阅天下之人多矣，未有如公者。丝萝非独生，愿托乔木，故来奔耳。"
>
> 忽有一人，中形，赤髯而虬，乘蹇驴而来，投革囊于炉前，取枕欹卧，看张氏梳头。

站起来与李靖交谈。杨素和李靖交谈时，旁边站着一个姬女，容貌美丽，手拿红拂，全神贯注地盯着李靖。她打听到李靖的住处，当夜就投奔李靖。李靖得知她姓张。李靖与红拂骑马回太原，走到灵石旅店住下。张氏站在床前梳头，长发拖地，李靖在外刷马。忽然有一个中等身材、长一脸红而卷曲胡子的人，骑一头瘸驴也来到旅店，他就是虬髯客。他把皮口袋扔在炉前，当枕头卧在那里，看张氏梳头。李靖很生气，张氏一手握发，一手暗示李靖不要生气，急忙梳完头，向前问虬髯客的姓名，他说姓张。张氏说，我也姓张，本是同宗，当以兄妹相称。于是三人相认。虬髯客问起李靖娶红拂的经过，又和他们享用了仇人的人头和心肝，向他打听太原有没有特殊人物。李靖说：曾经见过一人。虬髯客便请李靖引见。李靖的朋友刘文静和他很要好，李靖答应通过刘文静见他。虬髯客与李靖约好，到达后第二天天亮，在汾阳桥等李靖，说完，便骑着驴飞也似的走了。李靖和张氏感到很惊奇。于是，二人迅速骑马前行，按期到达太原，虬髯客正在汾阳桥上等候，于是三人一同去拜访刘文静。刘文静出来迎接，他平常就很尊重李靖，见面后便议论起国家大事，知道来客和李靖是好朋友，于是摆酒设宴。这时，李世民来了，他不修边幅，敞着怀而来，可是他神气昂扬，面貌不同常人。虬髯客却沉默不语地坐在后边，见到李世民后，他万念俱灰。喝过数巡后，虬髯客招过李靖说："这才是真正的天子啊！"李靖告诉了刘文静，刘文静非常高兴，他走出来时，虬髯客说："我看见了，就定了十之八九，还须要叫道兄看一看。"又和李靖约好在京城某处见面。李靖夫妇到京后，很快找到了那里，见虬髯客正与一道士对饮。喝过十数巡后，虬髯客与李靖约好再去太原，依然在汾阳桥会合。李靖按预定时间到了，虬髯客和道士已经先坐在了那里。他们一同去拜访刘文静，他正在下棋，刘文静知道他们想见李世民，便写信请李世民来看棋。一会儿，李世民来了，他神清气朗，笑意风生，顾盼左右，两目生辉。道士一见，很是凄惨悲伤，应了一手棋子说："这局输了！输了！此后，不会赢了。"道士出来时对虬髯客说："这个天下不是你的天下，你到别的地方想办法吧。"他们准备同回京城，虬髯客对李靖说："我算了李郎的行程，某日能到京城。到后的第二天，可与义妹同到一个胡同中的小房去找我。"说完，虬髯客感慨而去，李靖也策马扬鞭，很快到了京城，与张氏一同去拜访虬髯客告诉的那个地方。进了第二道门，就非常壮丽了，厅内陈设非同寻常。不久，虬髯客到来，他头戴纱帽，身穿褐裘，有龙虎之姿。虬髯客夫妇把李氏夫妇请到了中堂，喝酒宴乐。酒足饭饱后，他的家人从西堂屋抬出20张大桌子的账簿和钥匙。虬髯客对李靖说："这都是我的珍宝钱财的账目，赠送给你吧。我本想在这个国家干一番事业，建立些功绩。现在，真龙天子已经出现，我在这里没有什么作为了。太原的李世民就是真龙天子，三五年内，国家就可太平，李郎应该以你的才华辅佐清平之主，只要你竭心尽智，一定会超过一般大臣。义妹既具有天人之姿，又有非同一般的谋略，你跟着李郎，一定能享荣华富贵。这真是，非义妹不能识李郎，非李郎不能遇义妹。我送给你的这些东西，是让你用来协助真主建功立业。今后10年里，如果东南数千里外发生特殊事情，那就是我实现了愿望的时候，义妹李郎可洒酒为我祝贺。”又对左右手下人说：“李郎义妹从今往后就是你们的主人了。”说完，他和妻子戎装骑马而去。李靖于是成为富豪之家，并用虬髯客所赠资产帮助李世民创建大业。到李世民执政的贞观中期，李靖官至仆射。东南蛮上奏皇帝说：“有一千多艘船只，十万多人马进占了扶余国，杀其主而自立，现在国内很安定。”李靖知道，这是虬髯客成功了。回家后告诉张氏，二人向东南洒酒遥拜祝贺。

阅读指导

杜光庭的《虬髯客传》是唐传奇中最好的侠士小说。本篇表面是一篇讲史作品，其实完全出自虚构，既是作者遣情娱世之作，实际又是有所寄托的讽世之作。通观这篇小说，在形式上具有严整的布局。文字清丽，情节曲折变化，波澜迭起，颇为引人入胜。本书对人物个性做了生动的塑造。篇中对虬髯客这位英侠之士的出现，有精彩描写，把一位江湖奇侠写得活灵活现。自他出场那一刻起，读者的注意力便全被这位风尘异人所吸引。他似迅雷猛雨而至，使人惊悸；又化清风明月而去，使人神往。在篇中，作者用蹇驴、匕首、革囊、人头、心肝等事物侧面衬托虬髯客，使他的形象显得更突出，更异于常人。虬髯客以心肝下酒，却先取出人头，又把人头纳入囊中，这是故意给李靖看，也是故意给读者看。尤其是蹇驴，英雄如虬髯客，不骑骏马而乘蹇驴，作者如此抉择，是有深意的。骐骥日行千里，理所当然，不足称道，而虬髯客乘蹇驴，却驰行若飞，可见蹇驴的非凡。驴的不凡，正好衬托了虬髯客的不凡。这篇小说推出了中国文学史上第一个性格饱满的剑侠文学形象。

贞观政要 / 唐 / 吴兢 / 初唐政治的重要文献

作者简介

吴兢（670 ~ 749年），唐朝汴州浚仪（今河南开封）人。出生于唐高宗总章三年（670 年），病逝于唐玄宗天宝八年（749 年）。吴兢为人正直不阿，勤奋好学，对古代经书都有一定的研究，特别是对历史有较深的造诣。青年时期，他结识了当代著名人物魏元忠、朱敬则等，并从他们那里得到了不少的教益。约在武周圣历三年（700 年）前后，当时武三思领导修撰国史，武三思等人以朋党为界限，记事不实，吴兢具有忠于历史的赤诚，愤而私撰《唐书》、《唐春秋》，意欲为后人留下信史。唐中宗时，他任右补阙，与刘知几等人共修《则天实录》。书成后，转任起居郎，又迁水部郎中。开元初，自请继续修史，得准与刘知己撰《睿宗实录》，并重修《则天实录》。刘知几去世后，张说为相，见到书中记载张易之诱他诬陷魏元忠之事，感到不安。颇有政治见识的吴兢，对澄清了七八年混乱局面的唐玄宗很敬仰，他热切地希望颇有作为的新皇帝能够吸取老皇帝教训，重整旗鼓，治国安邦，使唐王朝得以长期统治下去。因此，他大胆而直率地向皇帝上了一道奏书要求皇帝纳谏。吴兢得到唐玄宗的重视和信任，约在开元三年（715 年）前后，升任谏议大夫、太子左庶子等官，并兼文馆学士。不久，又任卫尉少卿，兼修国史。开元十七年（729 年），吴兢被贬官，出任荆州司马，后又历任地方郡守，辗转迁任，不得重用，寂寞地度过了自己的晚年。

唐太宗像

背景介绍

《贞观政要》一书，约完成于唐玄宗开元后期或开元、天宝之际。这一时期正是唐王朝承续“贞观之治”继续兴盛发展时期，但政治危机已在一连串宫廷政变——武后专权、韦氏弄权以后显现；社会危机也已时露端倪，小股农民起义时有发生。政治上颇为敏感的吴兢已感受到衰颓的趋势。为了保证唐皇朝的长治久安，他深感有必要总结唐太宗君臣相得、励精图治的成功经验，为帝王树立起施政的楷模。《贞观政要》正是基于这样一个政治目的而写成的，所以它一直以其具有治国安民的重大参考价值而得到历代的珍视。

名著概要

《贞观政要》分类编录了唐太宗与魏征、房玄龄、杜如晦等君臣之间有关国家大事的问答，以及大臣争议和所上谏疏，并旁及政治设施、刑法等等，“用备观戒”。“贞观”是唐太宗李世民的年号。“政”指“令”、“政策”，“要”指“要领”、“要点”。“贞观政要”即“贞观年间的施政要领”。《贞观政要》虽记载史实，但不按时间顺序组织全书，而是从总结唐太宗治国施政经验，告诫当今皇上的意图出发，将君臣问答、奏疏、方略等材料，按照为君之道、任贤纳谏、君臣鉴戒、教戒太子、道德伦理、正身修德、崇尚儒术、固本宽刑、征伐安边、善始慎终等一系列专题内容归类排列，使这部著作既有史实，又有很强的政论色彩，既是唐太宗贞观之治的历史记录，又蕴含着丰富的治国安民的政治观点和成功的施政经验。

全书10卷42篇、250章，共8万字左右。

在第一卷中，吴兢将《论君道第一》作为首篇，其中主要记载了唐太宗和时任谏议大夫的魏征关于“为君之道”的讨论。唐太宗认为，为君之道，在于必须先存老百姓，如果损害了百姓来奉养自身，就如同“割胶以啖腹，腹饱而身毙”。如果想安定天下，君主必须首先严于自律，否则上行下效，国家的安定将无从谈起。第一卷第二篇是“论政体”。在这里，吴兢继续记述唐太宗君臣对治国之道的讨论，只是这种讨论从由单纯的治国指导思想进一步深入到了具体的治国方式。

第二卷《论任贤第三》、《论求谏第四》和《论求谏第五》，吴兢更详细地记录了太宗身边的几个股肱之臣：房玄龄、杜如晦、魏征、王珪、李靖、虞世南、李勣、马周等被选拔任用的经历。太宗对贤才珍惜和重视，但对那些贪官污吏深恶痛绝。如果有接受钱财而违法的官吏，一定严惩不贷。由于这样，唐太宗时的官吏多能做到“清廉自谨”。

第三卷包括《君臣鉴戒第六》、《论择官第七》、《论封建第八》3篇。太宗君臣注意从隋亡中吸取教训，认为作为君主应该力戒骄奢淫逸，并随时采纳忠直之言，选用贤良，励精图治。而为臣子者，对君主应该忠诚不贰，敢于直言，不怕诛杀。在择官方面，基本遵循“任官惟贤才”的原则。

第四卷主要记录了关于对太子及诸王的封授、教育、规谏的问题。太宗采纳了褚遂良的建议，给太子高于诸王的待遇，并为太子延请师傅，教育太子尊师重道，为将来君临天下作准备。其他诸王也应该选择良师益友，接受他们的直言规劝，不得独断专行。

第五卷和第六卷共包括16篇，记录了唐太宗君臣心中君主或臣子应该恪守的道德准则，包括：仁义、忠义、孝友、公平、诚信、俭约、谦让、仁恻、慎所好、慎言语、杜谗邪，自省、廉洁等。

第七卷包括《崇儒学第二十七》、《论文史第二十八》、《论礼乐第二十九》3篇。记录了太宗自践位以来，通过设弘文馆，尊孔子为至圣先师，广泛授予天下儒士以官职等方法，确立儒家思想在社会中的统治地位。

第八卷包括6篇，分别是《论务农第三十》、《论赦令第三十一》、《论刑法第三十二》、《论贡献第三十三》、《禁末作附（三章）》、《辩兴亡第三十四》。

第九卷包含《议征伐第三十五》和《议征伐第三十六》两篇，它记录了从唐初期到唐太宗后期，唐朝处理与周边国家、地区关系的情况。

《贞观政要》全书内容涉及非常广泛。分类归纳，基本上可分为以下4个方面：（一）君主的自身修养和作风；（二）官员的选拔和作风要求；（三）对内对外的大政方针；（四）规谏太子，确保国家长久，社稷永存。

《贞观政要》记述的封建政治问题是全面而详备的。吴兢把君主作为封建政权的关键，他在开卷的第一篇《君道》中，首先探讨了为君之道。他列举唐太宗的言论说明：要想当好君主，必先安定百姓，要想安定天下，必须先正自身。把安民与修养自身当作为君的两个要素，对于封建政治来说，是抓到了点子上的。对于君主的个人修养，他以唐太宗为例，说明清心寡欲和虚心纳谏是相当重要的。做到这两点，是唐太宗成功的关键，从历代统治者的施政实践上看，这两条对于政权安危具有普遍意义。

《贞观政要》中，也反映了吴兢思想中的一些消极东西。如书中第五卷罗列了关于封建伦理道德的一些说教；第六卷中又列举了许多关于修身养性的议论。这固然是希望统治者能够正身修德，做出表率，但也表明吴兢对封建伦理的重视和虔诚。

阅读指导

阅读时注意两点：第一，《贞观政要》的写作背景要引起注意，只有在特定的环境下，才会有这些言论的记载；第二，文中的对话主要是围绕为君之道、任贤纳谏、君臣鉴戒、教戒太子、道德伦理、正身修德、崇尚儒术、固本宽刑、征伐安边等一系列专题内容展开的，可以根据专题来阅读。

千金方 / 唐 / 孙思邈 / “巍巍堂堂，百代之师”

作者简介

孙思邈，世称孙真人，后世尊之为药王，唐京兆华原（今陕西耀县）孙家塬人。根据《旧唐书》、《新唐书》等，认为孙思邈大约生于公元542年，卒于公元682年，终年140岁左右。孙氏自幼聪慧好学，敏慧强记，7岁时每天能背诵一千多字，人称圣童。他的家乡在长安附近，为秦汉时期的文化中心，因而孙思邈有机会从小就博览群书。自幼体弱多病，常请医生诊治，以致耗尽家资。因此他从青年时代就立志以医为业。到20岁左右，他已对医学有一定造诣并且已经小有名气。除医学书籍外，

孙思邈像

儒家、道家、佛家的典籍他也无所不读。到青年时，孙思邈已经是一个知识渊博尤其精通儒家、道家并兼通佛学思想的颇有功底的学者了。公元579年，孙思邈鄙弃仕途，离开家乡，先后到长安以西稍偏南距长安六面余里的太白山和长安以南二百余里的终南山过了数十年的隐居生活。在这期间，他潜心钻研唐以前历代医家的著作。除此之外，他也在当时盛行的“阴阳禄命”、“诸家相法”、“灼龟五兆”、“周易六壬”及预测祸福、卜筮吉凶等方面消耗了大量的时间。他还利用久居山林的自然条件，钻研并整理记载了大量药物识别、采集、炮制、贮存等方面的丰富经验。在长年为方圆数百里内百姓治疗各种疾病的实践中，他将所学的医学理论与临床实践融汇贯通，医疗技术达到了炉火纯青的境地。孙思邈淡泊名利，隋文帝、唐太宗、唐高宗多次请其为官，他均托病辞而不受。自85岁以后，他时而居京师，时而居山林，以行医为主要社会活动。孙思邈到了晚年，对天文、地理、人文、社会、心理等诸方面学问无不精通，对事物的发展变化有着深刻的洞察力，甚至达到了出神入化的境地。他晚年把主要精力用于著书立说，孙氏在一百多岁才开始着手写《千金方》30卷，682年他又积最后30年之经验，写成《千金翼方》30卷，以补《千金方》之遗。同年，寿至140岁左右的一代名医孙思邈在长安与世长辞。孙思邈终生精勤不倦，著述很多，除了《千金要方》、《千金翼方》外，还有《老子注》、《庄子注》、《枕中素书》1卷、《会三教论》1卷、《福禄论》3卷、《摄生真录》1卷、《龟经》1卷等。

背景介绍

当时的社会风尚是“朝野士庶，咸耻医术之名，多教子弟诵短文，构小策，以求出身之道。医治之术，缺而弗论”。孙思邈目睹民众缺医少药，回顾自己幼遭风冷之疾，屡造医门，为治病而倾尽家产的痛苦经历，遂立志做一名“苍生大医”，毅然放弃仕途。他以历代名医为榜样，刻苦钻研医药典籍。对于诊疗疾病的方法，采药和制药的法度，养生保健之术，凡有一事长于己者，他总是不远千里，伏膺取诀。

名著概要

《备急千金要方》被誉为中国最早的临床百科全书，世简称为《千金方》。《千金方》共30卷，其中主要对于临床各科的诊治方法、食物疗法及预防、卫生等方面的内容详细论述。卷首以显著地位论述了《大医精诚》与《大医习业》，突出地强调了作为一位优秀医生必须具备高尚的医疗道德修养和精辟的医学理论、医疗技术。

为此，该书一一做出了医德与医术的严格要求，成为历代临床医生修养的准绳。

孙思邈十分重视妇女和儿童的疾病，用很大的篇幅专论妇人病、婴幼儿病及体质发展的特点。他认为妇女有经、带、胎、产等方面的特殊生理条件和疾病范围；儿童的身体结构与成人大不相同，皆应单分出科，独立讨论。他也是最早提出将妇科单列一科的医家。孙氏在比较正确地论述了妇女妊娠及胎儿在母体逐月发展之形态等以后，还强调了出生儿的护理、喂养及乳母、保育员的选择条件等，应该说这是很符合科学要求的。

在内科病的防治方面，按脏腑病症逐一论述，这是孙思邈对内科学的一大贡献。将神经和脑血管病分为偏枯、风痱、风懿、风痹进行诊治。记载了神经病人在认识、情感、思维、语言和行为等方面的障碍，在治疗上按病症分类用药，如惊痫药品、失魂魄药品及其他疗法。指出消渴病（糖尿病）患者要节制饮酒、房事、咸食及含糖较高的食品。在治疗上不要使用针灸，以防外伤成疮久不痊愈；除用药物治疗外，还要用饮食疗法，如牛乳、瘦肉等食物。记述了数十种内科急症，如癫痫、惊厥、眩晕、卒心痛、咯血、吐血、腹痛、瘟疫、尸厥等的诊治抢救。广泛地使用黄连、苦参、白头翁治痢；用常山、蜀漆治疟。认为霍乱等传染病并非鬼神所致，皆因饮食不节不洁所生。对于慢性消耗性疾病的防治和老年病，孙思邈主张用药物、饮食、运动等调养方法。用含碘丰富的动物甲状腺（靥）及海藻、昆布来治疗甲状腺肿（瘿），用富含维生素 A 的动物肝脏来治疗夜盲症。用地肤子、决明子、茺蔚子、青葙子、车前子、枸杞子来防治维生素 A 缺乏症。用谷白皮、麻黄、防风、防己、羌活、吴茱萸、桔皮、桑白皮、茯苓、薏苡仁、赤小豆来防治维生素 B1 缺乏症。

在外科方面，他首创的葱管导尿术和灸法治痈疽等多种效验颇佳的方法被后人大量地采用。

在针灸治疗方面，他独创了“阿是穴”疗法，就是找到病人感觉最痛苦的部位施针的方法。他认为，关于针灸疗法，必须首先掌握经络、穴位的理论和技术。他在前人绘图的基础上，经过考订、修改、并创造性地以青、黄、赤、白、黑五色彩绘以区别其十二经各经络之走行方向和空穴之部位，并以绿色绘制奇经八脉。该图分正、侧、背面 3 幅，大小取常人之一半为之。在针灸临床上，他指出选穴要少而精，提倡针灸辨症，主张综合治疗。

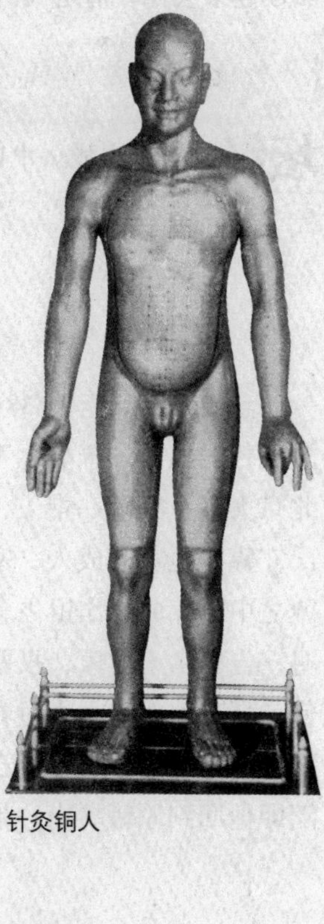

针灸铜人

在药物学方面，他十分注重采药的时间和制作方法以及药品的产地，在药材学方面亲自做了大量的实践和调查，对于不同时间采摘、不同方法炮制、不同产地药物的各种细微差别进行了多方面的比较，在组方配药时，就对此有了严格的区分和不同的要求。孙思邈还创立了根据药物的治疗功效对药物进行分类的方法。

在疾病诊疗技术上，孙氏创造了“验透隔法”，就是确诊胸背部化脓性感染是否穿透胸膜引致脓胸的科学方法。其方法是在胸、背肋部脓疮疮面贴一薄纸或竹内膜，于光亮处观察竹膜是否随着病人呼吸同步起伏，呼气则竹内膜内陷，吸气则竹内膜凸出，如是则可诊断脓肿已穿透胸膜而成脓胸或尚未穿透胸膜。在医疗技术上，孙氏实际上已创造出有血清疗法性质的技术。

孙思邈还发展了卫生保健说。在此上有 3 个显著的特点：一是将老庄“吐故纳新”思想指导下的“静功”与华佗等倡导的“流水不腐，户枢不蠹”思想指导下的“动功”结合起来；二是把一般人的养生保健理论技术与中老年常见病的防范结合起来；三是严厉批判了服五石企图长生的思想，同时强调了服食植物类营养防病方剂的必要性。

阅读指导

《千金方》中的许多药物、治疗技术等现在都在运用，可以找几本医学方面的书，先了解一些中医医学基础理论知识，在阅读时，可以对相关内容作一些分类，这样阅读起来会比较清楚明白。同时，可以与《伤寒杂病论》相联系，作一个知识的衔接。

坛经 / 唐 / 惠能 / 中国禅宗精神的精髓

作者简介

惠能亦作慧能（638 ~ 713 年），南海新州（今广东新兴）人，中国佛教禅宗的主要代表人物。惠能生于唐太宗贞观十二年，俗姓卢。他的父亲“本官范阳”（今北京大兴、宛平一带），后“左降迁流岭南，作新州百姓”。他 3 岁丧父，其母李氏守寡把他养大成人，家境艰辛。他稍稍长大就以卖柴为业，养母度日。于艰难竭蹶之中，存成佛作祖之念，常以虚幻的天国的补偿，安顿自己的机敏的心灵。24 岁时，告别亲人出家，投蕲州黄梅县（今湖北黄梅）东禅寺为行者，参拜弘忍为师学佛。那时他在寺中做过舂米、推磨、劈柴等杂役，地位低下。但是惠能聪明过人，而且具备高超的宗教“觉悟”，得到五祖弘忍的赏识，传授给他袈裟，令为第六祖，随即他回到原籍岭南一带隐遁说法。大约在弘忍去世后两年，惠能到广州法性寺听印宗法师讲经，但却被印宗法师推奉为师。第二年，惠能移住曹溪宝林寺，开讲佛法达三十多年，名声远扬。当时武则天、孝和皇帝都下诏书，让惠能进京城，但他坚辞不去，于是皇帝们就陆续送袈裟、钱帛等供养惠能。唐玄宗先天二年，75岁的惠能卒于曹溪。惠能的思想和言行被弟子整理成《坛经》。他所创立的南宗反对繁琐的宗教仪式，不讲布施财物和累世修行，不主张念经拜佛，甚至不主张坐禅，而是主张“顿悟成佛”——“一悟即佛地”、“一念相应便成正觉”。

背景介绍

中唐以来，均田制已经遭到破坏，土地兼并日益剧烈，大量破产的小农投奔寺院庇身，当时宦官专权，政治腐败，藩镇割据，战争频繁，人民处于极度的物质、精神困苦之中。于是宗教情绪普遍滋长，宗教传播的社会基础扩大，再加上禅宗的顿悟成佛说是统治者对人民加强思想奴役的需要，也是他们填补自己精神空虚的需要。当他们在权力和名利的角逐中失败时，“放下屠刀立地成佛”就是他们的精神慰藉。此外，安史之乱时，惠能的弟子神会主持度僧，收资补助国家军费，对郭子仪收复两京帮助甚大。

名著概要

《坛经》中最主要的思想体现在佛性说、顿悟成佛说和“凡夫即佛”的宗教归宿中。惠能禅宗思想的核心是他的佛性说。佛性在佛教哲学中指的是宇宙的本体，也可称作“如来性”、“觉性”、“真如”等。“佛性”还具有成佛的原因、种子的意思。在本体论上，惠能认为“心”就是“本体”，心外别无“本体”，现实世界的一切都依存于“心”。他认为“凡所有相，皆是虚妄”，只有佛性才是真实的永恒的，并进一步指出佛性是人人本来所具有的，并且是“性常清静”，犹如“日月高明”，“只为云覆盖”才造成“上明下暗”的局面，因而他认为只有除却妄念，拨去云雾，自识本心，直见本性，即可见性成佛。因而他要求人们发挥自我能动性，向自身心中求佛。

顿悟还是渐悟，是以惠能为代表的南宗与以神秀为代表的北宗的根本分歧点，二者的争论，集中反映在神秀和惠能所做的二偈（佛家所唱诗句）中。神秀所做的偈为：“身是菩提树，心如明镜台，时时勤拂拭，莫使染尘埃。”即渐悟才能成佛。惠能所做的偈为：“菩提本无树，明镜亦非台。本来无一物，何处惹尘埃。”他认为“一切万法不离自性”，世界上万事万物都在人的本性中，人心就是万有的本体，人性本来就是佛性。只要人能领悟这一点，就根本不会受世俗杂念的影响，也用不着念经修行，就可以“顿悟”成佛。惠能反对坐禅的方法，他认为禅定的目的是，通过“静其思虑”、“静中思虑”的办法，把外物化为心灵的幻想。表面上看废除了禅定的修行方法，而实质

六祖挟担图轴 南宋 直翁 纸本

直翁，生卒年不详。擅长道释人物，风格淡雅。该画取材于六祖惠能的传说故事。相传六祖卖薪归来时，突闻诵《金刚经》之声，于是决意出家。图中正是描绘六祖侧耳恭听的情景：头系方巾，衣衫褴褛，肩扛挑担，神情专注。作者以细笔浓墨勾画人物面部，而以淡墨简笔勾勒手足、衣纹，寥寥数笔，却韵意横生。

上却扩大了禅定的修行范围。但惠能也并不完全否定渐修。他认为佛法无顿渐之分，只有顿悟一路才能成佛，但人有利钝、迷悟之分，“迷则渐劝，悟则顿修”，即对于愚迷之人还是要先藉渐劝，才能最后达到顿悟。惠能的禅宗在理论和方法上论证说：“佛”不在遥远的彼岸，就在你“心”中。只消在认识上来个突变，你就可“顿悟”成佛。“成佛”以后，一切还是老样子，“人境均不夺”，但你却变成了“解脱”了的“自由人”了。这样一来，佛和众生的区别，只是“一念之差”；现实苦难世界和彼岸安乐佛土的距离，只有一纸之隔。对于压迫者来说，“放下屠刀，立地成佛”，而且“不放屠刀，也可成佛”。因为成佛以后“不异旧时人”，只要不被诸境迷惑，照样可以为所欲为。对于被压迫者来说，丝毫不必“借相外求”，以求改变现状，只消一转念，烦恼变成了菩提（觉悟后的境界），苦难世界就会变成了“清净佛土”，就在“披枷带锁”中成了“自由人”了。

阅读指导

佛经博大精深，对于没有所谓“慧根”的人来说理解起来可能难上加难。因此建议在阅读此书前，最好先涉猎一下关于禅宗知识方面的书籍，先具备一点佛教的理论知识。在看此书时，要注意比较南北两派禅宗观点的不同，如有条件的话，可以作一个对比阅读，那样效果更佳，印象更深。

资治通鉴 / 北宋 / 司马光 / 中国著名的编年体通史之一

作者简介

在我国历史上，有两位著名的历史学家，因都复姓司马，所以人们称为“两司马”。

即撰写《史记》的司马迁和主编《资治通鉴》的司马光。司马光（1019 ~ 1086 年），字君实，北宋陕州夏县（今山西夏县）人。他父亲司马池，官任天章阁（皇帝藏书阁）待制（皇帝顾问）。司马池为人正直、清廉，这对司马光有深刻的影响，时人赞誉司马光是“脚踏实地的人”。司马光自幼酷爱史学，“嗜之不厌”。仁宗宝元元年（1038 年）司马光中进士，历仕仁宗、英宗、神宗三朝，任天章阁待制兼侍讲、龙图阁直学士、翰林学士、御史中丞等职。当时正值神宗用王安石变法，而司马光是反对变法的“旧党首领”，故于熙宁三年（1070 年）王安石执政后，司马光就请求做外官，出知永兴军。此年，王安石为相后又自请改判西京御史台。哲宗即位，高太后听政，保守派掌权，司马光任过尚书左仆射，把新法废除得一干二净。时隔不久，与世长辞，死后封温国公，谥文正。

司马光修书时有三大助手：刘恕，字道原，筠州（今江西高安）人，18 岁中冯京榜进士，再试经义说书皆第一，司马光受诏修书，上表推荐刘恕，年仅 34 岁成为史学名家。刘攽，字贡父，号公非先生，临江新喻（今江西新余）人，庆历进士，曾任国子监直讲，入秘书少监，官至中书舍人。范祖禹，字梦得，成都华阳（今四川华阳）人，进士出身，官至奉议郎。

背景介绍

司马光自幼酷爱史学，“嗜之不厌”。屡次深切感受到历代史籍浩繁冗杂，并且除《史记》之外多数为断代史，不便参阅，使学习历史的人感到很困难，同时他为了给封建统治者提供借鉴，于是决定动手编一部“删削冗长，举撮机要，专区国家盛衰，系生民休戚，善可为法，恶可为戒”的史书，并确定此书的宗旨是“鉴前世之兴衰，考当今之得失，嘉善矜恶，取是舍非”。英宗治平三年（1066 年），他将记载战国、秦朝历史的《通志》呈进朝廷，获得赏识，并受诏设局续编。书局始辟于开封，后迁至洛阳，设主修、同修、书吏多人。宋神宗曾专听司马光进读书稿，并赐其书名为《资治通鉴》。同时御撰书序，以示褒奖。元丰七年，全书完成，历时 19 年之久。

作品评价：

《资治通鉴》是我国一部极为重要的编年体史书，具有很高的史料价值。全书体例严谨，前后脉络分明，语言文字也较为简练。这些对后世史学都产生了极大的影响。自《资治通鉴》出现后，一度中衰的编年史书体裁才得重振旗鼓，并加以发展起来。《资治通鉴》也有它的不足和缺点，在体例上也有失当的地方，如年号问题，这给读者的阅读带来不便。

名著概要

《资治通鉴》是中国最著名的编年体通史。共 294 卷，洋洋三百余万字，上起周威烈王二十三年（前403年），下迄后周显德元年（959年）。记载了包括周、秦、汉、魏、晋、宋、齐、梁、陈、隋、唐、后梁、后唐、后晋、后汉、后周在内的16个朝代的1362年历史。分为294卷，共计三百多万字；另外《目录》30卷，《考异》30卷，《周纪》5卷，《秦纪》3卷，《汉纪》60卷，《魏纪》10卷，《晋纪》40卷，《宋纪》16卷，《齐纪》10卷，《梁纪》22卷，《陈纪》10卷，《隋纪》8卷，《唐纪》81卷，《后梁纪》6卷，《后唐纪》8卷，《后晋纪》6卷，《后汉纪》4卷，《后周纪》5卷。司马光是为了巩固当时的封建政权才编写《资治通鉴》的，这就决定了此书的内容主要是政治史。他把历史上的君主依据他们的才能分为5类：第一类是创业之君，比如汉高祖、汉光武帝、隋文帝、唐太宗等；第二类是守成之君，如汉文帝和汉景帝。第三类是中兴之帝，如汉宣帝；第四类是陵夷之君，如西汉的元帝、成帝，东汉的桓帝、灵帝；第五类是乱亡之君，如陈后主、隋炀帝。在司马光看来，最坏的是那些乱亡之君，他们“心不入德义，性不受法则，舍道以趋恶，弃礼以纵欲，谗谄者用，正直者诛，荒淫无厌，刑杀无度，神怒不顾，民怨不知”，像陈后主、隋炀帝等就是最典型的例证。对于乱亡之君，《资治通鉴》都做了一定程度的揭露和谴责，以为后世君主鉴戒。

《资治通鉴》对军事的记载也很突出，对战争的描述也很生动。凡是重大的战役，如赤壁之战、淝水之战等，《资治通鉴》都要详细记载战争的起因、战局的分析、战事的过程及其影响。《资治通鉴》也注意关于经济的记载，因田赋等赋税是封建经济的首要问题，因此对于商鞅变法、文景之治、北魏孝文帝的均田制等都有记载。《资治通鉴》在文化方面也有记载。从学术思想上来说，上至先秦的儒、法、名、阴阳、纵横五家的代表人物和学术主张，下及汉代的黄老思想、汉武帝的独尊儒术以及魏晋玄学的盛行都有记载。还叙述了佛教、道教的起源及流传，同时也涉及到了著名的文人学士及其作品。从史学方面来讲，从《汉书》到沈约的《宋书》以及唐代的修史制度均有记载。从科技方面来讲，历代的历法是记载最多的，其他还有天文学、地理学、土木建筑（如秦长城、隋唐长安城和洛阳城）、水利工程（隋大运河）等都有记载。《资治通鉴》还有历史评论，一类选录前人的评论，开头都写明作者名氏，

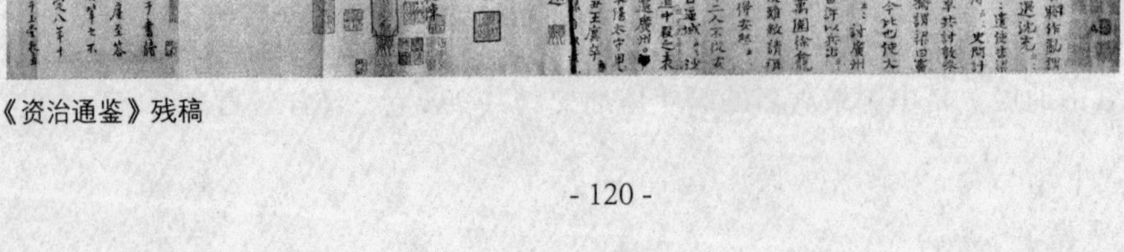

《资治通鉴》残稿

不过所选录的前人史论都符合司马光的观点，大部分都是用来表达他的政治思想的，还有一类是属于司马光自己写的，每篇以“臣光曰”开头。

《资治通鉴》主张治理国家必须用人唯贤。司马光认为一个国家能否治理得好，关键在于能否选拔到一批得力的人才。不仅如此，他还反对以门第族望为取人的标准。另外在用人问题上，《资治通鉴》还记载了齐威王与魏惠王论宝的一席对话，语言生动，含义深刻，把德才兼备、智勇双全的大臣，视为国家的无价之宝，突出强调了得人才的重要性。

这里还要提一下《通鉴目录》和《通鉴考异》。《目录》30卷，仿《史记》年表的体例，纪年于上，列《资治通鉴》卷数于下；《考异》30卷，说明材料去取的理由。这两书虽不能与《资治通鉴》相比，但它们互相配合，这样使《资治通鉴》的体例更为完备，这是值得读者注意的。

阅读指导

由于《资治通鉴》原书卷帙较富，可以选择较好的选本《资治通鉴》作为入门读本。首先通观选本子目，以对选本内容有一综合了解；其次以选本选文为主要阅读对象，兼及北宋以前相关载籍的相关内容，再次正式读此选本之前，似以首读选本的《附录》为宜。

延伸阅读

《春秋》是中国现存的第一部编年体史书。它以鲁国的史事为主线，记述各诸侯国的历史，传说由孔子修定成型。解释《春秋》的著作有《春秋左氏传》、《春秋公羊传》、《春秋谷梁传》，并称“春秋三传”。

《左传》简称《左氏春秋》，又称《春秋左氏传》，是先秦著名的编年体史书。其作者一般认为是春秋末年的鲁国人左丘明。《左传》记事起自鲁隐公元年（前722年），终于鲁哀公二十七年（前468年）。它虽以鲁国纪年为顺序，却包含了春秋列国的政治、外交、军事、文化等各方面的情况。这部书的文学成就很高，叙事有条不紊，重点突出，语言简洁生动，文辞婉而有致，对后世文学的发展颇有影响。

梦溪笔谈 / 北宋 / 沈括 / “中国科学史上的坐标”

作者简介

沈括（1031 ~ 1095年），字存中，钱塘（今杭州）人，北宋治平元年（1064年）

进士，曾经担任负责天文、立法的提举司天监，负责兵器制造的判军器监，负责全国政权的权三司使等，曾参与王安石变法运动，又曾出使辽国，驳斥契丹的争地要求，并曾多次巡查地方政务，相度农田水利，并主持修订《奉元历》，改制浑仪、浮漏、影表。宋神宗元丰三年（1080年）任鄜延路经略安抚使时，整顿军备，防御西夏入侵。一生勤奋好学，于天文、方志、律历、音乐、医药、卜算无所不通。后因边事获罪被贬。他博学多才，为一代学问大家。著述达35种，大多散失。《梦溪笔谈》集其一生研究和见闻的精华，涉及天文、数学、历法、地理、地质、水利、物理、生物、医药、军事、文学、史学、考古及音乐。

背景介绍

此时正处北宋的较繁荣时期。宋太祖建立北宋后，又和弟弟宋太宗陆续消灭南唐等割据政权，结束五代十国以来的藩镇割据的局面，与此同时，宋太祖按宰相赵普的建议，采取一系列措施，加强了中央集权，这为北宋经济、文化、科技的发展创造了良好的环境，到了庆历年间，北宋的经济发展到了一个相当高的水平。《梦溪笔谈》记述了当时社会发展的各方面状况。

名著概要

《梦溪笔谈》是用笔记文学体裁写成的，共26卷，再加上《补笔谈》3卷和《续笔谈》，共列有条文609条，遍及天文、数学、物理、化学、地学、生物以及冶金、机械、营造、造纸技术等各个方面，共分30卷，属自然科学的条文有200多条，约占三分之一，其余皆为社会科学。全书分17类，计有：故事、神奇、异事、谬谑、杂志、人事、辩证、乐律、象数、官政、权智、艺文、书画、技艺、器用、药议，涉及典章制度、财政、军事、外交、历史、考古、文学、艺术，以及科学技术等广阔的领域，包罗万象，应有尽有。

《梦溪笔谈》尤以科学技术价值著称。全书论及科学技术的内容非常广泛。根据英国科技史专家李约瑟的统计，书中关于科学技术的条文有207条，占全书三分之一，内容包括天文、历法、数学、地质、地理、地图、气象、物理、化学、生物、农学、医药学、印刷、机械、水利、建筑、矿冶等各个分支。

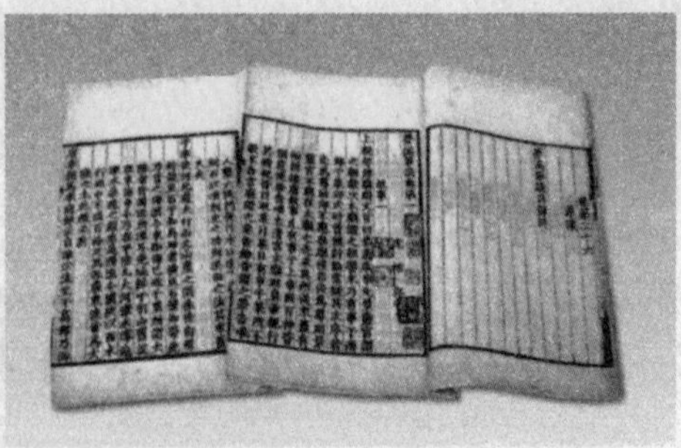

清刊本《梦溪笔谈》书影

《梦溪笔谈》中涉及物理学方面的内容主要有声学、光学和磁学等各方面，特别是在磁学方面的研究成就卓著。

在磁学上，书中谈及指南针的偏向

问题，这是世界上有关地磁偏角的最早记录，他指出指南针是由人工磁化而成，并讨论了指南针的4种装置法；在光学上，沈括通过观察实验，对小孔成像、面镜成像，及镜的放大和缩小规律做出了具体的说明，他对西汉透光镜的原理，也做过一番科学研究。沈括在《梦溪笔谈》中留下了历史上对指南针的最早记载。他在书卷二十四《杂志一》中记载："方家以磁石磨针锋，则能指南，然常偏东，不全南也。"这是世界上关于地磁偏角的最早记载。

在声学上，沈括在《梦溪笔谈》中精心设计了一个声学共振实验。他剪了一个纸人，把它固定在一根弦上，弹动和该弦频率成简单整数比的弦时，它就振动使纸人跳跃，而弹其他弦时，纸人则不动。沈括把这种现象叫作"应声"。用这种方法显示共振是沈括的创见。

在化学方面，他研究鄜延境内的石油矿藏和用途，注意到石油资源丰富，而"石油"一词更是他首先使用的。

在光学方面，《梦溪笔谈》中记载的知识也极为丰富。关于光的直线传播，沈括在前人的基础上，有更加深刻的理解。为说明光是沿直线传播的这一性质，他在纸窗上开了一个小孔，使窗外的飞鸟和楼塔的影子成像于室内的纸屏上面进行实验。根据实验结果，他生动地指出了物、孔、像三者之间的直线关系。此外，沈括还运用光的直线传播原理形象地说明了月相的变化规律和日月蚀的成因。在《梦溪笔谈》中，沈括还对凹面镜成像、凹凸镜的放大和缩小作用做了通俗生动的论述。

在天文方面，记述有作者改进浑仪、浮漏、圭表河，开宋元时代天文仪器改革之先河。在历法方面，记述了作者主持编订《奉元历》的始末，民间天文学家卫朴的成就和在改历中的贡献。又论及历代历法的疏密，以及历法推步的方法。

在数学方面，记述有作者首创之隙积术和会圆术。隙积术是一种求解垛积问题的方法，会圆术是一种已知弓形圆径和矢高求弧长的方法。

在地质、地理、地图方面，记述有浙江雁荡山"峭拔险怪，上耸千尺，穹崖巨谷"，西部黄土地区"立土动及百尺，迥然耸立"等地貌特征，指出此乃流水之侵蚀作用所造成。

在化学和矿冶方面，记载有利用铜铁离子置换反应而发明的湿法冶铜"胆铜法"，以及古代最先进的炼钢方法灌钢法，还记述了井盐、池盐，以及羌族的冷锻铁甲法。

名家点评：

英国科学家李约瑟称誉沈括是"中国整部科学史中最卓越的人物"，赞许《梦溪笔谈》是中国科学史的里程碑。

博学善文，于天文、方志、律历、音乐、医药、卜算，无所不通，皆有所论者。

——《宋史》

在农学、生物学方面，记述有不少作物和动植物的地理分布、生态特征和分类，并对一些古生物进行了考证。在水利方面，记述有作者在汴河分段筑堰，逐段进行测量的过程。在印刷技术方面，记述有庆历年间布衣毕昇发明泥活字印刷术，以及活字印刷的工艺过程。

在建筑学方面，记述有著名匠师喻皓加固杭州梵天寺木塔的事迹，以及其所著建筑学专著《木经》的片断。

在医学方面，记述有人体解剖生理学，并阐述了食物、药物、空气进入人体后的运转过程，以及人体新陈代谢的原理。

除了记述科学技术之外，还有极其丰富的内容。如叙典章制度，有官制、礼制、兵制、舆服、仪卫、文牍、掌故。叙外交，有作者熙宁八年受命使辽，与辽方谈判边界争议的记述。叙财政，有茶法、盐法、均输法，以及北宋历朝铸造铜钱之情况。叙军事，有阵法、兵器、筑城、屯边、战守、粮运、谋略。关于史学，除全书所记述大多为可靠史实外，还有很多记述，为其他史籍所无，或较其他史籍记载翔实。关于考古，对各种出土文物之时代、形状、花纹、文字等，均有细致的考证。关于文学，除文字流畅、洗练，描述条理清晰，层次分明，本身就是一部笔记体文学佳作外，也表现了自己的文艺思想，如诗、词强调把形式、内涵、情感、技巧融为一体。

阅读指导

在阅读此书时，要注意对各个方面的成就作分门别类的概括，主要注意物理学（声学、光学、磁学）、历法、化学、地理、自然现象等自然科学方面。

百家姓 / 北宋 / 中国儿童的启蒙识字书

作者简介

《百家姓》是从宋朝开始传下来的。传说宋朝初年，钱塘有个钱姓的老儒，饭后茶余与众人谈起姓氏时，以皇上赵姓为天下第一，自己姓钱自称第二。他的理由是后梁太祖封钱镠为吴越国王，拥兵两浙，统十三州，其孙钱俶性宽和，颇知书，以十三州献宋太祖，封邓王，任太师尚书令兼中书令，所以两浙以钱姓为首。钱姓老儒怕众人不服，便编了个“百家姓”。“赵钱孙李”，孙乃是钱俶的正妃，李姓是南唐主，“周吴郑王”等以下为国之大族……据南宋学者王明清考证，该书前几个姓氏的排列是有讲究的：赵是指赵宋，既然是国君的姓理应为首；其次是钱姓，

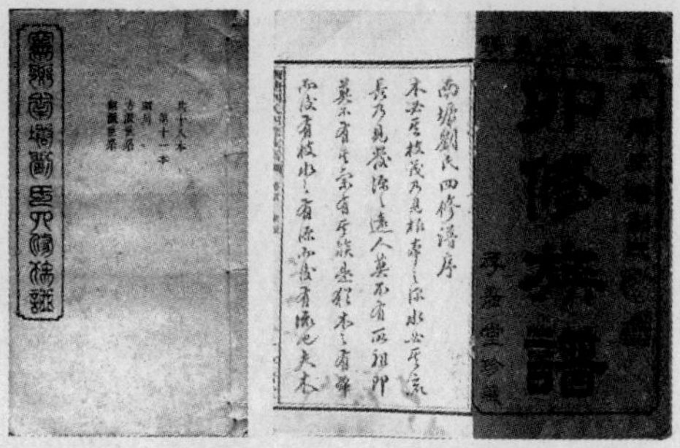

宁乡南塘刘氏族谱

钱是五代十国中吴越国王的姓氏；孙为当时吴越国王钱俶的正妃之姓；李为南唐国王李氏。他判断《百家姓》“似是两浙钱氏有国时小民所著”。所谓“有国”据史书记载，吴越在宋太祖开国后，还存在一段时间，至宋太宗太平兴国二年才率土归降。可见这本书是北宋初年问世的。中国姓氏的来源归纳起来主要有以下 14 种：1. 以母亲姓为姓；2. 以地名为姓；3. 以图腾为姓；4. 以族号为姓；5. 以国名为姓；6. 以食邑为姓；7. 以官职或职务为姓；8. 以上辈的名、字或号为姓；9. 以排行或辈分为姓；10. 以天子赐姓和死后追谥庙号为姓；11. 外来氏族引来的姓氏；12. 以避讳被贬斥或由某种原因被逼改姓；13. 以人类对自然物的迷信和崇拜为姓氏；14. 以天干、地支、数词、量词、长幼、次第为姓氏；等等。目前，全国有姓氏约 14600 多个，但《百家姓》中的姓氏占总人口 90% 以上。

名著概要

百家姓

赵钱孙李，周吴郑王。冯陈褚卫，蒋沈韩杨。朱秦尤许，何吕施张。
孔曹严华，金魏陶姜。戚谢邹喻，柏水窦章。云苏潘葛，奚范彭郎。
鲁韦昌马，苗凤花方。俞任袁柳，酆鲍史唐。费廉岑薛，雷贺倪汤。
滕殷罗毕，郝邬安常。乐于时傅，皮卞齐康。伍余元卜，顾孟平黄。
和穆萧尹，姚邵湛汪。祁毛禹狄，米贝明臧。计伏成戴，谈宋茅庞。
熊纪舒屈，项祝董梁。杜阮蓝闵，席季麻强。贾路娄危，江童颜郭。
梅盛林刁，钟徐邱骆。高夏蔡田，樊胡凌霍。虞万支柯，昝管卢莫。
经房裘缪，干解应宗。丁宣贲邓，郁单杭洪。包诸左石，崔吉钮龚。
程嵇邢滑，裴陆荣翁。荀羊於惠，甄麴家封。芮羿储靳，汲邴糜松。

相关链接

《幼学琼林》的作者，一般都认为是明西昌人程登吉（字允升），也有的意见认为是明景泰年间的进士邱睿。相对而言，《幼学琼林》有 4 个特点：首先，它较少封建伦理说教，而主要以传授知识为己任；其次，它包罗了十分丰富的内容，可以看作是全部传统知识类型的一个缩影，也可以称得上是一部百科全书；再次，正文部分就有释文，人们读起来颇觉明白晓畅，毫无滞碍，而且释文简洁允当，绝不拖泥带水；最后，它不为字数所限，不拘短长，只求偶句成对，颇便诵读。《幼学琼林》在整个清代乃至民国时期风行全国各地，版本甚多，名称也不尽一致，如《故事寻源》、《幼学求源》、《幼学故事珠玑》、《幼学须知句解》等。

井段富巫，乌焦巴弓。牧隗山谷，车侯宓蓬。全郗班仰，秋仲伊宫。

宁仇栾暴，甘钭厉戎。祖武符刘，景詹束龙。叶幸司韶，郜黎蓟薄。

印宿白怀，蒲邰从鄂。索咸籍赖，卓蔺屠蒙。池乔阴郁，胥能苍双。

闻莘党翟，谭贡劳逄。姬申扶堵，冉宰郦雍。郤璩桑桂，濮牛寿通。

边扈燕冀，郏浦尚农。温别庄晏，柴瞿阎充。慕连茹习，宦艾鱼容。

向古易慎，戈廖庾终。暨居衡步，都耿满弘。匡国文寇，广禄阙东。

欧殳沃利，蔚越夔隆。师巩厍聂，晁勾敖融。冷訾辛阚，那简饶空。

曾毋沙乜，养鞠须丰。巢关蒯相，查后荆红。游竺权逯，盖益桓公。

万俟司马，上官欧阳。夏侯诸葛，闻人东方。赫连皇甫，尉迟公羊。

澹台公冶，宗政濮阳。淳于单于，太叔申屠。公孙仲孙，轩辕令狐。

钟离宇文，长孙慕容。鲜于闾丘，司徒司空。亓官司寇，仉督子车。

颛孙端木，巫马公西。漆雕乐正，壤驷公良。拓跋夹谷，宰父谷梁。

晋楚闫法，汝鄢涂钦。段干百里，东郭南门。呼延归海，羊舌微生。

岳帅缑亢，况后有琴。梁丘左丘，东门西门。商牟佘佴，伯赏南宫。

墨哈谯笪，年爱阳佟。第五言福，百家姓终。

《百家姓》原来的版本图文并茂，每页上方有图，画一些名人表明姓名，下方用姓氏编成四字一行的韵文，读起来朗朗上口，非常好记。百家姓泛指多数，有 568 个字，其中复姓 60 个，单姓 447 个。

阅读指导

作为启蒙教育读本之一，可以以背诵为首要的任务，尤其对于四五岁的儿童，主要注重记忆能力的培养。在书籍的基础上，可以找几本与姓氏相关的书阅读，以便了解各个姓氏的起源，拓展知识面。

三字经 / 南宋 / 使用最广的蒙学读物

作者简介

有关《三字经》作者归属，一直是个历史“公案”。比如《辞源》释词为“相传为南宋王应麟编”，又有说是“宋末区适子撰”、“明人黎贞撰”。《三字经》直到明代才广为流传，明清人多认定作者是王应麟。王应麟（1223 ~ 1296 年），字伯厚，南宋鄞县人。他少年时通《六经》，淳祐元年（1241 年）中进士，历任过秘书监、吏部侍郎等诸多官职，博学多闻，长于考证，著述丰厚。而据王重光介绍，王应麟的文集未见载有《三字经》。王应麟呕心沥血写就的宏篇著述并未得到广泛传播，反而是这本未收入正集的小册子却家喻户晓，流传数百年。有的研究者认为有3点理由可界定作者是王应麟：其一，《三字经》非博学多闻的大手笔不能作；其二，《三字经》仅为儿童上学的启蒙教材，非热爱儿童教育者不愿撰；其三，《三字经》叙写历史文化原来只到唐宋为止。不过也有一件由清朝咸丰探花、顺德人李文田编辑的《三字经句释》，其封面上“区适子手著”5个大字佐证《三字经》出自顺德。据明清之际的屈大均在《广东新语》卷11中记载：“童蒙所诵《三字经》乃宋末区适子所撰。”另一位广东学者凌扬藻在《蠡勺编》中，也认为《三字经》是区适子所撰。此外他们认为《三字经》在叙述史实时有多处错误，少数地方行文不严密，这与相传另一位作者王应麟博学严谨的学风完全不合。

名著概要

《三字经》涉及自然现象、社会生活和历史文化，内容广泛实用。课文全用三言韵语，句子短，韵脚出现的频率高，节奏性特别强，好读易记，尤其适合于年幼的初学儿童。作者在语言上下了很多功夫，课文不但流畅明白，而且有许多提炼精辟的警句。这篇教材选用历史名人的事例，加入许多生动的形象，并使儿童在识字过程中学到一些典故。今天所见到的清初本子是1140字，后来比较通行的本子总共1248字，内容大致包含5个部分。

首先，讲教育和学习的重要性，84字。如：“人之初，性本善。性相近，习相远。苟不教，性乃迁。教之道，贵以专。昔孟母，择邻处，

窦燕山教子图轴 清 任薰 纸本

窦燕山，本名窦禹钧，五代时后周渔阳人，后居幽州，因其地属燕山，故名窦燕山。以词学闻名。持家克俭，乐善好施，高义笃行，曾建书院四十间，聚书数千卷，请名儒执教，并供给衣食。《三字经》有“窦燕山，有义方”句。其五子相继连科及第，皆成人才，时号燕山窦氏五龙。画面中屏风岿然，窦燕山捧卷斜坐榻上，身着便服，慈眉善目，方颐阔耳，须髯飘逸，儒雅之风充溢画端。此时，他正教导身前幼子背诵诗书。幼子踌躇满志，斜视旁边专心读书论诗的兄长，羡慕之余，暗握拳头，发誓紧追兄长，成就大业。窦燕山身边书卷堆砌，身后仆人抱书而立。旁边女仆袖手而立，望着主人，现喜色。本画用笔细劲，人物神情刻画惟妙惟肖，衣纹运笔多以钉头鼠尾描，转折处劲健有力。设色古朴，构图疏密得体。

子不学，断机杼。窦燕山，有义方。教五子，名俱扬。养不教，父之过。教不严，师之惰。子不学，非所宜。幼不学，老何为！玉不琢，不成器；人不学，不知义。”

其次，讲些封建伦常，114字。再就是介绍数目、四时、五行、六谷、六畜这些基本名物的，96字。如：“一而十，十而百，百而千，千而万。三才者，天地人。三光者，日月星。……曰春夏，曰秋冬，此四时，运不穷。曰南北，曰西东，此四方，应乎中。曰水火，木金土，此五行，本乎数。……稻粱菽，麦黍稷，此六谷，人所食。马牛羊，鸡犬豕，此六畜，人所饲。”

然后介绍“小学”、“四书”、“六经”和“五子”这些当时的基本知识，246字。如：“论语者，二十篇，群弟子，记善言。孟子者，七篇止，讲道德，说仁义。作中庸，子思笔，中不偏，庸不易。作大学，乃曾子，自修齐，至平治。”

接着讲述历史，468字，如：“汉祖兴，汉业建，至孝平，王莽篡。光武兴，为东汉，四百年，终于献。蜀魏吴，争当鼎，号三国，迄两晋。”

最后讲了一大串历史上发愤勤学的故事，勉励儿童努力学习，做有用的人。

通过上面粗略的分析，我们可以看出，无论是从内容或是从语言，《三字经》作为封建社会的一部识字、启蒙兼常识教材，的确是编得比较高明的。在极短的篇幅内，包含如此丰富的内容，而且非常系统、准确，实在是罕见的。后来仿照《三字经》体例编写的蒙学教材有多种。如李塨的《小学四字韵语》和《小学稽业》，清人李毓秀的《弟子规》，还有众多的四言、五言、六言、七言的杂字书，多包括日用常识，内容丰富多彩。元明以后陆续出现过多种增改，如章太炎的《重订三字经》、余懋勋的《三字鉴》等等，但这些新编和改编都未能较广、较久地流传。

阅读指导

《三字经》到现在为止，一直都是作为启蒙教育的课本，现在更多地把它作为训练孩子记忆能力的教材，而没有真正利用《三字经》所记载的常识。因此，在阅读《三字经》时，可以以故事的形式讲给孩子听，不要仅仅让孩子记忆，让孩子在快乐中增长知识，增强记忆。《三字经》中封建糟粕的东西，阅读时应鉴别。

容斋随笔 / 南宋 / 洪迈 / “南宋说部之首”

作者简介

洪迈（1123～1202年），字景庐，别号野处。饶州鄱阳（江西波阳）人，洪皓第三子，南宋著名文学家。洪皓使金，遭金人扣留，洪迈时年仅 7 岁，随兄洪适、洪遵攻读。他天资聪颖，“博极载籍，虽稗官虞初，释老傍行，靡不涉猎”。10 岁时，随兄适避乱，往返于秀（今浙江嘉兴）、饶二州之间。绍兴十五年（1145 年），洪迈中进士，因受秦桧排挤，出为福州教授。其时洪皓已自金返国，正出知饶州。洪迈便不赴福州任而至饶州侍奉父母，至绍兴十九年（1149 年）才赴任。二十八年（1158 年）归葬父后，召为起居舍人、秘书省校书郎，兼国史馆编修官、吏部员外郎。三十一年，授枢密院检校诸房文字。三十二年春，洪迈以翰林学名义充贺金国主登位使。金大都督怀中提议将洪迈扣留，因左丞相张浩而罢。洪迈回朝后，殿中御史张震弹劾洪迈“使金辱命”。乾道二年（1166 年），知吉州（今江西吉安），后改知赣州（今江西赣州）。洪迈到任，重视教育，建学馆，造浮桥，便利人民。后又徙知建宁府（今福建建瓯）。淳熙十一年（1184 年）知婺州（今浙江金华）。在婺州大兴水利，共修公私塘堰及湖泊 837 所。后孝宗召对，洪迈对淮东抗金边备提出很好的建议，得到孝宗嘉许，提举佑神观兼侍讲，同修国史。迈入史馆后预修《四朝帝纪》，又进敷文阁直学士，直学士院，深得孝宗信任。淳熙十三年（1186 年）拜翰林学士。光宗绍熙元年焕章阁学士，知绍兴府。二年上章告老，进龙图阁学士。嘉泰二年（1202 年）以端明殿学士致仕。洪迈学识渊博，一生涉猎典籍颇多，被称为博洽通儒。撰著除《容斋随笔》外，还有志怪小说集《夷坚志》，并编有《万首唐人绝句》等。

背景介绍

宋朝是中国封建社会的繁荣时期，专制主义中央集权得到进一步的巩固和加强，经济空前繁荣，中外经济文化交流更趋频繁，从而促使科学文化事业的长足发展。北宋布衣毕昇发明了活字印刷术，对于文化的传播、普及和提高，都起了很大的促进作用，有力地推动了社会经济文化的发展。但是当时的南宋，内乱外忧，时时同金国有战争，一直处于议战议和的状态。

名著概要

《容斋随笔》始撰于隆兴元年（1163 年），既是读书心得，又是典故考证的书，不仅涉及了宋以前的一些史实、政治经济制度、典章典故，也对宋代典章制度、历史人物、历史事件进行了评论和综述。可以说此书是南宋笔记体的代表。《容斋随笔》分《随笔》、《续笔》、《三笔》、《四笔》、《五笔》，共 5 集 74 卷，是一部著名的笔记体学术著述。

《容斋随笔》是洪迈近 40 年的读书笔记，读书凡意有所得，即随笔记录下来：自经史典故、诸子百家之言，以及诗词文翰、医卜星历之类，无所不载；历史、文

作品评价：

宋代的笔记小说数以百记，《容斋随笔》堪称是其中的出类拔萃之作，被誉为是补《资治通鉴》之不足、集中国数千年历史文化之精粹的珍品。该书一问世便受到了当时的最高统治者宋孝宗赵昚的称誉。这是一部广涉历史、文学、哲学、艺术等方面的随笔集，历来为人们所推崇，其中自经史诸子百家，以及医卜星算之属，皆钧纂不遗，辩证考核，也颇为精确。

学、哲学、艺术各门类知识，无所不备。而多所辨证，资料丰富，考据精确，议论高简，是这部书的最大特色。如《随笔》卷三“唐人诰命”、卷九“老人推恩”、卷十“唐书判”，《续笔》卷十“唐诸生束”、卷十一“唐人避讳”、卷十六“唐朝士俸微”等，记载唐代风俗习惯、典章制度，多史传不载的材料。《随笔》卷四“野史不可信”、卷六“杜悰”、卷八“谈丛失实”、“韩文公佚事”等，指出新旧《唐书》、《资治通鉴》以及魏泰《东轩录》、沈括《梦溪笔谈》等书记载失实之处，并提供了一些重要资料。书中对李白、杜甫、白居易、韩愈、柳宗元等人的诗文亦多所论述。书中有关诗歌部分，后人曾辑为《容斋诗话》传世。这部书为明清时代讲求训诂、论析经史的学术笔记著述提供了范例，影响深远。

文苑图卷 五代

文苑，是文人荟萃之所。此图描绘文人聚会于古松下构思创作诗文的情景。

此书虽所涉及内容广泛，然其最重要的价值和贡献，则是对历代典籍的重评、辨伪与订误，并考证了前朝的一些史实，如政治制度、事件、年代、人物等等，提出了许多颇有见地的观点，更正了许多流传已久的谬误，不仅在中国历史文献上有着重要的地位和影响，而且对于中国文化的发展亦意义重大。

《容斋随笔》初刊于南宋嘉定初年，明清时亦有多种刻本。其中清康熙年间洪氏刊本，刻印最为精美，内容完整无讹，堪称善本。

阅读指导

《容斋随笔》包含的内容丰富，有经史典故、诸子百家之言，以及诗词文翰、医卜星历之类，涵盖历史、文学、哲学、艺术各门类知识。因此阅读的难度较大，可以在阅读时作相应的读书笔记，按各个门类记述，从而概括出在各个方面的洪迈的思想。也可以参阅其他史书进行考证阅读。

洗冤集录 / 南宋 / 宋慈 / 世界第一部系统的法医学专著

作者简介

宋慈（1186 ~ 1249 年），字惠父，南宋福建建阳人，南宋法医学家。小时候受业于同邑“考亭高第”吴稚门下，受朱熹的考亭学派（又称闽学）影响很深。南宋宁宗嘉定十年（1217 年）进士，历任主簿、县令、通判兼摄郡事。一生 4 次担任高级刑法官。嘉熙六年（1239 年），升提点广东刑狱，后又移任江西提点刑狱兼知赣州。淳祐年间，除直秘阁，提点湖南刑狱并兼大使行府参议官，协助湖南安抚大使处理大使行府一切军政要务。宋慈居官清廉刚正，体恤民情，不畏权豪，决事果断二十余年官宦生涯中，大部分时间与刑狱方面有关，深知“狱事莫重于大辟，大辟莫重于初情，初情莫重于检验”，认为检验乃是整个案件“死生出入之权舆，直枉屈伸之机括”，因而对于狱案总是审之又审，“不敢生一毫慢易心”。发现吏仵奸巧欺侮，则亟予驳正；若疑信未决，必反复深思，决不率然而行。认真审慎的实践，得出一条重要经验，“狱情之失，多起于发端之差；定验之误，皆原于历试之浅”，于是博采近世所传诸书如《内恕录》、《折狱龟鉴》等数家，荟萃厘正，参以自己的实际经验，总为一编，名曰《洗冤集录》，刊于湖南宪治，供省内检验官吏参考，以指导狱事的检验，达到“洗冤泽物”的目的。宋慈死后，理宗为表彰他的功绩，曾为其御书墓门。其挚友刘克庄（后村）在墓志铭中赞他：“奉使四路，皆司臬事，听讼清明，决事刚果，抚善良甚恩，临豪滑甚威，属部官吏以至穷閭委巷，深山幽谷之民，咸若有一宋提刑之临其前。”

背景介绍

在生物学和医学领域，宋代成就卓著。在经济文化全面发展的背景下，宋朝政府十分重视与广大民众卫生健康息息相关的医学事业，不仅政府出面编辑刻印了很多医学典籍，而且要求各州县加以推广应用。其中《太平圣惠方》100 卷，收录中药处方 16834 个，《圣济录》200 卷，是医学上的一部百科全书，收集了诊断、处方、审脉、用药、针灸等各方面的理论和实践成果。《政和本草》共介绍各种药材 1558 种，其中新增加 628 种新药，可以说是一部完备的药物学著作。南宋时期的宋慈收录并总结了前人的法医知识，创作出《洗冤集录》一书，其中涉及验伤、验尸、血型鉴定、死伤鉴别、检骨等多方面的理论和实践，同时对毒药和医治服毒的方法也进行了总结，这也是世界上最早的一部法医学著作。上述仅仅是介绍了宋代医学领域很小部分的成就而已，由此亦可以看出两宋时期科学技术发展水平之一斑了。

名著概要

《洗冤集录》出版于宋淳祐七年（1247 年），是世界上现存第一部系统的法医学专著。该书内容丰富，涉及现代医学的解剖、生理、病理、药理、诊断、急救、内外科、妇科等方面知识，共分 5 卷 53 目，约 7 万字。前有作者自序。卷一包括条令、检覆总说、疑难杂说等目；卷二至卷五分列各种尸伤的检验区别等项。《条令》目下辑有宋代历年公布的条令 29 则，都是对检验官员规定的纪律和注意事项。其余 52 目，排列分卷不甚有序，各目下内容亦有穿插交错，但细加缕析，其内容大致可分三方面：1. 检验官员应有的态度和原则；2. 各种尸伤的检验和区分方法；3. 保辜和各种救急处理。本书对尸体现象、窒息、损伤、现场检查、尸体检查等方面都有较科学的观察和归纳，有的达到相当精细的程度。主要成就有：尸斑的发生与分布；腐败的表现和影响条件；尸体现象与死后经过时间的关系；棺内分娩的发现；缢死的绳套分类；缢沟的特征及影响的条件；自缢、勒死与死后假作自缢的鉴别；溺死与外物压塞口鼻而死的尸体所见；窒息性玫瑰齿的发现；骨折的生前死后鉴别；各种刃伤的损伤特征；生前死后及自杀、他杀的鉴别；致命伤的确定；焚死与焚尸的区别；各种死亡情况下的现场勘验方法等。本书影响广泛，曾被译成荷兰、英、法、德等国文字。

阅读指导

宋慈在《洗冤集录》的序言中，一开头就提出写作此书的目的：“狱事莫重于大辟，大辟莫重于初情，初情莫重于检验。盖死生出入之权典，直枉屈伸之机括。于是乎决法中。”又说：“狱情之失，多起于发端之差，定验之误。”宋慈辑撰此书，是为了“洗冤泽物”、“起死回生”。因此，宋慈对于狱案，反复强调要“审之又审，不敢萌一毫慢易之心”。他再三教诫审案人员“不可辟臭恶”，“须是躬亲诣尸首地头”。深入现场调查，“须是多方体访，切不可凭信一二人口说”。检验时“务要从实”，同时尚需了解被害人生前的社会关系、经济状况，要充分掌握真凭实据。在“经制日坏”的南宋末年，宋慈的这种思想是十分难能可贵的。《洗冤集录》对于法医学有多方面的贡献，宋慈对于验尸的方法，曾总结了一整套比较合理的措施。《洗冤集录》对于毒理学也有许多贡献，书中记载了各种毒物中毒症状，指出服毒者“未死前须吐出恶物，或泻下黑血，谷道肿突或大肠穿出”；死后“口眼多开，面紫黯或青色，唇紫黑，手足指甲俱青黯，口眼耳鼻间有血出”。书中附有许多切合实用的解毒方与急救法，对后世法医学产生了重要的影响。

延伸阅读

《洗冤集录》中，有一些检验方法虽属于经验范畴，但却与现代科学相吻合，令人惊叹。如用明油伞检验尸骨伤痕，就是一例："验尸并骨伤损处，痕迹未现，用糟（酒糟）、醋泼罨尸首，于露天以新油绢或明油雨伞覆欲见处，迎日隔伞看，痕即现。若阴雨，以热炭隔照。此良法也"。"将红油伞遮尸骨验，若骨上有被打处，即有红色路，微荫；骨断处，其拉续两头各有血晕色；再以有痕骨照日看，红活乃是生前被打分明。骨上若无血荫，纵有损折，乃死后痕。"如此检验尸骨伤损，与现代用紫外线照射一样，都是运用光学原理。只是宋慈限于当时的科技水平，处于尚未自觉的状态，知其然而不知其所以然。尸骨是不透明的物体，它对阳光是有选择地反射的。当光线通过明油伞或新油绢伞时，其中影响观察的部分光线被吸收了，所以容易看出伤痕。再如书中论述的救缢死法，与当代的人工呼吸法，几乎没有差别。还有用糟、醋、白梅、五倍子等药物拥罨洗盖伤痕，有防止外界感染、消除炎症、固定伤口的作用，也与现代科学原理一致，只是使用的药物不同而已。诸如此类，不胜枚举。作者运用和记载这些方法，目的在于查出真正的死伤原因，无不体现求真求实的科学精神。

西厢记 / 元 / 王实甫 / 才子佳人的第一声号角

作者简介

《西厢记》的作者王实甫，元代杂剧作家，名德信，大都（今北京市）人，生卒年不详，生平事迹资料缺乏。钟嗣成的《录鬼簿》将他列入"前辈已死名公才人"，由此可以推知，王实甫活动的年代可能与关汉卿等相去不远。他的主要创作活动当在元成宗元贞、大德年间。据流传下来的散曲作品推测，王实甫早年曾经为官，宦途不无坎坷，晚年退隐。王实甫所作杂剧，今仅存有《崔莺莺待月西厢记》、《吕蒙正风雪破窑记》和《四大王歌舞丽春堂》等3种。

背景介绍

我们称包括京剧和各种地方戏在内的传统戏剧为"戏曲"，这是因为"曲"的演唱在其中特别重要。戏曲的起源可以追溯到很古的时代，原始歌舞就是戏曲的萌

《西厢记》插图 清 任薰

芽状态。元杂剧的直接源头主要是两个方面：一是从宋到金的说唱艺术“诸宫调”，一是从宋到金的以调笑为主的短剧——宋杂剧和金院本。

说唱有古老的历史，唐代发展为变文；北宋中叶，艺人孔三传创造了说唱长篇故事的“诸宫调”；金代出现了董解元《西厢记诸宫调》，说唱艺术更为成熟了。它的音乐即是元杂剧音乐的基础；它按不同宫调将多个曲牌分别联套演唱一段段故事情节；体式上曲与说白交错；经常通过故事中人物的自叙来展开情节，这些都给元杂剧非常大的影响。

以诙谐、调笑为特点的艺术表演，始于上古宫廷弄臣“优”，东汉时演化为双人表演的“弄参军”。唐代“参军戏”很兴盛，现代的相声还保留着它的一些基本特征。参军戏与歌舞相结合，并渗入了戏剧的因素，便形成宋杂剧和金院本。宋杂剧和金院本已经是基本成型的戏曲，它们的内容以诙谐调笑为主，有了简单的故事情节；形式上有的偏重于唱，有的偏重于念白，两者逐渐结合；角色有四五个，各有不同的名目；正在向代言体转化。

元杂剧是直接继承金院本又糅合了诸宫调的多种特点而发展起来的。元杂剧已经成为具有完备的文学剧本、严格的表演形式、完整而丰富的内容的成熟戏剧。在体制方面，元杂剧有如下基本特点：结构方面，一般是以四折，通常外加一段楔子为一本，表演一种剧目。少数剧目是多本的，楔子可以没有，也可以用到两三个；唱词和演唱方面，元杂剧的核心部分是唱词，每一折用同一宫调的一套曲子组成，并一韵到底，四折可以选用4种不同的宫调。元杂剧通常限定每一本由正旦或正末两类角色中的一类主唱，正旦所唱的本子为“旦本”，正末所唱的本子为“末本”；宾白方面，有散白与韵白之分，前者用当时的口语，后者用诗词或顺口溜式的韵文。元杂剧的角色，可分为旦、末、净、外、杂五大类，每大类下又分若干小类，把剧中各种人物分为若干类型，便于程式化的表演。

名著概要

《西厢记》的故事源于唐代元稹的《莺莺传》，直接取材于金代董解元的《西

名家点评：

《西厢》妙处，不当以字句求之，其中联络顾盼，如长河之流，它曲莫及。

——明·王伯良

吾于古曲中，取其全本不懈，多瑜鲜瑕者，惟《西厢》能之。

——清·李渔

不是何人做得出来，是他天地直会自己劈空结撰而出。

——清·金圣叹

厢记诸宫调》。《西厢记》故事波澜起伏，环环相扣。情节概要如下：相国之女崔莺莺随母亲回乡，与书生张君瑞邂逅于普救寺，彼此生相慕之心。守将孙飞虎听说莺莺美貌，带兵合围普救寺，想抢夺崔莺莺为妻。张生在老夫人许婚的条件下，冒险写信给他的朋友蒲关守将杜君实，杜君实带兵解围。然而紧接着老夫人赖婚。崔张在红娘的帮助下暗相沟通，莺莺心存疑惧，好事多磨。张生相思成疾，卧病在床，眼见得好梦成空，忽然莺莺夜访，两人私自同居。此后幽情败露，老夫人大怒。红娘据理力争，并抓住老夫人的弱点，使她不得不认可既成事实。然而老夫人提出相府不招“白衣女婿”，迫使张生赴考。之后，与莺莺原有婚约的郑恒设计骗婚，再度横生枝节。最后张君瑞得中进士，与崔莺莺团圆成婚。

《西厢记》很受文人推崇，金圣叹把它称为“第六才子书”，赵景深称《西厢记》与《红楼梦》是“中国古典文艺的双璧”。

阅读指导

《西厢记》中主要人物的性格都具有鲜明的特征。张生性格忠厚，他对莺莺一往情深。莺莺的性格深沉而内向，她对张生虽亦一往情深，但欲前又却，内心曲折。红娘伶俐机敏，敢于抗争，有勇有谋，在“拷红”一场中，她的思想性格得到了最充分有力的表现。

《西厢记》情节曲折，波澜迭起，悬念丛生，引人入胜。全剧接连不断的起伏跌宕，常给人山重水复、柳暗花明之感。《西厢记》不仅善于正面刻画人物，而且长于侧面描写，使人物性格呈现出丰富的色彩和立体浑成的效果。《西厢记》的心理描写，不仅在曲词中，而且在人物的对话、动作中，也往往有着丰富的潜台词，间接地表现人物的内心活动。《西厢记》的曲词华美，并有诗的意境。作者常常结合剧情，在景物描绘中，勾画抒情意味极浓的意境。

《西厢记》故事表现了中国古代爱情剧的模式特点：“私订终身后花园，落难公子中状元，金榜题名大团圆”。这就是所谓的才子佳人模式。

琵琶记 / 元末明初 / 高明 / 元代南戏绝唱

作者简介

《琵琶记》的作者高明，字则诚，自号菜根道人，瑞安（今属浙江）人。他出身于书香门第，是理学家黄溍的弟子，是刘基（伯温）的好朋友。至正五年中进士，先后任处州录事、江浙行省椽吏、浙东阃幕（统帅府）都事、福建行省都事等职，平生为人耿直，“意所不可，辄上政事堂慷慨求去”，“论事不合，避不治文书”，官声很好。晚年时，天下大乱，方国珍想强召他入幕府，他力辞不从，并从此隐居在宁波城东的栎社，以词曲自娱。顾德辉《玉山草堂雅集》称其“长才硕学，为时名流”。作有南戏《琵琶记》、《闵子骞单衣记》；《全元散曲》收其【二郎神·愁怀】等3首；另有少量诗文传世。

《琵琶记·拐信》插图 清 胡锡珪

背景介绍

宋元时期，中国戏曲主要有两支：一支是从宋杂剧、金院本发展出的元杂剧，另有一支是在东南沿海地区流行的南戏。南戏发展较晚，到元末才趋向成熟，后来演化为明清戏剧的主要形式——传奇。

南戏最初应该是在温州一带民间歌舞的基础上形成的，《南词叙录》说它“即村坊小曲而为之”。温州是一座古城，又是对外贸易的通商口岸，商业发达，经济繁荣。南戏在这种良好的环境中得以成长，并逐渐扩展到东南沿海一带，进入南宋都城临安。元灭南宋以后，北方剧作家大批南下，造成了南北剧的交流。在这个过程中，南戏发生了一些重要变化，如改编杂剧的剧目，吸收杂剧曲牌联套的方法，采用杂剧的一些曲调，形成“南北合套”的形式等等，南戏的艺术水准因而得到提高。到元末，《琵琶记》等剧本出现，标志着南戏达到了成熟。

南戏的体制与杂剧有很大不同，它在各方面都要比杂剧来得自由，它的曲调配合可以根据剧情需要作较为自由的选择；它的剧本结构以人物上下场的界线分场，可长可短；它的任何角色都可以唱，而且有接唱、同唱、多人合唱等形式。由于南戏体制更自由，更便于展开复杂的剧情，塑造丰满的人物形象，到了明代，杂剧渐渐衰微，从南戏发展而来的“传奇”取代了杂剧。

南戏的题材与杂剧有明显区别。总的来说，它的民间色彩更浓，而文人气息较淡。像杂剧中《梧桐雨》、《汉宫秋》一类借历史故事表现作者自身的人生感慨的抒情性很强的作品在南戏中几乎没有；维护稳定的家庭关系的伦理剧在南戏中很集中，严厉指斥男子富贵变心是南戏最重要的内容。这与当时的社会有关：宋代以来，科举制度使许多“寒士”有了一举成名的机会，这容易造成原有婚姻的不稳定。本剧就是这一类的作品。

名著概要

《琵琶记》是高明根据长期在民间流传的南戏《赵贞女》改编的。《赵贞女》写蔡伯喈上京应举，贪恋功名富贵，长期不归，赵五娘独力支持门户，在蔡家父母死后到京师寻访伯喈，伯喈却不认。最后以马踩赵五娘、雷轰蔡伯喈结束。

本剧共 42 出，剧情大致是：书生蔡伯喈与赵五娘新婚不久，恰逢朝廷开科取士，伯喈觉得父母年事已高，不愿去考试，打算留在家中服侍父母。但是蔡公不从，邻居张大公也在旁劝说，伯喈只好告别父母妻子，赴京考试。应试及第，中了状元。朝廷牛丞相看中伯喈，有一女未婚配，奉旨招新科状元为婿。伯喈以父母年迈，在家无人照顾，需回家尽孝为理由，打算辞婚、辞官，但牛丞相与皇帝不从，他被迫滞留京城。自从伯喈离家后，家乡连年遭受旱灾，五娘任劳任怨，服侍公婆，让公婆吃米，自己则背着公婆私下自咽糟糠。婆婆发现后，痛悔而亡，不久，蔡公也死于饥荒。而伯喈被强赘入牛府后，终日思念父母，写信去家中，信却被拐子骗走，以致音信不通。一日，在书房弹琴抒发乡思，被牛氏听见，得知实情，告知父亲。牛丞相被女儿说服，于是派人去迎接伯喈父母、妻子来京。蔡公、蔡婆去世后，五娘罗裙包土，自筑坟墓，又亲手绘成公婆遗容，身背琵琶，沿路弹唱乞食，往京城寻夫。她历尽风霜，来到京城，正遇弥陀寺大法会，便往寺中募化求食，将公婆真容供于佛前。正逢伯喈也来寺中烧香，祈祷父母路上平安。见到父母真容，他便拿回府中挂在书房内。五娘寻至牛府，被牛氏请至府内弹唱。五娘见牛氏贤淑，便将自己的身世告知牛氏。牛氏为让五娘与伯喈团聚，又怕伯喈不认，便让五娘来到书房，在公婆的真容上题诗暗喻。伯喈回府，见画上所题之诗，正欲问牛氏，牛氏便带五娘入内，夫妻遂得以团聚。五娘告知家中事情，伯喈悲痛至极，即刻上表辞官，回乡守孝。得到牛丞相的同意，伯喈遂携赵氏、牛氏同归故里，庐墓守孝。后来皇帝下诏，旌表蔡氏一门。

作品特色

戏剧中的蔡伯喈是一个忠孝双全的正面人物，在作者的笔下，他抛弃家庭、另娶贵妻是被人胁迫而不得已的。蔡伯喈无法照顾家庭、奉养父母，结果父母在饥荒中死去。这就是所谓“只为三不从，做成灾祸天来大”。赵五娘是《琵琶记》中着力刻画的人物。她是家庭的真正支撑者，她坚韧不拔，忘我牺牲，奉养老人，抚育子女，使丈夫能够在外界获得成功。作者对赵五娘做了多方面的强化，并为她设计了极端艰困的处境：被丈夫遗弃却必须奉养公婆，家境贫寒而又遭遇灾年，竭力尽“孝”仍被婆婆猜疑……这种描写确实集中反映了当时妇女所受的非人的磨难。作者对赵五娘这样的人物怀有深刻的同情，他进一步在赵五娘的性格中加入明确的道德自觉与道德说教，使得赵五娘成为一个由生活真实和道德理念混合而成的艺术形象。

这些人物形象虽然夹杂了一些理念化的成分，但无论赵五娘的历经磨难而默默忍受，还是蔡伯喈的进退两难而矛盾苦闷，都有其真实的生活基础。作者为了达到“动人”的目的，逐步深入地展现他们的性格特色和细微的心理活动，使之有血有肉，不因为说教的目的而变得苍白僵死。剧中的语言，大都本色自然，能够比较深入地写出人物的心理和感情活动。在戏曲的声调格律方面，《琵琶记》改变了早期南戏不讲究宫调配合的做法，根据剧情的需要，考虑曲牌的缓急、性质的粗细、声情的哀乐以及相互间的搭配，加以妥贴的安排。对句格、四声的运用，也比较严密细致。所以它在这方面也被明清传奇奉为圭臬。

作品影响

《琵琶记》代表了南戏在进入明清“传奇”阶段之前的最高水平，取得了较高的艺术成就。元末元杂剧走向衰落，但戏曲活动仍很频繁，这都是因为《琵琶记》等南戏的兴起。它的双线结构形式，成为传奇创作的固定模式；它的曲律，成为各家曲谱的主选对象；它的表演艺术，成为演剧的典范，是每一个演员必须学习的入门剧本。它从明代开始一直是被名家仿效的典范，至今仍活跃于舞台上，是戏曲史上传演极广的作品之一；同时它也是人们案头阅读的对象。后人称《琵琶记》是“词曲之祖”、元代剧坛的殿军、明代戏曲的先声。

阅读指导

高明写《琵琶记》的主观意图是宣扬道德，他在全戏开场时说：“少甚佳人才子，也有神仙幽怪，琐碎不堪观。正是不关风化体，纵好也徒然。”正是这种创作意图促使他改编了《赵贞女》的故事情节，也因此使作品中的人物都带上了说教的色彩。

《琵琶记·蔡公逼试》插图

本剧有两条线索：一条是蔡伯喈步步青云直上，飞黄腾达，满心苦闷地处于一片繁华富贵的气氛中；一条线是赵五娘含辛茹苦，拼命在荒凉萧条的境地里挣扎。许多场面不断交错出现，相互对映，给观众以强烈的感受。从人物形象来说，虽然夹杂了一些教化的成分，但无论赵五娘的历经磨难而默默忍受，还是蔡伯喈的进退两难而矛盾苦闷，都有其真实的生活基础。作者逐步深入地展现他们的性格特色和细微的心理活动，使之有血有肉，不因为说教的目的而变得苍白僵死。剧中的语言，正如汤显祖所评论的，"都在性情上着工夫，并不以词调巧倩见长"，大都本色自然，能够比较深入地写出人物的心理和感情活动。《糟糠自餍》一出中赵五娘两段唱词非常精彩。

《琵琶记》的戏剧冲突很有特色。它的情节沿着两条线索展开，一条是蔡伯喈离家后的种种遭遇，一条是赵五娘在家中的种种苦难，这两条线索交叉对比描写，更增加了作品的感人力量。同时，作品的戏剧冲突围绕"三不从"展开。辞考不从、辞婚不从、辞官不从，使蔡伯喈无法照顾家庭、奉养父母，结果父母在饥荒中死去，"只为三不从，做成灾祸天来大"。在封建时代正统观念中，忠、孝原来是统一的，但作者却注意到两者之间的矛盾，尤其是政治权力的绝对要求对家庭伦理的破坏，这反映了知识阶层在维护家庭和服务于政权之间常常会出现两难选择。把握了这一点，在阅读戏剧原文时就容易理解其思想主旨了。

三国演义 / 元末明初 / 罗贯中 / 历史与叙事的失落和迷惘

作者简介

《三国演义》作者罗贯中（约 1330 ~ 约 1400 年），名本，字贯中，号湖海散人。杭州人，祖籍太原。元末明初小说家、戏曲家。《录鬼簿续编》记载罗贯中"与人寡合"，"遭时多故"流浪江湖。罗贯中生当元末社会动乱，有自己的政治理想，不苟同流俗，东奔西走，参加了反元的起义，明朝建立之后，即不再从事政治，而

"传神稗史"，专心致力于小说创作。相传他写有巨著《十七史演义》，现存署名由他编著的小说有《三国志通俗演义》、《隋唐两朝志传》、《残唐五代史演传》、《三遂平妖传》等。罗贯中有着多方面的艺术才能，《录鬼簿续编》说他"乐府隐语，极为清新"，著录他创作的杂剧3种：《赵太祖龙虎风云会》、《忠正孝子连环谏》、《三平章死哭蜚虎子》。他所有的著作以《三国演义》最著名，被后人称为"第一才子书"，是我国历史小说的开山之作，也是我国长篇历史小说最杰出的巨著。

背景介绍

演义是一种以一定的历史事件为背景，以史书及传说的材料为基础，增添一些细节，用章回体写成的小说。它要求所写的故事和人物生动形象，细节往往虚构，但基本情节不能违背史实。

三国故事很早就流传于民间。据杜宝《大业拾遗录》记载，隋炀帝观赏水上杂戏，便有曹操谯水击蛟、刘备檀溪跃马等节目。刘知几《史通·采撰》记载，唐初时有些三国故事已"得之于道路，传之于众口"。李商隐《骄儿》诗说："或谑张飞胡，或笑邓艾吃。"可见到了晚唐，三国故事已经普及到小儿都知道的程度。宋代通过艺人的表演说唱，三国故事更为流行。根据《东京梦华录》载，北宋时已出现了"说三分"的专家霍四究，同时皮影戏、傀儡戏、南戏、院本也有搬演三国故事的。这时的三国故事已有明显的尊刘贬曹倾向。苏轼《东坡志林》记载："王彭尝云：涂巷中小儿薄劣，其家所厌苦，辄与钱，令聚坐听古话。至说三国事，闻刘玄德败，频蹙眉，有出涕者；闻曹操败，即喜唱快。"宋元时代三国故事更是经常地被搬上舞台。《宋史·范纯礼传》及南宋姜白石《观灯口号》等诗歌中都有演出三国戏的记载。金元演出的三国剧目至少有《三战吕布》、《赤壁鏖兵》、《隔江斗智》等三十多种，在这些剧本中，继续表现出"尊刘贬曹"的倾向。三国故事流传的历史如此长久，以三国故事为题材的平话小说可能很早就产生了。现存早期的三国讲史话本，有元至治年间所刊《三国志评

三顾茅庐图 明 周臣

话》，其故事已粗具《三国演义》的规模，不仅拥刘反曹的倾向极为鲜明，而且刘、关、张等人都富有草莽英雄气息，张飞的形象最活跃、最有生气，诸葛亮的神机妙算也写得很突出，但情节颇与史实相违，民间传说色彩较浓；叙事简略，文笔粗糙，人名地名多有谬误，显然没有经过文人的修饰。与此同时，戏剧舞台上也大量搬演三国故事，现存剧目即有四十多种，桃园结义、过五关斩六将、三顾茅庐、赤壁之战、单刀会、白帝城托孤等重要情节都已具备。此后罗贯中“据正史，采小说，证文辞，通好尚”，创作出杰出的历史小说《三国志通俗演义》。它是文人素养与民间文艺的结合。他充分运用《三国志》和裴松之注等史籍所提供的材料，重要历史事件都与史实相符；又大量采录话本、戏剧、民间传说的内容，在细节处多有虚构，形成“七分实事，三分虚假”的面目。

名著概要

《三国演义》的故事从东汉灵帝建宁二年（169 年）起，到晋武帝太康元年（280 年）止，叙写了百年左右的时间里发生的事件，中间着重写了历时约半个世纪的魏、蜀、吴三国的兴亡盛衰过程。第一回到第三十三回，写东汉末年黄巾起义和曹操平定北方的过程；第三十四回到第五十回，集中写赤壁之战以及战后天下三分的局势；第五十一回到第一百一十五回，重点写刘备集团活动，以及刘备死后诸葛亮治理蜀国、南征北伐等事情；第一百一十六回到第一百二十回，写晋朝统一全国。全部故事的基本轮廓和基本线索，主要人物的主要活动，大体上同历史记载相去不远，但是三国历史只是一个框架，作品的细节部分则主要是虚构的。著名的情节有：“三英战吕布”、“连环计”、“吕布射戟辕门”、“夏侯惇拔矢啖睛”、“关公五关斩六将”、“煮酒论英雄”、“关云长挂印封金”、“刘备三顾茅庐”、“官渡之战”、“刘备跃马过檀溪”、“隆中对”、“诸葛亮火烧新野”、“张飞大闹长坂桥”、“赵子龙单骑救主”、“群英会蒋干中计”、“诸葛亮舌战群儒”、“孔明借箭”、“华容道关羽义释曹操”、“孔明三气周瑜”、“关云长单刀赴会”、“关云长刮骨疗毒”、“关云长败走麦城”、“刘备遗诏托孤”、“七擒孟获”、“孔明挥泪斩马谡”、“木牛流马”等。

《三国演义》在曹操、刘备、孙权个个政治势力中，把曹操与刘备作为主要对立面，而把刘备集团放在中心地位。孙权更多是作为刘备对抗曹操的联合力量出现的。小说刻画了很多生动的人物形象。曹操在《三国演义》里是一个极端利己的典型。把曹操本来有诡诈、残暴的特点夸大，成功地刻画了曹操诡谲多变、心狠手毒的形象。小说中有他的一句名言：“宁教我负天下人，休教天下人负我。”罗贯中也写了曹操的“雄才大略”，在与董卓、袁绍等人的对比中描写他的政治远见与政治气度。同曹操相反，对刘备则在政治与道德上都加以美化。刘备有一句话：“吾宁死，不为不仁不义之事。”刘备是一位理想仁君的形象。诸葛亮是《三国演义》中又一个重要人物。刘备对诸葛亮自称“如鱼得水”，不仅言听计从，而且付托军国大事，诸葛亮为报答刘备三顾茅庐的知遇之恩，“鞠躬尽瘁，死而后已”。他足智多谋，高瞻远瞩，沉着机警，料事如神，是理想的贤臣。小说中的另一个重要人物是关羽。《三国演义》描写刘备同关羽、张飞的关系，着重表现他们的“义”。关羽武勇刚强，“义重如山”。刘、关、张“桃园结义”已经成为古往今来人们讲求朋友信义的楷模。民众看重“义”，因此，把关羽推崇到了很高的地位，直到现在，关帝庙依然遍布全国各地。

作品特色

《三国演义》塑造了大量性格鲜明的英雄人物形象。在塑造人物的时候，作者喜欢采用类型化的写法，即从人物的各种复杂性格中，舍弃次要方面，而集中笔墨突出、渲染其某一个方面的特点，把这一特点发展到极端。比如曹操的形象就是一个典型。一方面，他的身上集中了狡猾诡诈、阴险毒辣、两面三刀、假仁假义、损人利己、专横残暴等“奸”的特征，不但用残暴的手段消灭异己，而且善于用狡诈的方法来开脱自己的罪责，奸诈和残忍令人发指。但另一方面，他身上又充分地体现了“雄”的特点：志存高远、心怀天下，富有长远发展的政治手段和谋略，能够以本集团的长远利益为出发点，而不计较一时的成败得失，因此才能在群雄并起的时代，他最终能兼并其他诸侯，成就一番大事业。残暴狡诈和雄才大略紧密结合，显示了这个千古奸雄的独特性格。

《三国演义》的艺术成就，在中国“演义”体小说中是最为突出的。作者成功地把历史因素与艺术因素结合起来，把历史人物和艺术典型统一起来，使这部“七分事实、三分虚构”的小说，在艺术上成为不朽杰作。全书叙述了将近一个世纪的历史，几百位人物，尽管头绪纷繁，但作者依然能组织得法，详略得当，做到脉络

相关链接

《隋唐演义》：清初人褚人获作。故事起自隋文帝起兵伐陈，而止于唐明皇回京抑郁而死，共一百七十余年间的事情。全书的基本结构线索为隋炀帝、朱贵儿及唐明皇、杨玉环的“两世姻缘”，以隋末群雄并起、瓦岗寨英雄聚义、花木兰代父从军、唐太宗武功文治、武则天改元称帝等事件穿插其间。

《反三国演义》：作者是周大荒，民国初年湖南人。该书对《三国演义》中凡是让人感到痛憾的人物故事，几乎逐一加以翻案。比如，庞统不仅未死于落凤坡，反而屡立大功。魏延也偷渡子午谷，袭取了长安。这是一部翻案奇书。

《中华全史演义》：民国期间蔡东藩著。包括《前汉演义》、《后汉演义》、《两晋演义》、《南北史演义》、《唐史演义》、《五代史演义》、《宋史演义》、《元史演义》、《明史演义》、《清史演义》等。演绎了中国两千年的历史进程，卷帙浩繁；只是艺术上稍嫌粗糙。

清晰，主次分明。作者既善于把一些简单的小事件写得波澜起伏、错落有致；也善于把一些错综复杂的大事件写得脉络分明、有条不紊。作者还善于使实写、虚写、详写、略写、明写、暗写、正写、侧写各尽其妙，在叙事时又能兼用顺叙、倒叙、插叙、补叙等不同方法。这样，既避免了行文的冗长和繁复，又使故事参差错落、浓淡适宜。

阅读指导

《三国演义》的艺术结构，既宏伟壮阔，又不失严密和精巧。全书时间漫长，人物众多，事件复杂，头绪纷繁。但作者以蜀汉为中心，抓住三国矛盾斗争的主线，井然有序地展开故事情节，既曲折变化，又前后贯串，宾主照应，脉络分明，较少琐碎支离的情况，构成了一个基本完美的艺术整体。这在艺术上是很高超的。

《三国演义》善于通过错综复杂的故事情节，巧妙地表现政治事件，尤其善于描写战争。作者总是围绕战争双方的人物，写出战争的各个方面，双方的战略、战术，使大小战役各具特色。精彩的有：官渡之战、赤壁之战、七擒孟获、六出祁山等。其中赤壁之战最为精彩。《三国演义》用长达八回的篇幅，把赤壁之战故事渲染得波澜壮阔，淋漓尽致。写双方备战，作者紧紧抓住曹军不习水战的问题，写周瑜和曹操之间来回隔江斗智，曹操两次派蒋干过江以及遣蔡中、蔡和诈降，都被周瑜识破，并巧妙地利用。但是周瑜这些妙计每次都不出孔明的意料。周瑜忌妒孔明，想用断粮道、造箭杀孔明，计谋也被孔明识破。这样作者便很自然地写出孔明的才能、气度处处高过周瑜。作者善于在紧张的气氛中点染抒情的笔调，孔明饮酒借箭，庞统挑灯夜读，曹操横槊赋诗等插曲使人物的形象更为真实生动。叙述战争时还善于运用实写和虚写结合的手法，对战争的胜利者，往往不惜详尽描写，如上引的“关云长温酒斩华雄”一段就是典型的虚实相生的写法。

关羽擒将图　明

《关羽擒将图》色彩明快，气势恢宏。其所表现的内容主要取材于《三国演义》中“水淹七军”一节，被擒之人便是庞德。画家将关羽的安闲儒雅、庞德的愤怒激动表现得极为到位，性格上的差异使得整个画面充满张力。

《三国演义》吸收了传记文学的语言风格，并使之通俗化，“文不甚深，言不甚俗”，雅俗共赏，具有简洁、明快而又生动的特色。叙述描写不以细腻见长，而以粗笔勾勒为精；还有许多生动片段，也写得粗中有细。

水浒传 / 明 / 施耐庵 / 绿林豪杰的忠义悲歌

作者简介

《水浒传》的作者，明代人有多种记载。明代人大致有3种说法：施耐庵、罗贯中和施、罗合作。郎瑛《七修类稿》中说："《三国》、《宋江》二书，乃杭人罗本贯中所编。予意旧必有本，故曰编。《宋江》又曰钱塘施耐庵底本。"高儒《百川书志》中说："《忠义水浒传》一百卷。钱塘施耐庵的本，罗贯中编次。"李贽《忠义水浒传叙》中提到作者时，说是"施、罗二公"。这是认为施、罗合作的。此外，田汝成《西湖游览志余》和王圻《稗史汇编》都记载罗贯中作，而胡应麟《少室山房笔丛》则说是"武林施某所编"，"世传施号耐庵"。

施耐庵像

现在学术界大都认为施耐庵作，也有少数人认为施、罗合作。关于施耐庵，没有什么可靠的历史记载。他大概是元末明初人，生平不详。民间传说他曾参与张士诚的农民起义军，这未必可信。但是他生活的时代较罗贯中稍早，可以肯定的是，元末如火如荼的农民大起义，他应当是见过或亲身经历过的，这对他的小说创作也许有某种影响。

背景介绍

《水浒传》取材于北宋末年宋江起义的故事。关于宋江起义，史籍中有些零星的记载。《宋史·徽宗本纪》记载："淮南盗宋江等犯淮阳军，遣将讨捕；又犯东京、江北，入楚海州界，命知州张叔夜招降之。"《张叔夜传》说："宋江起河朔，转略十郡，官兵莫敢撄其锋。"宋代陈均《九朝编年备要》和徐梦莘的《三朝北盟会编》，也都有类似的记载。还有的记载说宋江投降后曾参与征讨方腊。宋代说书兴盛，在民间流传的宋江等36人故事，很快就成为话本的素材，南宋罗烨《醉翁谈录》记载有小说《青面兽》、《花和尚》和《武行者》，都是水浒故事。宋末元初，画家龚开的《宋江三十六人赞》完整地写出了36人的姓名和绰号。宋末元初的《大宋宣和遗事》有一部分涉及水浒故事，只是内容非常简单，可能是说书人的提纲。它所记水浒故事，从杨志卖刀杀人起，经智取生辰纲，宋江杀阎婆惜，九天玄女授天书，直到受招安平方腊，顺序和现在的《水浒传》基本一致。元代出现了大量水浒戏，至今存目的有三十余种，其中完整传世的有6种：《李逵负荆》、《燕青博鱼》、《黄花峪》、《双献功》、《争报恩》、《还牢末》。在这些戏里，水浒原来的人物故事日益发展丰富起来。其中有的英雄人物如李逵、宋江、燕青等已有生动的描绘。施耐庵正是在这样的背景下，综合民间流传的水浒故事，并且加上自己的修饰点染，写成了这部优秀的古典小说《水浒传》。

名著概要

《水浒传》全书可分前后两大部分。前七十回为前半部分，写各路英雄纷纷上梁山大聚义，打官军，聚义排座次。《水浒传》写英雄们走上造反的道路，各有不同的原因，但是在逼上梁山这一点上，许多人是共同的。如阮氏三雄的造反是由于生活不下去，他们不满官府的压榨，参加劫“生辰纲”的行动，上了梁山；解珍、解宝是由于受地主的掠夺而反抗的；鲁智深是个军官，他好打不平，结果被逼上山落草；武松出身城市贫民，为打抱不平和报杀兄之仇，屡遭陷害，终于造反；林冲原是东京八十万禁军教头，是个有地位的人，他奉公守法，安分守己，但最终也被逼上梁山。其中精彩的故事有：“鲁提辖拳打镇关西”、“鲁智深大闹五台山”、“鲁智深火烧瓦官寺”、“花和尚倒拔垂杨柳”、“林冲棒打洪教头”、“鲁智深大闹野猪林”、“林教头风雪山神庙”、“林冲雪夜上梁山”、“杨志卖刀”、“智取生辰纲”、“林冲水寨大并火”、“宋江怒杀阎婆惜”、“景阳冈武松打虎”、“武松怒杀西门庆”、“施恩再夺快活林”、“武松醉打蒋门神”、“武松血洗鸳鸯楼”、“梁山泊好汉劫法场”、“杨雄醉骂潘巧云，石秀智杀裴如海”、“三打祝家庄”、“时迁偷甲”、“时迁火烧翠云楼”、“梁山泊英雄排座次”等。

七十一回以后为后半部分。后半部分由5个小部分组成，即征辽、平田虎、平王庆、平方腊及结局。其中平田虎、平王庆两部分是后来加的，今天有的百回本，征辽之后紧接平方腊，没有这两部分。后半部分中，梁山受朝廷招安，成为官军，南北征战，英雄们或死或伤，渐渐离散，很少有人善终。最终有以宋江、李逵服毒身亡结局。这一部分读来令人丧气，因此金圣叹“腰斩”《水浒传》时将他们都删了。

作品特色

作为中国第一部成熟的白话长篇小说，《水浒传》在艺术上取得了很高的成就，这首先表现在它对人物形象的塑造上。施耐庵善于将人物置于具体环境中，紧扣人

名家点评：

人有其性情，人有其气质，人有其形状，人有其声口。

——清·金圣叹《〈第五才子书施耐庵水浒传〉序三》

我想《水浒传》是一部奇书，在中国文学史占的地位比《左传》《史记》还要重大的多。

——胡适《〈水浒传〉考证》

物身份、结合心理与细节描写来刻画人物各自的性格，成功地塑造了数十个性格鲜明的人物形象。其中，宋江的形象对于理解全书思想内涵具有枢纽的作用。作为梁山起义军的领导人，宋江的性格中同时存在着革命性与妥协性、进步的一面与落后的一面。他是出身于地主阶级的知识分子，又做了个“刀笔精通、吏道纯熟”的押司，这样的阶级地位和身份，使他对包括君权、父权、法权在内的统治权威从内心里绝对遵从，形成了他性格中根深蒂固的“忠”的本质。但同时，他身上又非常富有正义感、仗义疏财、济困扶危、排难解纷，因此被人们称为“山东及时雨”，这是他身上的“义”的特征。在这种“忠”和“义”的双重主导下，宋江的性格既矛盾又统一地曲折发展着：他一边与梁山好汉有着斩不断的关系，另一方面又严守“忠”的尺度，害怕自己被扯入造反者的行列中。即使是被逼无奈上了梁山后，他也始终抱定等待朝廷赦罪招安的念头，直到饮了朝廷的毒酒命在旦夕，还表白着自己的忠心。而他所坚持不肯放弃的“忠”，正是造成他自身以及梁山泊英雄悲剧的根源。对传统皇权的“忠”和对江湖的“义”组成了一个矛盾的宋江，这种矛盾性正是这个人物艺术魅力的体现，不过也反映出了作者历史观的局限。《水浒传》不是仅仅描写某一方面的特征，它抓住了人物性格中的矛盾冲突，使得它塑造人物的艺术性达到了同期小说艺术的最高水平。

《水浒传》的语言也独具风格。施耐庵创造性地继承和发展了“说话”的语言艺术，以北方口语、山东一带口语为基础，形成了明快、洗炼、表现力非常强的《水浒传》语言。状人叙事时，多用白描，不用长段抒写，寥寥几笔就神情毕肖。同时，《水浒传》的语言开始从《三国演义》的类型化写法摆脱出来，走向初步个性化写法，这标志着传统的写实方法在古代小说创作上的重大发展。

阅读指导

《水浒传》的故事内容富有传奇性，情节跌宕起伏，变幻莫测，一波未平，一波又起。如“拳打镇关西”、“智取生辰纲”、“宋江杀惜”、“武松打虎”、“血溅鸳鸯楼”、“江州劫法场”、“三打祝家庄”等情节，数百年来脍炙人口。《水浒传》最精彩的是人物形象的塑造。作者把故事情节和人物性格融合在一起，用不同的情节来表现不同的性格。武松、林冲都受过官府的陷害，被充过军，但他们面对厄运时的反应却大不一样。林冲在路上受差人任意摆布，忍气吞声；武松则相反，充军恩州路上，收拾了要害死他的差人，还不解恨，一口气奔回孟州，血洗鸳鸯楼。这是因为，林冲是东京八十万禁军教头，是有地位懂法度的人，不幸遭受冤枉，只希望服刑期满，重振家声；而武松无家室之累，惯走江湖，性格强悍，无所顾忌，报复心强，手段也狠。作者对他们的性格特点把握得十分细致。

《水浒传》的语言特色是明快、洗炼、生动，无论是作者的描述，还是人物的语言，都惟妙惟肖，生活气息浓厚，写景、状物、叙事、表情，都很传神。《水浒传》善于白描，简洁明快，没有冗长的叙事，也没有繁琐的景物描写，比如“武松打虎”就写得简练而传神，简洁地写老虎一扑、一掀、一剪，一只活生生的老虎便跃然纸上。

《水浒传》人物语言准确而精练，能准确地表现出人物的性格、地位以及文化教养。如粗鲁而不懂得客套的李逵第一次见宋江，就问戴宗：“哥哥，这黑汉子是谁？”他刚上梁山便大发狂言：“便造反怕怎地，晁盖哥哥便作大宋皇帝，宋江哥哥便作小宋皇帝……杀去东京，夺了鸟位。”寥寥数语，便描画出活脱脱一个草莽英雄的形象。

西游记 / 明 / 吴承恩 / 神魔之域中的世态万象

作者简介

《西游记》的作者吴承恩（约 1500 ~ 约 1582 年），字汝忠，号射阳山人，淮安山阳（今江苏淮安）人。吴家世代书香，到他父亲时败落为小商人。吴承恩自幼聪敏好学，博读群书，闻名乡里。他喜欢奇闻逸事，爱读稗官野史和唐人传奇，这对他创作《西游记》可能有很重要的影响。吴承恩屡次参加科举考试，然而屡试不中，以致于“迂疏漫浪”。中年当过长兴县丞，不久，因“耻折腰”而辞官。晚年归居故乡，放浪诗酒。《西游记》就是他晚年的作品。吴承恩另外还作有传奇小说集《禹鼎志》，篇幅很短。

背景介绍

《西游记》的故事经历了一个漫长的演变过程。《西游记》所写的唐僧取经故事是由玄奘的经历演绎成的。唐太宗贞观元年，和尚玄奘不顾禁令，偷越国境，费时 17 载，经历百余国，只身一人前往天竺（今印度）取回佛经 657 部。玄奘口述西行见闻，由弟子辩机写成《大唐西域记》。他的弟子慧立、彦琮又写成《大唐大慈恩寺三藏法

吴承恩墨迹

师传》，记述玄奘西行取经事迹。为了宣传佛教并颂扬师父的业绩，他们不免夸张其辞，并插入一些带神话色彩的故事，如狮子王劫女为子、西女国生男不举，迦湿罗国“灭坏佛法”等。此后取经故事即在社会上广泛流传，愈传愈离奇。在《独异志》、《大唐新语》等唐人笔记中，取经故事已带有浓厚的神异色彩。南宋的说经话本《大唐三藏取经诗话》，开始把各种神话与取经故事串联起来，书中出现了猴行者。他原是“花果山紫云洞八万四千铜头铁额猕猴王”，化身为白衣秀士，来护送三藏。他神通广大、足智多谋，一路杀白虎精、伏九馗龙、降深沙神，使取经事业得以“功德圆满”。这是取经故事的中心人物由玄奘逐渐变为猴王的开端。猴行者的形象源于我国古代的志怪小说。《吴越春秋》、《搜神记》、《补江总白猿传》等书中都有白猿成精作怪的故事，而李公佐的《古岳渎经》中的淮涡水怪无支祁的“神变奋迅”和叛逆性格同取经传说中的猴王尤为接近。书中的深沙神则是《西游记》中沙僧的前身，但还没有出现猪八戒。到元代，又出现了更加完整生动的《西游记平话》，其主要情节与《西游记》已非常接近。由宋至明，取经故事也经常出现在戏曲舞台上。宋元南戏有《陈光蕊江流和尚》，金院本有《唐三藏》，元代吴昌龄有《唐三藏西天取经》杂剧，元末明初有《二郎神锁齐天大圣》杂剧和杨景贤的《西游记》杂剧。吴承恩创作《西游记》以前，取经故事已经以各种形式在社会上长期流传。吴承恩就是在前代传说和平话、戏曲的基础上，创作出这部规模宏大的神话小说《西游记》的。

名著概要

《西游记》全书一百回，大致可分为 3 个部分：第一部分是前七回，写孙悟空“大闹天宫”。孙悟空原是破石而生的美猴王，占领花果山水帘洞后，海外拜师，学得七十二般变化。他不愿受冥府、天界管束，大闹“三界”，自封“齐天大圣”，与玉皇大帝分庭抗礼，搅得天昏地暗。第二部分为八至十三回，交代取经的缘由，写魏征斩龙、唐太宗入冥、观音访求高僧和唐僧出世，为取经作铺垫。第三部分为十四至一百回，由 41 个小故事组成，写了孙悟空在猪八戒、沙僧的协助下保护唐僧前往西天取经，一路克服了八十一难，斩妖除怪，历尽艰险，终于取回真经，师徒四人也都修成正果。其中著名的情节有“黑风山怪窃袈裟”、“高老庄”、“黄风岭”、“大战流沙河”、“五庄观行者窃人参果”、“三打白骨精”、“红孩儿”、“车迟国显法”、“大闹金山兜洞”、“女儿国”、“火焰山”、“盘丝洞”、“大战青龙山”等。

《西游记》中的主要人物性格鲜明。唐僧恪守宗教信条，善良慈悲，胆小懦弱；

孙悟空叛逆大胆，急躁敏捷，足智多谋；猪八戒粗夯莽撞，好吃懒做，嫉妒心强，好拨弄是非，但是心肠倒也不坏，某些方面还有可爱之处；沙僧则任劳任怨，忠厚勤恳。

作品特色

《西游记》中的艺术形象，既以现实的人性为基础，又加上作为其原形的各种动物的特征，再加上浪漫的想象，写得生动活泼，令人喜爱。如孙悟空的热爱自由、不受拘束、勇于反抗等特点，体现着人性的欲求，这已经在前文做了分析。而他的神通广大、变化无穷，则是人们自由幻想的产物；他的机灵好动、淘气捣蛋，又是猴类特征和人性的混合。猪八戒的形象也颇值得注意。他行动莽撞、贪吃好睡、懒惰笨拙等特点，既与他错投猪胎有关，又是人性的表现。自然，猪八戒也有些长处，如能吃苦，在妖魔面前从不屈服，总记得自己原是“天蓬元帅”下凡等等。但他的毛病特别多，除了上述几项，他还贪恋女色，好占小便宜，对孙悟空心怀嫉妒，遇到困难常常动摇，老想着回高老庄当女婿，在取经的路上，还攒着一笔小小的私房钱。他在勇敢中带着怯懦，憨厚中带着奸滑。猪八戒的形象，体现了人类普遍存在的欲望和弱点。但在作者笔下，这一形象不仅不可恶，而且很有几分可爱之处。比起孙悟空的形象多有理想化成分，猪八戒的形象更具有日常生活中人物的真实性，读起来让人觉得亲切。这一种人物形象，是过去的文学中未曾有过的，他的出现，显示出作者对于人性固有弱点的宽容和承认，也显示了中国文学中的人物类型进一步向真实、日常和复杂多样的方向发展。

《西游记》虽是由众多零散故事传说汇聚成的一部大书，但经过再创作，结构却相当完整；它的文字幽默诙谐，灵动流利，善于描写各种奇幻的场面，都显示了相当高的艺术水平。

阅读指导

《西游记》虽然是神话小说，但是正如鲁迅在《中国小说史略》中说的，《西游记》“讽刺揶揄则取当时世态，加以铺张描写”。《西游记》神话实际上表现了丰富的社会内容，曲折地反映出明代社会的黑暗，有很明显的现实批判意义。唐僧师徒取经路上遇到的妖魔鬼怪很多都是菩萨或天神的坐骑，当孙悟空打败妖魔、准备灭杀的时候，它们的主人往往就出来说情，将它们救走。从这里，我们可以看出明代社会有势力的宦官庇护他们的干儿子干孙子们贪赃枉法的影子。另外，一些神圣的人物在《西游记》中形象很恶劣。如玉皇大帝是一个优柔寡断、软弱无能的形象，遇到事情拿不出什么解决的办法；而如来佛祖则贪图小利，向唐僧一行人索要贿赂，甚至把唐僧化缘用的紫金钵都要走了。这些细节描写都折射出当时当权者的所作所为，有很强的讽刺意味。

《西游记》创造了神奇绚烂的神话世界。情节生动、奇幻、曲折，具有非凡的想象力和强烈的浪漫色彩。天上地下、龙宫冥府、八十一难、七十二变、各种神魔都充满幻想色彩。他们使用的武器法宝都具有超自然的惊人威力：孙悟空的金箍棒重一万三千五百斤，缩小了却可以藏在耳朵里；“芭蕉扇”能灭火焰山上的火，缩小了就能够噙在口里。而且“一生必有一克”，任何武器法宝都有厉害的对手：孙悟空的金箍棒可以一变千条、飞蛇走蟒一般打向敌人，可是青牛怪却能用白森森的“金钢琢”一古脑儿套去。“芭蕉扇”能将人扇出八万四千里，孙悟空噙了“定风丹”，就能在漫天盖地的阴风前面巍然不动。这些宝贝五花八门，让人惊叹不已。

《西游记》图册 清

明代吴承恩的《西游记》问世后，各种表现唐僧师徒取经故事的艺术形式相继涌现，如诗歌、绘画、书法、雕塑、建筑等，不仅有巨大的美学价值，而且在民俗学、社会学上也有不小成就。《西游记》图册由清代康熙时期的四大书法家之一的陈奕禧书写了简单的文字说明，图画生动传神，富有想象力，图文并茂，使故事情节经过图片与文字得到更好的体现和延伸。

《西游记》的语言生动流利，尤其是人物对话，富有鲜明的个性和浓烈的生活气息，富有幽默诙谐的艺术情趣。吴承恩提炼民众生活中的口语，吸收其中的新鲜词汇，利用它富有变化的句法，熔铸成优美的文学语言。敌我交锋时，经常用韵文表明各自的身份；交手后，又用韵文渲染炽烈紧张的气氛。它汲取了民间说唱和方言口语的精华，在人物对话中，官话和淮安方言相互融汇，如“不当人子”、“活达”、“了帐”、“断根”、“囫囵吞”、“一骨辣”这些词语，既不难理解，又别有风趣。往往只用寥寥几笔，就能将人物写得神采焕发，写出微妙的心理活动。如猪八戒吃人参果、狮陀国三妖设谋、孙悟空以金箍棒指挥风云雷电的描写，都精彩纷呈。

金瓶梅 / 明 / 兰陵笑笑生 / 中国第一部文人独创的长篇小说

作者简介

《金瓶梅》作者署名兰陵笑笑生。兰陵笑笑生到底是何许人？三百多年来众说纷纭，直到现在还没有定论。据考查，涉嫌的作者竟有12位之多，连李笠翁、徐渭、李卓吾等都被列为考疑的对象，但说法最多的不外兰陵笑笑生与王世贞两人。有人论定为兰陵笑笑生，仅仅因为兰陵笑笑生是山东人，而山东话与小说中之方言有诸多相同。很显然，这个根据是远远不足以说明问题的。

据《野获编》记载，《金瓶梅》的作者是王世贞。王世贞（1526 ~ 1590年），明文学家。字元美，号凤洲、弇州山人，太仓（今属江苏）人。嘉靖进士，官至南京刑部尚书。与李攀龙同为“后七子”领袖，主张“文必秦汉，诗必盛唐”，倡导诗文复古风气，在文学史上很有影响。据说，他作《金瓶梅》乃出于为父报仇。王世贞是出名的大孝子，其父被奸相严嵩所害，传说严嵩好读奇书，王世贞于是著《金瓶梅》，在书角蘸以砒霜毒液，然后将书卖给严嵩，严嵩读完此书，遂毒发而死。这个故事很有传奇色彩，但依然没有确证，仅仅是传说而已。

背景介绍

明代从正德年间开始，整个社会即呈现出末世的征兆。嘉靖、隆庆之后，整个社会奢靡淫纵，拟饰娼妓之风气更为猖獗。宪宗成化年间，大臣竟献“秋石方”以媚上。上行下效，举世若狂，纵谈服食采战，闱帏亵事，全无羞耻感。街市上公然出售春宫画和淫具。“男风”时尚亦于此时兴盛。

> **精彩语段**
>
> 在世为人保七旬，何劳日夜弄精神？世事到头终有悔，浮华过眼恐非真；贫穷富贵天之命，得失荣华隙里尘。不如且放开怀乐，莫使苍然两鬓侵。
>
> ——第二十回
>
> 我劝世间人，切莫把心欺。欺心即欺天，莫道天不知。天只在头上，昭然不可欺。
>
> ——第八十一回

晚明及清初的文献史料记载，文人士大夫的“名士风流”俯拾皆是：王世贞作诗赞“鞋杯”；李开先宿妓染疥；袁中道津津乐道于自己的流连“游冶之场，倡家桃李之蹊”；钱谦益与柳如是“兰汤共浴”，一时也传为佳话；冯梦龙沉湎秦楼楚馆，为品评金陵妓女的《金陵百媚》一书撰写书评，其《情史》颇多对妓女浓情的歌颂。它们传达了一个普遍的价值虚无主义的信念。

但是，我们应该知道，晚明文人颓然自放，浪荡风月场，表现的只是表面的放荡。表面的玩世不恭掩饰不住内心的苦闷，传统的价值观念已经幻灭，他们把人生的寄寓从原先的仕途转向了市井曲巷的声色犬马；而摆脱了名缰利索的束缚，又使他们在做人为文上失落了可以凭依的准则。于是，他们的作品在涉及两性关系时，展现出了旷古的自主意识。历代人做得说不得的事，晚明文人做了也说了，而且更为狂放。正是在这样的社会风气和文化氛围中，产生了《金瓶梅》等世情小说。

名著概要

《金瓶梅》成书于明朝万历年间（1573 ~ 1620年），是我国第一部文人独创的

《金瓶梅》故事图 清

此是清初人依据《金瓶梅词话》第六十三回所绘的图画。画面中央艺人正在表演海盐腔，右下方的伴奏乐队有胡琴、三弦、笙、笛、云锣等乐器，两旁是饮酒看戏的宾客，左上方是掀帘看戏的女眷。

长篇小说，又是我国第一部家庭生活题材的长篇小说，有“第一才子书”之称，清代被列为禁书。世传的版本有两个系统:《金瓶梅词话》和《金瓶梅》。《金瓶梅》是《金瓶梅词话》的改编本。书中除西门庆外，还着重写了潘金莲、李瓶儿和春梅，《金瓶梅》的书名，就是从这三个人名字中各取一字联缀而成的。其情节梗概如下：

山东阳谷县人武植，人称大郎，因饥荒，搬到清河县，卖炊饼度日。邻居张大户的妻子余氏厌恶使女潘金莲妖艳，把她嫁与武大。

一日大郎遇见失散的兄弟武松。原来武松在景阳冈打死猛虎，在清河县做了巡捕都头。潘金莲见武松体格雄壮，备酒招待武松，想撩逗他，可是却被武松严厉训斥了一番，讨了一个没趣。不久因本县知县到任一年有余，捞到许多金银，派武松送到东京亲眷处。

潘金莲由邻居媒婆王婆牵线与西门庆勾搭上了。这西门庆是清河县一个财主，在县城开着个生药铺，是个浮浪子弟。武大得知奸情，便去捉奸，被西门庆一脚踢伤，后又被潘金莲毒死。西门庆买通仵作，将武大火化，不留痕迹。武松回县后，到县里告状。因上下官吏都与西门庆有来往，不允拿西门庆审问。

武松只好自找西门庆报仇。找到狮子楼，西门庆跳窗逃走，武松打死在场的李外传。西门庆买通官吏，把武松刺配两千里充军。西门庆见已无事，就娶潘氏来家做了第五房妻妾。娶潘氏之前还娶了富孀孟玉楼，为第三房妾。第四房妾叫孙雪娥。正房吴月娘为了拉拢潘金莲，让自己的丫头春梅服侍潘氏。潘金莲为了收服她，又让西门庆收用了她。

西门庆有个结义兄弟名叫花子虚。西门庆勾搭上了花子虚的妻子李瓶儿，借官司侵吞了花子虚的财产，把他气成重病，不久死去。

当时西门庆的亲家因事被参劾，要发边充军。女婿陈经济带了财物和西门大姐来投西门庆。西门庆派家人进京找蔡京的儿子蔡攸打通关节。李瓶儿见西门庆家中出事，便招赘了医生蒋竹山。西门庆祸事已脱，逼打了蒋竹山，娶李瓶儿做第六房妾。西门庆又勾搭家人来旺的妻子宋蕙莲。来旺乘醉怒骂西门庆，西门庆与潘金莲设计诬陷来旺，买通夏提刑，将来旺递解原籍为民。宋蕙莲悲痛万分，上吊自尽。

蔡太师生日，西门庆奉送重礼。蔡太师大喜，送了西门庆山东提刑所理刑副千户的五品官职。正好李瓶儿又生了一个儿子，便取名叫官哥儿。第二年蔡京生日，西门庆又亲自进京拜寿，拜蔡京为干爹，以父子相称。

西门庆有了官衔，朝中又有了大靠山，更加贪赃枉法，大胆妄为。又曾伙同夏提刑，庇护见财起意、杀死主人的苗青。

西门庆家中妻妾之间成天争宠斗强，通奸卖俏。李瓶儿生官哥儿后，潘金莲心怀妒忌，常在家内挑拨是非。潘金莲特地养了一只猫，把官哥儿惊吓成病而亡。李瓶儿痛不欲生，加上潘金莲常在那边百般称快的暗骂，痛上加气，得了重病，不久病亡。

李瓶儿死后不久，西门庆又奸了奶妈如意儿，又与王招宣家的私通。后来酒醉多服了胡僧给他的淫药，贪欲得病，33 岁纵欲而亡。当天吴月娘生子，取名孝哥儿。李娇儿乘乱偷去 5 锭元宝，随后嫁人去了。潘金莲与春梅一起同陈经济通奸。月娘先将春梅卖给周守备做二房，又叫王婆领潘金莲出去嫁人，随后又将女婿陈经济赶了出去。

陈经济往东京去取银子要娶潘金莲。这时武松遇赦回清河县，依旧在县里当都头。他假说要娶潘金莲，趁机杀了潘金莲和王婆，祭了武大的灵牌，便投十字坡张青夫妇去了。

不久孟玉楼改嫁给本县知县儿子李衙内。孙雪娥被月娘卖给周守备。春梅本来就与孙雪娥作对，便将孙打下厨房做厨娘。陈经济从东京回来交上了无赖铁指甲杨先彦，娶了娼妓冯金宝，把妻子西门大姐逼死。做生意的本金又被铁指甲骗走，一贫如洗，乞食街头，后到晏公庙做道士，却又偷老道士的钱去嫖妓，被抓到守备府，在周守备公堂上被春梅认出，认为姑表兄弟。春梅为了与陈经济姘居，借故将孙雪娥卖给了私娼家。后来陈经济被孙雪娥的姘头张胜所杀，孙雪娥也自缢身亡。不久，周守备升任统制，与金国兵马作战，中箭身亡。春梅在家纵欲无度，29 岁身死。

兵荒马乱中，吴月娘带孝哥儿往济南府投奔云离守，想为孝哥儿成亲。在城郊遇见雪洞老和尚普静。月娘此时已经感悟，遂让孝哥儿随雪洞老和尚为徒，取法明悟。

阅读指导

读《金瓶梅》，我们最应该注重的是它的世情描写。它描写了朝廷、官场、市井，各行各业，各种人物，各种场景。作者对于他所描绘的世态人情，都持一种冷眼观世的态度。这些描述，在他的笔下那样详细无遗、毫发毕现，总给人一种极端冷静的感觉、嘲讽的味道。

我们也应该注意他所刻画的女性的形象与性格。《金瓶梅》中刻画了十余位性格鲜明的女性形象，她们虽然或淫荡，或狠毒，或滑黠，然而实际上都是弱者，甚至只是男人的玩物，她们的命运的悲苦也正源于此。

正如张竹坡《批评第一才子书读法》中所说：“《金瓶梅》不可零星看，如零星便只看其淫处也。故必尽数日之间，一气看完，方知作者起伏层次，贯通气脉，为一线穿下来也。”

封神演义 / 明 / 许仲琳 / 家喻户晓的神魔小说

作者简介

《封神演义》的作者是许仲琳。许仲琳，号钟山逸叟，明应天府（今江苏南京）人，生平不详。本书有原刊本藏于日本内阁文库，卷二题有“钟山逸叟许仲琳编辑”，这就是认定本书最初作者为许仲琳的根据。成书的年代大概在明天启年间。

背景介绍

我国古典长篇小说都是章回小说形式，它是宋元讲史话本渐渐发展而成的。讲史说的是历代兴亡的故事，比如《五代史平话》、《宣和遗事》等。因为历史事实头绪复杂，讲史不能把一段历史有头有尾地在一两次说完，必须分若干次连续讲，每讲一次，就相当于后来的一回。在每次说书之前，都要用题目向听众揭示本次说书的主要内容，这就慢慢演变成章回小说的回目。章回小说中经常出现的“话说”、“看官”等字样，显示出它和话本之间有继承关系。元末明初出现了一些章回小说，如《三国志通俗演义》、《残唐五代史演义》、《水浒传》等。这些小说都是长期在民间流传，经说书艺人加工补充，最后由作家改写而成的。它们已经包括了作家的大量创作。它们的篇幅比讲史更长，分为若干卷若干节，每节前面有一个简洁的题目。很显然，这种小说已经主要是供读者阅览的了。明中叶以后，章回小说更加成熟，出现了《西游记》、《金瓶梅》等作品。这些章回小说的故事情节更为复杂，描写也更为细腻，它们体式上保持了“讲史”的痕迹，但是内容上已经与“讲史”没有什么联系了。这时章回小说已经不再分节了，而是明确地分成多少回，回目也采用工整的对偶句。本书也是一部章回小说。

相关链接

《三宝太监西洋记通俗演义》：明代罗懋登撰。写的是郑和七下南洋、征服外夷三十九国的事情。从中可以多少看到一些外国的风土人情。但描写的神魔故事非常荒诞，文字也较杂乱。

《绿野仙踪》：清代乾隆年间李百川作。这部小说以明代嘉靖朝为历史背景，写冷于冰看破红尘弃家修道以及度脱连城璧、金不换、温如玉、周琏等人的故事。这部小说相当真切地描摹出当时社会的人情世态。小说对官场的描写也有成功之处。小说还杂有一些神怪和秽亵的描写。

姜子牙辅佐武王伐纣的故事，很早就成为民间说书的材料，元代的《新刊全相平话武王伐纣书》，已包含不少神怪故事。明代后期，许仲琳将它改编成《封神演义》。

名著概要

洪锦伐岐　年画

《封神演义》全书一百回，写武王灭商的故事。大致可以分为两部分：前三十回重点写商纣王的荒淫暴虐；后七十回写武王伐纣。演义叙述纣王进香，题诗亵渎神明，于是女娲命令三个妖怪迷惑纣王，帮助周国兴起。纣王、妲己荒淫暴虐，作恶多端。姜子牙晚年遇文王，帮助文王武王谋划伐纣。武王起兵反商，商周之战过程曲折，其间神怪迭出，各有匡助。神仙们也分成两派，阐教支持武王，有道、释两家；截教支持纣王。双方各逞法术，互有死伤，截教最终失败。诸侯孟津会盟，牧野大战，纣王自焚，商朝覆灭，周武王分封列国，姜子牙将双方战死的重要人物一一封神。其中著名的情节有“哪吒闹海”、“姜子牙七死三难”、“十绝阵”、“诛仙阵”等。

《封神演义》的作者信仰的是神道。不论人事还是国家兴衰成败都是劫数。劫数在天，即使是神魔鬼怪亦不能逃脱劫数的安排。“成汤气数已尽，周室当兴”，每个参加商周之争的人不过是“完天地之劫数，成气运之迁移”而已。作者是个正统思想很重的人，从书中的一些描写看，他认为商是正统，反商就是叛乱。比如两军对阵，交手之前都有一番辩论，这时纣王的将官都是理直气壮，而周的将官往往有理亏之嫌。作者通过设炮烙、剖孕妇、敲骨髓等情节，描写纣王的残暴不仁，从而为武王反商寻找道义上的借口。作者把武王伐纣写成“以臣伐君”、“以下伐上”，是“灭独夫”之举，姜子牙则以“天下者，非一人之天下，乃天下人之天下也”的主张，号召诸侯“吊民伐罪”，突出了双方的正义与非正义的道义对立。哪吒剔骨还父、黄飞虎反商归周等情节也强调了“父逼子反”、“君逼臣反”不得不反的寓意。这些内容显然一方面是维护君主的神圣地位的忠君思想，一方面也说出了民众希望君主施仁政的愿望。作者还宣扬“青竹蛇儿口，黄蜂尾上针，两般由自可，最毒妇人心”的“女祸”思想，这是很消极的。

阅读指导

这部小说最能吸引人的地方，是它奇特的想象。它发挥神话传说善于想象夸张的特长，赋予各类人物以奇特的形貌，其中的人物，如杨任手掌内生出眼睛，雷震子胁下长有肉翅，哪吒有三头六臂；仙术道法也神奇莫测，如土行孙等的土遁、水遁之法，陆压的躬身杀人之术，还有的或者有千里眼，或者有顺风耳，或者有七十二变，又各有各的法宝相助，显得光怪陆离，幻奇无比，从中可以感受到浪漫色彩。小说在人物描绘上有一定成就，如妲己的阴险残忍，杨戬的机谋果敢，闻仲的耿直愚忠，申公豹的恶意挑拨等等，都写出了一定的性格。其中写得最好的是哪吒的故事。《封神演义》写他大闹龙宫，剔骨还父，后以莲花为化身。这一神话人物以儿童的形象出现，别具可爱之处。但总观全书，人物大都是概念化的，他们在天数的绝对支配之下，大部分缺乏鲜明的性格特征。此外，在故事情节上，许多场面显得呆板，后七十回中每次破阵斗法的描写，显得千篇一律。这是本书的一些不足之处。

本草纲目 /明/李时珍/“东方医学巨典”

作者简介

李时珍（1518 ~ 1593 年），字东璧，湖北蕲州（今湖北蕲春）人，出生于医学世家，祖父和父亲都是医生。他自幼受到医药知识的熏陶，喜爱研究医药，立下了治病救人的志愿。李时珍 14 岁考取秀才，但是 17 岁、20 岁、23 岁三次参加乡试都没有考中举人，于是他便决心放弃科举途径，专心研究医药学。他拜名医顾日岩为师，苦读 10 年，以后也开始给人看病。34 岁时，他被楚王府聘为奉祠，掌管良医所的事，得有机会饱览藏书，以后曾被推荐到京城太医院任职，不及一年便辞官回乡，一面行医，一面开始编写《本草纲目》（1552 年）。李时珍“搜罗百氏，访采四方”，一面“渔猎群书”，一面实地考察访问。“步历三十稔，书考 800 余家，稿凡三易”。可见付出了多么大的艰苦劳动。1578 年在李时珍 61 岁的时候，书稿完成，共 52 卷，但 1590 年才开始由南京刻书家胡承龙出钱刻印，直到 1596 年首次出版。而李时珍已经于三年前去世，未能亲眼看到了。除医药学外，李时珍对生物、矿物、化学、地学、天文等也有研究。传世著作还有《濒湖脉学》和《奇经八脉考》。

背景介绍

明代中叶开始，在商品经济繁荣的江南地区，已出现了资本主义因素的萌芽，它反映在手工业、商业和农业生产等各个领域。由于手工业和商品经济的发展，城市的日益繁荣，出现了以手工工人、小商品生产者、工场主和中小商人为主体的市民阶层，这使社会矛盾呈现出更加尖锐和错综复杂的状况，除地主阶级和农民阶级这一对基本矛盾以及地主阶级内部的矛盾外，还出现了新兴市民阶层反对封建势力压制和摧残的斗争。

名著概要

《本草纲目》共收录了中药1892种，共52卷。卷一至卷四是全书的附录，收入序言、凡例、目录、附图、引用书目、资料及一些医药基础理论等等。卷五以后是全书的主体部分，李时珍把所有药物分为16部：水部、火部、土部、金石部、草部、谷部、菜部、果部、木部、服器部、虫部、鳞部、介部、禽部、兽部、人部。每一部又分为若干类，共计62类。其中植物1195种，动物340种，矿石357种。

书中更有历代医家临床验方11096种，其中八千一百多个为新增，另附各种矿物植物插图1127幅。

在药物解说方面，《本草纲目》包括8个部分：第一，释名，罗列典籍中药物的异名，并解说诸名的由来；第二，集解，集录诸家对该药产地、形态、栽培、采集等的论述；第三，修治，介绍该药的炮制法和保存法；第四，气味，介绍该药的药性；第五，主治，列举该药所能治的主要病症；第六，发明，阐明药理或记录前人和自己的心得体会；第七，正误，纠正过去本草书中的错误；第八，附方，介绍以药为主的各种验方及其主治。

《本草纲目》的分类是先无机物而后有机物，先植物而后动物。

在植物类药物中，则先草、谷、菜而后果、木；在动物类药物中，则先虫、鳞、介而后禽、兽，最后则叙述人类药物。该书首先是对矿物药之科学分类，这在无机化学方面也已具备一定的水平。李氏记述的每一物质，均评论其来源、鉴别其化学性质。该书以单体元素为纲，对各化合物做了比较全面的论述和分类，大体上对前代所存在的混乱做了澄清。

在生物药的分类方面，可以说是划时代的，基本上采用了“双名法”。其法虽不能达到现代所应用的拉丁系统双名法那么科学精确，但在明代却是世界上最为先进的。其次，在关于动物药之分类方面，基本上有以下之特点，例如书中的虫类相当于无脊椎动物，鳞类相当于鱼类和部分爬行类，介类则相当于两栖类和少数软体动物类，禽类则为鸟类，兽类系哺乳类动物。其分类方法富有科学性，代表了当时的先进水平，近代中外学者称赞其有着生物进

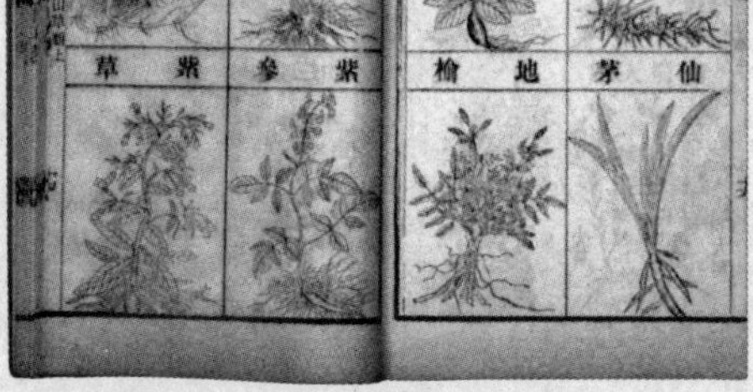

《本草纲目》书影

化论思想，为把人为分类法推向自然分类法做出了重要贡献。

在药物学发展方面，也做出了卓越的贡献。不但考订了前人1518种药物，并以自己的亲身实践，调查研究，搜询访验，为中国医药宝库增加新药374种。

在药物鉴别方面，《本草纲目》纠正了明代之前《本草》中的许多错误和非科学内容。关于水银的记述，更能说明李时珍严肃认真求实的科学态度和无畏精神；他的认识在当时达到科学发展的最新水平，对彻底根除服水银以求长生的荒谬做法产生了积极的作用。

关于生物对生活环境的适应，《本草纲目》也有独到见解。以动物药的描述为例，《纲目》对每一动物药的动物都有概括性的定义，多能抓住各类动物的生物学属性特征。《本草纲目》在有关药物的论述上，还强调了生物受到人工方法的干预而在生活习性方面发生改变的特性。

在制药化学和实验研究方面，《本草纲目》所载制药化学包括蒸馏、蒸发、升华、重结晶、风化、沉淀、干燥、烧灼、倾泻等许多方法，较之以前也有着突出的发展。

牡丹亭 / 明 / 汤显祖 / 人类自我发现的庄严仪式

作者简介

《牡丹亭》的作者是明代伟大的戏剧家、文学家汤显祖。汤显祖（1550～1616年），字义仍，号若士，又号海若，又号清远道人，别号玉茗堂主人。江西临川人。汤显祖一生蔑视权贵，不肯趋炎附势，经常得罪人。早年参加进士考试，因拒绝内阁首辅张居正的招致而落选。直到33岁时才中进士。中进士后，拒绝当时执掌朝政的张四维、申时行的拉拢。仕途坎坷，很不得志。汤显祖晚年潜心佛学，自称“偏州浪士，盛世遗民”，说“天下事耳之而已，顺之而已”，后又自号“茧翁”。汤显祖的主要创作成就在戏曲方面，代表作是《牡丹亭》，它和《邯郸记》、《南柯记》、《紫钗记》合称“玉茗堂四梦”，又称“临川四梦”。他生前有《玉茗堂文集》刊行。汤显祖也是世界文化伟人之一，日本学者青木正儿在《中国近世戏曲史》中，将他和莎士比亚并称，为东西方交相辉映的两颗明星，被誉为“东方的莎士比亚”。

背景介绍

汤显祖所生活的时代——明王朝正走向衰落。两千年来作为社会思想基础的儒学，已经日益迂腐固执，禁锢着人们的思想发展，扼杀人性。女性受到礼教的束缚就更为残酷。《丛杂记》记载说：明时，“以家有烈女贞妇为荣，愚民遂有搭台死节之事。女有不愿，家人或诟骂辱之，甚至有鞭打使从者”。可见当时妇女遭受的摧残是多么严重。

然而，时代毕竟在变化。16世纪，新的商业城市在兴起，市民阶层逐渐形成。这样，社会上出现了一些新的思想，比如反对超经济的榨取方式，主张个人主义的国民之富；反对君主专制的政体，主张没有皇帝的民主政治；反对迷信和正统思想的束缚，要求个性解放等等。在文学上，出现了以市井人物为主角的文艺作品。

在这样的历史条件下，汤显祖创作《牡丹亭》，塑造了一个背叛礼教的形象，反对束缚人的个性，呼吁给妇女做“人”的权利，不能不说是进步社会思想的反映。这也是《牡丹亭》的意义和价值的重要方面。

名著概要

《牡丹亭》共55出，写杜丽娘和柳梦梅的爱情故事。本剧不少情节取自话本《杜丽娘慕色还魂》。剧情梗概是：贫寒书生柳梦梅梦见在一座花园的梅树下站着一位佳人，她说同自己有姻缘之份，从此经常思念她。南安太守杜宝之女名丽娘，才貌端庄美丽，跟从师傅陈最良读书。她由读《诗经·关雎》章而产生伤春的情绪，于是由丫环陪同，去后花园游赏。回来后，在昏昏睡梦中，见一书生持半枝垂柳前来求爱，两人在牡丹亭畔幽会。杜丽娘从此愁闷消瘦，一病不起。她在弥留之际要求母亲把她葬在花园的梅树下，嘱咐丫环春香将她的自画像藏在太湖石底。其父升任淮阳安抚使，委托陈最良葬女并修建“梅花庵观”。3年后，柳梦梅赴京应试，借宿梅花观中，在太湖石下拾得杜丽娘画像，发现就是梦中见到的佳人。杜丽娘魂游后花园，和柳梦梅再度幽会。于是，柳梦梅掘墓开棺，杜丽娘起死回生，两人结为夫妻。这个故事感人至深，汤显祖在本剧《题词》中写道：“如丽娘者，乃可谓之有情人耳。情不知所起，一往而深，生者可以死，死可以生。生而不可与死，死而不可复生者，皆非情之至也。”

作品特色

《牡丹亭》塑造了封建社会中为了真情而冲破封建礼教的束缚，大胆地走向人性解放的青年女子杜丽娘的形象，并以此折射出了吃人的封建礼教对人性的摧残和压抑。杜丽娘从小得到父母的疼爱，而疼爱的方式却是竭力把她塑造成一个绝对符合于礼教规范的淑女。杜宝夫妇以自己的“爱”给予女儿以最大的压迫。杜丽娘的老师陈最良“自幼习儒”，穷酸潦倒，更可怜的是除了几句经书，他就不知道人生是什么。但他也不是“坏人”，他只是拿社会教导他的东西教导杜丽娘，这同样给杜丽娘以深重的压迫。作品深刻地揭示了杜丽娘所面临的对手不是某些单个人物，而是由这些人物所代表着的整个正统意识和正统社会势力。她所做的只是徒然的抗争，她的现实的结局只能是含恨而死。显然，如果作品只是到此结束，也有相当的艺术魅力和现实意义，但作者的目的并不止于此。他通过积极的浪漫主义手法，让杜丽娘复活。这种复活，不是简单生命的复原，而是爱情意识的觉醒和胜利，也是新思想对旧思想的觉醒和胜利。作者所追求的并非情节的离奇，而是要通过离奇的情节来表现人们追求自由与幸福的意志无论如何也不能被彻底抹杀，它终究要得到一种实现。

《牡丹亭》是一部美丽的诗剧，它的抒情气氛极为浓厚。构成这种抒情气氛的主要因素，一是众多的浪漫的幻想场景，一是大量的内心独白，再就是显示出作者富赡才华的优美文辞，像《惊梦》、《寻梦》两出，把春日园林的明媚风光、杜丽娘的伤春情怀和内心深处的隐秘融为一体，用艳丽而精雅的语言写出，非常动人。前面所录《皂罗袍》便是一支名曲。还有《闹殇》、《冥誓》、《玩真》诸出，都富于诗情，其中《闹殇》写杜丽娘临终之际凄凉的景象，充满伤感。总体上说，明传奇的语言比之元杂剧有较多的人工雕琢的痕迹，在辞采方面追求过重。另外，《牡丹亭》也有卖弄才情的倾向，比起《西厢记》的既优美又老练爽朗，还是略为逊色。

阅读指导

《牡丹亭》在艺术上的最大特色是它的浪漫色彩。它的浪漫色彩最重要的表现是“梦而死”、“死而生”的幻想情节。杜丽娘所追求的爱情在当时的现实环境里几乎是不可能实现的，可是在梦想、魂游的境界里，她终于摆脱了礼教的种种束缚，改变了一个大家闺秀的软弱性格，实现了梦寐以求的美好愿望。例如在《惊梦》里，杜丽娘在梦里和柳梦梅相见，“真个是千般爱惜，万种温存”。又如在《冥判》里，杜丽娘还敢于向阎王殿下的胡判官诉说她感梦而亡的全部经过，得到判官的允许自由自在地去寻找梦里的情人。作者用这些富有奇情异彩的艺术创造突出了现实和理想的矛盾，也表现了青年妇女对自由幸福生活的强烈追求。本剧采用抒情诗的手法，抒写人物内心的感情，《惊梦》、《寻梦》、《闹殇》、《冥誓》等出更多地像抒情诗，而不太像剧本。用写诗的手法写戏曲是我国戏曲作家的传统，汤显祖正是这方面的代表人物。

《牡丹亭》插图

《牡丹亭》以文词典雅秀丽著称。如《惊梦》的几支曲子一向为人称道。这些曲子写杜丽娘对春光的欣赏和叹惜，透露了她爱情上的苦闷。这种典丽的曲文用来刻画杜丽娘这样出身官宦人家的小姐的情态是很适合的。《牡丹亭》的曲文并不单纯是典丽，在描写下层人物如农夫、牧童和桑妇时，比较通俗。在宾白的运用上，语言比较精练，也较通俗，在描写陈最良等人物时，尤为出色。不过《牡丹亭》曲文也表现出它的弱点，比如使用冷僻的典故过多，甚至有晦涩生硬之病。

东周列国志 / 明 / 冯梦龙著 / 清 / 蔡元放编订 / 春秋战国的宏伟画卷

作者简介

本书编订者蔡元放，名奡，号七都梦夫、野云主人，江宁（今南京）人，乾隆年间通俗文学家。生平不详。其主要业绩为润色增删冯梦龙的长篇历史演义小说《新列国志》，修定原书一些讹误之处，并附上序、读法、详细的评语和简要的注释，改名为《东周列国志》刊行。

本书成书过程中的另外一位重要人物冯梦龙的情况，后面“三言”将要详细谈到。

背景介绍

本书的成书经历了 3 个阶段。关于春秋战国故事的平话，最早产生在元代。明代嘉靖、隆庆年间，余邵鱼（字畏斋）撰《列国志传》，分节不分回，共 8 卷，226 节，每节随事立题。内容起于武王伐纣，终于秦统一天下，比较全面地记载了列国故事。其中若干章节，把流传在民间的神话故事穿插进去，如“苏妲己驿堂被魅”、“穆王西游昆仑山”等，但并未改变历史演义的简朴面貌，文字也稍显粗糙。

到了明代末年，冯梦龙“本诸左史，旁及诸书”，加以改编，改名为《新列国志》，凡余邵鱼疏忽或遗漏的地方，都根据史书做了订正。全书共 108 回，篇幅较原书大为扩充；在文字、故事情节、人物描绘等方面也做了许多艺术加工，使原书的艺术水准大大提高。《新列国志》比较重视史实，故事基本上都根据《左传》、《国语》、《战国策》、《史记》等史籍展开。它的长处在于文字通畅，能够把春秋战国纷繁复杂的历史编排得有条不紊，有些故事因在史籍中就有较丰富的素材和一定的戏剧性，经过作者的加工，更显得有声有色，如“郑庄公掘地见母”、“晋

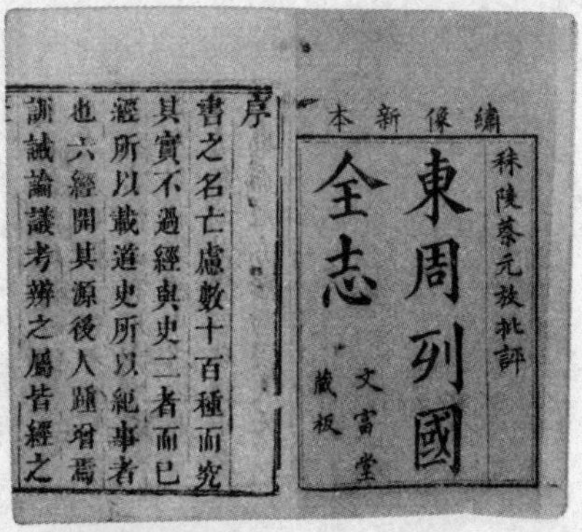

《东周列国志》书影

重耳周游列国”、“孙武子演阵斩美姬”等。但总的说来，此书文学创作的成分较少，过于平铺直叙，很多地方只是史料的联缀。它在历史知识的传播方面有较大的功用，文学性虽然不强，但在明代同类小说中，仍然可以算是上乘之作。

清代乾隆年间，蔡元放对《新列国志》做了一番修改，并加了序、读法、详细的评语和简要的注释，改名为《东周列国志》，23卷，108回。这实际上是冯梦龙《新列国志》的评点本，叙事起于周宣王，止于秦始皇，删去了《新列国志》中某些虚构情节，改正了谬误，更符合于史实，同时“敷衍不无增添，形容不无润色”。

名著概要

《东周列国志》叙述春秋战国五百年间的历史故事。所有的情节、人物都是从《左传》、《国语》、《战国策》、《史记》等书中汲取来的。它将分散的历史故事、人物传记，按照时间的先后串联起来，熔铸成一部结构完整的历史演义。全书108回，前83回写春秋五霸，后25回写战国七雄。小说叙写幽王残暴无道，引起西戎之乱。平王东迁，从此周王室逐渐衰弱，诸侯国互相兼并，互相争霸。在诸侯国内部，大夫的势力也越来越大，他们之间也互相兼并，致使有的诸侯国为大夫所瓜分。接着出现了七雄并峙的局面，各国征战不断。其间谋臣摇唇鼓舌，武将东征西讨，天下多事。最终秦王嬴政灭六国，一统天下。其中包括许多脍炙人口的历史故事。如：烽火戏诸侯、曹刿论战、弦高退敌、赵氏孤儿、二桃杀三士、伍子胥过昭关、勾践复国、商鞅变法、西门豹治邺、孙庞斗法、苏秦合纵相六国、屈原投汨罗江、田单复国等。

阅读指导

春秋战国时期，周王朝共分封有大小诸侯国数百个，这一时期的历史纷繁复杂，头绪繁多。要将这一段历史有条理地叙述出来，是一件很不容易做到的事，需要很高超的艺术技巧。本书就做到了这一点。本书结构主次分明、繁简得当，虽然头绪纷繁，矛盾错综复杂，但来龙去脉交代得很清楚，不仅整个历史时代的发展变化得到如实的反映，而且各诸侯国的发展、变化，各国之间的关系，都条分缕析，写得井井有条。本书故事性强，每个故事既有相对的独立性，又是全书的一部分。许多故事描述得娓娓动听，引人入胜。如“卫懿公好鹤亡国”、“西门豹乔送河伯妇”、“伍子胥微服过昭关”等等。

本书讲述了五六百年的历史，不可能有贯穿始终的人物形象，但在不少篇章里，人物形象描绘得还相当生动，如管夷吾的博学奇才、齐小白的王霸之度、鲍叔牙的苦心荐贤等等。又如晋重耳、伍子胥、介子推、孙膑、庞涓、廉颇、蔺相如、文种、范蠡等等，个个都写得个性鲜明。本书谴责了那些昏聩、残暴、荒淫、愚昧的帝王、诸侯，以及贪婪、狡诈、阴险的佞臣；本书同时也赞扬了从善如流、赏罚严明、胸怀大度的王侯和忠贞、勇敢、有才干的将相，也颂扬了那些见义勇为、机智果敢的豪侠。

本书用语简洁、通畅，不过因为汲取了多种史书的内容，语言风格有前后不同的地方，有的地方文字繁简也不一致。

三言 / 明 / 冯梦龙 / 中国白话短篇小说的高峰

作者简介

“三言”的编者冯梦龙是明代著名的通俗文学家、戏曲家，字犹龙，又字子犹，别号龙子犹、墨憨斋主人、顾曲散人、词奴等，长洲（今江苏苏州）人。冯梦龙出生于书香门第，与兄梦桂、弟梦熊兄弟三人并称“吴下三冯”。冯梦龙很有才情，博学多识，为人旷达，不拘一格。但他自从少年中秀才之后，多次参加科举考试不中，落魄奔走，曾经坐馆教书。57岁时才选为贡生，崇祯年间做过几年福建寿宁知县。清兵渡江后，他辗转浙闽之间，刊行《中兴伟略》等书，宣传抗清。南明政权覆亡后，忧愤而死。冯梦龙一生精力主要从事通俗文学的整理与创作，成就卓著。他曾改编长篇小说《三遂平妖传》、《新列国志》；推动书商刻印《金瓶梅词话》；刊行民间歌曲集《挂枝儿》、《山歌》；编印《笑府》、《古今谈概》、《情史类略》；编辑有散曲集《太霞新奏》；也写作传奇剧本，并刻印了《墨憨斋传奇定本》10种；他最重要的成就是编著“三言”。

背景介绍

话本原来是说书艺人的底本，是伴随着民间说书伎艺而发展起来的。说书这一民间技艺在中唐就已经产生了。段成式《酉阳杂俎》中有“市人小说”的记载；而且流传下来《庐山远公话》、《韩擒虎话本》和《叶净能话》等唐话本；20世纪初，敦煌藏经洞发现一批中古史料，其中也有唐代的话本。尽管唐话本还很粗糙，情节还不够集中，语言还不够通俗，但无疑是宋元话本的先驱。

话本直到宋元时代才渐趋成熟。在宋代汴京、杭州等工商业繁盛的都市里，市民阶层兴盛，各种瓦肆伎艺应运而生（“瓦肆”也就是“瓦子”或“瓦舍”，取易聚易散的意思），各种民间伎艺有了固定的演出地点。《东京梦华录》记载，北宋汴京城“街南桑家瓦子，近北则中瓦，次里瓦，其中大小勾栏五十余座。内中瓦子莲花棚、牡丹棚，里瓦子夜叉棚、象棚最大，可容纳数千人”。《武林旧事》也记载南宋杭州演出的伎艺有50多种，瓦子23处。在这些瓦肆伎艺中，说书有4种：小说、讲史、讲经、合生或说诨话。其中以小说、讲史两家最为重要。“小说”原名银字儿，最初也用乐器伴奏，后来逐渐减少了音乐歌唱的成分。宋代说话艺人还有书会、“雄辩社”等组织，用来出版书籍、切磋伎艺。

话本在体裁上很多地方残留着说唱的遗迹。说话人在讲正文之前，为了延迟正文开讲时间，等候听众，并且稳定早到听众的情绪，往往吟诵几首诗词或讲一两个小故事，这就是“入话”。这些诗词、小故事大都和正文意思相关，可以互相引发。说话人为渲染故事场景或人物风貌，往往在话本中穿插骈文或诗词。话本结尾也常用诗句总结全篇，劝戒听众。说话人为吸引听众再来听讲，往往选择故事引人入胜处突然中止，这是后来章回小说分回的起源。

名著概要

“三言”指《喻世明言》、《警世通言》、《醒世恒言》，其中所录话本和拟话本有一部分是宋、元、明人的旧作，有一部分是冯梦龙自己创作的。现分别介绍如下：

《喻世明言》：原名《古今小说》。本书所收话本，多数为宋、元旧作，少数为明人拟作。《史弘肇龙虎君臣会》、《宋四公大闹禁魂张》等是宋、元旧作，《蒋兴哥重会珍珠衫》、《沈小霞相会出师表》等是明人拟作。还有一些作品可能是明人改编宋、元旧作而成的，如《新桥市韩五卖春情》、《闹阴司司马貌断狱》等。这些小说中，以描写市井民众的作品最引人注目，比如《宋四公大闹禁魂张》写东京开当铺的张富爱财如命，欺凌一个乞讨为生的穷苦人，引起“小番子闲汉”宋四公的不平，夜间即去偷取张富的财宝，终致张富破产自杀。《沈小官一鸟害七命》，写一个机户的儿子爱鸟被杀的“公案”故事。

《警世通言》：《警世通言》收作品40篇，其中宋、元旧作占了将近一半，如《陈可常端阳仙化》、《崔待诏生死冤家》等，但它们多少都经过冯梦龙的整理、加工。其中《老门生三世报恩》、《宋小官团圆破毡笠》、《玉堂春落难逢夫》、《唐解元一笑姻缘》、《赵春儿重旺曹家庄》、《杜十娘怒沉百宝箱》、《王娇鸾百年长恨》等篇，大概是冯梦龙作的。爱情描写在《警世通言》中占有相当大的比例，比如，《小夫人金钱赠年少》与《白娘子永镇雷峰塔》都是通过爱情悲剧表现妇女不顾礼教，对于自由幸福的大胆追求。《警世通言》中描写的妓女命运往往很悲惨，《杜十娘怒沉百宝箱》中，杜十娘见李布政公子李甲“忠厚老诚”，决计以身相许，共谋跳出火坑。但是她的妓女身份却不能被官宦人家接受，她终于被李甲出卖，于是愤而投江。《警世通言》中描写爱情的较好作品还有《乐小舍弃生觅偶》、《宋小官团圆破毡笠》等。

《醒世恒言》：《醒世恒言》的纂辑时间晚于《喻世明言》与《警世通言》，其中所收的宋、元旧作也比前“二言”少一些，只占六分之一左右。可以确定为宋、元旧作的有《小水湾天狐贻书》、《勘皮靴单证二郎神》、《闹樊楼多情周胜仙》、

《金海陵纵欲亡身》、《郑节使立功神臂弓》、《十五贯戏言成巧祸》等篇。冯梦龙纂辑宋元旧作时，已经做了一些整理加工。《大树坡义虎送亲》、《陈多寿生死夫妻》、《佛印师四调琴娘》、《郝大卿遗恨鸳鸯绦》、《白玉娘忍苦成夫》、《张廷秀逃生救父》、《隋炀帝逸游召谴》、《吴衙内邻舟赴约》、《卢太学诗酒傲王侯》、《李汧公穷邸遇侠客》、《黄秀才徼灵玉马坠》等篇，可能就是出自冯梦龙的手笔。在《醒世恒言》的明人拟作中，关于爱情、婚姻、家庭的描写占有突出的位置，比如《钱秀才错占凤凰俦》、《乔太守乱点鸳鸯谱》等篇，借闹剧方式，嘲弄了扼杀青年男女幸福爱情的封建婚姻制度。

《金玉奴棒打薄情郎》年画

这个故事出自冯梦龙的《喻世明言》，主要内容是：团头金老大将女儿玉奴嫁与穷秀才莫稽，后莫稽中举得官，嫌弃玉奴门第贱卑，在上任途中将金玉奴推坠江中，玉奴幸遇淮西转运使许德厚相救，向许公夫妇诉说原委，被许公认为义女，后许公以嫁女之名，将玉奴配于莫稽，莫稽欢喜异常，洞房之夜，玉奴棒打薄情郎，在许公调解下，最终夫妻和好。年画所表现的就是莫稽推妻坠江一节。

阅读指导

在艺术方面，“三言”中的优秀作品，故事完整，情节曲折，细节丰富，调动了多种表现手段刻画人物性格。话本小说迎合的是市民的趣味，富有世俗生活气息，语言新鲜活泼、富于生命力。从与文言小说的对比中，我们能更清楚地看到白话小说的优势与特点。文言小说的语言是一种书面语，是与生活中的口语相脱离的，简练是其基本要求。活生生的、直接呈现的生活场景在文言小说中不太可能得到。文言小说是不用细致的笔触来写人物心理活动的，这既与史传传统的影响有关，也与文言讲究简洁有关。而“三言”在这方面却有突出的成绩，如《蒋兴哥重会珍珠衫》中写蒋兴哥得知妻子与人私通时，描写了他又恼又恨又悔的心理活动过程，长达五六百字。在以前的小说中，没有出现过如此细致的心理描写。

二拍 / 明 / 凌濛初 / 市民意识高度集中的杰作

作者简介

“二拍”的作者凌濛初（1580 ~ 1644 年）是明末小说家，字玄房，号初成，别号即空观主人，浙江乌程（今湖州）人。他和冯梦龙一样科场不利，55岁才以优贡得任上海县丞，63岁任徐州通判。明末天下大乱，他对抗农民军，最后呕血而死。凌濛初著作有拟话本小说集《拍案惊奇》初刻和二刻；戏曲《虬髯翁》、《颠倒姻缘》、《北红拂》、《乔合衫襟记》和《蓦忽姻缘》等；此外还著有《圣门传诗嫡冢》、《言诗翼》、《诗逆》、《诗经人物考》、《左传合鲭》、《倪思史汉异同补评》、《荡栉后录》、《国门集》、《国门乙集》、《鸡讲斋诗文》、《燕筑讴》、《南音之籁》、《东坡禅喜集》、《合评选诗》、《陶韦合集》、《惑溺供》和《国策概》等著作。

背景介绍

前面我们已经了解了话本的发展演变过程。到了明代，有的文人开始采用话本的形式创作小说，这种形式的作品被称为“拟话本”。“二拍”的作者凌濛初是创作“拟话本”最多的作家。

话本和“拟话本”有着共同的特点，它们注重趣味性和虚构。话本主要是叙述故事，为了使故事有趣，它们设计精巧的情节，如《一窟鬼癞道人除怪》，写书生吴洪与友人夜间从郊外返归，在一处坟地里遇到了鬼，两人拼命奔逃，不料所到之处都有鬼，而且连吴洪新娶的妻子及其陪嫁等人原来也都是鬼，在当夜一起出现，两人心胆俱裂。同时，它们叙述时注重诙谐，如《简帖和尚》写皇甫殿直怀疑妻子与人私通，吊打使女迎儿以逼问口供，迎儿痛得受不了，只好说他妻子在那期间是“夜夜和个人睡”，皇甫殿直以为她已招认，细问她却说那和他妻子睡的人就是她自己。这些情节具有幽默感，很吸引人。话本小说叙事明晰，对话也较生动，其中《十五贯戏言成巧祸》、《一窟鬼癞道人除怪》、《崔待诏生死冤家》等作品比较有代表性，这是与文人的参与分不开的，“三言”中宋元话本里的细腻描写很可能就是明代人加工的结果。

名著概要

“二拍”指的是《初刻拍案惊奇》与《二刻拍案惊奇》，这是凌濛初根据野史笔记、文言小说和当时社会传闻创作的两部“拟话本”小说集。从《初刻》的序言里，可以知道是由于“肆中人”看到冯梦龙所编辑的“三言”行世很畅销，因而怂恿凌濛初写的。在小说的取材上，宋元旧本已被冯梦龙“搜刮殆尽”，剩下的都是“沟中之断芜，略不足陈”的东西，所以他“取古今来杂碎事，可新听睹、佐谈谐者，演而畅之”。

“二拍”包括小说78篇。其中有些篇章反映了商人的经济活动，如《转运汉巧遇洞庭红》、《叠居奇程客得助》，都用欢快的文笔描述商人的奇遇，流露出对冒险求财富的赞赏。与“三言”一样，爱情与婚姻也是“二拍”中最重要的主题，但两者有不同的偏向，“三言”每每把“情”看作人伦关系的基础；而“二拍”则更多地把“情”与“欲”即性爱联系在一起，并且对女性的情欲作肯定的描述。如《闻人生野战翠浮庵》写女尼静观爱上闻人生，便假扮和尚，在夜航船上主动引诱闻人生，最后成就完美婚姻。和“三言”一样，“二拍”在描写爱情与婚姻故事时，常常肯定妇女的权利。如《满少卿饥附饱飏》中作者明白地指出，男子续弦再娶、宿娼养妓，世人不以为意，而女子再嫁或稍有外情，便万口訾议，这是不公平的。作者在两性关系上的平等意识表达得相当明确。“二拍”在肯定情与欲时，每每直露地描写性行为。比如《任君用恣乐深闺》一篇，指斥富贵之家广蓄姬妾是对女性的不公平，认为“男女大欲，彼此一般”。其见识是高明的，但故事情节的描绘，则多淫词秽语，显得过于庸俗。这样的段子“二拍”中俯拾皆是，读时应鉴别。

《初刻拍案惊奇》插图

精彩语段

天下事有好些不平的所在！假如男人死了，女人再嫁，便道是失了节，玷了名，污了身子，是个行不得的事，万口訾议。及到男人家丧了妻子，却又凭他续弦再娶，置妾买婢，做出若干的勾当，把死的丢在脑后不提起了，并没有人道他薄幸负心，做一场说话。就是生前房室之中，女人少有外情，便是老大的丑事，人世羞言。及到男人家撇了妻子，贪淫好色，宿娼养妓，无所不为，虽有议论不是的，不为十分大害。所以女子愈加可怜，男人愈加放肆，这些也是伏不得女娘们心里的所在。

——《初刻拍案惊奇》卷十一《满少卿饥附饱　焦文姬生仇死报》

阅读指导

“二拍”格外值得注意的是其中反映出的凌濛初的小说观，他反对小说的传奇性。《拍案惊奇序》说：“语有之：‘少所见，多所怪。’今之人但知耳之外牛鬼蛇神之为奇，而不知耳止之内日用起居，其为谲诡幻怪非可以常理测者固多也。”他又批评当时小说“失真之病，起于好奇。——知奇之为奇，而不知无奇之所以为奇”。他的理想是写一种“无奇之奇”，如《韩秀才趁乱聘娇妻》、《恶船家计赚假尸银》、《懵教官爱女不受报》等篇，没有神奇鬼怪或大奸大恶之类，也没有过于巧合的事件。这就是凌濛初“无奇”观念的初衷。小说摆脱传奇性，这是艺术上的重要进步，因为这样小说就更贴近人们的日常生活，更有利于深入开掘人性内涵。后世《儒林外史》、《红楼梦》等优秀作品，就沿袭了这一发展方向，而且获得更大的成功。

“二拍”中的故事大多写得情节生动、语言流畅。“二拍”善于组织情节，因此多数篇章有一定吸引力，如前所述，“二拍”不在情节的奇巧上下工夫，情节的生动，主要靠巧妙的叙述手法。读者细心阅读，自然会有所体会。

徐霞客游记 / 明 / 徐霞客 / 古今游记之最

作者简介

徐霞客像

徐霞客（1586～1641年），名宏祖，字振之，号霞客，江苏江阴人，明代地理学家、旅行家。自幼博览群书，学问渊博。从小就有一个远大理想，立志游遍祖国的锦绣河山，探索大自然的奥秘。应试失败后，淡泊功名，不求仕进。他酷爱史籍舆地之学，对历代地志的辗转抄袭附会深感不满，万历三十六年（1608年），他开始有计划的远游，直到55岁时为止。东游普陀，北游幽燕，南涉闽粤，西北抵太华之巅，西南达云贵边陲。不避风雨，不惮虎狼，不计程期，不求伴侣，甚至饥食草木之实，进行实地考察，足迹遍于今江苏、浙江、安徽、福建、广东、广西、江西、河南、陕西、山东、山西、河北、湖南、湖北、云南、贵州等16个省区及北京、天津、上海等地。可以说，几乎大半个中国的土地上都留下了他的足迹，他把自己的毕生精力都献给了祖国的地理考察事业。他所到之处，对地貌、地质、水文、气候、植物等科学问题，都做了深入而细致的考察，以科学的态度和惊人的毅力，以及锐敏的观察和生动入微的文笔，逐日写成考察记录。明崇祯十三年因疾病缠身，徐霞客双足不能行走，才由云南木知府用轿送回家乡。回家后，卧病在床，已无能力整理自己的游记手稿。临危前，委托外甥来实现这一心愿。后经季梦良、王忠纫共同努力将游记手稿编辑成书。后因累遭战乱，多有散佚，幸有传钞诸本，历经后人校刊，迟至乾隆四十一年（1776年）才有初刻本问世，但已非全稿。20世纪20年代，其科学价值才被发现，1928年，丁文江主持编绘徐霞客旅行路线图36幅，连同据嘉庆年间刊本标点的游记及自著的《徐霞客先生年谱》一起印行。

背景介绍

当时中国的封建制度已趋衰落，资本主义有了萌芽，探索自然、重视考察实验的风气开始兴起，徐霞客顺应时代潮流，摈弃利禄，冲破科举制度的罗网，毕生从事旅行考察实验，开拓了中国古代地理走上实地考察、研究自然规律的新方向。

名著概要

《徐霞客游记》（包括《徐霞客西游记》）是徐霞客三十多年旅行考察的真实记录和结晶，它的内容十分广泛、丰富。从山川源流、地形地貌的考察到奇峰、异洞、瀑布、温泉的探索；从动植物生态品种到手工业、矿产、农业、交通运输、城市建置的记述；从各地风土人情到民族关系和边陲防务等等，皆有记载。它为我国历史自然地理和历史人文地理的研究都提供了极其珍贵的资料，开创了我国地理学上实地考察自然，系统描述自然的先河。

徐霞客的主要贡献是详细地考察和记述了中国西南广大的石灰岩地区的峰林、洞穴、溶沟、石芽、石梁、圆洼地、落水洞、天生桥和地热现象等地貌景观的分布、类型、变化、特征和成因等，并做了详细的记录和分析研究，有比较科学的解释，是我国也是世界上最早的有关岩溶地貌的珍贵文献，在世界上开辟了岩溶地貌考察的新方向。

在水文方面，对很多河流的源流做了详细考察，对诸水的源头、走向进行过认真的探索，他勇于打破传统的错误说法，并纠正前人研究中的不足和地方志记载的错误。尤其是他的《江源考》，正确指出长江的正源是金沙江，不是岷江，大胆地否认了一千多年来陈陈相因的“岷山导江”的错误论断，还将气候、地形对植物的影响，做了详细的描述。

《徐霞客游记》对一些奇特的自然地理现象都做了许多科学解释，揭示了一定的自然规律。例如，它以福建宁洋溪（今九龙江）与建溪为例，说明二水发源的山岭高度相等，但距海的远近不同决定了二者流速的快慢，即所谓“程愈迫，则流愈急”。

《徐霞客游记》亦有不少篇幅记载有关各地的工农业生产、交通运输、风土人情，动植物的种类、分布、特征以及与地理环境的关系。

《徐霞客游记》是一部思想教育的好教材。从《徐霞客游记》中，可以看到徐霞客爱憎分明，对当时政治腐败不满，尤其对宦官头目魏忠贤一伙深恶痛绝，不入仕途，不与贪官污吏为伍，并同情被迫害的东林党人，情愿和他们交朋友。他关心老百姓的疾苦，“恤孤怜寡，拯弱救饥”。因此，凡是读过游记的人，无不被徐霞客鲜明的政治态度，以及被他所描绘的秀美山川所鼓舞。

《徐霞客游记》还是一部享有盛名的文学佳篇，祖国的锦绣河山，自然界的

相关链接

为了探寻自然界的奥秘，徐霞客猎奇而从，见险而行。一次他在湖南茶陵去考察麻叶洞，消息传出，轰动了周围的乡亲，短时间里砍柴的拿着镰刀，种田的拿着锄耙，烧饭的停下烟火，织布的停住机梭，甚至连十几岁牧童也十分好奇地赶来，密密麻麻地把洞口包围起来。当徐霞客准备下洞时，围观的人群一下子沸腾起来了，有人说："洞中有神龙。"有人说："洞中有精怪，不会法术的人是不能降服这些东西的。"然而徐霞客却毫不畏惧。他从容地脱下衣服，拿着火把下洞进行探察。在洞中，他不仅没有遇到人们传说的各种神龙精怪，反而亲身感受了"石幻异形，肤理顿换，片窍俱灵"的另一番大千世界。

万千奇景，在徐霞客的笔下，如诗如画，栩栩如生。写动态，千变万化；写静态，清新秀丽；写山，或峻险幽奇，或巍峨雄壮，令人目不暇接；写水，或碧波荡漾，或水清石寒，令人心旷神怡；写洞，或玲珑剔透，或乳柱缤纷，令人眼花缭乱；写险，或悬流而下，或猿挂蛇行，令人心惊胆战。如此种种，美不胜言。它文字优美，语言生动，感情真挚，表达深刻细致。洋洋六十多万字的大著作，人们读起来，如身临其境。

阅读指导

《徐霞客游记》采用的是日记体裁，既是一部历史地理学著作，又具有很高的文学价值，所以在阅读时，应该根据自己的需要，略有偏重。同时，要特别注意书中对前人研究不足的改进和对地方志记载错误的纠正，领会正确的见解。

闲情偶寄 / 明末清初 / 李渔 / 中国人生活艺术的袖珍指南

作者简介

《闲情偶寄》的作者李渔（1611～约1679年）是明末清初戏曲作家、戏曲理论家，字笠鸿，号湖上笠翁，生于雉皋（今江苏如皋）。出身富有之家，在明代考取过秀才，清兵南下后，家道衰落，遂移居杭州，又迁南京，入清后不曾应试做官。开芥子园书铺，刻售图书，并从事著述。他又组织剧团，以自己的姬妾为主要演员，行遍大江南北，在达官贵人府邸演出自编的戏曲。著有剧本《笠翁十种曲》，即《奈何天》、《比目鱼》、《蜃中楼》、《怜香伴》、《风筝误》、《慎鸾交》、《巧团圆》、《凤求凰》、《意中缘》、《玉搔头》；小说《无声戏》、《十二楼》、《肉蒲团》等；杂著《闲情偶寄》和诗文集《笠翁一家言》等。

李渔的戏曲创作数量虽多，但大都为滑稽剧和风情剧，且多情趣低下，甚至流于猥亵之病。就思想内容言，《十种曲》中只有《比目鱼》和《蜃中楼》较为可取。前者写谭楚玉和刘藐姑的爱情故事，刻画出他们对爱情的忠贞；后者把柳毅传书和张羽煮海两个故事糅合在一起，歌颂了男女主角为了维护爱情的反抗精神和行为。但自清代以来，通常认为《风筝误》是李渔的代表作，此剧写韩世勋与詹淑娟的婚姻故事，情节曲折，误会丛生。论者认为它关目布置很工，宾白言谈得当，曲词本色平易，但也批评它有堕入恶趣的严重缺点。

背景介绍

在晚明的文学界，散文富于个性，不受形式的拘束，成就显著。入清以后，散文中固有的“载道”传统又重新抬头，一些具有反清思想的人提倡经世致用的文章。这一类散文家以顾炎武、王夫之、黄宗羲三人为代表。顾、王的文章，大多是单纯的政论和学术论文，大多风格平实，而黄宗羲的散文就比较有文采，富于感情。侯方域等人的创作反映了明清之际的文风转变。他的散文有向“韩柳古文”传统靠拢的趋势，他的作品以人物传记类最为出色，取法于司马迁、韩愈的笔法，也讲求优美的辞采。与他类似的作家还有魏禧与汪琬。到清中叶，“文以载道”的传统得到进一步的强化，这方面的代表是桐城派。桐城派著名的散文家有方苞、刘大櫆等。他们用“义法”阐释了自己的散文理论系统。义，就是“言有物”；法，就是“言有序”。义法就是说散文要言之有物而文有条理。

行草诗词帖　李渔

这一时期，李渔的《闲情偶寄》是其中比较特殊、比较富于情趣的作品。与他们相比较起来看，我们能更清楚地看到李渔的价值与可贵之处。

名著概要

《闲情偶寄》是李渔的一部杂著，内容包含戏曲理论、饮食、营造、园艺、养生等，在中国传统雅文化中享有很高声誉，被誉为古代生活艺术大全，名列“中国名士八大奇著”之首。下面选取两部分内容加以介绍。

《闲情偶寄》中的《饮馔部》，是李渔讲求饮食之道的专著。他主张在俭约中求饮食的精美，在平淡处寻生活的乐趣。他的饮食原则可以概括为二十四字诀，即：重蔬食，崇俭约，尚真味，主清淡，忌油腻，讲洁美，慎杀生，求食益。这正表现了中国传统文化对饮食的美的追求。

《闲情偶寄》的《词曲部》、《演习部》实际上是戏曲理论专著。曾有人抽出单独印刷，取名《李笠翁曲话》或《笠翁剧论》。《词曲部》论戏曲创作，包含结构、词采、音律、宾白、科诨、格局六项；《演习部》论戏曲表演，李渔在编剧技巧方面做了系统、丰富而精到的论述。他十分重视戏曲作为一种舞台表演艺术的特征，强调“填词之设，专为登场”，要求编剧之时，“手则握笔，口却登场，全以身代梨园，复以神魂四绕，考其关目，试其声音，好则直书，否则搁笔”。他认识到戏剧结构在剧本创作中的重要性，声称“填词首重音律，而予独先结构”，并就结构问题提出了“立主脑”、“密针线”、“减头绪”等具体方法。他强调宾白的个性化，即所谓“语求肖似”，“欲代此一人立言，先以代此一人立心”，“务使心曲隐微，随口唾出，说一人，肖一人，勿使雷同，弗使浮泛”。他又提出戏曲的格局要求“小收煞”处，须“令人揣摩下文，不知此事如何结果”，最后的“大收煞”既要使重要角色“大团圆”，又要“自然而然，水到渠成”，“最忌无因而至、突如其来，与勉强生情、拉成一处”。他要求戏曲语言应浅显，他说：“传奇不比文章，文章做与读书人看，故不怪其深；戏文做与读书人与不读书人同看，故贵浅而不贵深。”并且认为“自古来圣贤所传之经传亦只浅而不深”，“能从浅处见才，方是文章高手”。他反对语言的“迂腐”、“艰深”、“隐晦”、“粗俗”、“填塞”，要求语言“尖新”、“洁净”和有“机趣”，主张少用方言。在音律方面，他主张“恪守词韵”、“凛遵曲谱”。他说：“只求文字好，音律正，即牌名旧杀，终觉新奇可喜；如以极新极美之名，而填以庸腐乖张之曲，谁其好之。善恶在实，不在名也。”关于科诨，他提出“戒淫亵”、“忌俗恶”、“重关系”、“贵自然”，主张科诨合于生旦净丑的身份，自然包孕事理之中。诸如此类，都堪称卓识。

《闲情偶寄》不仅熏陶、影响了周作人、梁实秋、林语堂等一大批现代散文大师，开现代生活美文之先河，而且对我们今天提高生活品位、营造艺术的人生氛围仍有借鉴价值。

阅读指导

现代人的生活忙忙碌碌，生活节奏越快，就越需要悠闲的心境，品味生活的乐趣。忙里偷闲读《闲情偶寄》，是很有趣的事情。周作人曾说：“得半日之闲，可抵十年的尘梦。”恰恰是忙人更需要在小憩之时，品玩一下生活的艺术。李渔的《闲情偶寄》把日常生活变成艺术化的享受，有许多话题，都说得很新鲜。比如《菜》一文谈菜花虽贱，因其至多至盛而可贵，有如“君轻民贵”，这种联想很奇特，很有意思。这一类文章有真实的感情，有活泼的美感。李渔最可贵的一点是追求日用平常事物的本真之美。他的审美由事物细微处谈起，最见切实。他谈论戏曲，丝丝入扣。谈选择演员，从肌肤开始说起，细到鞋袜、盥沐。谈居室更是考虑到物力的艰难，所以能使“贫无卓锥者亦可行”。谈论家居日用器物，描状之详尽细腻，让人叹为观止。这不仅需要闲情，更需要兴致与情趣。这种切近物质本身的审美方式正是我们现今社会所缺少的，无怪乎李渔的《闲情偶寄》至今仍备受欢迎。《闲情偶寄》的语言清新隽永，叙述娓娓动人，读后留香齿颊，余味无穷。

日知录 / 明末清初 / 顾炎武 / 中国思想启蒙的先驱

作者简介

顾炎武（1613 ~ 1682 年）与黄宗羲、王夫之在 20 世纪初被并称为明末清初“三大家”。原名忠清，学名绛，字宁人，号亭林，人称亭林先生，又曾署名蒋山傭，江苏昆山人，出生于“乡宦豪绅”家庭，到他祖父、父亲时，家道中落，但藏书还是很多。他的祖父是一个很留心时事的人，顾炎武从小就受到祖父和母亲的严格教育，六岁时母亲就教他读《大学》，7 岁跟老师学《四书》，9 岁读《周易》，11 岁读《资治通鉴》。顾炎武自 14 岁入昆山县学，学习、自修 18 年，在这期间，他在祖父的指导培养下，打造了有关传统文化典籍及当时政治、经济构架的深厚与坚实的基础。自清顺治元年至十三年（1644 ~ 1656 年）他在江南地区对清军入主中原的统治，做了旗帜鲜明以及秘密串联的反抗活动。自清顺治十四年至康熙二十一年（1657 ~ 1682 年），他离开江南，到北方的齐、燕、鲁、赵以及秦、晋等地，做了许多带政治性的学术活动和人际活动，进行了若干调查研究工作，写出了大量具有很高价值的专著和诗文。顾炎武还有许多经济活动，如开垦荒地，兴办水利，创办票号等，顾炎武一生著作甚多，其中有代表性的是《音学五书》、《日知录》和《天下郡国利病书》。

背景介绍

在明末之际，轰轰烈烈的农民大起义，很快冲垮了明王朝的反动统治，起义风暴几乎席卷了北部中国。在清军入关以后，各地又掀起了大规模的抗清复明斗争。顾炎武在 14 岁时就同好友一起参加了一个由知识分子组织的吟诗作文、议论时政的复社，这对他后来研究社会问题有深刻的影响。同时顾炎武誓不与清军合作的态度也对他的作品有一定的影响。

名著概要

《日知录》书名取之于《论语·子张篇》，含有深刻的寓意：要每天学习自己

顾炎武像

未知的新知识，每月复习它们，就算得上好学了。顾氏于初刻本卷首对此有说明，以示其笃学之志。在顾炎武生前，《日知录》只有八卷本行世，是康熙九年在江苏淮安付刻的，称为符山堂本。顾炎武去世后，潘耒从其家取出书稿，稍事整理，删改了触犯时忌的字眼，于康熙三十四年在福建建阳刊刻，三十二卷，是为遂初堂本。

《日知录》内容宏富，贯通古今。三十二卷本《日知录》有条目1019条（不包括黄侃《校记》增加的2条），长短不拘，最长者《苏淞二府田赋之重》有五千多字；最短者《召杀》仅有9字。这与作者立志学术创新有密切的联系。潘耒把《日知录》的内容大体划为8类，即经义、史学、官方、吏治、财赋、典礼、舆地、艺文。《四库全书总目》则分作15类，即经义、政事、世风、礼制、科举、艺文、名义、古事真妄、史法、注书、杂事、兵及外国事、天象术数、地理、杂考证。这两种划分都有其价值。前者重视了《日知录》的经世意义，抓住了其主要的方面，并说这书只有宋元时期的名儒能做出来，明朝三百年来没有这样的书，将来治国者采用其说，会大有益于"世道人心"，如果仅叹服其考据的精辟、文辞的博辨，那不是作者著书的本意。后者则偏重其学术意义，划分虽更为细致却不免得其体而遗其神，评价也与前者相左，盛称顾氏考据之学而贬低其经世思想，认为"其说或迂而难行，或愎而过锐"。关于写作此书的目的，顾炎武本人说得很明白，他说："别著《日知录》，上篇经术，中篇治道，下篇博闻，共三十余卷。有王者起，将以见诸行事，以跻斯世于治古之隆。"撰写《日顺势而行，"物来而顺应"的变革思想。对于君主的地位，君主与臣下的关系，顾炎武也做了新的解释。在《周室班爵禄》条中，他说，天子、公、侯、伯、子、男，并不是天生的尊贵，他们管理国家事物，与老百姓一样，也是靠劳动吃饭。"禄"是他们为老百姓工作，取之于百姓的报酬。所以，君主不应该肆虐于上以自尊，不应该厚取于民以自奉。他列举出大量的历史上"称臣下为父母"、"人臣称人君"、"人臣称万岁"的例子，以淡化至高无上的君权，为建立新型的君臣关系提供历史根据，表现出初步的民主思想。

阅读指导

《日知录》阐发了唯物主义的思想，在当时是进步的，但由于受到时代的局限，以现在的观点看有些问题是过时的，我们在阅读时应该汲取精华、剔除糟粕。

聊斋志异 / 清 / 蒲松龄 / 花妖狐魅的笑影与诗情

作者简介

《聊斋志异》的作者蒲松龄（1640 ~ 1715年），字留仙，又字剑臣，别号柳泉居士，世称聊斋先生，山东省淄川县人，清代杰出文学家。蒲松龄自幼聪慧好学，19岁参加科举考试，县、府、道三考皆第一，名闻乡里，但后来却科场不利，直到71岁时才成岁贡生。为生活所迫，他曾给宝应县知县孙蕙做了数年幕宾，一生大部分时间在官宦人家做塾师，前后将近40年。他一生怀才不遇，穷困潦倒，少年时起就“雅好搜神”、“喜人谈鬼”，并且热心地记录、加工，集成《聊斋》一书。除《聊斋志异》外，蒲松龄还有大量诗文、戏剧、俚曲以及有关农业、医药方面的著述存世。计有文集13卷，四百余篇；诗集6卷，一千余首；词1卷，一百余阕；戏本3出（《考词九转货郎儿》、《钟妹庆寿》、《闹馆》）；俚曲14种（《墙头记》、《姑妇曲》、《慈悲曲》、《寒森曲》、《翻魇殃》、《琴瑟乐》、《蓬莱宴》、《俊夜叉》、《穷汉词》、《丑俊巴》、《快曲》、《禳妒咒》、《富贵神仙复变磨难曲》、《增补幸云曲》）；以及《农桑经》、《日用俗字》、《省身语录》、《药崇书》、《伤寒药性赋》、《草木传》等多种杂著，总计近200万言。

背景介绍

《聊斋志异》是一部“不平而鸣”的作品。“不平而鸣”是中国文人中一种长久流传的心态。汉代，司马迁就发过这样的见解。他在《报任安书》里，对中国古代历史上的许多士人和政治家的不平而鸣做了描述：“盖西伯拘而演《周易》；仲尼厄失明，厥有《国语》；孙子膑脚，《兵法》修列；不违迁蜀，世传《吕览》；韩非囚秦，《说难》、《孤愤》。《诗》三百篇，大抵圣贤发愤之所为作也。此人皆意有所郁结，不得通其道，故述往事，思来者。……以舒其愤，思垂空文以自见。”唐代古文家韩愈在他的《送孟东野序》里有一段相当精辟的话：“大凡物不得其平则鸣：草木之无声，风挠之鸣。水之无声，风荡之鸣。……其于人也亦然，人声之精者为言，文辞之于言，又其精也。尤择其善鸣者而假之鸣：其在唐、虞，咎陶、禹，其善鸣者也，而假以鸣；夔弗能以文辞鸣，又自假于韶以鸣；夏之时，五子以其歌鸣；伊尹鸣殷，周公鸣周。凡载于《诗》、《书》、六艺，皆鸣之善者也。”

蒲松龄早年醉心于科举，可是命途多舛，屡试不第，他一直考到50岁，也未能金榜题名。长达30年的应举路途换来的除了失望之外，更多的就是愤愤不平。他说："仕途黑暗，公道不彰，非袖金输璧，不能自达于圣明，真令人愤气填胸，欲望望然哭向南山而去！"又说："集腋为裘，妄续幽冥之录；浮白载笔，仅成孤愤之书，寄托如此，亦足悲矣！"他把满腔的孤愤，倾注在一部《聊斋志异》中。

名著概要

《聊斋志异》共16卷，计四百余篇。《聊斋志异》的故事来源很广泛，有的是作者的亲身见闻，有的出自过去的题材，有的采自民间传说，有的为作者自己的虚构。有些故事，虽有摹拟的痕迹，但作者以丰富的想象和生活经验，推陈出新，充实了这些故事的内容。《聊斋志异》的作品内容主要有以下几类：

暴露现实社会的黑暗。当时社会政治腐败、官贪吏虐、豪强横行、生灵涂炭，都在《聊斋志异》内有所反映，如《促织》写成名一家为捉一头蟋蟀"以塞官责"而经历的悲欢坎坷，《席方平》则写席方平魂赴地下、代父伸冤的曲折。这些作品虽然写的是狐鬼，其实是黑暗现实的投影。《聊斋志异》有很多作品写贪官暴吏的恶行，如《梅女》中的典史为了三百钱的贿赂，便逼死人命；《书痴》中的彭城邑宰贪爱别人妻子的美貌，竟利用职权，捕人入狱。

揭露科举考试的种种弊端。蒲松龄一生科举不利，非常熟悉科场的黑暗与对士人的摧残，如《素秋》、《神女》等篇章写科举考试中的营私作弊；《司文郎》、《于去恶》等篇章讽刺考官的不学无术。有些作品生动描写被科举考试戕害了的读书人，如《叶生》中的叶生、《于去恶》中的陶圣俞和于去恶、《三生》中的兴于唐、《素秋》中的俞慎和俞士忱等人。

描写人与狐鬼的爱情。《聊斋志异》中数量最多的是人和人、人和狐鬼精灵的恋爱故事，如《娇娜》、《青凤》、《婴宁》、《莲香》、《阿宝》、《巧娘》、《翩翩》、《鸦头》、《葛巾》、《香玉》等，都写得十分动人。《香玉》中的黄生爱上了白牡丹花妖香玉，不幸花被人移走，黄生日日哭吊，结果感动了花神，使香玉复生。《青凤》写狐女青凤与耿去病相恋，两人不顾礼法与险恶，互相爱慕，终于获得幸福。有些作品写了相爱的青年男女对压抑他们爱情的人与事的反抗。如《连城》写乔生与连城相爱，因为父亲阻挠，连城含恨而死，乔生也悲痛而亡，两人在阴间相会，结为夫妻。《晚霞》写龙宫中的歌伎阿端和晚霞，不顾龙宫中的王法，互相爱慕，拼死逃出龙宫，在人间做了夫妻。人们数百年来喜爱《聊斋》，有一部分原因就是里面的爱情描写。

作品特色

《聊斋志异》能获得如此高的成就，主要源于作者高超的艺术创造力，就在于他能够把真实的人情和幻想的场景、奇异的情节巧妙地结合起来，从中折射出人间的理想光彩。《聊斋志异》既结合了志怪和传奇两类文言小说的传统，又吸收了白话小说的某些长处，形成了独特的叙事风格。作者能以丰富的想象力建构离奇的情节，同时又善于在这种离奇的情节中进行细致的、富有生活真实感的描绘，塑造生动活泼、人情味浓厚的艺术形象，使人沉浸于小说所虚构的恍惚迷离的场景与气氛中。小说的叙事语言是一种简洁而优雅的文言，而小说中人物的对话虽亦以文言为主，但较为浅显，有时还巧妙地融入白话成分，既不破坏总体的语言风格，又在一定程度上克服了通常文言小说的对话难以摹写人物神情的毛病，这是很难得的成就。

阅读指导

《聊斋志异》的作品具有惊人的想象力。它说狐谈鬼，无奇不有，如书中所写红莲变成美女、裙子可作帆船、襟袖间飞出花朵、天空飘落彩船、诵诗治病等情节。写鬼写狐，不仅怪异，而且在怪异之外写出了人情味，这是《聊斋志异》较一般志怪小说高明的地方。正如鲁迅所说，“《聊斋志异》独于详尽之外，示以平常，使花妖狐魅，多具人情，和蔼可亲，忘为异类。”这些描写大大增强了故事情节的感染力。

蒲松龄像

《聊斋志异》的叙事语言是简洁优雅的文言，小说中人物的对话虽然也是文言，但比较浅显，有时还融入了白话成分，摹写人物神情声口更加逼真。作者还融会了当时的方言俗语，形成了典丽而活泼的语言风格，不管是抒情写景，还是叙事状物，都绘声绘色，惟妙惟肖。比如《刘姓》中恶霸的流氓腔调，《邵女》中媒婆的神态，《阎王》中村妇的口吻，《小翠》中姑娘们斗嘴的情致，都写得神采飞扬，如在眼前。

阅微草堂笔记 / 清 / 纪昀 / 仿《聊斋志异》的笔记小说集

作者简介

《阅微草堂笔记》的作者纪昀，字晓岚，直隶献县（今属河北）人。纪晓岚出身书香门第，父亲纪客舒是著名的考据学家。纪晓岚4岁开始读书，24岁中顺天府乡试解元，31岁中进士，点翰林。后因事发配新疆，3年后回京，受命任《四库全书》总纂官。《四库全书》的编纂历时13年才完成。《四库全书》修成后，纪晓岚官运亨通，曾5次主持都察院，3次担任礼部尚书。

纪昀学问渊博，擅长考证训诂。乾隆年间修《四库全书》，他任总纂官，并主持修定《四库全书总目》。《四库全书》分经、史、子、集4部，收书3503种，计79337卷，对于搜集、整理历史文化遗产有极大的作用；《四库全书总目》200卷，论述各书宗旨与源流，考证得失，辨析文字，是清代目录学的最高成就。

纪昀是一代才子，文采风流，为百姓所津津乐道，最近几年《铁齿铜牙纪晓岚》等热播电视剧演绎的就是他的故事。

背景介绍

本书是模仿《聊斋志异》创作出来的，但是我们读起来却能感觉到两者之间的差异，这种差异主要是由于蒲松龄和纪昀的身世造成的。蒲松龄参加科举考试，屡战屡败，一生落魄；纪昀则出身官宦家庭，自己也曾做到正二品的尚书，而且很受乾隆皇帝的宠爱。他的家庭背景对他创作《阅微草堂笔记》有很大的影响。纪昀从他父亲那里得到了崇实黜虚、经时济世思想的熏陶。他父亲纪客舒治学态度严谨，著有《杜律疏》。纪昀目濡耳染，倍受影响。他始终以“以实心励实行，以实学求实用”的思想作为准则。门人盛时彦在《阅微草堂笔记序》中称纪昀“天性孤直，不喜以心性空谈，标榜门户，亦不喜才人放诞，诗坛酒社，夸名士风流”。在《阅微草堂笔记》中，他对那些浮言虚饰而无实行者加以辛辣的嘲讽，对那些实事求是者加以推重，他的崇尚实事求是、经世致用的思想观念是渊源有自的。他也从他的家族那里继承了崇尚儒学、恪守礼法的思想。自从纪昀的曾祖开始，纪氏家族就出仕朝廷，诗礼传家。这种传统使他形成了以儒家道德为轴心的思想，而对于佛、道，尽管他认为可以与儒家思想相互补充，但对它们还是持否定、贬抑态度。这一思想从他在《阅微草堂笔记》中对释道之徒的虚伪、狡诈的嬉笑怒骂及酣畅淋漓的讽刺、鞭挞中明显地表现出来。鲁迅先生在《中国小说史略》中评论《阅微草堂笔记》说：“不安于仅为小说，更欲有益人心。”他的学生盛时彦也有过类似的

精彩语段

吴惠叔言，“医者某生素谨厚，一夜，有老媪持金钏一双就买堕胎药，医者大骇，峻拒之；次夕，又添持珠花两枝来，医者益骇，力挥去。越半载余，忽梦为冥司所拘，言有诉其杀人者。至，则一披发女子，项勒红巾，泣陈乞药不与状。医者曰，‘药以活人，岂敢杀人以渔利。汝自以奸败，于我何尤！’女子曰，‘我乞药时，孕未成形，倘得堕之，我可不死：是破一无知之血块，而全一待尽之命也。既不得药，不能不产，以致子遭扼杀，受诸痛苦，我亦见逼而就缢：是汝欲全一命，反戕两命矣。罪不归汝，反谁归乎？’冥官喟然曰，‘汝之所言，酌乎事势；彼之所执者则理也。宋以来固执一理而不揆事势之利害者，独此人也哉？汝且休矣！’拊几有声，医者悚然而寤。”

——《如是我闻》三

说法。正是因为纪昀家族历代官宦、诗书传家的背景，他在看问题时与蒲松龄角度就很不一样，眼光也不如蒲松龄尖刻犀利。细心的读者一定会对此深有体会。

名著概要

《阅微草堂笔记》这部笔记小说集是纪昀在创作上的主要成就。这部书包括《滦阳消夏录》6卷,《如是我闻》4卷，《槐西杂志》4卷，《姑妄听之》4卷，《滦阳续录》6卷，共24卷，有笔记一千二百余则。这是他晚年追寻旧闻的作品，自乾隆五十四年（1789年）至嘉庆三年（1798年）陆续写成，嘉庆五年他的学生盛时彦合刊印行，总名《阅微草堂笔记五种》，后来通称为《阅微草堂笔记》。该书的材料，一部分来自于纪昀本人的亲身经历，或者是他耳闻目睹的事情；一部分来自于他人提供或转述。小说涉及的社会生活领域，从文人学士到妓女乞丐，从三教九流到花妖狐魅，几乎无所不包。内容广博、无所不涉，是《阅微草堂笔记》的特点，这使它具有较强的知识性和趣味性。

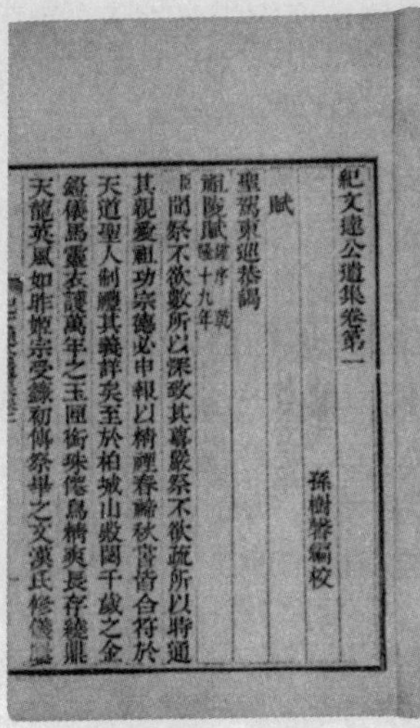
紀文達公遺集卷第一　孫樹馨編校
賦
聖駕東巡恭謁
祖陵賦
臣聞祭不欲數所以深致其尊嚴祭不欲疏所以將通
其親愛祖功宗德必申報以精禋春禴秋嘗皆合符於
天道聖人制禮其義詳矣至於柏城山殿閟千載之金

《纪文达公遗集》书影

《阅微草堂笔记》在思想倾向上具有“正统”的立场。纪昀自序说：“缅昔作者如王仲任、应仲远引经据古，博辨宏通，陶渊明、刘敬叔、刘义庆简淡数言，自然妙远，诚不敢妄拟前修，然大旨期不乖于风教。”盛时彦《序》说本书“大旨要归于醇正，欲使人知所劝惩”。虽然如此，纪昀毕竟是一位博达的学者，他的思想有一定的包容性，在“理”与“欲”之间，他反对不近人情的顽固与偏执，每每讥刺“道学家”的苛刻、虚伪。他写的鬼神故事大都反映了人情世态，如《如是我闻》卷三中写一个因私情怀孕的女子向郎中买堕胎药，没有买到，后来孩子生下来，被杀死，她自己也被逼着悬梁自尽。这个女子变成鬼之后，向阎罗状告郎中杀人，说他本来可以“破一无知之血块，而全一待尽之命”，结果“欲全一命，反戕两命”，阎罗也指责郎中不应该“固执一理”。《滦阳消夏录》卷四中写两个“以道学自任”的私塾教师讲学，高谈性理，“严词正色”，忽然有纸片吹落，掉在台阶下面，学生拾起一看，原来是两位教师商量夺取寡妇田产的信札。这一类故事揭露出道学家的虚伪，反映出纪昀的胸襟。他有时借狐鬼抒发自己的感想，往往机智有趣，颇值一读。

阅读指导

与《聊斋志异》的名篇相比，《阅微草堂笔记》在艺术上又自成一格。《聊斋志异》效法唐人传奇，铺陈描绘，有浓厚的浪漫风格；《阅微草堂笔记》效法六朝志怪，“尚质黜华，叙述简古”，往往表现出严谨的手法，其中优秀的篇章继承了六朝简古的神韵，读后余味悠长。本书语言质朴、简明、精炼、传神，也与六朝作家“简淡数言，自然妙远”的风格相似。如《柳青》中写柳青相貌，只用“颇有姿”三字，没有正面的描写，而是从主人一再追求这个侧面烘托，使人想象她的美貌。写柳青两次拒绝嫁人，也不正面描写具体的情态，只用两个“誓死不肯”，略繁就简，在词语重复中强化了柳青爱情的忠贞与态度的坚决。本书在谋篇布局方面也颇具匠心，最突出的是善于应用“空白”艺术。还是用《柳青》作例子，作者按时间顺序写柳青一生，笔墨集中在柳青与益寿的婚姻曲折上，对次要情节则一笔带过，作“空白”处理。作者没有详写主人如何用富贵引诱柳青，而只是写柳青被主人“遣之”时，送还“主人数年私给”，“纤毫不缺”，从这个细节可以推想出主人的所作所为。这种稍加点染的笔法收到了“简淡数笔，自然妙远”的艺术效果。从这些地方，《阅微草堂笔记》的艺术成就可见一斑。

儒林外史 / 清 / 吴敬梓 / 科举制度的悲情讽刺

作者简介

吴敬梓（1701 ~ 1754 年），字敏轩，又字粒民，号秦淮寓家。安徽全椒人。因家有文木山房，晚年自称“文木老人”。他出身于诗礼传家、科甲鼎盛的官宦世家，又资质卓逸、才思敏捷，但由于孤标脱俗、蔑视富贵的性格，喜欢沉浸在诗赋词章、稗官野史中，而不喜八股举业，对科举制度也充满了怀疑与不满。吴敬梓曾亲眼目睹许多“举业无凭”的怪现象：周遭的许多亲友，为着科举，而胡涂昏聩、摧残灵魂、虚耗一生。他的舅舅，临死还念兹在兹，不忘举业；他的表兄屡试屡败，还执迷不悟地“长鸣望伯乐”。他看透了举业所带来的世态炎凉、人心鄙陋愚昧、读书人的道貌岸然、士大夫的堕落无耻等现象，而这些也成了他日后写作《儒林外史》的最佳素材。

背景介绍

《儒林外史》表面上写明代生活，实际上展示了一幅 18 世纪中国社会的风俗画。它以封建士大夫的生活和精神面貌为描写对象，以揭露科举制度以及在这个制度下士大夫的丑恶灵魂作为切入路径，深刻揭露和讽刺了整个封建礼教制度的腐朽和无可救药。

名著概要

吴敬梓像

元朝末年，诸暨县的一个村子里有一个少年叫王冕，因家境贫寒，他从小替人放牛，但他聪明颖悟，勤奋好学，他画的荷花惟妙惟肖，呼之欲出，并且他博览群书，才华横溢。明朝立国，推行八股取士制度，王冕不禁感叹：这种以八股文形式取士的制度不仅不会为国家选到真正的人才，而且将来的读书人恐怕也只有这一条荣身之路了，他们因此会把学问、道德、做官、退隐的准则都看得轻了。

明宪宗成化末年，山东兖州府汶上县有一位教书先生，名叫周进，他为了能够出人头地，荣耀乡里，屡次参加科举考试，可是六十多岁了，却连秀才也未考上。一天，他与姐夫来到省城，走进了贡院。他触景生情，悲痛不已，一头撞在了号板上不省人事，被救醒后，满地打滚，哭得口中鲜血直流。几个商人见他很是可怜，于是凑了二百两银子替他捐了个监生。不久，周进凭着监生的资格竟考中了举人。顷刻之间，不是亲的也来认亲，不是朋友的也来认作朋友，连他教过书的学堂居然也供奉起了“周太老爷”的“长生牌”。过了几年，他又中了进士，升为御史，被指派为广东学道。在广州，周进发现了范进。为了照顾这个54岁的老童生，他把范进的卷子反复看了3遍，于是将范进取为秀才。过后不久，范进又去应考，中了举人。

当时，范进因为和周进当初相似的境遇，在家里倍受冷眼，妻子对他呼西唤东，老丈人对他更是百般呵斥。当范进一家正在为揭不开锅、等着卖鸡换米而发愁时，传来范进中举的喜报，范进从集上被找了回来，知道喜讯后，他高兴得发了疯。好在他的老丈人胡屠户给了他一耳光，才打醒了他，治好了这场疯病。转眼工夫，范进时来运转，不仅有了钱、米、房子，而且奴仆、丫环也有了。范进母亲见此欢喜得一下子胸口接不上气，竟一命归了西天。后来，范进入京拜见周进，由周进荐引而中了进士，被任为山东学道。范进虽然凭着八股文发达了，但他所熟知的不过是四书五经，当别人提起北宋文豪苏轼的时候，他却以为是明朝的秀才，闹出了天人的笑话。

科举制度不仅培养了一批庸才，同时也豢养了一批贪官污吏。进士王惠被任命为南昌知府，他上任的第一件事，不是询问当地的治安，不是询问黎民生计，不是询问案件冤情，而是查询地方人情，了解当地有什么特产，各种案件中有什么地方可以通融；接着定做了一把头号的库戥，将衙门中的六房书办统统传齐，问明了各项差事的余利，让大家将钱财归公。从此，衙门内整天是一片戥子声、算盘声、板子声。衙役和百姓一个个被打得魂飞魄散，睡梦中都战战兢兢。

高要县知县汤奉，为了表示自己为政清廉，对朝廷各项法令严加执行。朝廷有禁杀耕牛的禁令，汤奉不问因由，竟然将做牛肉生意的回民老师父活活枷死，闹得群众义愤填膺，鸣锣罢市。事发后，按察司不仅没有处罚汤奉，反而将受害的回民问成“奸发挟制官府，依律枷责”之罪。如此“清廉”的知县，一年下来居然也搜刮了八千两银子。

官吏们贪赃枉法，而在八股科举之下，土豪劣绅也恣意横行。举人出身的张静斋，是南海一霸，他勾通官府，巧取豪夺。为了霸占寺庙的田产，他唆使七八个流氓，诬陷和尚与妇女通奸，让和尚不明不白地吃了官司。

高要县的监生严致和是一个把钱财看作是一切的财主，家财万贯。他病得饮食不进，卧床不起，奄奄一息，还念念不忘田里要收早稻，打发管庄的仆人下乡，又不放心，心里只是急躁。他吝啬成性，家中米烂粮仓，牛马成行，可在平时猪肉也舍不得买一斤，临死时还因为灯盏里多点了一根灯草，迟迟不肯断气。他的哥哥贡生严致中更是横行乡里的恶棍，他强圈了邻居王小二的猪，别人来讨，他竟行凶，打断了王小二哥哥的腿。他四处讹诈，本来没有借给别人银子，却硬要人家偿付利息；他把云片糕说成是贵重药物，恐吓船家，赖掉了几文船钱。严监生死后，他以哥哥身份，逼着弟媳过继他的二儿子为儿子，谋夺兄弟家产，还声称这是“礼义名分，我们乡绅人家，这些大礼，却是差错不得的”。

科举制度造就了一批社会蛀虫，同时也毒害着整个社会。温州府的乐清县有一农家子弟叫匡超人，他本来朴实敦厚。为了赡养父母，他外出做小买卖，流落杭州。后来遇上了选印八股文的马二先生。马二先生赠给他十两银子，劝他读书上进。匡超人回家后，一面做小买卖，一面用功读八股文，很快他就得到了李知县的赏识，被提拔考上了秀才。为追求更高的功名利禄，他更加刻苦学写八股文。不料知县出了事，为避免被牵累，他逃到杭州。在这里，他结识了冒充名士的头巾店老板景兰江和衙门里当吏员的潘三爷，学会了代人应考、包揽讼词的本领。又因马二先生的关系，他成了八股文的“选家”，并吹嘘印出了95本八股文选本，人人争着购买，五省读书的人，家家都在书案上供着“先儒匡子之神位”。不久，那个曾提拔过他的李知县被平了反，升为京官，匡超人也就跟着去了京城。为了巴结权贵，他抛妻弃子去做了恩师的外甥女婿，他的妻子在贫困潦倒中死在家乡。这时，帮助过他的潘三爷入了狱，匡超人怕影响自己的名声和前程，竟同潘三爷断绝了关系，甚至看也不肯去看一下。对曾经帮助过他的马二先生他不仅不感恩图报，还妄加诽谤嘲笑，完全堕落成了出卖灵魂的衣冠禽兽。

科举制度不仅使人堕落，同时也是封建礼教的帮凶。年过六十的徽州府穷秀才王玉辉，年年科举，屡试不中，但他却恪守礼教纲常。他的三女婿死了，女儿要殉夫，公婆不肯。他反而劝亲家让女儿殉节。但事过之后，当他女儿的灵牌被送入烈女祠公祭的时候，他突然感到了伤心。回家看见老妻悲痛，他也心上不忍，离家外出散心。一路上，他悲悼女儿，凄凄惶惶，到了苏州虎丘，见船上一个身穿白衣的少妇人，竟一下想起了穿着孝服殉夫的女儿，心里哽咽，那热泪直滚下来。

科举考试图

科举考试自隋唐以来，就成为文人通往仕途的必经之路。随着社会的发展，到明清两代，科举逐渐成为戕害知识分子的利器。这幅科举考试图表现的是皇帝亲自进行殿试的情形。

凡此种种从明朝成化年间以来形成的风气，到了万历年间则愈演愈烈。科场得意，被认为才能出众；科场失意的任你有李白、杜甫的文才以及颜渊、曾参的品行，都被看成愚笨无能。大户人家讲的是升官发财，贫贱儒生研究的是逢迎拍马。儒林堕落了，社会更加腐败。看来，要寻找不受科举八股影响的“奇人”，只能抛开儒林，放眼于市井小民之中了。

哪知市井中间，真的出了几个奇人。一个是会写字的，这人姓季，名遐年，自小无家无业，总在这些寺院里安身。他的字写得最好，却又不肯学古人的法帖，只是自己创出来的格调，由着笔性写了去。又一个是卖火纸筒子的，这人姓王，名太，他自小儿最喜下围棋。他无以为生，每日到虎踞夫一带卖火纸筒过活。像他们这样淡泊功名利禄的隐士在市井中还有，只不过在那些达官贵人看来，追求功名利禄才是正道。

作品特色

《儒林外史》虽然被归类为长篇小说，但它的结构却不是现代意义上严格的长篇小说的结构。全书中没有贯穿始终的主要人物和故事框架，而是一个个相对独立的故事的连缀：前面一个故事说完了，引出一些新的人物，这些新的人物便成为后一个故事中的主要角色。有的人物上场表现一番以后，就不再出现，有的人物还再次出现，但基本上只是陪衬了。但全书也不只是若干短篇的集合，它以明代为背景，揭露在封建专制下读书人的精神堕落和与此相关的种种社会弊端，有一个非常明确的中心主题，也有大致清楚的时间线索。总体说来，这是一部短篇艺术与长篇艺术相结合的作品。

小说从传奇性向非传奇性发展，本质上是一个逐渐深入人性真实的过程。因为

名家点评：

慎勿读《儒林外史》，读竟乃觉日用酬酢之间，无往而非《儒林外史》。

——惺园退士

迨吴敬梓《儒林外史》出，乃秉持公心，指摘时弊，机锋所向，尤在士林。其文又戚而能所谐，婉而多讽，于是说部中始有足称讽刺之书。

——鲁迅《中国小说史略》

愈是在排除偶然因素的平淡而日常化的生活中，愈是能反映出人物的真实面貌和深层心理。《儒林外史》在这方面的成就尤其值得赞赏。

《儒林外史》的语言是一种高度纯熟的白话文，写得简练、准确、生动、传神，极少有累赘的成分，也极少有程式化的套语。如第二回写周进的出场："头戴一顶旧毡帽，身穿元色绸旧直裰，那右边袖子同后边坐处都破了，脚下一双旧大红绸鞋，黑瘦面皮，花白胡子。"简单的几笔，就把一个穷老塾师的神情面目勾勒出来。像"旧毡帽"表明他还不是秀才，"右边袖子"先破，表明他经常伏案写字，这些都是用笔极细的地方。而这种例子在小说中是随处可见的。白话写到如此精炼，已经完全可以同历史悠久的文言文媲美了。

阅读指导

"十载寒窗无人问，一举成名天下知"，这是形容中国读书人生涯最常用的一句话。在科举取士的时代里，只有进业中举，才能够步入升官发财的坦途。于是天下的读书人莫不终其一生，埋头于八股文章，什么进德修业的理想，都在追求名利的欲望之下丧失殆尽了。

《儒林外史》就是暴露知识分子的丑陋面貌和官场黑暗、社会炎凉的一部讽刺小说。一个务农的子弟，终生以孝道奉养双亲，终日待人以礼，夜夜苦读诗书，有朝一日获得提拔高中状元，从此便改变了一生的命运。

这种例子，是戏曲小说中最常见的故事背景，也是《儒林外史》所描述的典型之一。中国有一句传统俗语叫"万般皆下品，唯有读书高"，这句话表现过去的读书人在社会上的崇高地位。读书人也就是高居士农工商之首的儒士，而这也正是清代讽刺小说《儒林外史》当中的主角。在中国传统观念里，一个读书人最高的理想应该是救国救民，为天下苍生尽一己之力，所以政治舞台才是他们发挥才能的地方。然而在明清两代，想要登上仕途只有一个途径，那就是要通过科举考试。但是当科举制度过于僵化，不仅命题范围狭小，而且讲究所谓八股格律，使得科举成为文字的游戏，就已难选拔社会所需要的人才，而考生专就应试的科目用功，也难培养真正的能力。虽然八股取士的弊病如此大，但是当时的读书人几乎统统陷入科举的泥淖里面了！《儒林外史》所描写的，正是在这个时代悲剧中载沉载浮的读书人。作者吴敬梓以婉曲讽刺的手法，写出正史所不及记载的、另一面更真实的人性历史。

醒世姻缘传 / 清 / 西周生 / 幽默讽刺交织的社会众生相

作者简介

《醒世姻缘传》署名西周生。虽然很多人研究过作者的问题，但是至今不能确切知道西周生的真实姓名，他的生平就更加不知道了。胡适曾经写过一篇名为《〈醒世姻缘传〉考证》的文章，断定《醒世姻缘传》的作者是蒲松龄。但是他的考证并没有完全被接受，比如金性尧就有过反驳。《醒世姻缘传》是不是蒲松龄的作品，还需要更有说服力的证据来证明。不过有些方面是可以确认的：此书写于明末清初，这是得到公认的；书中大量使用了山东方言，介绍了许多山东的地理、古迹与民风民俗，这也是事实。除此之外，我们不能获得更多的关于作者的信息。

背景介绍

这部小说的历史背景是明代正统（1436 ~ 1449 年）至成化（1465 ~ 1487 年）年间，比明朝灭亡（1644 年）早两百年左右。地理背景则以山东省武城县、绣江县为主，也写到京城和北通州等地。书中说绣江县属于济南府，在济南府东向 110 里，距泰安州 230 里，是一个有名的大县，按其地理位置，当在今章丘市一带。实际上山东自古以来并没有这样一个县，这是作者虚构的。

这是一部以家庭为题材的小说。古代中国家庭中的一个尖锐的问题就是，包办婚姻造成的夫妻不和，以及纳妾制度造成的妻妾争风。虽然古代有针对妇女的“七出”条例，实际上，因为婚姻牵涉到的是家族之间的关系，离婚是很困难的，因而，“恶姻缘”往往也只能维持下去。纳妾制度实际是一种补偿，却反而加剧了矛盾，夫妻、妻妾之间往往有尖锐的矛盾，甚至彼此虐待。本书着力描写的就是这样一种状况下的家庭关系。

名著概要

本书又名《恶姻缘》，共一百回，将近 100 万字，前二十回主要写武城县晁氏家族；后八十回主要写绣江县明水镇荻家。

明代正统年间，山东武城县秀才晁思孝中年中举，选任华亭（今上海市松江县）知县。后来依靠太监王振升任北通州知州。晁思孝的独子晁源从小不爱读书，游手好闲，养成了飞扬跋扈的性格。父亲当官以后，更加为非作歹，仗势敛财，从此暴富。

清人绘嫁娶图（局部）

婚姻乃是人一生的大事，曲折离奇方不足诧，而幸福美满则是人们的共同愿望，嫁娶时喜地欢天，而一旦进入真正的夫妻生活中，反而产生了许多波折，何况纳妾之流，更是矛盾百出，万象循环。

娶一个妓女小珍哥做妾后，喜新厌旧，百般虐待原配计氏。一天，晁源携小珍哥上山打猎，遇到一个狐仙化成的美女，却被鹰犬逼出了原形，被晁源一箭射死，结下冤仇。狐仙作祟，晁源得病，于是携带珍哥到父亲任所避祸。适逢土木堡之变，京师危急，晁源离开父母，带着珍哥和银两，逃回老家。珍哥与人私通，但为争夺正室的位子，反而诬蔑计氏，伙同晁源逼计氏自缢。因此事被计氏娘家告发，珍哥被判绞刑。入狱后，晁源贿赂狱吏，经常进监狱与珍哥欢会，还在死囚牢中为珍哥建造福堂、举办寿庆。晁源恶习不改，后来与鞋匠老婆私通，被鞋匠杀死。珍哥与狱吏私通，制造火灾趁机越狱，成为狱吏的小妾。若干年后事泄被捕，受刑而死。

四4个死者先后转世。晁源托生在绣江县狄宗羽家，名希陈；狐仙托生在薛教授家为女，名素姐；计氏托生在北京乌银匠童七家为女，名寄姐；珍哥托生在北京一个挂名皂隶韩芦家为女，名珍珠。前世的冤孽在这4个人之间错综复杂地展开。素姐由父母作主，嫁给了希陈。由于素姐与希陈有前世的冤仇，而且过门前夜，素姐梦中被恶鬼换了心，变成一个悍妻恶妇。她百般打骂丈夫，公然忤逆公婆。但是希陈生性怯懦，逆来顺受，受了许多苦。不久希陈纳了准贡，到北京国子监读书，租童七家房屋居住，认识了寄姐，常在一起抹牌戏耍。狄员外的厨子被雷殛死，买了个丫头司厨。希陈学习期满，与父亲回到家中，母亲和岳父已经被素姐气成风瘫。狄员外收调羹为妾，素姐怕调羹生了儿子要分去家财，又怀疑丈夫与调羹有染，经常借题打闹，将婆婆和自己的父亲气死。

成化帝登基后，狄希陈以监生资格入京考官，得了个候补经历。他在京城娶了寄姐做妾，又买了珍珠做奴婢。这两人也是前世的冤家，寄姐待珍珠十分刻薄，而希陈却爱怜珍珠，于是寄姐迁怒于珍珠，百般折磨虐待。素姐独居家中，见不到希陈，有气没处出，养了只猴子，让它穿上衣冠，打扮成希陈的样子，终日里打骂出气。猴子忍无可忍，挣断了铁链，把素姐的鼻子啃掉，撕破了脸皮，还抠瞎了一只眼睛。她听说希陈在京城娶妾，便到京城找希陈算账，正好希陈回到老家，未曾见面，只好又回家。珍珠受不了寄姐的百般折磨，自杀身亡，珍珠的父母出面首告，为此打了一场官司，最后由希陈在京做官的表弟出面，花了许多银子，方才了结。希陈纳了个中书，第一天上朝就误了点，为此调外省任用，做了成都府经历。于是带了寄姐上任，一路上却受了寄姐许多的折磨。素姐发觉受骗，带了家人追赶，半路上家人携资逃跑，只好又回到老家。她到县衙去诬告希陈谋反，想借此叫回希陈，却被县官识破。素姐无计可施，只好再次去成都找希陈。希陈听说素姐来了，吓得晕过去。寄姐成了素姐的死对头。素姐居于下风，暗中伺机报复，把希陈关在房内，痛打了600棒槌。希陈从此不敢再见素姐。素姐怀恨在心，有一次把一熨斗炭火倒进希陈的衣领，把他脊梁烫得稀烂。太守得知，要帮希陈离了素姐，希陈却不愿意，素姐假意求饶，太守也只好作罢。希陈因此获得"家政纷如乱丝，不能齐家"的坏考语，无法在官场混了，于是干脆回到老家。回籍以后，素姐表面温顺，心藏杀机，用箭射倒希陈。幸亏高僧元翳救活，并说破这两世姻缘、冤冤相报的因果。希陈大彻大悟，戒了杀生，持长斋，立持诵《金刚经》一万卷的誓愿，方才化解冤孽，祸消福到。后来素姐病死，寄姐扶正，希陈活到87岁。

阅读指导

本书以"因果报应"为主旨思想，后八十回中的主角，是前二十回中主角"重投胎再做人"的"后世"；前二十回是"因"，后八十回是"果"。作者意在用这个故事来说明"善恶到头总有报"的"因果报应"的思想，在客观上也起了劝人为善的作用。

抛开《醒世姻缘传》的劝化主题不论，本书的描写有很多地方是很精彩的。本书写悍妻、写懦夫很精彩，悍妻虐待丈夫的手段，泼妇骂街的生动语言，都惟妙惟肖，比如上面引用的素姐诅咒丈夫的一段话，就是这一类描写的代表。作品中对当时社会的描写相当细致，例如囚犯刺配以后的遭遇，官场的过班和礼节，包括如何穿官服、如何坐官轿，官员之间送礼都送些什么东西等等，都有详细的描写。除此之外，对当时的物价更有详细的记载，例如一个大丫头卖五两银子，一两银子买一石米，八分银子买一斤肉，一钱半银子买一只鸡等等，对于了解明末清初人的生活很有帮助，如果与我们时下的物价比较起来，更是饶有兴趣的事情。书中对下层社会一些人的奸诈嘴脸，描写得淋漓尽致，例如医生艾前川故意把病人医坏，趁机多收诊金；里正刘振白看见邻居家死人，就趁机讹诈，把这些人物的卑劣刻画得入木三分。

古文观止 / 清 / 吴楚材、吴调侯 / 便览古文发展的最佳范本

背景介绍

《古文观止》的编选者吴楚材（名乘权）、吴调侯（名大职）为叔侄二人，生

于浙江山阴（今绍兴市）。清吴兴祚在《古文观止序》中说："会稽章子、习子，以古文课余子于三山之凌云处；维时从子楚材实左右之。楚材天性孝友，潜心力学，工举业，尤好读经史，于寻常讲贯之外，别有会心。与从孙调侯，日以古学相砥砺。调侯奇伟倜傥，敦尚气谊。本其家学，每思继序前人而光大之。二子才器过人，下笔洒洒数千言无懈漫，盖其得力于古者深矣。"二人的情况现在只能于此序中窥见一斑。"观止"二字，出自《左传·襄公十九年》：吴季札在鲁国赏周乐，至《韶箾》舞，赞叹："德至矣哉！大矣"，认为无美不具，于是说："观止矣。"书名为观止，意在力图选编达到尽善尽美，无以超越。

名著概要

《古文观止》一共有12卷，收入上起周代下讫明末的历代文章222篇，论说抒情，写景状物，众体兼备。

书中西汉以前的文章以左丘明的《左传》为突出点，选录34篇，占全书的六分之一以上；《国语》、《战国策》、《公羊传》、《谷梁传》、《礼记》的文章选录有36篇，两者汇总计70篇，占《古文观止》全书的三分之一。编者有意强化对汉代以前文章的分量，为了使读者更清晰、更全面、更深入地了解中国古代散文的源本，以便打好根基。

对两汉的文章，编者比较重视司马迁的《史记》，汉文31篇，《史记》有14篇。唐代文章以"唐宋八大家"中的韩愈、柳宗元为主，分别选入24篇和11篇；宋文以欧阳修、苏轼为侧重点，分别选入13篇和12篇。秦文仅选李斯一篇，六朝文章选6篇，元代一篇未选，明代选入18篇。

编者在文章的选择上轻重得宜，取舍有据，集中反映汉文及唐宋八大家文，有轻有重，便于阅读。

作品影响

《古文观止》篇幅适当，所选的文章以汉唐二代为多，以散文为主，兼顾骈韵二体，既有长篇大论，又有精短美文，反映出编者眼光的细致和周到。它本身的鲜明特点与突出优势使它在问世后的三百多年里，成为最流行、最通俗、最广为人知、最有影响的初学古文选本，常作为私塾及学堂的启蒙读本，几乎家家备一本，海内风行。那么，它最突出的特点和优势是什么呢？《古文观止》之前的古文选本，大多依据昭明太子萧统《文选》的体例，分类繁琐，常以条目为主线，阅读使用时都很不简便。《古文观止》则以时代为纲，作者为目，将作者的各类文体的作品集粹于一处，阅读方便，查看快捷，使读者对清代之前的散文史认识清楚，印象深刻。所以，《古文观止》的流行性与通俗性、权威性至今难以动摇，仍影响巨大，是青年首选的普及性古文选本，一版再版，依旧常售不衰。

延伸阅读

《唐宋八大家文钞》是明代茅坤编定的一本书。此书流行以后，“唐宋八大家”的说法才得以固定下来。自那时起，学古文者皆以八大家为宗师，唐宋八大家的影响也愈来愈大。唐宋八大家是指唐朝的韩愈、柳宗元，宋朝的欧阳修、苏洵、苏辙、苏轼、曾巩、王安石。

《文选》是梁代昭明太子萧统编辑的现在所能见到的最早的诗文总集。它收录从先秦到梁代八九百年间 130 位作者的 514 篇各种体裁的文学作品，成为历代文人学习的榜样。民间曾有“《文选》烂，秀才半”的谚语。

唐诗三百首 / 清 / 孙洙、徐兰英 / 不会做诗也会吟

背景介绍

《唐诗三百首》的编选者蘅塘退士（1711 ~ 1778 年），原名孙洙，字临西，江苏无锡人。他自幼家贫，性敏好学，寒冬腊月读书时，常握一木，谓木能生火可敌寒。乾隆九年（1745 年）他考中顺天举人，授景山官学教习，出任上元县教谕。乾隆十六年（1752 年）他得中进士，历任卢龙、大城知县。后遭人谗陷罢官，平复后任山东邹平知县。乾隆二十五年（1761 年）、二十七年（1763 年）两次主持乡试，推掖名士。他为官清廉如水，爱民如子，又勤勉好学，书似欧阳询，诗宗杜工部，著有《蘅塘漫稿》。乾隆二十八年春，孙洙与他的继室夫人徐兰英相互商榷，开始编选《唐诗三百首》。编选这本书是有感于《千家诗》选诗标准不严，体裁不备，体例不一，希望以新的选本取而代之，成为合适的、流传不废的家塾课本。他们的选诗标准是“因专就唐诗中脍炙人口之作，择其尤要者”。既好又易诵，以体裁为经，以时间为纬。《唐诗三百首》于清乾隆二十九年（1765 年）编辑完成，书的题目有的说脱胎于民谚“熟读唐诗三百首，不会做诗也会吟”，有的说取自“诗三百”，说法各不相同。

名著概要

《唐诗三百首》共选入唐代诗人 77 位，计 310 首诗，其中五言古诗 33 首，乐府 46 首，七言古诗 28 首，七言律诗 50 首，五言绝句 29 首，七言绝句 51 首，诸诗配有注释和评点。

孟郊《游子吟》诗意图 清 钱慧安

五言古诗简称五古，是唐代诗坛较为流行的体裁。唐人五古笔力豪放，气象万千，直接用于叙事、抒情、议论、写景，使其功能得到了空前的发挥，其代表作家有李白、杜甫、王维、孟浩然、韦应物等。

七言古诗简称七古，起源于战国时期，甚至更早。现在公认最早的、最完整的七古是曹丕的《燕歌行》。南北朝时期，鲍照致力于七古创作，将之衍变成一种充满活力的诗体。唐代七古显示出大唐宏放的气象，手法多样，深沉开阔，代表诗人有李白、杜甫、韩愈。

五言律诗简称五律，是律诗的一种。五律源于五言古体，风格峻整，音律雄浑，含蓄深厚，成为唐人应制、应试以及日常生活中普遍采用的诗歌题材。唐代五律名家数不胜数，以王昌龄、王维、孟浩然、李白、杜甫、刘长卿成就为大。

七言律诗简称七律，是近体诗的一种，格律要求与五律相同。七律源于七言古体，在初唐时期渐成规模，至杜甫臻至炉火纯青。有唐一代，七律圣手有王维、杜甫、李商隐、杜牧、罗隐等，风华绝代，辉映古今。

五七言绝句简称五绝和七绝，都是古典诗体中绝句的一种。五绝起源于汉，七绝起源于六朝，两者都在齐梁时期成型，初唐阶段成熟。唐代绝句气象高远，率真自然，达到了吟诵自由化的最高峰，名家有李白、王维、王昌龄、韦应物、杜牧、刘禹锡等人。

作品影响

中国是诗的国度，唐朝是中国诗歌的巅峰，巅峰时期的那个黄金时代令人神往。诗歌是当时文学的最高代表，成为中国传统文学坚实的重要组成部分，也是中华文明靓丽的风景线。

唐诗与宋词、元曲并称，题材宽泛，众体兼备，格调高雅，是中国诗歌发展史上的奇迹。唐诗对中国文学的影响极为深远。历朝历代的文人视唐诗为圭臬，奉唐人为典范。公元7世纪，孙季良开始编纂唐诗选本，至辛亥革命前，一千二百余

陈子昂诗意图 当代 刘旦宅

此图表现《登幽州台歌》诗意。清黄周星评此诗曰："胸中自有万古，眼底更无一人。古今诗人多矣，从未有道及此者。此二十二字，真可泣鬼神。"刘旦宅先生是当代名家，笔墨清润，意境浑融，人物更是生动优雅。

年间，每二年即有一本唐诗选本问世。众多选本中以《唐诗三百首》流传最广、影响最大，风行海内，老幼皆宜，雅俗共赏，成为屡印不止的经典选本之一。《唐诗三百首》以成功务实的编法、简易适中的篇幅、通俗大众的观点、入选的精美诗歌打动着读者，成为儿童最成功的启蒙教材、了解中国文化的模范读本，对中国诗歌选编学、中国人的心理构成都有很大的影响。

延伸阅读

《千家诗》由南宋著名词人刘克庄编辑的蓝本增删而成，从宋代至今，在民间流传很广，是非常有名的儿童启蒙读物。所选诗为唐宋两代的作品，大多文采晓畅，易于吟诵。

《全唐诗》在康熙四十五（1707年）年，由彭定求、沈三曾等编校而成，收诗四万多首，作者两千余人，是自唐到清内容最丰富的唐诗总集。此后，由于敦煌文书的出土以及新的唐诗的发现，《全唐诗》得以更加完善，又增加了数千首唐诗。

《唐诗别裁集》于康熙五十六年（1718年）问世，由江苏苏州人沈德潜编辑而成，这部书重点突出了沈德潜的文学思想，在清代的文士间影响较大。

红楼梦 / 清 / 曹雪芹 / 一枕幽梦向谁诉，千古情人独我痴

作者简介

《红楼梦》的作者曹雪芹（1715 ~ 1763年），名霑，字梦阮，“雪芹”是他的别号，又号芹圃、芹溪。他出生在官宦世家。曹家的先世原是汉族人，后为满洲正白旗“包衣”人。清初时，他的高祖父曹振彦随清兵入关，立有军功，家族开始发达起来。曾祖父曹玺曾任江宁织造，曾祖母做过康熙帝玄烨的保姆，祖父曹寅做过玄烨的伴读和御前侍卫，后继任江宁织造，兼任两淮巡盐监察御史，此后，曹雪芹的伯父与父亲相继袭任此职，祖孙三代四人担任此职前后达六十余年。康熙六下江南，其中4次由曹寅负责接驾，并住在曹家。曹雪芹就是在这种繁盛荣华的家境中度过了他的少年时代。雍正初年，曹家备受打击。父亲被以“苛索繁费，苦累驿站”、“织造款项亏空甚多”等罪名革职，家产被抄没，全家迁回北京。乾隆初年，曹家彻底败落，子弟们沦落到社会底层。曹雪芹曾在一所宗族学堂“右翼宗学”里当过掌管文墨的杂差，境遇潦倒，生活困顿，晚年流落到北京西郊的一个小山村。

曹雪芹“身胖，头广而色黑”。他性格傲岸，愤世嫉俗，豪放不羁，酷爱喝酒，

才气纵横，善于谈吐。他是一位诗人，也是一位画家，喜欢画突兀奇峭的石头。他最重要的作品当然是《红楼梦》。

背景介绍

《红楼梦》又名《金陵十二钗》、《石头记》，整个故事是以南京为背景。学者们历来对《红楼梦》的故事来源有很多种猜测，现简要介绍几种：

有人认为《红楼梦》写的是纳兰性德的故事。这个说法相信的很多。陈康祺《燕下乡脞录》中说："小说《红楼梦》一书，即记故相明珠家事，金钗十二，皆纳兰侍御所奉为上客者也，宝钗影高澹人；妙玉即影西溟先生：'妙'为'少女'，'姜'亦妇人之美称；'如玉''如英'，义可通假。"侍御指的是明珠的儿子纳兰性德，字容若。纳兰性德是清初著名的词人，才华横溢，词作缠绵凄婉，至今为人喜爱。

有人认为是写顺治皇帝与董鄂妃的故事。王梦阮、沈瓶庵合著之《红楼梦索隐》中说："盖尝闻之京师故老云，是书全为清世祖与董鄂妃而作，兼及当时诸名王奇女也。"又说董鄂妃就是明末秦淮名妓董小宛，清兵下江南，带回北京，得到清世祖宠爱，不久夭亡，世祖哀痛不已，于是往五台山出家为僧。

有人认为写的是康熙朝的政治状态。蔡元培的《石头记索隐》说："《石头记》者，清康熙朝政治小说也。作者持民族主义甚挚，书中本事，在吊明之亡，揭清之失，而尤于汉族名士仕清者寓痛惜之意。"认为，"红"影射"朱"字；"石头"指金陵；"贾"意在指责伪朝；"金陵十二钗"暗指清初江南的名士：林黛玉影射朱彝尊，王熙凤影射余国柱，史湘云影射陈维崧，宝钗、妙玉也各有所指。

还有人认为本书是作者自叙。胡适经过考证后认同这种观点。曹雪芹的家世与书中描写的内容很相似，这种说法也很有说服力。

名家点评：

单是命意，就因读者的眼光而有种种，经学家看见《易》，道学家看见淫，才子看见缠绵，革命家看见排满，流言家看见宫闱秘事……在我眼下的宝玉，却看见他看见许多死亡。

——鲁迅

它自成一个宇宙，一个世界，既丰富又复杂，既深邃又玄秘，既真实生动又意味无穷。

——王蒙

名著概要

《红楼梦》写的是贾宝玉与林黛玉之间的爱情悲剧，同时写了贾、王、史、薛四大家族的兴衰。贾宝玉前生是女娲补天时剩下的一块顽石，曾化作神瑛侍者，用水浇灌一株绛珠草，使其脱去草木之质，幻化为女形。绛珠仙子为了报答神瑛侍者的浇灌之恩，在神瑛侍者投胎下凡时也往生人间，要还他一生的眼泪。林黛玉因为母亲亡故，被外祖家收留。与表兄贾宝玉从小生活在一起，渐渐产生爱情。这是本书故事的前世因缘。宝黛故事凄恻动人，读者可以从容细心体会，这里不多叙说，只简要介绍一下主要的几个人物。

贾宝玉、林黛玉、薛宝钗是本书的主要人物。贾宝玉是荣国府嫡派子孙，他出身不凡，又聪明灵秀。他因自己生为男子而感到遗憾，他觉得只有和纯洁美丽的少女们在一起才惬意。他憎恶和蔑视男性，亲近和尊重女性。他说“女儿是水做的骨肉，男子是泥做的骨肉。我见了女儿便清爽，见了男子便觉浊臭逼人”。他企求过随心所欲、听其自然的生活，即在大观园女儿国中斗草簪花、低吟悄唱、自由自在地生活。“我此时若果有造化，趁着你们都在眼前，我就死了，再能够你们哭我的眼泪，流成大河，把我的尸首漂起来，送到那鸦雀不到的幽僻去处，随风化了，自此再不托生为人，这就是我死的得时了。”贾宝玉对个性自由的追求集中表现在爱情婚姻方面。他爱林黛玉，因为林黛玉的身世处境和内心品格集中了所有女孩子的一切能使他感动的美好。他对待身边的女孩子们的态度也是同情和亲爱。他爱林黛玉，但遇着温柔丰韵的薛宝钗和飘逸洒脱的史湘云，却又不能不眩目动情。

林黛玉出身在一个已衰微的家庭。她父亲是科甲出身，官做到巡盐御史。林黛玉没有兄弟姐妹，母亲的早逝使她从小失去母爱。她保持着纯真的天性，爱自己之所爱，憎自己之所憎，我行我素，很少顾及后果得失。因父母相继去世，她不得不依傍外祖母家生活。林黛玉的羸弱的身体、孤傲的脾性以及自定终身的越轨行为，贾母是不会喜欢的。贾母要给贾宝玉说亲，曾托过清虚观的张道士，后来又留意打量过薛宝琴，她就是没有选择林黛玉的意思。最后，林黛玉的幻想破灭了，眼泪流尽了，怀抱纯洁的爱离开了尘世，实现了她的誓言：“质本洁来还洁去，不教污淖陷渠沟。”

薛宝钗出身在一个富商家庭。薛家是商人与贵族的结合，既有注重实利的商人市侩习气，又有崇奉礼教的倾向。薛宝钗幼年丧父，兄长薛蟠是个没有出息的酒色流氓。出身于这样一个家庭，薛宝钗有着与林黛玉截然不同的性格。她们同样都博览诗书，才思敏捷，但林黛玉一心追求美好丰富的精神生活，薛宝钗却牢牢把握着现实的利益。“好风凭借力，送我上青云”，薛宝钗孜孜以求的是富贵荣华。薛宝钗也深爱着贾宝玉。她在初次和贾宝玉单独相处时，热衷于贾宝玉脖子上的“通灵宝玉”，又急切地让贾宝玉认识自己项上的金锁。搬进大观园后，她还常常到贾宝玉的怡红院玩到深夜；她去探视被贾政打伤的贾宝

林黛玉像

玉时压抑不住内心的爱怜之情。

《红楼梦》是一部百科全书式的长篇小说，它在描写宝黛爱情的同时，也描写了广阔的社会生活，上至皇妃国公，下至贩夫走卒，都有生动的描画。它对贵族家庭的饮食起居各方面的生活细节都进行了真切细致的描写，比如园林建筑、家具器皿、服饰摆设、车轿排场等等。它还表现了作者对烹调、医药、诗词、小说、绘画、建筑、戏曲等等各种文化艺术的丰富知识和精到见解。《红楼梦》的博大精深在世界文学史上是罕见的，因此很早就有人研究它。现在，研究《红楼梦》已经成为一门独立的学问——“红学”。可见《红楼梦》的魅力之大、影响之深。

作品特色

《红楼梦》在艺术上取得了巨大的成就，它塑造出成群的有血有肉的个性化人物形象。例如贾宝玉、林黛玉、薛宝钗、王熙凤就成为千古不朽的典型形象。作者对人物独特的性格反复皴染，给人以深刻的印象。贾宝玉的叛逆性格以各种“似傻如狂”、“行为乖张”的形式表现出来，作者总是通过日常的生活细节，惟妙惟肖地写出了他对黛玉、宝钗、晴雯、袭人、平儿等不同类型女性所持有的不同感情和态度，着力刻画了他“爱博而心劳”的性格特征。

曹雪芹善于将相近人物进行复杂性格之间的全面对照，使他们的个性在对比中凸显出来。如薛宝钗和林黛玉两个人，都是美丽多才的少女，但一个“行为豁达，随分从时”，有时则矫揉造作；一个“孤高自许”、“目无下尘”，不免尖酸任性。一个倾向理智，喜怒不形于色，“任是无情也动人”；一个执着于感情，宁愿为纯洁的爱情付出全部的生命。一个城府很深，顺从环境，既会对上迎奉，又会对下安抚；一个我行我素，以感情的追求作为人生的目标。这样两个难以调和的性格在对比中就鲜明地呈现出其独特性。

《红楼梦》一改过去古代小说中人物类型化、绝对化的描写，写出了人物性格的丰富性。作者把王熙凤放在广阔的社会生活中，从各个侧面去描写，构成了她性格的丰富性、完整性，达到了典型化的高度。作者一方面写出了这位管家奶奶治家的才干，她似乎是支撑这座将要倾塌的大厦的顶梁柱；另一方面她舞弊营私，真正是蚀空贾府内部的大蛀虫。她的阴险毒辣令人胆寒，而幽默诙谐、机智灵巧又让人叹服。这是一个充满活力，既使人觉得可憎可恨，又让人感到可亲可近的人物形象。

阅读指导

《红楼梦》代表了我国古典小说最高的艺术成就，在人物描绘、情节安排、细节描写等方面都非常出色，堪称一绝，其中的美妙难以用语言传达，读者当在细细品味中体悟《红楼梦》的博大精深。这里只拈出其中的一个特色稍作讲解：

大观园图

《红楼梦》很大的一个特点就是好用谶语。在第五回中，警幻仙子给宝玉看的金陵十二钗画册上的题诗和十二支《红楼梦》曲子分别暗示了每一位佳丽的身世，如【终身误】曲“都道是金玉良姻，俺只念木石前盟。空对着，山中高士晶莹雪；终不忘，世外仙姝寂寞林。叹人间，美中不足今方信。纵然是齐眉举案，到底意难平。”就暗示了宝黛爱情的悲剧结局。作者善用“谐音寓意”的手法，他把贾家四姐妹命名为元春、迎春、探春、惜春，这是谐“原应叹息”的音；在贾宝玉神游太虚幻境时，警幻仙姑让他饮的茶“千红一窟”，是“千红一哭”的谐音，又让他饮的酒“万艳同杯”，这酒名是“万艳同悲”的谐音，这样的手法几乎贯穿了全书。小说的行文中也往往暗示以后的情节，这为索隐派的红学家提供了很多考证的蛛丝马迹，寻找和思索这些谶语也许是一件很有意思的事情，有心的读者可以试试。

随园诗话 / 清 / 袁枚 / “诗写性情，惟吾所适”

作者简介

《随园诗话》作者袁枚（1716 ~ 1797年），字子才，号简斋，钱塘（今浙江杭州）人。袁枚幼年家境贫困，但他聪颖好学。乾隆四年中进士，入翰林院。乾隆七年之后做过溧水、江浦、沭阳、江宁等地的知县。乾隆十三年辞官，定居江宁（今江苏南京市），在小仓山筑随园，从此不再出仕，从事诗文著述，世称随园先生。

袁枚才情高致，少年时就表现出超乎常人的禀赋，九岁时袁枚曾游杭州吴山，登高远望，吟成一首五律，其中一联是：“眼前两三级，足下万千家。”后来他晚年重游吴山回忆此联，仍“觉童语终是真语”。袁枚嗜书如命，他曾自述“我年十二三，爱书如爱命。每过书肆中，两脚先立定。苦无买书钱，梦中犹买归。至今所摘记，多半儿时为”。当时人称赞他“以才运情，使笔如舌”，而且“话必惊人总近情”。他的诗文集“家弦户诵，有志观摩者无不奉为圭臬”。他与蒋士铨、赵翼并称“江右三大家”，赵翼赞他“子才果是真才子”。

袁枚之所以为人敬仰，还在于他奖掖后学，培育诗才。袁枚广收门生弟子，“方外缁流，青衣红粉，无所不备”。他还“广收女弟子三十余人”，与其女弟子关系密切，有很多趣事流传。乾隆五十七年，77 岁的袁枚在杭州望湖楼招女弟子七人作诗会，轰动杭州城，连太守明希哲也打桨访问；又留下所乘的玻璃画船供群女游山，而独自骑马回衙。袁枚专门刻印了《女弟子诗选》以及女弟子张瑶英的《绣墨诗集》等。

背景介绍

谈一个时代的诗歌理论，不可不了解一个时代的诗歌创作。清初的诗坛上，钱谦益、吴伟业和龚鼎孳被称为“江左三大家”。他们的人生经历颇为相似，但诗歌的作风和对诗歌的看法却有显著的区别，他们各自代表了不同的趋向。钱谦益晚年的《投笔集》多抒发反对清朝、恢复故国的心愿。吴伟业并没有很强烈的用世之心，他不得不出仕清朝，又感受到传统“名节”观念的负担，心情十分痛苦。他的名作《圆圆曲》烟水迷离，百感交集，富于艺术魅力。顾炎武年少时与同乡归庄参加“复社”，又曾在昆山、嘉定一带抗清，他的诗透露出内心沉郁的情感。屈大均也曾参加抗清武装，失败后削发为僧，不久还俗。屈大均以英雄自许，他的诗热烈奔放。从康熙初期到中期，天下大势已定，清王朝笼络汉族文人的政策也逐渐奏效，但社会的心理已经发生了变化。新的诗坛领袖人物是王士禛。王士禛论诗主张“神韵说”，他要求诗歌应有高妙的意境和天然的韵致，富有言外之味。王士禛还多次提出诗歌应有清亮的音节，这也是“神韵”的一个因素。和王士禛同时驰名诗坛的还有朱彝尊，当时有“南朱北王”之称。他是一个典型的学者文人。清诗中有重学问而抑制激情的风气，这很接近宋诗。公开崇尚宋诗的诗人是查慎行。查慎行的诗大多写社会民生问题，表现士大夫“忧国忧民”的责任感，因此叙述多而激情少。当时的著名诗人还有沈德潜，沈德潜论诗主张“格调说”。所谓“格调”，本意是指诗歌的格律、声调，同时也指由此表现出的高华雄壮、富于变化的美感。他论诗有一个前提，就是要求合于“温柔敦厚”的“诗教”。与王、沈相对应的，乾隆诗坛上影响最大的，是袁枚所倡导的“性灵说”。

名著概要

《随园诗话》共有 26 卷，其中《诗话》16 卷，《诗话补遗》10 卷，近 57 万字。《随园诗话》的核心是袁枚的“性灵说”，主旨是强调创作主体应具有的条件主要在于三要素：真情、个性、诗才。他以这三要素为轴心导引出一些具体观点，从而建构起包括真情论、个性论与诗才论在内的“性灵说”体系。其具体内容是：

袁枚《袁太史文选》书影

真情论：《随园诗话》认为真情是诗人创作首先应该具备的。他说：“诗人者，不失其赤子之心也”。诗自然应该“自写性情”。《随园诗话》尤其推崇诗“言男女之情”。诗应该写真情，因此他大力标举诗的美感功能，强调“诗能入人心脾，便是佳诗”。

个性论：《随园诗话》认为诗人创作需有个性。他说：“作诗，不可以无我”。认为“有人无我，是傀儡也”。突出“我”即是强调诗人特有的秉性、气质在创作中的作用。因为有“我”，才能独抒性灵，“出新意，去陈言”，写出与众不同的佳作。不同的个性自然形成不同的风格，他主张诗歌风格的多样化，“诗如天生花卉，春兰秋菊，各有一时之秀……无所谓第一、第二也”。

诗才论：“性灵”既指性情，也包括“笔性灵”，即才思敏捷。他说：“诗文之道，全关天分，聪颖之人，一指便悟。”又说：“凡多读书为诗家要事，所以必须胸有万卷者”。但是他的目的不在以书卷代替灵性，而是“欲其助我神气耳”。他声称“天籁最妙”，赞赏“劳人思妇，静狡童矢口而成”的歌谣。

袁枚的诗论是结合选诗阐发的，《诗话》内容的基础正是大量的选诗。袁枚曾说过：“枚平生爱诗如爱色，每读人一佳句，有如绝代佳人过目，明知是他人妻女，于我无分，而不觉中心藏之，有忍俊不禁之意，此《随园诗话》之所由作也。”《随园诗话》包括了大量的选诗。

选诗的标准必须是抒写性灵之佳作，能印证他的“性灵说”的理论。他选诗的作者面很广。入选者既有公卿将军，也有布衣寒士；既有僧尼道士，也有青衣童子；既有命妇闺秀，也有妓女歌姬；既有劳人思妇，也有小贩工匠。尤其值得注意的是，他大量选取女子所作诗歌，袁枚声称：“余作《诗话》，录闺秀诗甚多。”其中有女弟子的诗，也有其他的闺秀、寡妇，乃至无名妓女的诗作。当时有人据此批评袁枚“乃名教罪人”，可见袁枚的胆识。

阅读指导

《随园诗话》在论述诗歌理论的同时，选取了大量诗歌作为其理论的说明与补充，这是一个很突出的特点，我们读《诗话》的时候务必要注意袁枚所选的诗，注意将他所选的诗与他的理论结合起来理解。袁枚选诗的标准就是他所标举的“性灵”，他说："村童牧竖，一言一笑，皆吾之师，善取之皆成佳句。"袁枚自己做诗的取材也很广泛，随时随地都能找到灵感。据《随园诗话》卷二记载，"随园中有一担粪者，一日在梅树下喜报云：'有一身花矣！'"敏感的袁枚将这句话加工成警句："月映竹成千'个'字，霜高梅孕一身花。"有一次，袁枚出门，有野僧送行说："可惜园中梅花盛开，公带不去！"袁枚即就此创作了"只怜香雪梅千树，不得随身带上船"这样风趣盎然的诗句。我们从这里可以领会到袁枚的才情，加深对"性灵说"的理解。

随园食单 / 清 / 袁枚 / 美食家的必读之书

名著概要

《随园食单》是清代著名文学家袁枚所著。全书是系统论述清代烹饪技术和涵盖南北菜品的难得著作。是提高烹饪技术、研究传统菜点以及烹制方法的指导性史籍。袁枚是一位有丰富经验的烹饪学家，他所著的《随园食单》一书表面看，只是一个食谱，但出自袁枚之手，其文风和观点自然与一般食谱大相径庭，因此，这部食谱经常被历代文人赞赏。

《随园食单》出版于1792年。全书分为须知单、戒单、海鲜单、江鲜单、特牲单、杂牲单、羽族单、水族有鳞单、水族无鳞单、杂素单、小菜单、点心单、饭粥单和菜酒单14个方面。在须知单中提出了既全且严的20个操作要求，在戒单中提出了14"单"，也就相当于现在的14章。不仅介绍了一些菜品的操作方法，还谈及注意事项和营养搭配。接着，用大量的篇幅详细地记述了我国从14世纪至18世纪中流行的326种南北菜肴，也介绍了当时的美酒名茶。从选料到品尝都有所叙及。其中有关饮食卫生、饮食方式以及菜品搭配等观点，就是在今天看来，依然见解独到，读来获益多多。从中由此可以看出，中国菜肴几百年来没有多少根本性的变化，他推崇的美食，如今仍然广受追棒，非常实用。

作品影响

《随园食单》自问世以来，长期被公认为厨者的经典，英、法、日等大语种均有译本。袁枚此人，生前身后，颇多訾议。独他这本食谱，倒一直被视为食界指南，传布甚广。据说，此书有过日文译本，译者为青木正儿。至今，淮扬菜、本帮菜、杭菜、徽菜，万变不离其宗，跳不出这本食单。清人梁章钜在其《浪迹丛谈》里，凡谈及饮食，无不推介袁枚的《随园食单》，认为他"所讲求烹调之法，率皆常味蔬菜，并无山海奇珍，不失雅人清致。”看来这本虽薄薄一册，但极具文采的《随园食单》，总算填补了中国饮食文化史上的空白。从泽及后人的意义来讲，袁枚这本《随园食单》，意义重大。

《随园食单》文字简单清爽，人人都可照着去做，有趣的是，作者还将某菜做法，出自何人何家大都写了出来。实在是一本美食家的必读之书。

延伸阅读

袁枚一生致力为文，著述颇丰，有《小仓山房诗文集》、《随园诗话》、《随园随笔》《随园食单》……其中在《随园食单》的须知单中他开宗明义地说：“学问之道，先知而后行，饮食亦然，作须知单。”此篇可作为饮食通则，而戒单云：“为政者兴一利不如除一弊，能除饮食之弊，则思过半矣，作戒单。”此篇值得一提的是“茶酒单”一篇，此篇对于南北名茶均有所评述，此外还记载着不少茶制食品，颇有特色。其中有一种“面茶”，即是将面用粗茶汁去熬煮后，再加上芝麻酱、牛乳等佐料，面中散发淡淡茶香，美味可口；而“茶腿”是经过茶叶熏过的火腿，肉色火红，肉质鲜美而茶香四溢。由此可以看出袁枚是一个对茶、对饮食有较深研究的人。

海国图志 / 清 / 魏源 / 中国第一部系统的世界史地著作

作者简介

魏源（1794 ~ 1857 年），原名远达，字默深，湖南邵阳金滩人。父亲魏邦鲁做过主簿之类的小官，在魏源 10 岁时，家乡发生了严重的灾荒，当时父亲正在江苏，无法救济他们，家庭生活极为艰苦，但魏源还是坚持看书。魏源 21 岁时，父亲由地方调往京师做官，他也就跟随父亲来到了北京。29 岁时中了举人后，考进士一直落榜，到了 51 岁时，才中了三榜的第十九名进士。中进士之后，到扬州、高邮等地做过知县和知州。此前魏源和林则徐、龚自珍等爱国志士交往甚密，经常议论时政。由于魏源思想敏锐，富有朝气，因此他在官场上很不得意，处处碰壁。他一生的大部分时间是做幕客和从事写作。魏源在 32 岁时，江苏布政使贺长龄请他编《皇朝经世文编》，一年之后完成，共有 120 卷，包括了政治、经济等方面。因为搜集了很多的社会经济资料，而且以经世致用为指导思想，所以，编成之后影响极大，受到当时许多人的赞赏。1840 年，鸦片战争爆发，由于战事失利，魏源悲愤填膺，爱国心切，于是在 1841 年 3 月，愤然弃笔从戎，投入两江总督、抵抗派将领裕谦幕府，到定海

魏源画像

前线参谋战事。于1842年写成50卷的《海国图志》，1847年至1848年，魏源又将《海国图志》增补为60卷本，刊于扬州，到1852年又扩充为百卷本。在1853年，太平天国攻陷南京后，魏源也和曾国藩一样在地方筹办团练，准备镇压。后来被人诬陷延误情报传送，被免职。第二年恢复职务后不久，他就以“世乱多故，无心仕宦”为由，辞职回乡。最后住在杭州的寺庙里研究佛教，不见任何人，64岁时病逝，葬在杭州。魏源的著作极多，除《海国图志》之外，还著有《圣武记》、《元史新编》、《清夜斋诗稿》、《古微堂诗集》、《默觚》等。

背景介绍

清朝乾隆、嘉庆以来，学术思想界盛行以考据训诂为主流的学术思潮，世称乾嘉学派。这种学术思潮很快暴露出严重弊端，那就是使知识学问脱离国计民生和生活实践，儒学的社会功能日渐丧失。为了纠正这一学术文化之偏，清道光以后学术风尚发生了重大转向，龚自珍、魏源等继承了汉代今文经学的经世致用传统，以竭力扭转当时的学风。魏源曾受贺长龄所托，编《皇朝经世文编》，影响深远。他还关注河政、漕政、盐政等方面的现实问题。尤在西方列强对中华民族的主权构成严重威胁之时，魏源主张对外开放，学习西方的科学技术，“师夷长技以制夷”。

名著概要

1842年写成的《海国图志》只有50卷，1847年至1848年，增补为60卷，1852年又扩充为百卷本。《海国图志》是中国近代史上最早的一部由中国人自己编写的有关世界各国情况介绍的巨著。百卷本的《海国图志》除了以《四洲志》为基础外，还先后征引了历代史志14种，中外古今各家著述七十多种，还有奏折十多件和一些亲自了解的材料，其中也包括外国人的著述。《海国图志》系统地介绍了世界各国的地理位置和历史沿革等史地知识，涉及到各国的气候、物产、交通贸易、民情风俗、文化教育、宗教、历法、科学技术等，有人誉《海国图志》为国人谈世界史地的“开山”之作。

《海国图志》不但详细记载了外国的情况，还首次从理论上肯定了研究世界史地的必要性。在百卷本的《海国图志》中，作者不仅重视工商业，并由经济扩展到政治，由原来对西方“坚船利炮”等奇技的惊叹，发展到对西方近代资本主义民主政体的介绍。就拿介绍美国民主政治来说，《海国图志》征引了《地球图说》、《地球备考》、《外国史略》、《瀛环志略》等书中的材料，详细地介绍了美国民主政治，涉及到美国的联邦制度、选举制度、议会制度等方面。

在军事思想方面，魏源在战略防御的指导思想下，提出了“以守为战”、“以逸待劳”的战略思想，以及“诱其深入”、“坚壁清野”、“出奇设伏”、“水陆夹攻”、“草木皆兵”等战术原则。这种以弱胜强的战略战术思想，不但适用于近代中国的反侵略战争，也适用于遭受西方殖民主义侵略的其他国家。

魏源认为“行”是知识的真正来源，而不是死的书本，不“行”就得不到有用的知识。他对此有个很形象的比喻：“披（即阅读）五岳之图以为知山，不如樵夫之一足；谈沧溟之广以为知海，不如估客（指海外贸易商人）之一瞥；疏（即注释）八珍之谱（名贵菜谱）以为知味，不如庖丁之一啜（品尝）。”所以，魏源才重视实际的调查研究。

魏源坚信这形而下的宇宙世界有一个形而上的根本，它是世界的主宰者和本原。在他的思想体系中，天道的观念一直居于十分重要的核心地位。魏源所关怀和信仰的“道”，具有下面所论的一系列基本特征：恒常性、普遍性、唯一性、主客合一性。从魏源对“道”的思考和论述来看，他确是充满着对道的深切关怀。尽管他一直被认定为晚清时期“好作经济谈，而最注重边事”、“喜以经术作政论”，即充满经世情怀之士，然而，他所钻研的一切经世之学、治世之术，都必须有“道”的依托。所以，对“道”的深切关怀，一直贯穿着魏源的学术思想，构成了他的学术思想的核心。

魏源对“器”、“技”等西方近代的科学技术做了充分的肯定，并大力倡导学习、引进这些代表西方科学技术的“器”、“技”。明确提出了“师夷长技以制夷”的思想，率先倡导学习西方文化。当然，这里所言的西方文化主要还限定在“夷之长技”，而所谓“长技”又是指军事工业技术方面，即如他所说的：“一战船，二火器，三养兵练兵之法。”但是，这一点，对于闭关锁国的清皇朝来说，仍是十分激进的主张，对以后的洋务运动、维新运动均起到了重要的推动作用。而这一“师夷长技”主张的思想基础，仍是魏源那种“治事”的经世致用观念，尤其是重功效的价值标准、验实事的思维取向。

魏源以“师夷长技”为突破口，不仅仅主张学习西方的军事工业方面的制造技术，

相关链接

魏源的另一部代表作《默觚》是其主要哲学著作，是《古微堂文集》的内篇。《默觚》分为《学篇》十四、《治篇》十六，提倡“经世致用”之学，反对繁琐考证的汉学和空谈心性的理学，着重从认识论上阐发了一些朴素唯物主义反映论的道理。本书坚持知识来源于亲身经历，行而后知，不知不行的唯物主义原则。更可贵的是，《默觚》在历史观上有发展和进化的观点。

而且也开始广泛学习、引进西方的科学思想、经济思想和政治思想。

阅读指导

在阅读时，首先应该牢牢把握住魏源“经世致用”的主要学术思想，而具体则体现为“师夷长技以制夷”。其次要处理好所征引的图书资料，因为从古到今，从中到西，从书到图多达近百种。在看到考证具体史实处理古今中西记载的歧异问题时，魏源的基本原则是立足于今、西。

三十六计 / 清 / 汇集兵家奇谋方略之兵书

作者简介

据调查，国内流行本《三十六计》（以下简称“流行本”）一书最早来源于民国三十年，即 1941 年由成都瑞琴楼发行、四川兴华印刷所用土纸排印本。1943 年，北京的一名教师叔和在成都的祠堂旧街一地摊上无意购得瑞琴楼版的《三十六计》，该书旁注小字“秘本兵法”，无作者姓名且后三页被撕毁。现在通行的《三十六计》

唐烽火台遗址

版本是叔和发现的。国内近年来出版的有关三十六计方面的书籍，基本上以叔和本为依据。叔和本无准确的著作年代，也无作者姓名可考。但据推测，该书成书约在明清之际，其作者很可能是一位深谙兵法理论、悉通《易经》、满腹经纶的中下层失意的知识分子。名姓现今尚无确考。近日，西安一位姓张的民间收藏家向媒体披露了一个震撼性的消息：他收藏有其父原著的《秘本兵法》手定稿，社会上流传的《三十六计》一书仅有 2797 字，其源自《秘本兵法》的早期草创本，内容也只是《秘本兵法》中的“第六行”即第六卷万余字中的一部分。如果情况属实，有关专家认为，《秘本兵法》的出现，是《三十六计》在版本学上的一个重要发现，也为探究《三十六计》的原作者提供了一个新线索。

背景介绍

《三十六计》是根据我国古代卓越的军事思想和丰富的斗争经验总结而成的兵书。“三十六计”一语，先于著书之年，语源可考自南朝宋将檀道济（？～436 年），据《南齐书・王敬则传》：“檀公三十六策，走为上计，汝父子惟应走耳。”意为败局已定，无可挽回，惟有退却，方是上策。此语后人赓相沿用，宋代惠洪《冷斋夜话》：“三十六计，走为上计。”及明末清初，引用此语的人更多。于是有心人采集群书，编撰成《三十六计》。

原书按计名排列，共分六套，即胜战计、敌战计、攻战计、混战计、并战计、败战计。前三套是处于优势优域所用之计，后三套是处于劣势所用之计。每套各包含六计，总共三十六计。其计名，有的来源于历史典故，如“围魏救赵”等；有的来源于古代军事术语，如“以逸待劳”等；有的来源于古代诗人的诗句，如“擒贼擒王”等；有的借用成语，如“金蝉脱壳”等；还有出自其他方面的。其中每计名称后的解说，均系依据《易经》中的阴阳变化之理及古代兵家刚柔、奇正、攻防、彼己、虚实、主客等对立关系相互转化的思想推演而成。解说后的按语，多引证宋代以前的战例和孙武、吴起、尉缭子等兵家的精辟语句。全书还有总说和跋。

原书广引《易经》语辞，或以《易经》为依据。《三十六计》正是在前人的基础上进一步研究《易经》中的阴阳变化，推演出兵法的刚柔、奇正、攻防、彼己、主客、劳逸等对立关系的互相转化，使每一计都体现出极强的辩证哲理。全书三十六条计，

作品评价：

自《孙子兵法》问世以来，兵书丛集，洋洋大观。见于记载的多达三千余种，保存至今的也在千种以上，而《三十六计》则独树一帜，雄踞一流。其用途之广博，即使《孙子兵法》也难以企及。世界上许多国家很早就对《三十六计》进行了认真深入的研究。在日本，该书不仅是军事领域的必修教材，更是工商企业人士的制胜法宝。

引用《易经》二十七处，涉及六十四卦中二十二个卦。例如第三计“借刀杀人”，原文为“敌已明，友未定。引友杀敌，不自出力，以损推演”，也就是说，“借刀杀人”之计与损卦密切相关。先定计，后推卦，这是三十六计的特色所在。从某种意义上可以说，三十六计的理论基础就是《周易》的阴阳法则。三十六计原文运用阴阳变化之理，论证刚柔、奇正、攻防、虚实、劳逸等相反相成的关系，包含着丰富的辩证法思想。

《三十六计》作为一部兵书，所涉及的内容仅局限于古代战争的领域。然而，其丰富的内涵已经远远超出了军事斗争的范畴，被人们广泛应用于政治、经济、外交、管理、科技、体育乃至人生哲学等许多领域，成为人们排难解疑、克敌制胜的重要智慧源泉。人们今天研究三十六计应当遵循古为今用、兵为民用的原则，根据社会的进步与发展来不断发掘其无穷的思想价值。

《三十六计》是我国古代兵家计谋的总结和军事谋略学的宝贵遗产，为便于人们熟记这三十六条妙计，有位学者在三十六计中每计取一字，依序组成一首诗：金玉檀公策，借以擒劫贼。鱼蛇海间笑，羊虎桃桑隔。树暗走痴故，釜空苦远客。屋梁有美尸，击魏连伐虢。全诗除了檀公策外，每字包含了三十六计中的一计，依序为：金蝉脱壳、抛砖引玉、借刀杀人、以逸待劳、擒贼擒王、趁火打劫、关门捉贼、混水摸鱼、打草惊蛇、瞒天过海、反间计、笑里藏刀、顺手牵羊、调虎离山、李代桃僵、指桑骂槐、隔岸观火、树上开花、暗渡陈仓、走为上、假痴不癫、欲擒故纵、釜底抽薪、空城计、苦肉计、远交近攻、反客为主、上屋抽梯、偷梁换柱、无中生有、美人计、借尸还魂、声东击西、围魏救赵、连环计、假道伐虢。

阅读指导

鉴于《三十六计》原书的原解部分的文字过于艰深晦涩，难于理解，按语部分具体例证较少，因此，读者在阅读时最好找现代版的《三十六计》：书里首先对“原解”中较难理解的词句尽可能地加以注释；接着参照原书“按语”对每计意思做了解析；然后对每一计的计名来源做了介绍；最后每一计还各举一历史上有关的生动故事，以加深印象。

宋词三百首 / 清末民初 / 朱孝臧 / 一代文学的辉煌体现

背景介绍

《宋词三百首》的编者是清末民初人朱孝臧（1857 ~ 1931年），原名祖谋，字藿生，又字古微，号沤尹，又号村，浙江归安（今吴兴）人。他早年专工于诗，后致力于词，曾经辑集唐宋金元163家词，精心校勘，刻印成编，取名为《村丛书》。《宋词三百首》是他完成的宋词选本。该书所选词作内容以详成为主，数量适中，基本上宋词名家的代表作俱已收入，是一部精到、广泛的选本。

词作为一种文体，讲究声律，需要依曲填写。它滥觞于六朝，起源于初唐，兴起于中唐，完成在两宋并达到顶峰。词在唐代又称“曲子词”、“长短句”，在宋代常称“诗余”和“乐府”。

唐代文人中，刘长卿、韦应物、白居易都是较早从事词作的，但他们的精力与成就都在诗，只是以余力为词，成就不大。进入晚唐，文人填词之风盛行，思想性和艺术性最有影响的是温庭筠。他是中国文学史上第一个以词名家的人。词至李后主煜，境界始开，感慨才深，成为士大夫之词。北宋统一南北，文化交流频繁，经济发达，词走进了它的鼎盛时期。南宋偏安江南，爱国思想与闲逸之情交织于士大夫阶层，其词呈现出两种不同的发展趋势。

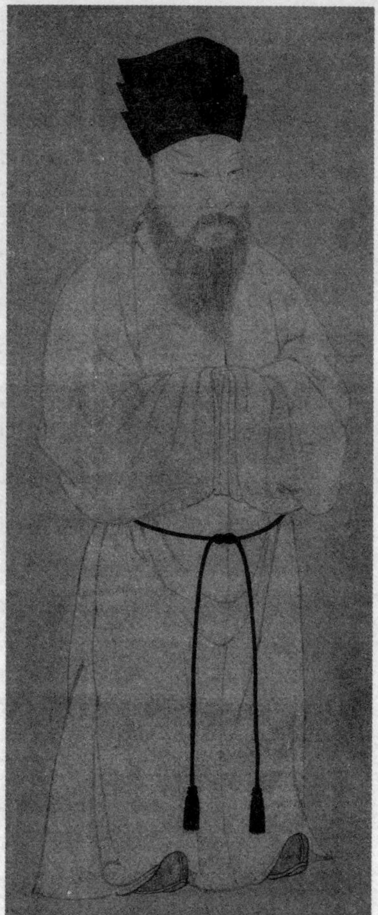

苏轼像　明

这幅画中，画家用极具写真能力的笔墨和线条简练细致地描绘了一代文豪苏轼的文雅形象。

名著概要

《宋词三百首》共选词283首，以北宋皇帝徽宗赵佶为始，南宋女词人李清照为终，多少体现了编者的伦理观念和思想意识。书中北宋词家以晏殊、欧阳修、柳永、晏几道、苏轼、秦观、周邦彦、贺铸为主，南宋词家以辛弃疾、姜夔、史达祖、吴文英、李清照为主。

欧阳修（1007 ~ 1072年），字永叔，庐陵（今江西吉安）人，唐宋八大家之一。欧阳修词收在《六一词》和《醉翁琴趣外编》有二百多首，多是描写爱情的作品，情思深远，清丽生动。

柳永（987 ~ 1053年）原名三变，字耆卿，崇安（福建省崇安县）人。他是北宋第一个专力写词的作家，作品取材于生活，通俗生动，艺术风格以白描见长，很受时人所爱。

苏轼（1037 ~ 1101年），字子瞻，号东坡居士，四川眉山人。他的词冲破晚唐五代以来的吟风弄月、谈情道爱的旧框架，拓宽了词的题材，充满了浪漫主义色彩，由于他的代表性词作豪放自由、境界开阔，后人将他视为词家“豪放派”的代表之一。

周邦彦（1056 ~ 1121 年），字美成，号清真居士，浙江钱塘人。他曾在汴京大晟府任官，为朝廷制礼作乐，故而他的词音律和谐，推敲严密，富有音乐美，传世有《片玉词》。

辛弃疾（1140 ~ 1207 年），字幼安，出生于金国初期的济南，后回到南方宋地，是词史上“豪放派”最杰出的代表。他的词表现在他的爱国精神和战斗思想上，雄奇奔放，生动突兀，形成了独特的艺术风格。

李清照（1084 ~ 1155 年），号易安居士，山东济南人，是中国文学史上杰出的女作家。其诗继承婉约派词家的衣钵，优美传神，兼善白描，在两宋词坛上独树一帜，对后世影响颇大。

作品影响

词是两宋时期文学史上的代表作品，它在宋代成熟而成为一种富有表现力的新的诗体，出现了大量名家名作，前人曾稳称之为“一代之文学”。唐诗、宋词、元曲并称于世，代表了中国文学在特定时期的最高成就。宋词风格多样，沉着雅致如欧词、风神旷放如苏词、凄婉哀怨如秦观、精工博大如周邦彦、豪宕狂逸如辛弃疾、简约细腻如李清照，都对后世的文学产生了巨大的影响。

宋词还是两宋社会的百科全书，它涵盖了天文、地理、军事、政治、生活、艺术等各个方面，反映了宋代光怪陆离的社会面貌，对我们了解中国历史和中国文化有重大的参考价值。

精彩语段

明月几时有，把酒问青天，不知天上宫阙，今夕是何年。我欲乘风归去，又恐琼楼玉宇，高处不胜寒。起舞弄清影，何似在人间。转朱阁，低绮户，照无眠。不应有恨，何事长向别时圆？人有悲欢离合，月有阴晴圆缺，此事古难全。但愿人长久，千里共婵娟。

——北宋·苏轼《水调歌头》

落日熔金，暮云合璧，人在何处？染柳烟浓，吹梅笛怨，春意知几许？元宵佳节，融和天气，次第岂无风雨？来相召，香车宝马，谢他酒朋诗侣。 中州盛日，闺门多暇，记得偏重三五。铺翠冠儿，捻金雪柳，簇带争济楚。如今憔悴，风鬟雾鬓，怕见夜间出去。不如向帘儿底下，听人笑语。

——南宋·李清照《永遇乐》

《宋词三百首》自成书之日起，风行海内，成为至今为止最好的普及性宋词选本，对传播中国文化、了解中国文学、提高自身修养、陶冶艺术情操都有着不可估量的作用。

延伸阅读

《唐宋词选释》是另一较好的词作选本。编者是著名文学家、红学家俞平伯。该书注重词的发展历史，观点新颖，目光独到，选词 251 首。

《全宋词》是由唐圭璋编纂，王仲闻修订，孔凡礼补辑的一部大型图书，共收录千余家词作两万余首，为目前中国最为完备的宋词全集。

《人间词话》为近代学术大师王国维先生所著的一部词学经典，对现当代的文学创作、文学批评均起到了积极的推动作用，众多精辟的理论堪称一家之言。

官场现形记 / 清 / 李宝嘉 / 封建社会崩溃前夕的官场群丑图

作者简介

《官场现形记》的作者李宝嘉，字伯元，别号南亭亭长，笔名游戏主人、讴歌变俗人、二春居士等。江苏武进（今属江苏常州市）人。李宝嘉出身官宦家庭，3岁丧父，由伯父李翼清抚养教育，多才多艺，能写八股文，曾考中秀才；也擅长书画篆刻，又曾向传教士学习英文。1896年到上海，编撰《指南报》，1897年创办《游戏报》。1901年创办《世界繁华报》，“假游戏之说，以隐寓劝惩”，在谈风月的同时，也嘲笑腐败的官僚，暴露社会黑暗。1903年，主编《绣像小说》。李宝嘉痛恨清王朝的腐败与列强的侵略，在小说《活地狱》的“楔子”里说：“世界昏昏成黑暗，未知何日放光明；书生一掬伤时泪，誓洒大千救众生。”李宝嘉的作品有《官场现形记》、《文明小史》、《中国现在记》、《活地狱》、《海天鸿雪记》、《南亭笔记》以及《庚子国变弹词》、《爱国歌》、《芋香宝印谱》等。他与吴沃尧、刘鹗、曾朴并称清末四大小说家。

背景介绍

中国人习惯把政府官员结成的关系网叫官场，把担任政府官员、踏入这个关系网叫作混迹官场。官场也是一种社会关系，官吏们为了自己利益不受侵害，或者使自己利益越来越大，结成这么一个关系网。官员们或者官官相护，或者互相倾轧，巧妙地维持着微妙的关系。历朝历代，官场都难得干净，晚清官场的腐败更是自不待言。这种腐败除了官吏的道德败坏之外，主要还是封建专制政体自身有问题，是制度的腐败。中国自从秦始皇统一天下，建立一套中央集权的官制以来，历代沿袭，只是稍加修改，并没有任何本质的变革。官员作为一个对全体人民开放但是相对独立的阶层，有它自身特殊的利益，它们处在社会的上层，享受民众的奉养，是一个既得利益阶层。又因为中国皇帝的地位远远超过官员，官员们与皇帝之间也有一道利益的鸿沟，皇帝考虑的是他的家族利益，而官员们考虑的则是自身阶层的利益，这两者虽然不是对立关系，但是也很微妙。历朝历代，最高统治者没有谁不希望自己的江山社稷能传之万世而不朽，为此他们必然要制定律例，惩治贪赃枉法，遏制官场恶习。但是官员们有官员们的手段，他们既要敷衍皇帝，又要保证自身阶层的利益尽量不受损害，结果使得皇帝们淳清吏治的宏伟构想无一例外地失败。腐败之所以横行而难以根除，很重要的原因就在于，人们并不觉得拉关系、讲人情在道德上有什么危险，它甚至是社会道德伦理的一部分。专门描写晚清官场的小说有李宝嘉的《官场现形记》，作者自诩熟知“官之龌龊卑鄙之要凡，昏聩糊涂之大旨”，所以能“以含蓄酝酿存其忠厚，以酣畅淋漓阐其隐微”，风行一时。《官场现形记》虽然只是一部小说，但是它揭示出官场的黑暗，可以带给我们关于社会的思索。

名著概要

《官场现形记》最初连载于《世界繁华报》，全书共六十回。本书写陕西同州府朝邑县赵温中举捐官，他的同伴钱典史捐派江西。江西代理巡抚何某，绰号“荷包”，“荷包”平生爱钱。他的三弟绰号“三荷包”。两个“荷包”分赃不均失和，抖出许多卖官鬻爵的旧账。“三荷包”带着卖官所得的银子，买得山东胶州知州的位子。到任后，千方百计巴结山东巡抚。外国人劝巡抚做生意，候补通判陶子尧趁机大讲“整顿商务”，被巡抚派往上海购买机器。陶到上海，被骗子与妓女捉弄，狼狈不堪。幸好山东试用府经周因从中帮忙，才算了结。周因得陶谢礼，前往浙江，协助旧交浙江巡抚刘中丞办洋务。周与文案戴大理勾心斗角，互相拆台。上司委胡统领带着

官员打牌图 法国

在中国游历的欧洲传教士将晚清腐朽的官僚机构用略带幽默和嘲笑的笔触赤裸裸地表现在画面上。

周因等人前往剿捕严州一带土匪，官兵上下避匪不战，骚扰民众，却个个立功受赏。御史参劾刘中丞，两名钦差来浙江巡查。副钦差傅理堂署理浙江巡抚，外表廉明，暗地卖官。浙江粮道贾筱芝用6000两银子买得一个密保，升任河南按察使。贾的大少爷贾润孙趁黄河决口，任河工总办，赚了10万两银子，进京谋职，先后结识了钱席掌柜黄胖姑、宗室博四爷、书铺掌柜黑白果、开古董铺的刘厚守、试用知府时筱仁，通过太监黑大叔、内阁大学士华中堂等权贵，谋求放缺，因有人作梗，未能办成。

时筱仁与广西提督舒军门、户部王博高、军机徐中堂、江南记名道余小观等人交往。余小观到南京候职，结识了牙厘局总办余荩臣、学堂总办孙国英、洋务局会办潘金土、保甲局会办唐六轩、旗人乌额拉布等候补道，一起赌博、狎妓。一起鬼混的还有南京统带防管的统领羊紫辰。羊统领好色，家中现有8个姨太太。一个名叫冒得官的船哨官，为保官职，逼诱亲生女儿，给羊统领做第九个小老婆。湖广总督也是一位旗人，名叫湍多欢，原有10个姨太太，人称“制台衙门十美图”。有个属员为谋官职，又特地在上海买了两个绝色女子送他，湖北人改称为“十二金钗”。得宠的九姨太与十二姨太，先后插手卖官捞钱。经常惹乱子的唐二乱子，通过制台的十二姨太，一夜之间变成了银元局总办。连制台的女儿宝小姨也放手卖官。湍制台奉旨进京，署理直隶总督。湖北巡抚贾世文升任湖广制台。此人自称生平有两桩绝技：一是画梅花，一是写字。其实一概不通。下属想要趋奉他，便借此讨他的好。他平日号令不常，起居无节。候补知县卫瓒，藩台噶扎腾额，远方表弟萧秃子，蕲州州官区奉仁，撤任兴国州官瞿耐庵，蕲州吏目随凤占，府经申守尧，秦梅士，代理蕲州吏目钱琼光等人先后前来拜见，这些人互相牵扯，搅起许多污泥浊水。北京派署理户部尚书童子良来湖北清查财政。童钦差最厌恶的是洋人。无论什么东西，只要带一个“洋”字，他决不肯亲近。听人说鸦片是洋烟，便摔掉烟灯、烟枪。做官要钱，专要银子，不要洋钱。出京之后，一路上捞到近100万两。安徽一个候补知府刁迈彭，得到童子良的赏识，进京引见，平空里得了一个“特旨道”，安徽人叫他“二抚台”，后来又署了芜湖关道。刁迈彭到任后，插手外路缙绅张守财家事，赚了几十万两银子。后来奉使外洋。当时有许多人与洋人打交道。江南制台文明，景慕维新，对下级傲慢粗暴，对洋人却卑躬屈膝。六合县知县梅仁谄媚洋人，得到文制台格外赞赏。枪炮制造厂总办傅博万，因为出过洋，归国后到处招摇，也得到文制台赏识。当时的吏治，已经不可收拾。

作品特色

《官场现形记》是我国第一部在报刊上连载、直面社会而取得轰动效应的长篇章回小说。在作者笔下，上至尚书、军机大臣，下至州县吏役佐杂，无不在为升官发财而奔走。他们一个个或钻营诈骗，或狂嫖滥赌；或吸鸦片，或玩相公；或妄断刑狱，或明码买缺。总之，整个官场上全都是见钱眼开，视钱如命，蝇营狗苟，排挤倾轧，谄媚逢迎，道德败坏之徒。用作者自己的话来说，就是“妖魔鬼怪，一齐都有”。这些国家的蛀虫、社会的败类，一方面掌握着国家的命脉，对人民百姓作威作福，极尽欺压剥削之能事；另一方面，却又在帝国主义面前奴颜婢膝，丑态百出。他们无论在什么场合，只要听到洋人或碰到洋人，马上手忙脚乱，面容失色。如第五十三回，两江制台一听到洋人来拜，“顿时气焰矮了半截”。一听到百姓反对洋人，便马上派兵去“弹压”。作者以犀利的笔锋刻画了官场的丑态，表达了对那些崇洋媚外的帝国主义奴才的鄙视，充分展示了一个觉醒的中国人强烈的民族自尊心。作者在小说中大胆地影射当时的很多权要人士，书中故事很多都以真人真事为蓝本，如书中的黑大叔影射李莲英，华中堂影射荣禄，周中堂影射翁同和。他所揭示的，正是穷途末路的清王朝无官不贪、无吏不污的现状。而且，在清政府淫威下，他居然秉笔直刺最高统治者，借宫廷掌权太监的口吻道破天机：

“佛爷早有话：‘通天底下一十八省，那里来的清官。’但是御史不说，我也装糊涂罢了；就是御史参过，派了大臣查过，办掉几个人，还不是这么一回事。前者已去，后者又来，真正能惩一儆百吗？”

这赤裸裸的揭示，正说明了清代社会末年的官场普遍贪污，实在是在最高统治者的纵容下进行的，而腐朽的社会制度又是滋养这些贪官污吏的温床。作者以极大的注意力去观察着污浊的心灵世界，并将之形象地刻画出来，揭发了这个统治阶级集团道德情操的极端堕落，明示着曾经辉煌的大清帝国，实际上已经是一片废墟。

阅读指导

本书的写法受《儒林外史》影响很大，由一些相对独立的短篇组成，但又相互勾联。全书从西北写到东南，写到北京；从一个尚未当官的士子（赵温）和一个州县佐杂小官（钱典史）写起，写到州府长吏（黄知府、郭道台）、藩台（“荷包”）、督抚（山东巡抚，浙江巡抚刘中丞、傅理堂，湖广总督湍多欢、贾世文，江南制台文明）、钦差（童子良）、太监（黑大叔）、军机（徐大军机）、大学士（华中堂、沈中堂）等。他们的丑恶嘴脸一个个跃然纸上。

本书笔锋犀利刚劲，深刻中有含蓄，嘲讽中有诙谐，书中许多章节，写得有声有色。如第二回、第三回，写钱典史如何巴结新贵赵温，“暗里赚他钱用，然而面子上总是做得十分要好”，又想通过赵温巴结吴赞善。后来见吴赞善冷淡赵温，“就把赵温不放在眼里”。可是，“忽然看见他有了银子捐官，便重新亲热起来；想替他经经手，可以于中取利”，“后见赵温果然托他，他喜的了不得，今天请听戏，明天请吃饭”。把这官场上小人物的曲折心理刻画得精细入微。又比如第四十六回、第四十七回写钦差大人童子良忌讳“洋”字，第五十三回写江南制台文明谄媚洋人，都活灵活现，令人发笑。

人间词话 / 清末民初 / 王国维 / 自由之思想，独立之精神

作者简介

王国维像

《人间词话》的作者王国维（1877 ~ 1927 年）是近代著名的学者、词人。字静安，号观堂，浙江海宁人，清末秀才。1898 年前往上海，在梁启超主编的改良派报纸《时务报》任职。1901 年，王国维赴日本留学，就学于东京物理学校。次年回国，曾任通州、苏州等地师范学堂教习，讲授哲学、心理学、伦理学，并致力于文学研究。1906 年到北京，集中精力研究宋词元曲。1907 年起在学部任职。1911 年 12 月随罗振玉移居日本京都，研究甲骨文、金文和汉简。1916 年，受犹太富商哈同聘请，回上海编辑《学术丛编》。1918 年，任哈同创办的仓圣明智大学教授。1922 年，受聘为北京大学通讯导师。1923 年，任清故宫南书房行走，成为末代皇帝溥仪的老师。1925 年，任清华大学国学研究院导师，与梁启超、陈寅恪、赵元任并称国学院四大导师。1927 年 6 月，投北京颐和园内的昆明湖自杀，年仅 50 岁，遗书中说：“五十之年，只欠一死，经此世变，义无再辱。”

王国维的政治思想是保守的，然而学术上，他在哲学、教育、文学、史学、文字学和考古学等方面取得了卓越的成就，他是近代学术界最早把乾嘉学派的治学传统和西方治学方法融会贯通的代表人物之一。王国维一生的主要精力花在史学研究上，著有《殷卜辞中所见先公先王考》、《殷周制度论》等论文，利用甲骨文探求、论证历史，被认为是“新史学的开山”。在文学领域，他吸收西方哲学与美学理论法研究中国文学，对“五四”以后的新文学有过启蒙作用。王国维在文学方面的重要著作有：《叔本华之哲学及教育学说》、《〈红楼梦〉评论》、《文学小言》、《屈子文学之精神》、《人间词话》、《宋元戏曲史》以及《观堂长短句》等。王国维的部分考证文章及诗词收入《观堂集林》；他死后，后人将他的著作编成《海宁王静安先生遗书》。

背景介绍

王国维生活的时代，正是我国内忧外患日益加剧、国家民族处于危亡关头的时代。自从 1840 年以来，中国的知识分子就开始觉醒，他们看到了我们固有的文化存在某些弱点，需要向外国学习先进的技术和思想。19 世纪六七十年代，清政府的一些封疆大吏发起了一场旨在强兵富国的洋务运动，开办工厂、邮局，修筑铁路，开设新式学堂，举办印书译书馆，并且派遣留学生去外国留学。中国与西方国家的联系加强了，西方的政治思想、学术思想也随之大量流入中国，这种现象被称为西学东渐。

西学东渐使国人对于我们固有的文化有了新的看法，一批有识之士开始用西方的学术思想来整理中国固有的学术，或者将西方的学术思想与中国的传统学术思想结合起来，使学术研究达到一个新的高度。王国维先生就是这个背景下造就出的大学者，他的研究方法兼有中西两面的长处，堪称中西合璧，成就斐然。

名著概要

《人间词话》是一部札记式的诗歌理论著作，共六十四条，又有后人整理了他自己原稿中删掉的一些条目，集成一百余条。本书的中心概念是“意境”。《人间词话》的前九条是有关意境基本理论的论述；第十条至第五十二条是对历代词人及其创作的评论；第五十三条至第六十四条论述词与其他诗歌形式的联系与区别。

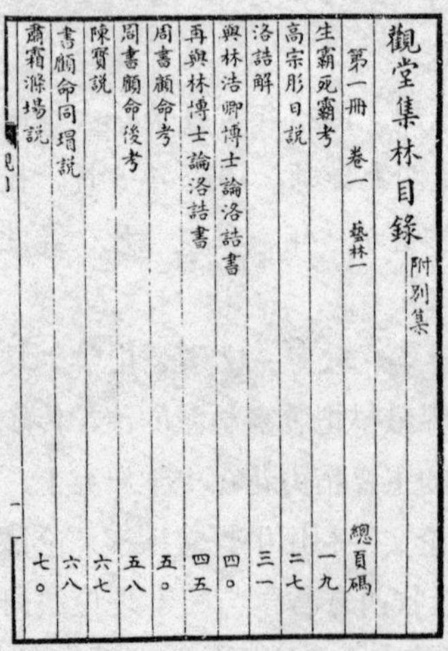
觀堂集林目錄 附別集
第一冊 卷一 藝林一 總頁碼
生霸死霸考 一九
高宗肜日說 二七
洛誥解 三一
與林浩卿博士論洛誥書 四〇
再與林博士論洛誥書 四五
周書顧命考 五〇
周書顧命後考 五八
陳寶說 六七
書顧命同瑁說 六八
肅霜滌場說 七〇

王国维《观堂集林》内页

《观堂集林》共 20 卷，王国维去世后，由罗振玉、赵万里等人辑补，增至 24 卷。是作者有关经学、史学的论文集，并附有作者所作诗词。其中艺林 8 卷，为古史及经学研究论文，史林 14 卷，为有关殷周史地、西北边疆史地等的考订文章。另有缀林 2 卷。

王国维总结了古代有关意境的论述，并且运用西方文艺美学的观点进行理论分析。他认为意境是词的创作的中心问题，境界是心与物互相统一的表现，“词以境界为最上。有境界则自成高格，自有名句。”他认为，词要真实自然，“能写真景物、真感情者，谓之有境界，否则谓之无境界”，要具有“言外之意”。他在评论姜夔时说：“无言外之味，弦外之响，终不能与于第一流之作者也”。他将意境分为“有我之境”与“无我之境”两类。“有我之境”指“以我观物，故物皆着我之色彩”，“无我之境”指“以物观物，故不知何者为我，何者为物”。他又说：“无我之境，人惟于静中得之。有我之境，于由动之静时得之。故一优美，一宏壮也”。王国维认为，判别意境优劣的原则是“不隔”。“不隔”指真实自然、生动传神而又有“言外之意”的境界。他又说:“古今之成大事业、大学问者,必经过三种之境界:‘昨夜西风凋碧树，独上高楼，望尽天涯路。’此第一境也。‘衣带渐宽终不悔，为伊消得人憔悴。’此第二境也。‘众里寻他千百度，蓦然回首，那人却在灯火阑珊处。’此第三境也。”这就是要写出有意境的作品需要经历的3个阶段。第一境是认识学习阶段，第二境是艰难训练阶段，第三境是功到自然成的阶段。

本书对理想与现实的关系、主观与客观的关系、景与情的关系、观察事物与表现事物的关系等文学创作中一些带有规律性的问题，都有精辟的见解，这部著作也受到了叔本华等西方美学思想的影响。

作品特色

《人间词话》熔中国古典文学和西方哲学、美学于一炉，以发挥前者为主，建立起自己的一套文艺理论体系。王国维论词以“境界”说为中心，论述了关于艺术特征与创作方法的许多问题。境界说在《人间词话》中提出一个观点，即文学作品的意境是由作品所描写的生活实际和它所表现的思想感情融合一致而形成的，是主观和客观、理想和现实、情感和理智的统一，所谓境界“非独谓景物”。诗词要达到高境界必须用真景真情，“能写真景物，真感情者，谓之有境界；否则谓之无境界”。情景交融，两为一体，“其言情也必沁人心脾，其写景也必豁人耳目，其辞脱口而出无矫揉妆束之态”，即形象鲜明，富有感染力。《人间词话》围绕“境界”这一中心还论述了“有我之境”与“无我之境”、“景语”与“情语”、对宇宙人生的“入乎其内”与“出乎其外”等内容，见解之精辟，皆为文坛所罕见。它的思想境界与自成一家的创作形式都要高于当时其他诗词论著，但仍有失之偏颇之处，如美学和文艺思想还是立足于唯心主义，对唐、五代、北宋词人作品过于推崇等。

阅读指导

本书融合了中国古典文学与西方美学，提出了以“意境”为核心的理论，可以说这是对我国古典美学意境论的一个总结。阅读这样一部作品，最重要的是领悟其理论的内涵。王国维每阐述一个理论观点，总是以大量的例子来证明自己的论述，甚至用古人诗歌的例证来说明观点，而不展开理论的论述。比如他论“隔”与“不隔”，

名家点评：

近二三十年来，就我个人所读过的来说，似以王静安先生的《人间词话》为最精到。

——朱光潜

可以作为王氏一家的艺术论读。

——夏承焘《词论十评》

就没有理论阐述，而是引用了大量的例子："陶谢之诗不隔，延年则稍隔已。东坡之诗不隔，山谷则稍隔矣。'池塘生春草'、'空梁落燕泥'等二句，妙处唯在不隔，词亦如是。即以一人一词论，如欧阳公〔少年游〕咏春草上半阕云：'阑干十二独凭春，晴碧远连云。二月三月，千里万里，行色苦愁人。'语语都在目前，便是不隔。至云：'谢家池上，江淹浦畔'则隔矣。白石〔翠楼吟〕'此地，宜有词仙，拥素云黄鹤，与君游戏。玉梯凝望久，叹芳草、萋萋千里。'便是不隔。至'酒祓清愁，花消英气'则隔矣。然南宋词虽不隔处，比之前人，自有浅深厚薄之别。"王国维对历代词人的评论很精彩，可以帮助我们领会以境界为中心的美学思想。

当然，就理论思维方式和理论术语来说，20世纪初王国维在《人间词话》中主要运用的依然是中国古典美学的思维方式，也就是以形象性、象征性的思维来阐发个人的直观感悟，而没有采用西方的思辨方式；他使用的术语也是中国传统的美学术语，如"境界"、"景语"、"情语"等等，与传统的"风骨"、"气韵"等术语很相似。这种术语体系缺乏明晰性和准确性，犹如雾里看花，没有明确的概念界定，可能很不适合现代人的思维方式，这样就要求读者抛开量化或者数据化的思维方式，调动自己的情感，用心去体会古典诗词的美，领悟古典诗词"意境"，从而理解王国维的理论。

呐喊 彷徨 / 现代 / 鲁迅 / 寂寞中的呐喊，战斗后的彷徨

作者简介

鲁迅（1881～1936年），中国现代伟大的文学家、思想家和革命家，是新文学运动的奠基人。原名周树人，字豫才，浙江绍兴人，出身于破落的封建家庭。

1902年去日本留学，原学医，后从事文艺等工作，企图用以改变国民精神。1909年回国，先后在杭州、绍兴任教。辛亥革命后，曾任南京临时政府和北京政府教育部部员、佥事等职，兼在北京大学、女子师范大学等校授课。1918年5月，首次以"鲁迅"为笔名，发表中国现代文学史上第一篇白话小说《狂人日记》，对人吃人的制度进行猛烈的揭露和抨击，奠定了新文学运动的基石。五四运动前后，参加《新青年》杂志的工作，站在反帝反封建的新文化运动的最前列，成为"五四"新文化运动的伟大旗手。1918～1936年间，陆续创作出版了《呐喊》、《坟》、《热风》、《彷徨》、《野草》、《朝花夕拾》、《华盖集》、《华盖集续编》等杂文、散文、诗歌专集，表现出爱国主义和彻底的民主主义的思想特色。其中，1921年12月发表

《阿Q正传》漫画 丰子恺

的中篇小说《阿Q正传》，是中国现代文学史上杰出的作品之一。从1927～1936年，创作了《故事新编》中的大部分作品和大量的杂文，这些杂文作品收录在《而已集》、《三闲集》、《二心集》、《南腔北调集》、《伪自由书》、《准风月谈》、《花边文学》、《且介亭杂文》等杂文集中。鲁迅的一生，对中国的文化事业做出了巨大的贡献；他领导和支持了“未名社”、“朝花社”等进步的文学团体；主编了《国民新报副刊》、《莽原》、《奔流》、《萌芽》、《译文》等文艺期刊；热忱关怀、积极培养青年作者；大力翻译外国进步的文学作品和介绍国内外著名的绘画、木刻；搜集、研究、整理了大量古典文学，批判地继承了古代文化遗产，编著《中国小说史略》、《汉文学史纲要》、《唐宋传奇集》、《小说旧闻钞》等等。1936年10月19日病逝于上海。

背景介绍

辛亥革命爆发之后，中国的社会状况并没有发生根本的变化。那些曾经在革命前是奴隶的人们一旦掌握了政权，便又把广大人民群众当作自己的奴隶来对待了。袁世凯称帝、张勋复辟等一系列复辟活动的发生，把中国社会思想的陈腐性、落后性更充分地暴露出来。鲁迅从1909年回国至“五四”新文化运动爆发的整个阶段，是他的思想沉淀期。辛亥革命的失败从一个侧面证明了他对国民性问题的重要性的基本估计，使他对中国国民性问题的思考更加深入和细致了。1919年爆发的“五四”新文化运动给鲁迅带来了新的希望，他在对封建传统的自觉反叛中受到鼓舞。1918年，他以“鲁迅”为笔名在《新青年》第4卷第5号发表了他的第一篇白话小说《狂人日记》，这是中国现代文学史上的第一篇白话小说，揭开了中国小说史新的一页。1923年，鲁迅将1918至1922年所作的15篇短篇小说辑为《呐喊》，由新潮社出版（后来再版时抽去《不周山》一篇，改入《故事新编》），它是中国现代小说的奠基之作。

名著概要

《呐喊》

《狂人日记》描写一个“迫害狂”患者的心理状态，并把作者对社会生活的深刻揭示和狂人特有的内心感受，巧妙地结合起来。狂人所说的每一句话，都是疯话，但又都真实地揭露了生活的真象，从而显示了“家族制度和礼教的弊害”。它剥开了“仁义道德”的伪装，控诉了“易子而食”、“食肉寝皮”、“割股疗亲”等残酷的罪行，尖锐地指出中国几千年来的历史是人吃人的历史。

《孔乙己》以鲁镇的咸亨酒店为背景，通过“我”（小伙计）的眼光，表现了在科举制度毒害下，具有迂腐而善良性格的孔乙己的悲剧，控诉了封建教育、封建科举的罪行。

《药》描写了两条故事线索，一条是革命者夏瑜的英勇牺牲，一条是华老栓夫妇为了医治儿子疾病所表现的落后无知，并通过“药”——人血馒头而联结起来，深刻有力地表现了所谓“国民性”的痼弊，表现了革命者的悲剧，表现了资产阶级旧民主主义革命的历史教训。

《明天》描写单四嫂子的孤寡及其失子的惨痛，并对封建统治下人与人的冷漠关系进行了挖掘和批判。

《一件小事》通过“我”乘人力车所遭遇的一个意外事故，对比地描写了劳动人民与知识分子的行为和思想。作者歌颂劳动人民正直无私的品质，揭示并批判知识分子的个人主义的劣根性。

《风波》取材于1917年张勋复辟的历史事件，直接联系到1911年的辛亥革命。小说通过一根辫子的去留问题，反映社会生活的巨大风波。

《故乡》通过第一人称“我”回乡的见闻和回忆，展示了当时农村的萧瑟、凄凉的生活图景，塑造了闰土这样一个饱受反动统治者剥削和压迫的淳朴、勤劳的农民形象。

《阿Q正传》真实而深刻地塑造出一个在精神和物质上受到严重摧残和盘剥的落后农民的典型。他的思想性格比较复杂，而“精神胜利法”是其主要的性格特征。这种不正视失败与痛苦、运用各种方式以求精神慰藉的病态，在半殖民地半封建社会里普遍存在。

《社戏》以浓郁的抒情笔调，描写“我”和农村少年朋友看戏的情景。

《白光》描写了陈士成疯狂追求功名利禄的卑污心理，他是科举制度的殉葬品。

《彷徨》

《在酒楼上》以“我”在S城的小酒楼上偶遇旧友入笔，描写了吕纬甫的不幸遭遇和痛苦经历。这个过去敢于向旧礼教挑战的人，经过时间的消磨、旧制度的腐蚀，到后来完全丧失了斗志，成了一个过了明日不知如何的麻木的人。

《孤独者》记述了魏连殳的一生。这个曾经是“新党”的知识分子，曾经毫无顾忌地写文章、发议论，和黑暗社会进行斗争。然而旧势力却不允许他这样活着，各种无形的箭向他袭来，他渐渐地消沉了。后来竟和旧势力完全妥协，成了一个军阀师长的顾问，最终也毁灭了自己。

《伤逝》中的涓生和子君较多接受了西方的资产阶级民主主义思想，反抗封建主义的思想则更为强烈。子君毅然冲破封建家庭的牢笼，与主张男女平等、婚姻自主的涓生同居。可是在冷酷的社会现实面前，两人最终被迫分离，涓生又回到了冷寂和空虚的会馆破屋，子君也不得不回到父亲那里，最后悲惨地死去。

《祝福》描写了祥林嫂曾经被迫与比自己小十岁的男人结婚，丈夫死后又被卖进深山野坳；再婚不久，丈夫病死，孩子也被狼吃掉，又被赶出门外；她只能又回到鲁四老爷家帮工，受尽了嘲笑和奚落；她用血汗钱捐了门槛，本以为从此有了希望，然而无情的现实把她最后的一点希冀完全粉碎，最终冻死在雪地。

《离婚》主人公爱姑虽然是一个农村妇女，但她在丈夫与人姘居而要求和她离婚时，不甘心驯从于封建夫权的摆布，敢于轻视偏袒丈夫的慰老爷和七大人。

《祝福》中祥林嫂的形象

《肥皂》描写了一个表面上满口仁义道德，极力维护封建礼教的四铭先生，他反对儿子学洋文，反对女儿进学堂，反对新文化思想，他有着极其肮脏下流的心理，做着见不得人的美梦。

《高老夫子》讽刺了高尔础这个所谓的文人。他自命不凡，鼓吹国粹，然而却不学无术，知识甚少，他到学堂只不过是为了去看女学生。

《幸福的家庭》描写了文学青年在资产阶级思想的诱惑下，梦想以自己的笔，开出通向“幸福家庭”的路，但最终不过是自我嘲讽。

《长明灯》刻画了一个试图吹熄“不灭之灯”的

疯子，不断地传出“熄掉它罢”的呼声，最后疯子被关了起来，但他那“我放火”的呼喊已深入人心，由孩子们歌唱。

《示众》描绘了城市马路一角“示众”的场面，“一个巡警押着犯人示众，围观的市民围得水泄不通。他们神情麻木，表现得毫无灵魂，这不仅包括看客，也包括那个犯人”。

《弟兄》描写了张沛君一方面对于弟弟染病非常关心，另一方面又因弟弟生病引起自私的考虑，从而真实地反映了一个小知识分子在当时的社会环境中形成的复杂性格。

阅读指导

《呐喊》和《彷徨》通过具体的人物和事件，写出了一个时代。在这个时代里，封建势力虽然日趋崩溃但暂时还很强大，人民群众灾难深重而尚未普遍觉醒，知识分子在追求中充满着怀疑与希望。虽然近代中国工人阶级的力量在鲁迅的作品里没有得到反映，但他还是从自己熟悉的生活出发，对中国革命力量做了深入的巡视和考察。他宣判了封建势力的死刑，揭示了资产阶级的软弱无力，要求知识分子摆脱“空虚”和“动摇”，改造自己的思想和生活，同时对农民寄予殷切的希望。出现在他小说里的农民即使落后，却仍然在苦难中保持着坚韧的性格，深厚地蕴藏着一种终将爆发的革命的潜力。由于鲁迅的现实主义植根于彻底的革命民主主义思想，时时自觉地与革命前驱者取同一的步调，因而在严峻的现实解剖中不断地闪烁着理想主义的光芒。

从《呐喊》到《彷徨》，每一篇作品的题材内容和艺术构思都不一样，这不仅由于鲁迅在创作过程中经过反复的酝酿，而且也是他长期的生活考察和艺术探索的结果。在表现上，有时多用白描，如《肥皂》，如《高老夫子》；有时侧重抒情，如《故乡》、《伤逝》；有时则是白描和抒情的有机的结合，如《祝福》、《在酒楼上》、《孤独者》等等。小说都从多方面做了尝试和创造。同时，鲁迅小说又富于独创性，具有非常突出的个人风格：丰满而又洗练，隽永而又舒展，诙谐而又峭拔。

朝花夕拾 / 现代 / 鲁迅 / 追忆永逝的韶光

背景介绍

《朝花夕拾》写于 1926 年 9 月 18 日，当时鲁迅在厦门。鲁迅曾屡屡谈及创作文本时“所处的社会状态”。在《故事新编·序言》中说，写作《朝花夕拾》是“一个人住在厦门的石屋里，对着大海，翻着古书，四近无生人气，心里空空洞洞的时候”。在《朝花夕拾·小引》中他还说：“后五篇（指《从百草园到三味书屋》、《父亲的病》等）却在厦门大学图书馆的楼上，已经被学者们挤出集团之后了。”为了“在纷扰中寻出一点闲静来”，鲁迅只能借回忆旧时的美好事物，来寄一丝安慰，排解一些苦闷；“便是现在心目中的离奇与芜杂，我也还不能使他即刻幻化，转成离奇与芜杂的文章”。在这样的思想状态中，“回忆在心里出土了”，著文即以“朝花”的艳丽与单纯，来安慰“夕拾”（即现时，此时）“离奇与芜杂”的思绪。

名著概要

在《朝花夕拾》中，鲁迅用夹叙夹议的方式，以青少年时代生活经历为线索，真实而动人地抒写了从农村到城镇、从家庭到社会、从国内到国外的一组生活。《狗·猫·鼠》、《二十四孝图》、《无常》三篇议论与叙述并重，隐寓作家对当时现实生活的针砭，写来挥洒自如，庄谐杂陈。《阿长与山海经》、《五猖会》、《从百草园到三味书屋》、《父亲的病》、《琐记》等五篇，以亲切动人的笔墨，分别记录了社会生活的一面，几乎每篇都是一幅浓淡相间、色彩鲜明的风俗画或世态画。《藤野先生》和《范爱农》本意在追怀旧日的师友，却也写出了海外生活和革命运动的片断，境界更为开阔。正如他的小说一样，鲁迅在这些散文里也创造了许多富有个性的人物——爽朗而多嘴的长妈妈，她有许多麻烦的礼节，却能够做别人不肯做或不能做的事情；藤野先生纯然是一个诚笃而不拘小节的学者；范爱农生性狷介，他有自己的理想，却总是落落寡合。作品往往只用几段故事，便烘托出了人物的性格，使他们跃然纸上。例如长妈妈，当她切切察察地向人低声絮说的时候，“竖起第二个手指在空中上下摇动，或者点着对手或自己的鼻尖”。这一段便很生动。再加上睡觉时伸开手脚，占领全床，以及终于

三味书屋

买来了《山海经》，她的性格就表现得十分全面了。藤野先生对于生活很随便，上讲堂“忘记带领结”，“冬天是一件旧外套，寒颤颤的”；对于学术却又认真，严肃，一个字一个字地改讲义，订正血管的位置，探询足骨的变形。在对比中，人物的个性便突显出来。范爱农的反对发电，时常瞪着多白的眼睛，自然都和他的个性有关，但真正使人感动的，也是几笔对比的描写：革命以前，他喝酒，说些“愚不可及的疯话”；革命以后，“还是那件布袍子，但不大喝酒了”，“他办事，兼教书，实在勤快得可以。”这是他性格中最本质的一点，写来朴素而又鲜明。不仅长妈妈、藤野先生、范爱农是这样，便是三味书屋里“将头仰起，摇着，向后拗过去，拗过去”，大声朗读着的先生；爱用奇特的药引，说“舌乃心之灵苗”，“医能医病，不能医命”的陈莲河；在孩子面前怂恿打旋子，从旁计数，看见大人来了就说“你看，不是跌了么？不听我的话。我叫你不要旋，不要旋……”的衍太太；以至纵使“空着手，也一定将肘弯撑开，象一只螃蟹”一样走路的目空一切的大学生。这些都着墨不多，但能情态逼真，说明鲁迅在艺术创作上卓越的本领。

《朝花夕拾》中所写的人和事，往往饱含着作家强烈的爱憎，闪烁着社会批判的锋芒，在平淡的叙述中寓有褒贬，在简洁的描写中分清是非，使回忆与感想、抒情与讽刺和谐地结合起来。固然，鲁迅有时也采取直接批评的方式，例如《狗·猫·鼠》里反对繁文缛节的婚礼，《二十四孝图》里反对矫揉造作的孝行，以及对自称维持“公理”的绅士，一味妨害白话的文人，大都口诛笔伐，色严词厉。然而更多的时候，这种批评却不是表现在字面的论述上，而是深入到内容和情节里。《父亲的病》写两个医生自高身价，毫无实学；《琐记》写衍太太教唆作歹，散布流言；《五猖会》写出发看会前，父亲忽然叫他背书，全篇都是叙述，到结尾加上一句：“我至今一想起，还诧异我的父亲何以要在那时候叫我来背书。”《父亲的病》写临终前，衍太太按照当地风俗，要他大声叫喊。这一段也是客观叙述，结尾又加上一句：“我现在还听到那时的自己的这声音，每听到时，就觉得这却是我对于父亲的最大的错处。”出语似极平静，感情却很强烈。譬如他反对不恰当的讲礼节，分尊卑，写一群读书人在国外的客车上让座，“甲要乙坐在这位上，乙让丙去坐，揖让未终，火车已开，车身一摇，即刻跌倒了三四个。”（《朝花夕拾·范爱农》）又譬如他反对空疏而没有效果的教育，略带谦虚地以自己为例，说明学海军爬了几次桅杆，学开矿下了几次矿井，接下去道：“爬上天空二十丈和钻下地面二十丈，结果还是一无所能，学问是‘上穷碧落下黄泉，两处茫茫皆不见’了。”（《朝花夕拾·琐记》）流畅自然，用古见新，在平淡的叙述中包含着深刻的批评。

作品特色

《朝花夕拾》是回忆童年和青少年的散文，充满了个体生命的童年时代与人类文化发展的童年（原始）时代所特有的天真之气。这里展现的是一个“人间至爱者”对于人类生存的基本命题“爱”与“死”的童年体验的追忆与成年的思考。在这些爱与死的反顾里，既弥漫着慈爱的精神与情调，显露了鲁迅心灵世界中最为柔和的一面，又内蕴着深沉而深刻的悲怆，这形成了《朝花夕拾》的特殊韵味。

这本散文集的语言是闲话似的，亲近、从容、细细勾勒，在柔和温暖的笔触中回忆了旧人旧事，饱含感情，写出了人物的真实，丝毫没有拔高或光框架化，所以读来非常真实亲切。并且因为是中年回忆旧事，思想中带有深深的包容和理解，常常发以智慧的启迪。作品中时而用小孩视角，时而用成人视角，灵活多变，又便于阐发情感。

同时，《朝花夕拾》中也含有批判与嘲弄。这是鲁迅杂文笔法向散文的渗透，形式多样，笔法灵活，抒情之中见讽刺，叙述之中显深意，严肃的内蕴常以幽默诙谐的语言表达出来，形成了独特的艺术风格，而且显示了鲁迅关怀现实的一面，表现了余裕、从容的风姿。

阅读指导

《朝花夕拾》中的10篇散文，是“回忆的记事”（《三闲集·〈自选集〉自序》），比较完整地记录了鲁迅从幼年到青年时期的生活道路和经历，生动描绘了清末民初的生活画面，是研究鲁迅早期思想和生活以至当时社会的重要艺术文献。这些篇章，文笔深沉隽永，是中国现代散文中的经典作品。

《朝花夕拾》给人们留下了一幅幅色彩鲜明、浓淡相宜的风俗画和世态画，其中浸透着作者深切的人生感受和对中国社会生活、中国国民精神的解剖。同时，书中许多栩栩如生的人物，如长妈妈的淳朴、“先生”的方正、藤野先生的亲切、范爱农的孤傲，都给人留下了深刻的印象。《朝花夕拾》的另一特点是将大量的议论融于记叙之中，这些议论有的用于讽刺，有的用于针砭时事，有的用于评述生活和人物，但总的目的都在于赋予所记叙的生活现象和人物以新的视点，从而起到化腐朽为神奇、由平凡见哲理、从特殊到一般的升华作用。

女神 / 现代 / 郭沫若 / 中国的第一部新体诗集

作者简介

郭沫若（1892 ~ 1978年），原名郭开贞，又名郭鼎堂。四川乐山人。作家、诗人、

郭沫若《女神》初版封面

剧作家、历史学家、考古学家、古文字学家、社会活动家。郭沫若出生在一个中等地主兼商人的家庭。早年留学日本，先学医，后从文。

郭沫若或许是中国现当代文学史上命运升沉起伏最为剧烈的一位作家。生前的显贵与身后的寂寞形成的反差如此之大，足以引起世人关于人生和命运的深沉思索。然而现在他的被冷落与被遗忘并不能否定他的一切，放在中国现代文学史的坐标上来看，他仍然是一位足以代表一个时代的杰出诗人。

在小学和中学时代，郭沫若即对中国古典文学经典有着深厚的积淀，深受庄子的奇诡恣肆和屈原的浪漫想象的影响。1913 年他到天津求学，同年底赴日本留学。在日本的 10 年时间里，他的阅读十分广泛，从孔子哲学、老庄哲学一直读到明代的王阳明的哲学；从印度诗人泰戈尔一直读到德国诗人海涅和歌德；此外还有西方现代哲学家康德、尼采与弗洛伊德等人的著作。广博的阅读使他的思想呈现出异常复杂的情况。1916 年他开始新诗的创作，1921 年诗集《女神》出版。这部诗集不仅确立了郭沫若在中国现代文学史上的卓越地位，而且也为中国的新诗开辟了一个崭新的时代。这一年，郭沫若和郁达夫等人一起在日本创立了创造社。1923 年，郭沫若从九州帝国大学医科毕业回国，积极从事于创造社的文艺活动。

从文艺思想上看，郭沫若以浪漫主义为主，同时吸收了西方现代主义的某些因素。其主要特征是尊崇自我，偏重主观，认为艺术是自我的表现，是艺术家的一种内在的冲动，是不得不发的表现，在这个发而为诗的过程中，作家的天才、灵感与激情又是非常重要的。他的这些思想，在其作品中都有鲜明的体现。

1926 年郭沫若南下广州，同年七月参加北伐战争。1927 年参加南昌起义，在起义部队南下途中参加中国共产党。1928 年因受蒋介石通缉，旅居日本，从事中国古代史和古文字学的研究工作，著有《中国古代社会研究》、《甲骨文研究》。1941 年皖南事变后，创作了《屈原》、《棠棣之花》、《虎符》、《孔雀胆》等历史剧和战斗诗篇《战声集》。抗战爆发以后，他只身归国，投入到抗日战争的大潮中，同时进行历史剧的创作。新中国成立以后，郭沫若由一位出色的文学家，转变为一位重要的社会活动家。历任中央人民政府委员、政务院副总理兼文化教育委员会主任、中国科学院院长、中国科学院哲学社会科学部主任、历史研究所第一所所长、中国科技大学校长、中国文联主席、中日友好协会名誉会长等职。1978 年 6 月 12 日，在北京逝世，终年 86 岁。所著《甲骨文字研究》、《两周金文辞图录考释》、《金文丛考》、《卜辞通纂》等，曾在学术界引起震动。生平著述有《郭沫若文集》（17 卷）

和《郭沫若全集》。

背景介绍

《女神》除序诗外共收诗 56 首。诗集中最早的诗写在 1918 年初夏。除一小部分为 1921 年归国后所作外，其余均写于诗人留学日本期间，绝大部分完成在 1919 和 1920 两年里。这时俄国十月革命的炮声震醒了古老的中国，五四运动的浪潮正在国内汹涌澎湃。人们在漫漫长夜中看到了新的希望。旧道德、旧礼教、专制制度和一切封建偶像受到猛烈的抨击和破坏；科学、民主、社会主义和一切新事物则受到了自觉的热烈的追求。这是一个生气蓬勃的时代，一个充满着反抗和破坏、革新和创造的时代。《女神》对于封建藩篱的勇猛冲击，改造社会的强烈要求，追求和赞颂美好理想的愿望，都鲜明地反映了“五四”革命运动的特征，传达出“五四”时代精神的最强音。

名著概要

《凤凰涅槃》以有关凤凰的传说作素材，借凤凰“集香木自焚，复从死灰中更生”的故事，象征着旧中国以及诗人旧我的毁灭和新中国以及诗人新我的诞生。除夕将近的时候，在梧桐已枯、醴泉已竭的丹穴山上，“冰天”与“寒风凛冽”，一对凤凰飞来飞去地为自己安排火葬。临死之前，它们回旋低昂地起舞，凤鸟“即即”而鸣，凰鸟“足足”相应。它们诅咒现实，诅咒了冷酷、黑暗、腥秽的旧宇宙，把它比作“屠场”，比作“囚牢”，比作“坟墓”，比作“地狱”，怀疑并且质问它“为什么存在”。它们从滔滔的泪水中倾诉悲愤，诅咒了五百年来沉睡、衰朽、死尸似的生活，在这段悠长的时间里，有的只是“流不尽的眼泪，洗不尽的污浊，浇不息的情炎，荡不去的羞辱”；在这段悠长的时间里，看不到“新鲜”和“甘美”，看不到“光华”和“欢爱”，年轻时的生命力已经消逝。于是它们痛不欲生，集木自焚。在对现实的谴责里，交融着深深郁积在诗人心头的民族的悲愤和人民的苦难。凤凰的自我牺牲、自我再造形成了一种浓烈的悲壮气氛。当他们同声唱出“死期已到了，死期已到了”的时候，一场漫天大火终于使旧我连同旧世界的一切黑暗和不义同归于尽。

题蒲松龄故居对联　现代　郭沫若

《女神》中许多重要的诗篇，都饱含着郭沫若眷念祖国、颂扬新生的深情，这也正是对“五四”的礼赞。五四运动是一次新的爱国运动，标志着中国近百年来民族革命运动在新形势下的新高涨。五四运动首先激起身居异国的郭沫若的，正是这种深切的爱国之情。从这些爱国诗篇奔腾澎湃着的热情里，始终可以看到再生女神和火中凤凰的身影。《晨安》和《匪徒颂》是两首格调相近的名诗，气势磅礴，笔力雄浑。《晨安》写诗人在“千载一时的晨光”里，向着“年青的祖国”，“新生的同胞”，向着革命的先驱，艺苑的巨擘，向着壮丽的山河，向着世界上一切美好的事物，一口气喊出了二十七个“晨安”。《匪徒颂》则是为反对日本新闻界对中国青年的诬蔑而作的。他们称五四运动后的中国学生为“学匪”，诗人满怀愤怒地写下了抗议的名篇，对历史上曾经起过革新作用的一些“古今中外的真正的匪徒们”做了由衷的赞扬。在这些诗篇中，最能表达他对祖国眷恋深情的是《炉中煤》。郭沫若在《创造十年》里说过：“‘五四’以后的中国，在我的心目中就像一位很聪俊的有进取气象的姑娘，她简直就和我的爱人一样……‘眷念祖国的情绪’的《炉中煤》便是我对于她的恋歌。《晨安》和《匪徒颂》都是对于她的颂词。”恋歌没有颂歌的奔放，却别具一种深婉含蓄的美。

颂富有叛逆精神的自我形象，表现与万物相结合的自我的力量，是《女神》的另一重要内容。收在《女神》里的诗作，无论是反抗、破坏或者创造，几乎处处透过抒情形象表现了鲜明的自我特色，而在一部分诗篇里，更对作为叛逆者的自我唱出了激越的颂歌。这个自我气吞日月、志盖寰宇，“是全宇宙的能底总量”，它“如烈火一样地燃烧”，“如大海一样地狂叫”，“如电气一样地飞跑”；这个自我无视一切偶像和封建权威，公开宣称“我又是个偶像破坏者哟”；这个自我俨然是“可与神祇比伍”的“雄伟的巨制”，“便是天上的太阳也在向我低头”；这个自我还与“全宇宙的本体”融合起来，引起诗人高唱“我赞美这自我表现的全宇宙的本体”。这种对自我的极度夸张，透露出强烈的个性解放的要求。

对于劳动、对于工农群众的敬仰和颂扬，这是《女神》中很多诗篇的一个十分引人注目的地方。在《三个泛神论者》里，他把三个泛神论者都作为靠劳动吃饭的人来赞美。在《地球，我的母亲！》里，他认为“田地里的农人”是“全人类的保姆”，“炭坑里的工人”是“全人类的普罗美修士”。在《西湖纪游》里，他更想

相关链接

《星空》：郭沫若继《女神》之后出版的第二部诗文集。在这部诗集中，我们仍然会看到与《女神》中那些富有激情的诗歌相类似的主题和风格，但它们在内在精神上却再也不能与《女神》中的诗歌相媲美。在这些诗里，郭沫若仍然想追回青春时的热情和理想，但它内心的情绪却再也不能够承担起它们的艺术表现——节奏和旋律的平滑难以将读者带入《女神》中那些优秀诗篇的境界中去。但这也说明，郭沫若诗歌的力的美已经转向静的美，同时也隐隐含有对现实的失望和淡淡的悲哀情绪了。

跪在雷峰塔下一个锄地的老人面前，“把他脚上的黄泥舐个干净。”这种对劳动人民恳挚真诚的感情正是诗人阶级觉醒的征兆，就像他在《巨炮之教训》中所写的那样，时代的霹雳把他“从梦中惊醒了”。

郭沫若对于大自然怀着深情。《女神》中有不少歌咏大自然的诗篇。诗人当时正受泛神论思想影响，认为“全宇宙的本体”只是万物的“自我表现”，而人则是自然界的一个组成部分。因此，他喜欢讴歌自然，并把自己溶解在广阔的大自然里，达到“物我无间”的境界。这在《光海》、《梅花树下醉歌》等诗里可以很明显地看出来。这些歌咏大自然的诗篇，不仅倾心大自然的伟大和美丽，它们又和《女神》中的其他诗歌一样，向往光明和新生，向往劳动和创造，渗透着积极向上的精神。诗人歌唱的是“日出”和“春之胎动”，赞美的是“太阳”和“雪朝”。他在“无限的大自然”里感受到“生命的光波”和“新鲜的情调”，他从在他“头上飞航”的“雄壮的飞鹰”想到他“心底里翱翔着的凤凰”。在这一部分诗里，有气象宏伟、壮阔飞动的描画，也有笔致婉约、清丽幽静的篇章，但无论是礼赞“波涛汹涌着”的大海、“新生的太阳”和“天海中的云岛”，或是歌咏“池上几株新柳，柳下一座长亭”，以及“含着梦中幽韵”的“醉红的新叶，青嫩的草藤，高标的林树”，总是流转着一股清新的气息和足以使人愉悦、奋发的乐观主义色彩，洋溢着“五四”时代蓬勃进取的精神和诗人自己的飞扬凌厉的朝气。

作品特色

在《女神》里，人的自我价值得到肯定，人的尊严得到尊重，人的创造能力得到承认。这是一个伟大的解放与觉醒。诗人郭沫若在这里显示出了一种极度自由的精神状态，人的一切情感都被引发出来，奔放无拘地自在表演，无所顾忌地追求天马行空的心灵世界。对于习惯于含蓄，习惯于压抑自己的精神和情感的中国人，这是一个爆炸式的、全新的心灵境界。彻底破坏的意志，大胆创新的精神，加上丰富的想象，神奇的夸张，激越的音调，成就了现代诗歌的奠基之作——《女神》。今天的读者阅读这部诗集，也许会觉得写得有些粗糙，艺术上不够成熟。这些都是毋庸讳言的。然而《女神》自有其不可磨灭的价值，那就是它集中而强烈地表现了冲破封建樊篱，扫荡旧世界的“五四”精神，而且其艺术上的奇特雄伟的浪漫主义特色，也为新诗的发展开辟了广阔的道路。作为社会活动家的郭沫若，随着历史的推移，也许会渐渐地被人们遗忘；而作为文学家的郭沫若，自会与他的《女神》青春常在。

《女神》体现出了浓重的泛神论思想，《女神》的艺术想象与形象体系就是建筑在泛神论的思想基础上。郭沫若从16、17世纪泛神论哲学及中国、印度古代哲学那里吸取泛神论思想，他曾经将其内容概括为：“泛神便是无神。一切的自然只是神的表现”，“我就是神，一切自然都是我的表现”。从这样的哲学思想出发，诗人把整个大自然都作为自己的书写对象，于是，宇宙地球、日月星辰、山岳海洋、风云雷雨、草木飞禽等统统奔入笔底，构成了囊括宇宙万物的极其壮阔的形象体系，而居于中心位置的是：包容一切的地球、汹涌浩瀚的海洋、光芒万丈的太阳，甚至诗中的比喻、联想也离不开地球、海洋、太阳的形象。《女神》形象的基本特色是壮阔性、奇异性与飞动性，由此形成了《女神》雄奇的艺术风格。

郭沫若的诗风深受美国诗人惠特曼的影响，雄浑豪放。诗人在诗歌中极力地张扬自我，突出自我的力量，激情澎湃，是豪情万丈的肯定和褒扬，显示了新一代人大无畏的精神。而且，诗人采用直抒胸臆的爆发性的抒情方式，使得作品中的诗句几乎都是脱口而出，没有经过沉淀和思考，保留了它最原始的情绪状态，如《凤凰涅槃》里“火便是你/火便是我/火便是他/火便是火”，《天狗》里每句都是“我是……”的重复句势。

《女神》中也体现着“五四”时期的“暴躁凌厉”，回响着真正的“男性的声音”。忽视形式的精致，直率地呼喊，在词汇、句式上不忌讳重复，虽然构成了紧张热烈的节奏与激昂的音调，但有些诗篇不无空泛粗糙之憾。

阅读指导

综观郭沫若的文学创作，他的最大成就乃是他的第一部诗集《女神》。这部诗集之所以在今天依然能够获得如此高的评价，在于诗人将“五四”时代的精神与自身的创作个性高度地融合在一起，表现出了一种历久弥新的“五四”精神。《女神》共分为3辑。第三辑主要是受泰戈尔的影响而作的一些清新恬淡的抒情小诗，表现的是诗人渴望爱情、热爱自然而又烦闷寂寞的灵魂。第一、二辑是这部诗集的主体，鲜明地体现了“五四”狂飙突进的时代精神，格调雄壮豪放，唱出了民主与科学时代的最强音。

《女神》的抒情主人公是一位“开辟鸿荒的大我”，或谓之为“五四”时期初步觉醒的中华民族的自我形象。郭沫若最先感受到了伟大的五四运动中祖国的新生和中华民族的觉醒，《凤凰涅槃》就是一首庄严的时代颂歌，凤凰所象征的古老的中华民族正经历着“从死灰中更生”的历史过程，诗中的“凤歌”和“凰歌”以悲壮的葬歌结束了中华民族历史上最为黑暗的一页，“凤凰更生歌”以热诚而和谐的欢唱预示着生动、自由、净朗、华美的民族振兴的新时代的到来。

郭沫若像

《女神》出版于1921年8月，是郭沫若的第一部新诗集，也是我国现代文学史上一部具有突出成就和巨大影响的新诗集，尽管在《女神》出版以前已经有新诗集出现，但真正以崭新的内容和形式为中国现代诗歌开拓一个新天地的，除《女神》外，在当时却没有第二部。郭沫若实在是中国的第一个新诗人，《女神》实在是中国的第一部新诗集。

《女神》所表达的思想内容，首先是“五四”狂飙突进时代改造旧世界、冲击封建藩篱的要求。主人公以一个追求个性解放的叛逆者形象出现，要求打破一切封建枷锁，歌唱一切破坏者。其次，是对祖国深情的热爱和对美好明天的憧憬。诗中歌唱太阳、光明、希望，处处洋溢着积极进取的欲望。

《女神》在艺术上取得了新诗最辉煌的成就，它是“五四”时期浪漫主义的瑰丽奇峰。《女神》的格式追求“绝对自由，绝对自主”，而不受任何一种格式的束缚。它的形式自由多变，依感情的变化自然地形成“情绪的节奏”。

《女神》的浪漫主义特征主要表现在：诗中采用了比喻、象征的手法，并常借助神话传说、历史故事表达感情。

《女神》的诗风豪迈、雄健，颇具阳刚之美。郭沫若的诗可以说是新诗中豪放派的先驱。

背影 / 现代 / 朱自清 / “五四”时代的春江花月夜

背景介绍

《背影》作于 1925 年，当时作者还只是一个二十几岁的青年人，但对人生的体验已经相当深刻了。在内忧外患、兵连祸接严重困扰下的旧中国，作者凭着自己敏锐的洞察力，看透了时代和社会的沉疴，将哀伤和愤懑凝聚于笔端，淋漓尽致地描绘出一幅光景惨淡的社会图画。在这幅图画中展示了小资产阶级和知识分子在中外反动派的残酷压榨下朝不保夕的苦况，深刻地反映了这一时期处在社会下层的小私有者日趋破产的真实生活。

名著概要

《背影》是朱自清散文的代表作。1928 年 10 月由上海开明书店初版。该书收集作家早期优秀散文 18 篇，这本书中分开两辑：甲辑和乙辑。

甲辑文章有《女人》、《白种人——上帝的骄子》、《背影》、《阿河》、《哀韦杰三君》、《飘零》、《白采》、《荷塘月色》、《一封信》、《〈梅花〉后记》、《怀魏握青君》和《儿女》。

《背影》初版封面

乙辑有《旅行杂记》、《殷勤的招待》、《躬逢其盛》、《第三人称》、《说梦》、《海行杂记》。

《女人》是作者描写日常生活的女性，说他自己喜欢什么样的女性。也用各种各类的形容词和比喻来环绕女性的（体态美），并且对美丽女性的不幸寄予了哀伤的思绪。

《白种人——上帝的骄子》写于“五卅”惨案之后，通过在电车上对西洋小孩的一瞥，表现反帝国主义的思想和忧愤的情怀。

《背影》，文章记作者离开南京到北京大学去，父亲送他到浦口车站，照料他上车，并替他买橘子的情形。在作者脑海里印象最深刻的，是他父亲替他买橘子时在月台爬上攀下时的背影。作者用朴素的文字，把父亲对儿女的爱，表达得深刻细腻，令人感动。作者能够从平凡的事件中，体味父亲的关怀和爱护。

《白采》这篇文章是写一个叫白采的人。白采在朱自清心目中是一个不可捉摸的人，突然收到熏宇来的信说白采死了，遗下很多文学作品和4包女人的头发！带来一连串的故事。

《荷塘月色》原文有9段，散文集节录了6段。本文写于1927年7月。他感觉于时局不安，加上工作上遇到不如意的事，弄到心绪不宁，于是借观赏在北京清华园西院古月堂附近的荷塘，以丰富的想像力、流利优美的文笔写出如诗如画的荷塘月色。

《怀魏握青君》是怀念去世的朋友的作品。

《儿女》叙说了旧中国知识分子家庭中儿女无法团聚的悲苦。

作品特色

《背影》这部散文集之所以会经久不衰，很大程度上归功于它为人们塑造了许多经典的艺术形象，而其中印象最为深刻的当属挥之不去的“背影”的形象，这一点从散文集的名称中就能窥见一斑。

《背影》谋篇的特点是抓住人物的形象特征即父亲的“背影”来命题立意的。“背影”在文章中出现了4次，每次的情况都有所不同，但思想感情却是一脉相承的。第一次是文章的开头，开篇点题“背影”，有一种浓厚的感情气氛笼罩全文。第二次是在车站送别的场面中，作者对父亲的“背影”做了具体的描绘，这是写作的重点：父亲胖胖的身躯，穿着黑布大马褂，深青布棉袍，步履艰难，蹒跚地爬过铁道为儿子买橘子。这个镜头表现了父亲爱儿子的深厚感情，使儿子感动得热泪盈眶。第三次是父亲和儿子告别后，儿子眼望着父亲的“背影”在人群中消逝，离情别绪又催人泪下。第四次是在文章的结尾，儿子读着父亲的来信，在泪光中再次浮现了父亲的“背影”，思念之情不能自已，与文章开头前后呼应。

这篇作品把父子之间的真挚感情表现得淋漓尽致，但不同于一般作品去描写人物肖像，着力于神情、音容笑貌的描绘，而是抓住人物形象的一个特征——“背影”，不惜笔墨作具体细致的刻画。在写法上，《背影》的主要特点是白描，作者写父亲的背影、描写那买橘子时过铁道的场面，完全用白描的手法。这种不加形容和修饰的质朴的文字，把当时的情景如实地记述出来，给读者以身临目击之感，达到了再现实景的艺术效果。

整部散文集通体干净，没有多余的字眼，即使一个“的”字、一个“了”字，也是必须用才用。除了加入了一些文言词语以外，没有华美的辞藻、生僻的词语，都是质朴自然的家常话，生活气息非常浓厚，提炼得非常简洁。《背影》这部散文集的语言不但忠实朴素，而且又非常典雅文质。这种高度民族化的语言，和《背影》所表现的民族精神气质以及文章的结构和谐统一。没有《背影》语言的明丽典雅、古朴质实，就没有《背影》的一切风采。

作品影响

《背影》这部散文集通过一条与众不同的途径，反映了一种在旧道德观念的冰水退潮时，人与人之间的关系——特别是父子关系中最真诚、最动人的天伦的觉醒。在这种觉醒面前，人们第一次作为一个真实的人而能占有并表露自己的感情。这也是《背影》中蕴藏的革命性的历史内容及思想意义。它的出版不仅提高了朱自清在散文史上的地位，也使人们竞相模仿他情真意切、平和冲淡的散文风格。

阅读指导

朱自清的散文有着深沉的艺术造诣。《背影》集中既有以至情传世的叙事抒情散文，又有充满诗意、以宁静幽远的意境取胜的写景抒情散文。他的散文结构完整，布局和谐，精心修饰而不露雕琢的痕迹。例如经典名篇《背影》写的是家庭遭遇变故的情况下父亲送别远行的儿子时的一番情景。作者通过朴实真切的记叙，抒写了怀念老父的至情，表现了当时社会中小有产者虽然屡经挣扎仍不免破产的可悲境遇，以及由此而生的感伤情绪。闪耀在泪光中的父亲的身影，曾经引起经济上同样处于风雨飘零状况中的许多小资产阶级读者的感叹。从这类散文可以看出，作者善于把自己的真情实感，通过平易的叙述表达出来；笔致简约，朴素，亲切，文字多用口语而加以锤炼，读来有一种娓娓动人的风采。

志摩的诗 / 现代 / 徐志摩 / 随心轻扬的爱与才华

作者简介

徐志摩（1897 ~ 1931 年），原名章垿，初字槱森，后字志摩，又字又申，笔名诗哲、南湖、云中鹤，浙江省海宁市硖石镇人。他出生于富商家庭，自幼聪明，骈四骊六的文章写得洋洋洒洒。1915 年，他曾在沪江大学、北洋大学、北京大学就读。1918 年赴美留学，获哥伦比亚大学经济学硕士学位，后远至英伦追随罗素在英国剑桥大学学习政治哲学。在那里，他开始诗歌创作，模仿英国唯美诗派，并同时建立了自己的人生理想。1927 年回国后曾在北京大学、清华大学、中央大学等多所大学任教授。此后，他发起成立了著名的文学团体——新月社。1924 年，徐志摩随印度诗人泰戈尔漫游欧洲。1931 年他因飞机失事，在山东济南附近遇难。

徐志摩像

背景介绍

郭沫若的《女神》以绝对的形式自由和狂放不羁的旋律，冲破了传统诗词严整的形式，是对于“旧”的一个大破坏。破坏之后必定要求再造新的形式、新的规范，以促使新诗的发展走上“规范化”的道路。以徐志摩（1897 ~ 1931 年）、闻一多（1899 ~ 1946 年）为代表的前期新月派，正承担着这样的历史使命。

名著概要

徐志摩的诗集有《志摩的诗》（1925 年）、《翡冷翠的一夜》（1927 年）、《猛虎集》（1931 年）、《云游》（1931 年）4 本，大多数是自己创作的新诗，也有一小部分的译诗。

《志摩的诗》是作者自费排印的第一部诗集，收录 1922 ~ 1925 年的诗作 55 首，包括《雪花的快乐》、《沙扬娜拉》、《为谁》、《我有一个恋爱》、《毒药》等等。其中《沙扬娜拉》最为脍炙人口。这首诗构思精巧，抓住日本少女温柔谦和的性格特征，语言清新流畅，音韵和谐，声情并茂。

《翡冷翠的一夜》收诗42首，其中译诗6首，大部分是爱情诗，表现对“爱、自由、美”的追求。作家在这一诗集中逐渐巩固了自己独特的抒情方式，熔中外诗歌艺术于一炉，富有变化。翡冷翠即“佛罗伦萨”的旧译。

《猛虎集》是徐志摩的代表作、巅峰之作，收诗33首，另有译诗7首。《再别康桥》、《我不知道风是在那一个方向吹》被认为是他的最佳诗歌，同时也是中国文学史上最著名、最朗朗上口的新诗，潇洒空灵，飘逸飞动，为古典理想的现代重构，代表了徐志摩的最高文学成就。

作品影响

徐志摩的诗是他真情实感的生活艺术记录，是他追求爱、自由和美的思想表现。他的诗富有才情，字句清新，想像丰富，神思飘逸，有古典的美，有自然的美，有繁华世界的美，有文辞的美，有音律的美，有色泽的美，有声音的美，有女性妩媚的美，有多愁才子的美。徐志摩总是在不着痕迹的试验当中，将丰富多彩的内容与多种多样的形式完美地统一，使新诗在他的笔下达到了一个难以企及的高度，推动了新诗艺术的快速发展，为中国新文学运动做出了巨大的贡献。

阅读指导

新月派的诗人针对《女神》这一类只求创造、不讲形式的诗作，提出了“理性节制情感”的原则与诗的形式格律化的主张。他们批评诗歌中情感的过分泛滥和不加节制地直抒胸臆的抒情方式。他们认为：“如果只是在感情的漩涡里沉浮着，旋转着，而没有一个具体的境遇以作知觉依皈的凭借，结果不是无病呻吟，便是言之无物了。”这种理论，实质上与传统的“乐而不淫，哀而不伤”的抒情模式相吻合，也受到了西方唯美主义的影响。可以这样认为，他们是在借助传统与外来的双重力量，在破坏之后的一片废墟上重建诗国的纲领与章法。

徐志摩是一位才高命薄的天才诗人。他早年拜梁启超为师，1918年起赴美留学，两年后，为追随思想家罗素而到了英国，随后进入康桥大学（即剑桥大学）学习。1922年徐志摩学成归国，先后在北京、上海等大学任教。1931年因飞机失事身亡。

徐志摩是新月派的灵魂人物。他具有自己独特的人生信仰。他热烈地追求“爱”、“自由”与“美”，追求人与自然的和谐，这与他那活泼好动而潇洒空灵的个性以及天纵之才结合在一起，就形成了徐志摩诗特有的飞动飘逸的艺术风格。徐志摩是一位沉浸在浓得化不开的爱情里的诗人，他把自己对于爱情的炽热追求，全都化作了美妙的歌吟。在他所有的诗作里，爱情诗是最有特色的。比如《雪

精彩语段

轻轻的我走了，正如我轻轻的来；
我轻轻的招手，作别西天的云彩。

那河畔的金柳，是夕阳中的新娘；
波光里的艳影，在我的心头荡漾。

软泥上的青荇，油油的在水底招摇；
在康桥的柔波里，我甘心做一条水草！

那榆荫下的一潭，不是清泉，是天上虹；
揉碎在浮藻间，沉淀着彩虹似的梦。

寻梦？撑一支长篙，向青草更青处漫溯；
满载一船星辉，在星辉斑斓里放歌。

但我不能放歌，悄悄是别离的笙箫；
夏虫也为我沉默，沉默是今晚的康桥！

悄悄的我走了，正如我悄悄的来；
我挥一挥衣袖，不带走一片云彩。

——《再别康桥》

花的快乐》一诗，诗人在开头写道："假如我是一朵雪花，/翩翩的在半空里潇洒，/我一定认清我的方向/飞飏，飞飏，飞飏，/这地面上有我的方向。/不去那冷寞的幽谷。"那么它会飞向哪里呢？原来她有另一种追求，另一个"我的方向"：坚定地飞扬，直奔向清幽的住处，会见花园里的她，"盈盈的，沾住她"，直到融入"她柔波似的心胸"。在这首诗里，雪花并非自然之物，是被诗人意念填充的雪花，是人的精灵，他要为美而死。在追求美的过程中，他丝毫不感到痛苦和绝望，他充分享受着选择的自由，热爱的快乐。雪花的飞扬，是一种坚定、欢快和轻松自由的追寻，而绝美的她，住在清幽之地，出入雪中花园，浑身散发着梅的清香，她的心胸恰似万缕柔波的湖泊。可以想像，诗人创作这首诗的时候，或许正漫步于雪花飞扬的天地间，他的灵魂正随着雪花一起飞扬。胸中有爱的人，一定热爱美丽的大自然。徐志摩把大自然称为"最伟大的一部书"，他的不少诗作里，经常出现大海星空、白云流泉、空谷幽兰、落叶秋声等美丽的景观。《再别康桥》则是以他的母校康桥大学的校园景色为对象，抒发了对于自然的深厚感情。诗人在第一节里，抒写了故地重游的学子作别母校时的万千离愁：

> 轻轻的我走了，正如我轻轻的来；
> 我轻轻的招手，作别西天的云彩。

连用三个"轻轻的"，仿佛是一缕清风一样来了，又悄然无声地离去；那对于康桥的至深情意，竟在招手之间幻化成了西天的一抹残红。第二节至第六节，诗人在康河里泛舟寻梦，披着夕照的金柳，软泥上的青荇，绿阴下的水潭，一一映入眼帘，诗人进入了物我两忘的境界，幻想自己化成康河里随着柔波招摇的水草。诗人要寻梦，要放歌，但是终归于沉默：

> 但我不能放歌，悄悄是别离的笙箫；
> 夏虫也为我沉默，沉默是今晚的康桥。

此际的沉默无言，胜过多少别离的情语！诗的最后一节，以3个"悄悄的"与开头回环对应，潇洒地来，又潇洒地离开。挥一挥衣袖，不带走一片云彩，但是真的如此了无牵挂么？诗人一定牵挂着什么。是柔波里的水草？还是沉默的夏虫？

延伸阅读

作为新月派格律诗的代表诗人，徐志摩在创作方面取得了极大的成功。而新格律诗理论的奠基工作，主要是由闻一多来完成的。闻一多的新诗理论的核心内容是讲究诗的“三美”：音乐美，绘画美，建筑美。徐志摩对此十分推崇。闻一多的创作主要集中在20世纪20年代中期，1931年发表长诗《奇迹》以后，便基本上搁下诗笔。他的诗作结集为《红烛》和《死水》两部诗集，贯穿其中的诗魂，就是闻一多浓烈、真挚的爱国主义情思。在这些诗篇中，诗人一面为满目疮痍的祖国、为陷于苦难的人民唱出悲哀的歌声，表现自己希望破灭时的泣血的呼号，另一方面又对心爱的祖国怀着“铁树开花”的坚定信念。

剑桥大学一景

1918年徐志摩赴美留学，两年后他为追随自己的崇拜者罗素而到了英国，后进入康桥大学（即剑桥大学）深造，在康桥两年他深受西方教育的熏陶及欧美浪漫主义和唯美主义诗人的影响。

子夜 / 现代 / 茅盾 / 中国第一部写实主义的成功的长篇小说

作者简介

茅盾（1896 ~ 1981年）原名沈德鸿，字雁冰，曾化名方保宗、沈明甫，常用笔名还有佩韦、方璧、玄珠、郎损等。生于浙江桐乡。1913年考入北京大学预科，1916年毕业，进入上海商务印书馆编译所工作。

1920年开始文学活动，曾与郑振铎、叶圣陶等人一起组织文学研究会。1921年接编《小说月报》，倡导现实主义，翻译介绍外国文学。

《蚀》三部曲是茅盾的处女作，原稿笔名为“矛盾”，正好反映了他的心态，后来叶圣陶改为“茅盾”。这部用血与泪的激情写成的三部曲是由3个系列的中篇组成：《幻灭》（1927年）、《动摇》（1928年）、《追求》（1928年）。整个作品以大革命前后一群小资产阶级知识青年的生活经历和心路历程为题材，深刻揭示了革命阵营中林林总总的矛盾斗争。作品意在表现当时青年在革命大潮中必经3个时期：革命前夕的亢奋和革命既到面前时的幻灭；革命斗争剧烈时的动摇；幻灭动摇后不甘寂寞尚思作最后之追求。

一年后茅盾东渡扶桑，在日期间他完成了短篇小说集《野蔷薇》和长篇小说《虹》的创作。1930年茅盾归国，这时正是左联刚刚成立不久的时候，茅盾积极地参加左联的活动。此后直到抗战爆发，是茅盾创作的高峰期。长篇小说《子夜》、农村三部曲（《春蚕》、《秋收》、《残冬》）和《林家铺子》等短篇小说展示了茅盾作为一位革命现实主义作家强大的创作生命力，也奠定了他在中国现代文学史上举足轻重的地位。

《子夜》原名《夕阳》，1931年10月开始动笔，次年底完稿。《子夜》结构恢宏严谨。作品以吴荪甫为矛盾冲突的中心，辐射出各种人物和事件。整个作品的情节发展十分紧凑，时间跨度只有3个月，而人物众多，但作者采用开门见山和盘托出的手法，一开始就在吴老太爷的吊唁仪式上把几乎所有的重要人物都推上前台，组成了复杂的人物关系网络。这场聚会就成了整个小说的结构上的纲。这是外国小说尤其是托尔斯泰的《战争与和平》给作者的启示。同时，茅盾是一个擅长心理描写的作家，他在《子夜》中有意识地学习托尔斯泰，运用所谓的“心灵辩证法”细腻地刻画人物心理。吴荪甫召见屠维岳时内心的复杂活动、吴少奶林佩瑶的内心失落和四小姐的心灵变化，都是作者采用这种手法的成功尝试。

在中国现代长篇小说史上，《子夜》具有重要的意义。它与老舍的《骆驼祥子》，巴金的《激流三部曲》，李人的《死水微澜》、《暴风雨前》、《大波》同在20世纪30年代问世，标志着现代长篇小说成就的一个高峰。

1948年12月，参加中国人民政治协商会议，并筹备第一次全国文艺工作者代表大会，被选为中国文联主席、中华全国文学工作者协会主席。建国后出任第一任文化部长，当选为历届全国人民代表大会代表，历届政协全国委员会常务委员和第四、五届政协全国委员会副主席。

背景介绍

《子夜》是我国现代文学史上一部杰出的革命现实主义的长篇小说。它从1931年10月写起，至1932年12月完稿。在动笔以前，还经历了一个较长的准备和构思的过程。茅盾对于30年代初期的中国社会有比较深刻的研究和了解。在他的朋友中有做实际工作的革命者，有自由主义者，同乡故旧中有企业家、公务员、商人、银行家，并且常和他们来往。他很熟悉上海工商业界的情况，有一段时间把“看人家在交易所里发狂地做空头，看人家奔走拉股子，想办什么厂”当作是“日常课程”（《我的回顾》，见《茅盾自选集》上海天马书店1933年4月初版）。当时学术界正在展开关于中国社会性质的论战，茅盾将亲自看到的社会现象同论战中一些理论对照，这就增加了他写作《子夜》的兴趣，决定通过生动具体的艺术形象，回答托派散播的中国已是资本主义社会的谬论。在写作《子夜》的时候，作家又充分地运用了他在第一次国内革命战争时期获得的社会经验。他说："当时在上海的实际工作者，正为了大规模的革命运动而很忙，在各条战线上展开了激烈的斗争。我那时没有参加实际工作，但是1927年以前我有过实际工作的经验，虽然1931年不是1927年了，然而对于他们所提出的问题以及他们工作的困难情形，大部分我还能了解。"（《〈子夜〉是怎样写成的》，1939年6月1日《新疆日报》副刊《绿洲》）过去的这段经历，以及这一时期参加左翼文艺运动，接近革命者所得来的具体感受和间接经验，不但丰富了他的创作素材，同时也使他有可能对客观现实做出较为全面而深入的分析。

《子夜》反映了1930年左右革命深入发展、星火燎原的中国社会的面貌。

这一历史时期的中国社会，由于帝国主义的争夺，帝国主义和整个中国的矛盾、帝国主义者相互间的矛盾同时在中国境内发展起来，造成了中国各派反动统治者之间的混战，伴随而来的是赋税的加重，这就激化了中国资产阶级和中国工人阶级之间的矛盾：中国资本家拼命压榨工人，中国工人奋起抵抗。随着帝国主义的商品侵略、中国商业资本的剥削和政府的赋税加重，地主阶级和农民的矛盾更加深化，农民更加仇恨地主。因为外货的压迫、广大工农群众购买力的枯竭和政府赋税的加重，使得国货商人和独立生产者日益走上破产的道路。《子夜》中的人物就是活动在这样一个历史背景中。

名著概要

20世纪30年代初，民族资本家吴荪甫开的丝织厂是硕果仅存的几项民族工业之一。他遇到了多方面的挑战。最近，有公债界魔王之称的赵伯韬找到他和他姐夫杜竹斋，要联合做一笔多头生意，也就是用低价买进股票，再以高价卖出，从中牟取暴利。亟待资金的吴荪甫虽然知道赵为人阴毒，但是也冒险干了一家伙，好在赚了一笔钱。他和孙吉人、王和甫又办了一个银行，他们的宗旨不是利用资本从事股票生意，而是要发展几个厂房，加强民族工业的实力。随后，成立益中公司，伺机兼并那些经营无方的小型企业。

如意算盘打好了，可吴荪甫却觉得生不逢时。工厂的工潮此起彼伏，使得他不能全力生产。这不，工厂女工姚金凤挑头，组织女工们罢了工。一肚子气的吴荪甫降了怯懦的老账房的职，起用一个年轻人屠维岳，他暗中收买了闹事者姚金凤，瓦解了工潮。谁知，原来一个被收买的女工醋意大发，向其她女工告了密，结果姚金凤被当成了资本家的走狗，身败名裂，工潮复兴，不可抑止。火冒三丈的吴荪甫赶

《子夜》封面

到工厂，兴师问罪。处于很不利地位的屠维岳却仍是那么沉着。他在厂门外迎接吴荪甫。随后，他将他的布置汇报给吴荪甫。他的计策狠毒，要三先生假令开除姚金凤，反而提升出卖了姚金凤的那一个吃醋女工。如此一来，姚金凤在女工眼里反而是被冤枉的姐妹了，这个决定女工必不接受，于是，可以作为让步，三先生再收回成命，不开除姚，并且给女工放假一天。这样，不但平息工潮，而且能将姚金凤这个钉子插在女工当中。吴荪甫依计而行。果然，罢工平息。

公债上的成功和工厂的再次稳定使吴荪甫踌躇满志。他和孙吉人、王和甫成立了一个银行。重视民族工业的吴荪甫此举并不是要利用筹措来的资本从事股票生意，他看不起姐夫杜竹斋之流买空卖空的做法，他要扩大民族工业资本，发展几个工厂。他的事业在一波三折中较顺利地发展着。他的性格坚定，做起事来大刀阔斧，雷厉风行。他最看不起他家的那些艺术家们。就在吴荪甫的事业渐渐有所发展的时候，赵伯韬出面捣乱来了。他的背景极为复杂，不仅有政界做后台，军界也与他有很深的关联。赵伯韬盯上了吴荪甫这块肥肉，想把他的企业吞食掉。他看准吴荪甫最大的困难就是资金短缺，于是就广布流言，说吴荪甫组建的银行将不按时付息，鼓动股民将存款提出来。吴荪甫又岂是白痴，他当机立断，贴出告示，告知股民，凡在半个月内谁要提取没到期的款子，可以特别通融，利息照日子算。只此一招，就扑灭了流言。

但是，资金对吴来说日益吃紧。家乡双桥镇又生变故，农民的反抗使得他在家乡的一些产业蒙受巨大的损失，所以不得不使出全部的伎俩来筹资。他开始恶毒地盘剥工人的劳动，不但增加了工作量，同时还要扣除20%的工资。工人大哗，新的罢工即将开始。新的罢工意味着新的危险，很快，吴荪甫就将内外交困了。

在他和赵伯韬斗法的当儿，赵的一位姘头投靠了吴。她自愿当吴的耳目。于是，吴决定迎战。

赵向吴亮出了底牌。他要向吴的银行投资300万，实际是为了控制住吴企业的股份。如果不接受赵的建议，吴的资金将无法维持各个企业的改建，也无法坚持到商品销路好转的那一天。吴和孙吉人、王和甫商量后，决心与赵拼一把。他们将8个厂房全部抵押出去，凑齐了60万，吴又抵押了房产，这些钱都用来作公债，也就是股票生意。果然，吴得到确实消息，赵也全力以赴。僵局形成了，作为赵，他也感到了极大的压力，资金也周转不灵了。

吴荪甫紧张到了极点，他终于知道在中国这么个社会里要想发展民族工业是何等困难。不知不觉，他也被卷入到买空卖空的投机市场来了。他不得不依靠典当他的心爱的工厂来与金融资本家赵伯韬做殊死一搏。在金融、企业和家乡投资三线作战使他精疲力竭。平生第一次，他离开了他的工作，和朋友及妓女消磨了一个晚上。

在厂房，罢工的热潮重新燃起，这次是全市有组织的总罢工。工人在共产党的领导下，十分团结。屠维岳又重演分化瓦解的伎俩，却阻碍重重。一群吴荪甫的亲戚为了削弱屠维岳的权柄，暗地里拉襟掣肘，寻衅捣乱。好好的一个厂子，刚刚费尽心机使女工们复工，自己人之间的一场打架斗殴事件使局面又急转直下。焦头烂额的吴荪甫，不得不暂时放下其他重要的事情，亲自赴厂视察。而此时的吴在屠维岳的眼里，已不像以前的镇静自若的三先生了，他仿佛失去了自信心。他怀疑一切人。他万万想不到将自己的亲戚安插在厂中，竟会恶化厂子的局势。

且放下厂里乱子不表，公债已经做到关键的时候了。力气不支的赵伯韬又亮出了他的王牌。他利用“国内公债维持会”的名义电请政府禁止卖空。正好做这卖空方的吴荪甫听后并不相信，王和甫则苦笑着回答说，赵伯韬的手腕不光如此，他还直接去运动交易所理事会和经纪人会，怂恿他们发文要增加卖方的保证金，要增加

根据茅盾同名小说改编成的电影《春蚕》剧照

一倍多。这等于是使得赵伯韬一分钱可以顶吴荪甫的两分钱使。至此，几乎绝望的吴荪甫还剩下最后一个希望，就是请杜竹斋老姐夫加盟，把他的强大资金投入卖空中，或可一搏。

他担心在最后的收盘时刻，杜竹斋不去交易所。他的担心是多余的。吴荪甫在交易所突然晕倒后，被送回家去。他的汽车驶出交易所时，杜竹斋的汽车恰好缓缓驶进。杜竹斋终于露面了。吴荪甫从电话中得知杜的到临，才长出一口气。他感到老赵的末日到了。也许民族资本家的梦想又开始飞舞到他的脑海中了。

但是，等待这位民族资本家的结局是十分不幸的。被他视为救星的姐夫杜竹斋进入公债交易市场后，他不是站在吴荪甫一边做空头，而是背叛了他的妻弟，做了多头。吴荪甫彻底破产了。

作品特色

《子夜》一书以上海为中心，反映了中国社会的全貌，写了近百个人物，围绕着丝厂老板吴荪甫两个月的活动而展开故事情节，通过他的遭遇和处境展现了30年代初期中国社会广阔的生活画面、错综复杂的阶级关系和风起云涌的斗争形式。

在典型人物的塑造上,作家缜密的艺术构思和卓越的创作才能得到了充分的体现。作家笔下的工业资本家吴荪甫，不是庸碌卑琐的人物。他曾经热心于发展故乡双桥镇的实业，打算以一个发电厂为基础建筑起他的“双桥王国”来。他有这样的野心，把一些“半死不活的所谓企业家”全部打倒，“把企业拿到他的铁腕里来”。不仅这样，他还知道如果要发展民族工业，首先需要“国家象个国家，政府象个政府”。但却生不逢时，生活在半殖民地半封建的旧中国，帝国主义侵略的魔手紧紧扼住了中国民族工业的咽喉，因而他的发展民族工业的雄心不能不成为一个幻想。《子夜》从多方面错综复杂的社会关系中来突出吴荪甫的性格特征。吴荪甫是一个鲜明的矛盾的统一体：他一方面有“站在民族工业立场的义愤”，但另一方面，压倒他的却是“个人利害的筹虑”；他精明强悍，但又不能不表现出中国民族资产阶级先天的软弱性；他有时果决专断，有时狐疑惶惑，有时满怀信心，有时又垂头丧气，表面上好象是遇事成竹在胸，

相关链接

文学史界近年来公认茅盾是中国社会剖析派小说的坛主。这一派别来源于19世纪法国、俄国的现实主义小说，又同中国古典世态小说两相结合。历史上称1931年为“子夜年”，《子夜》的成功绝不是偶然的。同文学史上所有成功的作家一样，茅盾特别注重研究人以及人和人的关系。他有广泛的社会经验，又力图运用马克思主义观点分析各种现象，揭示其重大的意义，从而形成作品的主题思想。《子夜》就是这样孕育和产生的。茅盾对中国古典小说《水浒传》和《儒林外史》特别喜爱，又曾广泛地阅读外国著名作家的作品。对中外优秀文学遗产，他都能经过咀嚼、消化而加以吸收，取精用宏，“消化了旧艺术品的精髓而创造出新的手法”。这也是《子夜》获得成功的重要原因之一。

而实质上则是举措乖张。这一切，都是如此矛盾而又很自然地统一在吴荪甫的性格里，他是我国第二次国内革命战争时期民族资产阶级的典型形象。

《子夜》的语言具有简洁、细腻、生动的特点。它没有过度欧化的语言，偶尔运用古代成语，也是恰到好处，趣味盎然。人物的语言和叙述者的语言各具特色，使读者能如闻其声、如见其人、如临其境。

作品影响

《子夜》标志着茅盾的创作开始进入了一个新的成熟阶段，是中国现代文学一部杰出的革命现实主义长篇，是继《阿 Q 正传》后现代文学史上的又一座高峰。《子夜》的产生，显示了左翼文学阵营的战斗实绩，从创作上证明了无产阶级文学是一种不可战胜的、最有发展前途的力量。

阅读指导

《子夜》创造了一系列典型的人物。一提到民族资本家吴荪甫，立刻会想到他的刚毅果断，想到他的容貌：魁梧，紫脸多疮。他被描写成 20 世纪机械工业时代的英雄骑士和“王子”。对于阴险毒辣的买办资本家赵伯韬，作品从来没有正面描写过他，然而，运用反衬法，赵伯韬便栩栩如生了，人们想到他，阴森之气似乎便从头罩到脚。《子夜》是以人物众多、结构复杂、反映生活面广著称的，被它描写的人物上百个，基本都有个性，看出来作者深受托尔斯泰影响。

骆驼祥子 / 现代 / 老舍 / “京味”十足的现实小说

作者简介

老舍（1899 ~ 1966 年）现、当代作家。原名舒庆春，字舍予，另有笔名絜青、鸿来、非我等。满族，北京人。出生于一个贫民家庭。1918 年北京师范学校毕业后任小学校长和中学教员。1924 年赴英国任伦敦大学东方学院汉语讲师，阅读了大量英文作品，并从事小说创作。1926 年加入文学研究会。1930 年回国后任济南齐鲁大学、青岛山东大学教授。抗日战争爆发后南下赴汉口和重庆。1938 年中华全国文艺界抗敌协会成立，他被选为理事兼总务部主任，主持文协日常工作。在创作上，以抗战救国为主题，写了各种形式的文艺作品。1946 年应邀赴美国讲学一年，期满后旅居美国从事创作。中华人民共和国成立后不久应召回国。曾任中国文联副主席、中国作家协会副主席、中国民间文艺研究会副主席等职。参加政治、社会、文化和对外友好交流等活动，注意对青年文学工作者的培养和辅导，曾因创作优秀话剧《龙须沟》而被授予“人民艺术家”称号。“文化大革命”初期因被迫害而弃世。老舍一生写了约计800万字的作品，主要著作有：长篇小说《老张的哲学》、《赵子曰》，《二马》、《猫城记》、《离婚》、《牛天赐传》、《文博士》、《骆驼祥子》、《火葬》、《四世同堂》、《鼓书艺人》、《正红旗下》（未完），中篇小说《月牙儿》、《我这一辈子》，短篇小说集《赶集》、《樱海集》、《蛤藻集》、《火车集》、《贫血集》，剧本《龙须沟》、《茶馆》，另有《老舍剧作全集》、《老舍散文集》、《老舍诗选》、《老舍文艺评论集》和《老舍文集》等。

背景介绍

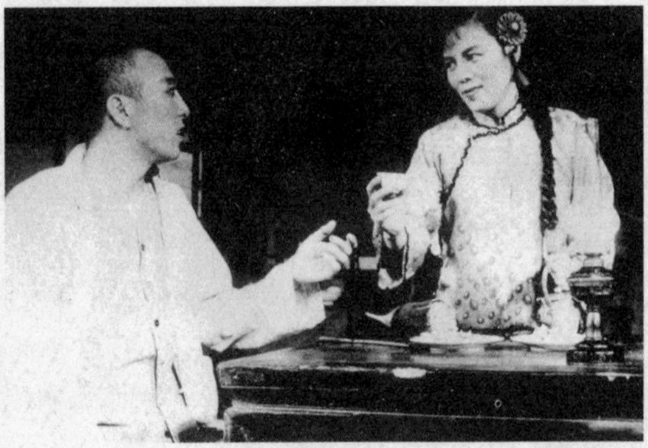

话剧《骆驼祥子》剧照

1930年老舍从新加坡踏上了归程，面对满目疮痍的祖国，他的笔变得沉重起来。《骆驼祥子》是其在这个时期的代表作。它揭示了“小人物”的奴隶心理和无法实现的希望的最终破灭。随着祥子心爱的女人小福子的自杀，祥子熄灭了个人奋斗的最后一朵火花，成为这个衰朽社会的殉葬品。《骆驼祥子》出版后，影响很大，被誉为“抗战前夕中国最佳的长篇小说”。1945年该书英译本在纽约出版，立即风靡美国。

名著概要

祥子是一个从农村流落到北京城里的二十多岁的青年。到了城里，他选中了拉车这一行。他觉得拉洋车是件容易挣钱的事。祥子对社会没有非分之想，只希望买一辆属于自己的洋车，做一个高等车夫。

整整3年，他不吸烟，不喝酒，不赌钱，没有任何嗜好，凑足了100块钱，买了一辆新车。没想到好景不长，北平城外军阀开始了混战，大兵到处抓人抓车。祥子明知危险，但为了多挣两块钱，还是抱着侥幸心理拉客出城了。走到半路，连人带车就被十来个兵捉去了。祥子的衣服鞋帽甚至系腰布带，都被抢了去。他每天给大兵们扛行李、挑水烧水喂牲口。这些祥子都不怕，他只是心疼那辆自己用血汗挣来的车。后来大兵们吃了败仗，祥子乘黑从兵营里偷跑回来，还顺手拉了三匹骆驼，卖了35块钱。从此他落下“骆驼祥子”的外号。

祥子的铺盖一直在西安门大街的人和车厂放着。车厂老板刘四爷，年轻时设过赌场、买卖过人口、放过高利贷、打过群架、抢过良家妇女，是土混混出身，懂得怎样对付穷人。他开的车厂有六十多辆车，女儿虎妞协助他管理。虎妞长得虎头虎脑，是个三十七八岁的老姑娘。她什么都和男人一样，连骂人也有男人的爽快，有时候更多一些花样。刘四爷管外，虎妞管内，父女俩把人和车厂治理得铁桶一般。厂子里常住有20来个车夫，收了车，大家不是坐着闲谈，便是蒙头大睡。只有祥子不愿闲着，他擦车、打气、晒雨布、抹油……干得高高兴兴，仿佛是一种极好的娱乐。刘家父女很喜欢他住在车厂里，因此有时祥子虽然不拉刘四爷的车，刘四爷仍允许他一直住在厂里。祥子回到人和车厂，把卖骆驼的35块钱交给刘四爷存着，他要从头做起，再买一辆自己的车。即使今天买上，明天丢了，他也得去买。这是他的志愿、希望，甚至是信仰。祥子一天到晚思索着这回事，算计着他的钱。每天早出晚归、省吃俭用。有一天从杨宅回到人和车厂时，已是深夜11点多。虎妞的屋里仍亮着灯，打扮得有些妖媚的虎妞把祥子叫进屋，强迫他喝了酒，然后和祥子同居了一夜。

自从和虎妞发生了关系，祥子心里十分憋闷。年关越来越近了，祥子对新年充满了新的希望。然而虎妞出现了，她挺着肚子说已怀了祥子的孩子，威胁祥子和她结婚。祥子只好听从她的摆布。

祭灶那天晚上，祥子拉曹先生回家，路上被侦缉队盯上了。原来曹先生经常宣传社会主义言论，他被一个叫阮明的学生告发了。曹先生赶忙远走避难，他让祥子回家送信。一到家，祥子就被孙侦探抓住了。孙侦探敲诈去了他的全部积蓄，买车的计划又一次肥皂泡似的破灭了。

祥子没有别的路，只好又回到人和车厂。虎妞与祥子的关系，引起车夫们的讥笑。刘四不能容忍自己的女儿和臭拉车的勾搭上，他要女儿在他和祥子中间选择一个，虎妞要祥子。刘四当时就与虎妞翻了脸，并把祥子撵出门去。虎妞索性自己租房子、雇花轿，嫁给了祥子。

婚后，祥子才明白，虎妞并没有怀孕。她在裤腰上塞了个枕头，故意诱祥子上圈套。祥子不愿陪虎妞玩乐，一心想去拉车。虎妞要他去向刘四告软服输，祥子不去。后来刘四卖掉了车厂，不知到哪里玩乐去了，虎妞打探不出消息，这才绝了回家的心。

名家点评：

人在社会中生活，受着社会的制约。他的道路，是由他所处的社会环境，他所属的社会地位，他与社会的各种联系决定的。祥子的形象，是在当时那个黑暗社会的生活画面上，在他与各种社会力量的复杂关系中凸现出来的。他的悲剧，主要是他所生活的那个社会的产物。

——樊骏《论〈骆驼祥子〉的现实主义》

《骆驼祥子》这篇作品，是对中国的现实，给以写实主义式作品的深入暗示。

——龙英宗

她用自己的私房钱给祥子买了一辆车。

不久，虎妞真的怀孕了。祥子拼命拉车、干活儿，累得病倒了。这场大病不仅使他体力消耗过大，而且把虎妞的积蓄也用光了。为了生活，祥子硬撑着去拉车，二强子的女儿小福子也帮忙买东西做饭。但虎妞还是因为难产死去了。为了置办虎妞的丧事，祥子卖掉了车。

埋葬了虎妞，祥子一头倒在炕上，眼泪一串串流下来。车、车、车是自己的饭碗。买，丢了；再买，卖出去；三起三落，像个鬼影，永远抓不牢，而空受那些辛苦与委屈。小福子对祥子有情有意，祥子也很喜欢她，可负不起养她两个弟弟和一个醉爸爸的责任。祥子只好对小福子说："等着吧！等我混好了，我一定来娶你。"然后离开了小福子，他又找了一个车厂，拉车去了。

过去那个要强、忠厚、努力的祥子不见了。他开始混日子，抽烟、喝酒、赌钱。在夏宅拉包月时，年轻的夏太太引诱祥子，使他染上了淋病。祥子不再爱惜车了，他还跟巡警吵嘴打架，成了巡警眼中头等的"刺儿头"。

但祥子并没完全堕落，他常想照旧去努力自强，小福子的存在也常给祥子某种希望。曹先生避难回来，要祥子再来拉包月，还答应他把小福子接来同住。祥子高

在三届人大一次会议上，老舍（前排左一）和梁思成、华罗庚、彭真等合影。

兴极了，他带着这个好消息去找小福子，却得知了小福子被卖进妓院后自尽的消息。祥子在街上丧魂落魄地走，遇见了小马的祖父老马。老人因没钱买药，眼睁睁看着小马死在自己怀里。他叹道：“我算是明白了，干苦活儿的打算独自一个人混好，比登天还难。”

祥子从此之后彻底变了。他没有回到曹先生那里，却变着法串宅门去骗钱花。最后，祥子的信用丧失得已赁不出车来，他的病也渐渐严重。于是，他又靠给红白喜事做杂工来维持生命，成了个还有口气的死鬼。

人把自己从野兽中提拔出，可是到现在人还把自己的同类驱逐到野兽里去。祥子还在那文化之城，可是变成了走兽。这一点也不是他自己的过错。他停止住思路，不再有希望，就那么迷迷糊糊地往下坠，坠入那无底的深坑。他吃、他喝、他嫖、他赌、他懒、他狡猾，因为他没有了心，他的心被人摘了去。他只剩下那个高大的肉架子，等着溃烂，预备着到乱坟岗子去。这是社会病胎的产儿，个人主义的末路鬼。

作品特色

老舍自称《骆驼祥子》是他的“重头戏”。这部小说最初连载于《宇宙风》杂志，1939年出版了单行本。为他带来盛誉的，就是现代小说名篇《骆驼祥子》。《骆驼祥子》的主要艺术成就在于它的人物典型形象的成功塑造。其中尤其以主人公祥子和虎妞的形象最为突出。祥子的不幸命运是依照“精进向上——不甘失败——自甘堕落”三部曲展开的。在小说开头，祥子初到北平，怀着寻求新的生路的希望，开始了他的个人奋斗史。他年轻力壮，善良正直，乐于帮助与他命运相同的人。他坚忍顽强，风里雨里地咬牙，追求自己的生活目标，用孤苦的挣扎编织着美丽的梦想。但是不久他即连遭厄运。他想拥有自己的一辆车的梦想总是那么遥远，而他如避瘟神的虎妞却牢牢地控制了他。尽管如此，面对失败他依然做了一定程度的反抗，不改自己做一个独立的劳动者的初衷，不愿意在老婆手里讨饭吃。但是这样的日子也过不了多久。虎妞因为难产而死，祥子只得卖掉车子来料理丧事。此生不再有买车的希望，但是他还有意中人小福子。但是当他得知小福子也已经不在人世的时候，祥子终于不堪这最后的沉重一击，向着命运的深渊沉沉地堕落下去。长久以来潜藏内心的劣性全都发作，吃喝嫖赌，打架占便宜，甚至连原来作为立身之本的拉车，他也讨厌了。残酷的现实扭曲了他的性格，把一个曾经有着顽强生存能力的人变成了一堆行尸走肉。祥子的悲剧，是强者沉沦的悲剧，也是性格和命运的悲剧。除了人物形象的成功塑造，这部小说的语言也达到了很高的成就。老舍创造性地运用北京口语，并融入狄更斯、契诃夫、莫泊桑、等外国小说家幽默而洗练的语言风格，形成了他自己的“斯文”而“雅谑”的京味：平易而不粗俗，精致而不雕琢，这就是他被人们尊为“语言大师”的原因。

阅读指导

《骆驼祥子》全书充满了北京地区的生活风光，不少描写点染出一幅幅色彩鲜明的北京风俗画和世态画。但作品关于时代背景的描写比较薄弱，与那个时代的社会重大变化缺少联系。故事的结局低沉，弥漫着一种阴郁绝望的气氛。一方面表现了那个时代的悲惨气氛，加强了对于当时社会的批判力量，另一方面也反映出老舍在认识了旧社会黑暗势力的强大和个人奋斗的无能为力以后，还未找到劳动人民自我解放的正确道路的情况下所产生的彷徨苦闷的心情。老舍十分熟悉作品所描写的各种人物，他用一种朴素的叙述笔调，生动的北京口语，简洁有力地写出了富有地方色彩的生活画面和具有性格特征的人物形象。在写实手法的运用和语言的凝炼上，都取得了成功。《骆驼祥子》是一部优秀的现实主义的小说。

雷雨 / 现代 / 曹禺 / 现代话剧艺术的高峰

作者简介

曹禺（1910 ~ 1996 年）生于天津一个没落的官僚家庭，名添甲，学名万家宝。童年时，父亲常常告诫他，不要忘记自己是“窭人之子”。他自幼天资聪慧，但性格孤僻。他受过较好的启蒙教育，还很早地涉猎了大量的古典小说，并且是个小戏迷，觉得戏剧是“一个美妙迷人的东西”。1922 年曹禺考入南开中学，首次以“曹禺”笔名发表了小说《今宵酒醒何处》。同时，还崭露戏剧表演的天赋，先后演过《少奶奶的扇子》、《打渔杀家》、《南天门》、《国民公敌》等多部戏。最为成功和为他带来莫大声誉的是他男扮女装演《玩偶之家》的女主角娜拉。1928 年曹禺被保送进入南开大学政治系学习，后又考入清华大学西洋文学系。在清华期间，他仍积极参加戏剧演出，有时还集导、编、演于一身。1933 年，23 岁的曹禺创作了《雷雨》，成为中国剧坛上升起的一颗光芒四射的新星。随后，陆续发表《日出》、《原野》、《北京人》。期间，担任了国立南京戏剧学院教授。抗战爆发后，前往重庆、江安。1947 年奔向解放区。解放后，长期任文艺界领导职务。1951 年，北京人民艺术剧院成立，担任首任院长。

背景介绍

《雷雨》以 1924 年的中国社会为创作背景。这时正是第一次大革命的前夕，阶级斗争处于十分尖锐的状态。一方面，中国无产阶级已经登上政治舞台，在共产党的领导下，掀起了蓬勃的工农革命运动；另一方面，中国封建势力在帝国主义的支持下，对人民大众进行着残酷的压迫和剥削。面对这样的现实，作者在自己的创作里，“发泄着被压抑的愤懑，抨击着中国的家庭和社会”。

名著概要

周公馆的老爷周朴园从矿上回来两天了，由于矿上闹罢工，所以一直忙于处理公务，没有见到太太繁漪。繁漪对周朴园也不关心。她从楼上下来，向四凤打听昨天大少爷是什么时候回家的。

最近一段时间，自从四凤和大少爷有了秘密之后，繁漪对四凤的态度好像好了许多。四凤只是刚才从她爹鲁贵那里得知，大少爷和他继母繁漪之间原来有段私情。现在太太这么一问，心里便紧张起来。更令她担心的是，自己的母亲今天才从外地做工回来，而太太立刻就要请她来，不知道安的是什么心。

四凤把老爷让太太喝的药端上来，繁漪勉强喝了一口，终于嫌苦，让四凤给倒掉了。

繁漪的儿子、大少爷周萍的弟弟周冲，这时欢跳着进屋来。他用 17 岁孩子特有的活泼语气向母亲请安。他告诉母亲，他爱上了年轻美丽的姑娘四凤。繁漪很吃惊。但是，当她见周冲连父亲的反对也不怕，反而得到许多欣慰。四凤想起周萍把自己、他的继母勾引到手后，由于害怕父亲，又厌弃了自己，不禁悲从中来。老爷周朴园处理完公务，踱进屋来。他对儿子们的恭敬和礼貌很满意。但他看到繁漪没有喝药，便强迫繁漪喝下去。周公馆里闷得透不过气来。是雷雨要来了。一间屋子，不论春夏秋冬，周朴园都不许打开窗户。里面的家具摆设也都是 30 年前的旧式样，还有一张年轻女人的照片，她长得有些像四凤，一直放在桌上。

30 年前，周朴园的第一个妻子为周家生了两个儿子，但不被周家所容，最后留下长子周萍，带着刚刚生下的二儿子，被周家赶出了门。因为这个女子是周家的佣人，周家老太爷不同意这桩有辱门楣的婚姻。年轻女子离开周家，便投河自尽。30 年以来，周朴园心中一直纪念着她，这间屋子的摆设完全是按照那个女子的喜好布置的。

《雷雨》剧照（北京人民艺术剧院 1989 年演出）

繁漪是周朴园的第二个太太，她只

比周萍大 7 岁。在周朴园眼里，她不是个女人，而是有神经症的病人，她得不到任何温情。病态的她爱上了软弱的周萍。他们的幽会和疯狂的情感被佣人鲁贵发现了。这之后，周萍却开始逃避这乱伦式的偷情。繁漪让四凤的母亲鲁妈来，就是要赶走四凤，重新得到周萍。

四凤的母亲鲁妈来到周公馆。她，不是别人，正是 30 年前那个投河自杀却没有死去的周萍的母亲侍萍。她认出了周公馆，她决定立刻带四凤离开。然而，这时，周朴园却来到她们面前，认出了她。侍萍拒绝了周朴园的钱。她提出见周萍的要求。周朴园答应了。

说来真巧，这次闹工运的领袖是侍萍的儿子，也是周朴园抛弃的儿子，现在叫鲁大海。闻得实情，周朴园觉得是对自己作孽的报应。

既是仇人又是父子的周朴园和鲁大海在周公馆见面了。鲁大海知道工人罢工被周朴园破坏了，怒不可遏地扑向周朴园。于是侍萍看到了父子、兄弟势不两立的惨剧。

四凤不知其中原委，她不愿意同母亲离开周公馆，因为她把爱情已经献给了大少爷周萍。看见女儿犹豫的神色，侍萍不得不疑心女儿是否和周公馆的少爷有了隐情。一会儿，四凤抽泣起来，侍萍便让她有什么话好好告诉妈。鲁贵岔开了话题。

年轻单纯的周冲，很不满意白天父亲对工人鲁大海的态度。当他知道鲁大海是四凤的哥哥时，便来到鲁侍萍家，送来 100 元钱。恰好，侍萍和鲁大海出门去了，贪财的鲁贵接过钱来，欢喜得不得了。白天的一场变故，也把鲁贵的饭碗给砸了。在家里，他正骂咧咧的。他知道二少爷周冲也喜欢四凤，所以他故意让周冲和四凤单独呆在一起，自己则出门买酒肉打牙祭去了。大海却正好这时回家，他一见周家的人就怒火中烧，他恨自己妹妹不争气，还在勾引周家少爷。

侍萍撞见逃走的周冲，她心惊肉跳，盘问四凤，到底和周家少爷发生了什么事情。四凤心绪繁乱，一天发生的事情是她所承受不了的。但她无论如何不能说出她和周萍的关系。四凤哭倒在母亲怀里，她只能说：“妈，您为什么不相信自己的女儿啊。”侍萍让女儿发誓，今后不再见周家的人。深夜，周萍悄悄来看四凤。四凤不见。周萍用计赚开四凤的窗户，爬了进去。情人哭作一团。外面大雨倾盆，黑暗中隐隐传来女人的哭泣。谁能想到，这是繁漪的哭声。她跟踪周萍而至，目睹昔日的情人投入他人的怀抱，自己就像是被随便遗弃的废物。怨恨充斥了她的内心。偶尔天幕中划过的闪电，映亮了窗外怨毒而苍白的脸。悲喜交加的情人却没有看见。

侍萍和大海进四凤的屋里来了。惊惶失措的四凤和周萍想逃跑，可是他们发现，刚才大开的窗户突然被人从外面紧紧封死了。偷情暴露了，四凤无脸见人，哭号着夺门而出。

在周公馆，死一样的寂静。这是孕育最大悲剧前的寂静。浑身水淋淋的繁漪与

相关链接

解放前，曹禺的戏剧创作可以划分为两个阶段。从《雷雨》到《日出》、《原野》是其创作道路的第一个阶段。在这3部剧中，反封建和个性解放的思想不断深化和发展着，《雷雨》写的是一个资产阶级化的封建家庭的悲剧，《日出》进一步抨击了半封建、半殖民地金钱化社会的罪恶，《原野》表现的是一个在精神和肉体上遭受双重压迫的农民奋起复仇的故事。曹禺的戏剧艺术风格和悲剧艺术才华在这些剧中得到淋漓尽致的表现。抗战之后，曹禺的戏剧创作进入第二阶段。《北京人》和《家》代表了他这一时期的最高成就，前者追求平淡、深沉、悠远的艺术境界，后者在朴素的写实风格中传达出了具有抒情诗般的戏剧美。

周萍四目相对。繁漪企图用最后的力气挽救她和周萍的关系。她也是个软弱的女人，她希望周萍把她从这个地狱似的家救出去，只要她能和周萍在一起，就是将来接来四凤，她也心无怨言。她的乞求已打动不了周萍的铁石心肠。绝望中的繁漪完全丧失了理智。

四凤找到了周萍。这时，哥哥大海、母亲侍萍也来到周公馆。他们担心四凤想不开。但是，可怜的侍萍怎知道，她再也没有力量可以拆散这对情人了，因为四凤终于说出，她已经怀上了周萍的孩子。周萍满怀希望地对侍萍说，他将带四凤离开这里，去创建他们美满的生活。说这话时，四凤和周萍这对兄妹眼里闪烁着憧憬的光芒。侍萍敢在这个时候告诉他们真相吗？她同意了这对兄妹的私奔。

繁漪和周冲突然出现在楼道。她本意是让周冲从他哥哥手中抢过四凤。谁知，此时周冲发现，他对四凤的感情并不是爱情。这个可怜的周冲，他目睹了他所崇敬的母亲的丧心病狂。他的母亲用最具有破坏力的语言讲述了自己和周萍的偷情，她叫道，她已不是母亲，不是妻子，她只是被周萍激活的女人，一个闷死又活过来的女人，她喊周朴园，她要让他听到这一切。

这样闹，对周萍和四凤并无任何影响了。他们就要远走高飞了。可是，周朴园此时闻声而至，他误以为侍萍终于是来认亲子周萍来了，便轻巧地将这层性命攸关的纸捅破了。四凤哭号着奔出门外，周冲追了出去，他们在周家花园的漏电的电线上双双毙命。大少爷用枪自杀。

两个妇人疯了。黑夜中电闪雷鸣。

作品特色

无论是从故事层面、戏剧效果，还是从更深的人生哲理意蕴，《雷雨》都是一部值得一读的精彩之作。这里有着“最残酷的爱和最不忍的恨”，有着“最‘雷雨’”的女人，也有着如“一棵弱不禁风的草”般的男人，有在岁月中历练得冷酷但仍残存着一丝温情的老人，也有对生活尚充满幻想的孩子。周朴园是半殖民地半封建社会里的第一代资产阶级人物，是一系列悲剧的制造者。他继承了封建统治阶级的残酷性，形成了既专横又虚伪的性格：强迫繁漪吃药的场面充分暴露了他的残酷；对待侍萍的态度，又集中反映了他的虚伪。这个典型的伪君子是中国半殖民地半封建社会中一个畸形的产物。繁漪是《雷雨》中最有特色、个性最鲜明的人物，她是“五四”以来追求妇女解放，争取独立、自由的新女性代表；她敢爱敢恨，对周家人人都怕的周朴园，也不放在眼里。当然，她对旧制度的反抗是由一种畸形的方式表现出来的，她在重压下，常常无助、自卑、甚至自虐。这是繁漪无法摆脱的弱点。鲁大海是一个有思想、有行动的年轻工人，他直爽、质朴又头脑清醒。他作为工人代表，和周朴园进行了坚决的斗争，显示了他的反抗精神。但是，曹禺毕竟对工人不太熟悉，所以鲁大海的形象与别人相比还是显得单薄。

剧本以扣人心弦的情节、简练含蓄的语言、各具特色的人物和极为丰富的潜台词，如刀刃一般在读者的心弦上缓缓滑过，那抖颤而出的余音，至今未息。

作品影响

《雷雨》是曹禺的第一个艺术生命，也是现代话剧成熟的标志。《雷雨》一发表，就震动了文坛，而此时的曹禺只有23岁。此外，他的四大经典名作《雷雨》、《日出》、《原野》、《北京人》在千百个舞台上曾以多种面貌出现，被不同的人们饱含深情地演绎着、解读着，并一举将中国话剧推上了历史上最轰动热烈的颠峰时期。

阅读指导

《雷雨》通过一个带有浓厚封建色彩的资本家家庭内部的尖锐冲突，以及周鲁两家错综复杂的矛盾纠葛，生动地展现了这个具有典型意义的剥削阶级家庭的全部罪恶历史，把旧社会人吃人的现象，把封建家庭的腐朽、没落、污浊的内幕，做了深刻而又精致的描绘。我们透过这个家庭，可以看到半殖民地半封建社会的罪恶和黑暗，和它必然灭亡的命运。

此外，《雷雨》在艺术上具有独特的风格。结构的紧凑、精练，情节的紧张发展和矛盾的高度集中，构成《雷雨》的显著特点。作者善于把各种戏剧冲突在作品里高度集中起来，使繁复的生活内容通过特定的场景和有限的画面精巧地表现出来，从而显示了作者提炼生活素材的卓越才能。并且，剧中各个情节都有清晰的线索，而又环环紧扣。它没有穿插式的多余人物，每一个人物的出现都能适应情节的发展。此外，细节的描写，环境的安排，也都起了为主题思想服务的作用。这一切，使剧本在艺术上构成了一个浑然的整体。

《雷雨》剧作完全运用了“三一律”，两个家庭八个人物在短短一天之内发生的故事，却牵扯了过去的恩恩怨怨，剪不断，理还乱。狭小的舞台上不仅凸现了伦常的矛盾、阶级的矛盾，还有个体对于环境、时代强烈不协调的矛盾，在种种剧烈的冲突中完成了人物的塑造，其实悲剧早已潜伏在每一句台词、每一个伏笔中，只是到最后时分才终于爆发出来，化作一场倾盆雷雨，无比强烈地震撼了每个人的灵魂。此外，《雷雨》特别重视音响和色彩效果，不惜用浓墨重彩表现。同时，还注意对人物的声音、气味、眼睛进行夸张的处理。

边城 / 现代 / 沈从文 / 用诗构筑的生命牧歌

作者简介

沈从文（1902 ~ 1988 年），现代作家、历史文物研究学者。原名沈岳焕，笔名小兵、懋琳、休芸芸等。湖南凤凰（今属湘西土家族苗族自治州）人。苗族。1918 年小学毕业后随本乡土著部队到沅水流域各地，随军在川、湘、鄂、黔四省边区生活。1923 年到北京自学并学习写作。1924 年后开始发表作品，并与胡也频合编《京报副刊》和《民众文艺》周刊。1928 年到上海与胡也频、丁玲编辑《红黑》、《人间》杂志。翌年任教于中国公学。1930 年起在武汉大学、青岛大学任教。1934 年

《边城》插图 当代 黄永玉

起编辑北平和天津的《大公报》副刊《文艺》。抗日战争爆发后，到昆明任西南联合大学教授。抗战胜利后，任北京大学教授，编辑《大公报》、《益世报》等文学副刊。从 1926 年出版第一本创作集《鸭子》开始，沈从文先生出版了七十余种作品集，被称为多产作家。至 40 年代刊行的作品主要有：短篇小说集《蜜柑》、《雨后及其他》、《神巫之爱》、《旅店及其他》、《石子船》、《虎雏》、《阿黑小史》、《月下小景》、《如蕤集》、《八骏图》，中篇小说《一个母亲》、《边城》，长篇小说《旧梦》、《长河》，散文集《记胡也频》、《记丁玲》、《从文自传》、《湘行散记》、《湘西》等。还有论文集《沫沫集》、《废邮存底》、《云南看云集》，批评专集《现代中国作家评论选》，以及多种沈从文的选集和多卷本《沈从文文集》等。

背景介绍

沈从文创作《边城》时正生活在国民党统治下的城市里。由于对社会政治的疏离、对都市生活的厌倦和对现实人生的困惑，沈从文把民族出路的探索和变革现实的希望寄托在完美人生形式的再造上。他在谈及《边城》时说："我要表现的本是一种'人生的形式'，一种'优美、健康、自然，而又不悖乎人性的人生形式'。"

名著概要

那是 20 世纪的初叶，这苗蛮杂处的边城，尚未卷入近代中国社会的变乱，到处是一片宁静与和平。碧溪嘴白塔下摆渡的老船夫已年过 70，而生命的新枝正在萌发。如新竹豁裂了外箨，老船夫抚养的女儿的遗孤翠翠，转眼间到了 15 岁。城里管码头的顺顺，儿子天保和傩送也已成人。

翠翠在风日里长养着，把皮肤晒得黑黑的，触目为青山绿水，一对眸子清明如水晶，自然长养她且教育她。她为人天真活泼，处处俨然如一只小兽物，人又那么乖，如山头黄麂一样，从不想到残忍事情，从不发愁，从不动气。平时在渡船上遇陌生人对她有所注意时，便把光亮的眼睛瞅着那陌生人，做成随时都可举步逃入深山的神气，但明白了面前的人无心机后，就又从从容容地在水边玩耍了。

当年翠翠的母亲——老船夫的独生女，同一个清绿营屯防士兵"唱歌相熟"，肚子里还有了孩子，却"结婚不成"。——黄罗寨那片林子里，立着那可怜的嫡亲祖母，一个苗族妇女的假坟，一抔黄土埋藏着一个民族的悲剧故事。——屯防士兵顾及军人名誉，首先服了毒，老船夫女儿待孩子生下后，到溪边故意吃了许多冷水，也死去了。

老船夫无从理解这悲剧的前因后果。这些事从老船夫说来谁也无罪过，只应由天去负责。正因为翠翠长大了，证明自己已真正老了。可是无论如何，得让翠翠有个着落。翠翠既是她那可怜的母亲交给他的，翠翠长大了，他也得把翠翠交给一个可靠的人，手续清楚，他的事才算完结。老船夫不曾料到，早在两年前的端午节，翠翠与傩送在河边第一次相遇，傩送已爱上翠翠，翠翠下意识里已朦胧生出对傩送的爱恋。不巧的是傩送的哥哥天保也爱上了翠翠。更严重的，是一座新碾坊又加入了这场竞争——团总将它作女儿的陪嫁，正托人向顺顺放口风，要傩送作女婿。

天保当真请了媒人，走车路向老船夫提亲。老船夫要让翠翠满意，问翠翠对这事的意见。翠翠却不做声。翠翠弄明白了，来做媒的是大老！她不曾把头抬起，心怦怦地跳着，脸烧得厉害，仍然剥她的豌豆，且随手把空豆荚抛到水中，望着它们在流水中从从容容地流去，自己也俨然从容了许多。老船夫思前想后，明白了翠翠的心事：隐隐约约体会到一件事情——翠翠爱二老不爱大老。想到这里时，他笑了，勉强笑了。其实他有点忧愁，因为他忽然觉得翠翠一切全像她母亲，而且隐隐约约感到了这母女二人共同的命运。

为了翠翠的幸福，老船夫愿意让翠翠自己作主，因此没有直接答应天保的提亲。待天保明白傩送也爱翠翠，同意傩送提出的公平解决办法：兄弟俩轮流对翠翠唱歌，谁唱动了翠翠的心，翠翠便归谁。结果，天保自知不敌傩送，赌气乘船下行，不料不小心被竹篙弹入激流淹死了。顺顺家以为这事与老船夫有关，傩送也以为他做事“弯弯曲曲”，不爽快，面子上对他冷淡了许多。为了求得一个人对自己命运的自主，老船夫陷入了不为人理解的孤独。——提及这点时，一颗受伤的心仿佛被狠狠刺了一下，重复起了隐痛。十多年前，自己的生命处于沉睡状态，一任它在人生浪涛里沉浮，不曾想到自主，也无从自主，任何一种偶然的事变都会将自己带向不可知的方向。为摆脱人身的依附，求得自己支配自己的权利，才走出湘西，进入都市。傩送父子的冷淡，中寨人关于傩送决定要碾坊的谈话，翠翠外柔内刚的脾性，当年女儿悲惨的死，全都综合在一起，“命运”仿佛给了老船夫当胸一拳，他终于无力再抵抗，在一个雷雨交加的晚上，伴随白塔的坍塌而死去了。

后来便说到了老船夫死前的一切，翠翠因此明白了祖父活时所不提及的许多事。二老的唱歌，顺顺大儿子的死，顺顺父子对于祖父的冷淡，中寨人用碾坊作陪嫁妆奁，诱惑傩送二老，二老既记忆着哥哥的死亡，且因得不到翠翠的理会，又被逼着接受那座碾坊，心思还在渡船，因此赌气下行。祖父的死因，又如何和翠翠有关……凡是翠翠不明白的事情，如今可全明白了。翠翠把事情弄明白后，哭了一个晚上。

翠翠终于独自守在渡口，等待傩送的归来。到了冬天，那个圮坍了的白塔，又重新修起来了。那个在月下唱歌，使翠翠在睡梦里为歌声把灵魂轻轻浮起来的年轻人，还不曾回到茶峒来。

作品特色

与一般写实的小说不同，《边城》并不是以工笔的精雕细刻在复杂的社会关系中表现人物的完整与丰富，而是以写意的笔法对生活中最能传达人物神韵的语言、动作和情态加以点染，使之呼之欲出。如少女翠翠的天真、活泼，老船工的淳朴，无不栩栩如生。这些人物的性格虽然没有内在的激烈矛盾与冲突，但人物性格呈现出一种纯净的美感。《边城》对人物性格的塑造，受到了传统艺术写意传神笔法较深的熏陶，翠翠的形象更体现了中国人的审美理想。

翠翠是以一个船家少女的美丽形象出现的，一举一动还带点童稚气，她天真纯洁、毫无心机。作品写翠翠之爱是十分含蓄的，她对爱情的渴望表现为一种朦胧的向往，表现为淳朴的山村少女对爱情特有的害羞、矜持的态度，她对两个年轻人的感情一直处于少女时期的梦境状态。作者细致地写翠翠在接触不多的男性中对二人的微妙印象，写二人为翠翠唱歌而傩送径直进入姑娘的心底，丝丝入扣。当爷爷死去，傩送出走的双重悲剧发生之后，翠翠凭借着自己的善良和坚韧，仍不改初衷地在渡船上生活下去，等待心上人有朝一日的归来。她用美好的心灵，抒写了湘西边地少女淳朴坚贞爱情的美丽诗篇。此外，老船夫的善良忠厚和重义轻财，天保和傩送对爱情的忠贞不二和对亲情的互相体贴，都具有一种东方式的恬静的美。

小说还以优美的语言和景致描写见长，整部小说的语言自然清新、朴素秀丽，既散发着浓厚的泥土气息，又显示出准确精练的艺术表现力；小说的景致描写为人们展现了一幅湘西边地特有的风俗、风景、风情画，使得整个作品透出浓郁的地方色彩和民间情调。

《边城》达到了乡情风俗、人事命运、人物形象三者描写完美和谐、浑然一体的境地，注重本色，充满了诗情画意。《边城》独特的诗化境界也就是其最动人的艺术魅力所在。

作品影响

沈从文因写《边城》被称为“文体作家”，首先是因为他创造性地运用和发展了一种特殊的小说体式——诗化小说。其次，他在文学史上构筑了一个富有魅力的“湘西世界”，大大地发展了“乡土”小说，至今仍有许多作家模仿。

阅读指导

《边城》典型地表现了作者理想的人生形式以及社会理想，它歌颂了一种交织着爱和美的理想的人生形态：远离都市文明的边地，人与人之间充满了一种和谐的美，男女的情爱、家庭的亲爱，都是那样的淳朴和自然。作者通过翠翠爱情的悲剧和美与爱本身的建造与毁灭来揭示社会的悲剧——以金钱和势力为婚姻基础的那个社会和时代的本质特征，透着深深的悲凉感和无可奈何。

小说在结构上也是独树一帜，她不是以曲折的情节取胜，而是在人生的“梦”与“现实”之间营造一种淡淡的悲凉与惆怅，以田园牧歌式的壁橱，把人生与自然、现实与梦境揉合协调为一体，如梦如幻。全书 21 节每一节都是诗，《边城》也成为一篇诗化小说。

论及《边城》时，作者沈从文自己说：“一切充满了善，然而到处是不凑巧，既然是不凑巧，因之朴素的善终难免产生悲剧。故事中充满了五月中的斜风细雨，以及那点六月中夏雨欲来时闷人的热和闷热中的寂寞。”沐浴着湿润与和谐的水边小城，蓬勃着人性的率真与善良。文明社会古旧的礼法与习俗在自然人性面前难以施威。然而，当生活中的各种情感都顺乎自然向前发展时，却有着这样那样的阴差阳错与偶然。由此，小说容纳了现在和过去、生存和死亡、恒久与变动、天意与人为等诸种命题，笼罩在整部小说之上的是一种无奈的命运感。作者称：“我这本书只预备给一些‘本身已离开了学校，或是终究无从接近学校还认识些中国文字，置身于文学理论、文学批评以及说谎造谣消息所达不到的那种职务上，在那个社会里生活，而且极关心整个民族在空间与时间下所有的好处与坏处’的人去看……他们必也愿意从这本书上同时还知道点世界一小角隅的农村与军人。”对读者的预设，似乎表明了作者的创作意图。《边城》也许是作者努力建构的充满自然人性与牧歌情调的世外桃源。在这里，沈从文创造出闪耀着神性之光的理想人物，既体现着人性中庄严、健康、美丽、虔诚的一面，也同时反映了沈从文身上的浪漫主义与古典主义式的情怀。

围城 / 现代 / 钱钟书 / 现代社会的一部新《儒林外史》

作者简介

钱钟书（1910 ~ 1998 年），字默存，号槐聚，曾用笔名中书君等，是我国当代著名的学者和作家。钱钟书先生 1910 年 11 月 21 日出生于江苏省无锡县城内一户书香世家，从小受到家学的熏陶，学业得以精进。1933 年从清华毕业后，他曾在上海光华大学任教。1935 年考取庚款赴英伦牛津大学留学，两年后以论文《十七、十八世纪英国文学中的中国》获副博士（B.Litt.）学位。随后又转赴法国巴黎索邦大学修

钱钟书像

一年。1938年回国，被清华大学破例录用为教授。后曾在湖南蓝田师范学院、上海震旦女子文理学院、暨南大学任教，并兼任南京中央图书馆英文馆刊《书林季刊》主编。在这期间，钱先生所出版的著作有自订诗集《中书君诗》与《中书君近诗》、散文集《写在人生边上》、短篇小说集《人·兽·鬼》、长篇小说《围城》和诗话《谈艺录》等。1949年以后，他的主要精力都放在学术研究上，主要著作有《宋诗选注》、《管锥编》、《谈艺录（补订本）》、《也是集》、《七缀集》、《槐聚诗存》等。旧作《围城》、《写在人生边上》、《人·兽·鬼》等在80年代重印，有的还出版了少数民族语文本，使国内理论界和文学界受到震动和冲击，出现了一股“钱钟书热”。

背景介绍

《围城》写于1944至1946年之间，一发表便被誉为是一部新《儒林外史》。这是一部以旧中国中上层知识分子病态畸形生活为描写对象的幽默而辛辣的讽刺小说。主人公方鸿渐在书中的年代是1937年夏至1938年冬，正是抗战烽火燃遍神州大地，中国人民奋起浴血抗战，中华民族面临生死存亡的严重关头。方鸿渐等人游离于当时民族革命战争的大潮外。这类灰色的知识分子，在当时旧中国是大量存在的，钱钟书对他们相当熟悉，像他这样在一部长篇小说里对他们作这样集中的讽刺性描写，自有其不可忽视的现实主义的典型意义和不可替代的历史与美学价值。

名著概要

克莱登大学哲学博士方鸿渐留学回国了。他是个没有用的人，在欧洲4年，转了3个学校，改了几回专业，生活散漫，学无所成。因为父亲和老丈人都伸手向他要学位证书，没有办法，他只好从爱尔兰骗子手中买了这么个子虚乌有的大学的假博士学位。他决不愿意做这事，可是为了尽晚辈的孝心，搞份假文凭也是心安理得，只要今后自己绝不以此招摇撞骗，但他没有想到，老丈人已经将他的博士照片和游学履历大肆渲染地登在报刊上了。方鸿渐一下船，来到这个阔别4年又毫无变化的故土，便先见到这份报纸，不由得面红耳赤，十分难堪。

未婚妻和方鸿渐从未见过面，就撒手人寰。他蒙岳父大人资助得以负笈欧洲，所以回国后，先看望了岳父岳母，这才回到家乡见爹娘。他刚进家门，小报记者便闻风而至，摄下了方博士西装革履的仪态，使他成了县里大名鼎鼎的人物，提亲者更是踏破门槛。方鸿渐不喜欢这些土里土气又打扮时髦的女孩们，爱情在他心中仍是一片空白的领域。

淞沪会战后，全国都不太平，方鸿渐又来到上海，在岳父的银行谋了份差事。在归国回来的法国邮轮上，方鸿渐曾和性感的鲍小姐有一夜风流，一夜过后，鲍小姐便冷落疏远了方鸿渐。爱的失落，使方鸿渐觉得事事难遂人愿。

春暖花开的时候，方鸿渐拜访了和自己一起留学归来的女博士苏文纨。在苏文纨家，他结识了苏的表妹唐晓芙。她是个天真、直爽的大学生。方鸿渐对唐晓芙一见倾心，坠入了爱河，可是苏文纨喜欢方鸿渐。方鸿渐不喜欢苏文纨的做作，但是他总不能狠下心来拒绝，怕伤害了苏小姐。

苏文纨故意让自己的爱慕者赵辛楣见到方鸿渐。赵辛媚一来，苏文纨对方鸿渐的称呼立刻由“方先生”改为“鸿渐”。方鸿渐明白了苏文纨的把戏，可赵辛楣见苏文纨对方鸿渐的称呼这么亲热，便妒火中烧，他一来就不断地攻击方鸿渐。伶牙俐齿的方鸿渐不愿意还击，处处退让着。

方鸿渐更加迷恋起唐晓芙。苏文纨对方鸿渐绝望后，就来拆散唐晓芙和方鸿渐的爱情。她添油加醋地把方鸿渐在船上和鲍小姐的风流韵事以及他已有妻室的事都告诉了唐晓芙。唐晓芙伤心欲绝，她怒斥方鸿渐。羞愧难耐的方鸿渐说不出话来，只好默默离去。爱情在他的心里死去了。苏文纨也没有嫁给赵辛媚，而是嫁给了诗人曹元朗。赵辛楣和方鸿渐反而成了朋友。

岳母对方鸿渐的态度转变了，现在说女儿是方鸿渐给克死的。方鸿渐一怒之下，辞去银行职务，和赵辛楣一起去三间大学任教。

国内烽烟四起，局势动荡不安，所以在去三间大学的路上，经历了许多的坎坷。和他们同行的还有几个人，一个是李梅亭，他要去当中文系的系主任。另一个女孩叫孙柔嘉，她才大学毕业，因为和赵辛楣有一些关系，所以在赵辛楣的介绍下，也到三间大学任教。李梅亭带了几个大的箱子，给旅途增添了许多的麻烦，后来方鸿渐才知道，箱子里面装的是走私货。孙柔嘉很懂事也温顺，还懂得照顾别人。下雨的时候，李梅亭舍不得用自己的新雨伞，孙柔嘉就把自己的阳伞借给李梅亭用，结果雨伞脱了色，把李梅亭的衣服染得五颜六色。来到旅馆，李梅亭只顾整理自己的衣服，只有方鸿渐关心孙柔嘉，叫来店伙计把雨伞拿去烤干。

赵辛楣警告方鸿渐不要坠入情网。方鸿渐失恋的心一直没有平息，他只是不忍心看孙柔嘉一个女孩孤身在外，无依无靠，才给了她一点关心。可赵辛楣开玩笑说，鸿渐这一念温柔，已经播下了情种。他警告方鸿渐说，别小看孙柔嘉，她可不是一般的女孩子，她极富有心计。

万没有想到，三间大学这个教书育人的地方也是个是非之地，里面尔虞我诈，勾心斗角。方鸿渐一来就深为失望。三间大学最有地位的是历史系主任韩学愈，他娶了个白俄人做太太，却谎称是美国人。他称自己在国外学术刊物上发表过作品，这点唬住了高松年。高松年信以为真，他绝想不到韩学愈有胆量撒谎，由于学校一时找不到韩学愈所说的外国刊物，韩学愈的谎言就一直没有被揭穿。

可是，方鸿渐来到这里，对韩学愈构成了威胁。原来，韩学愈的学历也是那个子虚乌有的克莱登大学授予的博士学位，方鸿渐知根知底。中文系主任汪处厚的太太有智慧有品位，人长得美丽动人，比她的老头子小二十多岁。校长高松年暗恋着汪太太。不久，赵辛楣也坠入了情网。一天晚上，汪太太和赵辛楣散步被回来的汪处厚和高松年发现，赵辛楣在三闾大学呆不下去了，便辞职去了香港。方鸿渐对学校的环境也厌恶透了，决计辞职离去。谁想，第二学期，人家根本就没有聘用他。他知道里面有人捣乱，心中很不是滋味。

孙柔嘉果然是有心计的女孩子，她知道方鸿渐语言风趣，对自己也会呵护，就想办法让方鸿渐向自己求婚。可怜的方鸿渐哪知是计，就真的和孙柔嘉订婚了。见未婚夫失去了工作，孙柔嘉也和方鸿渐一同离开三闾大学。

他们在回上海之前，去了香港。赵辛楣正在那里。他要帮助方鸿渐，但是孙柔嘉知道赵辛楣说自己坏话，就阻止方鸿渐和赵辛楣的来往，两人的矛盾越来越多。孙柔嘉完全是女人心理，爱争风吃醋，使小性子，希望方鸿渐哄她。可是鸿渐心事重重，他从毕业回国到现在，颠沛流离，一事无成，爱情在心中已经死去，但是身边却莫名其妙地有了太太，感时伤事，哪有好心情。

回到上海，两个人的家庭也不和，两人分别和对方的家庭也不和。方鸿渐在一家报社谋职，薪水只有孙柔嘉一半。于是他决定应赵辛楣邀请去重庆谋职。这时孙柔嘉请她的很有势力的姑母为方鸿渐找到一份高薪工作，谁知方鸿渐毫不领情，反而认为孙柔嘉和她的姑母背着自己的面，贬损自己的人格。他动手打了孙柔嘉，孙柔嘉愤然离家而去。

失魂落魄的方鸿渐回到自己冷冷清清的家中，心中一片茫然和空虚。

作品特色

《围城》是中国现代文学中杰出的讽刺小说。小说里有一段很有意思的对话，说英国哲学家罗素曾引过一句英国古话：结婚像金漆的鸟笼，笼外的鸟想住进去，笼内的鸟想飞出来；所以结而离，离而结，没有了局。法国也有相似的话，说结婚是被围困的城堡，城外的人想冲进去，城里的人想逃出来。这就是小说得名的由来，也是小说的用意所在。抗战初期，留学生方鸿渐和几个同伴搭法国轮船回到了多难的祖国。小说即是以他的生活道路为主线，反映了那个时代一批知识分子生活和心理的沉浮变迁。抗战爆发时，他们大都置身于这场民族存亡的伟大斗争之外，先是在十里洋场的上海，后来在湖南一个僻远的乡镇，围绕着生活、职业和恋爱婚姻等

名家点评：

小说中数度提到的围城，象征了人间处境：每次离开一个地方，或因此和相识的人每次疏远，都好像一次死亡。鸿渐同鲍小姐、苏小姐、晓芙、已故未婚妻一家、自己家人、大学同事，以至自己妻子一一疏离，非常戏剧化地表现出他精神的逐渐收缩，直到一无所有的地步。《围城》是一部探讨人的孤独和彼此之间无法沟通的小说。

——夏志清《中国现代小说史》

问题，进行着一场场钩心斗角的倾轧和角逐。

小说建构的是一个令人眼花缭乱的知识分子的世界。这是在20世纪半殖民地半封建社会的中国土壤上孳生起来的独特的知识分子群。这里有高松年那样道貌岸然的伪君子，也有汪处厚那样的依附官僚的可怜虫；有李梅亭那样满口仁义道德，内心男盗女娼的遗老，也有韩学愈那样伪造学历，招摇撞骗的假洋博士；有苏文纨和范懿那样混迹学界而一心在情场上争强斗狠的大家闺秀，也有陆子潇和顾尔谦那样一心攀龙附凤的小人……活跃在这新“儒林”里的各色人等，都扯起一面漂亮的旗帜，将自己的真面目掩盖起来，去追求新的晋身之阶。

在《围城》里，所有的人物都是盲目的追梦者，主人公方鸿渐也不例外。他的旅途正是一个精神追寻的历程。在与鲍小姐的追求与引诱的游戏中，在苏小姐、方鸿渐、唐晓芙的错位追求中，在与孙柔嘉的婚恋中，在谋职中，无一不是以追求始，以幻灭终。对于他来说，不仅是婚姻，人生万事都是围城。他能够走出去吗？小说的最后，夫妻俩终于劳燕分飞，方鸿渐准备到重庆去，而重庆未必不是他的另一个围城。

钱钟书先生晚年被冠以“国学大师”、“学术泰斗”、“文化昆仑”种种炫人眼目的名号，让这位老先生几乎喘不过气来。然而他仍坚持自由思考、独立地从事学术的精神，在整个时代都沦落以后，就显得特别高大和可敬。

阅读指导

题目“围城”取自法国谚语，说被围困的城堡，城外的人想冲进去，城里的人想冲出来。一般认为此处围城之意是说没有家庭的人想组建一个家庭，有了家庭之后又想摆脱家庭的束缚；或者从更广泛的意义上理解人们对于生活中的事情没有经历时对它充满幻想，渴望经历，经历了才知道不像想象的那样美好，相反却有许多意想不到的懊恼和束缚。也许这就是有人理解为作品表现了“最深刻绝望感”的原因。

《围城》的文学成就也应该引起我们的注意，一方面它创造了一个落魄的文人形象，可以看作是中国知识分子的一个普遍写照，这种人在我们今天的生活中依然存在，“应试教育”难免会将人塑造成方鸿渐这样的“百无一用是书生”的芸芸众生；另一方面，作品的讽刺幽默风格也是我们欣赏的重点，如苏文纨想借赵辛楣来激发方鸿渐对自己爱的勇气，可“方鸿渐像这几天报上战事消息所说：‘保持实力，作战略上的撤退’”，以此讽刺当时的国民政府步步后退的抗日态度，实在是妙手偶得的妙句。作品中明喻、暗喻、借喻等比喻手法的大量运用也是屡受好评的艺术特色。

下篇

外国经典名著

荷马史诗 / 古希腊 / 荷马 / 高华宏阔的史诗典范

作者简介

荷马头像
行吟诗人荷马曾在爱奥尼亚一条大路旁，一边奏着齐特拉琴，一边吟唱歌颂特洛伊英雄的史诗。

相传荷马为古代希腊两部著名史诗《伊利亚特》（又名《伊利昂纪》）和《奥德赛》的作者。根据史诗的语言和它的内容描写，西方学者一般认为他可能生活在公元前9 ~ 前8世纪之间，但对荷马本人的情况却知之甚少，实际上有关他生平的资料也不确切。上溯到早期的希腊年代，就有一个家喻户晓的古老传说认为荷马是个盲人，大约出生在爱奥尼亚、爱琴海东岸的一个地区。作为一个行吟诗人，他的情况可能同《奥德赛》里那位朗诵诗人谛摩多科斯差不多，经常带着竖琴在各地吟唱特洛伊战争英雄事迹的歌子。在长期的生活过程中，他广征博采，巧制精编，荟前人之长，避众家之短，以大诗人的情怀，大艺术家的功力，创作了《伊利亚特》和《奥德赛》这两部瑰丽的诗篇，使这两个在古希腊流传很久的故事终于形成史诗的规模。但现在一般的研究者都倾向于认为荷马可能只是这两部史诗的最初或最好的综合加工者，此后两大史诗还有若干古代学者进行过许多改动，最终形成今天我们所见到的版本。

背景介绍

根据地下发掘，地中海东岸小亚细亚地区在古代确曾有过特洛伊人及伊利昂城。可能是在公元前12世纪末，在希腊半岛南部地区的阿凯亚人和小亚细亚北部的特洛伊人之间发生了一次为期10年的战争，最后希腊人毁灭了特洛伊城。这是一次部落之间的战争。战争结束后，在小亚细亚一带便流传着许多歌颂这次战争中的氏族部落首领的英雄事迹的短歌。在传诵过程中，英雄传说又同神话故事交织在一起，由民间歌人口头传授，代代相传；每逢盛宴或节日，就由这些民间诗人在贵族的官邸中吟唱。大约到了公元前9~ 前8世纪时，一位盲诗人荷马以短歌为基础，加以搜集整理，最后形成了具有完整的情节和统一风格的两部史诗——《伊利亚特》和《奥德赛》。这就是荷马史诗形成的大致情况。至于用文字把它们写定下来，大约是在公元前 6 世纪左右。

名著概要

《伊利亚特》题名的原意是“伊利昂的故事”，写的是希腊人围攻特洛伊城的故事，当时的希腊人称特洛伊为“伊利昂”。关于这次战争的起因，在神话故事“不和的金苹果”里有详细的说明。根据这则神话所述，特洛伊战争是为了争夺一个名叫海伦的希腊女子而引起的。不和女神阿瑞斯因忌恨自己没有被邀请参加阿喀琉斯（希腊方面的主要英雄）父母的婚礼，便肆意挑起事端。她把一个金苹果扔在宴会桌上，上面写着“给最美的女神”，这就引起了赫拉、雅典娜、阿佛洛狄忒 3 位女神的争抢，宙斯让她们去找特洛伊王子帕里斯评判。3 位女神向帕里斯许了愿。帕里斯把金苹果判给了阿佛洛狄忒，因为她答应让帕里斯娶到世间最美的女人。事后，阿佛洛狄忒把帕里斯引到斯巴达，骗走了斯巴达王墨涅拉俄斯的妻子——美丽的王后海伦，从而爆发了特洛伊与希腊之间长达 10 年之久的战争。到了第 10 年，希腊联军统帅阿伽门农和阿凯亚部族中最勇猛的首领阿喀琉斯争夺一个在战争中掳获的女子，由于阿伽门农从阿喀琉斯手里抢走了那个女俘，阿喀琉斯愤而退出战斗。《伊利亚特》的故事就以阿喀琉斯的愤怒为开端，集中描写那第 10 年里 51 天的事情。由于阿凯亚人失去最勇猛的将领，他们无法战胜特洛伊人，一直退到海岸边，抵挡不住伊利昂城主将赫克托尔的凌厉攻势。阿伽门农请求同阿喀琉斯和解，请他参加战斗，但遭到拒绝。阿喀琉斯的密友帕特罗克洛斯看到阿凯亚人将要全军覆灭，便借了阿喀琉斯的盔甲去战斗，打退了特洛伊人的进攻，但自己却被赫克托尔所杀。阿喀琉斯感到十分悲痛，决心出战，为亡友复仇。他终于杀死赫克托尔，并把赫克托尔的尸首带走。伊利昂的老王（赫克托尔的父亲）普里阿摩斯到阿喀琉斯的营帐去赎取赫克托尔的尸首，暂时休战，为他举行盛大的葬礼。《伊利亚特》这部围绕伊利昂城的战斗的史诗，便在这里结束。

《奥德赛》写的是希腊英雄奥德修斯在特洛伊战争结束后还乡的故事。赫克托尔死后，围绕伊利昂城的战争还继续打了很久。后来阿喀琉斯被帕里斯用箭射死，希腊英雄奥德修斯便献计造了一只大木马，内藏伏兵，特洛伊人把木马拖进城，结果希腊人里应外合，攻下了伊利昂城，结束了这场经历 10 年的战争。离开本国很久的阿凯亚首领们纷纷回国，奥德修斯也带着他的伙伴，乘船向他的故乡伊塔克出发，但他们在回国途中却遇到种种艰难险阻。《奥德赛》前 13 卷采用倒叙的方式讲述奥德修斯到菲埃克斯岛以后向国王阿尔基诺斯讲述他的遭遇。奥德修斯一行先到了喀孔涅斯人的住地，攻下了王城。后来他们到了一个食迷莲的国家，吃了迷莲便忘了故乡。之后他们又被独眼巨人关在巨人岛上的一个山洞里，奥德修斯用酒灌醉巨人，用烧着的木棒灼伤了巨人的眼睛才得以逃脱。此后，神女喀尔刻要他留在一个岛上，并把他的同伴变成了猪。他还躲过了女妖迷惑人的歌声，逃过怪物卡律布狄斯和斯库拉。最后女神卡吕普索同意他返回家乡。与此同时，奥德修斯的妻子珀涅罗珀在故乡苦苦等待丈夫，奥德修斯在家中的儿子忒勒马科斯也已经长大成人，出去打听他的长期失踪的父亲的消息。许多人以为奥德修斯已死，为夺取奥德修斯的财产，纷纷向珀涅罗珀求婚，追求他的妻子的求婚人还占据着他的王宫，大吃大喝。珀涅罗珀则拒绝了所有的求婚者。奥德修斯经过10年颠沛流离，回到家乡。他装扮成乞丐进入王宫，同儿子一起杀死了所有的求婚者，处死了帮助求婚者的奴隶，一家人终于团聚。奥德修斯重新做了伊塔克的国王。

阅读指导

荷马史诗的内容非常丰富，无论从艺术技巧或者从历史、地理、考古学和民俗学方面都有许多值得探讨的东西。它在西方古典文学中一直享有最高的地位。从公元前8~前7世纪起，就已经有许多希腊诗人摹仿它，公认它是文学的楷模。两千多年来，西方人一直认为它是古代最伟大的史诗，因此我们可以从阅读荷马史诗中直接去领悟古希腊的文化和精神。

就《伊利亚特》来说，它是一部描写战争的英雄史诗。这部史诗着重是要歌颂氏族领袖的英雄品质，所以塑造了众多的英雄形象，并通过这些形象表现了那个“英雄时代”的英雄主义理想。全诗三分之二以上的篇幅都在描写阿喀琉斯休战期间两军的阵势。作者以恢宏的彩笔气势磅礴地描绘了古战场的人喊马嘶、群雄争斗、刀光剑影、血雨腥风。这一幕幕惊天动地、气贯长虹的战争场面，本身就是展现英雄雄姿的诗篇。而书中的这些英雄都是久经战阵、英勇无畏的战士。在他们身上既集中体现了氏族集体所要求的英勇品质，又初步显示出了每个人的个性特征，如阿伽门农的刚愎自用，阿喀琉斯的英勇善战，奥德修斯的足智多谋，赫克托尔的诲人不倦，说话语重心长等等。特别是在阿喀琉斯和赫克托尔身上，这种英雄品质表现得更加明显。作为特洛伊军中最勇猛的将领，赫克托尔身负保卫全城的重任。他明知战争

名家点评：

恩格斯说，“荷马史诗以及全部神话——这就是希腊人由野蛮时代带入文明时代的主要遗产”，这既反映了荷马史诗在描述战争中不可避免地具有一些历史局限性，如杀戮、残暴的野蛮屠城，视女人为奴隶主的私有财产等等，但另一方面也证明了荷马史诗在反映人类早期历史文化形态特别是在由原始公社到奴隶制过渡过程中出现的诸如政治、经济、军事、文化等方面的各种情况具有不可比拟的价值。

而柏拉图也在《理想国》里提到，“荷马教育了希腊人”，这反映了荷马史诗在希腊文化教育及文化传承方面所起的重要作用很早就被人们意识到了。

是由弟弟的不义行为引起，同时自己也必然逃脱不了命运的安排，但他依然视死如归，毅然勇敢地迎战阿喀琉斯。这是一个意识到自己光荣职责的光辉英雄形象。而希腊第一英雄阿喀琉斯，感于神的意志，把在战场上获得荣誉看作第一生命。他在战场上既勇敢善战、奋不顾身，又暴烈鲁莽，刚强任性，表现出一种崇高的英雄主义悲剧色彩，而这也正是荷马所要力图表达的时代精神。

而《奥德赛》这部史诗在风格上却与《伊利亚特》有着不同的特点。《伊利亚特》由于主要描写的是战争，因此情调显得过于高亢和急促。《奥德赛》故事的前半部分主要描写主人公在海上的离奇遭遇。主人公10年惊心动魄的经历，包含了许多远古的神话和很多经过作者幻想加工所写成的奇妙自然现象，所以显得色彩斑斓，富有非常浓厚的浪漫色彩；故事的后半部分主要描写主人公同其他贵族青年争夺和维护私有财产的斗争，里面涉及很多家庭生活的描写，所以又显得比较细致和深刻，具有一定的现实主义精神。

荷马史诗的伟大成就还在于它对西方文学传统的深远影响。荷马是一位功底深厚、想象丰富、善于创新的语言大师。荷马史诗辞章华丽、妙语迭出，诗中生动、形象的用词和比喻俯拾皆是。仅就文学因素来看，荷马史诗也不愧为世界上极为优秀的文学著作之一。

伊索寓言 / 古希腊 / 伊索 / 西方寓言的始祖

作者简介

伊索可能是公元前6世纪的人，出生于小亚细亚的弗律基亚，曾在一个名叫克珊托斯的主人家为奴。古希腊历史学家希罗多德（约公元前484 ~前430）在其所撰写的《历史》第二卷中记述道：“罗多皮斯是萨摩斯人赫菲斯托波利斯之子雅德蒙的女奴，并且与写作寓言的伊索为同一个主人的奴隶。”伊索由于聪颖智慧，被解除奴隶身份并获得自由。他曾游历各地，给人们讲述寓言故事。据说小亚细亚的吕底亚国王克洛索斯（公元前560 ~前546）对他相当信任，派他出使德尔斐，但结果是伊索遇害身亡。

名著概要

《伊索寓言》意为“伊索的寓言集”，大部分产生于伊索生活的时代，并且多为伊索所作。一小部分是后人创作，记在伊索这位大师名下。

> **精彩语段**
>
> 有些人能力小，办不成事，却推托时机未成熟。
> 挑选什么样的朋友，自己就是什么样的人。
> 对恶人即使仁至义尽，他们的本性也是不会改变的。
> 一直说谎的人即使说了真话，也没有人会相信。
> 虽然慢，只要坚持不懈，最终会赢得胜利。

它作为古希腊人生活智慧的结晶，反映的内容非常广泛，绝大部分篇章都是讲做人的道德准则方面的问题。《伊索寓言》里著名的篇章很多，其中以《狼和小羊》、《农夫和蛇》、《龟兔赛跑》、《狐狸和葡萄》最为脍炙人口。《狼和小羊》讲的是：狼想吃小羊，道貌岸然地想掩饰自己的恶行，但当纯朴的小羊戳穿它虚伪的面孔时，狼便露出了强横的本性。《农夫和蛇》讲的是：农夫在冬天见到一条蛇冻僵了，于是将它放到怀中暖热。蛇醒后咬了恩人一口，农夫中毒而死去。《龟兔赛跑》讲的是：乌龟和兔子进行比赛，乌龟依靠坚持不懈的努力战胜了一路懈怠的兔子。《狐狸和葡萄》讲的是：狐狸看见架上的葡萄，但是它又摘不到，临走时，说葡萄是酸的。

阅读指导

《伊索寓言》是古希腊口头流传的民间文学作品，通俗易懂，文字简练，被誉为西方寓言的始祖，它的出现奠定了寓言作为一种文学体裁的基石。它早已越出地理的界限，在欧洲文学史上产生过深远而广泛的影响，成为作家创作的源泉和蓝本。后世的拉封丹、莱辛、克雷洛夫在寓言创作中明显受它的影响。世界各国的文学作品，甚至政治著作中，《伊索寓言》也常常被引用，作为论证时的比喻、说理时的名言、讽刺时的武器、抨击时的矛头。

《伊索寓言》同时也是流传到中国最早的外国文学作品之一，这可以上溯到16世纪末17世纪初。意大利传教士利玛窦、庞迪我将《伊索寓言》引译至中国。清末，随着文化交流的频繁，各种译本的《伊索寓言》相继出现。1955年，人民文学出版社出版了中国第一本由古希腊文直接翻译过来的《伊索寓言》。近年来，这本书的版本更是种类繁多。可以说，《伊索寓言》是在中国影响极广、极受读者欢迎的西方文学作品之一。

希腊波斯战争史 / 古希腊 / 希罗多德 / 第一部世界通史

作者简介

希罗多德（约公元前484 ~ 前425年），古希腊第一个著名史学家，西方史学

名家点评：

希罗多德对于史料可以说是毫无批判的一概接受。

——修昔底德

希罗多德是伟大的“历史之父”。

——西塞罗

的奠基人，被人们尊称为“历史之父”。他出生于小亚细亚南海滨的哈利卡那苏城的一个名门望族。他的父亲是一个巨富的奴隶主，叔父是本地一位著名诗人。希罗多德从小勤奋刻苦，酷爱史诗。约公元前461年，在哈卡利那苏城发生的一次内战中，他叔父被本城僭主吕格达米斯杀害，希罗多德全家受株连，被迫移居萨摹斯岛，并且开始长期漫游，其足迹东至巴比伦，西至意大利南部，北到黑海北岸，南到埃及最南端。在此期间，他访查传闻逸事，凭吊历史遗迹，了解风土人情，收集了大量资料，为以后写《历史》做了准备。公元前447年，他来到雅典，结识伯里克利和索福克利斯等学者，成为伯里克利小圈子里的人物。希罗多德对波斯希腊战争中希腊诸城邦打败波斯侵略的英雄业绩十分钦佩，收集了许多有关史料，在伯里克利和友人们的鼓励和支持下，他决心写一部完整叙述希波战争的历史著作。公元前443年，他迁居意大利南部的图利瓮城邦，开始专心写作《历史》。可惜《历史》没有最终完稿，希罗多德便于公元前425年离开了人间。希罗多德明确地划出了史前历史与古代历史的分界线。他对历史学的贡献，在古代世界是无人可比拟的，他综括一切的能力也是后人难以望其项背的。他一生除了写作《历史》外，还写了《亚述人故事》，但已失传。

背景介绍

希罗多德看到的雅典是：希波战争的硝烟刚刚散去，以雅典为首的希腊诸城邦以小敌大，以弱胜强，打败了庞大的东方帝国波斯，重新掌握整个爱琴海世界。战争的洗礼使雅典在政治、经济和文化等方面迅速发展，高度繁荣。

名著概要

《希腊波斯战争史》常被称为《历史》，共9卷，按内容基本上可以分为两大部分，第一部分是序文，叙述了黑海北岸的西徐亚人、希腊城邦及波斯帝国的历史、地理、民族和风俗习惯，导引出东西双方冲突的起源，并记述了希腊波斯战争爆发的历史背景。第二部分是主要部分，集中叙述希波战争的经过和结果，从公元前549年小亚细亚的爱奥尼亚人反波斯统治的起义写到公元前478年希腊人占领色雷斯的赛司托斯城。后来亚历山大里亚的注释家把全书分为9卷，还根据当时的惯例，用

希波温泉关战役
公元前 480 年，希腊与波斯的一次交锋，英勇的希腊人仅 300 名士兵守关，杀死了波斯 2 万士兵，最终没有顶住强大的敌人。

古希腊神话中掌管文学和艺术的 9 位缪斯女神的名字给各卷命名，所以这部书有时又被称为《缪斯书》。

第一卷主要叙述波斯帝国的创立者居鲁士先后征服美地亚、小亚细亚地区的希腊城邦、新巴比伦王国，直到最后战死于中亚的经过。同时还详细地描述了小亚细亚、巴比伦尼亚、美地亚、波斯和西亚各地的历史、地理、居民和风俗。此外，还提到了当时雅典和斯巴达国内的情况。第二卷描写的是埃及，主要写埃及的历史兴衰、政治经济文化发展、金字塔等文物名胜。第三卷叙述刚比西斯征服埃及，伪斯美尔迪斯（高墨达）的短暂统治以及大流士夺得政权后的内外政策。此卷中首次提出了民主政治的优点之一是“在法律面前人人平等”。第四卷叙述大流士攻克巴比伦之后，亲自率军征伐斯奇提亚人，但是遭到惨败，回师时又派兵征服色雷斯和利比亚（北非）。此卷中还介绍了斯奇提亚人的情况和利比亚的风土人情。第五卷主要叙述大流士的主将美迦巴佐斯于公元前 499 ～前 494 年率军征服色雷斯以及米利都等伊奥尼亚城邦的历史。第六卷开头继续叙述波斯调动一支庞大的海、陆军进攻米利都以及伊奥尼亚人。此卷主要描绘了大流士派兵侵犯希腊和雅典人的马拉松之战的情况。第七卷主要叙述第二次希波战争时，波斯王克尔谢斯亲率大军远征希腊，在铁尔摩披莱与希腊人激战的情景。第八卷主要叙述阿尔铁米西昂战役和撒拉米斯海战。第九卷主要叙述希腊人在普拉提那陆地战役和米卡列海角战役中的胜利。

《希腊波斯战争史》一书内容丰富，非常生动地叙述了西亚、北非以及希腊等地区的地理环境、民族分布、经济生活、政治制度、历史往事、风土人情、宗教信仰、名胜古迹等，宛如古代社会一部小型“百科全书”。书中不仅着重叙述了希波战争的史实，而且把范围扩展到当时作者所了解的希腊及其周边世界。

阅读指导

《希腊波斯战争史》是人类历史上第一部具有世界性的通史著作，是第一部用历史叙述体写成的历史著作。此书构思宽广，主题是希波战争，但实际上包括当时希腊人所知道的整个世界的历史，叙述巧妙，引人入胜。全书以希波战争为骨架，嵌入细致的情节和一些动人的故事，而且史料丰富，不仅有大量的政治、经济、法律、历史文献和许多传说、神话、宗教材料，还有丰富的遗物古迹、现实材料和各种民族学、人类学以及农学、医学和地质学的资料。希罗多德创立的以史实为中心的记叙体成为后来欧洲历史著作的正规体裁。

文艺对话集 / 古希腊 / 柏拉图 / 古希腊美学的奠基之作

作者简介

柏拉图（公元前427 ~ 前347年），古希腊最重要的唯心主义哲学家，是苏格拉底的学生，亚里士多德的老师。他一生大部分时间居住在古希腊民族文化中心雅典。他热爱祖国，热爱哲学。他的最高理想是哲学家应为政治家，政治家应为哲学家。哲学家不是躲在象牙塔里的书呆子，应该学以致用，求诸实践。他出身于雅典一个大贵族家庭——克德里达家族，原名亚里士多克勒，据说因为他额头很宽，肩也很宽，所以得了个绰号叫“柏拉图”（就是“宽阔”的意思），后来人们就这样称呼他了。柏拉图早年在数学和文学方面受过很好的教育，曾经学习写诗，创作过悲剧。

柏拉图画像

希腊美学的真正奠基人，他的美学思想对后世产生深远影响。

在他20岁时，被父亲送到苏格拉底那里受教，先后跟随苏格拉底学习8年，直到公元前399年苏格拉底被处死才离开雅典，旅居麦加拉和意大利南部等地区，40岁时返回雅典。这时希腊世界日趋没落。柏拉图买了一块园地，在那里建立学园。由于“园地”地处纪念希腊英雄阿加德穆斯的圣殿附近，因此他的学园就取名“阿加德穆”。柏拉图一面讲学，一面从事著述，前后长达41年之久。在西方古代哲学家中，柏拉图是第一个留有大量著作的哲学家，其中有对话35篇，书信13封，但有不少是伪作，如书信大多均属此类；至于各篇对话之真伪，考证出入甚大，不过也有一些是没有多少分歧的，如《苏格拉底的辩护》、《巴门尼德篇》、《泰阿泰德》、《美诺篇》、《法律篇》、《理想国》等。

名著概要

《文艺对话集》是柏拉图有关文艺的言论合集，共收录柏拉图的论著8篇，包括《伊安》、《理想国》、《斐德若》、《斐列布斯》、《法律》、《大希庇阿斯》、《普罗塔哥拉》、《会饮》。其中《大希庇阿斯》篇讨论什么是美，也就是定义“美”。柏拉图认为，美就是一种可以称为“美本身”的东西，美本身先于美的事物，同时是绝对的，没有任何时间和空间的限制，美学的根本任务就在于寻求这个超越一切美的事物的“美本身”。但“美本身”究竟是什么，柏拉图也没找到，最后只能慨叹“美是难的”。在《斐列布斯》篇里，柏拉图对“美本身”的认识有所发展，指出当事物“分有”了“美本身”时便是美的，那么，“美本身”就是美的理念了。在《会饮》篇中对现实的美的形态进行了类别和等级划分，即分为感性美和理性美，并且理性美中的心灵美是更高级的，但最高级的是“美本身”。《理想国》篇论文艺的摹仿和作用，但他的摹仿论与古希腊的传统看法不同，认为艺术是现实的摹仿，现实又是对理念的摹仿。《伊安》篇论灵感，认为诗人有了灵感就会“失去平常理智而陷入迷狂”，同时认为诗人的迷狂是一种“心灵的迷狂”，迷狂可以分为4种：预感的、宗教的、诗歌的、爱情的。在论述诗歌创作的迷狂时，柏拉图极力强调迷狂的重要性，认为有了这种迷狂，就可以“感发”心灵，“引入”到兴高采烈神飞色舞的境界，创作出优秀的诗篇。进而在《斐德若》篇论述了灵魂在迷狂状态中对于美的理念的回忆和追求。《斐列布斯》篇论观看悲剧和喜剧时痛感和快感的混合，《法律》篇论诗歌应当由“法律的守护人”来监督和批准。

《文艺对话集》中关于文艺和美学的主要观点如下：1. 柏拉图认为美的事物之所以显得美，是因为先有了美的“理念”，只有美的理念才是美的本身。美的本质在于永恒的、绝对的“理念”。理性世界、现实感性世界、艺术世界构成现存的世界，其中艺术世界摹仿感性世界，感性世界依存于理性世界，而理性世界是第一性的。2. 关于审美。他认为感觉只能认识事物，理性才能达到“理式”美，因而提出了审美“回忆说”。审美是对“美的理念”的“彻悟”，是灵感在迷狂状态中对“美的理念”的回忆，而不局限于感觉。3. 艺术的本质在于摹仿现实，而现实是理念的影子，艺术则是“影子的影子”。他否定客观世界的真实性，从而否定艺术的真实性，认为艺术低于现实。4. 提出了创作灵感说。认为灵感是受到神的诏谕而产生的一种心灵迷狂，没有灵感，就没有诗。5. 将艺术的社会效用看作评价艺术的重要标准。因此艺术不能摹仿罪恶，只能把真、善、美的东西写进读者的心灵，以期对国家和人发生效用。

阅读指导

柏拉图的文艺美学观点影响深远，普罗提诺从他的观点出发，建立了新柏拉图主义，到了中世纪进一步发展为基督教神学唯心主义。历代反动的统治阶级都利用柏拉图的观点来镇压进步的文艺。他的灵感论一直成为后世鼓吹天才论和唯心主义创作论的理论支柱。

理想国 / 古希腊 / 柏拉图 / 古希腊文化的最高代表

背景介绍

柏拉图生于雅典城邦衰落的时期，那时疫疠盛行，大政治家伯里克利染疾去世后，群龙无首，伯罗奔尼撒战争爆发，危机四伏。战争后的雅典奴隶制每况愈下，陷入了严重的政治危机。这种危机一方面表现为奴隶和奴隶主之间的阶级斗争更加尖锐，另一方面表现为统治阶级的斗争，即奴隶主民主派与奴隶主贵族派争夺政权的斗争。柏拉图坚决地站在贵族派的立场上反对民主政体，反对普通的自由民参政，极力主张由奴隶主贵族上层来把持国家机器。因而柏拉图为了巩固奴隶主贵族的统治而设计了理想国。

名著概要

《理想国》以对话形式写成，共分 10 卷，基本上包括 3 个部分。第一部分：第一卷到第五卷，主要是论述理想国的具体组织；讨论正义、教育、道德、理念等问题。其中在第一卷中提出贯穿全书的两个问题，即什么是公正；公正是否优于不公正。第二部分：第六卷和第七卷，主要是论述与政治学相对的纯粹哲学问题，即论述统治者必须是哲学家，从而给哲学家下定义。第三部分：第八卷到第十卷，主要是对

表现希腊音乐教育的陶画

柏拉图在《理想国》中强调了教育的重要作用，他指出青年人都应受到良好的素质教育，包括音乐、体育等方面。

各种实际存在的政治体制及其优缺点的讨论。

为了实现公正，柏拉图在《理想国》中设计了一个真、善、美相统一的政体。他认为，国家就是个人的放大，而个人就是国家的缩小。在他看来，人的灵魂有3种：理性、意志和性欲；与之相适应的有智慧、勇敢和节制3种道德。如果这3个部分协调一致，就体现了人的第四种道德：正义。一个国家也是如此，统治者、卫士和群众这3个阶层各有自己的职能，各具自己的德性。如果这3个阶层安守己位，各司其职，则国家就达到了和谐和公正，社会处于最佳状态，即是至善。

柏拉图还用宗教神话来论证等级秩序的永恒性。他说神用不同的东西造出不同的等级：统治者是用金子做的，武士是用银子做的，农夫和手工业者是用铜和铁做的。他极力反对雅典的奴隶主民主制，他的理想国是斯巴达式的贵族专政制度。

柏拉图还详细地分析了他所处时代的4种不完善的政体。一是斯巴达和克里特政体，重军事、重勇气、重纪律、重献身，但失去了哲学精神的光辉；二是寡头政体，重财富、轻美德，少数有钱人掌权，统治者唯利是图；三是民主政体，重自由、重公民的发言权、选举权和表决权，否认统治者的知识和品质；四是僭主政体，对内镇压，对外战争，是暴政。

柏拉图认为，最适合的政体是既非君主政体、又非民主政体的混合政体。在这种国家中，应实行财产公有，共妻共子，男女平等。因为财产私有引起了国家分裂和党派之争，只有劳动者为了生产才允许有一定的个人财产。

通过一系列的分析，柏拉图认为建立理想国的关键在于让把握了善的哲学家成为国家之王，或国王成了哲学家。所以他在这里用大量的篇幅，讨论了他的“理念论”，提出了一系列后来被认为是柏拉图哲学所不可缺少的组成部分的内容。在他看来，停留于不真实的感官世界只能得到意见，认识了理念才是知识。唯有借助于辩证法领略到理念世界光辉的哲学家，才能仰观俯察，荡垢涤瑕，将社会和人生引向至善至美的境界。

《理想国》是一部综合性的著作，书中讨论到优生学问题、节育问题、家庭解体问题、婚姻自由问题、独身问题、专政问题、独裁问题、共产问题、民主问题、宗教问题、道德问题、文艺问题、教育问题，及男女平权、男女参政、男女参军等问题。

阅读指导

《理想国》是第一部系统地论述政治哲学的著作，也是西方思想史第一部乌托邦著作，近代莫尔的《乌托邦》、康帕内拉的《太阳城》以及空想社会主义的理想的政治学说都曾受到《理想国》的洗礼。西方学术界常把柏拉图与圣西门、傅立叶等人相提并论。

形而上学 / 古希腊 / 亚里士多德 / 世界第一部哲学教科书

作者简介

亚里士多德（公元前 384 ~ 前 322 年），古希腊著名的哲学家、思想家、法学家、政治学家、最渊博的学者。亚里士多德出生于希腊北方色雷斯的斯塔吉拉城，父亲是马其顿王阿明塔的御医。亚里士多德早年丧父，在他的监护人普罗克塞那抚养下长大。他早年学习医学和自然科学，17 岁时赴雅典，进入柏拉图学园学习，后来兼任教师工作。公元前 348 年，应马其顿王腓力二世之召，任王子亚历山大的教师。公元前 335 年，他重回雅典，在城东郊一个名叫吕克昂的体育场开办学园，经常在阿波罗太阳神庙的林阴小道上一边散步，一边向弟子们讲学论道，因而有人称亚里士多德学园为“逍遥学派”。公元前 323 年，亚历山大在远征途中染病身亡，雅典发生了反马其顿运动，亚里士多德也受株连，被控“亵神罪”，成为政治打击的对象，因此他不得不把学园交给弟子主持，逃离雅典，前往优比亚岛上的阿尔西斯避难，并于次年病逝。亚里士多德一生著述繁多，但历经战火，流传下来的大约占四分之一。多数研究者一般把亚里士多德的现存著作分为五大部分：1. 自然科学，主要有《天文学》、《气象学》、《植物学》、《动物学》、《论灵魂》等；2. 哲学，主要有《形而上学》、《物理学》等；3. 政治伦理学，主要有《尼各马可伦理学》、《政治学》等；4. 美学，主要有《诗学》、《修辞学》等；5. 逻辑学，主要有《工具论》等。

亚里士多德头像

亚里士多德的著作内容丰富，思想深刻，言简意赅，是西方公认的各门学科的必读书，长期具有法典的权威。

背景介绍

希腊城邦在马其顿的统治下，不但社会敌对阶级之间的矛盾进一步加深，而且自由民贫富两极分化的速度也加快了。各城邦中有越来越多的自由民对大奴隶主的统治日益不满，对参与城邦政治生活的热情也越来越低。与激烈的社会冲突、阶级冲突相适应，希腊城邦的思想界也发生了激烈的哲学和意识形态冲突，唯物论和唯心论的斗争不断深化。

名著概要

形而上学的研究是亚里士多德创造的，其功能和内容，既非信仰，亦非某些主题的统一意见。《形而上学》阐发了一种学说，有时称为智慧，有时称为“第一哲学”。其任务是描述实在的最普遍、最抽象的特征，以及普遍有效的原则。亚里士多德有一段著名的论述，将形而上学的对象描写为“作为存在的存在”。意思是，存在物之为存在的一切，都是形而上学研究的对象，形而上学研究一切存在物必须满足的一般条件。

第一卷，预备性的讨论了因果解释问题。他考察前人的各种解释形式，发现自己的“四因”说揭示了他们一直追求的真理。此番论述是苏格拉底以前的哲学乃至柏拉图哲学的主要资料来源。

第二卷简明地讨论了科学原理。第三卷提出了许多形而上学的难题。初步讨论这些难题：其绝大部分在形而上学后几卷中详细阐述。

第四卷阐释亚里士多德的“第一哲学”概念，即对存在条件的一般研究，包括矛盾律（不能既是 p 又是非 p）和排中律（或者 p，或者非 p）。

第五卷有时称作亚里士多德的哲学辞典。致力于解释一些模糊的哲学术语；亚里士多德对大约 40 个关键词的用法，进行了分析和甄别。

第六卷返回第四卷讨论的问题。

第七卷至第九卷是一个整体。是亚里士多德最晦涩的作品，无法概括。提出了这样的问题：什么是实体？世界，即独立存在、可认识、可定义的万事万物，其基本成分是什么？亚里士多德的讨论相当曲折。涉及质料和形式、实体和本质、变化和发生、现实和潜能等观念。亚里士多德的结论似乎是，实体在某种意义上是形式。并不是柏拉图式的抽象概念，而是具体的特殊形式。它们是用这类短语称谓的事物：“这个人”、“那匹马”或“这棵橡树”。

第十卷是独立论文，论“一”，即讨论整体、连续、同一以及相关概念。

名家点评：

亚里士多德深入到了现实宇宙的整个范围和各个方面，并把它们的森罗万象隶属于概念之下，大部分哲学科学的划分和产生，都应归功于他。当他把科学这样地分成为一定概念的一系列理智范畴的时候，亚里士多德的哲学同时也包含着最深刻的思辨的概念。

——黑格尔《哲学史讲演录》

第十一卷简单概括了《物理学》和《形而上学》前几部分，通常被认为是伪作。

第十二卷阐释亚里士多德的“神学”。他问道，必须设定多少原因才能解释世界，最终获得神的概念。不过亚里士多德的神，不是对现世感兴趣的人格神，而是纯理智的，对现世盛衰漠不关心的。另外，第一推动者不是暂时意义的。它不是世界的创造者，而是一切运动的源泉。实际上，亚里士多德认为，世界根本不是创造的，而是从来就有的。就此而言，第一推动者是世界万物的终极原因。

最后，第十三卷和第十四卷，长篇讨论数学对象的性质，绝大部分内容是批判柏拉图的。

阅读指导

《形而上学》是对泰勒斯以来的古希腊哲学发展的历史性总结，是一部划时代的巨著，它被誉为世界第一部哲学教科书。它创立了以本体论、四因论、潜能和现实为中心的哲学体系。亚里士多德哲学既标志着一个哲学开端，也标志着一个历史性终结。对于中世纪经院哲学和阿拉伯哲学来说，亚里士多德意味着人类知识的总和。在教会神学中，《形而上学》和亚里士多德的著作的绝对权威仅次于《圣经》。

政治学 / 古希腊 / 亚里士多德 / 开创了西方传统政治学体系

背景介绍

希腊城邦在马其顿的统治下，唯物论和唯心论的斗争不断深化。在政治上，亚里士多德作为奴隶主集团的代言人，提出建立由中产阶级为基础的共和政体，以调和社会矛盾，挽救处于瓦解中的奴隶主城邦国家。

名著概要

《政治学》以卷和章为体，分 8 卷，113 章，共 38 万字。

精彩语段

哲学起源于好奇。

一个勇敢的人，工作是精明的，处事是冷静的。

谁要真的想认识什么，他必须首先学会以正确的方式进行怀疑。

第一卷，主要讨论了家庭和城邦国家的起源。第一，亚氏先从说明人类社会组织入手，说明人类的社会团体的目的是善，而政治性的社会团体的目的在于最高尚的善，第二，追溯城邦的起源，城邦先于家庭，先于个人，并且高于一切；第三，详细论述家庭生活的诸要素。家庭的组成与主仆、夫妇和父子三伦，家务主要在于治产。治家依靠工具，而家务工具有两类：一为有生命工具，一为无生命工具。家庭关系中夫妇和父子至为重要，国家如同家庭，夫妇关系类似政治家统治自由民，父子关系类似君主统治臣民。家务重在培养道德，其目的在善。

第二卷，讨论理想的城邦和好的城邦。首先评论柏拉图的理想城邦，其次评论了法勒亚的法制；再次评论希朴达摩的法制。在对各种理想城邦进行评论之后，亚里士多德开始对现实世界的城邦展开讨论。他第一个论及的是斯巴达城邦的政体，第二个论及的是克里特政体，第三个论及的是迦太基政体，最后他对雅典政治家梭伦大加赞叹，认为梭伦怀有民主抱负，完成一代新政而又能保全道德，不弃优良传统。

第三卷，关于公民和政体理论。首先是讨论公民问题。政治权利是公民资格的真正条件，而居住权和诉讼权或者血统都不足以构成公民身份。在理想城邦中，好公民不必都是善人。但在政治体制为轮流执政的城邦中，公民必须兼有统治者和被统治者的品德，好公民等同于善人。其次，对政体依据设立的宗旨和政权的形态而加以分类，正宗政体可分为君主制、贵族制或共和制 3 种政体；变态政体可分为僭主、寡头和平民政体 3 种。亚氏还论述了关于寡头和平民政体建制的原则，着重论述了君主制。

第四卷，关于现实政体的类别。除君主制和贵族制外，共和制和变态的平民、僭主和寡头制四类型是讨论的主要内容，通过分析来说明它们各自适合于什么样的公民团体，以及各种政体如何建立又如何毁灭，如何维护和保全。

第五卷，关于政变和革命。城邦一般都是以正义与平等观念为原则建立，城邦内有不同观念的部分会试图推翻这种政体，这是引起政变和革命的一般原因。政变的三要素：一般心理状态、变革者的企图以及事变发生的动机。平民政体常常因群众领袖所持劫富政策而引起变革，或激成富人政变，或群众领袖乘机自立为僭主。寡头政体的变革常常由于政府不善待民众，或统治集团内讧。在贵族政体中，如果统治集团的门户过于狭隘，常常引起变动和内讧。

第六卷，建立较为稳定的平民和寡头政体的方法。平民政体由性质不同的人民和不同的职司机关组合而成，平民政体以自由为宗旨，对于政事应由人民轮流参加。

城市中好政府的作用

在《政治学》中，亚里士多德勾勒了哲学与政治的关系，即城邦的最高目的是确保一些人能够有条件过哲学生活。不过，这种生活只有希腊人才能享受。

军事机关对寡头政治的影响特别大。一般政体都应慎重建立各种职能部门。

第七卷，政治理想和教育原则。世上有三善：身外之善、身体之善、灵魂之善。幸福在于灵魂诸善。城邦与个人相同，修善才快乐。幸福是善的极致和完全实现。欲达到幸福，一个城邦和其中的公民须有健康的身体、适当的财富和生活条件。在具备幸福条件的城邦中，立法者可以运用其智慧引导公民行善。习惯和理性必经培养才能发展，所以治国者应重视教育。

第八卷，关于教育和训练青年。城邦应有统一的教育制度，每个公民受同样教育。教育初期，先施体操，同时施以音乐。音乐教育有三题：课程制定、乐调和韵律选择、乐器的选择。

阅读指导

《政治学》一书开创了西方传统政治学体系，使政治学在体系上从哲学、伦理学中分离出来，成为一门独立学科。亚氏在《政治学》中阐述的理论和方法，在西方乃至世界政治法律思想史上占有重要的地位。这种研究方法为后来的许多思想家和研究者所效仿。《政治学》中的许多政治主张，尤其是关于政体的分类理论，对后世影响极大，西方思想家都直接或间接沿用亚里士多德的政体理论。

几何原本 / 古希腊 / 欧几里得 / 科学史上的“《圣经》”

作者简介

欧几里得像

欧几里得（活动时期约为公元前300年），亚历山大学派前期的三大数学家之一。是希腊伟大的数学家，关于他的生平现在知道的很少。欧几里得早年在雅典的柏拉图学园受过教育，学习希腊古典数学和其他科学文化。由于雅典的衰落，数学界和其他科学一样处于低迷状态。公元前300年，欧几里得崭露头角，后来应统治埃及的托勒密国王的邀请客居亚历山大城，从事数学工作。他治学严谨、谦虚，是一位温良敦厚的数学教育家，他提倡在学习上刻苦钻研，弄懂弄通，反对投机取巧，急功近利。据普罗克洛斯在书中记载，托勒密王曾问欧几里得，有没有学习几何学的捷径。欧几里得回答说：“在几何学里，没有专为国王铺设的大道。”斯托贝乌斯在书中记述了另一则有趣的故事，说一个学生才开始学第一个命题就问欧几里得学了几何之后将得到些什么，欧几里得给了他3个钱币，说他就能得到这点利益。由于在希腊后期失去了独立性，导致雅典的学术文化中心向日益昌盛的埃及都城——亚历山大城转移。此时此刻的欧几里得以流亡者的心境旅居亚历山大，内心燃起一股热情，要将以雅典为代表的希腊数学成果，运用前人曾经部分地采用过的严密的逻辑方法重新编纂成书。惊世鸿著《几何原本》就是这样于公元前300年前后诞生了。欧几里得著有许多关于数学、物理、天文方面的著作，其中最伟大的著作就是流芳千古的《几何原本》。

背景介绍

公元前3世纪的亚历山大城是当时地中海东部的经济、科学与文化的中心，这里建有称誉世界的藏书70万卷的图书馆，以及博物馆、实验室、天文台等文化科学设施。当时有大批数学家在亚历山大工作，他们的一些独创性著作，直到今天仍然闪闪发光。欧几里得将前人生产实践中和科学研究中长期积累的几何知识，加以整理总结，形成演绎体系，写出了历史上理论严密、系统完整的第一部数学著作《几何原本》。

名著概要

《几何原本》的希腊原始抄本已经流失了，它的所有现代版本都是以希腊评注家泰奥恩（约比欧几里得晚 700 年）编写的修订本为依据的。《几何原本》的泰奥恩修订本分 13 卷，总共有 465 个命题，其内容是阐述平面几何、立体几何及算术理论的系统化知识。《几何原本》按照公理化结构，运用了亚里士多德的逻辑方法，建立了第一个完整的关于几何学的演绎知识体系。所谓公理化结构就是：选取少量的原始概念和不需证明的命题，作为定义、公设和公理，使它们成为整个体系的出发点和逻辑依据，然后运用逻辑推理证明其他命题。《几何原本》成为两千多年来运用公理化方法的一个绝好典范。

第一卷首先给出了一些必要的基本定义、解释、公设和公理，还包括一些关于全等形、平行线和直线形的熟知的定理。该卷的最后两个命题是毕达哥拉斯定理及其逆定理。

第二卷篇幅不大，主要讨论毕达哥拉斯学派的几何代数学。

第三卷包括圆、弦、割线、切线以及圆心角和圆周角的一些熟知的定理。这些定理大多都能在现在的中学数学课本中找到。

第四卷则讨论了给定圆的某些内接和外切正多边形的尺规作图问题。

第五卷对欧多克斯的比例理论做了精彩的解释，被认为是最重要的数学杰作之一。

第七、八、九卷讨论的是初等数论，给出了求两个或多个整数的最大公因子的“欧几里得算法”，讨论了比例、几何级数，还给出了许多关于数论的重要定理。

第十卷讨论无理量，即不可公度的线段，是很难读懂的一卷。

最后三卷，即第十一、十二和十三卷，论述立体几何。目前中学几何课本中的内容，绝大多数都可以在《几何原本》中找到。

《几何原本》原先一直是以手抄本的形式广为流传，几个世纪中，许多数学家对它进行了大量的注释和评论。尽管欧几里得受当时重理论、轻实践的哲学思想的影响，《几何原本》中全部是抽象的定义、公理和定理，没有解决实际问题的内容，但由于它有严谨的理论体系，因此在数学教育和数学研究上仍然受到人们的重视。12 世纪以后，《几何原本》被采用为大学教材，十五世纪，铅活字印刷术在欧洲出现后，这部著作迅速大量翻印，出现了一千多种版本，其发行量与传播之广，仅次于《圣经》，成为西方世界历史上翻版和研究最多的书。在17、18世纪，欧几里得的著作是西方数学教学的基础。

阅读指导

《几何原本》是一部划时代著作，出现在两千多年前，更难能可贵的是，它对数学发展所起的作用仍是任何其他著作所无法比拟的。今天，它的主要内容仍在我们中学几何教材中占有很大比重，并被公认是学习几何知识和培养逻辑思维能力的必不可少的内容。诚然，《几何原本》存在着一些结构上的缺陷，但这丝毫无损于这部著作的极高价值。它的影响之深远，使得“欧几里得”与“几何学”几乎成了同义语。它集中体现了希腊数学所奠定的数学思想、数学精神，是人类文化遗产中的瑰宝。

罗摩衍那 / 印度 / 蚁垤仙人 / 印度心灵的镜子

作者简介

《罗摩衍那》是蜚声世界的印度两大史诗之一，被称为“最初的诗”。成书时间大约为公元前4 ~前2世纪。史诗的作者相传是蚁垤仙人（音译为“跋垤”）。实际上，在当时，如此庞大的作品，不可能出自一人之手。无疑最初是流传于民间的口头创作，经过无数歌手和诗人的整理加工，最后由某个人对全书进行编纂而成，这个人或许就是蚁垤。

背景介绍

作为婆罗门教、印度教的经典和印度人民的圣书，《罗摩衍那》同《摩诃婆罗多》一样，表明了印度人关于宇宙统一性的观念。天上、人间和大地是相互沟通的，天神、人和其他动物是互相转化的，人间的英雄与天神本质上是同一的，整个宇宙处于一种生死流转的循环状态。而人世间则是天神导演下的一个人生大舞台。在这个舞台上不断上演着一幕幕的人生戏剧。但是显然，《罗摩衍那》没有《摩诃婆罗多》那样古老。有人认为，《摩诃婆罗多》反映的是印度西部比较原始的文化，《罗摩衍那》则展示了印度东部比较进步的文化。站在文明进化的角度看，《罗摩衍那》所反映的一夫一妻制、宗法制家庭关系及其道德理想和《摩诃婆罗多》相比是一种进步；站在文学角度看，《罗摩衍那》也不像《摩诃婆罗多》那样夹杂了那么多的非文学成分。《罗摩衍那》的时代离我们已经很远了，但这部史诗仍有深刻的认识价值。通过罗摩流放、悉多遭劫、罗波那败亡、悉多得救和罗摩复国登位等主要情节，我们可以形象地看到当时社会的政治风貌：宫廷内部争夺王位的阴谋、罗摩等英雄英勇的抗暴斗争、史诗作者所宣扬的忠、孝、节、悌、义的封建伦理道德观念，以男性为中心的家长制，以及第一篇《童年篇》的第六章中所反映出的种姓制度的存在及各种姓之间的严格区别。

神猴哈奴曼的石雕

在《罗摩衍那》中，哈奴曼是会飞的神猴。他帮助罗摩征讨罗刹国，造桥过海，接回了罗摩的妻子悉多。

名著概要

在名为《童年篇》的第一篇里，蚁垤仙人把自己创作的长诗教给两个学生（后来说是罗摩的双生子），让他们唱给罗摩听。而罗摩的故事则从这篇的第五章开始，由罗摩二子朗诵出来。内容以罗摩的出生和结婚为主，说罗摩是十年王经过祭祀天神后所生的长子，他因武艺超群，折断神弓而娶得邻国的公主悉多为妻。悉多是邻国的国王遮那竭耕地时在犁沟里发现的（悉多即犁沟之意），她的母亲是大地，父亲就是遮那竭。

第二篇《阿逾陀篇》主要讲十年王宫中的矛盾与罗摩的被流放。十年王年老后，决定立罗摩为太子，但他的小王妃吉迦伊却在驼背侍女的煽动下，以过去老王曾答应要给她两项恩赐为借口，胁迫老王流放罗摩 14 年，立自己的儿子婆罗多为王。十年王痛苦地应允后，不久即死去。罗摩出走后，弟弟婆罗多在位期间，供奉着罗摩交给他的一双作为替身的鞋子执政 14 年。

第三篇到第六篇的主要内容是：罗摩夫妇和弟弟罗什曼那被流放到森林后，悉多不幸被十首罗刹王罗波那抢去，罗摩兄弟四处寻找未获。后来，罗摩帮助一个猴王夺回王位，并结成联盟。神猴哈奴曼侦察到悉多被囚禁魔宫后，猴子们立即为征讨罗刹国的罗摩大军造桥过海。罗摩大败十首摩王罗波那后，派人从魔宫接回悉多一并启程返国。罗摩回国登基后，他统治的时代出现了太平盛世，全诗到此本已结束。

第七篇估计是后加的，在这一篇里，罗摩的形象发生了很大的变化，即从一个被迫害的受难者变成了封建专制暴君。如其中谈到罗摩即位若干年后，听信了所谓人民的意

名家点评：

季羡林先生说："真正对自然美十分敏感并且以饱含的激情加以描绘的自《罗摩衍那》始。"

《新梵语文学史》的作者支坦尼耶说："我们在《罗摩衍那》里看到一种对自然美的敏感性光辉灿烂的发展。"

见，怀疑悉多居魔宫不贞而将她遗弃；十几年后，悉多的不白之冤仍得不到昭雪，最终不得已求救于地母，让大地裂开，纵身跳了进去。作品的最后结局是全家在天堂重新相聚。

阅读指导

《罗摩衍那》形象地反映了宫廷内部争夺王位的阴谋和罗摩等英雄人物抗暴的斗争，表达了一系列进步的、符合人民心愿和顺应当时历史发展趋势的政治主张，同时也宣扬了作者的那种忠、孝、节、悌、义的伦理道德观念和种姓制度的思想。史诗成功地塑造了各种各样的典型形象。特别是悉多，作为贤淑、忠贞的妇女形象的代表，一直受到印度人民的尊敬和喜爱。神猴哈奴曼也是人们所敬爱的形象，直到今天，在印度的农村还可以看到他的塑像。同时，景物描写多姿多彩、有声有色，语言修饰美而不怪、恰如其分。作品结构错综复杂，然而布局又井然有序，风格朴实无华、简明流畅。

高卢战记 / 古罗马 / 恺撒 / 文学与史学的典范作品

作者简介

恺撒（约公元前100～前44年），罗马共和制末期著名的政治家、军事家和文学家。恺撒出生于一个贵族家庭，从少年时代起就热衷于权力和荣誉。斯巴达克起义后，罗马奴隶主阶级内部出现了两个尖锐对立的集团——民主派和贵族元老派。恺撒站在民主派一边，并通过与贵族派的斗争来抬高自己的声望。公元前60年，为了取得更大的权势，恺撒与庞培、克拉苏组成"前三头联盟"。依靠同盟，恺撒得以在公元前59年担任罗马执政官，公元前58年出任高卢行省总督。在高卢期间，恺撒造就了一支忠于自己、骁勇善战的军队，积累了巨额财富，也捞取了更多的政治资本。公元前53年，克拉苏在远征亚洲时战死，恺撒与庞培、罗马元老院的矛盾不断激化，导致内战爆发。恺撒率军攻占了意大利，消灭了庞培的军队。在内战期间及其后，恺撒获得了终身独裁官、执政官等职，将军政大权集于一身，成为名副其实的军事独裁者。在恺撒统治下，元老院被降为咨询机构，旧的贵族共和政体被摧毁，独裁专制政体基本上建立起来。恺撒的所作所为激起了旧贵族共和派的强烈不满，公元前 44 年 3 月 15 日，他被人刺杀于元老院。恺撒统辖高卢期间可谓戎马倥偬，军务繁忙。他征服了山外高卢，越过莱茵河深入日耳曼地区，又曾两次渡海入侵不列颠。偶有闲暇，他并没有忘记用舆论去回答和攻击政敌，替自己辩护，这是他写作《高卢战记》最主要的目的。此外，恺撒还写有《内战记》、《亚历山大里亚战记》、《阿非利加战记》、《西班牙战记》，合起来被统称为《恺撒战记》。

恺撒像

"我来！我看见！我征服！"从恺撒的豪言中，我们可以感受到这位罗马英雄的威风。

背景介绍

恺撒生活的时代是罗马共和国严重危机的时代。公元前 2 ~ 前 1 世纪，罗马奴隶制高度发达，疆域不断拓展，社会分工加速，改革运动接连不断。罗马奴隶制社会各种矛盾激化，军人专横，海盗猖獗，奴隶不断进行反抗斗争。著名的斯巴达克大起义给罗马奴隶制社会以沉重的打击，使罗马统治阶级感到原有的共和政体已经不适应奴隶主统治的需要，从而促使古罗马由共和向专制过渡。在这样的情况下，古罗马出现了一位著名的独裁者恺撒。

名著概要

《高卢战记》是恺撒任高卢总督期间在高卢的战争实录。这部书的写作时间大约是在公元前 52 ~ 前 51 年。此书共 7 卷，主要记述恺撒在高卢作战的经过，也记述了他的各种见闻。从公元前 58 ~ 前 52 年，每年的事迹写成 1 卷。之所以每年分为 1 卷，据推测可能是他每年要向元老院写出书面汇报。后来在镇压了高卢人民反抗及对外战争相对缓和之后，约在公元前 52 ~ 前 51 年又将每年的汇报重新加工，使之连成一气，就成了 7 卷本的《高卢战记》。恺撒在公元前 50 年离开高卢，因此后面缺了两年的记叙。恺撒死后，他的幕僚续写了第八卷，补上了这段空白。

第一卷开头介绍了高卢的地理和居民。高卢全境分为三部分，其中一部分住着比尔及人，另一部分是阿奎丹尼人，第三部分住着克勒特人，比尔及人住在高卢的东北，阿奎丹尼人住在高卢的西南，其余广大地区住着克勒特人。第一卷着重记述了在公元前 58 年恺撒征服厄尔维几人，歼灭进入高卢的日耳曼人，从而占领高卢中部的经过。

第二卷记叙了公元前 57 年恺撒征服高卢东北部的比尔及诸部落的情况。比尔及人结成联盟，反对恺撒的征服，恺撒几次率军打败了比尔及人的联军。

第三卷记述了公元前 56 年恺撒镇压布列塔尼和诺曼底的文内几人起义和阿奎丹尼人起义的经过。为镇压文内几人的起义，恺撒命令建造大量战舰，终于获胜，并把文内几人的长老全部处死。

第四卷记述了公元前 55 年歼灭从莱茵河东岸进入高卢北部的日耳曼部落，并第一次进军莱茵河东岸和第一次远征不列颠的战事。恺撒军队进抵日耳曼人居住区，日耳曼人曾两次派使者与恺撒谈判，但又乘机偷袭恺撒的骑兵。在日耳曼人第三次派使者谈判时，恺撒扣下全部使者，命令进攻日耳曼人。日耳曼人战败，恺撒乘胜渡过莱茵河对日耳曼人各部落进行威胁、报复，几支日耳曼人被迫前来要求和平，表示臣服。

第五卷记述了公元前 54 年恺撒第一次远征不列颠的始末和镇压比尔及诸部落反罗马起义的战况。

第六卷记述了公元前53年春恺撒对比尔及人的讨伐和第二次渡过莱茵河的经过。

第七卷记述了维钦及托列克斯领导的高卢农民起义和公元前 53 年恺撒同起义军进行战斗的过程。全书以高卢起义被镇压，维钦及托列克斯投降而结束。

《高卢战记》的写作和纪事内容有两个十分鲜明的特点：其一是该书叙事平铺直叙，不加雕饰，看似漫不经心，字里行间却隐藏着深刻的意义；其二是《高卢战记》叙事翔实精确，史料价值高，文笔清晰简朴，文学价值也很高。恩格斯的一些论著如《家庭、私有制和国家的起源》、《论日耳曼人的古代历史》曾大量引用《高卢战记》的记载。

阅读指导

《高卢战记》比较真实地反映了历史，成为后世了解高卢战争的唯一原始记载，同时也是后世研究公元前 1 世纪高卢人和日耳曼人的社会制度、经济状况、宗教信仰、风俗习惯的重要历史文献。《高卢战记》在写作风格上，文字清新简朴。不刻意修饰，不拘形式，摆脱了当时写作方法上的陈规陋习，因而成为古典拉丁文学的典范作品，受到后世人们的青睐。

天文学大成 / 古希腊 / 托勒密 / 古希腊天文学思想的顶峰

作者简介

托勒密（约 90 ~ 168 年），古希腊天文学家、地理学家、地图学家和数学家。托勒密的地心说统治了欧洲天文学界乃至思想界达 1400 年之久。他出生于托勒密城，一生的大部分时间是在埃及的亚历山大里亚度过的。127 年，年轻的托勒密被送到亚历山大去求学。在那里，他阅读了不少的书籍，并且学会了天文测量和大地测量。托勒密著有《天文学大成》13 卷，主要论述地心体系，是当时的天文学百科全书，直到 16 世纪都是天文学家的必读书籍。托勒密著有 4 本重要著作：《天文学大成》、《地理学》、《天文集》和《光学》。

托勒密画像

背景介绍

在公元前 4 ~ 前 3 世纪，对于天体的运动，希腊人有两种不同的看法。一种以欧多克斯为代表，他从几何的角度解释天体的运动，把天上复杂的周期现象，分解为若干个简单的周期运动。他又给每一种简单的周期运动指定一个圆周轨道，或者是一个球形的壳层，他认为天体都在以地球为中心的圆周上作匀速圆周运动，并且用 27 个球层来解释天体的运动。到了亚里士多德时，又将球层增加到 56 个。另一种以阿利斯塔克为代表，他认为地球每天在自己的轴上自转，每年沿圆周轨道绕日一周，太阳和恒星都是不动的，而行星则以太阳为中心沿圆周运动。但阿利斯塔克的见解当时没有人表示理解或接受，因为这与人们肉眼看到的表观景象不同。

名著概要

托勒密在该书中通过系统的几何学证明，建立起宇宙地心体系，即我们通常所说的地心说。这部著作最初用古希腊文写成，后来流传到了阿拉伯人手中。827 年，该书被译成阿拉伯文。12 世纪后半期传入欧洲，被转译成拉丁文。元代时该书即传入中国，但直到明末，才在徐光启等人编写的《崇祯历书》中有简要介绍。

《天文学大成》共 13 卷，分别阐述地和天的概念，基本观测事实和数学基础。书中论证地为球形，居于宇宙中心，静止不动，其他天体均围绕地球运动；还叙述了太阳、月亮、行星运动规律，如何推算日食、月食，确定行星位置等。在《天文学大成》中托勒密总结并发展了前人的学说，建立了宇宙地心体系。这一体系的要点是：

一、地球位于宇宙中心静止不动。

二、每个行星都在一个称为“本轮”的小圆形轨道上匀速转动，本轮中心在称为“均轮”的大圆轨道上绕地球匀速转动，但地球不是在均轮圆心，而是同圆心有一段距离。他用这两种运动的复合来解释行星运动中的“顺行”、“逆行”、“合”、“留”等现象。

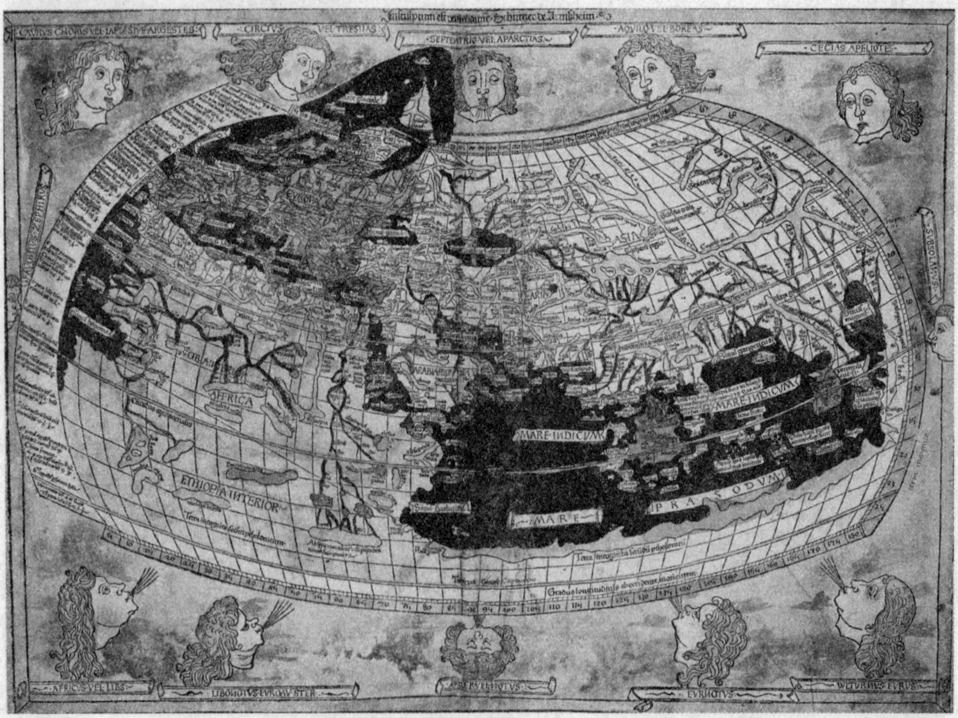

托勒密描绘的世界

这幅地图见于托勒密的《地理学指南》，图中绘有经度和纬度，四周的人头表示风吹来的方向。

三、水星和金星的本轮中心位于地球与太阳的连线上，本轮中心在均轮上一年转一周；火星、木星、土星到它们各自的本轮中心的直线总是与地球—太阳连线平行，这3颗行星每年绕其本轮中心转一周。

四、恒星都位于被称为“恒星天”的固体壳层上。日、月、行星除上述运动外，还与“恒星天”一起，每天绕地球转一周，于是各种天体每天都要东升西落一次。托勒密适当地选择了各个均轮与本轮的半径的比率、行星在本轮和均轮上的运动速度以及本轮平面与均轮平面的交角，使得按照这一体系推算的行星位置与观测相合。在当时观察精度不高的情况下，地心体系大致能解释行星的视运动，并据此编出了行星的星历表。按照这个理论预报日食、月食准确度达到一两个小时之内。

这样一本知识上参差交错且复杂的著作，不是单独一个人所能完成的。托勒密依靠了他的先驱者，特别是喜帕恰斯，这一点是无须掩盖的。他面对的基本问题是：在假设宇宙是以地球为中心的，以及所有天体以均匀的速度按完全圆形的轨道绕转的前提下，试图解释天体的运动。因为实际天体以变速度按椭圆轨道绕地球以外的中心运动，为了维护原来的基本假设，就要考虑某些非常复杂的几何形状。托勒密使用了3种复杂的原始设想：本轮、偏心圆和均轮。他能对火星、金星和水星等等的轨道分别给出合理的描述，但是如果把它们放在一个模型中，那么它们的尺度和周期将发生冲突。

托勒密的天体模型之所以能够流行千年，是有它的优点和历史原因的。它的主要特点如下：

一、绕着某一中心的匀角速运动，符合当时占主导思想的柏拉图的假设，也适合于亚里士多德的物理学，易于被接受。

二、用几种圆周轨道不同的组合预言了行星的运动位置，与实际相差很小，相比以前的体系有所改进，还能解释行星的亮度变化。

三、地球不动的说法，对当时人们的生活是令人安慰的假设，也符合基督教信仰。

阅读指导

《天文学大成》是古希腊天文学和宇宙学思想的顶峰，无论这个体系存在着怎样的缺点，它还是流行了1400年之久，直到16世纪才被哥白尼推翻。在当时的历史条件下，托勒密提出的行星体系学说是具有进步意义的。首先，它肯定了大地是一个悬空着的没有支柱的球体。其次，从恒星天体上区分出行星和日、月是离我们较近的一群天体，这是把太阳系从众星中识别出来的关键性一步。

法学阶梯 / 古罗马 / 盖尤斯 / 世界民法典结构的基础

作者简介

盖尤斯（117 ~ 180 年），罗马帝国安东尼王朝统治时期著名法学家，是罗马五大法学家之一，其代表是四卷本的《法学阶梯》，书成于 161 年前后。除成名著作《法学阶梯》外，另外著作有：《对〈诸省公告〉的评注》（30 卷）、《对〈城市公告〉的评注》、《对〈十二表法〉的评注》（6 卷），以及其他专论。此外，还有一部专著《日常事件是法律实践》。1 ~ 2 世纪，罗马法学界逐渐形成两大派别：萨比努斯学派和普罗库鲁斯学派。盖尤斯是萨比努斯学派，两个学派长期争论，直到 2 世纪两派意见才趋于统一。由于盖尤斯及其他法学家著述了皇帝的权力，维护当时帝国的统治秩序，直到 426 年，东罗马皇帝狄奥多西二世和西罗马皇帝瓦连体尼安颁布《学说引证法》，他被置于五大法学家之列，与帕比尼安和莫迪斯蒂努斯并驾齐驱。

背景介绍

罗马法学是伴随罗马奴隶制国家的发展而逐渐成长、不断完备的。盖尤斯的《法学阶梯》上承《十二表法》，下接查士丁尼《国法大全》，总结了 2 世纪之前罗马法发展的成果，反映了当时罗马社会的经济生活状况，是罗马法逐渐成熟的标志。509 年，罗马废除了王政，建立了共和国，广大平民与贵族的矛盾与斗争成为社会的主要焦点。斗争集中在 3 个问题上：政治权利平等问题；取消债务奴役问题；平民取得公社国家土地问题。从公元前 3 世纪 70 年代起，罗马开始大举向外扩张，至公元前 2 世纪后期，罗马已成为东起小亚细亚，西至大西洋岸的地中海世界霸主。公元前 27 年奥古斯都（公元前 63 ~公元 14 年）执政后，罗马进入到帝政时期。盖尤斯身处这样一个法学研究兴盛、法学著作繁多的时代，自然受到影响，并且以他的

名家点评：

《法学阶梯》是在《圣经》之后，对人类历史产生了最大影响的一本书，它是世界上所有的民法典的结构的基础。

——徐国栋

学说最终成为众多法学家中引人注目的法学巨人。

名著概要

《法学阶梯》共分4卷：第一卷，关于人；第二卷，关于物，包括所有权及物权、遗嘱继承法；第三卷，无遗嘱继承、契约、债权总论；第四卷，关于诉讼。

第一卷“关于人”，讨论了以下5方面的内容：1. 人法：第一篇的内容主要是人法，包括人的权利能力、行为能力和人的资格，以及婚姻权和家庭权。盖尤斯将法律分为两大系统，即市民法和万民法。他指出：“所有受法律和习俗调整的民众共同体都一方面使用自己的法，一方面使用一切人所共有的法。每个共同体为自己制定的法是它们自己的法，并且称为万民法，就像是一切民族所使用的法。2. 法律制定：盖尤斯把法律的制定即渊源归为5种：平民会决议、元老院决议、君主谕令、有权发布告示者发布的告示、法学家的解答。3. 权利主体的法律地位：人法是确立权利主体及其权利能力的法律规范。4. 人的权利能力：罗马市民法规定，只有罗马公民才享有完全的权利能力。罗马公民权利能力由3部分组成，即自由权、市民权和家族权。5. 婚姻、家庭。罗马人认为婚姻的目的是承继血统。婚姻既是罗马市民的权利，也是义务。婚姻关系是一种契约关系，归顺夫权的方式曾经有3种：时效婚、祭祀婚和买卖婚。

第二卷“关于物”，盖尤斯谈到了最基本的划分、罗马法上的所有权、对物的拥有、遗嘱继承和遗赠。盖尤斯按不同的标准对物进行了划分，并做了分析。1. 神法的物和人法的物；2. 共有物和私有物；3. 有形物和无形物；4. 要式物和略式物。接着，盖尤斯结合要式物与略式物，详细谈了要式买卖问题，谈了所有权问题，时效取得问题，转让权，先占、添附、加工和取得等问题，对罗马法的物权法提出了自己的观点。然后，盖尤斯谈到了遗嘱继承问题。他将遗嘱分为4种：1. 会前遗嘱，“人们在民众会议上立遗嘱，每年两次”；2. 战前遗嘱，“在战前立遗嘱，即在为参加战争而人伍时立遗嘱”；3. 称铜衡式遗嘱，“那些未立下前两种遗嘱的人，如果突然感到自己濒临死亡，则将他的家

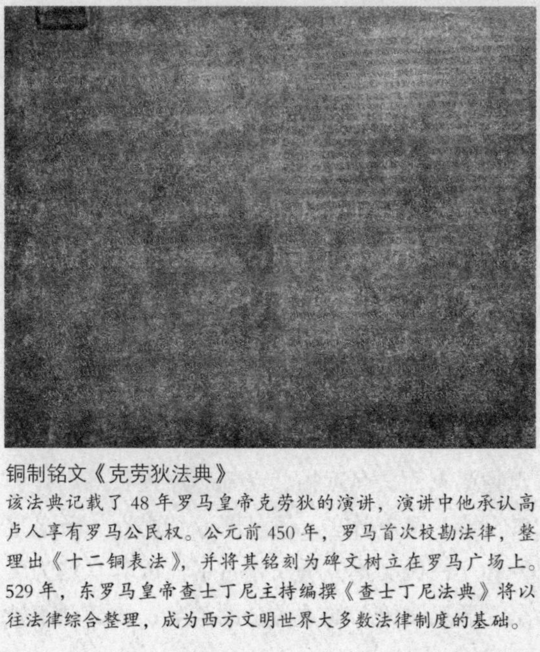

铜制铭文《克劳狄法典》

该法典记载了48年罗马皇帝克劳狄的演讲，演讲中他承认高卢人享有罗马公民权。公元前450年，罗马首次校勘法律，整理出《十二铜表法》，并将其铭刻为碑文树立在罗马广场上。529年，东罗马皇帝查士丁尼主持编撰《查士丁尼法典》将以往法律综合整理，成为西方文明世界大多数法律制度的基础。

产，即他的财产，以要式买卖的方式给予一位朋友，并且要求该朋友在他死后将财产给予他所希望给予的人”；4. 军人遗嘱，“君主谕令允许他们不严格遵守上述规则。”第二卷最后，盖尤斯讨论了遗赠问题。

第三卷是接着第二卷谈有关无遗嘱继承的情况，是第二卷的补充，之后是关于债的问题。契约之债有 4 种：1. 实物契约。2. 口头契约。3. 文字契约。4. 合意契约。物法是罗马私法的主体，是实体法的核心，由物权法、继承法和债权法三部分构成。

盖尤斯在《法学阶梯》的最后一卷中，讨论了有关诉讼的问题。诉讼有对物之诉和对人之诉。对人诉讼是“针对某个因契约或者私犯行为而向我们负债的人提起的诉讼”，称为请求给付之诉，要求“应当给、做或者履行”；对物诉讼是“主张某个有形物是我们的或者主张我们享有某项权利的诉讼”称为返还所有物之诉。诉讼程序的发展历史，经历了法定诉讼、程序诉讼。

阅读指导

《法学阶梯》是有关法学基本理论和体系的入门书，成为当时罗马各法律学校的教材，而且成为后来东罗马皇帝查士丁尼编纂同名法典《法学阶梯》时的范本；同时，也是唯一的一部完整地传至后世的古代罗马法学家的文献，对现代读者来说是一部有助于扩大对古典罗马法的了解的基本文献。

源氏物语 / 日本 / 紫式部 / 日本的“红楼梦”

作者简介

紫式部（约 973 ~ 1014 年），日本女作家、歌人。紫式部本名无可考，她出身于书香门第。父亲藤原为时世有名的中国文学学者，擅长和歌和汉诗，曾担任过地方官，地位不高。紫式部自幼从父亲学习中国诗文和和歌，熟读中国典籍，并擅乐器和绘画，信仰佛教。约 22 岁时，她和比自己年长二十多岁、已有妻室子女的地方官藤原宣孝结婚，因而亲身体验了一夫多妻制家庭生活的滋味。婚后 3 年，丈夫逝世。在寡居生活中，因创作《源氏物语》而文名远扬，受到藤原道长等高官显贵的器重。宽弘二至三年（1005 ~ 1006 年）间入后宫，任藤原道长之女、天皇皇后彰子的女官，为她讲授《日本书纪》和《白氏文集》等汉籍古书。因其官名为藤式部，所以后改称紫式部。据传，紫是《源氏物语》的主人公的名字，式部源于她父亲的官名“式部丞”。1013年，紫式部离开后宫。《源氏物语》直到她逝世前才成书，被誉为日本古典文学的高峰。她还另有《紫式部日记》和《紫式部集》等其他著作。

背景介绍

《源氏物语》从体裁上看属于日本10世纪左右形成的一种“草纸文学”。草纸文学的含义有两种说法：一说指用假名（日本字母）写成的物语、日记、随笔等散文，以区别于用汉字写的文学作品；另一说是指日本中世和近世文学中的一种群众读物，一种带插图的小说，多为短篇。前说物语、日记和随笔与民间口语相结合，发展成为新鲜的更具有日本民族特点和具有文学意味的散文。而紫式部的《源氏物语》的出现则标志着这种文学形式的成熟。

《源氏物语》的社会背景是藤原道长执政下的平安王朝贵族社会盛极而衰的转折时期。小说艺术地再现了贵族内部的尔虞我诈的权利斗争，揭露了贵族统治阶级的腐朽和罪恶及其必然崩溃的趋势，是日本从奴隶社会过渡到封建社会的历史画卷。

名著概要

《源氏物语》共54回，近百万字，可分为前后两大部分。41回之前是前半部，写的是源氏的故事。源氏本是天皇桐壶与一爱嫔生下的儿子。桐壶帝对小皇子非常疼爱，因为考虑到他没有靠山，将其降为臣民，赐姓源氏。源氏长大后相貌堂堂，多才多艺，极受天皇宠爱，并让他与左大臣的女儿葵姬结婚，但源氏并不喜欢葵姬，逐渐开始追逐其他的贵族女性。他凭着他的才情与特殊权势，前后染指妇女近20位。不久他竟与桐壶帝新纳的皇妃藤壶（亦即源氏的继母）私通，并生下一子，取名冷泉。桐壶天皇不知道真情，把冷泉立为太子，同时源氏在仕途上也平步青云，官至近卫大将。桐壶帝逝世后，源氏异母兄长接任皇位，这便是朱雀帝。源氏的地位开始一落千丈，被逐山乡。然而朱雀帝很快就病逝了，冷泉天皇（即源氏与藤壶的私生子）登基。冷泉帝在服丧期间得知源氏是自己的生父，从此源氏东山再起，执掌朝廷，享尽荣华富贵。他为自己建造了一座富丽堂皇的六条院，把过去结识的与之有情爱关系的十多位女子迎入其中，与其同享荣华富贵。晚年源氏为了保持自己的权势，娶了朱雀帝的女儿三公主为妻。谁料他竟然发现三公主与葵姬的侄子柏木私通并生下了一子，取名薰君。懊丧的源氏视为上苍报应，不久正妻死去，万念俱灰的源氏痛感人生无常，遁入空门。

原小说到42回结束，后十几回主要写的是源氏之子薰与宇治山庄女子及少女浮舟之间的情感瓜葛。薰爱上了八亲王的大女儿，但她的早逝使得薰极为悲痛。

他得知少女浮舟系八亲王的私生女且容貌与死去的大女儿相似，便决定移情于她。然而不幸的浮舟却被他人玷污，她夹在两个男子之间不能自拔，最后投湖自杀。虽然人们将她及时救起，但她已看破红尘，决意出家。薰屡次想与浮舟见面，均未能如愿。

阅读指导

《源氏物语》的故事涉及三代，历七十余年，所涉人物四百多位，其中印象鲜明的也有二三十人。人物以上层贵族为主，也有下层贵族、宫女及平民百姓等等。从中反映出了平安时代的社会现实，揭露了贵族之间争权夺利的尖锐矛盾。全书以源氏家族为中心，上半部写源氏公子与众妃及其他女性的种种爱情生活；后半部以源氏公子之子熏君为主人公，铺陈了复杂纷繁的男女纠葛事件。从体裁看，该书颇似中国唐代的传奇、宋代的话本，但行文典雅，很具散文的韵味，加上书中大量引用汉诗，及《礼记》、《战国策》、《史记》、《汉书》等中国古籍中的史实和典故，并巧妙地隐伏在迷人的故事情节之中，使该书具有浓郁的中国古典文学的气氛，中国读者读来，有读本国小说那种强烈的亲近感。而且该书与《红楼梦》一样，所涉人物都是皇族，虽然所展示的场景是日本的贵族阶层，但对爱情生活的着墨点染却与《红楼梦》有异曲同工之妙，因此，被认为是日本的"《红楼梦》"。

《源氏物语》在艺术上的成功之处除塑造了源氏及众多女性形象之外，还在于通过这些形象反映了物哀、幽情等日本民族普遍的审美意向。书中的源氏生为皇子却不得不降为臣籍，空有济世之才却无心仕途，酷爱紫姬却不断拈花惹草，一世风流却落得剃度为僧的结局。他的一生伴随着许多矛盾和烦恼。作者大写特写这些生活中无法摆脱的矛盾所造成的苦闷以及精神上接连不断的碰撞所形成的无奈，正是要说明人生的苦痛和悲哀，显露了作者以哀动人、以悲感人的美学观。而作者在诠释这些观点时，又不可避免地掺入了"人生无常"、"四大皆空"等佛学观念，使得这部著作在写实的基础上具有了形而上的哲学内涵。虽然这种观点可能是肤浅的，但它所创立的物哀等美学传统，却一直被后世作家继承和发展，成为日本文学民族化的一大因素。

《源氏物语》绘卷及早期版本

《源氏物语》被认为是3000万日本家庭不朽的国民文学，也是世界文学史上的里程碑。它问世于11世纪，是日本文学中一部伟大的古典名著，也一直对日本文学的发展产生着巨大影响。即使在今天，《源氏物语》仍是日本作家的灵感之源。同时，《源氏物语》也被公认为是世界文学史上最早的一部长篇写实小说。因此它无论对于日本文学还是对于世界文学，都具有特殊的意义。

马可·波罗游记 / 意大利 / 马可·波罗 / “世界第一大奇书”

作者简介

马可·波罗（1254 ~ 1324年），中世纪伟大的旅行家，是世界上第一个向西方系统地介绍中国和亚洲诸国情况的欧洲人，也是中国和意大利人民友好往来的先行者。马可·波罗出生在意大利北部著名的“水城”威尼斯。他出身于富商家庭，父亲尼克罗·马可和两个叔叔都是从事中间贸易的商人，自1260年左右开始，他的父亲和叔父马飞阿在君士坦丁堡和中亚哈拉从事商业活动。1271年，年仅17岁的马可·波罗在他父亲和叔父的带领下，从威尼斯启程前往中国，他们从地中海东岸阿迦登城登陆，到达亚美尼亚后，便沿着公元前1世纪初中国古代人民和西南亚各族共同开辟的“丝绸之路”东行，历时三年半，在1275年到达蒙古皇帝驻所上都，并朝觐了皇帝。从1275 ~ 1291年，马可·波罗和他的父亲、叔父长期在元朝政府供职。马可·波罗深得忽必烈的器重，几次被指派到国内各地巡视、游览或出使一些邻国。他在中国旅居和任职的17年间，经常被召进宫内，直接向皇帝报告在中国或赴邻国考察的实况，并讲述欧洲诸国的历史与现状，皇帝也常派他出使各地执行机密使命。马可·波罗及其父、叔长年客居在外，想回归故土。1291年初，他们利用护送被聘为波斯阿鲁浑汗王妃的元室公主去波斯完婚的机会，离开了大都，从福建泉州出海，历经千辛万苦，于1295年回到了阔别24年的故乡威尼斯。1294年威尼斯同热那亚发生战争，1298年马可·波罗也参加了战事。双方在亚德里亚海发生激战，威尼斯大败，马可·波罗受伤被俘，被投入热那亚狱中。在狱中他口述东方见闻，狱友鲁思梯谦笔录成《马可·波罗游记》。1298年七八月间，马可·波罗获释，回威尼斯定居。1324年马可·波罗病逝，葬在威尼斯圣洛伦索教堂墓地。

背景介绍

马可·波罗生活的年代，正是意大利北部城市繁荣、工商业发达和资本主义逐渐萌芽，孕育早期文艺复兴的时代。13世纪初，威尼斯在地中海航运和贸易的作用更加显要。之后，威尼斯垄断了地中海东部的贸易，势力范围逐渐同亚洲西部的蒙古汗国连接起来，方便了威尼斯人前往亚洲经商。

名著概要

《马可·波罗游记》又名《东方见闻录》，分序言、正文4卷，共223章。《游记》主要是用旅游沿途记叙的形式，简介了亚洲各地的情况。它记录了13世纪时中亚、西亚以及东南亚许多国家和地区的经济、政治情况、习俗和自然概貌，而其重点则是叙述中国。《游记》记述了中国无穷无尽的财富资源、完善的交通驿站制度以及华丽的宫殿、昌明的文教和许多名城的繁荣景象。书中还有两个专章描述汗八里城的建筑格局，大加赞颂元世祖忽必烈。

序言部分共6章，记述的是马可·波罗之父尼克罗·波罗和他的叔父马飞阿兄弟二人自1260～1269年前往东方的过程以及自1271年至1295年期间波罗兄弟和马可·波罗三人前往中国的旅途与寄居中国的梗概。

第一卷记述马可·波罗等人从小亚美尼亚东行来到中国元朝大汗上都沿途各地的见闻，共分61章。

第二卷记载了中国元朝初年的政事及忽必烈所进行的战争，叙述了朝廷、宫殿、节庆、游猎等内容，还介绍了自大都南行至缅甸、交趾等地沿途各地的概况，以及中国东南沿海诸名城的繁华景象。本卷是全书的重点，共包括82章。

第三卷记述中国邻近的一些国家和地区的情况，包括印度、日本、印度支那和

马可·波罗向元世祖忽必烈呈递罗马教皇格雷古瓦十世的文书。是皇帝的好奇，想要更多地了解西方，才允许马可·波罗作为交换去了解当时的东方。

印度洋的一些岛屿，以及非洲东部等地的历史和当时的状况，共40章。马可·波罗对本卷提到的某些国家的描叙，是从海道的归途中短期取得的片断印象，而对另一些国家因马可·波罗本人从未去过，仅是凭传闻叙述的。

第四卷是讲成吉思汗的后裔蒙古各汗国、王公之间的战争，以及俄罗斯和亚洲北部的情况，共34章。本卷所述的事实并非马可·波罗亲身的经历，而是对他在中国期间听到的传闻的回忆。马可·波罗最后概括了写《游记》的目的是“为了人民能通过我们了解到世界上的许多事物”。

以叙述中国为主的第二卷在全书中分量很大。在这卷中有很多篇幅是关于忽必烈和北京的描述。还对杭州有详细的记述。书中称杭州为“行在”、“天城”，称苏州为“地城”。“行在”是南宋时代对杭州的一般称呼，指帝皇行幸所在的地方；而“天城”、“地城”，也就是我国谚语“上有天堂，下有苏杭”的一种译称。对于号称天堂的杭州，马可·波罗更是赞不绝口，他记载杭州人口稠密，房屋达160万所，商业发达，说“城中有大市10所，沿街小市无数”。并说杭州人对来贸易之外人很亲切，“待遇周到，辅助及劝导，尽其所能”。又讲到杭州市容整齐清洁，街道都用石铺筑；人民讲究卫生，全城到处有冷热澡堂，以供沐浴之用。户口登记严密，人口统计清楚。对西湖的美丽和游览设施，书中更有详细的记述，马可·波罗称赞“行在城所供给之快乐，世界诸城无有及之者，人处其中自信为置身天堂”。由于他对杭州特别赞赏，所以几次来到这里游览。

在《马可·波罗游记》中，还有专门的篇章谈元代通行的纸钞和中国使用已久的煤。马可·波罗记述忽必烈在京城设有造币局，先以桑树皮制造纸张，然后以它制印纸币，这种纸币不但通行国内，就是在和外商贸易中也有流通。

《马可·波罗游记》对亚洲其他地方也有大量篇幅的描述。马可·波罗东来中国，主要经过西亚、中亚等地，因此游记里载有不少这些地方的见闻。

阅读指导

《马可·波罗游记》是世界学术名著之一，是历史和地理的重要典籍。它在世界史、中西交通史等许多方面都有重要的历史价值。本书沟通了东西方文化的交流，向西欧介绍了东方辽阔的土地、众多的国家和富庶的中国，引起了欧洲人民对东方的向往，给13、14世纪欧洲的知识界、工商界、航海界带来了新的知识。《游记》的流传，对15世纪末欧洲航海事业的发展起了促进作用。

神曲 / 意大利 / 但丁 / 从地狱到天堂的旅程

作者简介

但丁(1265～1321年),欧洲由中世纪过渡到近代资本主义这一时期的文学巨匠、意大利文艺复兴的先驱。但丁诞生在意大利佛罗伦萨一个颇受当地人尊敬的小贵族家庭里，幼年丧母，大约在他18岁那年，父亲也去世了。不过，但丁还是得到了良好的教育。他从小喜欢读诗，曾经拜著名学者为师，学过拉丁文和古代文学，而且特别崇拜古罗马时期的一位重要诗人维吉尔，把维吉尔当作自己的精神导师。青年时期的但丁还积极参加佛罗伦萨的政治活动，担任过公职，还曾经参加过粉碎基白林党的冈巴地战役。1302年,他因为反对教皇及其在佛罗伦萨的追随者干涉城邦内政,被判没收全部家产，终生放逐。在此后的近20年里，但丁虽然也做过多次努力想重返故里，但都没有成功，最后终于客死他乡。大约在1307年，在流亡生活最痛苦的时候，但丁开始了《神曲》的创作，这是他长期酝酿和构思的一部巨著，也是他最重要的一部代表作。但丁其他的作品还有《飨宴》、《论俗语》等。

背景介绍

但丁少年时曾在一次宴会上见到一位容貌清秀、美丽动人的姑娘贝阿德丽采。但丁非常喜欢她，宴会后常找机会去看望她。随着年龄的增长，但丁对贝阿德丽采的感情逐渐成了一种近乎骑士式的精神之爱。这种爱情给但丁以神奇的力量，对他以后的创作产生了深远的影响。他为她写下了一系列抒情诗篇。但不幸的是贝阿德丽采却与一位银行家结婚，不久死去。但丁为此悲伤万分。他把自己自1283年以来为贝阿德丽采所写的抒情诗收集在一起，用散文串连起来，取名《新生》。诗中但丁追求纯洁的爱情，把贝阿德丽采看作是上帝派来拯救他灵魂的天使，一个神化的女性。从此之后，贝阿德丽采成了但丁作品中一个象征性的理想人物，也成为《神曲》中引导但丁进入天堂的天使。

但丁创作《神曲》的时期，意大利还处于分裂状态。但丁自己说过他写《神曲》的目的是“要使生活在这一世界的人们摆脱悲惨的遭遇，把他们引到幸福的境地”。显然，但丁是想从这里寻找意大利民族的出路，渴求祖国和平统一，人民安居乐业。这种理想和愿望在作品中还是可以见到的。

名著概要

经过长期酝酿和构思，但丁开始创作《神曲》。《神曲》写作的准确年月难以确定，根据文学史家们的考证，大约始于1307年前后，《地狱》、《炼狱》大约完成于1313年左右，《天堂》在但丁逝世前不久脱稿，历时十余年。

《神曲》采用中世纪文学特有的幻游形式，但丁以自己为主人公，假想他作为一名活人对冥府——死人的王国进行了一次游历。全诗分《地狱》、《炼狱》、《天堂》三部。

诗中叙述但丁在“人生旅程的中途”，即1300年4月7日、但丁35岁那年的复活节时，偶然迷失于一个黑暗的森林。他竭力寻找走出迷津的道路，黎明时分来到一座洒满阳光的小山脚下。他正一步步朝山顶攀登，忽然3只猛兽（分别象征淫欲、强暴、贪婪的豹、狮、狼）迎面扑来。但丁高声呼救。这时，古罗马诗人维吉尔突然出现了，他受贝阿德丽采的嘱托前来帮助但丁走出迷途，并引导他游历地狱和炼狱。

地狱共分9层，形似一个上宽下窄的漏斗直达地心。罪人的灵魂按生前罪恶的大小被发配到不同的狱层，接受不同的刑罚，罪行愈大者愈居于下层。其中第一层

但丁的小舟

此图描绘了《神曲》的《地狱》中的一节，表现了但丁（图中手举起的男子）同维吉尔乘小舟渡过地狱之湖，受到永久惩罚的死亡者企图爬到小舟上的情景。

是候判所，那些生于基督之前，未能接受洗礼的古代异教徒，在这里等候上帝的审判。在其余8层，罪人的灵魂按生前所犯的罪孽（贪色、饕餮、贪婪、愤怒、信奉邪教、强暴、欺诈、背叛），分别接受不同的严酷刑罚。但丁按照基督教的观点，把贪色、贪吃、易怒和邪教徒看作是严重的罪犯，让他们在地狱中受苦，但他更把那些社会上各种作恶的人放在地狱的下层，如第八层里受罪的是淫媒和诱奸者、阿谀者、贪官污吏、买卖圣职者、占卜者、高利贷者、伪君子、盗贼、诱人作恶者、挑拨离间者、诬告害人者、伪造者以及罗马教皇。在第九层受罪的则是叛国卖主的人，他们是但丁最痛恨的人。

游完地狱，维吉尔带着但丁通过地心，顺着盘旋曲折的岩洞小径，走出地球，到了净界山下。这座高山直矗在海面上，是炼狱所在。炼狱（又称净界）共7级，加上净界山和地上乐园，共9层。生前犯有罪过，但程度较轻，已经悔悟的灵魂，按人类7大罪过（傲慢、忌妒、愤怒、怠惰、贪财、贪食、贪色），分别在这里修炼洗过，而后一层层升向光明和天堂。途中，但丁看到各种罪恶一一被净化；例如在第二层犯了羡慕他人之罪者，被用铁线缝上双眼。第六层犯了口腹之欲的罪犯，他们眼前会出现许多美食、水果之幻影然后又趋于消失。在净界山顶的地上乐园，维吉尔隐退，圣女贝阿德丽采出现。

贝阿德丽采责备但丁迷误在罪恶的森林，希望他忏悔，并让他观看表示教堂种种腐败的幻景，饮用忘川水，以遗忘过去的过失，获取新生。随后，贝阿德丽采引导但丁游历天堂九重天。这里是幸福的灵魂的归宿；他们是行善者、虔诚的教士、立功德者、哲学家和神学家、殉教者、正直的君主、修道者、基督和众天使。在九重天之上的天府居住着上帝和在天国享福的灵魂，但丁得见上帝之面，但上帝的形象如电光之一闪，迅即消失，于是幻象和《神曲》也戛然而止。

阅读指导

《神曲》是一部充满隐喻性、象征性，同时又洋溢着鲜明的现实性、倾向性的作品。说它是一部隐喻性、象征性的作品，是因为《神曲》全诗中包含了很多神学和烦琐哲学的知识，有很多难解的象征和隐喻，神秘色彩浓厚。作品中幻游三界的构思，处处烙有中世纪宗教神学、伦理学的痕迹。例如《神曲》共3篇，每篇33章，天堂、地狱、炼狱各9层，通篇结构布局，符合中世纪宗教神学对神秘数字“3”的崇拜。诗中的诸多人物或意象都具有非常浓厚的象征意味，例如维吉尔象征理性和哲学，贝阿德丽采象征信仰和神学；维吉尔引导但丁游历地狱和炼狱，象征人凭借理性和哲学认识罪恶的后果从而改过自新等。作者构思这个

精彩语段

走自己的路，让别人去说吧。
你们生来不是为了走兽一样生活，而是为着追求美德和知识。
真是罪有应得！他们在世上把善良的人踩在脚下，而把凶恶的人捧在头上。让他们永远受罪吧！

幻游三界的故事，其目的也是为了给人们指明一条符合宗教哲学的由黑暗走向光明的道路。但同时，《神曲》中也具有强烈的现实性和鲜明的政治倾向性。这部长诗触及了一系列重大的社会政治问题，极广泛地反映了当时意大利的社会政治和文化方面的情况，具有百科全书的性质；同时，但丁本人的思想政治倾向也在这部书中有着鲜明的体现，诗中明显的反封建反教会倾向和渴望祖国统一的爱国主义热情，集中地反映了作品的现实意义。例如，诗人对于那些造成分裂和混乱的人格外痛恨。他也看清了这一切都是那些历任的罗马教皇造成的，因此诗人在作品中对罗马教皇们，特别是包尼法西八世进行了猛烈的鞭挞，愤怒地揭露了他们对世俗政权的野心。诗人甚至在诗中为当时还没死的包尼法西八世在地狱里定好了位置，预言他死后将被倒栽在石穴里受火刑的惩罚。他的思想在客观上与人民反封建反教会的情绪是一致的，具有进步意义。

《神曲》在艺术上也有很高的成就。《神曲》的结构巧妙而严整：全诗共分 3 部，各部的诗行也大致相等，看起来匀称、工整，一直为文学史家所称道。《神曲》塑造的人物形象也显得个性鲜明，栩栩如生，给人留下很深的印象。而《神曲》的创作不是用当时意大利作家们常用的拉丁语、法语或普罗旺斯语，而是用意大利人民常用的意大利俗语写成，这对于意大利文学语言以及民族语言的形成和发展都起到过重大的作用，并使得但丁超越了在他之前的一切意大利作家，成为第一位意大利民族的诗人。

《神曲》自完成之日起就一直备受人们的推崇，人们将它原来的书名加上“神圣”二字，这本身就反映了它在世人心目中的地位，无数作家都或多或少地从《神曲》当中汲取过艺术的养料，使其无愧于世界文学名著之誉。

君主论 / 意大利 / 马基雅维里 / 驾驭与统治的教科书

作者简介

马基雅维里（1469 ~ 1527 年），意大利佛罗伦萨的政治家、外交家，同时是一位政治思想家。他出生于佛罗伦萨，马基雅维里家族从 13 世纪起就是佛罗伦萨富有的世家大族。他的父亲是一名律师，家境不堪富有，但非常重视儿子的教育。马基雅维里 7 岁上学，12 岁时被送往一著名教师门下接受正规教育，而后进入佛罗伦萨大学完成他的学业，在那里受到人文主义者语言学家马尔切洛·阿德里亚尼的古典文学训练。马基雅维里熟悉拉丁文和意大利的古典文学、史学，尤其是熟悉古罗马 –

罗马共和国政制以及西塞罗等人的论辩和社会哲学。他在30岁时进入执政团秘书处，并承担过多种行政和军事使命，数次前往法国晋见路易十二，撰写了《法国情况报告》。马基雅维里是佛罗伦萨终身行政长官彼埃罗·索代里尼的朋友，曾跟他处理政务。1512年11月，马基雅维里被剥夺了一切职务，他只好被迫隐居圣·卡夏诺乡间，在闲暇之中撰写了《君主论》和《论提徒斯·李维》的前10卷；1519～1520年又写了七卷本的《军事艺术》。马基雅维里经常参加奥尔蒂·奥里切拉里花园的文人聚会，而且还受托撰写了《佛罗伦萨史》。1527年，佛罗伦萨举行反对梅迪奇家族的起义，重建共和国时，马基雅维里想恢复他在国务厅的职务，遭到自由共和国卫士的拒绝，他忧郁成疾，怏怏死去。

马基雅维里像

背景介绍

14～15世纪，意大利是世界上最早出现资本主义萌芽的国家。意大利地处地中海中部，地理位置优越，扼亚欧贸易的枢纽，但处于分裂状态。14～15世纪也是意大利文艺复兴的重要时期，这时候产生了一批伟大的博学多识的人文主义学者，他们摆脱中世纪神学的桎梏，对希腊古典著作和艺术进行研究和鉴赏，在文学、艺术、政治学、科学等领域进行了新的创造。马基雅维里的故乡佛罗伦萨是15世纪意大利文艺复兴的中心。

名著概要

《君主论》以章为体，共26章，其内容大致可以分为两大部分：1.关于政体的学说（第1～14章），他把政府的形式分为两种：共和国和君主国，而君主国又具体分为3种类型，即世袭君主国、混合君主国和新式君主国。2.关于君主的统治术（第15～23章），这是《君主论》最著名的部分，他对君主的统治权术进行了全面的研究。第24～26章是专门谈及那些“丧失了自己国家的意大利君主们”的问题。

精彩语段

最可怕的敌人，就是没有坚强的信念。

命运之神是个女人，因此，她喜欢青年人，因为他们虽然不够谨慎，但是勇猛精进，而且对她来得大胆。

智者有言：“世界上最软弱、最不可依恃的东西，莫过于没有实力，只有空名的力量了。”

各章主要内容如下：第一章，君主国有多少种类，是用什么方法获得的。从古至今，统治人类的一切国家，不是共和国就是君主国。第二章，世袭君主国。在世袭君主国里保持政权比在新的君主国里容易得多，因此人们已经习惯了在世袭君主统治下的生活。第三章，混合君主国。在新君主国里会出现许多困难，首先如果不完全而只是一部分是新的君主国，新旧变化的原因是人民本希望通过变化改善自己的境地，但后来的经验告诉他们，生活的境地比以前更坏了，这样新君主就有麻烦了。第四章，为什么亚历山大大帝所征服的大流士王国在亚历山大死后没有背叛其后继者。第五章，对于占领前在各自的法律下生活的城市和君主国应当怎样统治。要保有被征服国家的办法有三，其一是把它们毁灭掉，其二是亲自前往驻在那里，其三是允许它们在自己的法律下生活，同时要它们进贡并且在那个国家里建立一个听话的寡头政府。第六章，论依靠自己的武力和能力获得新君主国。在一个全新的君主国里，有的君主以能力登位，有的以幸运登位，可是最不倚靠幸运的人却是保持自己的地位最稳固的人。第七章，论依靠他人的武力或者由于幸运而取得的新君主国，这些国家的君主发迹时不很辛苦，但保持时就辛苦劳瘁了。第八章，论以邪恶之道获得君权的人们，从平民成为君主的方法有两个：一个靠某种邪恶卑鄙的方法，一个靠他的同胞们的帮助，前者在夺取一个国家时，应审度自己必须从事的一切损害行为，并要立即毕其功于一役。第九章，论市民的君主国。如果一个平民，不是靠邪恶之道或凶暴行为，而是由于获得本土人民的支持而成为本国的君主，这种国家称之为市民的君主国。第十章，应该怎样衡量一切君主国的力量，人口众多或财力充裕能

拿破仑加冕仪式　法国　达维特

《君主论》对后世影响十分深远，特别是“政治无道德”的思想，对欧洲很多君主的执政起到指示作用。

够募足军队的君主在疆场依靠自己的力量屹立不动，如果不能决战疆场，被迫躲在城墙后防御，应使城市森严壁垒，备足粮草。第十一章，论教会的君主国。这种国家的困难来自取得这种国家之前，因为他是依靠人类智力所不能达到的力量支持的，是由上帝权威维护的。第十二章，论军队的种类与雇佣军。一切国家的主要基础是良好的法律和良好的军队。君主用来保卫本国的军队，或是自己的军队，或是雇佣军、援军、混合军队。第十三章，论援军、混合军和本国军队。援军带来的危险比雇佣军还多，英明的君主应谢绝使用援军，转而依靠自己的军队。第十四章，君主关于军事方面的责任。君主除了战争、军事和训练之外，不应有其他的目标，在和平时期要比战争时期更注意军事训练。第十五章，论世人特别是君主受到赞扬或受到责难的原因。第十六章，论慷慨与吝啬。慷慨与吝啬在不同的情况下会得出不同的结果。第十七章，论残酷与仁慈。每一位君主一定希望被人誉为仁慈而不是残酷，但必须提防不要滥用仁慈。第十八章，论君主应当怎样守信。第十九章，论应该避免受到蔑视与憎恨。君主应表现伟大、英勇、庄严和坚韧不拔，才会使人们不蔑视与憎恨。第二十章，堡垒以及君主们每日做的事。堡垒是否有益要看情势，堡垒可建也可不建，但君主不能只建堡垒而不顾及人民的憎恨。第二十一章，君主为了受人尊敬应当怎样为人。君主应公开表明自己的态度，应做出伟大的事业，并适时使人们欢度节日和赛会。第二十二章，论君主的大臣。大臣是否贤明，取决于君主的明智，好的大臣应以君主的利益为重。第二十三章，应该怎样避开献媚者。贤明的君主应在国家内选拔一些有识之士，单独让他们有讲真话的权力，但只是就他们询问的事情。第二十四章，意大利的君主们为什么丧失了自己的国家，原因就在于没有自己的军队。第二十五章，命运在人世事务有多大力量和怎样对抗。命运是我们行动的半个主宰，其余一半由我们自己主宰。第二十六章，奉劝将意大利从蛮族手中解放出来，解救意大利的第一件事就是组建自己的军队。

阅读指导

《君主论》这本“惊世骇俗”的小册子，在当时一版再版，影响极大，1559年在欧洲被列为禁书。几百年来，人们对其褒贬不一。马基雅维里的权术思想，对后世影响较大。他的“政治无道德”论被后人称为马基雅维里主义，并作为一种政治理论流传开来。由于马基雅维里从人出发，第一次把政治问题看成是纯粹的权力和权术问题，西方学者一般认为，他为近代政治学开辟了道路。由于书中为君主们提出了一整套统治策略和政治权术，因而《君主论》成为欧洲各国历代君主和统治者的案头书。

天方夜谭 / 阿拉伯世界的百科全书

背景介绍

《一千零一夜》在西方被称为《阿拉伯之夜》，在中国却有一个独特的称呼——《天方夜谭》。据说《天方夜谭》名字来源于中国明朝以后称阿拉伯国家为“天方国”；阿拉伯人喜欢在夜间举行晚会，书中的故事又都是在晚间讲述的，所以就翻译成这个书名。“夜谭”就是“夜谈”的意思。

《天方夜谭》的故事来源主要有三大部分：一是波斯故事集《赫左尔－艾夫萨乃》（意为“一千个故事”），这部分是《天方夜谭》的基础，据说其本身来源于印度，3 世纪被翻译成波斯文，几百年后又被翻译成阿拉伯文；二是来自以巴格达为中心地区的阿巴斯朝流行的故事，也称为“巴格达故事”；三是来自埃及麦马立克王朝流行的故事。因此《天方夜谭》的形成可以说是集中了东方民族的智慧成果。

名著概要

传说从前有两个兄弟，他们是萨桑国的国王山鲁亚尔和萨姆尔甘特的国王沙宰曼。有一次，哥哥让弟弟到国中相聚，在半路上，弟弟想起忘了给哥哥带礼物，便返回宫中去取，却发现王后趁他外出之际和宫中的乐师鬼混。他怒火中烧，便挥剑杀了王后和乐师。

阿拉伯文版的《天方夜谭》封面

弟弟来到哥哥的王宫后，发现哥哥的王后也趁哥哥不在时和宫女们一起纵情玩乐。他把看到的一切告诉了哥哥，哥哥也亲眼看到了，怒不可遏，便杀了王后。经过这件事后，哥哥再也不相信天下的女人了，发誓向她们报复。他每晚娶一个女子为妻，第二天早上就把她杀掉。就这样持续了 3 年，被他杀掉的女人很多，老百姓都非常恐惧，纷纷带着女儿躲避，王城上下人心惶惶。

当时，有一个美丽而又聪明的女子，名叫山鲁佐德，她是宰相的女儿。善良的她不忍见到越来越多的女子被残忍的国王杀掉，便自告奋勇地嫁给国王。结婚那天晚上，她请求国王允许她为他讲个故事，国王同意了。她讲的第一个故事是《商人和魔鬼的故事》：

从前有个商人，在外地做生意。途中歇息时，随手掷出一个枣核，却惹来一个手执利剑的巨魔，声言枣核击中其子胸部，立刻将他打死了，为此魔鬼定要报仇。商人要求回家料理好后事后再来听候处理，魔鬼答应了。商人在规定的日子践约而来，想到自己的险恶处境，不禁悲从心来，放声痛哭，这哭声引来了3位老人，老人们对商人的境遇深表同情。突然间狂风骤起，魔鬼现身，呼喊着要杀死商人为其子报仇。第一位老人挺身而出，向魔鬼求情，说愿意讲一段他和自己牵着的这只羚羊的故事，如魔鬼认为讲得离奇古怪，便请将商人的罪过免掉三分之一。于是他开始了自己的故事。

山鲁佐德讲的这个故事不仅十分有趣而且十分神奇，国王被深深地吸引住了。可当故事讲到精彩之处时，天已经大亮，她就故意留下悬念。国王为了接着听故事只好不杀她，让她晚上接着讲。以后每天都是这样。她讲了一个又一个有趣的故事，然后总是在清晨时留下悬念，让国王舍不得杀她。她就这样讲了一千零一夜，共讲了大小故事近200个，其中最长的十夜二十夜才能讲完。有些精彩的故事，情节起伏跌宕，曲折离奇，扣人心弦。比如《阿里巴巴和四十大盗的故事》：

古代波斯国某城里住着两兄弟——哥高西睦和弟弟阿里巴巴。阿里巴巴生活贫困，靠打柴为生。

一天，阿里巴巴上山打柴。在山中他偶然遇到一伙打劫归来的强盗，在一块大石头前，强盗头子说："芝麻芝麻，开门吧。"大石头就开了，原来里面是一个藏宝的大洞。阿里巴巴乘强盗出去时，模仿强盗开门的暗语开了门，发现里面有大量的金银财宝，他搬了几袋金币回家。阿里巴巴的老婆因为从来没有见过这么多金币，就去她嫂子那儿借量器量金币有多少，不料多心的嫂子在升子底贴了蜜蜡，由此，哥哥高西睦发现了金币，逼着阿里巴巴说出了金币的来源和开石门的方法。贪心的高西睦带着雇来的10匹骡子去山中强盗的藏宝洞，说了开门的暗语，进了洞，他收集了够10匹骡子运回的金币准备回家，但由于被金币迷昏了头脑，竟忘了开门的暗语，强盗回来把他砍成碎尸。

相关链接

《天方夜谭》又名《一千零一夜》，是古代阿拉伯民间故事集。它的成书经历了一个漫长的过程。有的故事很早就在阿拉伯地区的民间口头流传，至少可以追溯到6世纪左右。约在8、9世纪之交出现了早期的手抄本，到12世纪，埃及人首先使用了《一千零一夜》的书名，但直到15世纪末16世纪初才基本定型。这些故事不是某一个作者独立创造的，也不是一时一地形成的，而是中东地区阿拉伯世界广大市井艺人和文人学士经过几百年收集、加工、整理的结果，其中也包括波斯等其他民族的智慧成果。

阿里巴巴再次进山，从洞中运回哥哥的尸体，又搬了几袋金币回家，在女仆马尔基娜的帮助下非常秘密谨慎地料理了哥哥的丧事。强盗们对有人再次撞入藏宝洞并搬走大量金币大为恐慌和震怒，派了一个匪徒入城打听，偶然地从给高西睦缝尸体做丧服的裁缝巴巴穆斯塔发那里得知了阿里巴巴的住处，于是他在门上画了记号，但被聪明机智的马尔基娜发现，她把附近所有住户的门上都画上了相同的记号，结果强盗们扑了个空。第二天强盗又按第一个的方法找到的阿里巴巴家，他在门上重新做了不同于第一次的记号，然而这次又被马尔基娜发觉，强盗们再次失望而归。强盗头子亲自出马，他不再去做什么记号，而是仔细地观察了阿里巴巴家的环境以后，乔装打扮，伪装成商人，用瓦瓮把 37 个强盗运进阿里巴巴家，准备夜里杀死阿里巴巴，但又被马尔基娜发觉。马尔基娜烧滚了强盗带来的一瓮菜油，烫死了除强盗头子以外的其他强盗。强盗头子越墙而逃。为了报仇，强盗头子真的干起了经商的行当，与阿里巴巴的侄子渐渐混熟。一天，在阿里巴巴的侄子的邀请下，强盗头子装扮一番，乘机来到阿里巴巴家作客。然而不幸的是，聪明的马尔基娜再次识破了强盗头子的阴谋，她利用跳舞的机会，杀死了强盗头子。

最终，国王受到了感动，便改变了原来的做法，把山鲁佐德留下来做了真正的王后，和她白头偕老。她讲的故事后来被汇编成册，就是《天方夜谭》。

阅读指导

《天方夜谭》这本故事集总共叙述了 180 篇故事（长、短篇难以分别计算），其形态大致可分 3 类：冒险故事，爱情故事，寓言。这本书中最为人知晓的大概就是《辛巴达历险记》，它是属于第一类型的冒险故事。其他如《神灯》、《阿里巴巴与四十大盗》亦属此类。关于以天鹅为题材的《巴斯拉的天鹅》，可称之是冒险与爱情故事的综合篇。此外还有《挑夫与三个少女》、《表黑痣的阿拉丁》，虽亦是冒险与爱情故事的综合篇，却带有较重的现实意味。在爱情故事中，除了较具波斯风格的《巴斯拉的天鹅》外，还包括有伊朗风格的爱情故事。后者的代表作品有《亚利夏尔与斯妮得》、《卡梅尔沙曼》等故事，其内容多以现实和虚构相配合，添入了许多讽刺性的情节，是其一大特征。第三类型的寓言小说，除了印度系列的动物寓言（伊索式寓言），以及略带色情意味的波斯寓言、埃及寓言外，还有以巴格达全盛时期哈尔斯拉希得及其他著名人物为主角的传说轶事。

从内容上来看，《天方夜谭》可以说是中世纪阿拉伯社会生活的历史画卷，作品描写的人物纷繁复杂，上至帝王、贵族，下至渔夫、仆人、普通妇女等，所涉及的场景既包括那些具有传奇色彩的奇异幻景，也包括典型的阿拉伯市井乡村。作品所用的语言具有通俗化、口语化、民族化的特点，里面不乏一些幽默的讽刺，因而深受阿拉伯人民的喜爱。尤为难能可贵的是，作品对劳动人民的正直优良品质给予

《天方夜谭》插图

了充分肯定和歌颂，通过故事中的情节向人民指出了人生所应有的生活理念和人生追求，具有一定的教育意义。

《天方夜谭》的结构非常具有特色，它采用大故事套小故事的写法，将不同主题、不同内容的故事串联成一个整体，这成为东方民间口头文学创作的一个重要成果，对后来的很多作家都具有重要的启发意义。它不仅是古阿拉伯文学成果的主要代表之一，在世界文学史上也具有很高的地位。

天体运行论 / 波兰 / 哥白尼 / 自然科学的“独立宣言”

作者简介

哥白尼（1473 ~ 1543 年），伟大的波兰天文学家，日心说的创立者，近代天文学的奠基人。哥白尼生于波兰维斯瓦河畔的托伦城，10 岁丧父，由舅父瓦琴洛德抚养。18 岁时进克拉科夫大学，在校受到人文主义者、数学教授布鲁楚斯基的熏陶，抱定献身天文学研究的志愿，3 年后转回故乡。当时已任埃尔梅兰城大主教的瓦琴洛德，派他去意大利学教会法规。1497 ~ 1500 年间他在波洛尼亚大学读书，除教会法规外，还同时研究多种学科，尤其是数学和天文学。对他最有影响的老师是文艺复兴运动的领导人之一、天文学教授诺法腊。1497 年 3 月 9 日，他在波洛尼亚做了他遗留下的第一个天文观测记录：月球遮掩金牛座（毕宿五）的时刻。哥白尼在意大利的时候，因舅父的推荐，于 1497 年被选为弗龙堡大教堂僧正。1501 年，他从意大利回国，正式宣誓加入神父团体，但随即又请假再次去意大利。在帕多瓦大学，哥白尼同时研究法律与医学。1503 年，在费拉拉大学获得教会法博士学位。1506 年，哥白尼从意大利回到波兰。1512 年，舅父死后，他就定居在弗龙堡。作为僧正的哥白尼，职务是轻松的，他把大部分精力都用在天文学的研究上。哥白尼用了“将近四个九年的时间”去测算、校核、修订他的学说。他曾写过一篇《要释》，简要地介绍他的学说。这篇短文曾在他的友人中间手抄流传。但是，他迟迟不愿将他的主要著作——《天体运行论》公开出版。当哥白尼听从朋友们的劝告，将他的手稿送去出版时，他想出一个办法，在书的序中写明将他的著作大胆地献给教皇保罗三世。他认为，在这位比较开明的教皇的庇护下，《天体运行论》也许可以问世。

背景介绍

当时的欧洲正处在黑暗的中世纪的末期。亚里士多德–托勒密的地球中心说早已被基督教会改造成为基督教义的支柱。然而，由于观测技术的进步，在托勒密的地心体系里必须用 80 个左右的均轮和本轮才能获得同观测比较相合的结果，而且这类小轮的数目还有继续增加的趋势。当时一些具有进步思想的哲学家和天文学家都对这个复杂的体系感到不满。

名著概要

《天体运行论》于 1543 年在德国纽伦堡用拉丁文出版。原稿无书名，由出版者命名为《论天体旋转的六卷集》，后人简称《天体运行论》，四百多年来这部著作已被译为多种语言在世界各国出版。

全书共 6 卷。第一卷为宇宙论，简述了整个宇宙的结构，是全书的精髓。这一卷分 4 章，先后论述了“宇宙是球形”、“大地也是球形”、“天体的运动是均匀永恒之圆运动或复合运动”。哥白尼说，“天体的这种旋转运动对于球来说是固有的性质，它反映了球形的特点。球这种形状的特点是简单、没有起点、也没有终点，旋转时不能将各部分相区别。而且球体形状也正是旋转作用本身造成的。”第二卷运用三角学论证天体运行的基本规律，其中哥白尼首创了平面三角和球面三角的演算方法。第三卷为恒星表。第四卷叙述了地球绕轴运行和周年运行。第五卷阐述了

审判伽利略

伽利略于1632年出版了《关于托勒密和哥白尼两大世界体系的对话》，提出了全新的宇宙论。结果宗教裁判所命令伽利略说清楚自己为什么质疑传统的观念。最终伽利略被迫宣称地球是宇宙中静止不动的中心。

地球的卫星月球。第六卷是关于行星运行的理论。

哥白尼在《天体运行论》中还详细讲解了地球的三种运动（自转、公转、赤纬运动）所引起的一系列现象——岁差现象、月球运动、行星运动的规律及金星、水星的纬度偏离和轨道平面的倾角。《天体运行论》的诞生使当时所知道的太阳系内天体的位置和运行状况更为完整了。

哥白尼分析了托勒密体系中的行星运动，发现每个行星都有3种共同的周期运动，即：一日一周、一年一周和相当于岁差的周期运动。他认为，如果把这3种运动都归到被托勒密视为静止不动的地球上，就可消除他的体系里不必要的复杂性。因此，哥白尼建立起一个新的宇宙体系，即太阳居于宇宙的中心静止不动，而包括地球在内的行星都绕太阳转动的“日心体系”。离太阳最近的是水星，其次是金星、地球、火星、木星和土星。只有月球绕地球转动。恒星则在离太阳很远的一个天球面上静止不动。哥白尼把统率整个宇宙的支配力量赋予太阳，而各个天体则都有其自然的运动。他系统而明晰地批判了地球中心说，并且从物理学的角度对日心地动说可能遭到的责难提出了答复。

阅读指导

哥白尼的主要贡献是创立了科学的日心地动说，写出“自然科学的独立宣言”——

《天体运行论》。哥白尼的学说不仅改变了那个时代人类对宇宙的认识，而且根本动摇了欧洲中世纪宗教神学的理论基础。然而，值得注意的是，哥白尼的太阳中心说并不是无懈可击的。他不能解释：为什么人们感觉不出地球的运动？地球既然自转，地球上的物体下落何以不产生偏斜？哥白尼还不能摆脱亚里士多德哲学的束缚，他接受了圆运动是天体最完善的运动方式的观念。

蒙田随笔 / 法国 / 蒙田 / 欧洲近代哲理散文经典

作者简介

蒙田（1533 ~ 1592 年），文艺复兴后期法兰西杰出的思想家、散文家和教育家。蒙田出身贵族，祖上是波尔多人，他早年学习拉丁文，在波尔多市念完中学后，在相当长的时期内深居简出，闭门读书思考。后来，他在政府部门任职，成为波尔多市议员，并两度被选为波尔多市市长。1562 年他皈依天主教；1572 年在他父亲死后才开始撰写《随笔集》。他熟读古代大家如普鲁塔克、塞涅卡、塔西佗等人的著作，在作品中大量引用，作为他的思辨和怀疑论的佐证。他在出版了《随笔集》的前两部之后，便游历意大利和德国，因此在他随后的随笔中又添进了许多旅游见闻。1585 年蒙田的故乡鼠疫盛行，蒙田被迫暂时离开他的城堡，1587 年他重回旧居续写他的随笔。在这期间，蒙田结识了对他狂热崇拜的德·古内小姐，他俩之间的关系一直维持到作家逝世。蒙田晚年在政治上效忠法国国王亨利四世，国王也曾到他的城堡做客数次。1578 年蒙田的肾结石发作，影响了他的写作，我们今天所见的《蒙田随笔全集》是由德·古内小姐在他生前出版的随笔集的基础上，根据他在笔记上写下的大量注释和增添内容集结而成的。蒙田自 1572 年开始，直至他逝世的 1592 年，在长达 20 年的岁月中，他一直断断续续地在写他的随笔。他以对人生的特殊感受力，记录了自己在智力和精神上的发展历程，为后代留下了极其宝贵的精神财富。在此期间，随着作者思想的不断发展、变化，作品的内容也陆续加以修改与补充。他行文如水银泻地，飘

蒙田像

忽不定，变化多彩，所以他的散文内容庞杂纷繁，经常从一个主题跳到另一个主题，枝蔓丛生，标题也常常与内容不大相干，仿佛作者漫不经心一挥而就似的。他的主要著作有《论文》3卷，其中论述教育、学校和教师的文章有《论学究气》和《论儿童的教育》等。

背景介绍

蒙田生活在法国封建制度解体的时代，各种哲学思潮流行。蒙田在哲学上是个怀疑论者，反对封建文化和封建专制，对旧的信条失去信心而对新事物又缺乏热情。蒙田对当时流行的狭隘人文主义教育进行了嘲讽和批判，他指责学究气的人文主义者以空洞的、死板的书本上的东西去填塞儿童的记忆，这种教育所培养的只是迂腐的学究，而不是在各方面都得到发展的有文化修养的绅士。

名著概要

《蒙田随笔》全书朴实无华，作者摈弃了当时颇为流行的华丽堆砌的写作手法，直接采用单线条的咏叹与勾勒，陈述自己对于自身个体、人类生活方式与现实世界等重大问题的思考，循序渐进地将读者引入一泓恬淡清澈的湖水之中。

原作共分3卷，其中第一卷收录作品57篇，内容短小精悍。其余两卷内容不等，分别是13篇与37篇。法文版的《蒙田散文》主要按两种方式编排：第一种是按作者写作的先后顺序依次排列，第二种是将内容相关的部分集中起来。今天我们所见到的《蒙田随笔》共分两部分：第一部分22篇，第二部分5篇。主要内容包括以下3个方面：1. 作者所感觉的自我。2. 他所体会的人类的生活方式和思想感情。3. 他所理解的现实世界。下面重点介绍第二部的5篇文章。

在《众师之师》中，作者认为古希腊哲学家苏格拉底是“众师之师”，因为他认识到“我一无所知”。认识世界是从认识自己无知开始的，在阿波罗神庙的门楣上就镂刻着“人人应有自知之明”的名言，可见刚愎自用与固执己见是愚蠢无知的鲜明标志。在日常生活中，我们要善于区分两种情况：一是“走自己的路，休管别人议论”，一是“固执己见、自以为是”。

在《论不同的方法可以收到同样的效果》中，作者指出：“当我们所冒犯的人手操我们的生死大权，可以任意报复时，最普遍的感化他们的方法自然就是投降以引起他们的怜恤和悲悯。可是相反的方法，勇敢与刚毅，有时也可以收到同样的效果。”他在书中总结道：“恻隐而动心，是温柔、驯良和软弱的标志，由勇敢神圣影响而起尊敬之心，则是一种倔强不挠的灵魂的标志，他们都崇尚大丈夫的刚毅气概。……对于比较狭隘的灵魂，钦羡与惊异亦可以发生同样的效力。”他告诫人们在危急时刻，应随机应变，区别对待各种险情。

在《论闲逸》中，作者以为："如果没有一定的主意占据心灵，把它约束住，它必定无目标到处漂流，入于幻想的空泛境域里。灵魂没有目标，它就会丧失自己。"从中可以看出蒙田是反对虚无主义的，提倡人是应该有点精神的，即使在闲逸时，也不可使灵魂丧失目标，否则，最终会导致"产生无数妖魔与怪物，无次序、无目的，一个个接踵而来"。

在《热爱生命》中，作者认定"生活乐趣的大小取决于我们对生活的关心程度"，而不是任何外物的影响。只有自己才是生命的主宰，因为"我们的生命是自然的恩赐，它是优越无比的。如果我们觉得不堪生之重压或虚度此生，那也只能怪我们自己"。尽管作者当时身患重病，但他并没有沉沦气馁，而是采取积极乐观的人生态度去拥抱生命，感受生活的乐趣。最后，作者引用罗马哲学家塞内卡的话指出："糊涂的人一生枯燥无味，躁动不安，却将全部希望寄托于来世"，希望后来者从一开始就做一个明白人。

在《论死后才能断定我们的幸福》中，作者引用苏龙的警告："人世变幻无常，只要轻轻一动，便可能面目全非，前后迥异。"在感叹生命的变幻无常之外，他给自己定义"幸福"的标准是："希望我可以善终，就是说，安然逝去，不声不响。"一个人无论生命怎样美丽辉煌，地位、权力与财富对他来说只不过是一件偶然的附属品。在生命的末日来临时，重要的是问心无愧，安然逝去，才能称之为幸福，功过是非留与后人评说。

阅读指导

蒙田以博学著称。他对随笔体裁运用娴熟，开创了近代法国随笔式散文之先河。他的语言平易通畅，不加雕饰，文章写得亲切活泼，妙趣横生。全书充满了作者对人类情感的冷静观察。《蒙田随笔》于 1580 ~ 1588 年分 3 卷在法国先后出版。自此以后，他的作品就再也没有绝版过。到今天，世界上所有的书面语言都可以读到它。它与《培根人生论》、《帕斯卡尔思想录》一起，被人们誉为欧洲近代哲理散文三大经典。

名家点评：

伏尔泰和狄德罗认为他的作品反映作者"明哲善辩"，"精于心理分析"，他的"文风简朴流畅，琅琅上口"。

季羡林在《漫谈散文》中说："蒙田的《随笔》确给人以率意而行的印象。我个人认为在思想内容方面，蒙田是极其深刻的，但在艺术性方面，他却是不足法的。与其说蒙田是一个散文家，不如说他是一个哲学家或思想家。"

威尼斯商人 / 英国 / 莎士比亚 / 讽刺与抒情的巧妙结合

背景介绍

16世纪末，英国资本主义经济迅速发展，阶级和社会关系也面临着新挑战。该剧描写了威尼斯商人安东尼奥与保守的高利贷者夏洛克的矛盾冲突，反映了资本主义发展初期英国的社会情况，同时也寄托了早期莎士比亚关于仁爱、友谊、爱情等的人文主义理想。

名著概要

在威尼斯城中，安东尼奥十分受人尊敬，他不但是一个拥有一支远洋贸易船队的成功商人，还是一个慷慨好施、重义气的人。犹太人夏洛克是个爱钱如命的高利贷者，安东尼奥借钱给人从不收利息，损害了他的利益，夏洛克为此对安东尼奥十分不满。安东尼奥也看不惯贪婪刻薄的夏洛克，曾经当众指责过他。夏洛克总在找机会报复安东尼奥。

安东尼奥的好友巴萨尼奥，听说贝尔蒙特城有个名叫鲍西娅的才貌双全的姑娘，十分倾慕。这个家道中落的年轻人，急需要3000块钱向心上人求婚，便来找安东尼奥帮忙。此时的安东尼奥因货船全在海上未归，手中没有流动资金，于是他便向夏洛克筹借。夏洛克终于找到了报复的机会，他先是奚落了安东尼奥一番，然后表示可以不收利息将钱借给他。正当安东尼奥对他这种突然的善行感到纳闷的时候，夏洛克提出了一个要求：他要安东尼奥和他一起到公证人那儿签署一份合同，上面注明如果安东尼奥不按期还钱的话，他将会从安东尼奥身上割下一磅肉。大家都认为夏洛克不怀好意，然而为了朋友的幸福，安东尼奥还是不假思索地签下了这个合同。

贪婪势利的夏洛克不允许女儿杰西卡和清贫的恋人克里斯汀·罗伦佐结婚，为了争取爱情，杰西卡带着一些钱和心上人私奔了。人才两失的夏洛克气得满街诅咒女儿。有好事者告诉他杰西卡正在热那亚疯狂地消费，视钱如命的夏洛克心疼地叫道："你将一把刀戳进了我的心里。"这时在海上传来了安东尼奥商船全部沉没的消息，而此时距借约到期只有半个月的时间。气恼的夏洛克终于找到了发泄的途径，他决定借这件事"出出这口恶气"。

在贝尔蒙特城，鲍西娅的父母双双过世。父亲留下了金、银、铅3个盒子，其中有一个藏有鲍西娅的照片。鲍西娅的父亲在遗嘱中说，有谁能猜中照片在哪个盒子，便可以做女儿的丈夫。求婚者从世界的四面八方云集到这儿，都希望能娶到美丽而富有的鲍西娅。巴萨尼奥在安东尼奥的帮助下也来到贝尔蒙特城。他与鲍西娅一见钟情。在选盒子的时候，众多地位高贵的求婚者都选择了外表华丽的金盒子或银盒子，只有巴萨尼奥选中了质朴无华的铅盒子。巴萨尼奥成了鲍西娅的未婚夫，二人都沉浸在甜蜜的爱情中。

这时巴萨尼奥收到了安东尼奥的信。他得知安东尼奥已经破产，而且夏洛克正在逼债。想到正处于重重困境中的朋友，巴萨尼奥心情十分沉痛，他如实地向未婚妻说出了整个事情的经过。鲍西娅被巴萨尼奥的真诚以及安东尼奥为朋友两肋插刀的举动感动了，立即和巴萨尼奥举行了婚礼，这样巴萨尼奥就可以带着自己的钱，回威尼斯解救朋友了。

巴萨尼奥虽然带着充足的钱回到了威尼斯，但还是过了说好的还钱时间。夏洛克要将安东尼奥告上法庭，要他履行合同规定。巴萨尼奥赶到，提出可以加倍偿还借款。平日里爱钱如命的夏洛克此时却表示对钱不感兴趣，只能从安东尼奥身上割肉。一向喜欢安东尼奥的公爵，也出面为他说情，夏洛克都一口拒绝了。

正当事情没办法解决时，法庭上出现了一位眉清目秀的年轻律师。他向公爵出示了当时一名在威尼斯很有权威的律师的推荐信。正不知如何是好的公爵十分高兴，便让他来主持审判。其实这个突然出现的律师，正是鲍西娅扮成的。而她所说的那位很有名的律师正是姑娘的表哥。情急之下的巴萨尼奥根本想不到妻子会来到这里，没有认出她来。鲍西娅先劝夏洛克原谅安东尼奥，夏洛克当然神气地拒绝了。“律师”又问他是否愿意让对方以三倍的钱来偿还。迫切想报复安东尼奥的夏洛克仍然摇头。于是“年轻的审判者”宣布在威尼斯谁也无权改变法律，安东尼奥理所当然要按合同让夏洛克割肉。听到审判结果，夏洛克得意极了，他高呼“啊，公平正直的法官！啊，博学多才的法官！”安东尼奥只好心情沉痛地和朋友们一一诀别，大家处于一片悲痛之中。得意扬扬的夏洛克拿出早已准备好的、磨得雪亮的刀子，摇头晃脑地走到了安东尼奥的身边，他早已想好了在什么地方下手，可以将这个曾经“羞辱”过自己的人置于死地。

《威尼斯商人》电影海报

这是莎翁的喜剧代表作之一，也是他极成功的剧作之一。作者通过相互联系的情节冲突，成功地塑造了夏洛克这样一个鲜明生动而又复杂矛盾的典型形象。该剧曾多次被搬上舞台、拍成电影，成为经久不衰的戏剧经典。

正当他举起刀子的时候，鲍西娅突然喝止了他。她指着借款合同对夏洛克说，借约上只写着让他“割一磅肉”，并未允许他取一滴血，因而如果他在割肉的同时，让安东尼奥流了血，将按照威尼斯的法律，他的财产将全部充公。夏洛克手中雪亮的刀子悬在了半空，他当然无法做到这一点，于是他立刻反悔，表示可以接受安东尼奥三倍的还款。鲍西娅立即说：“犹太人必须得到绝对的公道，除了照约处罚之外，不能接受其他赔偿。”法庭上响起一片欢呼声。大家都学着刚才夏洛克的声调高呼：“啊，公平正直的法官！啊，博学多才的法官！”

贪婪恶毒的夏洛克，不但没有如愿以偿地报复安东尼奥，还因为“蓄意谋害公民”罪得到了应有的处罚：他的财产一半充公，一半归了安东尼奥。安东尼奥立即表示，将这一半财产转赠给夏洛克的独女杰西卡。

就这样，鲍西娅巧妙地挽救了安东尼奥的性命。真相大白以后，巴萨尼奥对夫人佩服得五体投地，朋友们都为鲍西娅的才智发出了由衷的赞美。一对年轻人开始了自己美满的新生活。

哈姆莱特 / 英国 / 莎士比亚 / 莎士比亚悲剧艺术的最高峰

背景介绍

该剧的故事取材于1200年的丹麦历史，丹麦王子为父复仇的故事曾被许多人改编与再创作，但莎士比亚却以他的天才为这个古老的故事注入了时代的气息与哲理的灵魂。《哈姆莱特》写于1601年，虽然是以4个世纪以前的丹麦宫廷为背景，但他通过哈姆莱特为父复仇的故事真实地描绘并反映了文艺复兴晚期欧洲社会的广阔图景。

文艺复兴是欧洲文明史上极为重要的一页，从此开始，欧洲文明突然发现了“人”的尊严与价值，发现了这个世界的主宰是人而并不是所谓的上帝。于是，人类的自我意识逐步觉醒，个性的张扬成为这个时代永不倾覆的大旗。然而，到了文艺复兴的晚期，人性的张扬逐渐漶漫成了“为所欲为”，私欲的泛滥与世风的浇薄成为像莎士比亚这样的人文主义者所痛心疾首的社会现实。《哈姆莱特》正是作者对这种社会状态的艺术反映。

名著概要

哈姆莱特是丹麦年轻的王子，他刚从德国威登堡留学回来，而他的父亲在他回国时突然死去了，母亲乔特鲁德也在两个月后改嫁给了他的叔父——新王克劳狄斯。国内对此事议论纷纷，都觉得有些蹊跷，刚回来的哈姆莱特也是颇多疑忌，加上他在宫廷里看到了许多丑陋的事情，使得他极为苦闷。

这时，他的朋友霍拉旭与兵士在守夜时，竟见到了已故国王的鬼魂。正当霍拉旭想上前询问时，鸡鸣了，那国王的鬼魂也随之不见。哈姆莱特听到这个消息后决定亲自去看看。在新王与廷臣们寻欢作乐的又一个夜晚，他来到城上，果然见到了老王的阴魂。鬼魂告诉哈姆莱特，他的死是出自最卑鄙的谋杀，而他的弟弟就是那伤天害理的凶手：克劳狄斯趁他午睡时，把毒汁灌进了他的耳朵，却谎称他是被毒蛇咬死的。老王命令哈姆莱特为自己复仇，但不要他伤害王后。

哈姆莱特决定复仇，但他一来并不敢完全相信鬼魂的证词，二来也怕引起新王的怀疑，于是便决定装疯。对于他的发疯，国王与王后都在猜测其原因。新王的亲信大臣波洛涅斯则认为是因为爱情，哈姆莱特一直热恋着他美丽的女儿奥菲丽娅。为了证实这一猜测，他们设计让二人相遇，偷听他们会说些什么。哈姆莱特这时正困在对人生、对罪恶的思考之中，同时也为了不至于泄露机密，所以，对自己所爱的人仍然是说些颠三倒四的疯话。然而，国王听后却认为，他的发疯并非因为爱情，而是有极危险的原因。这时，恰有一个戏团进宫廷演出，哈姆莱特特意安排上演谋杀窃位的戏。果然，克劳狄斯看过后大失常态，这就证实了他的罪行。就在克劳狄斯惶恐万分地向上帝祷告时，哈姆莱特来了，他拔出剑来想乘机杀了他，但又觉得在他祷告赎罪时杀他不好，于是他放弃了这次机会。

王后叫哈姆莱特到自己寝宫来，波洛涅斯偷偷在帷幔后窃听，哈姆莱特以为是国王，便一剑刺去，误杀了波洛涅斯。国王乘机决定把哈姆莱特送到英国去，又暗中给英王一封信，要他帮忙除掉哈姆莱特。后来哈姆莱特在无意中看到了这封信，并调了包。几经周折，哈姆莱特终于回到了丹麦。但与此同时，奥菲丽娅经受不住失去父亲与情人的双重打击而精神崩溃，她带着自己编织的花冠落水而亡。哈姆莱特回来时正赶上她的葬礼。

恐慌的克劳狄斯精心安排了一次宫廷的比剑大会，想让复仇心切的波洛涅斯之

相关链接

“莎士比亚化”是马克思提出的一个重要论点。所谓“莎士比亚化”就是不把“个人变成时代精神的单纯的传声筒”，我们已看到过许多为了表现时代精神而创作出的高大人物，但事实上真正能体现时代精神的不是这种在某种观念的支配下臆造的人物，而是从社会的土壤里诞生并成长起来的人物。只有这样的人物，才能真正传达出一个时代、一个民族的精神脉搏。哈姆莱特就是这样的人物，他的痛苦与彷徨其实是凝聚了那个时代整个人类的痛苦与彷徨。与莎士比亚同时代的大作家本·琼生评论莎士比亚时说：“他不属于一个时代而属于所有的世纪。”由于哈姆莱特的痛苦都是集中在对人的本质的追问中，所以这句话也可以移用在他身上。

此图描绘了哈姆莱特的情人奥菲丽娅死时的情景："她的衣服四散展开，使她暂时像人鱼一样漂浮水上；她嘴里还断断续续唱着古老的谣曲，好像一点不感觉到什么痛苦，又好像她本来就是生长在水中的一般。"

子雷欧提斯杀死哈姆莱特。为了保险起见，他不但准备了毒酒，而且给雷欧提斯的剑上淬了毒药。后来，王后误饮毒酒而死，比剑的双方也均中毒剑，临死前的哈姆莱特终于以雷霆万钧之势刺死了克劳狄斯，完成了自己的复仇使命。这时挪威王子福丁布拉斯正率军路经此地，便就此继承了丹麦王位。

阅读指导

由于哈姆莱特本人的个性特征与表现方式的特点，独白成为这部剧作中最为关键的部分。作者正是通过哈姆莱特内心那丰富而充满了多种潜台词与阐释可能性的独白来展示他的思想与欲望、决心与游移、坚定与懦弱、爱恨与生死。这些内心独白的精彩篇章都值得反复品味与咀嚼，其艺术感染力与深刻的哲理都令人惊叹。

奥赛罗 / 英国 / 莎士比亚 / 富有时代气息的爱情悲剧

背景介绍

封建社会的道德标准约束着人的正常行为，美好的爱情与婚姻在这个桎梏下难免窒息。该剧是莎士比亚四大悲剧之一，剧本借爱情悲剧，揭露了封建社会的罪恶，同时剖析了深层的人性问题。剧中伊阿古好谗言、爱嫉妒、善挑拨离间、笑里藏刀的形象成为丑恶人性的典型。

名著概要

威尼斯城里德高望重的元老勃拉班修，有一个才貌超群的女儿名叫苔丝德梦娜。她是城中贵族青年热烈追求的对象，然而苔丝德梦娜却独独爱上了皮肤黝黑的摩尔军人奥赛罗。

奥赛罗虽然是个异族人，但他为人高尚，作战骁勇，因而受到国王的器重，并被提拔为将军。勃拉班修很钦佩奥赛罗，常常将他请来家中，让他讲述海上和陆上的种种经历。奥赛罗艰苦的军旅生活深深打动了苔丝德梦娜。她爱上了这位在残酷的战争中成长起来的将军，在她眼里，勇敢的奥赛罗要比城中那些不学无术的贵族子弟高贵得多。每当奥赛罗来家中做客时，苔丝德梦娜都要在一边静静地听他谈话。后来，她含蓄而大胆地向奥赛罗表示，如果他的朋友爱上自己，只要像将军一样给她讲这样的故事就可以得到她的爱情了。奥赛罗也一直喜欢温柔真诚的苔丝德梦娜，听了她这番话，就直率地向姑娘表达了爱意，并向她求婚。勃拉班修虽然很钦佩奥赛罗，然而考虑到这位年轻的将领的出身和财产状况，他不同意将女儿嫁给他。

苔丝德梦娜决定违背父意和自己所爱的人结婚。一天，她离开了家，和奥赛罗私下里举行了婚礼。

奥赛罗手下的旗官伊阿古是个阴险狡诈的小人，他一直对奥赛罗没有提升他为副将忌恨在心，他表面装出一副忠厚善良的模样，心里却总在算计着如何报复奥赛罗和副将凯西奥。

奥赛罗举行婚礼那天，伊阿古挑唆曾经向苔丝德梦娜求过婚的纨绔子弟罗德利哥去向勃拉班修报信。罗德利哥煽风点火，勃拉班修勃然大怒。他决定到元老院控告奥赛罗。

跪在父亲面前的苔丝德梦娜

正在这时，海上传来了土耳其人进军威尼斯的塞浦路斯岛的消息。威尼斯元老院连夜开会，商讨派军出征的大事。元老们一致认为奥赛罗最能胜任。奥赛罗被召到了元老院。勃拉班修此刻也来到了元老院。他向威尼斯公爵指控奥赛罗蛊惑自己的女儿，要求对奥赛罗处以极刑。公爵允许年轻的将军为自己辩护，奥赛罗从容不迫地将自己向爱人求婚的真实情况讲述给了大家。公爵觉得就是自己的女儿听了奥赛罗的故事也会被打动，认为两个年轻人的婚姻并没有任何不妥。勃拉班修无可奈何地承认了这桩婚事，然而他却执意要断绝与女儿女婿的关系，不许苔丝德梦娜再住在家中。奥赛罗被委以重任，当晚就要出征。苔丝德梦娜深明大义，请求随丈夫而行。

出征的军队刚刚抵达塞浦路斯岛，就接到报告说，土耳其舰队由于遇到风暴溃不成军而撤退了。岛上的威胁暂时解除了，然而一场新的灾祸却将要降临在年轻的将军头上。卑鄙恶毒的伊阿古时刻在想着如何报复奥赛罗。他要利用男人的嫉妒心理来毁坏奥赛罗幸福的新婚生活。

晚上，塞浦路斯岛上居民举行宴会，庆祝土耳其军的撤退和将军的新婚。奥赛罗吩咐将领们不得多饮酒，要做好站岗巡视工作。副将凯西奥在欢宴中饮了两杯就要去巡视，这时阴险的伊阿古极力怂恿凯西奥尽情畅饮，他说如果不喝的话就是对新婚将军的不敬。而另一方面，他又鼓动罗德利哥向喝得大醉的凯西奥挑衅。两人打斗起来，凯西奥误伤了来解劝的军官。一向赏罚严明的奥赛罗一怒之下，撤去了凯西奥副将的职务。酒醒后的凯西奥十分懊悔。这时，伊阿古又挑动他去找苔丝德梦娜，让她去向将军求情。爽朗重义气的凯西奥本来就很受人尊敬，再加上他是奥赛罗的好朋友，在奥赛罗的婚事中又帮了不少忙，随和的苔丝德梦娜便答应了他的请求。

伊阿古却又跑到奥赛罗那儿，对他说夫人与年轻英俊的凯西奥关系非同一般。他的话引起了奥赛罗的愤怒，奥赛罗抓起他的脖领，向他质问苔丝德梦娜对自己不贞的证据，警告他如果瞎说就对他不客气。恰巧当天晚上奥赛罗回到家后，苔丝德梦娜又为凯西奥说情，奥赛罗心中十分不快。

伊阿古的妻子爱米莉亚是将军夫人的侍从，她无意中捡到了夫人的一块手帕，而那块手帕正是当初将军送给夫人的定情礼物。诡计多端的伊阿古用花言巧语从妻子手中骗来了那块手帕。他将手帕扔到了凯西奥的卧室，故意让他拾去。然后他跑到奥赛罗那里装作没事似的说起凯西奥的手帕。苔丝德梦娜不知道手帕丢了，当奥赛罗向她要手帕时她拿不出，而且又一次为凯西奥说情。奥赛罗控制不住怒火，大声责备妻子不该爱上别人。苔丝德梦娜不知道究竟发生了什么事，虽然受了那么大委屈，对丈夫的感情依然如故。伊阿古继续搞着这个阴谋。他安排奥赛罗在一旁听，自己又故意与凯西奥提起他的一个情妇。奥赛罗以为凯西奥说的是自己的妻子，气得几乎昏了过去。

这时，威尼斯那边派苔丝德梦娜的一个亲戚罗多维科来传达元老院的命令。奥赛罗被召回国，凯西奥奉命暂时接替他的职务。苔丝德梦娜为凯西奥恢复职务而高兴。奥赛罗见此，更加气愤了，他当众打了苔丝德梦娜。昔日受人尊敬的将军变得如此粗暴无礼，大家感到既惊讶又气愤。罗多维科不禁问道：这就是那位英勇的摩尔人吗？

他怎么会变成这个样子？

被嫉妒冲昏了头脑的奥赛罗决定处死凯西奥和苔丝德梦娜，他让伊阿古杀死凯西奥。阴险狡诈的伊阿古又挑唆罗德利哥去暗中杀害凯西奥。不过他没有料到，罗德利哥反而被凯西奥打倒在地。为了不暴露自己的阴谋，伊阿古一剑刺死了罗德利哥，接着又从背后刺伤了凯西奥。

在苔丝德梦娜的卧室里，另一个悲剧正在上演。失去理智的奥赛罗，面对酣睡的妻子爱恨交织。他粗暴地将苔丝德梦娜吻醒，苔丝德梦娜睁开眼看到满身杀气的丈夫，不明白这一切到底是怎么回事。奥赛罗告诉她，他要杀死她，因为她和凯西奥有私情。可怜的苔丝德梦娜来不及为自己辩解，便被丈夫掐死了。

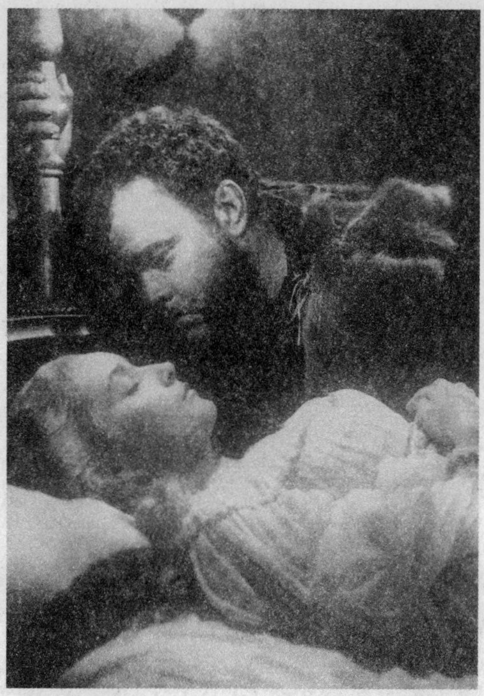

《奥赛罗》剧照

《奥赛罗》一剧以紧张的形式讲述一段离奇的故事，匪夷所思的情节铺陈，热烈浓密的情欲，激动灼热的爱情，都让我们对奥赛罗产生深深的同情和无法自抑的悲伤。

这时有人撞开了将军卧室的门，大家看到了屋里发生的一切。人们质问奥赛罗为什么要这样做，精神恍惚的奥赛罗嘟嘟囔囔地说，妻子对自己不忠，道出手帕之事。爱米莉亚与凯西奥这才明白了事情的缘起，他们说出了真相。恼怒的伊阿古将妻子一剑刺死。罗多维科命令士兵将这个阴险恶毒的小人抓了起来，准备把他送到威尼斯处以极刑。

奥赛罗这才明白了整件事不过是伊阿古的一个阴谋，自己因为轻信小人的奸言，而杀死了忠贞的妻子。他痛不欲生，用剑刺向自己的胸口，死在妻子的身旁。

李尔王 / 英国 / 莎士比亚 / 闪现强烈理想光辉的悲剧

背景介绍

16 世纪末 17 世纪初，英国封建统治阶级内部矛盾重重，社会动荡不安。该剧取材于传说，通过一个宫廷争权的故事，揭露了当时英国封建制度的腐朽，对整个社会的伪善以及各种罪行恶德进行了大胆的讽刺。

名著概要

不列颠国王李尔在八十多岁时要将国土分给3个女儿，自己轮流在女儿家住，这样他便可以悠闲地度过晚年了。不过，他要先考验一下3个孩子。

一天，他将3个女儿招到跟前，要她们各自表达对自己的爱的程度。长女高纳里尔说："不曾有一个女儿这样爱过他的父亲，也不曾有一个父亲这样被他的女儿所爱；这一种爱可以使唇舌无能为力，辩才失去效用；我爱您是不可以数量计算的。"李尔听了立即把自己领土的三分之一分给了大女儿及其丈夫奥本尼公爵。二女儿里根说："我厌弃一切凡是敏锐的知觉所能感受到的快乐，只有爱您才是我无上的幸福。"李尔同样分给了里根和其丈夫康瓦尔公爵三分之一的国土。尚未出嫁的小女儿考狄利娅，尽管是真心爱自己的父亲，但却不会胡乱吹嘘，听惯了阿谀之词的李尔对她的回答十分不满意，他立即将剩下的三分之一国土，平分给了大女儿和二女儿，还发誓与幼女断绝关系。在众臣面前，李尔亲自将王冠交给了高纳里尔和里根。自己只留100名骑士侍卫，除了保留国王名义外，其余一切实权都交给两个女儿。群臣对于李尔的做法感到十分震惊。忠诚正直的肯特伯爵立即直言相谏，李尔却骂他为"逆贼"，一气之下竟将这位老臣放逐出境，并说如16天后仍在本国发现他的踪迹，就立即将他处死。

这时考狄利娅的两个求婚者——法兰西国王和布根第伯爵已来到王宫。当听说国王的小女儿已一无所有时，布根第立即表示放弃求婚。法兰西国王却深深地爱上了表里如一的考狄利娅，最后考狄利娅成了法兰西王国的皇后。

李尔在大女儿的宫廷中住了不到一个月，就受到了怠慢。李尔的骑兵侍卫也被减到50名。这时，被放逐的肯特改装化名为卡厄斯，成了老国王的一名仆人，并受到了李尔的信任。高纳里尔的丈夫奥本尼公爵对父亲的态度愈来愈坏，李尔一怒之下，决定带领剩下的随从，去投奔二女儿里根，并先派卡厄斯去投书。然而里根非但不出来迎接父亲，还将送信的卡厄斯枷住了双脚扔在城堡外。在老父的一再要求下，里根才出来接见了他。听了父亲的一番诉苦，里根非但不同情，反而说是错怪了姐姐，并劝他回高纳里尔处。

正在说话间，高纳里尔也赶到了，里根趁势要求父亲必须跟大姐回去。她还说，下次父亲到自己家住时，随从连50个也不需要，只25人便足够了。李尔感到大女儿虽坏，毕竟还同意他带50个随从，于是表示愿意重回大女儿的宫殿。然而这时高纳里尔却说："依我说，不但用不着25人，就是10个5个也是多余的。"里根也冷笑着说："依我看来，一个也不需要。"昔日甜言蜜语的女儿如今竟变得如此绝情寡义，李尔气得几乎发了疯。

可怜当初威风凛凛的李尔王，现在落得无家可归，就连50名侍从见状也四散而去。他欲哭无泪，在暴风雨中带着弄臣奔赴原野。挣脱了脚枷的卡厄斯在荒野中找到了老国王。为了躲避风雨，三人进了一间茅草屋。在这里他们看到一个衣衫褴褛的疯子。原来这个人是昔日老国王的重臣葛罗斯特伯爵的嫡子爱德伽。葛罗斯特伯爵本是个心地善良的人，只因受了私生子爱德蒙的挑拨，把正直的嫡子爱德伽赶出大门。为了躲避弟弟的陷害，爱德伽才装成疯子躲在荒郊野外，靠吃老鼠和野草度日。其实葛罗斯特如今过得也很悲惨，他因为同情李尔，竟被里根的丈夫康瓦尔挖去了两眼。

在肯特和其他忠于他的臣子的帮助下，李尔秘密来到了肯特伯爵领地内的多佛城堡。肯特只身赶往法国去见考狄利娅，将老国王的遭遇告诉了她。考狄利娅说服了丈夫法兰西国王，亲率大军到英国讨伐两个姐姐。在多佛登陆时，考狄利娅见到了因一连串的打击而精神失常的老父亲。后来在医生和侍臣的精心照顾下，李尔终于清醒了过来，认出了一向最钟爱但又被自己错怪的小女儿。在与两个姐姐的交战中，考狄利娅不幸被俘，死在了野心勃勃的爱德蒙手中。听到小女儿的死讯，李尔在悲愤中去世。

高纳里尔和里根与诡计多端的爱德蒙都有私情，姐妹二人甚至争风吃醋、暗中谋害对方。里根的丈夫康瓦尔恰在此时死去，里根立即宣布要与爱德蒙结婚。高纳里尔一怒之下，毒死了自己的亲妹妹。丈夫奥本尼公爵发现了高纳里尔的罪行，他下令把这个恶毒淫邪的女人关进了监牢。高纳里尔在绝望中自尽了。爱德蒙想当国王的阴谋暴露了。与爱德伽决斗中，这个做尽坏事的家伙被刺身亡。忠直的肯特伯爵，在李尔父女死去后，也离开了人世。一向反对妻子虐待老国王、拒绝参与谋害考狄利娅的奥本尼公爵，在忠实臣子葛罗斯特公爵、爱德伽等人的拥戴下，成为不列颠的国王。

麦克白 / 英国 / 莎士比亚 / 野心造成的性格悲剧

背景介绍

17世纪初，英国动乱不堪，封建统治阶级内部矛盾重重。《麦克白》是莎士比亚四大悲剧之一，该剧借一个弑君篡权的宫廷故事，揭露了英国腐朽的封建制度，同时也从深层次剖析了贪婪的人性。

名著概要

故事发生时，苏格兰正是温厚仁德的邓肯国王当政时期。他治理国家井井有条，手下有许多能干的大将。屡立战功的葛莱密斯爵士麦克白就是他最赏识的一个，麦克白有勇有谋，又是他的表弟，邓肯国王对他更是器重。

当时麦克白与另一位大将班柯，奉命平定了由挪威军队援助的考特爵士的叛乱。在班师回朝的路上，麦克白与班柯遇到了3个女巫。她们分别向麦克白祝福，一个说："祝福你，葛莱密斯爵士！"一个说："祝福你，考特爵士！"还有一个说："祝福你，未来的君王！"她们预言麦克白不久将做上显赫的考特爵士，而且很快会当上国王。她们还预言班柯的后代将会成为苏格兰的国王。

二人正在狐疑之际，国王派人传来了旨意：因麦克白平叛有功，加封他为考特爵士。女巫的第一个预言真的应验了，麦克白大为惊奇，那么当上国王的预言是否也会很快成为现实呢？这件事激起了他的野心，使他想入非非。他自言道："这好比是美妙的开场白，接下去就是帝王登场的正戏了。"班柯看出了麦克白的心思，警告好友不要坠入魔鬼的圈套。麦克白回到自己的城堡将女巫的预言告诉了妻子。妻子向来是一个野心勃勃的人。知道女巫预言后，她比丈夫更加无法抑制满心的喜悦。为了登上王后的宝座，麦克白夫人决心不惜一切代价帮助丈夫成为国王。

恰在这时，一个千载难逢的机会来了。根据当时风俗，为了表示对于一个有功之臣的恩宠，国王可以亲自到大臣家访问。国王邓肯下令，他将赴凯旋归来的麦克白的家中慰问探视。麦克白夫人决心抓住这个机会，就在自己家谋害国王，实现女

《麦克白》剧情画

巫的第二个预言。

这天，国王邓肯带两个儿子马尔康和道纳本及许多随从驾临麦克白府上。麦克白的妻子笑里藏刀，对国王十分殷勤礼貌。国王非常满意城堡的优美和女主人的热情款待，将一颗昂贵的钻石送给了麦克白夫人。入夜，鞍马劳顿的国王在主人的安排下很快进入梦乡。这时一场阴谋将要上演了。麦克白答应夫人要趁机杀掉国王，然而此时他却十分矛盾。他虽有野心，但想到邓肯是个贤明君主，“处理国政，从来没有过失”，觉得杀死这样的明君，应属罪大恶极。恶毒妻子见麦克白迟疑不决，立即责备他畏首畏尾，不像个男子汉。在妻子的百般唆使下，经不住王位诱惑的麦克白，终于持刀进入了国王的卧室，杀死了邓肯。

麦克白行凶后，仓皇中把刀子也带了回来。妻子连忙持刀回去，把刀子放在了死者身边，并布置了假象，安排了嫁祸王子的圈套。

天亮了，谋杀被发现了。麦克白夫妇表现得十分悲痛，他们佯装悲愤发誓一定要查出凶手。尽管如此，其他大臣仍然怀疑麦克白。两个王子感觉到自己处境十分危险，为了躲避谋害，马尔康逃到了英国宫廷请求庇护，道纳本逃到了爱尔兰。

麦克白终于如愿以偿，以血统最近的继承者身份当上了苏格兰的国王，他阴险的妻子也理所当然地做了王后。然而他内心却时刻被罪恶感纠缠着，而且当他想到女巫的预言——班柯的子孙将会成为国王，心中更加不安。为了祛除隐患，麦克白又设下毒计，请班柯父子参加盛大的晚宴，并收买了两个刺客，要这两人在路上埋伏，杀死父子二人。当晚，班柯被刺死了，他的儿子弗里恩斯趁着夜黑混战，逃到英国去了。

麦克白以为阴谋得逞，心里轻松多了。然而正当他在与群臣悠闲地谈笑时，一转身却看见班柯的鬼魂坐在自己的位子上。麦克白大惊失色，他对鬼魂说：“你不能说是我干的事，不要对我摇着你染了血的头发。”麦克白与鬼魂东拉西扯，全不顾有人在旁。妻子担心这会泄露谋杀国王的秘密，赶紧打发走了客人。

之后，这样的幻觉经常出现，麦克白和妻子整日陷在一片恐慌、无可奈何中，麦克白决定再去荒原请教女巫。为了惩罚残忍凶暴的麦克白，这次女巫们布置了一些虚妄的幻影，她们招来了3个幽灵替她们说话。第一个幽灵警告：“留心麦克得夫；留心费辅爵士。”第二个幽灵说：“麦克白永远不会被人打败，除非有一天勃内森林会冲着他向邓西嫩高山移动。”第三个幽灵告诉他：“没有一个妇人所生下的孩子可以伤害麦克白。”麦克白听了大为高兴，他认为女巫预言的都是好运，这下他可以肆无忌惮地杀掉妨碍自己的人了。

不久，女巫的第一个预言果然应验了。忠于老国王邓肯的费辅爵士麦克得夫逃到了英格兰，他正在帮助邓肯王位的合法继承人马尔康组织军队，要讨伐麦克白。麦克白一怒之下，派兵攻打麦克得夫的城堡，杀掉了他的妻儿老小。

麦克白的残暴行径，让他众叛亲离，许多贵族和将领都纷纷离开了苏格兰。此时马尔康也正带领大军向麦克白的驻地邓西嫩高地挺进。面对国内混乱的局面，犯下种种罪行的麦克白，整日神经紧张，寝食不安。但当他想到女巫的预言后，又深信自己的城堡固若金汤，阴沉沉地等待着马尔康的到来。

麦克白妻子由于受了心理上的折磨，最终精神崩溃而自杀了。麦克白真正成了孤家寡人，不过他还是在故作镇静地用女巫的预言来给自己壮胆。他披上铠甲准备与马尔康一决雌雄。这时有使者来报告说，勃内森林正在向城堡方向移动。原来经过勃内森林时，精于战术的马尔康下了一道命令：他要每个士兵都砍下一些枝叶带在头上，以便掩饰军队的真实人数。听说森林在移动，麦克白心惊胆寒，不过他继而想到女巫的预言“没有一个妇人所生下的人可以伤害麦克白”，又勉强壮了胆，走上战场。

这位昔日英雄在战场上依然勇猛异常。在一片厮杀中，他冲出重围，然而此时他遇到了麦克得夫。麦克白立刻想到了女巫的预言“留心麦克得夫；留心费辅爵士”，他想掉头逃走，麦克得夫挡住了去路。可怜的麦克白还在用女巫的第三个预言来安慰自己时，万没想到麦克得夫开口告诉他，自己并不是母亲正常生下来的，而是不足月剖腹取出来的。麦克白万念俱灰，在一番无力抵抗之后，这个多行不义的家伙最终死在了麦克得夫的剑下。

马尔康登上了国王宝座，决心惩办麦克白的党羽，重整国家。

堂吉诃德 / 西班牙 / 塞万提斯 / 骑士风尚的飘逝

作者简介

塞万提斯（1547 ~ 1616 年），出生于一个破落的西班牙贵族家庭。由于家庭经济困难，塞万提斯只接受过简单的中学教育，但他非常喜欢读书，利用有限的机会饱览古今文学名著并受到了人文主义的影响。青年时期的塞万提斯是个爱祖国、爱自由的热血青年。他于 1570 年从军，翌年便抱病参加抗击土耳其军队的勒班多海战，失去左臂。战后返国途中，被土耳其海盗俘虏至阿尔及尔，1580 年被赎回国。为谋生计，曾任军需官及税吏达 15 年，往返跋涉于西班牙全国各地，亲眼目睹社会不平及人民苦难。

从 1582 年开始，塞万提斯决心用他的笔来揭露西班牙社会的罪恶。在他创作的作品中，以《堂吉诃德》最为著名，影响也最大，成为文艺复兴时期西班牙和欧洲最杰出的作品。《堂吉诃德》上卷于 1605 年问世后，风靡全欧，读者竞相争读。在不到三星期的时间，西班牙就出了三种盗印本。以至在他的下卷还没有出版之时，就有人企图化名出版《堂吉诃德》的续集。但该作品严重歪曲原著的本意，丑化原著的主人公。这使得塞万提斯义愤填膺，他赶紧彻夜创作，终于在1615年出版了该书的下卷，继承了原书的人文传统。

塞万提斯其他的重要作品还有短篇小说集《惩恶扬善故事集》（1613）、剧本选《八出喜剧和八出幕间短剧》（1615）等等。

塞万提斯像

背景介绍

塞万提斯说他创作《堂吉诃德》的目的是要消除骑士小说在社会上，在群众之间的声望和影响。骑士制度、骑士精神、骑士道德是西欧封建社会的一种产物。骑士的任务是“忠君、护教、行侠”，他们要求“文雅知礼”，不仅要忠实地为主人服务，还要效忠和保护女主人。为“心爱的贵妇人”去冒险和获得成功，是骑士最大的幸福。骑士文学即表现骑士“忠君护弱”的冒险生活，为博得贵妇人的厚爱所表现的忠贞和武侠精神。骑士主人公都是理想化的人，侠义而崇高。故事虚构、惊险离奇，充满魔法、挑战、创伤、以及荒诞不经的情节。骑士文学与时代精神相差太远，在文坛和读者中影响极坏。塞万提斯为了打击和讽刺骑士文学，以其人之道还治其人之身，巧妙地利用骑士小说的形式，借题发挥，成功地塑造出堂吉诃德的形象，把骑士制度、骑士精神、骑士道德漫画化。从客观效果来看，《堂吉诃德》发表后，骑士小说的确在西班牙销声匿迹了。

名著概要

《堂吉诃德》是一部讽刺灭亡了的骑士制度的长篇小说。小说主人公是居住在拉·曼却村的一个乡绅，原名阿伦索·吉哈达。他读当时风靡社会的骑士小说入了迷，自己也想仿效骑士出外游侠，帮助被侮辱者和被压迫者，于是从家传的古物中，找出一付破烂不全的盔甲和一根长矛，然后骑上一匹瘦马悄悄离家出走。他给自己取名堂吉诃德，又选中了邻村一个挤奶姑娘，取名杜尔西内娅，作为自己终生为之效劳的意中人。

堂吉诃德的第一次出马很不顺利，他把客店当作城堡，让老板娘给他举行授封仪式。一路上，他单枪匹马地蛮干，向一队不相识的过路商人挑战，结果身受重伤，

名家点评：

诗人海涅认为："塞万提斯、莎士比亚、歌德在叙事、戏剧、抒情方面中分别达到登峰造极的地步。"俄国著名批评家别林斯基亦精辟地指出："在欧洲一切著名文学作品中，把严肃和滑稽，悲剧性和喜剧性，生活中的琐屑和庸俗与伟大和美丽表现得如此水乳交融，这样的范例仅见于《堂吉诃德》。"

陀斯妥耶夫斯基在评价《堂吉诃德》的时候说："全世界没有比这更深刻、更有力的作品了，这是目前人类思想产生最新最伟大的文字，这是人所能表现出的最悲苦的讥讽。例如到了地球的尽头问人们：'你们可明白了你们在地球上生活吗？你们怎样总结这一生的生活呢？'那时候人们就可以默默地递过《堂吉诃德》去，说'这就是我给生活做的总结，你难道能因为这个责备我吗？'"

被乡亲们抬回家来。家人看到他被骑士小说害到这种可怜程度，便把满屋子的骑士小说一烧而光。第二次旅行，他说服邻村一个名叫桑丘的农夫做他的侍从，随他一同去游侠，并且答应人家有朝一日便可任命他为某个岛上的总督，于是主仆两人又偷偷地上了路。堂吉诃德还是按他脑子里的古怪念头行事，把风车看作巨人，把羊群当作敌军，把苦役犯当作受害的骑士，把酒囊当作巨人头，不分青红皂白，乱砍乱杀，又干出许多荒唐可笑的事情，直到同村的神父和理发师设计把他装进笼子送回家来，才结束了他的第二次游侠。

第三次出游，主仆二人碰到了各种奇遇。他们原计划去萨拉戈萨参加比武，途中遇到一位公爵。这位公爵听说了堂吉诃德和桑丘的游侠故事之后，故意寻他们开心，将他们请到自己的城堡做客，并且让桑丘担任一个镇上的"总督"。堂吉诃德迫不及待地要实现他的改革社会理想，但结果这主仆二人却受尽折磨，险些丧命。堂吉诃德的邻居参孙，为了骗他回家，假装成"白月骑士"与他比武，堂吉诃德失败，不得不听从对方的发落而回家。他到家后即卧床不起，临终才明白骑士小说的危害。他立下遗嘱，嘱咐唯一的继承人侄女千万不要嫁给读过骑士小说的人，否则就取消其继承权。

阅读指导

不久前，在诺贝尔文学院和瑞典图书俱乐部联合举办的一次民意测验中，来自54个国家和地区的一百位作家推选《堂吉诃德》为人类史上最优秀的文学作品。这似乎从一个方面说明了《堂吉诃德》在世界文学史上的不朽地位，无论是在中国还是在西方国家中，堂吉诃德这个奇想联翩、滑稽可笑的光辉艺术形象都拥有亿万读者。

《堂吉诃德》这部小说以堂吉诃德企图恢复骑士道来扫尽人间的不平的主观幻想与西班牙社会的丑恶现实之间的矛盾作为情节的基础，巧妙地把堂吉诃德荒诞离奇的游侠行为与16世纪末17世纪初的西班牙社会现实结合了起来，以史诗般的笔力向我们展示了一副恢宏的时代社会画卷，同时也强烈地讽刺、嘲笑和鞭挞了西班牙上层统治阶级，而对人民的苦难则寄予了深切的同情。更主要的是，作者为我们塑造了一个“不畏强暴，不恤丧身”、立志扫尽人间不平的人物形象——堂吉诃德。堂吉诃德是个涂抹着喜剧油彩的悲剧主人公。一方面，他向往自由，具有高尚的人文主义精神；一方面，他又是个天才的幻想家，在自己的白日梦中，不断幻想着用过时的骑士精神来改造现实，因而屡屡上演闹剧，引爆了无数让人捧腹的笑料。可见，堂吉诃德是个被幻想放大了的英雄，虽然他的信仰是不合时宜的，他的行为是疯狂的，但是他的动机却高尚得足以令我们每个人惭愧不已。《堂吉诃德》利用文学形式将理想与现实这对人类普遍存在的矛盾揭示得如此深刻而生动，可说淋漓尽致，使得每代人都感受颇深，予以认同。正是这种具有“永恒”与“普遍”意义的深层蕴涵，才使得《堂吉诃德》千百年来长盛不衰，具有永恒的艺术魅力。

《堂吉诃德》的伟大成就也可以体现在它对现代小说的影响方面。北京大学的赵德明教授认为塞万提斯通过《堂吉诃德》的创作奠定了世界现代小说的基础。这不仅仅因为塞万提斯早在17世纪初期就写出了《堂吉诃德》这部轰动一时的长篇作品，成为西欧历史上的“第一人”，更重要的还是他在这部伟大的作品中尝试了多种与中世纪传统小说有别的艺术写作手法，如真实与想象、严肃与幽默、准确与夸张、故事中套故事等等，并且取得了巨大的成功，完成了小说艺术上的改革。

此外，《堂吉诃德》在表现人性及社会现实的同时，还表现了作者对文学创作的思考。例如他认为“描写的时候模仿真实，模仿得愈亲切，作品就愈好”，“凭空捏造越逼真越好，越有或然性和可能性，就越有趣味”等等，这些都可以作为小说创作的原则指导。小说第二部还描写了人们对小说第一部的反映和批评，从人物对堂吉诃德的不同态度表现了社会各个阶层不同人物的形象。因此，小说揭示了文学作品对读者的影响，揭示了作家、作品和人物的相互关系，表现了作者对文学创作的强烈自我意识。诸如此类，在其他的小说中都是不常见到的。

堂吉诃德身披盔甲，手提家传长矛，挺矛跃马向被他看作巨人的风车猛冲过去。

《堂吉诃德》在西班牙文学中具有崇高的独一无二的地位。它的出现，标志着西班牙古典艺术已经达到了一个高峰，同时，它也使塞万提斯本人成为欧洲近代小说的先驱。这些成就对西班牙文学、欧洲文学，乃至整个世界文学的影响都是不可估量的。

新工具 / 培根 / 英国 / 开经验唯物主义先河

作者简介

培根（1561 ~ 1626 年），英国著名的唯物主义哲学家和科学家。他在文艺复兴时期被尊称为哲学史和科学史上划时代的人物。培根出生于英国伦敦一个官宦世家，父亲尼古拉·培根是伊丽莎白女王的掌玺大臣，曾在剑桥大学攻读法律。母亲安尼是一位颇有名气的才女。良好的家庭教育使培根成熟较早，各方面都表现出异乎寻常的才智。12 岁时，培根被送入剑桥大学深造。在校学习期间，他对传统的观念和信仰产生了怀疑，开始独自思考社会和人生的真谛。在剑桥大学学习 3 年后，培根作为英国驻法大使埃米阿斯·鲍莱爵士的随员来到了法国，在旅居巴黎两年半的时间里，他几乎走遍了整个法国，接触到不少新鲜事物，汲取了许多新的思想，这对他的世界观的形成起到了很大的作用。1579 年，培根的父亲突然病逝，培根的生活开始陷入贫困。在回国奔父丧之后，培根住进了葛莱法学院，一面攻读法律，一面四处谋求职位。1582 年，他终于取得了律师资格，1584 年当选为国会议员，1589 年，成为法院出缺后的书记。培根决心要把脱离实际、脱离自然的一切知识加以改革，把经验观察、事实依据、实践效果引入认识论。1602 年，詹姆士一世继王位。由于培根曾力主苏格兰与英格兰的合并，受到詹姆士的大力赞赏，培根因此平步青云。1602 年受封为爵士，1604 年被任命为詹姆士的顾问，1607 年被任命为副检察长，1613 年被委任为首席检察官，1616 年被任命为枢密院顾问，1617 年提升为掌玺大臣,1618 年晋升为英格兰的大陆官，授封为维鲁兰男爵,1621 年又授封为奥尔本斯子爵。但培根的才能和志趣不在国务活动上，而在于对科学真理的探求上。这一时期，他在学术研究上取得了巨大的成果，并出版了多部著作。1621 年，培根被国会指控贪污受贿，被高级法庭判处罚金 4 万镑，监禁于伦敦塔内，被终生逐出宫廷，不得任议员和官职。虽然后来罚金和监禁皆被豁免，但培根却因此而身败名裂。从此培根不理政事，开始专心

培根画像

从事理论著述，于1626年4月9日清晨病逝。

背景介绍

培根生活的时代，是自然科学已经从哲学怀抱中独立门户，并且获得了巨大发展的时代，是哲学家从基督教神学枷锁下逐渐解放出来的时代。培根对英国当时的科学和教育十分不满，所以他决心找出科学发现的新方法，也决心将逻辑改造为科学发现的新工具，并以此与亚里士多德的《工具论》相抗衡。他的《新工具》一书由此诞生。

名著概要

《新工具》一书论述了其逻辑（“解释自然的艺术”）与传统逻辑（主要是亚里士多德逻辑）的区别，对传统逻辑进行了批判，提出了“四种假象”的独特思想，正确全面阐述了他的归纳思想。《新工具》一书的主要思想是：认识自然界不能靠演绎法，而应靠归纳法。演绎法一开始就从极抽象的原理出发，不论它的演绎过程是多么精巧，都不能帮助人们理解自然，它是一种不结果实的方法。归纳法则教导我们：一开始要从感官和特殊的东西出发，从中引出一些中间的、普遍的原理。归纳法是认识自然的科学的方法。培根认为当时的学术传统是贫乏的，原因在于学术与经验失去接触。他主张科学理论与科学技术相辅相成。他主张打破“偶像”，铲除各种偏见和幻想，他提出“真理是时间的女儿而不是权威的女儿”，对经院哲学进行了有力的攻击。

《新工具》一书分为两卷，第一卷主要讨论制定归纳法的原理。第二卷主要讨论收集事实的方法。在第一卷中，培根提出了他的“四假象”论。他认为阻碍我们认识自然、认识真理的情形有4种，将它们称为“四假象”。他还进一步揭露了人类认识产生谬误的根源，提出了著名的“四假象说”。他说这是在人心普遍发生的一种病理状态，而非在某情况下产生的迷惑与疑难。第一种是“种族的假象”，这是由于人的天性而引起的认识错误；第二种是“洞穴的假象”是个人由于性格、爱好、教育、环境而产生的认识中片面性的错误；第三种是“市场的假象”，即由于人们交往时语言概念的不确定产生的思维混乱。第四种是“剧场的假象”，这是指由于盲目迷信权威和传统而造成的错误认识。培根指出，经院哲学家就是利用4种假象来抹煞真理、制造谬误，从而给予了经院哲学沉重的打击。在第二卷中，培根提出了著名的“三表说”。他以对热的讨论为例，详细地讨论了收集整理经验事实，并从中得出一般原理的方法。他说我们应该把收集到的事实安排成3个表，第一表是“本质和具有表”，收集一些肯定的实例，如具有“热”的性质的实例，像日光、火焰等；第二表是“差异表”或“接近中的缺乏表”，如一些与热的实例相似，但不具有热的实例，如月光等；第三表是“程度表”或“比较表”。他认为，在这3个表的基础上，

精彩语段

一个自身无德的人见别人有德必怀嫉妒。
没有友谊，则世上不过是一片荒野。
最能保人身心健康的预防药，就是朋友的忠言规谏。
思想中的疑心就好像鸟中的蝙蝠一样，永远是在黄昏中飞的。疑心使君王倾向专制，丈夫倾向嫉妒，智者倾向寡断和忧郁。
狡猾就是一种阴险邪恶的聪明。一个狡猾人与一个聪明人之间，确有一种很大的差异，这差异不但是在诚实上，而且是在才能上的。
顺境的美德是节制；逆境的美德是坚忍。这后一种是较为伟大的一种德性。

通过积极的理性的工作，我们就可以得出关于“热”的性质的一般原理，即“热”是通过摩擦产生的。

从方法论的角度出发，培根讨论了3种理解自然的方法，即蚂蚁式的、蜘蛛式的和蜜蜂式的方法。他认为实验家像蚂蚁，只会采集和使用材料；推论家像蜘蛛，只凭自身的材料织网。上述这两种方法都把实验和理性分开来了，是不可取的方法。真正的哲学应该把二者结合起来，像蜜蜂那样从花朵上采集花粉，又以自身的能力将其消化。

培根的科学方法观以实验定性和归纳为主。他继承和发展了古代关于物质是万物本源的思想，认为世界是由物质构成的，物质具有运动的特性，运动是物质的属性。培根从唯物论立场出发，指出科学的任务在于认识自然界及其规律。

阅读指导

《新工具》第一次从根本上批判了当时占统治地位的唯心思辨的经院哲学，立足于近代科学，继承和发展了古代自然哲学的唯物论传统，从而确立了自然界和经验在哲学中的崇高地位，开了英国经验唯物主义的先河。《新工具》尽管带有不少形而上学的色彩，但它确实是具有划时代意义和深远影响的著作。《新工具》对亚里士多德逻辑的批评，以及他强调归纳而忽视演绎是片面的，但他的归纳法思想在逻辑史上是有重要地位和影响的。

伦理学 / 荷兰 / 斯宾诺莎 / 理性主义形而上学体系的代表

作者简介

斯宾诺莎（1632～1677年），犹太人，荷兰17世纪著名的哲学家。1639～1645年，他进入培养拉比的宗教学校，被视为犹太教的希望——“希伯莱之光”。毕业后从事商业经营，1652年进拉丁文学校学习拉丁文，兼授数学、希伯莱语。1656年，阿姆斯特丹的犹太人公会永久性地革除了斯宾诺莎的教籍，因为他发布异端学说，公开地对《圣经》中记述的历史表示质疑。斯宾诺莎富庶的家庭随后也因此宣布剥夺其继承权，当时的他只有 24 岁。斯宾诺莎移居到阿姆斯特丹等地，以磨制镜片为生，在艰难的生活条件下，他仍然坚持哲学和科学的研究。1660 年，斯宾诺莎迁居莱茵斯堡后，他以通信方式组建了一个哲学学习小组。1662 年，他给莱登大学神学系一个学生讲授笛卡儿哲学，讲义后来被辑录成书。他的思想通过通信方式传播到欧洲各地，赢得人们的尊敬，普鲁士曾邀请他到海德堡大学任哲学教授，被他谢绝。他潜心思考哲学问题，1660 ~ 1675 年，斯宾诺莎用近 15 年的时间完成了他的《伦理学》和《神学政治论》、《政治论》等代表性的著作。斯宾诺莎的一生思想自由、品德高尚，是哲学家的榜样。他的主要著作还有《笛卡儿哲学原理》、《知性改进论》等。

斯宾诺莎像

斯宾诺莎是一个唯理性主义者，哲学史上最完善的形而上学体系之一的创建人。

背景介绍

斯宾诺莎所处的 17 世纪，正是欧洲封建制度走向瓦解，资本主义制度逐渐成长的时候。他的祖国荷兰已经经历了资产阶级革命，建立了资产阶级国家。欧洲新兴资产阶级思想家对封建主义和宗教神学进行了有力的批判，已经产生出以培根、霍布斯、笛卡儿为代表的一批先进思想的代表人物。斯宾诺莎的《伦理学》就是在这种社会环境和文化氛围中应运而生的。

名著概要

《伦理学》由 5 个部分组成，分别讨论了上帝、自然、心灵的起源、情感以及人类的奴役和自由问题。每部分中有界说和公则或公设，公则或公设下设有诸多命题，各个命题后有证明，有些还有附释和绎理，全书的结构完全是几何证明式的。

本书从论述神的本性开始。在斯宾诺莎的哲学中，神、实体和自然这 3 个术语的含义是一样的，神即自然，即实体。神是唯一的、无限的，其本质就包含着它的存在。实体是自因，即自己是自己存在的原因和根据，它不需要别的东西来说明其存在。不仅如此，神是万物的自由因，万物的存在以神为根据，预先为神所决定。任何别的方面的知识的获得都要以对神的认识为前提。

在《伦理学》第二卷中，斯宾诺莎讨论了心灵的起源和本质问题。心灵虽然是实体的无限属性之一，但是对道德行为来说是极为重要的。与传统思想否认自然界的完满性不同，斯宾诺莎认为所有的东西都是上帝的部分，都是完满的。

关于人的奴役和自由问题，斯宾诺莎指出他的目的是使人摆脱奴役状态，从被

觉醒
斯宾诺莎在《伦理学》中指出受理性支配的人是自由的，受情感支配的人是不自由的。画家威廉姆·亨特这幅名为《觉醒》的作品描述了偷情男女中的女子猛然觉醒到自己道德的堕落，挣脱着从情人的怀抱中起来。画家着力表现女子因美好事物而觉醒的瞬间正是斯宾诺莎所说的受理性支配的情感。

动的情感的束缚中解脱出来，在理性的指导下自由地生活。人的自由的获得需要两方面的努力，一是认识神的本性的必然性，二是使情感服从理性的支配。受情感支配的人是被动的，受理性支配的人是自由的。真正的理性生活需要对神的理智的爱，需要对神有真正的知识。心灵最高的善，即至善，是对神的认识和追求。对感官享乐和名利的追求不是对真正的善的追求。

斯宾诺莎的哲学系统的根本原则可以归结为如下3条：1.一切事物不是在自身内，就必定是在他物内；一切事物如果不能通过他物而被认识，就必定是通过自身而被认识。这可以叫作本体论——认识论的存在原则。2.如果有确定的原因，则必定有结果相随，反之，如果有确定的结果，必定有原因存在；认识结果有赖于认识原因，结果的知识包括原因的知识。这可以叫作本体论——认识论的因果原则。3.凡两个东西之间无相互共同之点，则一个东西不能为另一个东西的原因，这个东西不能借那个东西而被理解，这可以叫作本体论——认识论的关系原则。根据这3条本体论——认识论平行原则，斯宾诺莎研讨神、人和人的幸福等问题。在论神中，斯宾诺莎首先把神理解为绝对无限的存在，亦即具有无限多属性的东西，其中每一属性各表现永恒无限的本质。他认为神是必然存在的，因为之所以存在的理由或原因不是在神的本性之内，就必定在神的本性之外。神是唯一的，除神之外，不能有任何实体，也不能设想任何实体，神是万物的自由因，神是永恒的。斯宾诺莎认为万物都预先为神所决定，但并不是为神的自由意志或绝对善意所决定，而是为神的绝对本性或无限力量所决定。

斯宾诺莎伦理学的根本出发点是，人是一种特定的有限样态，是自然的一部分。因此，正当的人类生活方式、行为规范奠基于对如下问题的正确理解：情感的源泉、性质和类别，情感的奴役力量、理智的自由力量。一切有限样态的现实本质都是努力，人的现实本质体现为不同层次的努力：意志、冲动和欲望。情感源于欲望，情感是这样的身体情状及其观念，它们使人的身体竭力保持自己存在的力量得以增加或减少，促进或阻碍。情感有主动和被动之分，区分标准是情感的原因。人自身力量是弱小的，必然受制于情感，顺应自然本性的需要，满足外在物体的存在本性之所求，这使人在意志、克服情感时无能为力，这就是情感的奴役力量，而理智却能克服情感的奴役力量，使人达到心灵的幸福和自由的起点。如果拥有正确的知识、必然的知识、全面的知识，心灵具有理智的力量，尤其是自觉地获得了关于神的永恒的彻底得知，那么就是自由人，自由人的本性就在于他自身的存在力量处于神之中。斯宾诺莎从“努力”出发相应于人的知识的不同阶段思考人自身的存在状态，将人的存在状态分为奴隶时代、理智时代和神性时代。

精彩语段

只要精神在理性的指示下理解事物，无论观念是现在事物、过去事物或未来事物的观念，精神有同等感动。

阅读指导

在西方伦理学史上，斯宾诺莎不仅因其思想的深邃而著名，也因其人格的高尚而被称颂。他的伦理学意在让人以认识真理为天职，认识真理与实践道德相一致。他的一生正是追求真理与道德的一个范例。尽管斯宾诺莎的伦理学没有超出历史唯心主义的局限，但其在历史上的进步性是毋庸置疑的。

自然哲学的数学原理 / 英国 / 牛顿 / 近代科学的奠基之作

作者简介

牛顿（1643 ~ 1727 年），英国著名的科学家。牛顿出生在英格兰林肯郡的一个自耕农家庭里，他出生前 3 个月父亲便去世了。大约从 5 岁开始，牛顿被送到公立学校读书。1661 年，19 岁的牛顿以减费生的身份进入剑桥大学三一学院，1665 年获学士学位。这一年内，牛顿开始想到研究重力问题，并想把重力理论推广到月球的运动轨道上去。他还从开普勒定律中推导出使行星保持在它们的轨道上的力必定与它们到旋转中心的距离平方成反比。1667 年，26 岁的

牛顿像

牛顿晋升为数学教授，并担任卢卡斯讲座的教授。1707 年，牛顿的代数讲义经整理后出版，定名为《普遍算术》。他在 1736 年出版的《解析几何》中引入了曲率中心，给出密切线圆（或称曲线圆）概念，提出曲率公式及计算曲线的曲率方法，并将自己的许多研究成果总结成专论《三次曲线枚举》，于 1704 年发表。此外，他的数学工作还涉及数值分析、概率论和初等数论等众多领域。1668 年，他制成了第一架反射望远镜样机。1671 年，牛顿把经过改进的反射望远镜献给了皇家学会，因此名声大振，并被选为皇家学会会员。随着科学声誉的提高，牛顿的政治地位也得到了提升。1689 年，他被选为国会中的大学代表。作为国会议员，牛顿逐渐开始疏远给他带来巨大成就的科学。晚年的牛顿开始致力于对神学的研究，他否定哲学的指导作用，虔诚地相信上帝，埋头于写以神学为题材的著作。

背景介绍

古希腊的灿烂文化在漫长的黑暗中世纪中埋没尘封，黯然失色。15 世纪，文艺复兴的大旗飘扬在欧洲大陆上，自然科学获得新的生命，蓬勃成长。科学巨匠哥白尼、第谷、开普勒、伽利略以及笛卡儿等先后驰名于欧洲。一场科学革命冲破了中世纪封建势力和经院哲学的层层罗网，不断取得胜利。

名著概要

《自然哲学的数学原理》（简称《原理》）第一版问世，距 1664 年牛顿开始思考并进行草算已 23 年，第二版于 1713 年出版，第三版于 1725 年出版。《原理》原用拉丁文写成。牛顿逝世后 2 年由 A. 莫特译成英文付印，即今所见的流行的《原理》英文本。可以说，《原理》一书的中心内容是论述了牛顿在数学上的伟大创造即微积分术，并且应用这个创造去解决天体运动以及其他相关物理问题。《原理》第一编之前有两部分重要的论述。第一部分为定义。定义共 8 条，其中有关向心力的有 5 条。在第一编之前，除定义一章，还有公理或称运动定理一章。在这章里牛顿阐述著名的运动三定律。

一、关于引力定律：我们用引力解释天空和海洋的种种现象，但还没有指出这种力的本源。可以肯定的是，产生这种力的本源透入太阳和行星的中心时，力量没有丝毫减弱；不是根据它作用于其上的物质微粒的表观量的大小，而是根据他们所含有的坚实物质的量而发生作用，并且在所有方向上总是按距离平方反比减弱的规律向无穷远传播。太阳的引力是由组成太阳整体的各个微粒的引力所构成的。我们不妨进而来谈一下某种能渗透和隐匿在所有大块物体之中的极其微妙的“气精”（spirit）。由于这种气精的力和作用，近距离的物体微粒互相吸引，若彼此接触则互相黏合；带电物体作用到更远一些的距离，排斥或吸引其附近的微粒。由于气精

名家点评：

恩格斯对牛顿的成就在《英国状况十八世纪》中概括得最为完整："牛顿由于发现了万有引力定律而创立了科学的天文学，由于进行了光的分解而创立了科学的光学，由于创立了二项式定理和无限理论而创立了科学的数学，由于认识了力的本性而创立了科学的力学。"

牛顿的哲学思想和方法论体系被爱因斯坦赞为"理论物理学领域中每一工作者的纲领"。

的作用，光波发射、反射、折射、弯曲，并使物体发热。

二、关于行星系统的轨道：由于恒星相互之间是静止的，我们可以认为，太阳、地球和其他行星是一个在它们之间存在忽彼忽此各种运动的天体系统；所有天体的公共重心或者是静止的、或者是沿着直线匀速地向前运动，在后一种情况下，整个系统将同样沿着直线匀速地向前运动，太阳和木星的公共重心落在太阳表面上，即使全部行星都放到木星轨道的某一地方，太阳和全部行星的公共重心也不会从原有位置移到距太阳中心2倍远处；因此，虽然太阳受到的扰动随着行星位置的不同而不同，但总是以很慢的速度往复地晃动，迄今太阳离开了整个系统静止中心的距离从来未达到其本身直径那么远。行星围绕着受到扰动的太阳作椭圆轨道运动，从行星指向太阳的半径扫过的面积差不多与时间成正比。若太阳是静止的，且行星之间没有相互作用的话，则它们的轨道是椭圆的，半径扫过的面积将精确地与时间成正比。实际上，行星之间的相互作用比起太阳对行星的作用是微乎其微的，并不会产生明显的误差。如果太阳是静止的，而且行星之间没有相互作用，则它们轨道的远日点与交点同样是静止的，并且其椭圆轨道的长轴是它们周期平方的立方根，于是给出了周期也就给出了椭圆轨道的长轴。然而，由于太阳的运动，每个轨道的半长径将有所增加，其增加量大约是从太阳和行星公共重心到太阳中心的距离的三分之一，同时，由于外行星对内行星的作用，内行星的周期多少要被延长，虽然增加量几乎觉察不到，结果，它们的远日点也以很慢的速度移动，行星在绕太阳公转的同时，也带着其他天体如卫星绕行星本身转动。但是，由于太阳的作用，月球肯定要以较大的速度运

牛顿的办公桌

牛顿的一生都奉献给了他热爱的科学事业，在牛顿的墓碑上刻着如下墓志铭：艾萨克·牛顿爵士于此长眠。以自己发明的数学方法以及神一般的智慧揭示了行星的运动、彗星的轨迹、海洋的潮汐；探究了任何人也没有预想到的光的分解和色的本性；解释了自然和古代的事物。他以哲学证明了万能的神的伟大，他一生过着朴素的生活。这位值得赞美的人物，岂不是全人类的光荣。

行，这样就必定使其轨道曲率变小。

三、关于潮汐：由于太阳、月亮的相互吸引与周日运动，海洋每太阳日应两次上潮和两次下潮，而且最大潮将在每日的第 6 小时之前和前面一日的 12 小时后出现。由于周日运动的延缓，涨潮时间缩至第 12 小时；又由于往复运动的力，它被推迟至更靠近次日第 6 小时的时刻。虽然日月这两个天体产生的两种运动呈现不出明显的区别，但将构成某种混合运动。在天体冲和合时，它们的引力将结合在一起产生最大涨潮和落潮。又因为月球对潮汐的引力大于太阳的引力，潮水的最大高度将在第三太阳时左右出现。天体对潮汐的影响取决于它们离地球的近远，当它们距离较近影响较大，距离较远则影响较小，并且与它们的视直径的三次方成正比。因此，在冬季太阳位于近地点时，对地球有较大的效应；每个月，月球在近地点会产生比在 15 天前后即月亮在远地点时更大的潮水。

鲁滨孙漂流记 / 英国 / 笛福 / 引人入胜的历险小说

作者简介

笛福（1660 ~ 1731 年），出生在伦敦的一个信奉新教的家庭，父亲是屠夫（一说是油烛商），在王政复辟时期曾因为追随不肯宣誓效忠国教的牧师而举家迁徙。按照父母的安排，笛福本应成为一名教士，但是他在 21 岁时思虑再三决定“下海”经商。此后，他投身工商业，参与政治甚至间谍活动，还写文章办刊物。他曾周游欧洲列国。他屡败屡战，事业大起大落，忽而发财，忽而破产，一时受国王赏识，一时被捕入狱。年近 60 岁时他开始动笔写虚构作品《鲁滨逊飘流记》（1719），不想却大获成功。这促使他数月后便推出了该书的续集，并在短短 5 年内一鼓作气写出《辛格尔顿船长》、《摩尔·弗兰德斯》、《罗克萨娜》等好几部小说。

背景介绍

1719 年，《英国人》杂志刊登了一则新闻：有位苏格兰水手赛尔科克与船长发生冲突，被抛弃在荒岛上，孤独地生活了 4 年多，变成了一个忘记了人类语言的野人。后来，一位航海家发现了他，把他带回英国。这则轰动一时的奇闻，激发了英国作家笛福的灵感，他以此为素材，匠心独运地创作了一部举世闻名的冒险小说《鲁滨逊漂流记》。

名著概要

鲁滨逊出身于一个体面的商人家庭，渴望航海，一心想去海外见识一番。他瞒着父亲出海，第一次航行就遇到大风浪，船只沉没，他好不容易才逃出性命。第二次出海到非洲经商，赚了一笔钱。第三次又遭不幸，被土耳其人俘获，当了奴隶。后来他划了主人的小船逃跑，途中被一艘葡萄牙货船救起。船到巴西后，他在那里买下一个庄园，做了庄园主。他不甘心于这样的发财致富，又再次出海，到非洲贩卖奴隶。

船在途中遇到风暴触礁，船上水手、乘客全部遇难，唯有鲁滨逊幸存，只身漂流到一个杳无人烟的孤岛上。他用沉船的桅杆做了木筏，一次又一次地把船上的食物、衣服、枪支弹药、工具等运到岸上，并在小山边搭起帐篷定居下来。接着他用削尖的木桩在帐篷周围围上栅栏，在帐篷后挖洞居住。他用简单的工具制作桌、椅等家具，猎野味为食，饮溪里的水，克服了最初遇到的困难。

他开始在岛上种植大麦和稻子，自制木臼、木杵、筛子，加工面粉，烘出了粗糙的面包。他捕捉并驯养野山羊，让其繁殖。他还制作陶器等等，保证了自己的生活需要。虽然这样，鲁滨逊一直没有放弃寻找离开孤岛的办法。他砍倒一棵大树，花了五六个月的时间做成了一只独木舟，但船实在太重，无法拖下海去，只好前功尽弃，重新另造一只小船。

鲁滨逊在岛上独自生活了 17 年后，一天，他发现岛边海岸上都是人骨，生过火，原来外岛的一群野人曾在这里举行过人肉宴。鲁滨逊惊愕万分。此后他便一直保持警惕，更加留心周围的事物。直到第 24 年，岛上又来了一群野人，带着准备杀死、吃掉的俘虏。鲁滨逊发现后，救出了其中的一个。鲁滨逊把被救的土人取名为“星期五”。此后，“星期五”成了鲁滨逊忠实的仆人和朋友。接着，鲁滨逊带着“星期五”救出了一个西班牙人和“星期五”的父亲。不久有条英国船在岛附近停泊，船上水手闹事，把船长等 3 人抛弃在岛上，鲁滨逊与“星期五”帮助船长制伏了那帮水手，夺回了船只。他把那帮水手留在岛上，自己带着“星期五”和船长等离开荒岛，回到英国。此时鲁滨逊已离家 35 年。他在英国结了婚，生了 3 个孩子。妻子死后，鲁滨逊又一次出海经商，路经他住过的荒岛，这时留在岛上的水手和西班牙人都已安家繁衍生息。鲁滨逊又送去新的移民，将岛上的土地分给他们，并留给他们各种日用必需品，才满意地离开了小岛。

名家点评：

这部小说于1719年出版后，受到世界各国老少读者的热烈欢迎，笛福也因此而被誉为“英国和欧洲小说之父”。著名的美国专栏作家费迪曼教授这样评论说：“孩童时期，这部书只是读来有趣，成人之后再去读，就会知道这是不朽的杰作。”

阅读指导

《鲁滨逊漂流记》是一部著名的冒险小说。这部小说虽然取材于真人真事，但其中也融合了作者本人的丰富阅历，它表现了强烈的资产阶级进取精神和启蒙意识。作品所创造的主人公鲁滨逊与以往的欧洲小说所塑造的人物形象完全不同，完全是个新人，成了当时中小资产阶级心目中的英雄人物，是西方文学中第一个理想化的新兴资产者形象。

鲁滨逊出身于中产阶级，而且有多次机会成为人人羡慕的富翁，但他不安于现状，雄心勃勃，决心舍弃安逸舒适的平庸生活出海冒险。这种勇于进取的冒险精神，表现了当时新兴的资产阶级不满足于现状，要开拓世界、占有世界的欲望。在他被困荒岛期间，他通过自己的双手与大自然作斗争，表现出惊人的毅力。全书的主要部分就是描写鲁滨逊如何在这个荒岛上利用自己的双手和智慧来为自己的生存创造条件。虽然在这个过程中他遇到过很多困难，甚至曾一度绝望过，但在他多年的努力下，最后他竟然有了自己的种植园、牧场、两处住所、许多家具，甚至还建立了一个包括狗、猫、羊、鹦鹉在内的热闹家庭。这种实干和不屈不挠的精神显然正是作者所要着力颂扬的形象。多少年来，正是这种形象激励了无数的西方历险者勇敢地去未知的新大陆开创自己的新生活，对于资本主义在全球的扩张起到了巨大的作用。当然，反映在鲁滨逊身上的一些负面影响因素也不可忽视，作为一个殖民者，他贩卖过奴隶，具有剥削掠夺的本性。这些都是我们在阅读中需要注意的。

从艺术上看，《鲁滨逊漂流记》具有典型的现实主义风格，但其中的惊险经历又很吸引人，因而使得全书具有很大的艺术吸引力。这部小说是用第一人称写的，语言上也通俗易懂，虽然有些地方还不成熟，但对英国的小说创作产生过重大影响。

论法的精神 / 法国 / 孟德斯鸠 / 理性和自由的法典

作者简介

孟德斯鸠（1689 ~ 1755 年），法国资产阶级启蒙思想家，古典自然法学派的代表人物，资产阶级法学理论和“三权分立”学说的奠基人。孟德斯鸠出生于波尔多附近的一个贵族家庭，幼年学过古希腊语和拉丁语，后来专攻法律。19 岁取得法学学位并担任讲师。1716 年，孟德斯鸠继承伯父的子爵爵位和法院院长职务。在工作中，他认识到封建法律是为王权服务的，开始怀疑法律能否做到真正公允。1728 年，他辞去法院院长的职务。开始长途学术旅行，他周游奥、匈、意、德、荷、英等国。

他除专攻法律之外，还涉猎各类学科，获得了广博的学识。他曾先后被选为法兰西学院院士，英国皇家学会会员和柏林皇家科学院院士。1722 年，他化名“波尔·马多”发表《波斯人信札》一书，一跃成为全国瞩目的人物。1734 年，他发表了《罗马盛衰原因论》。1748 年，经过 20 年的精心酝酿和准备，《论法的精神》问世。1750 年，他在日内瓦发表了《为〈论法的精神〉辩护》，但尽管做了辩护，还是被列入了当年教会的禁书目录。1755 年 8 月 11 日，孟德斯鸠在巴黎去世。

孟德斯鸠头像

背景介绍

孟德斯鸠所处的时代是 17 世纪末和 18 世纪前叶，此时正是法国封建主义和君主专制从发展高峰急剧走向没落的时期，长期的战乱、苛政使农民起义此起彼伏，经济、政治危机愈演愈烈。工业革命在法国逐渐兴起，工业资产阶级的利益与专制主义的冲突日益尖锐，资产阶级革命的时机进一步成熟，同时，一大批进步的史学家、科学家、哲学家、作家和进步人士为新兴的资产阶级奔走呼吁，英国资产阶级革命的思想也被广泛接受。这一切都为《论法的精神》的问世打下了坚实的基础。

名著概要

《论法的精神》分上、下两卷，长达六十余万字。除一短序外，分 6 卷 31 章。

第 1 卷（第 1 ~ 8 章）着重论述了法律的定义、法律和政体的关系、政体的种类以及它们各自的原则。第 2 卷（第 9 ~ 13 章）论述了自由的概念、法律自由与政体的关系，尤其是通过著名的“分析说”深刻地揭示了以上关系。他将国家政体的权力归结为立法权、行政权和司法权 3 种，并且通过英格兰实行“三权分立”的经验以及罗马等国家行使三种权力的教训，从正反两方面深刻地论述了 3 种权力之间相互依存、相互制约，不可相互代替的关系。第 3 卷（第 14 ~ 19 章）主要阐述作者关于法律与地域气候的关系的观点。他认为人的性格、嗜好、心理、生理特点的形成与人所处的环境或气候有密切的关系。因而不同环境的民族有不同的精神风貌和性格特点。第 4 卷（第 20 ~ 23 章）阐述了法律与贸易、货币与人口的关系。他认为贸易的发展应当有章可循，有法可依，只有这样，贸易活动才能为人类社会创造出更多的财富。作者力求倡导建立适合于各类贸易活动的法律法规。作者从货币的性质出发，着重论述了货币在贸易活动中所扮演的角色和所起的作用，强调货币的发行和兑换应受国家机器的控制，并遵循贸易市场的客观需求。作者从立法的角度着重论述了“天赋人权”的重要性，并详细阐述了各阶层的人们的社会地位。第5卷（第24 ~ 26章）详细论述了基督教、天主教、耶稣新教和伊斯兰教各自的特点和各自相应的国家政体，并从古代的一些宗教派别的发展过程出发，阐述了宗教对国家尤其是对国家的统治者的重要性。同时，在本卷中较为详细地论述了民事法规与宗教法规从内容到实施的不同之处。第6卷（第27 ~ 31章）着重对欧洲各国法律的起源、人物和事件进行了深入细致的探讨和研究，并对建立这些法律的理论根据、历史渊源、人物和事件进行了考证和甄别。

《论法的精神》体现了以下4个方面的内容：1. 自然法理论，认为自然法是人类在自然状态中所接受并遵循的一种规律，自然法是永恒的。2. 分权学说，认为政治自由应是民主宪政制度的直接目的，要保障公民的政治自由，就要让立法权、行政权、司法权分掌在不同的人、不同的国家机关手中，并且相互制约，保持协调的行动；三权不仅要分立，更重要的是通过分立以权力制约权力。3. 法治思想，强调法律在治理国家中的作用。主张以法治国，建立法治国家。4. 整体学说，他集中在英国的宪法制度上探讨了政府形式的问题，认为重要的不是看权力掌握在一人手中、多数人手中还是全体人民手中，而是看权力是如何由政府实施的，有可能出现一人单独统治的专制主义，也可能出现全体人的专制主义。只有宪法才能保障一个国家的公民政治自由。

阅读指导

《论法的精神》是法学发展史上为数不多的鸿篇巨著之一，以法律为中心，涉及经济、政治、历史、宗教、地理等领域，包罗万象，内容极为丰富充实，被称为一部资产阶级法学的百科全书。至为关键的是全面提出并论述了三权分立理论，可以视孟德斯鸠为三权分立学说的真正创始人，而三权分立的思想直接体现在1789年法国的《人权宣言》和1791年法国宪法以及1787年美国宪法。当然这部作品也有其局限性，如在宪政上主张与封建势力妥协，夸大自然环境的作用等。

美学 / 德国 / 鲍姆嘉通 / “美学”作为学术领域确立的标志

作者简介

鲍姆嘉通（1714 ~ 1762年），德国启蒙运动时期的哲学家和美学家。鲍姆嘉通青年时代就读于普鲁士的哈列大学，学习神学。在大学期间，深受莱布尼兹·沃尔夫理性主义哲学的熏陶。大学毕业后，在哈列大学任哲学教授，讲授诗学、修辞学和美学。在沃尔夫的哲学中已经有研究意志行为的伦理学，研究理性认识的逻辑学，而唯独没有研究情感认识的科学。鲍姆嘉通的突出贡献，是他在美学史上第一个采用“Aesthetics”这一术语，提出并建立了美学这一特殊的哲学学科。这经历了一个过程：1735 年，鲍姆嘉通在博士论文《关于诗的哲学沉思录》中首次提出建立“美学”的构想；1750 年，他正式以“Aesthetics”命名“美学”，标志着美学这门学科的正式诞生，因而他享有“美学之父”的光荣称号。鲍姆嘉通的主要著作有《关于诗的哲学沉思录》、《形而上学》、《“真理之友”的哲学书信》、《哲学百科全书大纲》和未完成的著作《美学》。她的美学思想对康德、谢林、黑格尔等德国古典唯心主义美学家都产生了重大影响。

三美神 意大利 拉斐尔

背景介绍

鲍姆嘉通生活在 18 世纪中叶落后的德国，当时占统治地位的精神气氛，在哲学和科学上是崇尚理性，轻视感性的理性主义；在宗教上是神秘的虔诚主义；在文艺上是反对表现个性的新古典主义，所有这一切对于美学的研究是极为不利的。鲍姆嘉通提出建立以感性认识为基础的美学学科，是与封建特权和宗教僧侣崇奉的意识形态以及要文艺成为“惩恶劝善”的道德说教工具等统治思想相背离的。从当时整个欧洲文艺实践和文艺思想的总趋势来看，当时已出现从封建的新古典主义文艺向新兴资产阶级文艺的转变。

名著概要

鲍姆嘉通的《美学》原文是用拉丁文写成的，第一卷于 1750 年出版，第二卷于 1758 年出版。《美学》的出版标志着美学从哲学、神学中独立出来，成为一门独立的学科。鲍姆嘉通在《美学》中全面阐述了美学的研究对象、性质、目的和基本框架。其美学主张大致概括如下：Aesthetics，原意是“感觉学”，鲍姆嘉通之意在于把美学作为研究感性认识的科学，因此在导论中他这样界定这门新兴学科：“美学作为自由艺术的理论、低级认识论、美的思维的艺术和与理性类似的思维的艺术是

一群鉴赏家

鲍姆嘉通主张人应该发挥主观能动性，寻找美的根源，同时先天的审美能力更是不可或缺的，鉴赏家正是有先天审美能力的艺术家。

感性认识的科学”，明确地把感性知识作为美学研究的对象，把美学限定在感性知性的领域，为感性认识提供一般规则。美所研究的对象是“凭感官认识到的完善”，完善是事物的一种属性，它可以凭理性认识到，也可以凭感官认识到。凭理性认识到的美，是科学所研究的真，凭感官认识的美，是美学研究的美。“完善”这一概念，是鲍姆嘉通从沃尔夫那里接受下来的，鲍姆嘉通的完善，既有理性认识的内容，又有感性认识的内容，由此区分了丑和美。要达到感性认识的完善，必须使思想内容和谐、次序安排一致、表达完美。

鲍姆嘉通主张到人的主观认识中去寻找美的根源，强调认识主体作用。鲍姆嘉通强调主体先天的审美能力，这种能力主要包括：敏锐的感受力，丰富的想象力，洞察一切的审视力，良好的记忆力，创作的天赋，鉴赏力，预见力，表达力和天赋的审美气质等，这些先天的审美能力正是判断对象美丑的主要因素。这些审美力有些属于感性认识的范畴，有些属于理性认识的范畴。但先天审美能力也要以“正规的艺术理论”为指导，以伟大的作家作为楷模进行正确的审美训练。

鲍姆嘉通在讨论了“审美的丰富性”和“审美的主体性”后，他提出了“审美的真实性”。他认为审美经验中同样包含有普遍的真理性，即“审美的真”，这种真实是通过具体的形象感觉形成的，它不仅要求美的思维的对象具有丰富的意象，而且允许合乎情理的虚构，这就要求人们从生活中寻找美的模型，并应顾及审美对象的联系。但是审美的真不是流于表面的东西，而是由感性感知的一种不明确的东西，也就是说，审美的真不是那种完全合乎客观的真实性，而是一种“可然性”，即一种合情合理的真。正是因为审美的真具有可然性，所以它还有随不同的时间、地点、人物而改变的特点。科学和艺术都追求真，但两者的方式却不一样，审美的求真是运用“低级的感性认识”，尽量把握事物的完善，“在这个过程中，尽可能的少让质料的完善蒙受损失，并在为了达到有趣性的表现而加以琢磨的过程中，尽可能少的抹掉真所具有的质料的完善”。诗意的求真方式允许有条件的虚构。

阅读指导

《美学》不仅仅是为我们提供了一个“美学”的命名，这个命名本身标志着一个学术领域的诞生。自鲍姆嘉通为其命名后，改变了以往美学名不正、言不顺的地位，美学家们也自觉地为这门新学科划定范围。美学本身所固有的性质、范围都得到了迅速的发展。鲍姆嘉通把美学对象限定为感性认识，把它和研究理性认识的逻辑学对立起来，这就决定了由康德到克罗齐的在西方势力最大的一个美学派别的发展方向，对后来西方美学思想发展的影响是巨大的。

百科全书 / 法国 / 狄德罗 / 人类第一部百科辞书

作者简介

狄德罗（1713 ~ 1784 年），18 世纪法国唯物论的领袖人物、法国启蒙运动中杰出的人物，唯物主义哲学家、著名的文学家。他出生在法国东北部的朗格城，早年生活贫苦，做过私人记室、商店司账和家庭教师。他早年还写过一本反宗教的著作《哲学沉思录》，触怒了教会与当局，结果书被焚毁。1749 年，已经发展成彻底无神论者和唯物论者的狄德罗，又发表了《供明眼人参考的论盲人的信》，他借盲人之口指出，如果要一个盲人相信上帝，那就要让他摸到上帝。当局以“思想危险”的罪名，将狄德罗关进了监狱。然而，这非但没有使狄德罗屈服，反而更激起他反抗封建势力和宗教蒙昧主义的斗争意志。出狱后，从1750年起，狄德罗与达郎贝一起主编了一部卓越的巨著——《百科全书，或科学、艺术、手工业详解辞典》（简称《百科全书》）。狄德罗团结和组织了一大批杰出的思想家、科学家、医生、工艺师等参加编纂工作，其中有伏尔泰、卢梭、爱尔维修、霍尔巴赫等。虽然他们的哲学观点不尽相同，政治主张也不完全一致，但是在反对天主教会和经院哲学、反对封建等级制度这一点上，却是同样地坚决。他们在《百科全书》中传播了许多进步的思想和理论，并在编纂过程中团结在一起，因而被称为“百科全书派”。狄德罗不愧为“百科全书派”的领袖，不仅比较全面地发挥了这派哲学家各方面的思想，而且比他的战友们具有丰富的辩证法思想，在一些重大问题上提出了一些较全面、较正确的看法，如关于世界万物的普遍联系和进化发展的思想等。

背景介绍

从土地结构和农业生产的观点来看，18世纪的农业经历了一场极为深刻的变革。18世纪后半期，“封建反作用”加强了，领主法权变得愈来愈严苛。18世纪新兴资本主义主要是商业资本主义，资产阶级人物的财富、威信和权势正值上升阶段，而18世纪社会关系深刻而缓慢的动乱引起了生活环境和方式的瓦解。

名著概要

1751年，《百科全书》第一卷（全书共35卷）在法国出版，但是出版到二卷时，就遭到了迫害，被迫移到国外出版。全书详尽地记述了法国各种工场手工业、农业以及最好的生产典型，反映了法国的经济和社会的发展，反映了当时科学文化的最高成就。正因为如此，该书编写过程中一再受到反动当局和天主教会的围攻、迫害，出版工作曾数度被迫中止，不少人（包括副主编达郎贝）纷纷辞退了编撰任务，但狄德罗毫不动摇，以惊人的毅力，克服了重重困难，不懈奋斗30年，终于在1780年出齐了这部罕见的巨著。

《百科全书》系统地概括了18世纪中叶所积累的各科知识，对政治革命（在世俗的非循环的意义上的革命）以及作为几何学、天文学、地质学和钟表学中的一个术语的“革命”进行了相当多的讨论。狄德罗编写的条目形成作品的结构和基础，概括起来，可把条目分为几类：1. 含有假天真和含沙射影内容的条目（如圣经，封斋期等条目）；2. 含有狄德罗设置陷阱的条目；3. 介绍一种贵族和“开明专制制度”的拥护者所能接受的改良主义，以及对宽容、自然和非宗教伦理加以赞扬的文章；4. 最后是真正大胆的条目，它们包含着对既定秩序的批判等。

在《百科全书》的“引言”中，简短地概括近代科学的兴起，或者说与近代科学密切相关的哲学的兴起时，达朗贝引入了革命的概念。但是，该篇短论的目的是要概括出对所有知识包括科学的一种方法论的和哲学的分析，这在他的计划中占据了主要位置，而不是描述科学本身。

《百科全书》第六卷 1756 年在巴黎出版，其中收有达朗贝写的词条“实验”。第五卷（1755 年）收入了狄德罗关于科学中的革命的讨论；这个讨论见于他所写的“百科全书”这个条目中。狄德罗注意到这样一个事实：科学中正在发生变革，所以，以前出版的所有辞典都会缺少科学发明或放在显著地位并赋予新的意义和重要性的新的词汇。因此比较旧的辞典里“电流”这个条目可能只会有一条线或两个给出的“虚假的概念和古老的偏见”。狄德罗认为，即使如此，“科学和文理科学（包括艺术、自然科学、社会科学及人文学科）中的革命也许并不如在力学中发生的革命那样有力和被人强烈地感觉得到；但是，在科学和文理科学中都发生了革命”。

阅读指导

《百科全书》以其怀疑论、注重科学决定论和对当时政府、司法和教会的弊端的批判而产生了广泛的影响，成为法国大革命的思想前奏。这部巨著的重要性不但在于宣传了自然科学的知识，而且在于把这些知识作为反宗教和“旧制度”的全部老朽思想体系的最有力武器。人们选择了《百科全书》作为工具，来宣传他们自己的理论并应用到一切知识对象中去。

社会契约论 / 法国 / 卢梭 / 政治学史上著名的古典文献之一

作者简介

卢梭塑像

卢梭（1712 ~ 1778 年），18 世纪法国伟大的启蒙思想家、文学家，法国启蒙运动中最富民主倾向的代表人物。卢梭生于日内瓦一个钟表匠的家庭。他生而丧母，但在父亲的鼓励下读了许多古希腊、古罗马文学中的名人传记。10 岁时他被送到朗莫西埃牧师那里，两年内学会了拉丁文。13 ~ 15 岁时他在一个暴虐的镂刻师的店铺当学徒，遭受了很多磨难。两年后他终于弃职离乡，来到法国，开始了长期颠沛流离的生活。这里，华伦夫人既是他流浪生活的第一个港湾，也是他过于丰富而略嫌病态的爱情生活中钟情的第一个女性；在这儿，卢梭度过了近10年的浪漫而稳定的生活。1749年，卢梭的应征文章《论科学与艺术》获奖。这虽使他一举成名，却也逐渐显示出他同其他启蒙主义者在思想立场上的分歧。其后，他渐渐地与百科派决裂了。在法国蒙莫朗西森林附近度过的几年是他文艺创作生涯中硕果累累的阶段，他的四大名篇《新爱洛绮丝》、《民约论》、《爱弥尔》、《忏悔录》中的三篇问世于此时。因《爱弥尔》同时激怒了当局和百科派，卢梭避难逃至瑞士等地，最后回到法国仍不得安宁。他晚年时在巴黎离群索居，《忏悔录》一书于此时完稿。1778年，卢梭死在一个侯爵的庄园里。法国资产阶级革命后，他的遗体于1794年以隆重的仪式移葬于巴黎先贤祠。

背景介绍

卢梭在法国谋生与著书立说的时候，正是路易十五执政的年代，那时专制君主政权从强盛走向衰落，国家表面上繁荣昌盛，实际已是国库空虚，民不聊生。当时的法国人分为3个等级：僧侣和贵族是一、二等级，只有全国百分之一的人口却占有大量的土地；农民、城市贫民和手工业者是第三等级，政治上没有任何地位，经济上受种种剥削和压迫。因此当时法国的主要矛盾是农民与封建主的矛盾。随着资本主义的发展，第三等级中的资产阶级壮大起来，与教会、贵族明争暗斗，扩大经济实力，但政治上却仍受排挤和压迫。于是他们与第三等级中的其他阶级联合起来，力图推翻封建专制制度，最终导致法国大革命的爆发。

名著概要

《社会契约论》又名《政治权力的原理》，全书4卷共48章，每章都论述一个很大的题目，但文字篇幅有限，言简意赅。

第一卷包括9章。第一章的题目是《第一卷的题旨》，开门见山地提出了一个著名的命题即“人是生而自由的，但却无往不在枷锁之中”，接下来各章都是论述社会的，他指出家庭是唯一自然的社会，维护自身的生存是人性的首要法则。强力并不构成权利，不能迫使人民服从。他认为“放弃自己的自由，就是放弃自己做人的资格，就是放弃人类的权利”。由于人类碰到了不利生存的障碍，需要在维护自

名家点评：

卢梭的社会契约在恐怖时代获得了实现。

——《马克思恩格斯选集》

他渗透、改变和彻底改革他那世纪和以后世纪的社会。

——罗曼·罗兰

拿破仑认为如果没有卢梭，便没有法国革命。

身的同时，聚集全体的力量，这就需要每个人及其自身的一切权利全部都转让给整个的集体，并且作为全体不可分割的一部分，但同时人类丧失了天然的自由，获得了社会的自由。

第二卷包括 12 章，论述的是主权、法律和人民。卢梭认为众意和公意是有区别的，众意是个别意志的总和，着眼于私人利益，公意着眼于公共利益，永远是公正的，主权是公意的运用，因而主权是不可转让的和不可分割的。他认为要把权利和义务结合起来，就需要有法律和约定，而法律只能是公意的行为。卢梭把立法权看作是人民主权的主要形式，因而法律是应该由服从法律的人民来制定的。

第三卷包括 18 章，论述的是政府的体制。卢梭首先对政府这一概念的含义估了说明，他认为“政府就是在臣民与主权者之间所建立的一个中间体，以便两者得以相互结合，它负责执行法律并维护社会的以及政治的自由”。政府可以分为民主制、贵族制和国君制。这 3 种政府形式或者至少前两种形式是或多或少可以变动的。因为民主制可以包括全体人民，也可以缩小到人民的半数，而贵族制则可以由人民的半数缩小到极少数的人。即使是国君制，有时也可以在父子之间或弟兄之间或其他人之间分成几部分，至于哪种形式的政府最好，他认为每一种形式的政府都可以在某种情况下成为最好的政府，而在另外一种情况下成为最坏的政府。他坚决反对贵族制和国君制，主张民主共和制，不过他又认为真正的民主制是从来不曾有过、也永远不会有的。

第四卷包括 9 章，论述与选举有关的制度。他认为既然每一个人生来是自由的，并且是自己的主人，所以任何人在任何情况下都不能寻找借口，在未经本人许可的条件下奴役别人。因此无论如何都不能剥夺公民的投票权。卢梭介绍了罗马的人民大会，论述了罗马选举平民担任的保民官制、在紧急情况下采用的独裁制和从退职的执政官中选出的监察官制，最后论述了公民宗教。他认为公民的宗教服从本国的神及其教义，把对神明的崇拜与对法律的热爱结合在一起，君主就是教主，因而这种宗教全是谬误和谎话，是欺骗人民的空洞仪式。

阅读指导

《社会契约论》是卢梭最为深刻和成熟的政治理论著作，是世界政治学史上著名的古典文献之一，标志着民主思想史上的一个重要阶段。此书内容并不很多，但思想深刻，意蕴丰富，创见迭出，语言也十分机智幽默，确实是一部百读不厌的经典政治学和法哲学著作。卢梭在这部著作中关于自由、平等、天赋人权、主权在民、公民选举领袖的共和制度，在《独立宣言》、《人权宣言》中都有所体现，但由于这是一部推论性的著作，提出的理想社会模式不是具体的革命纲领，而只是逻辑推论，几乎不可能适用于一种历史事实，因而具有明显的局限性。

忏悔录 / 法国 / 卢梭 / 个性解放的宣言书

背景介绍

法国文学史称 18 世纪为“光明世纪”，意思就是启蒙运动的世纪。启蒙运动是思想运动，启蒙运动的文学家多数以思想家的面目出现。对于他们来说，文学作品只是表达思想的一种辅助手段，但是，他们在文学上的成就也是不能忽视的。启蒙运动作家孟德斯鸠、伏尔泰、狄德罗等人文学创作的主导思想，在于揭露和讽刺世俗人情，针砭时弊。他们的文笔简练明晰，深入浅出，饶有风趣。卢梭的艺术特点在着重抒写个人情感。他的代表作《新爱洛绮丝》（1761）和《忏悔录》，都是文学名著，这些作品被认为是 19 世纪初期浪漫主义文学的先兆。

名著概要

我将把我的一生赤裸裸地剖析给你们看，我是让－雅克 · 卢梭。

1712 年，我出生于日内瓦的一个普通家庭。父亲是钟表匠，母亲是牧师的女儿。母亲因为生我难产而死。我儿时对书有一种罕见的兴趣，崇拜希腊和罗马的先贤。我也有一些缺点，贪吃，喜欢恶作剧。我性情温和柔静，怀有爱人之心，也希望得到别人的爱。11 岁那年，我喜欢一个 22 岁的姑娘，但她并未在意，我感到十分气愤。

1730 年的夏天，卢梭与度假的加蕾小姐和格拉芬丽小姐经历了田园诗般的迷人艳遇。他们在草地上共进午餐，之后在摘樱桃时玩得非常开心。且看《忏悔录》中的叙述：“我爬到树上，把树上的一串串樱桃扔给她们，她们则把樱桃核隔着树枝向我扔来。有一次加蕾小姐张着围裙，头向后仰，摆好了合适的姿势，我又瞄得那么准，让一串串樱桃落在她的胸脯上，使她笑得直不起腰来。我在心里想着，为什么我的嘴唇不是樱桃！我多么情愿像这样把它们扔出去啊。”

16 岁时，我在安那西做学徒时结识了一位年轻温婉的贵族孀妇华伦夫人。她对我产生了莫大的吸引力，对她的迷恋构成了我以后流浪生活里的精神支柱。后来，我不甘心做学徒，来到意大利谋生。因为一文不名我进了都灵的一所宗教收容院。后来我又做过店铺的小伙计和伯爵夫人的秘书。当秘书时我偷了伯爵夫人一条让我迷恋的小丝带，为逃避罪责栽赃给清白的女仆。这件事始终让我的良心受到谴责。为了达到淫邪的目的，我调戏过打水的姑娘，被人逮住时，我又靠谎言脱身。

19 岁时，我回到魂牵梦萦的华伦夫人身边。她像母亲和大姐一样关怀着我，替我谋求出路。我在她的身边度过了一段美好的时光。我开始全神贯注地学习数学、集合、绘画和音乐。后来，我痴迷于音乐，无法安心当丈量员。这时，华伦夫人向我敞开心扉，虽年龄悬殊，我们终究走到了一起。

除了音乐之外，文学和哲学也使我产生了浓厚的兴趣，尤其是伏尔泰的文章更是一篇不漏。我拼命地读书，身染沉疴也坚持不懈，虽然有华伦夫人的精心照料，但我已经预感到力不从心。

我开始投身于音乐研究，但诸事不顺，新发明的记谱方法遭到法兰西科学院的否定。与此同时，我结交了一些文学界的名人，和狄德罗、伏尔泰和布丰等人结成朋友。这中间，我还重返意大利，在水城威尼斯担任法国驻意大利大使的秘书，虽工作勤勤恳恳，但开罪了一些小人，终于我失望地离开官场，重新开始对音乐的研究和创作活动。后来，狄德罗因为《哲学思想》一文遭捕，我设法救他脱险，因此我们之间的感情愈加深厚。

1750 年，我的一篇应征论文《论科学与艺术》获得极大成功，以惊世骇俗的思想震惊了巴黎文化界，同时也遭致非议。1752 年，当歌剧《乡村小师》在王宫上演时，我故意不修边幅以示怠慢，演出获得巨大成功，国王欲赐年金以示奖掖时，我断然拒绝，坚持不受。为此，我和狄德罗发生争执，封建卫道士们众口一词的责难和漫骂使我忧心忡忡，倍感孤独和空虚。我又找了一个伴侣戴莱丝。为便于构思，我们一起做了 8 天的旅行。

1756 年，我结束了在巴黎郁郁的生活，入住一位夫人赠送的“隐士之家”，在那里沉浸在小说的创作中。我受到一些人的攻击，连一向令我尊重的狄德罗也和我分道扬镳。《新爱洛绮丝》的出版在巴黎掀起一阵狂潮，我又接着出版了《音乐辞典》和《社会契约论》。但《新爱洛绮丝》的出版使我备受指责，连朋友也纷纷回避我，到处有人咒骂我，“隐士之家”的主人也驱逐我。我又一次开始我的流浪生涯，未

名家点评：

马克思评论《忏悔录》：“书页上还散发着油墨味道的时候就震惊了全人类——因为他的思考、真诚和那些几乎不加掩饰的人类的缺点。”

法国学者勒塞尔克称《忏悔录》是“一首抒情的诗歌，一首世界文学中最美妙的诗”。

来吉凶未知。

阅读指导

《忏悔录》是一部特殊类型的回忆录或自传小说。卢梭曾对后人传言，嘱托他们等到书中人物业已作古时再发表，但实际上 1789 年小说就出版了。作品的写作动机按作者说，是“要把一个人的真实面目赤裸裸地暴露在世人面前”。暴露的方法，不是描写周围的人物、环境，而主要是以一种前所未有的细腻入微的心理分析和自我剖析，坦率、诚实地对自己加以描述与评介。卢梭以真诚坦率的态度，毫不隐讳地向读者袒露自己的高尚之处与卑劣之处。但是，他说明自己本性善良，是污浊、罪恶、不合理的社会使自己染上了种种恶习。

作品第一部文笔流畅优美，有意无意的错失之处较第二部也少得多，这是因为当时心境宁静，且内容本身多涉及他前半生那些平静纯洁、诗情画意的岁月。第二部执笔时卢梭的病症日趋严重，况且回忆写作内容本身就是再尝生活的苦涩，所以充满了火药味，但并没有损害全书真诚坦率的一贯文风，读者仍能读到一些优美的描写。虽然《忏悔录》两部之间有这些差异，但正如卢梭自己在第二部开头所说，此书有一个忠实的向导，那就是“感情之链”。确实，这种诉诸内心的忠实的心灵历史记录是很少有人不为之震撼的。但卢梭并没有沉溺于感情放纵，而是让我们透过心灵的倾诉，感受到他在哲学、艺术、审美等方面的真知灼见。在许多事件的追述中，他用那种时而从容不迫、缓缓道来，时而趣味横生、幽默过人的笔调让我们同时领略了他剪裁题材的高超技巧以及他广博深邃的学识。卢梭在书中还流露出一种感伤倾向。和多种多样的环境、各个阶层人物的广泛接触使他较一般人更多地感受到社会矛盾的尖锐，他无法找到摆脱这些矛盾的适当途径，便转向主观感情世界，发展自然的感情，深刻分析人的内心，力图把自己放在大自然中，远离自私狡诈的城市去过简朴的生活。虽然这种哲学思想带有宗教情绪，但这是他对社会不平等现象的愤懑态度的暴露，也是他这个平民作家特有的倾向。卢梭的独特性还体现在他的思想常比同时代人领先一步。

少年维特之烦恼 / 德国 / 歌德 / 青涩的恋曲

作者简介

歌德（1749 ~ 1832 年），德国诗人，欧洲启蒙运动后期最伟大的作家。他的父

歌德手持夏绿蒂的剪影，眼中充满无限深情。

亲是法学博士，得到皇家参议的头衔，母亲是市议会会长的女儿。1765 年，他去莱比锡大学攻读法律，1768 年因病辍学。1770 年，进斯特拉斯堡大学继续攻读，次年获法学博士学位。他在 1773 年写了一部戏剧《铁手骑士葛兹·封·伯里欣根》，蜚声德国文坛。1774 年发表了《少年维特之烦恼》，更使他声名大噪。1775 年，他应邀到魏玛，次年被任命为魏玛公国的枢密顾问。在随后直到 1786 年这段时期，他成了魏玛公国的重臣，曾在一段时间里主持公国大政，力图进行一些改革。然而随着各方面阻力的增强，加上他对科学研究与文学创作的爱好，他陷入一种矛盾的痛苦之中，这导致他在 1786 年秋不辞而别，化名潜往意大利，直到 1788 年 6 月才返回魏玛。回到魏玛之后，他辞去重要的政治职务，只负责文化艺术方面的工作。此后直到 1794 年这段时间，他先后完成了戏剧《哀格蒙特》、《托夸多·塔索》，并着手写第一部《浮士德》；他还进行了大量的科学研究工作，1790 年发现了人的胯间骨。1794 年，歌德开始与席勒合作，他俩以各自的创作，把德国文学推向历史上一个前所未有的新高度。歌德先后创作了小说《威廉·迈斯特的学习年代》、叙事诗《赫尔曼与窦绿苔》（1797），重新写《浮士德》第一部。席勒在 1805 年的逝世标志着从 1786 年开始的德国古典文学时代的结束。此后的近 30 年，是歌德创作上的鼎盛时期。他完成了小说《亲和力》（1809），诗集《西东合集》（1819），《威廉·迈斯特的漫游年代》（1829），自传性著作《诗与真》（1831），《意大利游记》以及耗尽他毕生心血的巨著《浮士德》第二部（1831）。1832 年 3 月 22 日，歌德在魏玛逝世。

背景介绍

《少年维特之烦恼》作为歌德最重要的一部代表作，为我们诉说了一个凄婉动人的爱情故事。这部以歌德的亲身经历为素材，在短短的 4 周之内就创作出来的书信体小说所产生的社会影响是难以估量的。它曾经深深震撼了与歌德同时代的年轻人的心灵，他们不但模仿作品主人公“维特”的言谈举止以及衣着服饰，甚至于同样因失恋而步“维特”的后尘，轻易就结束了自己青春的生命。为此，歌德不得不在本书再版时的扉页上题诗告诫。据说，当年横扫欧洲大陆的拿破仑皇帝也曾对此书青眼有加，即便是在烽火连天的征战也不忘将其带在身边，以便随时阅读。1808年，拿破仑率大军攻破魏玛公国之后，亲下谕旨召见了歌德，并跟歌德大谈特谈他本人对《少年维特之烦恼》的意见。无形之中，这本小书的地位又被抬高了许多。

名著概要

初春之际，刚刚经历了一场爱情波折的少年维特离开家乡，到一处僻静的地方隐居。他写信给朋友威廉，描绘当地风光，在那儿他逐渐忘却了早先郁闷不乐的生活。维特生长于富裕阶级的家庭，靠着父亲的遗产过着自由自在的生活。在一次乡村舞会上，他邂逅了住在城镇郊外、一位代替母职照顾8位弟妹的法官的女儿夏绿蒂。夏绿蒂长得非常漂亮迷人，虽然她已经订婚了，可维特却对她一见钟情，不能自持。他丝毫不理会别人的告诫，对她充满了爱意，想尽办法吸引她的注意力。然而就在夏绿蒂的未婚夫亚伯特旅行回来之后，维特立即感受到生活蒙上了一层阴影。随着寒秋来临，维特的精神亦陷入萎靡状态。威廉写信劝他放弃这种无望的爱情，最后他不得不下决心离开瓦尔海姆，离开夏绿蒂和亚伯特。

维特在距离遥远的某一座公使馆谋得书记官的工作。但是随着时光消逝，他渐渐讨厌这份无聊的工作。到了严寒的冬天，亚伯特与夏绿蒂没有通知他便悄悄地举行了婚礼。他深受打击，更感到无比的侮辱。翌年春天，维特为了治愈所受的创伤决心回到故乡，回到心上人夏绿蒂身边。这对夫妇仍把维特当成老朋友来接待，夏绿蒂还依然对他保留从前的那份天真活泼和温柔多情。然而这一切却加倍刺痛了维特的心。当他感受到自己和夏绿蒂之间爱情无望时，他内心的忧愤使他的言行举止变得非常古怪。这时，恰好有一位长工因为暗恋房东寡妇而杀掉了房东后雇的工人。这件事使得他开始对人生感到厌倦，萌生了辞世的念头。

圣诞前夜，维特违背了夏绿蒂之意，趁亚伯特外出之际，来到夏绿蒂身边。这时，他感觉即将熄灭的爱情之火于一瞬间又重放光芒，于是对着夏绿蒂朗诵奥希安之诗，同时忘情地拥着感动不已的夏绿蒂。次日，他以外出旅行为由，向亚伯特借取手枪并于当日午夜自杀。消息传来，夏绿蒂当场昏倒在地。亚伯特担心她的安危，也没有参加他的葬礼。最终，他的送葬行列中竟无一位神职者同行，只好如此凄凉地告别了人世和他所眷念的心上人。

阅读指导

《少年维特之烦恼》这本书的构思来源于作者的一段真实的人生经历，它直接反映着青年歌德的生活经历，字里行间处处打下了他思想感情的烙印，所以读来才觉得如此情真意切、感人至深。虽然书中的主人公与作者有很多相似的地方，但他也只是一个艺术的创造，绝不等同于作者个人。

小说是用书信体写成的，主人公维特是一个出身市民的青年。他向往自由、平等的生活，对爱情充满了炽热的幻想。但周围的现实却一步步地击碎了他的希望：无望的爱情、庸俗的官场势利、傲慢的贵族对他的轻视和压迫，迫使他最终走向自我毁灭的道路。维特这个形象实际上反映了当时德意志青年一代普遍存在的烦恼、憧憬和苦闷，有着异常强烈的时代精神，所以它所提出的问题也自然带有时代的普遍启蒙意义。主人公对于自由爱情的渴望和对受上层社会歧视的不满正与当时欧洲盛行的“个性解放”和“感情自由”等口号联系起来，因此具有非常积极的意义。但另一方面，书中所流露出的悲观厌世等思想也对当时的青年产生了一定的消极影响，一时间在文学作品中描写伤感多愁竟变成为一种时髦。这恐怕也是作者始料未及的。

从表现形式来看，这部小说受了一度在德国很流行的英国理查生的小说和卢梭的《新爱洛绮丝》的影响。但无论在思想的深刻或艺术的精湛方面，歌德都超过了他的前辈。此外，本书的语言也充满了浓浓的诗意，书中的很多景物描写都与主人公的情绪结合起来，描写得感伤而优美，使得全书读上去更像是一首长篇的叙事抒情诗。这种巨大的艺术魅力也使它当之无愧地成为德国文学史上的一个重要的里程碑。

浮士德 / 德国 / 歌德 / 沉淀 60 年的光辉史诗

背景介绍

浮士德又称浮士塔斯、浮士德博士，是德国中世纪民间传说中的人物。据说他冒充学者、魔术师、星相家和算命者到处漫游，自夸精通炼金术。他曾把自己的灵魂出卖给魔鬼，以换取知识和权力，晚年生活贫困。在德国民间故事《浮士德博士的一生》（1587）中，第一次完整地记载了浮士德与魔鬼靡菲斯特之间的联盟。后世进步作家都肯定了浮士德追求知识的高尚行为，并将浮士德的传说改编成各种文艺作品。可是，直到德国诗人歌德的诗剧《浮士德》出版后，浮士德的形象才为世界所熟知。据说作者于 1770 年开始创作这部诗剧，最后在 1832 年才完成，前后耗费了 62 年的光阴。当歌德完成《浮士德》后不久便去世了，所以这一部作品可视为歌德的最后巨作，事实上也是歌德最著名、最重要的一部作品。

马克思、列宁等人都对这部伟大的作品给予非常高的评价。这部作品也因此跟荷马史诗、但丁的《神曲》和莎士比亚的《哈姆雷特》并列称为欧洲文学的四大古典名著。

名著概要

上帝与魔鬼辩论。恶魔靡非斯特认为世界是一片苦海，而且永远不会变；人只能终身受苦，像虫鱼一样，任何追求都不可能有什么成就。上帝坚信像浮士德这样的人类代表，虽然在追求中难免有失误，但在理性和智慧的引导下，最终会找到有为的道路。于是靡非斯特与上帝打赌，要将勤学精进的饱学之士浮士德引入邪路，让他堕落。

靡非斯特找到浮士德时，这个老学究正在一个中世纪的书斋里坐卧不安。他深感自己知识渊博但却毫无用武之地，渴望投身宇宙，承担起世上的一切苦乐。于是靡非斯特趁机同浮士德定约：靡非斯特今生愿做浮士德的仆人，为他解愁除闷，提供寻欢作乐的一切条件，满足他的一切需要，但当浮士德表示满足的一瞬间奴役便解除，浮士德就属恶魔所有，来生便做恶魔的仆人。浮士德根本不相信人会知足，便毫不犹豫地同意了。

定约后，靡非斯特带着他四处云游。他们首先来到一家酒店饮酒作乐，但浮士德对此并不感兴趣。于是靡非斯特就带着浮士德来到魔女之厨，意欲用爱情生活来引诱他。他利用魔女的丹药使浮士德变年轻，并让浮士德爱上了美貌的少女玛甘泪。在他的帮助下，浮士德与少女偷情成功，但他们却在无意间害死了少女的母亲和哥哥。玛甘泪悲痛欲绝，身陷囹圄。浮士德救人不得，被靡非斯特强行拉走。

此为歌德作品《浮士德》中的几幕，描绘出人类所受的诱惑。

疲惫不堪的浮士德在阿尔卑斯山麓昏昏欲睡，醒来之后忘却了一切悲痛，重新恢复了生活的勇气。他们来到了神圣罗马帝国的宫廷，发现该国已陷入严重的经济和政治危机。该国君臣只知道寻欢作乐，对政局一筹莫展，整日惶恐不安。浮士德积极为国王献计献策，建议发行纸币，使王朝暂时度过了财政危机。国王高兴之余，竟异想天开地想见古希腊美人海伦和美男子帕里斯，并催促浮士德去办。浮士德借靡非斯特的魔法招来了这对美男女，但他自己也被海伦的美貌所吸引，不慎引起爆炸，使美人变成烟雾消失。

浮士德的学生瓦格纳正在进行“人造人”的实验，他被靡非斯特请来帮忙制造小人，并让这个小人带领他们飞向古希腊去寻找海伦。在那里，他们找到了海伦。海伦和浮士德一见钟情，结成夫妻。他们很快生了一个儿子欧福良。这个孩子是个天才，酷爱高跃和飞翔，但不慎从空中坠地身亡。海伦听到儿子在地底下的呼唤，抱吻浮士德后消逝了，只留下一件白色衣裳在浮士德手中。

在回国途中，浮士德俯视大海，决心成就一番大事业。他发现国内正在发生内战，于是帮助国王平息叛乱，得到了一块海边的封地作为赏赐。他希望在这里移山填海，建造一个平等自由的乐园。但有一对老夫妻不愿意搬迁，靡非斯特便派人采用暴力手段捣毁了他们的家园，烧死了他们。于是忧愁女神趁机吹瞎了浮士德的眼睛，恶魔也召来死灵，为浮士德挖掘墓穴。瞎眼的浮士德听到掘土的声音，以为人民已经响应他的号召开始动工兴建家园，非常高兴，满足而死。

魔鬼赢得了誓约，正想夺取浮士德的灵魂，但就在这时，天上的光明圣母派来一群天使守护他的灵魂进入天国。

阅读指导

《浮士德》取材于德国 16 世纪关于浮士德博士的传说，作者给以加工改造，把浮士德写成一个不断追求、积极进取的理想人物形象。该书结构庞大而复杂，主要围绕浮士德一生对于知识的追求、对爱情的迷恋、对权势政治的向往、对艺术（美）的执著和为人类幸福事业的不懈努力这 5 大发展阶段来分别描述。这个过程实际上包括了宗教改革、文艺复兴以来一直到 19 世纪初期 300 年间欧洲和德国资产阶级知识分子精神探索的道路。因此很显然，浮士德博士所经历的这五个阶段是有明显的象征与隐喻意味的。他的这 5 种追求不仅是那个时代人类的 5 种精神向往，也成为今天西方社会所普遍信奉的人生五大理想境界。浮士德的灵魂最后被天国所拯救，这也表明了作者对于人生和人类未来的美好希望。这种积极向上、乐观实践的精神

相关链接

有关浮士德的作品除了最有影响的歌德作品之外，还有马洛所作的剧本《浮士德博士的悲剧》。德国剧作家莱辛在 1780 年也曾写过相关的剧本，只是没有完成。1947 年，德国小说家托马斯·曼将德国的战败和对西方文明的失望表现在小说《浮士德博士》一书中。至于其他不同类型的作品还包括：德国音乐家理查·华格纳于 1840 年所作的《浮士德序曲》、1846 年亥克特·贝利欧滋的法国清唱剧《浮士德的诅咒》，以及 1859 年作曲家查理·古诺的歌剧《浮士德》等。

成为欧洲资产阶级上升时期资产阶级先进人士不断探索、追求的艺术概括，感染了无数的读者，被称为“浮士德精神”。

作为一部史诗般的作品，《浮士德》所涵盖的内容也是非常深邃、繁杂的。书中既有对德国社会政治宫廷的现实主义描绘，又有诸如希腊寻海伦、天使拯救浮士德等天马行空的浪漫主义想象。就书中所描写的人物形象来看，也各自具有不同的象征意味，例如海伦象征着古希腊的艺术之美，浮士德与海伦之子“欧福良”象征着拜伦等浪漫派诗人等等。除了主人公浮士德之外，魔鬼靡非斯特也是这部巨著刻画得较为成功的重要人物形象之一，他既代表了那种叛逆性的否定精神，也具有尖锐的批判眼光。特别是他的语言，充满了睿智和俏皮，给人留下非常深刻的印象。

在艺术上，这部作品具有非常严谨的整体结构，主要环节利用对比的形式，通过“正—反—合”的变化来推动剧情发展，里面充满了无数的象征和隐喻。在语言表达上，这部诗剧又具有非常浓厚的抒情色彩和辛辣的讽刺意味。此外，这部诗作还广泛运用了各种诗体，开头为自由韵体，后来逐渐转到牧歌体和抑扬格，显得变化多端，错落有致。作品中对某些大自然的景物或场面描写也给人一种艺术震撼力。这些都使得这部作品成为德国文学史上空前伟大的艺术杰作。

国富论 / 英国 / 亚当·斯密 / 西方经济学的“圣经”

作者简介

亚当·斯密（1723 ~ 1790 年），英国古典政治经济学的主要代表人物之一。他出生于苏格兰克科第的一个海关官员家庭，在出生前几个月父亲就去世了。他与母亲相依为命，终生未娶。14 岁进入格拉斯哥大学学习哲学和数学，而后结识了大卫·休谟。17 岁时转入牛津大学，1751 年返回格拉斯哥大学讲授逻辑学，第二年担任道德哲学讲座。他的伦理学讲义经修订后在 1759 年以《道德情操论》出版，为他赢得了声誉，并被列为英国第一流的学者。1764 年，他辞去大学的职务，担任年轻的贝克莱公爵的私人教师，于 1764 ~ 1766 年间陪贝克莱游览于

亚当·斯密头像

许多年来，亚当·斯密作为一个社会哲学家的光辉经受了其他第一流的政治经济学家们的风吹雨打而不褪色。虽然，他是为他的一代人写作，但他知识的渊博，他的概括性论述的锐利锋芒，他的高瞻远瞩，始终博得一切社会学家们特别是经济学家们的赞赏。

法国和瑞士。在巴黎，他认识了法国启蒙学派代表人物伏尔泰，重农学派主要代表人物魁奈和杜尔阁等名流，这对他的经济学说的形成有很大影响。1767 年结束了对贝克莱的教学后，他返回家乡专心致力于《国富论》的写作，经过 10 年的刻苦努力，终于在 1776 年完成了这部巨著。《国富论》的出版受到了英国资产阶级的热烈欢迎和赞扬，因为这本书为实行自由放任的经济政策提供了理论基础，于是他成为当时英国最著名的经济学家。1778 年，他担任爱丁堡海关专员，1787 年被推选为母校格拉斯哥大学的校长。他的著作除《国富论》、《道德情操论》外，还有《哲学问题论集》。

背景介绍

英国是欧洲资本主义制度产生和发展较早的国家之一，在 18 世纪上半叶，英国已经成为资本主义世界的霸主，在国际上，不管在政治还是在经济方面都领先于其他各国。亚当 · 斯密生活的时代，英国工场手工业仍然是资本主义生产的主要形式，但这个时期手工技术向机器生产过渡的趋势已经日益明显，资本原始积累已经完成。然而由于封建势力仍然在政治上占据主要地位，封建经济也大量存在，严重阻碍了资本主义经济的进一步发展，于是资本主义需要一种反对国家干预，宣扬自由主义经济的理论，而亚当 · 斯密的《国富论》恰好就是这种理论。

名著概要

《国富论》主要研究国民财富的性质以及增加国民财富的原因和途径，揭示生产发展与财富增长之间的内在联系及其规律，最终达到富国裕民的目的。该书的中心思想是基于人性论和自利心的自由放任思想，也就是经济自由思想。斯密认为经济自由是资本主义发展规律的要求，最符合人们利己的本性，让每个人都自由地追求个人利益，最终就能够最好地实现社会的总利益。因此，斯密强烈反对国家干预经济生活，主张充分实现经济自由，就是要实现自由经营、自由贸易和自由竞争。这些主张实际上反映了处在工业革命初期的资产阶级的要求，他们要求清除一切束缚资本主义发展的封建残余和国家对经济干涉的政策，从而完全确立资本主义的自由经济秩序。

斯密根据研究国民财富这条主线，精心设计了全书的篇章结构，并在本书的“绪论及全书设计”中做了简要的说明。除“绪论及全书设计”外，《国富论》分为上、下两卷，共 5 篇 32 章。《国富论》最先建立了资产阶级政治经济学比较完整的理论体系。在“绪论及全书设计”里，斯密明确地指出，所谓国民财富，就是指供给国民每年消费的一切生活必需品和便利品。

第一篇为“论劳动生产力增进的原因，并论劳动生产物自然而然地分配给各阶级人民的顺序”，斯密认为增加财富的具体途径主要有两条：一是加强劳动分工以提高劳动生产率；二是增加资本积累，从而增加从事生产的劳动者人数。从这些观点出发，该书首先说明分工能够提高劳动生产率和增加国民财富，进而论述分工的原因，斯密认为交换是分工的起因，于是就接着分析了交换，认为人类天生就有互通有无的倾向；同时斯密还考察了交换和分工的相互关系；因为要实现交换，必须得借助货币这个媒介才能顺利实现，所以接着便论述了货币的起源和功能，由于商品和货币之间的交换又引起了价格和价值的问题，于是接下来就阐述了衡量价值的尺度和价格的构成及变动。因为斯密坚持认为工资、利润、地租是价格的3个组成部分，所以随后他便研究了工资、利润、地租的性质及其变动规律。

第二篇为“论资本的性质及其蓄积和用途”，主要研究了资本的性质、构成、积累和用途。在这一篇中，最先明确地说明了资本的构成可分为固定资本和流动资本，区分了生产劳动和非生产劳动，论述了资本的各种形态，即借贷资本、工业资本和商业资本之间的区分。前两篇基本上包括了斯密政治经济学理论的所有内容。

第三篇为“论不同国家中财富的不同发展阶段”，从经济史的角度，对促进或阻碍国民财富发展的原因做了分析，主要考察了罗马帝国崩溃到18世纪后期的经济发展史，研究了国家的经济政策对财富生产发展的作用。从历史的角度出发，论证了只有采用自由放任的经济政策，才会有利于分工和国民财富的发展。

第四篇为“论政治经济学体系”，从经济思想史的角度出发，对阻碍国民财富增长的重商主义和重农主义的理论和政策做了分析、比较和批判。考察了不正确的政策主张和学说怎样妨碍国民财富的增长，实际上进一步论证了采取自由放任政策的必要性。

第五篇为“论君主或国家的收入”，研究的是国家财政收支对国民财富发展的影响。斯密强调了必须采取合理的财政制度，使国家的收入大于支出，促使资本的积累，才能增进国民财富。

《国富论》的内容极为丰富，涉及了许多方面的经济理论，但是对政治经济学的发展来说，最重要的贡献还在于斯密所论述的劳动价值论和3个阶级3种收入的学说。

阅读指导

亚当·斯密的《国富论》汇集和大大发展了在他以前一个多世纪以来的经济思想的优秀成果，对政治经济学的研究对象、方法、范围和内容做了全新的、带有创造性的阐述，使政治经济学这门“最古老而又最新颖的艺术”第一次成为真正独立的社会科学，所以《国富论》就成为一部继往开来的划时代的伟大著作。

18 世纪的英国纺织厂
亚当·斯密在《国富论》中指出，在分工已经进展得很远的社会里，工人智力下降。与农民敏捷的智力相比，专业化的工人“一般变得愚蠢和无知，就像人类可能变成的那样”。

人口原理 / 英国 / 马尔萨斯 / 人口理论的第一部系统著作

作者简介

马尔萨斯（1766 ~ 1834 年），英国早期庸俗经济学派的创始人。马尔萨斯出生于英国萨立州附近的一个乡村绅士的家庭。马尔萨斯从小就受教于学识渊博、思想激进的父亲。1784 年，马尔萨斯进入剑桥大学学习哲学、神学、文学和古代史。大学毕业后，他先在家中闲居，后又进入剑桥大学继续研究学习，1796 年到萨立州的奥尔巴当牧师。1798 年，马尔萨斯匿名发表了《人口原理》的小册子，引起了很大的社会反响。在小册子一举成名之后，马尔萨斯于 1799 年到欧洲各地搜集资料，回到英国后，做了修改和补充，在 1803 年用真名发表了《人口原理》第二版。1805 年，马尔萨斯被聘为东印度学院的历史和政治经济学教授，成为大英帝国所设的政治经济学教授职位的第一个获得者。1819 年，马尔萨斯被选为皇家科学协会会

精彩语段

一是食物为人类所必需；二是两性间的情欲是必然的。
人口，在无所妨碍，以几何级数率增加，生活资料以算术级数率增加。
——《大雅·公刘》

员。1821年，他与大卫·李嘉图、詹姆斯·穆勒共同发起成立了经济学会。1833年，他出席了英国学术协会剑桥大会，被选为英国道德及政治科学协会会员、英国帝国学士会会员。1834年，马尔萨斯发起组织成立统计协会，同年12月29日因心脏病死于任教的东印度大学。他除《人口原理》之外，其他著作还有《当前粮食涨价原因的分析》（1814 ~ 1815年）、《地租的性质与发展的研究》（1815）、《政治经济学原理》（1820）、《价值的尺度》（1823）、《政治经济学定义》（1827）等。

背景介绍

英国从18世纪中叶开始的产业革命到18世纪末达到高潮，逐渐完成了工场手工业向机器手工业的过渡。机器大工业的发展又造成了小生产者的破产和劳动群众的大量失业和贫困。与此同时，法国爆发的资产阶级大革命也对英国发生广泛的影响。在英国，土地贵族掌握着英国的政权，他们制定各种法令、政策来限制工业资本主义经济的发展。于是一场激烈的人口问题论战就爆发了：华莱士的观点是人口必然过剩；而英国乌托邦主义者威廉·葛德文则认为贫困并不是由人口增长引起的，而引起贫困的最终原因是当时的私有制的社会制度，因而对私有制进行了批判。马尔萨斯写了《人口原理》对葛德文的观点进行了反驳。

名著概要

马尔萨斯的《人口原理》第二版包括一个序言（第二版著者序）和4卷。

第一卷题为“世界文化较落后地区及过去时代的人口抑制”，共14章。前两章包括了他人口理论的大部分内容，其中包含两个公理：一是食物为人类生存所必

马尔萨斯认为，任何幻想的平等，任何大规模的农业条例，不可能解决人口问题。要社会上全体人的生活都安逸、幸福，不顾虑生活资料的供给是不可实现的。

须的；二是两性间的情欲是必然的，且几乎会保持现状；两个级数理论：人口，在无所妨碍时，以几何级数率增加；生活资料，只以算术级数率增加。他算到，人口以1，2，4，8，16，32，64，128，256的比数增加，而生活资料则按1，2，3，4，5，6，7，8，9的比数增加，在两个世纪的人口与生活资料比率将是256对9；关于对人口数量抑制的两种方法：一是积极性抑制——缩短生命的因素，包括因贫困引起的死亡、战争、瘟疫、地震等自然灾祸，他同时认为这种方法是罪恶的；二是预防性限制——预防出生的因素，如追求独身生活，不生育或少生育。预防性限制又可分为：道德的限制，主动节制结婚生育；不道德的限制，被动节制生育。通过对上述理论的论述，马尔萨斯又提出了3个命题：第一，人口必然地为生活资料所限制；第二，只要生活资料增长，人口一定会坚定不移地增长，除非受到某种非常有力而又显著的抑制的阻止；第三，这些抑制，全部可以归纳为道德的节制、罪恶和贫困。后12章论述所谓文化发展落后的地区和过去时代的人口抑制，文中主要引用了印第安人、南洋群岛人、北欧古居民、近代游牧民族及非洲、中国、日本、希腊等国的历史资料。

第二卷题为“近代欧洲各国对人口的抑制”，共13章，是第一卷的继续。分别对挪威、瑞典、俄国、瑞士、法国、英格兰等国近代的人口发展状况进行考察，并证明了“道德抑制”和“积极抑制”在历史发展阶段作用不同。在古代社会，由于生产力水平的低下，人们缺少理性，“积极抑制”起主要作用；在近代社会中，生产力大大提高，理性作用加强，“道德抑制”逐渐代替了“积极抑制”起着主要作用。从而说明了人口的抑制在欧洲近代也是显而易见的现象。

第三卷题为“论各种已经提出或已在社会上流行的制度或权宜办法对各种由于人口的因素而产生的祸害的影响”，共14章。马尔萨斯依据他的人口原理，反对葛德文等人的社会改革思想，试图证明平等制度是不可能建立的，而只有私有制才是社会发展的最好形式。同时，马尔萨斯反对恤贫法，反对废除谷物法，比较不同经济状况下财富和人口增长情况。马尔萨斯指出，恤贫法不可能解决贫困的问题，对贫困的救济是一种犯罪，最后他分别论述农业制度、商业制度、谷物法等对社会进步的影响。该卷的中心思想是：只有抑制人口增长方可能改善贫民状况，要取消对人口的抑制，那是根本办不到的。

第四卷题为“论消除或减弱由人口因素所产生的灾害的前景”，共14章。在这卷中马尔萨斯宣称，与其他改进人口状况以消除人口过剩灾害性的方法相比，道德的节制不失为一个较好的办法。只有“道德抑制”才可能消除贫困和罪恶，给人类带来光明的前景。同时他还对社会将来的改进提出了设想和期望，认为社会和文化的进步将抑制人口的增进。在这卷的最后，他指出，财产的不平等不是社会贫富差距的直接原因，穷人无权向富人索要。

阅读指导

马尔萨斯的《人口原理》是二百多年来社会科学领域中争议最多的一部著作，是西方人口理论史上第一部比较系统的著作。由于《人口原理》一书的出版，人口问题逐渐引起人们的重视，并日益发展成为社会科学中一门独立的科学。从总体上看，马尔萨斯《人口原理》所表达的人口规律是错误的，因为他将人口规律看作仅仅是自然规律，但人在本质上是自然性与社会性的统一，其中社会性占主导；另一方面，马尔萨斯看到了社会化大生产条件下，经济生活的各个方面都必须保持一定的比例，而且比例不平衡必然引起一系列社会问题等，这些有其正确的一面，对后人有很大的启发作用。

拿破仑法典 / 法国 / 资产阶级的第一部民法典

背景介绍

在1799年11月9日（雾月18日），拿破仑率军包围国会，发动政变，建立了大资产阶级专政的政权。为了消除封建性的分散的地方习惯法，实现法律的统一，以利于发展资本主义，巩固资产阶级政权，拿破仑任命特隆歇等著名法学家组成民法典起草委员会，广泛征求意见，先后召开102次会议拟民法典。在整个过程中，拿破仑起了决定性的作用。1804年3月14日，民法典正式通过，命名为《拿破仑法典》。虽然1870年易名为《法国民法典》，但习惯上仍叫《拿破仑法典》。

《拿破仑法典》封面

名著概要

《拿破仑法典》分总则和36章，共2281条。第一篇为人法，主要内容是民事权利主体的规定。婚姻、亲子关系等关于民事权利主体的规定。第二篇为物权法，是关于财产和所有权的规定，包括财产分类、所有权、用益权等，贯

名家点评：

法典所表现出来的启蒙和解放，对于任何地方、任何时代的寻求自由与解放的人民，都有极大的教育意义，对于任何想建立新的法律秩序的人民也具有极大的益处。

——茨威格特

典型的资产阶级社会的法典，直到现在还是包括英国在内的所有其他国家在财产法方面实行改革时所依据的范本。

——恩格斯

穿了私有财产无限制的原则。第三篇为权法，是关于取得财产各种方法的规定。包括继承、赠与、遗嘱、契约之债、非契约之债以及质权、抵押权等，实行的是体现资产阶级的剥削自由的契约自由原则。这种体制就是后来被人们称为“三编制结构”的法典体例。

三编制结构体现了 4 个自由原则理念：主体平等、所有权绝对、契约自由和过错责任。

一、主体平等。《拿破仑法典》以解放人性为目标，将个人主义作为基础。按照个人主义，个人被想象为在自然状态中是自由和平等的，享有各种自然权利。虽然社会是必要的，但社会的最终目的仍然是个人。所以，法律应当保护个人的自由平等，保护个人与生俱来的权利。为了最大程度地保证个人的自由与权利，应把所有法国人置于平等的地位，承认所有的法国人都享有平等的民事权利，目标为防止公法对抗私法的侵犯，又规定了公权与私权相互独立的原则。

二、所有权绝对。所有权是一切权利的基础和起点，是人格化的物化，任何一个国家的民法典对所有权均有规定。《拿破仑法典》所有权的灵魂是个人主义，并且以一种极端的方式赋予所有权人以绝对权。具体体现在法律条文上，就是该法典的第 544 条：“所有权是对于物的绝对的无限制的使用、收益及处分的权利，但法律所禁止使用的不在此限。”法国学者卡伯涅对此条解释说，法国民法典与它的自由主义与个人主义相适应。致力于树立这样一种原则：所有人对其所有权的行使不受来自任何方面的限制，不受其他人所有权的限制，甚至也不受国家的限制。

三、契约自由。契约自由是意愿自治在私法中最直接的体现，在市场经济国家中占有十分重要的地位，契约是维系市民生存和完成社会分工协作的基本条件，而契约自由则是契约的生命和灵魂。契约自由权被认为是人之自由权中最重要的一种。《拿破仑法典》对契约自由权做了十分明确的规定。

四、过错责任。过错责任被认为是对个人自由权的另一种确认，它重新确认：只有在与人的意志选择有关的行为造成了他人的损失时，才要负责。《拿破仑法典》第 1382 条、1383 条做了相应的规定。过错责任原则具有逻辑和道德上的双重说服力：

一个人所选择的行为致人损害时，如果其选择具有过错，就具有了可受非难性，就必须付出代价。

阅读指导

《拿破仑法典》在风格等许多方面堪称杰作，其表述得生动明朗和浅显易懂，司法技术术语和设有交叉引证都颇受赞赏，对法典在法国民众中的普及做出了实质性的贡献。由于这部法典在立法技术上体系严谨，言简意赅，表达明确，所以，在相当长的时间里，"成为世界各地编纂新法典时当作基础来使用的法典"。

傲慢与偏见 / 英国 / 简·奥斯汀 / 年轻女性的爱情宝典

作者简介

简·奥斯汀（1775 ~ 1817 年），英国女小说家。生于乡村小镇斯蒂文顿，父亲是当地教区牧师。兄弟姐妹共 8 人，她排行第六。奥斯汀从没有上过正规学校，只是 9 岁时曾被送往她姐姐所在的学校随读，但她在父母指导下阅读了大量文学作品。1811 年出版的《理智和情感》是她的处女作，随后又接连发表了《傲慢与偏见》（1813）、《曼斯菲尔德庄园》（1814）和《爱玛》（1815）。《诺桑觉寺》和《劝导》（1818）是在她去世后出版的，并署上了作者真名。

简·奥斯汀像

奥斯汀终身未婚，家道小康。由于居住在乡村小镇，接触到的是中小地主、牧师等人物以及他们恬静、舒适的生活环境，因此她的作品里没有重大的社会矛盾。但她以女性特有的细致敏锐的观察力，对英国乡村中产阶级家庭的日常生活进行了细致入微的洞察，真实地描绘了她周围世界的小天地，尤其是绅士淑女间的婚姻和爱情风波，并塑造出了一批有个性、独立思考的新女性。她的作品格调轻松诙谐，富有喜剧性冲突，因此深受读者欢迎。

背景介绍

根据英国广播公司2003年12月13日公布的“英国人最喜爱的小说”的调查结果，托尔金的长篇巨著《指环王》荣膺“英国人最喜爱的小说”桂冠。紧随其后的便是简·奥斯汀创作的这部《傲慢与偏见》。它也是进入最后角逐的5部作品中唯一的非魔幻小说。奥斯汀的作品之所以长期受到读者的欢迎，与她作品中存在的幽默诙谐的语言风格是分不开的。相传她每次完成这部作品的部分初稿之后，总是先朗读给家里人听，常惹得她的侄女们大笑不止。由此可见这部作品的艺术魅力。

名著概要

小乡绅班纳特家有5个待字闺中的千金，班纳特太太整天操心着为女儿物色称心如意的丈夫。当年轻、富有的单身汉彬格莱先生租下附近一处庄园——尼日斐花园时，轻浮的班纳特太太立即激动起来，开始筹划该将哪个女儿许配给彬格莱。

在一次舞会上，班纳特家的女儿们结识了彬格莱先生。但彬格莱的好友达西却似乎对这一家子极其傲慢，认为她们都不配做他的舞伴。自尊心极强的伊丽莎白立即对他产生偏见，甚至在另一次舞会中当众拒绝了他的邀请，令达西狼狈不堪。但这反而使相貌英俊、家财万贯的达西对她产生了好感。

彬格莱和洁英·班纳特成了朋友，但当他的妹妹发现达西有意于伊丽莎白时，这位一心追求达西的女士出于嫉妒，就与看不起班纳特太太还有班纳特家好些年幼的姑娘们的达西极力怂恿彬格莱离开本地，然而洁英对彬格莱还是一片深情。

这时候，班纳特先生的继承人柯林斯前来拜访。这位粗鄙无知、仅靠趋炎附势当上牧师的表兄向伊丽莎白求婚，但连续遭到她的拒绝。柯林斯先生并不感到羞愧，紧接着就和伊丽莎白的女友夏绿蒂·卢卡斯订了婚。

达西的一位熟人是附近小镇的一位年轻军官，名叫乔治·韦翰。伊丽莎白对他很有好感，于是韦翰趁机诽谤达西的为人，称自己应得的一大笔财产曾被达西侵吞，于是伊丽莎白对达西的恶感又增添了一层。

柯林斯夫妇请伊丽莎白去他们家做客，伊丽莎白在那里遇到达西的姨妈凯瑟琳，不久，又见到了达西。达西再次为伊丽莎白所吸引。他向她求婚，但因态度傲慢，遭到拒绝。他开始认识到骄傲自负所带来的恶果，于是写信给伊丽莎白，承认自己曾阻挠彬格莱与洁英接触，并坚决否认做过对不起韦翰的事。伊丽莎白读信后十分后悔，也开始消除自己对达西的偏见。

第二年夏天，伊丽莎白来到达西的庄园游览，在这里她对达西的为人有了进一步的了解。不久她又听说小妹妹同韦翰私奔，开始担心达西会因此而看不起她。但出乎她意料的是，达西不仅替韦翰还清赌债，还给了他一笔巨款，让他与丽迪雅完婚。自此以后，伊丽莎白往日对达西的种种偏见统统化为真诚之爱。

达西的姨母、傲慢的凯瑟琳夫人蛮横地要求伊丽莎白放弃达西，但这一无理要求遭到伊丽莎白的拒绝。受到这样的鼓舞，达西再次诚恳地向伊丽莎白求婚。至此，一对曾因傲慢和偏见而延搁婚事的有情人终成眷属。而彬格莱先生和洁英经过一番周折也终于言归于好。

阅读指导

从18世纪末到19世纪初，庸俗无聊的“感伤小说”和“哥特小说”充斥英国文坛，而奥斯汀的小说破旧立新，一反常规地展现了当时尚未受到资本主义工业革命冲击的英国乡村中产阶级的日常生活和田园风光，尽管反映的广度和深度有限，但对改变当时小说创作中的庸俗风气起了好的作用，在英国小说的发展史上有承上启下的意义。

奥斯汀在这部小说中通过伊丽莎白姐妹对待终身大事的不同处理，向我们展示了乡镇中产阶级家庭出身的少女对婚姻爱情问题的不同态度，从而阐明了作者的恋爱婚姻伦理道德观：婚姻绝对不能仅仅建立在金钱、财产或地位的基石上，如果没有真挚的感情，那么这种婚姻是不可能持久的。但作者对待金钱和地位的态度又不是绝对排斥，这显然与她自身所处的地位和家庭生活经历有关。书中的女主人公伊丽莎白出身于小地主家庭，她之所以会对富豪出身的达西产生偏见，主要还是由于他的傲慢，但这种傲慢实际上也是达西优越身份的自然反应。

伊丽莎白是《傲慢与偏见》中最惹人喜爱的一个人物。她机智聪敏，生气勃勃，有胆识，有远见，善于分析问题，同时也是一个具有反抗精神的人物。她以她的聪明才智、优越的精神境界处处与瞧不起她的上流社会挑战，最终在爱情上获得了成功和幸福。这种举动在当时是难能可贵的，因此这一人物形象也具有一定的进步意义。作者奥斯汀也特别喜欢这个人物。在小说出版时，她给姐姐卡桑德拉的信中说：“我必须承认，伊丽莎白是自有书籍以来十分讨人喜欢的人物，我竟不知道我怎能忍受不喜欢伊丽莎白的读者。”她颇为自负地称伊丽莎白是自己的“宝贝女儿”，可见这一人物在全书中的地位和影响。

从艺术成就上看，奥斯汀能把“日常平凡事”写得具有较强的艺术感染力，以塑造人物形象鲜明著称。她善于用喜剧讽刺的手法反映现实社会生活，常常能够一针见血地把事情的本质给揭露出来，使故事在轻松幽默的戏剧风格中达到较高的艺术深度，给人以深刻的印象，并且深受广大读者尤其是青年女性读者的喜爱，成为她们的“爱情宝典”。

巴黎圣母院 / 法国 / 雨果 / 命运的交响曲

背景介绍

1828年，雨果与书商戈斯兰签订协议，答应为他写一部沃尔特·司各特式的小说。作者为此查阅了大量的历史文献和书籍，看过巴黎一些旧址遗迹，并从历史的角度考察了15世纪的巴黎。有一天，雨果在巴黎圣母院的北钟楼暗角里，发现墙上刻着一个希腊单词：命运。这个单词触动了他的灵魂，激发了他的灵感，于是他写下了《巴黎圣母院》这部包含着历史、建筑艺术、神权、宗教、爱情和暴动等诸多内容的，并且与这座教堂一样不朽的著作。

名著概要

《巴黎圣母院》讲述了一位美丽迷人的吉卜赛跳舞女郎爱斯美拉达在巴黎的出现及其所引发的一场震撼人心的轩然大波。这部书以15世纪路易十一统治下的法国为背景，艺术地再现了四百多年前的历史真实，反映了宫廷与教会如何狼狈为奸压迫人民群众，人民群众又怎样同两股势力英勇斗争的故事。

美丽善良的吉卜赛女郎给外表丑陋内心淳朴的敲钟人卡西莫多送水喝，使卡西莫多感动得热泪盈眶。

故事开始于1482年的愚人节。在格雷弗广场上，靠街头卖艺为生的吉卜赛女郎爱斯美拉达带着小羊加里的精彩表演吸引了不少围观的群众，但她的美艳也引起了巴黎圣母院的副主教克洛德·弗洛罗的贪婪欲望。这位道貌岸然的伪君子夜间打发自己的养子，也即巴黎圣母院的敲钟人卡西莫多去劫持少女，但最终却被少年英俊的御前侍卫队长弗比斯救出，并捉住了敲钟人。姑娘也因此爱上了弗比斯。第二天，敲钟人被带到广场受众人鞭笞。弗洛罗路经此地，但为了保全自己的身份，他竟无动于衷，而爱斯美拉达却给他送来水喝，这使得敲钟人感动得流下眼泪。

在弗比斯和爱斯美拉达的一次幽会中，满怀嫉妒的克洛德竟掏出暗藏的匕首刺伤了弗比斯。真正的凶手逍遥法外，而纯洁善良、美丽的爱斯美拉达却被教会法庭判为杀人罪犯要被送上绞刑台。在临刑之际，善良的卡西莫多从执刑人员手中救出爱斯美拉达，并带她躲入具有避难权的巴黎圣母院避难。然而邪恶的克洛德仍在打姑娘的主意，在屡次不能得手之后，他勾结司法机关大理寺破坏圣殿避难权，最终把可怜的爱斯美拉达送上绞刑台处以极刑。深爱着爱斯美拉达的卡西莫多对此义愤填膺，怒气冲冲，他在剧烈的悲痛和愤怒中把克洛德推下钟楼，亲手结束了他罪恶的生命，自己则到公墓里面找到少女的尸体，死在她身旁。大约两年以后，人们在鹰山地穴埋葬绞死犯人的墓地中意外地发现了一男一女两具尸骸，那就是以奇特姿态搂抱着的卡西莫多和爱斯美拉达。

阅读指导

《巴黎圣母院》的情节，始终围绕着3个主要人物展开：吉普赛女郎爱斯美拉达、圣母院副主教克洛德·弗洛罗和敲钟人卡西莫多。而作者将爱斯美拉达塑造为善与美的化身，让她心灵的美与外在的美完全统一，以引起读者对她的无限同情，从而对封建教会及王权产生强烈的愤恨。至于那位敲钟人卡西莫多的形象，则与克洛德副主教恰恰相反。他外表丑陋，内心崇高。他爱慕着爱斯美拉达，但这是一种混合着感激、同情和尊重的柔情，一种无私的、永恒的、高贵朴质的爱，完全不同于副主教那种邪恶的占有欲，也不同于花花公子弗比斯的逢场作戏。这种被推向极端的美丑对照，绝对的崇高和邪恶的对立，使小说具有一种震撼人心的爱与恨。

《巴黎圣母院》是雨果小说创作的里程碑，是他第一部长篇小说作品。这部小说描写的虽然是15世纪的巴黎生活，贬斥的却是作者所处的社会现实，通篇充满了反封建、反教权和反对社会黑暗压迫的浪漫主义战斗精神。作者在创作这部小说时有意借鉴了司各特历史小说写法，出色地记录了巴黎城市的壮丽图景和中世纪阴暗生活的风貌，使得作品具有浓厚的历史厚重感。同时，它也具有了浪漫主义小说所应具有的一般要素，如曲折紧张的情节结构，引人入胜的大型时代历史场景以及像浮雕一般的、充满戏剧性意味的人物形象等。此外，作者在这部书中歌颂了下层劳动人民的善良、友爱、舍己为人，反映了雨果的人道主义思想，这使此部作品成为一部气势宏大的艺术杰作。

悲惨世界 / 法国 / 雨果 / 人类苦难的“百科全书”

背景介绍

《悲惨世界》是雨果的代表作之一，也是法国著名的文学作品之一，据说是以真实的事件为蓝本而创作的。1801 年，一个名叫彼埃尔·莫的贫苦农民因偷了一块面包被判 5 年苦役，出狱后又因黄色身份证而不能就业，这深深触动了雨果，他把这个事件作为小说主人公冉阿让的故事蓝本，并让冉阿让终生遭到法律的迫害，以此构成小说的主要线索与内容。此外，他又以芳汀、珂赛特、德纳第等其他社会下层人物的不幸与苦难作为补充。在“作者序”中雨果指明了创作目的：揭露因法律和习俗造成的压迫，暴露这个世界如何因贫困使男子潦倒、因饥饿使妇女堕落、因黑暗使儿童羸弱，企图使小说对社会问题的解决有所裨益。雨果花了 17 年的时间完成了这部巨著，并最终于 1862 年发表了这部作品，但它的主要部分应该是在其流亡期间写成的。这部小说所描写的事件开始于 1815 年，并以大革命时期和拿破仑时期的历史事件作为历史背景，而结束时已经是七月王朝时期了，可见其时间跨度之大，所以小说实际上反映了整个 19 世纪前半期法国的社会政治生活。《悲惨世界》集中地体现了雨果作品中所要表达的“仁爱万能”的人道主义思想。这种人道主义在《巴黎圣母院》中还只是表现在揭露宗教黑暗势力和封建统治者的罪恶方面，到了《悲惨世界》则已经发展为对近代资产阶级社会道德以及法律等社会制度的深层次批判了。

名著概要

《悲惨世界》全书共有 5 大部分：《芳汀》、《珂赛特》、《马吕斯》、《卜吕街的儿女情和圣丹尼街的英雄血》及《冉阿让》，但小说的主要情节还是主人公冉阿让的悲惨生活史。

冉阿让原是个诚实的工人，一直帮助穷困的姐姐抚养 7 个可怜的孩子。有年冬天他找不到工作，为了不让孩子饿死便偷了一块面包，结果被判 5 年徒刑；又因不堪忍受狱中之苦 4 次逃跑，刑期加到 19 年。冉阿让直到 46 岁才被释放出来，这一年恰好就是滑铁卢战役的那一年，但苦役犯的罪名永远地附在他的身上，他找不到工作，连住宿的地方都没有。这时一位仁慈的主教米里哀先生招待了他，但染上了恶习的冉阿让却偷了主教的银器，然而主教不但原谅他，而且还把银器当作礼物送给他。冉阿让由此受到感化，决心重新做人。于是他化名马德兰埋头工作，由于对城市的开发尽心尽力，深得人望，被人们选为市长。可是当时的习俗规定犯有前科的人是不能被社会认可的，而知道冉阿让往事的警官沙威，对这个市长的身份产生怀疑，决心查出究竟。不久，冉阿让便因暴露自己的身份而再次被捕下狱。

冉阿让逃离了监狱之后，从一个坏蛋手中救出已故女工芳汀的孤女珂赛特，并带着她前往巴黎生活。可是他们后来又不断受到警探沙威的追捕，只好潜回修道院中躲避。在那儿，珂赛特成长为亭亭玉立且美丽的青年女子，并爱上了青年马吕斯。这时已经是1832年6月了，正值共和党人在巴黎举行革命起义，马吕斯也参加了这场战斗。在战斗中，起义者逮捕了被当作间谍的沙威，但冉阿让却不计前嫌，趁机把沙威放走，这使得沙威非常感动。革命失败之后，冉阿让把受伤的马吕斯从地下水沟救出来，就在地下水沟出口处，他们再次碰见为当局效力的沙威，但这次沙威也因为良心的觉醒而放走了他们。沙威在他们二人走后，感受到自己的良心与自己所遵从的法律之间存在着难以调和的矛盾，他最终选择了自杀。伤愈后的马吕斯和珂赛特顺利结婚，他们过上了幸福的生活；而独自留下的冉阿让，也渐渐地衰老了。当马吕斯明白自己的救命恩人就是冉阿让时，他彻底抛弃了自己对冉阿让的成见，经常和珂赛特一起去看望这位既有正义感又非常慈爱的老人。在两人的照顾下，冉阿让终于幸福地死在亲人的怀里。这时，那台由米里哀主教所赠的银制烛台正在散发着圣洁的光辉。

阅读指导

《悲惨世界》可以称作人类苦难的“百科全书”。世间的一切不幸，雨果统称为苦难。作者在这本书中向我们展示的这些苦难，如因饥饿偷面包而成为苦役犯的冉阿让、因穷困堕落为娼妓的芳汀、童年受苦的珂赛特、老年生活无计的马伯夫、巴黎流浪儿伽弗洛什，以及甘为司法鹰犬而最终投河的沙威、沿着邪恶的道路走向毁灭的德纳第等等，这些在人类的历史上时有出现。但作者在向我们展示这些人类普遍存在的苦难时，并没有停留在简单的揭露或无助的慨叹上。他在《悲惨世界》中更多地倾注的，恐怕还是自己对善的向往和对爱的追求。全书以苦役犯冉阿让由恶到善、由恨到爱、由恶魔到天使的转变为主线，为我们揭示了人性美好的一面，他最终成为集人世的善良和爱心于一身的伟人，一个大写的人。与冉阿让一道进入人类永恒境界的，还有正直善良的米里哀先生、历经磨难而不改其纯真善良的珂赛特小姐、不懈追求正义和爱情的马吕斯等人。他们通过不同的途径，磨炼了自己的肉体，净化了自己的灵魂，给这个充满苦难、愚昧和困苦的世界赎了罪。平心而论，

《悲惨世界》插图：小珂赛特

雨果在《悲惨世界》中所讲述的故事并不新奇，但是，正是由于在这些故事后面饱含着作者对于人类苦难命运的关心和对未来坚定不移的信念，才使得这部书具有一般小说所不具备的感人力量。

雨果的浪漫主义风格在这部小说中也得到了较为完美的体现。虽然这部小说取材于现实生活中的真人真事，书中的很多章节也闪烁着现实主义的光辉，如冉阿让被迫害的经历、芳汀的悲惨命运以及滑铁卢战役、巴黎的街垒战等场面的描写，都显得比较真实。但浪漫主义的因素在书中还是随处可见，例如在人物形象的塑造上，作者赋予冉阿让这个人物以超人的体力和惊人的自我牺牲精神，使得他明显不同于一般的人物；在小说情节的安排上，作者也创设了很多戏剧化的场面，描写了一些“非凡”的事件，如冉阿让与珂赛特走投无路之际竟然可以绝处逢生隐入修道院，以及巴黎街垒战时冉阿让与马吕斯在地下水道里的经历等等，都显得有些离奇，不过有一点可以证明的是作者安排这些情节显然并不是为了哗众取宠，而是为了更好地突现全书的主题；此外，全书在语言上也表现出浓厚的浪漫主义风格，大量的经典摘录纷至沓来，这些优美的语句中包含了极为高昂的热情和哲理，使得这部小说从整体上看显露出一种史诗般的语言风格。这些都是需要读者在阅读中慢慢体会的。

笼罩在《悲惨世界》全书中的人道主义光辉是值得我们加以继承的人类宝贵精神财富。正如高尔基所说，伟大的雨果“作为一个讲坛和诗人，像暴风一样轰响在世界上，唤醒人心灵中一切美好的事物”，“他教导一切人爱生活、美、真理和法兰西”。

战争论 / 德国 / 克劳塞维茨 / 西方近代军事理论的经典之作

作者简介

克劳塞维茨（1780 ~ 1831 年），德国军事理论家和军事历史学家，普鲁士军队少将。他出生于普鲁士王国马格德堡附近的一个小税务官家庭，不满 12 岁时，就被父亲送进波茨坦的一个步兵团。1792 年，参加了普鲁士军队，1795 年晋升为军官，并自修了战略学、战术学和军事历史学。1803 年，克劳塞维茨毕业于柏林普通军校，同年起任普鲁士奥古斯特亲王的副官，参加过 1806 ~ 1807 年普法战争。1808 年起在普军总参谋部任职。1808 ~ 1809 年任军事改革委员会主席办公室主任。1810 年 10 月起任军官学校战略学和战术学教官。同年 5 月，克劳塞维茨到俄军供职，1812 年俄罗斯卫国战争期间，克劳塞维茨先后任柏林骑兵军和乌瓦罗夫骑兵军的作战军官，参加过奥斯特罗夫诺、斯摩棱斯克和博罗季诺等会战。克劳塞维茨研究了 1566 ~ 1815 年期间所发生过的一百三十多次战争和征战，撰写了论述荷兰独立战争、古斯塔夫二世·阿道夫战争、路易十四战争、腓特烈二世战争、拿破仑战争、1812 年卫国战争、1813 年德意志解放战争等许多军事历史著作，主要著作是《战争论》。

背景介绍

克劳塞维茨所生活的时代，正是近代欧洲工业革命、民族革命和民族解放运动相继发生的时代。法国资产阶级革命和拿破仑战争的实践，宣告了封建专制主义陈腐落后的旧战争学说的彻底破产，在军事上引起了巨大变革。法国大革命、历次拿破仑战争和 19 世纪初欧洲各国人民的民族解放运动，对于克劳塞维茨世界观、军事观的形成，产生了决定性的影响。克劳塞维茨虽然对法国大革命持反对态度，但他同时也清楚地看出了这次革命在军事上引起的根本性变化，对封建主义军事理论进行了尖锐的抨击。

名著概要

《战争论》全书共 3 卷 8 篇 124 章，共约 70 万字。作为资产阶级军事科学的奠基之作，该书的内容极为丰富，对战争性质、战争理论、战略、战斗、军队、防御、进攻、战争计划等诸多方面阐发了一些“在战争理论中引起一场革命的主要思想”。第一篇“论战争的性质”，第二篇“论战争理论”，第三篇“战略概论”，第四篇“战斗”，第五篇“军队”，第六篇“防御”，第七篇“进攻”，第八篇“战争计划”。其基本的思想观点是：

精彩语段

战争是一种真正的政治工具，是政治交往的继续，是政治交往通过另一种手段的实现。

军队的武德是战争中最重要的精神力量之一。

每一个行动的完成都需要一定的时间，我们把这段时间叫做行动的持续时间。这段时间的长短取决于当事者行动的快慢。

一个为了自己的自由而豪迈战斗的民族，大多是不可征服的。

一、战争是政治的继续。克劳塞维茨认为，战争就如同一条变色龙，千变万化，各不相同。但战争的暴烈性，战争的概然性和偶然性却是其根本属性之一。从战争与政治的关系看，政治是战争的母体，因而不应把战争看成独立的东西，而要看作是政治的工具，是为政治服务的。军事观点必须服从于政治观点。任何企图使政治观点从属于军事观点的做法都是错误的。战争爆发之后，仍是政治交往的继续，是政治交往通过另一种手段的实现，是打仗的政治，是以剑代笔的政治。

二、战争的目的就是消灭敌人。克劳塞维茨认为，战争的政治目的即是消灭敌人，而消灭敌人必然要通过武力决战，通过战斗才能达到，它是一种比其他一切手段更为优越、更为有效的手段。消灭敌人包括物质力量和精神力量两个方面。

东欧君主瓜分波兰

克劳塞维茨主张“战争无非是政治通过另一种手段的继续”，否定战争本身就是目的。

三、战略包括精神、物质、数学、地理、统计五大要素。精神要素指精神力量及其在军事行动中的作用。物质要素指军队的数量、编制、各兵种的比例等。数学要素指战线构成的角度、向心运动和离心运动等。地理要素指制高点、山脉、江河、森林、道路等地形的影响。统计要素指一切补给手段等。克劳塞维茨认为，“这些要素在军事行动中大多数是错综复杂并紧密结合在一起的”。其中精神要素占据首位，影响战争的各个方面，贯穿于战争始终。“物质的原因和结果不过是刀柄，精神的原因和结果才是贵重的金属，才是真正锋利的刀刃”。

四、战略战术的基本原则。克劳塞维茨认为，数量上的优势在战略战术上都是最普遍的制胜因素。虽然在实际作战时，通常不可能处处形成优势，但必须在决定点上通过巧妙调遣部队，造成相对优势。一切军事行动或多或少地以出其不意为基础，才能取得优势地位，使敌人陷入混乱和丧失勇气，从而成倍地扩大胜利的影响。战略上最重要而又最简单的准则是集中优势兵力。用于某一战略目的的现有兵力应同时使用，越是把一切兵力集中用于一次行动和一个时刻越好。会战是战争的真正重心，由几个战斗所形成的大规模会战能有效地消灭敌军，所取的成果最大，故高级将领应当重视这种双方主力之间的战争，视其为挫败敌国交战意志的重要手段。

五、战争中的攻防。克劳塞维茨认为，进攻和防御是战争中的两种基本作战形式。二者是相互联系、相互转化的。整体为防御，局部可能为进攻。进攻中含有防御因素，防御中也含有进攻因素。进攻可转变为防御，防御也可以转变为进攻。一般说来，防御有离自己的兵员和物资补给地较近，能依靠本国民众的有利条件，但它的目的是消极据守。进攻具有“占领”这一积极目的，并通过占领来增加自己的作战手段。

六、要积极向战争史学习。克劳塞维茨认为，战争理论是成长于战争经验土壤里的果实。战争史是最好的、最有权威、最能说服人的教师。战争理论和原则的提出，应当在研究战争史的基础上进行。当然，战争理论也要随着时代和军队的变化而变化，要适应特定国家的需要，具有时代的特点。

克劳塞维茨认为“每个时代均应有其特定的战争”，军事学术的变化是由“新社会条件和社会关系”引起的。这些判断是正确的。但他并不理解究竟是什么决定了军事学术的发展，所以他对这一点的解释是相当矛盾的。

克劳塞维茨在研究军事学术理论及其组成部分——战略学和战术学方面做了大量工作。他反对军事学术中的“永恒的原则”，认为战争现象是不断发展的。同时，他又否定在军事发展上存在规律性，并且断言“战争是一个充满偶然性的领域，是一个充满不确定性的领域”。

《战争论》的结论是:“战争是政治的工具;战争不可避免地具有政治的特性，……战争就其主要方面来说就是政治本身，政治在这里以剑代表，但并不因此就不再按照自己的规律进行思考了。”对于克劳塞维茨的这一论点，列宁曾给予极高评价。

阅读指导

克劳塞维茨的《战争论》被誉为西方近代军事理论的经典之作，对近代西方军事思想的形成和发展起了重大作用。克劳塞维茨本人也因此被视为西方近代军事理论的鼻祖。克劳塞维茨是第一个在西方军事科学中明确提出了交战、战局乃至整个战争的一些实施原则，揭示了精神因素的制胜作用，这也是他对军事理论的重大贡献。

叶甫盖尼·奥涅金 / 俄国 / 普希金 / 辉煌的长篇叙事诗

作者简介

普希金（1799 ~ 1837 年），俄国浪漫主义文学的杰出代表，现实主义文学的奠基人，现代标准俄语的创始人。他的作品是俄国民族意识高涨以及贵族革命运动在文学上的反映。普希金生于莫斯科一个贵族家庭，从小受到文学的熏陶，13 岁开始写诗，15 岁公开发表诗作。1817 年在皇村学校毕业后进外交部任职，广泛结交优秀的贵族青年，写下了一些歌颂自由、反对专制暴政的充满激情的诗篇。1820 年被沙皇政府流放到南方。1826 年从流放地回到莫斯科，在沙皇监视下埋头写作。1837 年在决斗中被杀害。

普希金像

普希金抒情诗内容之广泛在俄国诗歌史上前无古人，既有政治抒情诗《致恰达耶夫》（1818）、《自由颂》（1817）、《致西伯利亚的囚徒》（1827）等，也有大量爱情诗和田园诗，如《我记得那美妙的一瞬》（1825）和《我又重新造访》（1835）等。普希金一生创作了 12 部叙事长诗，其中最主要的是《鲁斯兰和柳德米拉》、《高加索的俘虏》（1822）、《青铜骑士》（1833）等。普希金剧作不多，最重要的是历史剧《鲍里斯·戈东诺夫》（1825）。此外，他还创作了诗体小说《叶甫盖尼·奥涅金》（1831）、散文体小说《别尔金小说集》（1831）及关于普加乔夫白山起义的长篇小说《上尉的女儿》（1836）等。

背景介绍

《叶甫盖尼·奥涅金》是作者用诗体写成的一部长篇小说，因此也可以算得上是一部长篇叙事诗。作为俄罗斯伟大的抒情诗人，普希金在叙事诗方面的成就也是有目共睹的。他的叙事诗大致可分为两大部分：从《鲁斯兰和柳德米拉》到《茨冈人》（《叙事诗一》）是他的南方诗篇。这些诗歌洋溢着浪漫主义的缤纷色彩，反映了诗人对自由的热烈追求；其中的《高加索俘虏》、《茨冈人》等更可以视为诗体长篇小说《叶甫盖尼·奥涅金》的补充。《叙事诗二》中的诗主要是普希金流放北方之后创作的，诗歌的创作方法已逐渐从浪漫主义过渡到现实主义，其中的《青铜骑士》完美地体现了浪漫主义与现实主义的结合。在这些诗歌中，诗人思考得更多的是俄罗斯人民的命运问题。

名著概要

叶甫盖尼·奥涅金在贵族的传统环境中长大。他风度翩翩，聪明机智，在青年时期就已是一位老于世故的社交能手，深受太太小姐们的喜爱。但事实上他对这些庸俗浮华的生活早已经厌倦，于是希望能够通过阅读书籍来打发时光。他梦想能做一位诗人，但从来没有写出过一个字。

叶甫盖尼的父亲病故。正当他要宣布破产时，他却得到他的伯父快要去世的消息。由于伯父之死而获得庞大遗产的奥涅金，离开了社交界，而成为管理田地及工厂的领主。他虽衷心欢迎新生活的来临，但自第三天起，那刻板的生活即令他厌倦不已。他完全无法融入自然的美景里。不久他就获得一个古怪人的名声，经过一段时期，邻居们都不再理睬他了。

正当他百无聊赖的时候，一位从德国返乡的乡绅连斯基闯入了他的世界。他那德国人的气质使他与众不同，于是与连斯基见面，讨论时事，就成为叶甫盖尼唯一的快乐了。而他们俩也因此而成为挚友。

有一天，连斯基带着奥涅金去拜访拉林家，并将奥涅金介绍给他的女友奥尔加及其姐姐达吉雅娜。奥尔加长得很漂亮，人缘好。她虽然年纪最小，但却是姑娘群中的领袖。达吉雅娜则沉默寡言，落落寡合，无意参加乡村的社交生活。当她们家听说这两位青年即将来访时，立刻把叶甫盖尼想象为达吉雅娜的求婚者。但叶甫盖尼对这次访问却感到极为厌烦。对达吉雅娜根本没有怎么注意。谁料他走后达吉雅娜竟然发现自己深深喜欢上了叶甫盖尼。她给叶甫盖尼写了一封充满激情的情书，然而，年纪轻轻就成为社交界宠儿，且历经放纵、浮华的奥涅金，虽被达吉亚娜充满少女梦想的言语所感动，但仍无意与她深交，于是婉言谢绝了她。

那年冬季，拉林家要庆祝达吉雅娜的命名。奥涅金被邀请参加了，但他由于一时兴起，并且仿佛故意做给别人看似的和奥尔加跳舞，而这种行为终于引起连斯基的妒忌与愤怒，于是他决定向奥涅金下决斗书。第二天，奥涅金在射击时打中了连斯基的胸膛。他追悔莫及，当即启程前往彼得堡。以后数年里，他一直过着流浪的生活。奥尔加不久和一个军官结了婚，而达吉雅娜最终也接受了一位公爵的求婚。

叶甫盖尼经过两年多的漫游以后又回到了莫斯科，他在格雷明公爵的舞会上偶然发现年轻而美丽的公爵夫人竟是曾经爱上他的达吉雅娜。这时，他的心终于被她那女王般毅然的美震撼了，从此经常去她家里，并几次用信向达吉雅娜倾诉内心的痛苦与感受。但是，达吉雅娜已不再是从前那位做梦的少女了，她虽然仍旧强烈地被奥涅金吸引，却仍为实践自己对丈夫的忠诚，而拒绝了他的爱。

阅读指导

为写《叶甫盖尼·奥涅金》，诗人整整用了8年时间。这是一部杰出作品，它成功塑造了俄国文学史上第一个“多余人”叶甫盖尼·奥涅金的形象。小说的主人公奥涅金是俄国封建农奴制社会贵族的一个典型，他虽然受过资产阶级思想的启蒙，不满于贵族社会的庸碌、自负，与周围的人格格不入，但他又是在这种贵族生活方式的典型环境中长大的，因此摆脱不了那种花花公子式的浪荡生活，整天周旋于酒宴舞会和恋爱当中。面对无聊的现实，他也曾想寻找出路，但贵族的教养不仅使他毫无实际工作能力，同时也缺少毅力和恒心，所以最终一事无成，成为社会的“多余人”。这个形象表现了当时俄国进步贵族青年思想上的苦闷，同时也揭示了贵族青年知识分子脱离人民群众这一重要的社会问题，因此具有很强的现实意义和艺术价值。

小说女主人公达吉雅娜是作者心目中理想的俄罗斯贵族妇女形象，几乎集中了俄罗斯优秀妇女的种种德行。她温柔敦厚，感情丰富而纯真，而且美丽善良，敏感多思，沉湎于美丽的大自然景色当中，在俄国民间传说和童话世界的幻想里生存，是俄罗斯大地真正的精灵。此外，她深受启蒙主义运动影响，敢于大胆表达自己的爱情，要求解放个性，这些都使她不同于一般的俄罗斯妇女，成为俄罗斯文学史上光辉动人的女性之一。

《叶甫盖尼·奥涅金》这部长篇小说是用诗体写成的，这在当时是一个伟大的创新。作者本人也很重视这个特点。它反映了俄罗斯文学由韵文时代向散文时代过渡的历史状况，成为这二者结合的产物。从艺术成就来看，这部作品拥有优美的旋律和动人的故事情节，充分表现了诗人的艺术功力，成为俄罗斯语言文学的经典。

欧也妮·葛朗台 / 法国 / 巴尔扎克 / 法国现实主义文学杰作

作者简介

巴尔扎克（1799 ~ 1850年），出生于法国中部图尔城一个中产者家庭，于1816年进入法律学校学习。在校期间，他曾去律师事务所当文书。这使他开始认识

巴尔扎克像

到巴黎的真实面目，了解了很多不为法律所治的万恶之事，这为他日后的创作积累了大量的素材。巴尔扎克毕业后不顾父母反对，毅然走上文学创作道路，但是第一部作品五幕诗体悲剧《克伦威尔》却完全失败。尔后他与人合作从事滑稽小说和神怪小说的创作，曾一度弃文从商和经营企业，出版名著丛书等，均告失败。商业和企业上的失败使他债台高筑，拖累终身，但也为他日后创作打下了厚实的生活基础。1829 年他发表了一部历史小说《朱安党人》，这是他的成名作。此后 20 年是他创作的鼎盛时期，他集中精力，进行了规模宏大的《人间喜剧》的创作，但终因劳累过度，于 1850 年逝世。

巴尔扎克一生创作甚丰，仅《人间喜剧》就多达 91 部，为人类留下了丰富的文学遗产。特别是《高老头》、《欧也妮·葛朗台》以及《幻灭》的发表，集中体现了巴尔扎克对现实观察之仔细，对社会本质揭露之深刻，对人物形象塑造之生动，艺术手法之高超，将他无可争议地列入世界文学史一流作家之林。

背景介绍

巴尔扎克的作品都是在新兴的资产阶级与没落的封建贵族中奔走与辗转，他的政治态度偏向保皇党，所以，他看清楚了资产阶级金钱的罪恶，看到了他们撕下温情脉脉的面纱后、发迹变态的每个毛孔里都充满着的肮脏的东西。但是，他毕竟是一个伟大的艺术家，他为自己确立的目标就是秉笔实录，所以，他也并不回避封建贵族阶级逐渐衰落的历史趋势。而《欧也妮·葛朗台》这部作品就是反映了当时法国社会中一种典型的资产阶级吸血鬼的形象。

名著概要

索漠城是一个有些阴沉的城市，葛朗台家就住在这里。葛朗台老头原是一个富裕的箍桶匠，在大革命期间，他靠着浑水摸鱼、投机钻营发了大财，并且得到了新的贵族头衔。他不择手段地攫取金钱，成了百万富翁。但他虽然有钱，却从不舍得花，家里过着穷酸的日子，甚至连自家的楼梯坏了也不修一修。他把自己的女儿当作鱼饵诱惑那些向女儿求婚的人，自己好从中渔利。他的女儿欧也妮像只洁白的羔羊一

名家点评：

《人间喜剧》提供了法国“社会”特别是巴黎“上流社会”的卓越的现实主义历史。

——恩格斯

路易·朗贝尔中途夭折，而葛朗台老头却能永垂不朽。

——安德烈·莫洛亚

样纯洁，她爱上了自己的堂兄查理。老葛朗台却将查理从家里赶走，还把欧也妮关在阁楼上惩罚她，每天只让她喝冷水、吃劣质面包，冬天也不生火。后来，葛朗台老头在黄金崇拜的狂欲中死去，给女儿留下 1800 万法朗的遗产，可女儿已失去了青春、爱情和幸福。

安徒生像

阅读指导

阅读巴尔扎克的作品一定要找到他作品中的关注点，这一点极其重要。作为 19 世纪批判现实主义的伟大代表，他对于法国当时的现状极为洞彻，正是如此，他在每部作品中都体现出一个极大的特点，即论述每一个人时，总是不厌其烦地描述他的财产状况，巨细无遗。在那个以金钱来衡量一切的时代，一个人的价值就是通过他所拥有的财富量来计算的。在巴尔扎克的小说中，财富已不单单是一种附带性的装饰，而具有了支配情节发展的功能，甚至可以说，财富是其作品中一个不可或缺的主人公。只有认识到这一点，才会对其中的艺术图景有全面而深刻的把握。

安徒生童话 / 丹麦 / 安徒生 / 梦回美好的童年

作者简介

安徒生（1805 ~ 1875 年），丹麦 19 世纪著名童话作家，世界文学童话创始人。

他生于欧登塞城一个贫苦鞋匠家庭，早年在慈善学校读过书，当过学徒工。受父亲和民间口头文学影响，他自幼酷爱文学。11 岁时父亲病逝，母亲改嫁。为追求艺术，他 14 岁时只身来到首都哥本哈根。经过 8 年奋斗，终于在诗剧《阿尔芙索尔》的剧作中崭露才华。因此，被皇家艺术剧院送进斯拉格尔塞文法学校和赫尔辛欧学校免费就读，历时 5 年。1828 年，他升入哥尔哈根大学。毕业后主要靠稿费维持生活。1838 年获得作家奖金。安徒生终身未娶，1875 年 8 月 4 日病逝于朋友家中。

安徒生的文学生涯始于 1822 年，早期主要撰写诗歌和剧本。进入大学后，创作日趋成熟，曾发表游记和歌舞喜剧，并出版诗集和诗剧。1833 年出版长篇小说《即兴诗人》，为他赢得国际声誉，是他成人文学的代表作。安徒生的童话创作可分早、中、晚 3 个时期。早期童话多充满绮丽的幻想、乐观的精神，体现现实主义和浪漫主义相结合的特点。代表作有《打火匣》、《小意达的花儿》、《拇指姑娘》、《海的女儿》、《野天鹅》、《丑小鸭》等。中期童话幻想成分减弱，现实成分相对增强。在鞭挞丑恶、歌颂善良中，表现了对美好生活的执著追求，也流露了缺乏信心的忧郁情绪。代表作有《卖火柴的小女孩》、《白雪皇后》、《影子》、《一滴水》、《母亲的故事》、《演木偶戏的人》等。晚期童话比中期更加面对现实，着力描写底层民众的悲苦命运，揭露社会生活的阴冷、黑暗和人间的不平，作品基调低沉。代表作有《柳树下的梦》、《她是一个废物》、《单身汉的睡帽》、《幸运的贝儿》等。

背景介绍

安徒生小时候决心献身于舞台艺术事业，希望能当一个芭蕾舞或歌剧演员，但由于现实生活的折磨，最终放弃了这个愿望而立志成为文学家。他创作的文学种类很多，但以童话闻名于世界。他从 30 岁时开始“为了争取未来的一代”而决定给孩子写童话，当年出版了《讲给孩子们听的故事》。此后数年，每年圣诞节都出版一本这样的童话集。其后又不断发表新作，直到 1872 年因患癌症才逐渐搁笔。近 40 年间，共计写了童话一百六十多篇。正如他自己所说，“这才是我的不朽工作呢”，自觉地把童话创作当成了毕生从事的事业。也正是他，首次将“童话”从幼稚粗糙的民间传说与故事，发展成为优美的、饱含作者内心情感的文学童话，为后世作家的创作留下经典范文。1954 年，国际儿童读书联盟第三次大会上设立以安徒生的名字命名的世界儿童文学大奖——国际安徒生奖，这个奖项至今仍是儿童文学界最高的荣誉。

名著概要

安徒生创作的许多童话可谓妇孺皆知，《皇帝的新装》、《卖火柴的小女孩》、《夜莺》、《丑小鸭》、《海的女儿》等名篇更是受到各国人民的欢迎，这里将择要将几部名篇向大家简单介绍一下：

《皇帝的新装》：很久以前有一位酷爱漂亮衣服的皇帝。一天，两个骗子来到了皇宫，他们声称自己可以织成世界上最美的衣服，而且这种衣服的特点是那些不称职或是愚蠢的人都看不见。皇帝很高兴，给他们最好的金丝，并且让朝中的大臣参与监工。虽然这些大臣们个个看不见衣服，但是为了掩饰自己的愚蠢，他们便假装看得见，最后竟然连皇帝也假装看见了。皇帝穿着这件莫须有的“衣服”参加游行大典，被一个孩子揭了底，受到了全国的嘲笑。

《丑小鸭》：夏天，鸭妈妈在她的巢里孵蛋，最后出来的那只竟然是最丑的小鸭。因为他长得太丑了，所以不论在鸭群里还是在鸡群里都受到排斥，最后连鸭妈妈也开始讨厌他了，于是他只好到处流浪。在流浪途中，丑小鸭见过野鸭和大雁，也遇到过很多危险，甚至在冬天还被冻得和冰块结在一起。但是到了春天，这只丑小鸭却变成了一只美丽的天鹅，原来他本身就是一只天鹅。

《坚定的锡兵》：一个做装饰品的锡兵和一位苗条的女芭蕾舞演员，从没有机会接近，只是在各自固定的位置上遥遥相望，心心相印。他们的恋情是沉默的，从没有用语言表达过。由于客观环境造成的种种偶然的不幸，锡兵被迫和沉默的恋人分开了。但是由于另外一个偶然的机会，他又回到了原来的位置上。最后一阵嫉妒的妖风把他们吹进一个火炉里，他们被共同火化了，但那个锡兵在烈火中却凝成了一颗心，一颗对他的恋人永远忠诚的心。

《海的女儿》：美人鱼的皮肤又光又嫩，像玫瑰的花瓣，她的眼睛像海水般蔚蓝。她是海王的公主，从深深的海底宫殿升到水面上来，欣赏外界广阔的天地。她渴望获得纯真的爱情和人类才有的灵魂，因为海里的生物原是没有灵魂的，他们寿命终结时，便将化为波涛中的泡沫，消失在海面上。于是，她不惜一切代价，以自己的金嗓子作交换来向女巫求助，换取了“人”的形体，来到她所爱的王子身边。可是，她不能发声，没法向王子示爱，互相不能沟通。美人鱼终于没有得到王子的心，也无法得到“人”的灵魂。最后，王子结婚了，美人鱼走向死亡，化为波涛中的泡沫，漂浮着，漂浮着。

阅读指导

安徒生把他用40年心血所精心编织的一百六十多篇童话故事，用一个丹麦字“EVENTYR”加以概括。它的意义要比我们所理解的童话广泛得多。它不仅包括“故事”，还涉及以浪漫主义幻想手法所写的儿童散文、散文诗、小品、寓言和以现实主义手法所写的儿童小说等。除了文体丰富外，安徒生著作中浓厚的文学性、绘画性与艺术表现，亦如世纪交响乐般，展现出安徒生独特的个人生命特质。

由于安徒生童话写作的灵感来自于幼年时代的回忆、从长辈处听来的民间故事

精彩语段

只要我能够变成人，可以进入天上的世界，哪怕在那儿只活一天，我都愿意放弃我在这儿所能活的几百岁的生命。

它们的美跟他不朽的名字永远连在一起。

活着和开着花，碰到旧时的朋友，每天看到和善的面孔——这是多么幸福啊！

在天国花园里，你在那知识树下，在那第一朵玫瑰花里出生的时候，上帝吻了你，给了你一个正确的名字——“诗”。

与传说以及旅游世界各地的经历，因此他经常以祖国丹麦的城镇为背景，或以遥远的东方如中国或圣经中的伊甸园为背景来构思故事。读者走进安徒生世界，不仅可以一览19世纪丰饶的人文景观，还可见识到百年前纯朴旖旎的欧陆风光及世界各地的民俗风情。同时，安徒生童话也有令人心动的幽默和鲜明的讽刺。篇篇故事，都是藏诸本族他乡的人间缩影，不到终篇，无法预知剧情与人事的发展，因此它可以跨越文化藩篱、超越年龄限制，堪称一部老少咸宜的“不朽传家经典”，值得每一个人细细品味。

安徒生写的童话，从不像其他一些童话作家那样，以居高临下的姿态模仿儿童的腔调，利用童话的包装塞给幼小读者一些生硬的道德教训。恰巧相反，他的每篇童话都是在一片天然的幽默的涟漪中浮现出一颗像莲花一样纯洁的、不受任何世故干扰的童心。凭着这颗童心，他在儿童身上发现了诗人，他发现儿童感受自然、认识真理往往比成人更高明。而且，凭着这颗童心，他自己也变成了一个儿童，用儿童的眼睛观察自然，带着儿童的微笑描述自然，把他一面感受、一面生发的儿童感情传染给我们，从而把我们引进一个和我们所生活的现实世界大不一样而又非常相

《丑小鸭》插图

像的儿童世界。但是，安徒生的童话也不单是专为丰富孩子们的精神生活，它同样也为了启发成年人，因此，它不仅为儿童，也为成人所喜爱。而他的童话具有一般成人文学所欠缺的特点：丰富的幻想、天真烂漫的构思和朴素的幽默感。这些都植根于现实生活。他的许多脍炙人口的童话都具有这种特色。如《夜莺》、《豌豆上的公主》、《皇帝的新装》、《牧羊女》、《扫烟囱的人》等都充满了浓郁的生活气息。在他的童话中，他以满腔热情表达了他对人间的爱，对人间的关怀，对人的尊严的重视，对人类进步的赞颂，如《海的女儿》等。所以，安徒生的童话已经超越了童话创作的一般境界，不但成为童话文学界的骄傲，也成为丹麦文学的最伟大代表。

双城记 / 英国 / 狄更斯 / 现实主义的历史小说

背景介绍

早在创作《双城记》之前很久，狄更斯就对法国大革命极为关注，反复研读英国历史学家卡莱尔的《法国革命史》和其他学者的有关著作。他对法国大革命的浓厚兴趣发端于对当时英国潜伏着的严重的社会危机的担忧。1854 年底，他说："我相信，不满情绪像这样冒烟比火烧起来还要坏得多，这特别像法国在第一次革命爆发前的公众心理，这就有危险，由于千百种原因——如收成不好、贵族阶级的专横与无能把已经紧张的局面最后一次加紧、海外战争的失利、国内偶发事件等等——变成那次从未见过的一场可怕的大火。"可见，《双城记》这部历史小说的创作动机在于借古讽今，以法国大革命的历史经验为借鉴，给英国统治阶级敲响警钟；同时，通过对革命恐怖的极端描写，也对心怀愤懑、希图以暴力对抗暴政的人民群众提出警告，幻想为社会矛盾日益加深的英国现状寻找一条出路。

名著概要

《双城记》是一部以法国大革命为背景的历史小说。小说描写了法国贵族厄弗里蒙地侯爵兄弟恣意蹂躏良家妇女并且杀害了她的弟弟，但这一罪行被厄弗里蒙地侯爵强虏来就诊的梅尼特医生目睹，于是他暗中写信向朝廷告发，不幸的是这封信最终落到了侯爵手里。梅尼特医生反被诬陷，被关进巴士底狱，从此与世隔绝，杳无音讯。两年后，妻子心碎而死。幼小的孤女路茜被好友劳雷接到伦敦，在善良的女仆普洛斯抚养下长大。

梅尼特医生获释之后，曾一度被他以前的仆人得伐石收留。不久，他的女儿来到这里接他到伦敦居住。在他们去伦敦的旅途中，他们结识了法国青年查理·代尔纳，并受到他的细心照料。很快路茜和查理·代尔纳之间便互生好感，他们订婚了。

这时有一位律师席多尼·卡顿先生因为一个偶然的机会认识了路茜，并对她逐渐产生了爱慕的恋情。通过查访，他得知查理·代尔纳竟然就是梅尼特医生的仇人，侯爵的外甥。原来代尔纳因为憎恨自己家族的罪恶，毅然决定放弃自家财产的继承权和贵族的姓氏，移居伦敦，靠一份法语教师的工作自食其力。梅尼特为了女儿的幸福，决定埋葬过去，欣然同意了他们的婚事。

在法国，代尔纳父母相继去世，叔父厄弗里蒙地侯爵继续为所欲为。他的马车若无其事地轧死一个农民的孩子后，侯爵被孩子父亲用刀杀死。一场革命的风暴终于在巴黎如火如荼地展开了，而曾经帮助过梅尼特的得伐石一家正是革命活动的联络站。经营酒吧的得伐石夫妇，尤其得伐石夫人，因为一家曾受侯爵的凌辱而诅咒贵族。他们率先高喊革命的口号来煽动民众，最后导致侯爵家的佣人卡贝尔及他的女儿玛莉被无辜逮捕。代尔纳得知这种不合理的逮捕之后，非常气愤，于是冒着生命危险回到巴黎搭救他们，但不久也遭到革命政府的逮捕。梅尼特父女闻讯后星夜赶到。医生的出庭作证使代尔纳回到妻子的身边。但得伐石从巴士底狱的墙壁中找到了梅尼特医生当年在狱中写下的揭露厄弗里蒙地侯爵兄弟罪行的血书，他们要求代尔纳必须为厄弗里蒙地家族的罪行赎罪，于是很快代尔纳又被逮捕并被法庭判处死刑。

断头台上行刑的声音，令人感到十分恐怖。对于即将失去丈夫的路茜，其心情的悲痛可想而知。而卡顿也打算结束他长期的游荡生活，想为路茜救出她的丈夫，他发现自己和代尔纳的外表酷似，于是设法进入牢中，替代昏迷的代尔纳上了断头台。而梅尼特父女一家，便在这革命的迷雾中迅速逃离了巴黎。

阅读指导

作为现实主义的历史小说，《双城记》在反映社会历史现实的广度和深度上是其他同类描写法国革命的小说无法比拟的。这部作品深刻地揭露了法国大革命前激化了的社会矛盾，强烈地抨击了贵族阶级的荒淫残暴，并对下层人民的苦难寄予了深切的同情。小说揭示了一条真理，即压抑在法国农民心头的愤怒，必将像火山一样爆发出来，不可避免地要发生一场革命。显然，狄更斯是从人道主义的立场出发，阐明了法国革命的合理性。但在革命真正爆发之后，他又清醒地看到了革命的某些阴暗面，如过度的暴力和无休无止的杀人复仇等等。在狄更斯笔下，整个革命被描写成一场毁灭一切的巨大灾难，它无情地惩罚罪恶的贵族阶级，也盲目地杀害无辜的人们。

这篇小说也塑造了很多具有典型意义的人物形象。作者痛加鞭挞的厄弗里蒙地侯爵兄弟成为本书中落后的封建贵族的代表，他们胡作非为，犯下了种种罪行；而代尔纳作为贵族的叛逆者恰与他们形成了鲜明的对比。书中的得伐石夫妇等革命群众的形象是较为复杂的，他们一方面受到封建贵族的残酷压迫，且具有下层人民的一般美德，但一旦在革命深入之后，隐藏在他们身上的悖逆人性也不可遏止地显现出来，最终也死于自己所一手倡导的革命。而作者真正想颂扬的还是代尔纳和卡顿这两个具有人道主义精神的理想人物。尤其是卡顿，他对路茜的深沉的爱是催人泪下的，他崇高的人格也是撼人心魄的。这些人物形象的塑造使得本书具有非常动人的艺术感染力。

总体来看，这部小说把冤狱、爱情与复仇 3 个互相独立而又互相关联的故事交织在一起，情节错综，头绪纷繁，而又以两个地名将整个故事连接起来，为我们展示了一幅恢弘的历史画卷。这部小说虽然没有作者早期创作阶段所特有的幽默、讽刺等特色，但其肃穆浓郁的历史积淀还是使本书具有超凡的艺术魅力，成为作者此类艺术风格的代表作。

简·爱 / 英国 / 夏洛蒂·勃朗特 / 世界女权运动的图腾柱

作者简介

夏洛蒂·勃朗特（1816 ~ 1855 年），英国小说家，生于英国北部一个贫苦的牧师家庭，曾在寄宿学校学习，后任教师和家庭教师。1847 年，夏洛蒂·勃朗特出版著名的长篇小说《简·爱》，轰动文坛。1848 年秋到 1849 年，她的弟弟和两个妹妹相继去世。在死亡的阴影和困惑下，她坚持完成了《谢利》一书，寄托了她对妹妹艾米莉的哀思，并描写了英国早期自发的工人运动，同样获得了巨大成功。她另有作品《维莱特》（1853）和《教师》（1857），这两部作品均根据其本人生活经历写成。从 1854 年开始，夏洛蒂·勃朗特着手开始小说《爱玛》的创作，不幸未能完成便因病去世。夏洛蒂·勃朗特善于以抒情的笔法描写自然景物，作品具有浓厚的感情色彩。在英国文学史上，她与艾米莉·勃朗特、安妮·勃朗特有“勃朗特三姐妹”之称。

夏洛蒂·勃朗特像

背景介绍

由于19世纪的英国对妇女从事文学创作仍有极大的偏见和抵触情绪，在发表《简·爱》时，夏洛蒂不得不使用了一个男性化的化名柯勒·贝尔。《简·爱》得到广泛欢迎后，对这位作家性别的猜测一时间也成为热门话题，当时已驰名文坛的萨克雷一眼看出："它是一个女人写的，但她是谁呢？"而当时一篇从道德思想方面猛烈攻击《简·爱》的评论也这么断言："除了一个女人，谁肯冒极少成功希望的风险，写满八开本三大卷，来讲一个女人的心史？"夏洛蒂之所以用男性化名发表自己的杰作《简·爱》，是因为她深感在英国没有女作家的地位。然而《简·爱》的意义不仅在于使英国文坛发现了女作家夏洛蒂·勃朗特，更使全世界千千万万的女性从女主人公简·爱身上找到了追求平等与自立的精神资源。

名著概要

简·爱是个孤女，出生于一个穷牧师家庭。父母由于染上伤寒，在一个月之中相继去世。幼小的简被寄养在舅父母家里。舅父里德先生去世后，舅母和表兄妹对她百般虐待。简寄人篱下痛苦度日达10年之久。一天，表兄把她打倒在地，她回手反抗，却被舅母关进黑暗的红房子里。这个想象力极强的孩子被吓晕过去，重病一场，幸好保姆柏西精心照料，才慢慢恢复健康。

《简·爱》插图：简·爱与罗切斯特初次相遇

从此以后，她再也不想呆在里德太太家了，里德太太就把她送进达罗沃德孤儿院。严酷的孤儿院生活使得简·爱非常苦恼，但她得到了一位名叫坦普尔小姐的友善帮助，功课学得很快。不久一场时疫夺走了她的好友海伦的生命，从此简·爱更为孤独。在该校就学6年后，简又当了两年教师。18岁那年她受聘为罗切斯特家的家庭教师，于是来到了桑费尔德庄园。

一天黄昏，简外出散步时遇到她的雇主罗切斯特先生。不久，她被丑陋却傲慢的男主人吸引，他们默默地相爱了。经过一系列的考验，简摒除了身份和地位的差异而和对方订婚了。然而就在婚礼举行的当天，一个不速之客闯进了教堂，声称婚礼不能进行，因为罗切斯特15年前就有一个发疯的妻子，一直被藏在家里。罗切斯特承认了事实，并渴望简能够谅解这一切，继续他们的幸福。顿时，简·爱跌入痛苦失望的深渊之中。她虽然对愤世嫉俗的罗切斯特满怀同情，但还是带着沉痛的心情离开了。

简离开桑费尔德庄园后，在英格兰中部荒原上四处漂泊，徒劳地求职。濒临崩溃时，被教士里瓦斯所救，并为她找到一份工作，担任乡村小学女教师。在此期间，她意外地获得一位远方叔叔的遗产，并执意要与里瓦斯及其姊妹分享这笔遗产。但当里瓦斯向她求婚时，她仿佛听到罗切斯特在遥远的地方呼喊她的名字，于是决定回到罗切斯特身边。

当简回到桑费尔德庄园时，整个庄园已变成一片废墟。她得知罗切斯特太太已死，而罗切斯特为了救她，也被烧瞎了双眼。她找到罗切斯特，向他吐露自己的爱情，他们终于结婚了。两年以后，他们的第一个孩子出生，而罗切斯特的眼睛也看到了光明。

阅读指导

《简·爱》是英国19世纪著名的女作家夏洛蒂·勃朗特的代表作，人们普遍认为《简·爱》是夏洛蒂·勃朗特“诗意的生平”的写照，是一部具有自传色彩的作品。夏洛蒂出生于英国北部偏僻山区的一个贫寒的牧师家庭，早年丧母，父亲无力抚育6个子女，便将女孩子们送到半救济性的寄宿学校去。夏洛蒂留校任教3年后外出任家庭教师，这些经历在《简·爱》中都可以找到相应的叙述。但是她的情感生活远没有简·爱的充满传奇性。这一方面反映了19世纪的英国女作家在选择写作题材时还受到较多的局限，但也从另一方面反映了作者本人的巨大艺术创造力。

这部现实主义小说带有浓厚的浪漫主义色彩。夏洛蒂塑造了一个外表不美，但有着火热的激情和不屈不挠的性格的女性形象。她出身贫寒，但养成了勇敢、正直、为争取平等权利而奋斗的坚强性格。在慈善学校，面对挨打、受饿和罚站示众，她总是倔强地昂起头来，不肯让泪水涌出眼眶。当家庭教师期间，在刚毅、傲慢而富有的大地主罗切斯特面前，她不卑不亢。当她了解罗切斯特平时的怪癖和玩世不恭是由于深沉的内心痛苦和愤世嫉俗时，她逐步由好感发展到爱情，此时她又能冲破年龄、门第和传统观念束缚，去追求真正的爱情。作者能够把一个来自社会下层的觉醒中的新女性摆到小说的主人公地位，并对主人公为反抗压迫和社会偏见、力争独立的人格和尊严、为追求幸福生活所做的顽强斗争加以热情歌颂，这在当时的文学作品中是难能可贵的。而小说也正是要以简·爱和罗切斯特之间的爱情来批判当时以金钱为基础的婚姻和爱情观，并始终把他们之间的爱情描写为思想、才能、品质与精神上的完全默契。

从艺术上看，《简·爱》还是以其感动人心的对于一位“灰姑娘”式人物的奋斗史的刻画而取胜的。它具备了一部出色的小说所应有的素质：诗情画意、激情、生活知识。故事有一种自然展开的、始终不渝的趣味，紧紧地抓住你的注意力不放松，加上受哥特式小说的影响所具有的那种神秘的气氛，更使读者的想象欲得到相当的满足。除此之外，本书语言简朴生动，景物描写也显得具有地方色彩。

呼啸山庄 / 英国 / 艾米莉·勃朗特 / 一部“神秘莫测的怪书”

作者简介

艾米莉·勃朗特（1818 ~ 1848 年），英国19世纪著名诗人、小说家。她与《简·爱》的作者夏洛蒂·勃朗特和她们的小妹妹《爱格尼斯·格雷》的作者安妮·勃朗特（1820 ~ 1849）被称为勃朗特三姊妹，在英国 19 世纪文坛上焕发异彩。艾米莉出生于贫苦的牧师之家，曾在生活条件恶劣的寄宿学校求学，也曾随姐姐夏洛蒂去比利时学习法语、德语和法国文学，准备将来自办学校，但未如愿。艾米莉性格内向，娴静文雅，从童年时代起就酷爱写诗。1846 年，她们三姐妹曾用假名自费出过一本诗集。《呼啸山庄》是她唯一的一部小说，这部小说与《简·爱》、《爱格尼斯·格雷》同时发表于 1847 年 12 月，但只有《简·爱》获得成功。《呼啸山庄》的出版并不为当时读者所理解，甚至她自己的姐姐夏洛蒂也无法理解艾米莉的思想。除《呼啸山庄》外，艾米莉还创作了 193 首诗，被后人认为是英国一位天才的女作家。1848 年，她在世界上仅仅度过了 30 年便默默无闻地离开了人间。

艾米莉·勃朗特像

背景介绍

艾米莉·勃朗特生前寂寞，自小内向，缄默又总带着几分以男性自居感，诚如夏洛蒂所说的：“她比男人还要刚强，比小孩还要单纯，她的性格是独一无二的。”

在少女时代，当她和姐妹们关在家里“编造”故事、写诗的时候，她就显现出一种内涵更深的倾向，收录在她们诗歌合集中的艾米莉的作品总是如同波德莱尔或爱伦·坡那样困惑于恶这一问题，在那纯洁的抒情风格之间总徘徊着死亡的阴影。到《呼啸山庄》动笔时，这种困惑与不安变得更加急不可耐，她迫切需要创造一个虚构的世界来演示它，把自己心底几近撕裂的痛苦借小说人物之口倾吐。因此这本可怕的、令人痛苦的、强有力的而又充满激情的书，与它年轻的作者本身的性格与才华实在是不无关系的。

名著概要

英格兰山峦起伏的北部，有一座几乎与世隔绝的山庄。这座山庄由于经常受烈风侵袭，所以被称为“呼啸山庄”。有一天这座山庄的农场主人安休由利物浦带回一个孤儿，取名希斯克里夫，并让他与儿子辛德礼和女儿凯瑟琳一起生活。希斯克里夫与凯瑟琳朝夕相处，萌发了爱情，但辛德礼从一开始便敌视希斯克里夫，凡事虐待他。安休死后，辛德礼成了这座山庄的主人，他不仅禁止希斯克里夫与凯瑟琳交往，还经常对他进行百般虐待和侮辱。这种迫害的结果，加剧了希斯克里夫与辛德礼的仇恨，但也因此从反面更加深了他对凯瑟琳的情意。

辛德礼结婚后，生下黑尔顿，但对他自己的妻子也很暴虐。凯瑟琳在一次偶然机会中来到画眉山庄，认识了它的主人林顿，并见识了林顿家富裕的生活。虚有其表的富家子弟林顿被凯瑟琳的美貌所吸引，向她求婚；而天真的凯瑟琳为了摆脱辛德礼所控制的黑暗生活，接受了林顿的求爱，同时也想利用他家的财富，帮助希斯克里夫摆脱哥哥的迫害。但希斯克里夫在无意中听到这个惊人的消息后，痛不欲生，而后便突告失踪。凯瑟琳多次寻找未获结果，不久就和埃德加·林顿结婚了。

名家点评：

在作者生前，人们对于此书的价值还未有完全的认识，甚至有一篇刻薄的评论说：“是哪一个人写出这样一部作品来，他怎么写了十来章居然没有自杀？”但历史证明了这是一部不朽的作品。例如英国进步评论家阿诺·凯特尔曾有专文为《呼啸山庄》作了较长的评论，他总结说：“《呼啸山庄》以艺术的想象形式表达了19世纪资本主义社会中的人的精神上的压迫、紧张与矛盾冲突。这是一种毫无理想主义、毫无虚假的安慰，也没有任何暗示说操纵他们的命运的力量非人类本身的斗争和行动所能及。对自然、荒野与暴风雨，星辰与季节的有力召唤是启示生活本身真正的运动的一个重要部分。《呼啸山庄》中的男男女女不是大自然的囚徒，他们生活在这个世界里，而且努力去改变它，有时顺利，却总是痛苦的，几乎不断遇到困难，不断犯错误。”这种评论对我们认识这本书很有帮助。英国当代著名小说家及创作家毛姆也对这本书大加赞赏，称它是最值得向读者介绍的世界十佳小说之一。

3年之后，希斯克里夫回到呼啸山庄。此时他已是富裕的绅士，但他内心仍燃烧着对凯瑟琳的热爱和对辛德礼及其他人的仇恨，他这次回乡的唯一目的，就是要向曾经迫害过他，夺走他心上人的人进行报复。他逼迫辛德礼，使他自暴自弃，更引诱他出没赌场，把老安休留下的产业挥霍殆尽，然后趁机夺走他的财产，将他沦为自己的奴仆。同时，他也虐待辛德礼的儿子，以报复他过去对自己的暴虐行为。

希斯克里夫逐渐成为画眉山庄的常客。出于报复，他引诱林顿的妹妹伊莎贝拉和他一起私奔，把她囚在呼啸山庄并折磨她，以发泄心头的怨愤。伊莎贝拉无法忍受希斯克里夫的折磨，趁凯瑟琳去世之际离家出走，在儿子林顿12岁那年去世。凯瑟琳去世没到半年，辛德礼也在失意中过世。为了谋夺林顿家的财产，希斯克里夫逼迫自己的儿子林顿和凯瑟琳的女儿凯蒂结婚。但过了不久，林顿和埃德加相继过世。至此希斯克里夫复仇的念头才逐渐消退。

凯蒂与黑尔顿之间产生了纯净的爱情，希斯克里夫原本希望拆散他们，但最终却是爱战胜了仇恨，不忍再报复。一个风雪之夜，他怀着对凯瑟琳的思念而离开人世，而发生在呼啸山庄里历经三代的爱和复仇的恩怨故事，至此也算结束了。

阅读指导

《呼啸山庄》插图：洛克乌德初会希斯克里夫

在英国文学史上，艾米莉·勃朗特的《呼啸山庄》是一部惊世骇俗之作，被认为是一部“最奇特的小说”和“神秘莫测的怪书”。虽然说现在已经得到世人的认同，但在1847年小说出版时却备受冷落。《呼啸山庄》中所展现出来的阴郁的环境以及其中所发生的故事，似乎在描写一种病态的生活，似乎又在述说一种异教的思想。从这一点上说，《呼啸山庄》中所表现的主题和内容偏离了维多利亚时期小说的主旋律，即作品要能够成为“最高级的道德教诲工具”，“给普通大众带来欢乐”等。即使是与它同时代的以爱情为创作主题的英国小说相比，它也一改流行的伤感情调，而代之以强烈的爱和疯狂的恨。那是人性中对爱情的热烈拥抱，对不平等的强烈报复。没有孰是孰非，只有血和泪，黑暗和火焰。正如这部书的书名所预示的一样，这里发生的一切，就像是一场风暴。

在《呼啸山庄》中，希斯克里夫和凯瑟琳的爱情故事同样也给我们留下了非常深刻的印象。他们曾经是忠实的伙伴，但导致他们最终不能在一起的原因的确是很复杂的。在他与凯瑟琳之间隔着的不仅是凯瑟琳一直不愿意面对的身份差异，还有各自与生俱来的性格弱点，因此他们虽然相互知道一切，了解对方的一切，却又总是不信任，从而使他们各自成为对方的负担，谁也不能解脱自己。当凯瑟琳在虚荣与真爱之间徘徊着，痛苦着时，也连带着希斯克里夫的徘徊和痛苦；而相对于希斯克里夫的恨而言，他对她的爱也是同样的炽烈。在这本书的结局，死后的希斯克里夫和凯瑟琳这两个不肯安息的灵魂“在走来走去：有些人说见过他在教堂附近，在旷野里，甚至在他们的老房子里”。也许正如“梁祝”或者“朱丽叶与罗密欧”对爱情结局的处理一样，他们只有在天堂里才有可能享受到真正的爱情。

从艺术成就上看，《呼啸山庄》的最主要特色在于它的结构布局。女作家放弃了那种从头说起、原原本本的叙事手法，而19世纪的女作家，像她姐姐写《简·爱》，简·奥斯汀写《傲慢与偏见》，都采用的是这样一种易于为大众所接受的传统手法。艾米莉则为了讲清楚发生在两代人身上的复杂故事，别出心裁地采用了当时少见的“戏剧性结构”，借用了一位闯入呼啸山庄的陌生人洛克乌先生之耳目从故事的中间切入，这时候，女主人公凯瑟琳已死去，希斯克里夫正处于极度暴虐地惩罚两家族的第二代的时候，这就设置了一个巨大的悬念，使读者急于追索事情的前因，又时时关注着人物未来的命运。当然，对于当时读惯古典小说的人们来说，接受这种叙事系统是有些吃力的，以至于有人指责此书“七拼八凑，不成体统”。这也从反面证明了它的确走在时代的前列。

汤姆叔叔的小屋 / 美国 / 斯托夫人 / 酿成一场大战的书

作者简介

斯托夫人（1811 ~ 1896年），美国女作家，生于康涅狄格州。她的父亲是著名牧师莱曼·比彻，信奉加尔文教派，因此斯托夫人早年也深受其影响，但青年时期却因其叔父萨缪尔·福特的影响而接受了自由主义的信仰。斯托夫人喜欢读司各特的浪漫小说，这在她后来的著作中有明显反映。1832年，她随全家迁往辛辛那提市，在一座女子学校教书，写了一些关于新英格兰生活的随笔。1836年，她与父亲所在的神学院的C.E.斯托教授结婚。其间，她访问了肯塔基州，目睹了那里奴隶的生活，这为她后来的小说提供了素材；她又受到父亲学校中强烈的反奴隶制情绪的影响。这种情绪成了她小说的基调。1850年，她随丈夫迁至缅因州，那里关于反奴隶制的讨论使她无比激动，于是利用空闲时间写出了《汤姆叔叔的小屋》（1852）。这部小说在当时引起了强烈反响，使她一举成名。为了反驳保守势力的攻击，1853年她发表了《〈汤姆叔叔的小屋〉题解》，引用法律、法院档案、报纸和私人信件等大量材料证明她的小说所揭露的事实。她的其他主要著作有：《德雷德，阴暗的大沼地的故事》（1856）、《奥尔岛上的明珠》（1862）、《老镇上的人们》（1869）、《粉色和白色的暴政》（1871），以及一些宗教诗，收入1867年出版的《宗教诗选》。她还写过一篇虚构的维护女权的论文《我妻子和我》（1871），今天常常被女权主义者引用。斯托夫人晚年主要住在佛罗里达，在《棕榈叶》（1873）一书中描写了她在那里的宁静生活。

背景介绍

《汤姆叔叔的小屋》出现在美国内战前10年，其间正是美国废奴运动开展得如火如荼的时代。作者及丈夫都是坚定的废奴主义者，她本人就曾去过南方，亲自了解那里的情况。1850年，美国国会通过了“妥协法案”，该法案加重了黑人奴隶的悲惨命运，斯托夫人因此决心用自己的文学创作来让人们充分意识到黑奴的悲惨处境。此书于1852年首次在《民族时代》刊物上连载，立即引起了强烈的反响，受到了人们无与伦比的欢迎，其单行本仅第一年就在国内印了一百多版，销售三十多万册，后来被译为二十多种文字在世界各地出版。评论界认为本书在启发民众的反奴隶制情绪上起了重大作用，被视为美国内战的起因之一。

名著概要

19世纪初叶肯塔基州的谢尔比农场上，一群黑奴在充满温情、关怀的主人家中过着平静幸福的生活。但不幸的是谢尔比家族经商失败，偌大的家业随之溃散。黑奴悲惨的命运也随之开始。为了还债，谢尔比被迫决定把两个奴隶卖掉。这两个奴隶一个是汤姆，他是种植园主谢尔比家的“家生”奴隶，童年时就当伺候主人的小家奴，成年后当上了家奴总管，颇得黑奴的尊重和主人的欢心，连主人的儿子也非常喜欢他，称他为汤姆叔叔。另一个要卖掉的奴隶是黑白混血种女奴伊丽莎的儿子哈利。伊丽莎偶然听到主人要卖掉汤姆和自己的儿子哈利的内幕后，把这个消息告诉了汤姆夫妇，并决定连夜带着她的儿子逃走。

在奴隶贩子的追捕下，伊丽莎冒着生命危险跳下浮冰密布的俄亥俄河，并在好心人的帮助下逃到了一个保护逃亡黑奴的村庄。不久她丈夫乔治·哈里斯也伺机逃了出来，与妻子汇合。他们带着孩子，历经艰险，终于在废奴派组织的帮助下，成功地抵达了自由的加拿大。

汤姆却是另一种遭遇。对主人要卖他抵债，他没有怨言，也没有出逃，甘愿听从主人的摆布，最终被转卖到新奥尔良，成了奴隶贩子海利的奴隶。在一次溺水事故中，汤姆在船上救了一个奴隶主的小女儿伊娃的命，于是孩子的父亲圣·克莱出于感激从海利手中买下了汤姆。汤姆在圣·克莱家当了家仆，并与小女孩成了好朋友。伊娃甚至帮他写了一封家信，在信中汤姆还是希望旧主人能够将他赎回去。但不久小女孩突然病死，临死前恳求父亲解放汤姆，圣·克莱答应将汤姆和其他黑奴解放。可是当还没有来得及办妥解放的法律手续时，他却在一天晚上被人杀死了。冷酷的圣·克莱太太没有解放汤姆和其他黑奴，而是将他们送到黑奴市场拍卖。从此，汤姆落到了一个极端凶残的“红河”种植园主莱格利手中。在莱格利庄园里，所有的黑奴被逼成年累月地干着沉重的工作，过着非人的生活。莱格利只把黑奴当作“会说话的牲口”，任意鞭打，横加私刑。汤姆忍受着这非

《汤姆叔叔的小屋》中的一个场景

人的折磨，但却热心于帮助其他黑奴。一天，这个种植场有两个女奴为了求生暗中逃走，莱格利断定汤姆知道她们的藏身之处，把汤姆捆绑起来，严刑逼供。但是汤姆最后什么都没有说。

就在汤姆奄奄一息的时候，他过去的主人、第一次卖掉他的奴隶主谢尔比的儿子乔治·谢尔比赶来赎买汤姆，但是汤姆已经无法领受他过去的小主人的迟来的援手，遍体鳞伤地离开了人世。但他能够在临死前看到乔治，还是深感安慰。乔治·谢尔比狠狠地揍了莱格利，然后悲伤地埋葬了汤姆。他发誓要铲除这可恶的奴隶制，因此回到家乡肯塔基后，小谢尔比就以汤姆大叔的名义解放了他家里的所有黑奴，并提醒他们不要忘记他们的自由应归功于汤姆大叔。他对他们说："你们每次看见汤姆大叔的小屋，就应该联想起你们的自由。"

阅读指导

就像一般的19世纪小说一样，这本书所讲述的故事起源于一个家族，随后在这个家族中分出两部分（当然是指黑奴们）：一部分人逃向自由的北方，一部分人则不幸地到了暴虐的南方。以后的故事就是分别叙述个人的历险和从痛苦以及从危险之中所获得的体验等等。虽然这些黑奴分散在各地，但往往他们的命运会有奇妙的吻合——常常以悲剧收场。全书45章中描写向北方加拿大逃亡的乔治·哈里斯和伊丽莎这一部分占了10章。而被卖到路易斯安那州新奥尔良城的汤姆叔叔这一部分占27章。显然，故事的重点放在汤姆叔叔的苦难和爱心之上，而这种不幸的结局显然又代表了广大黑奴的悲惨命运。

这本小说的艺术成就集中地体现在对汤姆和伊丽莎这些奴隶的人物形象的塑造上面。汤姆的悲剧性来自于他性格上的复杂性与矛盾性，他忠诚勤奋，富有正义感，但也接受了奴隶主灌输的基督教精神，成为逆来顺受者的典型。而伊丽莎和她的丈夫乔治·哈里斯这一对敢于反抗、敢于斗争的夫妇最终则得到了新生。通过这种鲜明的人物形象对比，这本书的现实意义也就不言而喻了。但它也显然不是一本纯粹的政治宣传品，书中对于美国南方社会的客观描写以及对各种奴隶主形象的刻画表明了该书作者对于现实及生活有着极为深刻的认识，也体现了她较高的现实主义写作功底。

《汤姆叔叔的小屋》以生动、逼真的描写，饱满、激昂的政治热情，赢得了广大读者的热烈赞扬，也使其成为美国第一部具有鲜明的民主倾向的现实主义作品。它在美国文学史及世界文学史上理应占有一席之地。

格林童话 / 德国 / 格林兄弟 / 徜徉在幻想的天空

作者简介

雅各·格林（1785 ~ 1863 年）和威廉·格林（1786 ~ 1859 年）兄弟，德国著名的童话搜集家、语言文化研究者。因两人兴趣相近，经历相似，合作研究语言学、搜集和整理民间童话与传说，故称“格林兄弟”。他们生于哈瑙一个多子女的法学家家庭，同在卡塞尔上学，同在马尔堡学习法律，后又同在卡塞尔图书馆工作，1830 年同时担任格廷根大学教授，1840 年同任柏林科学院院士、柏林大学教授，直至他们去世。

《白雪公主》封面

格林兄弟兴趣广泛，涉猎范围很广。1812 ~ 1815 年，他们搜集整理的 3 卷本《德国儿童与家庭童话集》出版。此后，他们又不断对其进行修订，直到 1857 年出最后一版。这套丛书共包含 216 篇童话故事，其中的《灰姑娘》、《白雪公主》、《小红帽》、《勇敢的小裁缝》等名篇，已成为世界各国儿童喜爱的杰作。此外，格林兄弟从 1808 年起，开始搜集德国民间传说，出版《德国传说》两卷，共 585 篇。他们还编写了《德语语法》（1819 ~ 1837 年）、《德国语言史》（1848）及《德语大辞典》（1852）前 4 卷等学术著作，为日尔曼语言学的发展做出了贡献。

背景介绍

格林童话初版于 1812 年，此时距离德国遭到拿破仑占领的悲剧只有 6 年。于是，在德国这段悲惨时期所产生的追求失去乌托邦的热情，以及期望德意志民族统一的愿望，遂成为他们创作的原动力。格林兄弟认为，因为德国众多城邦的分裂和无法团结，才会引来拿破仑的侵略，而德意志民族的统一，则必须先从语言文化的统一开始。因此他们毕生都在为德意志的语言文化建设而做着不懈的努力。恰好在18世纪末到19世纪的这段期间，正是德国文化的鼎盛时期，在文学界有歌德、席勒，哲学界有康德，音乐界有莫扎特、贝多芬、海顿。在浓厚的民族意识熏陶下，民众逐渐对日耳曼民族的历史、神话、传说，乃至于乡野故事感兴趣，而格林童话就是在这样的背景下诞生的。

格林兄弟搜集、整理、出版这些民间童话的直接目的，主要还是在于想通过这些具有民族色彩的童话来达到民族认同以及利用这种简单通俗的方式来达到对下一代民众进行教育的效果。正如威廉所说，“当外国人带着外国腔调和外国风俗在大街小巷昂首阔步，而可怜的同胞沿途踯躅，一步步拖向死亡时，我们这样做不仅是从过去寻求安慰，而且志在通过改变过去来复兴现在”，因此他们“希望它成为一本有教育意义的书，因为我再也想不出什么更富有教益、更天真无邪、更令人心旷神怡的读物，能比它更适合于儿童的心性与能力了”。

名著概要

《格林童话》里面大约有210个故事，大部分源自民间的口头传说，其中的《灰姑娘》、《白雪公主》、《小红帽》、《青蛙王子》等童话故事，脍炙人口，享誉世界。这里选取几篇比较著名的童话加以简单介绍：

《睡美人》：睡美人整整睡了100年了，传说中，睡美人因为出生时，父皇忘了宴请黑女巫，而让全城堡的人都陷入魔咒中。如今，100年已过，睡美人依旧沉睡在城堡的顶楼中，那里有一部古董级的纺织机，那就是让睡美人沉睡的原因。

王子静静地听着祖父口中的故事，心中却想一窥美人的模样。因为光听如此的故事就已被睡美人所迷惑。今日正是王子16岁的生日，正和100年前睡美人沉睡时的年纪一般。王子骑着马，向着睡美人的城堡前进。说也奇怪，王子所到之处，皆自动让出一条路来，仿佛一切都已注定，正等着王子来吻醒睡美人。王子来到了顶楼，

相关链接

《豪夫童话》是由德国著名童话作家威廉·豪夫（1802～1827）创作的童话故事集。豪夫童话是德国艺术童话的杰出代表，其题材内容和艺术风格丰富多彩。故事不仅发生在豪夫的祖国德意志的城市、乡村和莽莽黑森林，也发生在遥远的异国他乡，如广袤的阿拉伯大沙漠、荒凉的苏格兰小岛屿等。在风格上，豪夫童话更是兼收并蓄，既富有民间童话善恶分明的教育意义和清新、自然、幽默的语言特色，又不乏浪漫派童话小说的想象奇异、诡谲、怪诞。豪夫童话如格林童话一样不但在德国家喻户晓，而且也被译成各种文字，受到了全世界的孩子和青少年，甚至包括成人在内的文学爱好者的喜爱，成为世界儿童文学的经典。

瞧见了睡美人，果真和传说中的一样，公主是如此的美丽。

睡美人醒了，城堡中所有的人都醒了，一切都如 100 年前那天一样，正为公主 16 岁生日而忙着。不过，今日大家不单单是为公主庆祝 16 岁生日而忙，还要为公主的婚礼而忙。

《白雪公主》：白雪公主是在下雪的夜里出生的，她的皮肤很白，像雪一样，尤其在有阳光的日子，她的小脸会因此而泛红，就像颗红润的苹果一样美极了。但她的美丽也遭到了他的后母的强烈妒忌，并因此而被追杀。因此白雪公主躲进森林里，和七矮人生活在一起。后母皇后得知这个消息后，决定亲自出马，她化身为卖苹果的老婆婆，向住在七矮人家中的白雪公主要了一杯水，然后假意送给她一颗苹果作为报答。后母离去之后，白雪公主咬了一口苹果，突然昏了过去。七矮人回家后，以为白雪公主死了，伤心欲绝，于是把她装在透明的棺木里。这时，刚巧有一位王子经过，瞧见了白雪公主。他情不自禁，吻了白雪公主，没想到白雪公主竟醒了。这个消息传回到后母耳里，竟把她给活活气死了。

本图描绘灰姑娘受到继母虐待的情形

《七只小羊与狼》：羊妈妈出门前交代7只小羊："千万别给陌生人开门。"过了一会儿，门口传来敲门的声音，7只小羊问道："你是谁？""我是妈妈。"7只小羊回答道："你是陌生人，我妈妈的声音，很柔很好听，而且她的脚是白色的。"于是大灰狼假扮成羊妈妈，他赶紧买了面粉及润喉水，将面粉撒在手脚上，并喝了润喉水，让声音好听，再到7只小羊的门口。这次大灰狼如愿以偿地进入到7只小羊的家中，小羊落荒而逃，但都被大灰狼吃进肚子里了。只有最小的小羊因躲在时钟里，未被发现而逃过了一劫。等到羊妈妈归来，并发现小小羊后决定去找大灰狼报仇。

他们在水井边发现大灰狼正在打盹儿，于是羊妈妈将大灰狼的肚子用剪刀剪开，让6只小羊安全地逃出，再用许多石头装进大灰狼的肚子里，用针线缝起来。等到大灰狼醒了，觉得好渴，便走到水井边准备喝水，因为肚子里的石头太重，大灰狼便掉进水井里去了。从此之后，7只小羊和羊妈妈平安地生活在一起。

《灰姑娘》：美丽善良的灰姑娘一直遭受着恶毒继母和两个刁蛮姐姐的虐待和责难。然而可怜的灰姑娘因为她的美德获取了回报，鸽子和榛树帮助她实现了自己的梦想。在午夜晚会上，英俊的王子与她一见钟情，他俩在宫廷舞会中忘情地翩翩起舞。然而古老的魔法在午夜的钟声敲响之后便会烟消云散，灰姑娘必须在12点之前从王子身边溜走。慌乱中，灰姑娘失落了一只舞鞋。凭着灰姑娘失落的舞鞋，用心良苦的王子寻遍全国，他要找到唯一可以穿上这只魔鞋的灰姑娘。

阅读指导

《格林童话》产生于19世纪初的德国，是欧洲各国中搜集、编写最早、篇幅最长、系统性最强的一部童话集。《格林童话》大约有210篇，分儿童和家庭故事、儿童宗教传说和补遗3部分，可以说篇篇都是值得反复阅读的精品，其中脍炙人口的作品，除了上文提到的几篇之外，还有《青蛙王子》、《小红帽》、《忠实的约翰》、《莴苣姑娘》、《渔夫和他的妻子》、《放鹅姑娘》等等。

格林兄弟深受德国浪漫主义文学运动的影响，因此他们所选取的民间童话，大多数都是由多国人民辗转流传，概括了他们千百年来未经记录的精神奋斗的历史，其中有不少故事就直接反映了普通百姓的质朴、幽默、机智和勇敢。这些童话中所包含的那种最广泛、最炽热的感情，那种对于真理、正义、善良、勤劳、勇敢等优良品质的拥护和赞颂，对于虚伪、邪恶、凶残、狡猾、怯懦、懒惰等丑陋品质的鞭挞和讽刺，抚慰了人们在现实生活中所遭受到的困苦，增加了人们对于生活和未来的信心和勇气。此外，格林童话中也有不少故事情节虽然曲折，但并不离奇，叙述虽然朴素，却并不单调，而且语言也富于诗意，带有浓重的地域色彩、民族色彩和时代色彩。这些都显示了格林童话受浪漫主义的影响以及它本身在文学艺术创作水平上的成就。相信读者只要一读起这些美妙的作品，就一定会重回到对于童年的美好时光的回忆中去。

物种起源 / 英国 / 达尔文 / 进化论确立的标志

作者简介

达尔文（1809 ~ 1882 年），英国著名生物学家，生物进化论的最主要奠基人。达尔文的祖父和父亲都是当地的名医，家里希望他将来继承祖业。但从幼年起，达尔文酷爱博物学，迷恋于收集鸟类、昆虫、贝类与植物，养成了观察与系统记录的习惯。1825 年，其父送他到爱丁堡大学学医，但达尔文对此毫无兴趣，继续在课外积极进行科学活动。1828 年，父亲送他到剑桥大学改学神学，希望他将来成为一个“尊贵的牧师”。1831 年，达尔文毕业，获学士学位。他放弃了待遇丰厚的牧师职业，依然热衷于自己的自然科学研究。经博物学家汉斯极力推荐，达尔文于 1831 年参加英国海军贝格尔舰环绕世界的考察航行，历经 5 年。1836 年返回英国，他一面整理这些资料，一面又深入实践，同时，查阅大量书籍，为他的生物进化理论寻找根据，先后发表了有关生物学及地质学的考察报告。1858 年，他与华莱士的论文在林奈学会上由别人宣读，但当时未引起普遍注意。1859 年，他出版巨著《物种起源》，在社会上引起极大反响。此后，达尔文的著作大多是对生物进化学说的进一步阐述和发展，有《动物和植物在家养下的变异》、《食虫植物》、《人类的起源》、《人类和动物的表情》、《蚯蚓对园田土壤形成的作用》等。

背景介绍

达尔文年轻时，正是生物学领域处于“神创论”与生物进化思潮激烈斗争的时期。当时占统治地位的宗教神学认为，地球上各种生物都是按上帝的意志、计划创造出来的，地球上的生物物种被上帝创造出来，其种类永远不会变化。这就是“物种不变论”。相反，无神论者和坚持唯物主义的自然科学家则认为，地球上的各种生物不是上帝创造的，而是在一定外界条件、环境的影响下，逐渐进化、演变而来的。这就是“进化论”。同时正是英国资产阶级完成工业革命，进一步扩张掠夺海外殖民地的时期，英国政府派遣大量舰船和探险队到世界各地进行探险和科学考察。

名著概要

《物种起源》全书共 15 章，另有“本书第一版刊行前，有关物种起源的见解的发展史略”和绪论两部分。“史略”对 18 世纪中叶起，生物进化论的萌芽时期做了详细、科学的回顾。“绪论”对该书成书过程做了交待。全书系统地阐述了他的生物进化学说。其核心——自然选择原理的大意如下：生物都有繁殖过剩的倾向，而生存空间和食物都是有限的，所以生物必须为生存而斗争。在同一群体中的个体存在变异，那些具有能适应环境的有利变异体将存活下来，并繁殖后代，不利变异体则会被淘汰。如果自然条件的变化是有方向的，则在历史过程中，经过长期的自然选择，微小的变异就得到积累而成为显著的变异，由此可能导致亚种和新种的形成。

达尔文在《物种起源》中阐明了这样的科学原理：自然界中生物的物种不是不变的，而是由低级向高级逐渐进化发展的。进化学说包括以下几点：1. 多数变异是微小的，在自然状态下显著的偶然变异是少见的，即使出现也会因为杂交而消失；2. 自然界的变异是连续过渡的，从个体差异到轻微的变种、显著的变种、亚种和新种；3. 自然选择：生物都有按几何级数增加个体数目的倾向，但是资源（如空间、食物等）又是有限的，因而，同一物种内的不同个体以及不同物种之间为获得生存机会而斗争（竞争），并导致大量个体的死亡；4. 一些经过修改和发展的概念，主要为性状分歧。达尔文从家养动植物中看到，由于按照不同的需要进行选择，一个原始共同祖先类型，即野生品种，可以被培养成许多形态特征显著不同的家养品种。同样，自然界的同一个种内个体之间的形态、习性差异越大，则适应不同环境方面越是有利，因

创世记 意大利 拉斐尔

作品表现了宗教神学的观点：上帝创造了一切。画面左下角亚当左手无力地抬起，缓缓前伸，右上方的上帝则伸出右手食指，赐予被他创造出的亚当生命的力量。

而将会繁育更多的个体，分布更为广泛。随着差异的积累，分异（歧异）越来越大，原先的一个种就会逐渐变为一系列变种、亚种乃至不同的新种。这就是性状分歧（分异）的原理。达尔文还阐述了地理隔离对性状分歧和新种形成的促进作用，被大洋隔离的岛屿上山雀和海龟的变异就是典型的例子。在一个地域内，由于资源（如空间、食物等）是有限的，因此每一个地区所能维持（支持）的物种数量及生物个体数量是有限的。生存斗争、自然选择的结果便导致具有有利变异的类型个体数目增加，相对劣势类型个体数目则减少直至被淘汰或灭绝。随着性状分歧的加大，新种不断形成、老种灭绝，特别是由于中间过渡类型的灭绝，不同物种之间形态差异逐渐扩大。而在生物分类的实践中，相同的物种归于一个属，相近的属归于一个科，相近的科归于一个目。如果从时间和空间两个方面来看，生物的分类系统形成过程就好像一株不断分叉的大树，对此，达尔文曾用一株大树对自然选择的原理做过生动形象的描绘。

阅读指导

《物种起源》第一次把生物学建立在完全科学的基础上，以全新的生物进化思想，推翻了“神创论”和物种不变的理论。《物种起源》是达尔文进化论的代表作，标志着进化论的正式确立。尽管也有缺陷与不足之处，但它无疑是一本划时代的科学巨著，是科学领域中的一场大革命，直到现在人们还是把全部生物学的历史分为达尔文以前和达尔文以后两个时期。经过一百多年的论争，《物种起源》胜利了，这是科学对宗教的胜利，进化论学说已经成为人类进步的世界观的一个不可分割的组成部分。

资本论 / 德国 / 马克思 / 马克思主义的精神所在

作者简介

马克思（1818 ~ 1883 年），无产阶级的伟大导师，马克思主义创始人之一，伟大的革命家、科学家、思想家，科学社会主义的奠基人。马克思出生于普鲁士莱茵省的一个律师家庭。1835 年在家乡特利尔中学毕业后进入波恩大学学习法律，一年后转入柏林大学法律系学习，但马克思在此期间研究最多的是历史和哲学，他志向远大，立志造福于全人类。1838 年，马克思参加了青年恩格尔派的“博士俱乐部”，并立刻成了这个团体的精神中心。在 1841 年大学毕业时写的毕业论文题目为《德谟克利特和伊壁鸠鲁的自然哲学的区别》，并由此而获得耶拿大学博士学位。1842年为《莱茵报》撰稿并成为该报的主编，由于该报的革命民主倾向越来越明显，于1843年4月被当局查封。马克思于1845年移居布鲁塞尔，在此期间与恩格斯结下了深厚的友谊。1846年创立共产主义通讯委员会。1847年与恩格斯一起加入正义者同盟，并将该同盟变成共产主义同盟，同年12月与恩格斯撰写《共产党宣言》，并指导国际共产主义运动的开展，1864年成为第一国际的创始人和领导者。1883年3月4日，马克思逝于英国伦敦。马克思的其他著作还有《1844年经济哲学手稿》、《德意志意识形态》、《哲学的贫困》、《共产党宣言》等。

背景介绍

在19世纪中期，资本主义经济已发展到较高水平，资本主义世界中的主要矛盾由原先的资产阶级和封建地主阶级之间的矛盾转化为资产阶级和无产阶级之间的矛盾，这个矛盾随着资本主义经济的发展而变得更加严峻和突出。无产阶级在资产阶级的剥削和压迫下，开始自发地进行反抗和斗争，但是他们以最初砸坏机器、焚烧厂房等形式带来的并不是胜利，相反资产阶级却加重了对他们的剥削。从反抗中可以看出无产阶级的斗争意识开始出现，也预示着新的革命即将到来，然而这是个漫长的过程，既需要工人阶级自身力量的不断壮大，更需要有科学的理论指导。

名著概要

《资本论》是马克思对资本主义社会的各种现象做了大量深入研究后完成的，集中反映了马克思的经济思想。1867年9月第一卷问世，马克思逝世后，恩格斯编辑出版了第二卷和第三卷。

《资本论》第一卷《资本的生产过程》的核心内容是剩余价值的产生，马克思是按劳动价值论、剩余价值论、工资理论、资本积累理论这4个部分来论述这一核心的，从而揭示出资本主义产生矛盾的实质。

一、劳动价值论：商品是一切以交换为目的而生产的劳动产品，它有使用价值和价值的二重性。商品的二重性由生产商品的劳动的二重性即具体劳动和抽象劳动决定。商品的价值从量上看是由社会必要劳动时间决定的，但从本质上看是人类无差别劳动的凝结。商品的价值只有通过商品之间的相互交换才能表现出来，在商品的交换过程中，随着商品经济矛盾的发展，出现了一般等价物——货币。货币具有价值尺度、流通手段、贮藏手段、支付手段和世界货币五种职能。价值在货币出现后，就以价格价值规律即劳动决定价值和等价交换的规律起作用。

二、剩余价值论：资本最初是表现为一定量的货币，但在流通结束时会发生增殖，

《资本论》书影

《资本论》不仅是一部经济学著作，也是一部划时代的哲学著作，是一部对人类历史进程有着深刻影响的百科全书。我国自20世纪30年代开始出现多种中译本《资本论》，解放后，中共中央马克思、恩格斯、列宁、斯大林著作编译局重新翻译了《资本论》1～4卷。

而货币则不会。资本能够增殖的原因在于劳动力成为商品。劳动的消费过程也是资本主义的生产过程，它具有二重性，即一方面它是一个劳动的过程，另一方面它又是价值形成和增殖的过程，工人的劳动分为必要劳动和剩余劳动。而在剩余劳动时间内创造的价值则形成被资本家无偿占有的剩余价值。资本主义剥削的秘密在于把工人的劳动时间延长到必要劳动时间上，从而生产剩余价值。

三、工资理论：资本主义工资实际上是劳动力的价值或价格。工资的形式有多种多样，其中主要有计时工资和计件工资。工资制度是资本家剥削工人的主要工具。

四、资本积累理论：资本主义生产是再生产过程，在这一过程中不仅生产出一定的物质资料，而且再生产出资本主义的生产关系。资本主义扩大再生产的源泉是资本积累，而资本积累就是剩余价值的资本化，其实质就是用无偿占有的剩余价值的一部分。

《资本论》第二卷《资本的流通过程》分析了剩余价值的实现条件，进而更进一步地揭示了资本主义的基本矛盾。1. 资本循环和周转理论。资本在运动过程中依次通过3个阶段：购买、生产和销售3个阶段，一次采取3种职能形式：货币资本、生产资本和商品资本，并各自完成一种特殊职能，最后回到原来的起点，这一过程就是资本的循环。资本循环周而复始，不断重复进行就是资本周转。2. 社会资本再生产理论。相互联系、相互依存的单个资本的综合就是社会资本，社会总产品是考察社会资本再生产的起点。社会总产品在价值形态上由C+V+M构成（C是不变资本，V是可变资本，M是剩余价值），与此相应，社会生产分为生产资料的生产和消费资料的生产两大部分。

《资本论》第三卷《资本主义生产的总过程》分析了剩余价值的各种现实形态，从而说明工人不仅受到单个资本家的剥削，而且受到整个资产阶级的剥削，工人阶级要改变自己的地位只能推翻整个资产阶级的统治。

阅读指导

《资本论》的问世完成了马克思政治经济学说史上的一次巨大飞跃，它所展示的伟大思想实现了革命性和科学性的统一，至今对全世界都产生着重大影响。马克思是资本主义制度的掘墓人，他在经济学上的最大贡献在于揭露了资本主义基本的矛盾，在总结前人经济学成果的基础上创建了新的政治经济学。马克思的经济理论揭示了资本主义制度的矛盾，对共产主义事业具有指导作用，构成了马克思主义的一个重要组成部分，成为无产阶级反对资产阶级的一个强大思想武器。

海底两万里 / 法国 / 凡尔纳 / “硬科幻”的代表作

作者简介

凡尔纳像

凡尔纳（1828 ~ 1905 年），生于法国西部海港南特城一个法官家庭里。18 岁以前，他在这个美丽的海港城市读书，但他从来不拘泥于书本知识，自幼便热爱海洋，向往远航探险。1848 年，凡尔纳来到巴黎学习法律，可是他对法律毫无兴趣，却爱上了文学和戏剧。毕业后在大仲马的鼓励下，开始了诗歌与戏剧的创作，先后写了 20 个剧本（未出版）和一些充满浪漫激情的诗歌。这期间，他结识了阅历深广的探索家阿拉戈，对游历冒险与科学知识产生了浓厚的兴趣，于是如饥似渴地学习各类知识，为他以后的科幻创作打下了扎实的科学基础。

1857 年，凡尔纳与已有两个小女孩的寡妇奥诺里结婚。婚后开始创作他的第一部科幻小说《气球上的五星期》。大仲马阅读了他的手稿，鼓励他在自己开创的这条科幻小说道路上坚持走下去。这部作品于 1863 年出版，获得巨大成功，从而宣告了科幻小说的诞生。此后，凡尔纳与大出版家儒勒 · 赫泽尔合作，以每年 3 卷作品的速度最终完成了他的系列科幻小说作品《奇异的漫游》，其中包括《地心游记》、《从地球到月球》、《环绕月球》、《海底两万里》、《神秘岛》等优秀作品，囊括了陆地、海洋和天空。1886 年，凡尔纳自认“进入垂老之年”，但为了完成“描绘整个地球”的雄伟目标，他以惊人的毅力战胜了病魔而潜心写作。1904 年，他完成了自己的最后一部作品《世界主人》。1905 年 3 月 25 日，凡尔纳去世。

背景介绍

好的科幻小说必须有科学的理论或精神做基础。在一些科幻小说中作者从科学理论延展出的幻想可能成为科学预言，甚至是科学指导，这样的作品被称作是“硬科幻”。凡尔纳这些倾注了作者对科学精神无限热爱的小说中的许多幻想就已成为活生生的现实。例如《从地球到月球》发表100年后，人类第一艘登月飞船就是从小说描写的发射地点——美国佛罗里达卡纳维拉尔角升空的，而且其到达月球所用的时间、着陆地点及航行速度等也与小说描述的相差无几。《海底两万里》中描写的酷似潜水艇的“水下船”也比现实中的潜水艇早了几十年，而且这艘“水下船”起了“鹦鹉螺”号的名字，而鹦鹉螺正是以自身薄薄的几毫米螺壳而承受下潜到百米深海后所面临的巨大水压的唯一螺壳动物。这一细节充分表现了凡尔纳广博的科学知识。

名著概要

《海底两万里》写于1870年，描述发生在1866年的一桩奇事：海上发现了一个被认为是独角鲸的大怪物，他撞沉了好几艘船只。法国生物学家阿隆纳克斯应邀参加追捕。追捕过程中，阿隆纳克斯、他的仆人孔塞伊和渔叉手尼德兰三人不幸落水，阿隆纳克斯爬到怪物背上，发现这个怪物并不是什么独角鲸，而是一艘构造奇妙的潜艇。潜艇船长尼摩，是个不明国籍、自称“跟整个人类断绝了关系”的神秘人物。这艘被称为“鹦鹉螺”号的潜艇是一个令人惊叹的现代工业杰作，它利用海浪发电，供给船上热、光、动力；它所需的一切都取自于海洋。它是尼摩在大洋中的一个荒岛上秘密建造起来的。阿隆纳克斯及其他同伴乘“鹦鹉螺”号，从太平洋出发，开始了海底探险旅行。

他们从太平洋出发，经过珊瑚岛、印度洋、红海、地中海，进入大西洋，看到许多罕见的海生动植物和水中的奇异景象，还发现了一座被海水淹没的名城，又经历了许多危险，如到过未开化的岛屿，经受乌贼的攻击，被困冰海等等。但在尼摩船长的带领和众位船员的努力下，他们终于克服了这一切困难。最后当潜水船到达挪威海岸时，阿隆纳克斯不辞而别，把他所知道的海底秘密公诸于世。

阅读指导

《海底两万里》是凡尔纳具代表性的作品之一。书中的主人公尼摩船长是一个带有浪漫、神秘色彩，非常吸引人的人物。尼摩根据自己的设计建造了潜水船，潜航在海底进行大规模的科学研究，但这好像又不是他这种孤独生活的唯一目的。他躲避开他的敌人和迫害者，在海底探寻自由，又对自己孤独的生活深深感到悲痛。

名家点评：

凡尔纳呕心沥血40年，给人类留下宝贵的文化财富：80部科幻小说。他的作品被译成50多种文字，在世界各地流传，是除《圣经》之外发行量最多的书籍。文学大师托尔斯泰深爱他的作品，曾亲自为凡尔纳的作品绘制17幅插图，并热情赞扬凡尔纳“是一个了不起的大师”。所以凡尔纳被人誉为“科学幻想小说之父”，是当之无愧的。但他的作品价值也不仅仅在科幻小说成就这一方面，1884年教皇在接见凡尔纳时曾说：“我并不是不知道您的作品的科学价值，但我最珍重的却是它们的纯洁、道德价值和精神力量。”可见他的作品所具有的普遍性价值。

由于这三部曲在情节上紧紧连接在一起，这个神秘人物的谜底直到三部曲的第三部才被揭开，所以读者如果对这部作品感兴趣，最好能将这三部曲都放在一起阅读，这样你才会充分领略凡尔纳早期为我们所创造的海洋科幻历险系列的超凡艺术魅力。

这部小说最能代表他丰富多彩的想象和缜密细腻的行文特点。小说中情节设置古怪离奇，生动形象地描绘了充满神秘色彩的海底世界。语言生动有趣，既是艺术的语言，又是科学的语言，对各种海底事物的说明入木三分，惟妙惟肖，特别是那艘“鹦鹉螺”潜艇，它诞生在真正的潜艇之前，不仅让读者如痴如醉，事实上也给后来的工程师们制造真实实用的潜艇提供了有益的启发。从这个意义上说，凡尔纳不愧是天才预言家。

悲剧的诞生 / 德国 / 尼采 / 重估美的价值

作者简介

尼采（1844 ~ 1900年），德国著名哲学家、权力意志论者，德国古典语言学家、美学家、诗人。他出生于普鲁士萨克森州罗肯镇的一个牧师家庭，父亲和祖父都是路德教派的牧师。尼采从小就受到宗教气氛的熏陶，中学时爱好诗歌和音乐。1864年进入波恩大学学习神学和古典语言学，次年放弃神学，转入莱比锡大学，开始接触叔本华的著作。1869年任瑞士巴塞尔大学语言学教授，接着，莱比锡大学免试授予他博士学位。1872年，尼采发表第一部美学作品《悲剧的诞生》遭人抨击，威信扫地，但仍埋头从事著述。1879年因病辞去巴塞尔大学教授，专事著述，从此开始无职、无家、无友的孤独生活。1879 ~ 1889年初，尼采辗转意大利、瑞士、法国、德国的一些城镇之间，离群索居，闭门写作。1889年元月初，不慎摔倒在地，从此精神失常，身体状况每况愈下，直至1900年8月25日离开人世，终身未婚。尼采精通希腊文和拉丁文，对古希腊文化有精深研究，具有非凡的文学和音乐天赋。他的主要著作有《太有人性的人》、《曙光》、《快乐的科学》、《查拉斯图拉如是说》、《善恶的彼岸》、《反基督徒》和遗稿《权力意志——重估一切价值的尝试》。

背景介绍

尼采生活的时代，正值西方资本主义由自由竞争走向垄断的时代。一方面，在资本主义自由竞争中，人们不择手段攫取金钱，由于这种变态的追求，导致人性受到扭曲，人沦为金钱与物质的奴隶。另一方面，由于资本主义自由竞争的加剧，形成垄断，大批中小资产阶级被迫破产，资产阶级知识分子对这样一种状态失去信心，感到前途一片渺茫。而当时流行的各种资产阶级哲学思想无法使他们摆脱困境。尼采采取了从人类角度对资产阶级思想家在其中生存与活动的社会环境的各个方面做出彻底批判，引起了民众的强烈共鸣。

名著概要

《悲剧的诞生》是尼采第一部出版的著作，也是他的美学代表作。尼采在文中以探讨古希腊悲剧的起源为线索，阐述了以苏格拉底为转折标志的古希腊前后期文

众神聚会

画面表现了森林里众天神饮酒相会的场面。在尼采看来，酒神带给人的是沉醉、放纵、迷失。

精彩语段

每个人在创造梦境方面都是完全的艺术家，而梦境的美丽外观是一切造型艺术的前提。

诗的境界并非像诗人头脑中想象出的空中楼阁那样存在于世界之外，恰好相反，它想要成为真理而不加掩饰的表现，因而必须抛弃文明人虚假现实的矫饰。

知识能改造世界，科学能指导人生。

化的根本区别，对弘扬人的自然生命，以勇士般的、审美的态度对待个体生命根本性悲剧命运的前期古希腊文明大加推崇，指出人具有日神精神与酒神精神两种根本性的对立冲动，前者以理性的静观创造外观的幻境，维护个体以获得生存的意义；后者以个体化的毁灭为手段，返归作为世界本原的原始生命冲动，从而获得最高的审美愉悦和生存意义。两者的统一产生了古希腊悲剧；审美是人赖于生存的唯一价值。尼采在作品中还分析了酒神艺术在现代再生的可能性。《悲剧的诞生》的基本思想主要体现在以下3方面：

一、艺术源于日神与酒神精神的对立统一。尼采认为，早在古希腊，艺术就包括两种精神，一是酒神，即狄奥尼苏斯；二是日神，即阿波罗。酒神用酒使人在沉醉中忘掉自己，尽情放纵情欲，甚至蓄意毁掉个人，在酒神状态中，是“情绪的总激发和总释放”。日神是光明之神、造型之神，是美的外观象征。悲剧起源于这二者的融合，而希腊艺术的不朽源于希腊文化中这两种对立又统一的精神。

二、艺术是人生的救难仙子。尼采认为，面对着艰难困苦的人生，唯有艺术才使人们不会产生厌世的消极心境。因而，他在本书的“序言”中对艺术提出了自己独到的看法。“对于这些严肃的人来说，我只能这样对他们说：我确信艺术是人类的最高使命和人类天生的形而上活动，我要在这里把这部著作奉献给人类，奉献给走在同一条路上的人类的先驱者。”尼采把人生与美联系起来，强调艺术表达生活的作用的时候，把美与艺术绝对化，认为美只有与人生联系起来才有意义。

三、人生就是悲剧美。尼采通过对希腊文化的研究发现：希腊人对人生的痛苦、艰难与恐怖有着细致而深刻的感受，但他们不悲观厌世，不逃避现实，而是勇敢地接受命运，面对人生。希腊人的这种精神体现了人生的悲剧美。由于苏格拉底的出现，古希腊文化中的悲剧精神被一种理智而乐观地看待世界与人生的态度所取代，古希腊文化开始走向没落。而中世纪的基督教神学以及近代的理性主义运动更使悲剧精神丧失殆尽。尼采认为唯有在悲剧文化中，人才能观照到世界的真实性，才能承受人类所有的得失、新旧、希望和胜利。因此，尼采对人生的态度是乐观和积极的，他倡导日神与酒神相结合的即生命力强的、积极向上的、不断进行创造性活动的人生。

阅读指导

尼采在《悲剧的诞生》中，通过对古希腊悲剧艺术的探讨，揭示出他对艺术、文化、历史、社会、人性、道德等许多问题的基本观点，第一次把他的哲学、美学思想公诸于世。在此书中，尼采的唯意志论、超人哲学、非理性主义已初见端倪。尼采在美学上的成就在于以美学解决人生的根本问题，即提倡一种审美的人生态度。尼采是一个十分重要而又有争议的复杂人物，他的美学思想具有全面反传统的性质，对 20 世纪的西方现代美学和文学艺术的发展产生了极为重大的影响。

古代社会 / 美国 / 摩尔根 / 第一部原始社会发展史

作者简介

摩尔根（1818 ~ 1881 年），美国人种学家和科学人类学的创始人，尤其是以建立亲属关系系统的研究和社会进化的综合理论著称于世。他出生于美国纽约州奥罗拉镇附近的一个农庄，父亲是个富裕的农庄主。1840 年，摩尔根以优异的成绩毕业于罗彻斯特联合学院。1842 年获得律师资格，两年后，在罗彻斯特开设律师事务所，直至去世。摩尔根在美国学术上享有很高的声誉，1873 年获得美国联合学院的名誉博士学位，1875 年当选为美国国家科学学会会员，1880 年任美国科学促进会主席。摩尔根一生勤奋好学，酷爱钻研，从小就对家乡附近的易洛魁人的风俗感兴趣，大学毕业后，组织了一个研究印第安人的学会——“大易洛魁社”。他作为律师竭力为印第安人辩护。1846 年，摩尔根被易洛魁人塞内卡部落鹰氏族收为养子，这就为他进一步了解易洛魁印第安人的社会组织和文化生活，考察他们的宗教信仰、民族习俗和婚姻状况提供了条件。1851 年，他写成了第一部专著《易洛魁联盟》，是世界上第一部以科学态度研究印第安人的著作。而后他对世界各民族的亲属制度进行了广泛调查了解，经过近 10 年的不懈努力，掌握了人类 139 个部落和民族的近 20 种亲属制度的资料。从 1862 ~ 1865 年，他整理写出了第二部著作《人类家族的亲属制度》，创立了完整的家庭发展史。自此以后，他埋头撰写最重要的著作《古代社会》。在晚年时他仍不辞劳苦进行实地考察，并把自己长期积累的有关印第安人房屋的图画和照片等资料整理成书，也就是他的最后一部著作《美洲土著的房屋和家庭生活》。这本书可视为《古代社会》的补编，用房屋建筑的发展来印证美洲印第安人部落社会的发展。摩尔根抱病写完最后一部著作之后，于 1881 年 12 月 17 日病逝。

背景介绍

摩尔根生活的时代，正是资本主义制度发展中的一个重要阶段。在美国，南北战争消灭了南方的奴隶制，工农业资本主义蓬勃发展，引起了思想领域的巨大变化。在学术领域里，生物进化论和社会进化论普遍流行，在达尔文的影响下，许多社会科学家开始用进化论的观点解释人类社会，对原始社会史研究提出了一些有价值的见解。1861 年，瑞士学者巴霍芬的《母权论》的出版，标志着人类家庭史研究的开端。另外，考古学、人种学、地质学等学科的迅速发展，也提供了大量的参考资料。摩尔根对上述科学成果极为关注，对进化论产生了浓厚兴趣，并深受其影响。同时，傅立叶和欧文的空想社会主义理论也影响到了摩尔根，他对未来社会的共产主义要求的思想大概源于此，既需要工人阶级自身力量的不断壮大，更需要有科学的理论指导。

名著概要

《古代社会》一书全称是《古代社会，或人类从蒙昧时代经过野蛮时代到文明时代的发展过程的研究》。全书分为 4 编，共 26 章，从原始人类生产技术发明和发现的发展、社会组织结构的发展、婚姻家庭形式的发展以及财产制度的发展这 4 个方面深入探讨了人类早期社会发展的规律。

第一编《各种发明和发现所体现的智力发展》共 3 章，主要根据生活资料和生产的进步，把历史划分为蒙昧、野蛮和文明 3 个时代，把前两个时代又划分为低级、中级、高级 3 个阶段。阶级社会以后的历史属于文明时代。作者提出了“生存技术”理论，详细论述了 5 种依次相接的“生存技术”，阐明了物质生产力是人类社会进步的决定性因素。同时，摩尔根将人类在近代社会、中世纪、希腊和罗马的文明时代、野蛮时代、蒙昧时代的主要成就分门别类，予以比较，得出了“人类发展进度成几何比例”的结论。

第二编《政治观念的发展》共 15 章，占全书 60%的篇幅，也是最重要、最精彩的部分。摩尔根阐述了他的原始社会学说的核心部——氏族的组织结构及其基本特征。他以易洛魁人和希腊人、罗马人为例，分别剖析了母系氏族、父系氏族的典型形式，并以非洲、亚洲、澳洲和欧洲等众多民族的资料为依据，论证了氏族制度的普遍意义。概言之，此编以大量资料深刻阐述了社会形态的发展过程，即由血缘关系组成的氏族社会过渡到以地域和财产为基础组成的政治社会即国家。

第三编《家庭观念的发展》共 6 章，从研究各民族的亲属制度入手，论述了人类婚姻和家庭发展史，提出了从杂交经群婚到一夫一妻制的家庭进化理论。摩尔根采用从亲属制度追踪婚姻家庭形式的科学方法，阐述了人类历史上顺序相承的 5 种婚姻家庭形式：血婚制（血缘）家庭、伙婚制（普那路亚）家庭、偶婚制（对偶）家庭、父权制家庭（特殊形态）和专偶制家庭即一夫一妻制，分析了每一种家庭形式的基本特征及其发生、发展的情况。

第四编《财产观念的发展》共 2 章，是全书的总结。追述了财产关系在原始社会各个阶段直到阶级社会的发展变化，阐明了历史上存在着两种财产所有制，即公有制和私有制，以及由前者向后者的转变。作者指出，原始社会曾出现过 3 种财产继承法，第一种必须留在本氏族内，第二种是通过男性追溯到同一祖先的人，死者的子女居之首位，第三种是由已故所有者的子女继承。在此基础上，作者对私有制财产的作用做了深刻论述，并在本书的末尾揭露了资本主义社会的本质和它必然灭亡的命运。预见未来的社会“将是古代氏族的自由、平等和博爱的复活，但却是在更高形式上的复活”。

阅读指导

《古代社会》是以进化论思想为指导，通过几十年的调查研究写出的一部综合性的人类学著作，也是学术史上第一部用人类学材料写成的原始社会的发展史。它在科学史上第一次比较系统全面地阐明了原始社会的生产生活、社会结构、婚姻家庭等主要制度的基本特征及其发展情况。恩格斯评价《古代社会》在论述社会的原始状况方面，像达尔文学说对于生物学那样具有决定性的意义。由于历史条件的限制，摩尔根是自发的唯物主义者，而不是自觉的唯物主义者，并且所使用的有些材料不完整或不准确，影响了作品的科学性，但瑕不掩瑜，《古代社会》仍是一部伟大著作。

安娜·卡列尼娜 / 俄国 / 托尔斯泰 / 批判现实主义文学的丰碑

作者简介

托尔斯泰（1828 ~ 1910 年），19 世纪俄国最伟大的作家。出生于一个古老贵族家庭，父母早亡。1840 年进入喀山大学东方语文系学习，受到卢梭、孟德斯鸠等启蒙思想影响。1847 年退学回故乡从事农奴制的改革，失败后，于 1851 ~ 1854 年间在高加索军队中服役，参加过克里米亚战争。其间开始写作。几年军旅生活不仅使他看到上流社会的腐化，而且为以后在其巨著《战争与和平》中能够逼真地描绘战争场面打下了基础。此时，托尔斯泰开始发表其自传体小说三部曲：《童年》(1852)、

《少年》（1854）、《青年》（1857），这些作品反映了他对贵族生活的批判态度，“道德自我修养”主张和擅长心理分析的特色。

托尔斯泰像

1857年托尔斯泰出国旅行，看到资本主义社会矛盾重重，但找不到消灭社会罪恶的途径，只好呼吁人们按照“永恒的宗教真理”生活。这些观点反映在其短篇小说《琉森》（1857）之中，后又创作了探讨生与死、痛苦与幸福等问题的《三死》、《家庭幸福》。1860 ~ 1861年，为考察欧洲教育，托尔斯泰再度出国，结识赫尔岑，听狄更斯演讲，会见普鲁东。他认为俄国应在小农经济基础上建立自己的理想社会；农民是最高道德理想的化身，贵族应走向“平民化”。这些思想鲜明地体现在其中篇小说《哥萨克》（1852 ~ 1862年）之中。

1863 ~ 1869年，托尔斯泰创作了长篇历史小说《战争与和平》，这是其创作历程中的第一个里程碑。1873 ~ 1877年，他经12次修改，完成其第二部里程碑式巨著《安娜·卡列尼娜》。70年代末，托尔斯泰的世界观发生巨变，写成《忏悔录》（1879 ~ 1882）。1889 ~ 1899年创作的长篇小说《复活》是他长期思想、艺术探索的总结，也是对俄国社会批判最全面深刻、有力的一部著作，成为世界文学不朽名著之一。托尔斯泰晚年力求过简朴的平民生活，主动要求放弃贵族称号。1910年10月从家中出走，11月7日病逝于一个小站。

背景介绍

《安娜·卡列尼娜》的构思于1870年，到1873年才开始动笔。这是作者一生中精神困顿的时期。最初，托尔斯泰是想写一个上流社会已婚妇女失足的故事。但随着写作的深入，原来的构思不断被修改。小说的初步创作仅用了短短的50天时间便得以完成，然而托尔斯泰很不满意，他又花费了数十倍的时间来不断修正，前后经过12次大的改动，迟至4年之后才正式出版。这时，小说废弃的手稿厚达1米多！“全部都应当改写，再改写”，这是托尔斯泰经常挂在嘴边的一句话。显然，一部《安娜·卡列尼娜》与其说是写出来的，不如说是改出来的。

正是在作者近乎苛刻的追求中，小说的重心有了巨大的转移，安娜由最初构思中的“失了足的女人”（她趣味恶劣、卖弄风情、品行不端），变成了一个品格高雅、敢于追求真正的爱情与幸福的“叛女”形象，成为世界文学中极具反抗精神的女性之一。

名著概要

安娜·卡列尼娜是彼得堡大官僚卡列宁的妻子。为了拯救哥哥奥勃朗斯基与其妻多丽的家庭危机，她从彼得堡来到莫斯科，并在火车站与近卫军军官渥伦斯基邂逅。安娜的高雅风姿使渥伦斯基颇为倾倒，然而在大家的心目中，渥伦斯基应该是多丽之妹吉提的结婚对象。因为当时吉提正迷恋着渥伦斯基，她为此甚至还拒绝了出身莫斯科贵族世家的康坦斯丁·列文的求婚。安娜的到来使得多丽和丈夫言归于好，却使吉提陷入了不幸。

渥伦斯基在舞会上频频向安娜献殷勤，最后竟然跟随安娜回到圣彼得堡。这使得吉提颇为伤心，也让安娜深感为难。起初，安娜一直压抑着自己的热情，但渥伦斯基狂热的爱情最终还是唤起了安娜心中沉睡已久的爱情火种，他们俩终于不顾一切地结合了。不久，安娜即怀上了渥伦斯基的孩子。渥伦斯基要求她立刻与丈夫离婚，但安娜因舍不得长子谢辽沙而无法下定决心。

一天，安娜与丈夫卡列宁一起去观看一场盛大的赛马会。当她看到渥伦斯基在超越障碍不慎摔下马时，情不自禁地大声叫起来。安娜的失态引起了丈夫的怀疑。回家途中，安娜终于向丈夫承认了她与渥伦斯基的关系。恼怒的卡列宁权衡再三，害怕因家庭纠纷而影响自己的名誉和前途。于是他要求安娜一切维持现状，只是不许在家里接待渥伦斯基。

另一方面，求婚未成的列文回到了自己的庄园。他开始思考农业的出路问题，并决定到国外去寻求经验。归途中又恰与吉提相遇。在多丽的安排下，他们终于消除隔阂，很快就结了婚。

不久，安娜生下一名女婴，但却由于分娩时患产褥热而感染重病。病危之际，她请求丈夫能够宽恕她，并且希望他能和渥伦斯基和解。卡列宁深受感动，含泪把手伸给渥伦斯基，并主动让他留在安娜身边。而渥伦斯基也由于愧疚而深感自己的卑劣与渺小，他举枪自杀，却自杀未遂。病愈之后的安娜和渥伦斯基又无法抑制彼此的爱欲之火，终于决定抛弃一切，私奔到国外去。他们在欧洲逍遥了3个月，在百无聊赖之际又回到国内。但此时的上流社会对他们冷眼相加，安娜更是处处遭受冷遇。渥伦斯基被社会舆论和重新踏进社交界的欲望压倒，经常为社交事宜与安娜发生口角；被冷落的安娜也非常担心渥伦斯基爱上了别的女人。一次争吵之后，渥伦斯基愤然出走，绝望的安娜终于明白了自己是一个被侮辱和被唾弃的人。她想起了第一次与渥伦斯基见面的情景，生存意志霎时消失，向正在驶来的火车扑过去。

列文和吉提的生活依然平静而幸福。虽然农业改革计划并不是很顺利，他也曾一度陷入苦闷彷徨的境遇。但他们怀着对上帝的信仰，正决心携手去体验生活的艰辛、闲暇和怡人的美。

阅读指导

《安娜·卡列尼娜》由交织着的两条主要的平行线索和一条具有联结性作用的次要线索建构而成，整体上反映了俄国在农奴制改革后“一切都翻了一个身，一切都刚刚安排下来”的那个时代在政治、经济、道德、心理等各方面的情况与冲突。通过安娜追求自由爱情这一线索，小说展示了封建主义家庭关系的瓦解和道德的沦丧；通过列文与吉提的爱情和探索农村改革出路的线索，小说描绘了资本主义势力侵入农村后，地主经济所面临的各种危机，揭示了作者执著地探求出路的痛苦心情。而多丽——奥勃朗斯基这一次要线索则将这两条主线巧妙地联结起来，使这 3 条线索在家庭思想上相互对应、参照，勾勒出 3 种不同类型的家庭模式和生活方式。作者通过这 3 条线索描绘了俄国从莫斯科到外省乡村广阔而丰富多彩的图景，先后描写了一百五十多个人物，使得这部作品成为一部社会百科全书式的作品。

《安娜·卡列尼娜》插图

安娜这一叛逆的失节妇女形象在本书中占有非常重要的地位。对现代读者而言，安娜的行径可能并不意味着什么，但是在当时的情况下，这一形象却很可能被一些作家描写为不入流的货色，因此托尔斯泰对这一人物形象塑造的成功便具有特殊的意义。总的来说，安娜应该算得上是一个具有资产阶级个性解放思想的贵族妇女，她追求的虽然只是个人的爱情自由，采用的也只是个人反抗的形式，但她敢于同整个上流社会对抗，敢于做整个社会思想伦理道德的叛逆者，无疑具有非同一般的意义。当然，安娜丢弃做母亲的天职和做妻子的义务，也必然要受到一些读者的谴责。这本身就构成了安娜这一形象的复杂性。而这一复杂性显然又是与作者的思想矛盾有着一定的关联。安娜之死与列文一家最终的幸福对比也许也在某种程度上向读者暗示着什么。

从艺术成就上看，几条平行线索互相对照、相辅相成的“拱门式”结构应该可以算是作者的独创，这对后来的长篇小说创作具有非常重要的借鉴意义。此外，作者在心理描写上的细致入微、精妙绝伦以及小说中存在的大段大段的人物内心独白，无疑也是非常成功的典范。早在这本书刚出版的年代，当时的人们就已经意识到它所达到的高度是俄国文学从未达到过的。托尔斯泰不仅较好地继承和发扬了俄国批判现实主义描写的优秀传统，也把19世纪批判现实主义艺术本身推向了最高峰，树起了一面高耸入云的丰碑。这使得这部著作在世界文学史上占有非常重要的地位。

羊脂球 / 法国 / 莫泊桑 / 欧洲短篇小说杰作

作者简介

莫泊桑（1850 ~ 1893年），法国作家，生于法国西北部诺曼底省的一个没落贵族家庭。1870年到巴黎攻读法学，适逢普法战争爆发，遂应征入伍。退伍后，先后在海军部和教育部任职。19世纪70年代是他文学创作的重要准备阶段，他受老师、诗人路易·布那影响，开始多种体裁的文学习作。后在福楼拜亲自指导下练习写作，参加了以左拉为首的自然主义作家集团的活动，并以《羊脂球》（1880）入选《梅塘晚会》短篇小说集而一举登上法国文坛。莫泊桑的文学成就以短篇小说最为突出，他共创作了三百五十多篇中短篇小说，有世界“短篇小说之王”的美称。他擅长从平凡琐屑的事物中截取富有典型意义的片断，以小见大地概括出生活的真实。他的短篇小说侧重摹写人情世态，构思布局别具匠心，细节描写、人物语言和故事结尾均有独到之处。除了《羊脂球》这一短篇文库中的珍品之外，莫泊桑还创作了包括《一家人》（1881）、《我的叔叔于勒》（1883）、《米隆老爹》（1883）、《两个朋友》（1883）、《项链》（1884）等在内的一大批思想性和艺术性完美结合的短篇佳作。

莫泊桑的长篇小说也取得比较高的成就。他共创作了6部长篇:《一生》（1883）、《俊友》（又译《漂亮朋友》，1885）、《温泉》（1886）、《皮埃尔和若望》（1887）、《像死一般坚强》（1889）和《我们的心》（1890），其中前两部已列入世界长篇小说名著之林。

背景介绍

1870年，普法战争爆发。这一场战争不仅影响了莫泊桑的人生道路，而且也从更深刻的意义上影响了他的文学世界。几乎所有的法国人都在思考，为什么强大的法兰西会在普鲁士面前一败涂地，许多有良知、有爱国热情的作家也创作出了以此为题材的作品。莫泊桑的这部成名作就正是他思索的结果。在作品中，他不但揭露了普鲁士侵略者的凶残与荒淫，也向大家揭示了法国上层人士的无耻嘴脸。

名著概要

普法战争期间，普鲁士军队占领了卢昂，他们给这个城市带来了骚乱与恐怖。这时，有10名居民弄到了通行证，他们一起乘上了一辆马车，准备逃到还未被占领的哈佛港去。这10人中有暴发户、奸商“鸟先生”与他的夫人，有阴险的资本家加雷拉玛东与他漂亮的妻子，有布雷维尔伯爵夫妇，还有两个修女和一个浪荡子高尼岱，最后一个便是绰号“羊脂球”的妓女。刚开始，这些上流社会的人对羊脂球都非常鄙视，不屑一顾，然而，他们都没带食物，只好相继放下架子吃了羊脂球所带的食物。

《羊脂球》中的马车

来到多特，他们住进了旅馆，普鲁士军官看了通行证，但仍极不客气。

后来，一个军官想要和羊脂球睡觉，但遭到了拒绝。于是，那位军官就不让他们出发。刚听到这个消息，大家都极为愤怒，大骂那个军官不是东西。但到了第二天，他们就迁怒于羊脂球，甚至觉得正是这个女人才害得他们待在这个危险的地方，后来他们竟商量怎样把羊脂球弄给那个军官。于是他们绞尽脑汁，暗示羊脂球为了爱国而应当献身，后来，两个修女也加入了诱劝的行列。最后，羊脂球终于答应了。

第二天他们便上路了，然而大家突然都不理羊脂球了，似乎觉得她极肮脏。过了一会儿，大家都饿了，他们开始吃自己准备的丰盛食物，而羊脂球这次则因为慌张匆忙，什么也没有准备，但他们谁也不理她。这时，高尼岱吹起口哨来，那是《马赛曲》的调子，这使得那些道貌岸然的人很不舒服，但又毫无办法。他就这样一遍又一遍地吹下去，中间不时送出一阵羊脂球抑制不住的哭声。

阅读指导

福楼拜对莫泊桑的创作有着巨大而深刻的影响，其中最为重要的就是他反复向莫泊桑强调灌输的“一字法”。他告诫莫泊桑说：“无论你所要讲的东西是什么，真正能够表现它的句子只有一句，真正适用的动词和形容词也只有一个，就是那最准确的一句、一个动词和形容词……而你必须把唯一的句子、唯一的动词、唯一的形容词找出来。”莫泊桑的这部作品就是在这种艰苦的文学劳作下产生的，虽然翻译会使这种味道损失一部分，但我们认真阅读，还是能体会到他用词的精准与传神。

哈克贝里·费恩历险记 / 美国 / 马克·吐温 / 对社会秩序的挑战

作者简介

马克·吐温（1835 ~ 1910 年），本名塞谬尔·朗赫恩·克莱门斯。他出生于密西西比河畔小城汉尼拔的一个贫穷的乡村律师家庭，从小出外拜师学艺，当过排字工人、密西西比河水手、南军士兵，还经营过木材业、矿业和出版业，但有效的工作是当记者和写作幽默文学。马克·吐温是美国批判现实主义文学的奠基人，世界著名的短篇小说大师。他经历了美国从“自由”资本主义到帝国主义的发展过程，其思想和创作也表现为从轻快调笑到辛辣讽刺再到悲观厌世的发展阶段。马克·吐温的成名之作是发表于 1867 年的《卡拉韦拉斯县驰名的跳蛙》。他的早期创作，如

马克·吐温像

短篇小说《竞选州长》（1870）、《哥尔斯密的朋友再度出洋》（1870）等，以幽默、诙谐的笔法嘲笑美国"民主选举"的荒谬和"民主天堂"的本质。中期作品，如长篇小说《镀金时代》（1874，与华纳合写）、代表作长篇小说《哈克贝里·费恩历险记》（1886）及《傻瓜威尔逊》（1893）等，则以深沉、辛辣的笔调讽刺和揭露像瘟疫般盛行于美国的投机、拜金狂热，及暗无天日的社会现实与惨无人道的种族歧视。19世纪末，随着美国进入帝国主义发展阶段，马克·吐温一些游记、杂文、政论，如《赤道环行记》（1897）、中篇小说《败坏了哈德莱堡的人》（1900）、《神秘来客》（1916）等的批判揭露意义也逐渐减弱，而绝望神秘情绪则有所增长。马克·吐温被誉为"美国文学中的林肯"。

背景介绍

哈克贝里·费恩是活跃在《汤姆·索亚历险记》和《哈克贝里·费恩历险记》中的主人公。马克·吐温自称，"费恩"这个姓，取自他幼年时的老家密苏里州汉尼拔小镇上一个流浪汉醉鬼的姓，但性格上的原型是另一个流浪汉的，吐温赞他是新区内"唯一一个真正特立独行的人物"；而哈克贝里乃是一种野生的浆果，可做啤酒。吐温为本书主人公取这个名，可见赋予主人公粗犷色彩与平民色彩。哈克贝里之所以具有反抗乃至叛逆性格，显然不是偶然的。还有一种说法认为，马克·吐温为本书主人公取名"哈克贝里·费恩"是因为这个名字发音与他自己的姓名发音相近。"哈克"发音与"马克"相近；"费恩"发音与"吐温"相近。哈克贝里·费恩与马克·吐温当然不能等同，但又血肉相连，在某种程度上，他们二者是心灵相通的。不少资料表明，乡下孩子出身、自学成才的马克·吐温对本书主人公心灵的塑造倾注了心血，其取名是深思熟虑、含义深长的。

名著概要

该书紧接着《汤姆·索亚历险记》的故事而来。汤姆·索亚和哈克贝里·费恩这两个小顽童在贫穷的圣·彼得士堡小村子里发动了一场大骚动。他们两人在马库他耳洞窟内玩要时，发现了凶恶的杀人犯英姜乔的尸骨和一大箱金币。这笔巨款是由英姜乔抢得并藏在洞窟内的，只是因为他找不到出口才在洞窟内活活饿死。汤姆和哈克平分了那笔巨款，他们都成为有 t 钱人了，因此一下子就在村子

相关链接

《汤姆·索亚历险记》是马克·吐温的四大名著之一，也是《哈克贝里·费恩历险记》的姊妹篇，最初出版于1876年。这部小说描写的是以汤姆·索亚为首的一群孩子天真浪漫的生活。他们为了摆脱枯燥无味的功课、虚伪的教义和呆板的生活环境，做出了种种冒险经历。据说其中不少事情都是作者的亲身经历，因此又带有自传性质，读来觉得亲切有味。正如作者本人所说，这本书既为天真的儿童所作，也是为成年人的美好回忆所作。

里引起轰动。

道格拉斯寡妇决定收养哈克这个流浪顽童，并说等她筹足钱后就让他做小买卖，当然哈克的钱也被她收去了。哈克虽然住在道格拉斯家中，但是天生的野性使他无法忍受道格拉斯的严厉管教，他过不惯体面人的生活，所以经常离家出走。刚好这时有一位从没露面却自称是哈克的父亲的人，要带走哈克并要回那笔钱。这个人是个酒鬼和流氓。他每次酒醉后都要闹事。村人们为此大伤脑筋，最后终于答应让他带走哈克和那笔钱。谁料这个人却将可怜的哈克关在伊利诺伊州附近的一处古老的小木屋里，不过聪明的哈克还是有办法，他利用密西西比河涨潮的机会顺利逃走了。

哈克逃到杰克逊岛避难，在这个岛上他无意中遇见道格拉斯寡妇妹妹的黑人奴隶吉姆。吉姆也是因为无法忍受沉重的工作而逃到杰克逊岛来的。他们两个人就一起躲在岛上生活，后来发现有人来搜索，便乘着竹筏准备逃到对岸的自由区去。可惜他们的竹筏却在航行的途中和蒸汽轮船撞上了，哈克和吉姆都掉到河里。一位富商救起了哈克，但是后来他们卷入到一系列的纷争和枪击事件中。不久哈克和吉姆又再次见面，但是他们这一次又很不幸地被两位自称是“年轻的公爵”和“老国王”的江湖郎中所骗。这两个骗子教哈克和吉姆各种骗钱的把戏，让他们到各城市去传教骗钱，或是到乡间去愚弄乡民等等，有时遇到有人死亡还让他们到死人家中诈骗钱财，真是无所不用其极。后来哈克好不容易才逃回到船上，但是他却没找到吉姆，因为吉姆已经被“老国王”卖到菲尔富士农夫家中去了。哈克知道这件事后就和汤姆商量如何救出吉姆。经过一番惊险的行动，他们终于成功地带领吉姆逃出菲尔富士家。但是在逃亡途中，汤姆的脚却不幸被枪击中了，伤势很严重，只好让吉姆陪他到镇上治疗，一不小心吉姆又被捉走了。这个时候菲尔富士太太也就是汤姆的叔母玻莉来到了镇上。她带来消息说：道格拉斯寡妇的妹妹已经死了。她在遗嘱里答应解除吉姆的奴隶身份，恢复吉姆为自由身。而哈克的父亲也死了，他也恢复了自由身。不过这次他要由玻莉叔母收养。哈克曾经在道格拉斯寡妇那儿吃过苦头，对于这种被文明人士教养的经历，他实在受不了。

阅读指导

《哈克贝里·费恩历险记》自发表以来深受世界各国人民的喜爱，其奥妙就在于它给美国和世界各国的读者打开了一个独特的富于美国式幽默气质的心灵世界，一个西部开发时期千千万万普通老百姓进行豪迈拓殖时幽默气质的心灵世界。作者将儿童的历险与广阔的社会现实联系起来，使得全篇的现实主义描绘与传奇式的浪漫主义抒情结合起来，其中又不乏尖锐深刻的揭露和幽默辛辣的讽刺，这形成马克·吐温独具的幽默艺术风格。书中还经常出现很多生动形象的方言俚语，使作品平添了许多情趣。由于该书的创作正值作者创作巅峰时期，因此我们完全可以从这本书中充分领略到马克·吐温的幽默讽刺艺术。

哈克贝里·费恩的形象也给人们留下了深刻的印象，很多人认为这个孩子正是密西西比河的精神所寄托的象征，具有一种史诗般的英雄主义倾向。从另一方面来看，这个人物也反映了作者对自由的追寻和对逝去童年时代的美好向往。而下层人民出身的哈克所梦想的这种自由，这种“新的文化”，恰恰也是作者自己从人生经历和美国社会历史发展当中提炼出来的，因此他显然又具有一种文化意义上的价值。

在该书的众多主题当中，反对种族歧视也是一个非常重要的主题。作者从人道主义出发，以同情的笔调塑造了吉姆这一黑奴形象，对处在奴隶地位的黑人悲惨生活也做了一定的揭露。这反映了作者的进步思想倾向。凡此种种，都使该书成就了其在美国文学发展史中不可替代的重要地位。

福尔摩斯探案集 / 英国 / 柯南道尔 / 侦探小说的最高峰

作者简介

柯南道尔（1859 ~ 1930 年），英国杰出的侦探小说家、剧作家，出生于苏格兰爱丁堡附近的毕卡第·普拉斯。柯南道尔青少年时期在教会学校读书，后来在爱丁堡大学攻读医学，于 1881 年取得医师资格，1885 年获医学博士学位。他行医十余年，收入仅能维持生活。因急于增加收入，所以改行写小说。开始不甚得法，后来受了法国小说家加波儒与爱伦·坡的影响，决心试写不落前人窠臼的侦探小说。1886 年 4 月，他写成福尔摩斯的第一个侦探故事《血字的研究》，几经退稿才发表。1890 年《四签名》发表，从此闻名于世。1891 年弃医从文，专门从事侦探小说创作。从 1891 年

7月开始，《波希米亚丑闻》等12个福尔摩斯侦探故事，陆续在《海滨杂志》上发表，于1892年汇编成《冒险史》发表。1892年底，以《银色马》开始的12个福尔摩斯侦探故事陆续发表，1894年，这12个故事汇编成《回忆录》出版。1894年决定停止写侦探小说，在《最后一案》中让福尔摩斯在激流中死去。不料广大读者对此愤慨，提出抗议。柯南道尔只得在《空屋》中让福尔摩斯死里逃生，又写出《巴斯克维尔的猎犬》、《归来记》、《恐怖谷》等侦探小说。1902年，因为英国南非政策辩护而受封爵位。

柯南道尔像

背景介绍

柯南道尔为书中的主人公取名时，想到英国板球家和另一位著名美国作家，都叫福尔摩斯，便替他的侦探取名为歇洛克·福尔摩斯。而作为故事叙述者的华生博士，则取名自其友人詹姆斯·华生博士。事实上，福尔摩斯脱胎自一位真实人物，这位特殊的人物，就是柯南道尔在爱丁堡大学学医时的一位教授约瑟夫·贝尔。柯南道尔年轻时，曾是贝尔医生的学生助教。贝尔教授对于人物和事件的卓越观察力和神奇的推理能力活脱就是福尔摩斯的化身，这一点深深地影响了柯南道尔。他在作品中同样也赋予了福尔摩斯以解剖刀式的眼光和超凡的逻辑推理能力，以至于事隔多年之后，英国皇家化学学会还宣布追认这个虚拟的侦探小说人物福尔摩斯为荣誉会员。

名著概要

福尔摩斯的故事由多个系列组成，但研究者还是从这些故事中归纳出福尔摩斯的个人经历：他出生于1854年，有一兄麦克罗夫，双亲不详，祖母是法国人，因为她的父母均为画家，所以福尔摩斯继承了这种艺术家的气质，他的侦探天赋在某种程度上也是这种才能的异化。福尔摩斯曾经在贵族式的私立公学读书。他在牛津或剑桥大学学习，专攻化学，不喜欢交际，也不热衷一般的运动，但精于击剑和拳击。大学期间曾受同学之父的影响，决心以侦探为业。毕业前，其分析和推理能力已经在同学中开始出名。1875年大学毕业，两年后在伦敦大英博物馆附近的蒙塔古街开设侦探事务所，接办由同学介绍的案件。25岁时，由于侦破马斯格雷夫典礼案而崭露头角。1877年认识华生，并合租贝克街寓所。福尔摩斯向苏格兰场的雷斯垂德和葛莱森介绍华生，此二人在福尔摩斯探案中经常出现，福尔摩斯虽然调侃这些官方的警探，但又总是将破案归功于他们。此后华生即作为福尔摩斯的拍档和传记作者出现。

1889 年福尔摩斯 35 岁时，华生与《四签名》中的摩斯坦小姐结婚，随即搬离贝克街，但仍与福尔摩斯保持密切联系。1891 年，两人一同在欧洲大陆漫游，在瑞士的莱辛巴赫瀑布与伦敦罪恶大王莫里亚克教授搏斗。为躲避莫里亚克余党的纠缠，福尔摩斯埋名隐姓浪游海外，足迹所至，包括中国的西藏、阿拉伯半岛和苏丹，后来又到法国南部研究化学。1894 年，福尔摩斯 40 岁时重出江湖，回到贝克街寓所。此后福尔摩斯的事业又出现了新的高潮，迭破大案奇案，名声远播欧洲大陆和北美。第一次世界大战前夕，还曾受英国政府之邀，破获德国间谍案。此后正式退休，并且不知所终。

福尔摩斯的探案故事很多，下面简要介绍几个有趣的故事：

《信鸽之迷》：莱斯特雷德警长发现多佛尔附近的一个养鸽人经常和法国加莱的一个鸽迷利用信鸽传递信息，他怀疑他们正在进行违法勾当，便邀请大名鼎鼎的福尔摩斯协助破案。福尔摩斯从每次放飞鸽子的数量中猜出他们可能正在进行一项走私活动。他亲自打下一只信鸽，对这些可能存在的证物进行仔细的检查。最后，他发现拴在信鸽身上的圆筒实际上就是他们要走私的黄金，而那些信件则隐含了这种交易的种种信息。

《巴斯克维尔的猎犬》：查尔斯爵士不幸在一个沼泽地中被袭身亡，人们都以为这是该家族传说中的“魔鬼猎犬”所为。因为查尔斯爵士无子，于是其继承人便落在二弟的儿子亨利爵士身上。福尔摩斯请华生陪同亨利一起前去调查，自己则偷偷地潜进这块沼泽地中并发现了隐藏猎犬的矿井废墟。最后，他发现原来查尔斯爵士家的邻居斯台普吞竟是其三弟在海外生下的私生子。为了谋夺查尔斯爵士的财产，斯台普吞企图利用古老的传说豢养猎犬杀害查尔斯爵士和其继承人，然后让自己以合法的身份来继承这一切。正当他决定对亨利痛下杀手时，福尔摩斯突然出现，用手枪结果了猎犬的性命，并将凶手赶进了预先为他人设置的沼泽坟墓。

阅读指导

在一般人看来，侦探小说绝对算不上是什么登大雅之堂的文学种类，但是当你

名家点评：

对于其艺术成就，英国著名小说家毛姆曾说：“和柯南道尔所写的《福尔摩斯探案集》相比，没有任何侦探小说曾享有那么大的声誉。”柯南道尔被称为“英国侦探小说之父”，成为世界畅销书作家之一。

柯南道尔刊登在《海滨杂志》上福尔摩斯系列作品中的一幅插图。图中为好奇、笨拙、好脾气的华生医生，左边是福尔摩斯。

阅读了柯南道尔所写的《福尔摩斯探案集》之后，也许你的看法就会改观。歇洛克·福尔摩斯从“出生”以来，就一直被读者当作活生生的人物，人们不仅为他建造“住宅”和纪念馆，甚至还往他的“住宅”——伦敦贝克街221号B不断地投送邮件。尽管福尔摩斯的创造者柯南道尔爵士在文学史上的地位，似乎还与文豪有一定的距离，但福尔摩斯在世界上的读者之多，却是一点都不逊色于任何作家的。

在世界文学史上，福尔摩斯的形象独一无二。这个清瘦的高个子苏格兰人，身披大氅，嘴衔烟斗，鹰鼻而目光锐利，手执司迪克，行动敏捷，出没在伦敦的码头或英格兰乡下夜雾笼罩的古堡，要么就在贝克街的寓所做化学实验或拉小提琴自娱。他的推理能力和破案能力高强，不仅使苏格兰的警探们甘拜下风，整个欧洲和北美洲的罪犯更对他闻风丧胆。在他身边是永远忠心耿耿的华生医生。他们两人的探案故事之所以能够如此吸引广大的读者，主要是因为作者善于制造悬念和紧张曲折的故事情节，让读者在阅读的过程中不知不觉地被小说所设置的惊险情节吸引，跟着主人公不断地寻求最终的答案，乃至没有结果誓不罢休。同时，福尔摩斯的高超本领并不是无中生有，也要经过不断的学习和研究，根据事物发展的内在逻辑去研判，因此读者很容易便相信福尔摩斯是社会现实中的一员。这是福尔摩斯探案故事能够吸引读者的内在文本因素。

此外，福尔摩斯探案的各种细节也在某种程度上反映了当时英国社会的现实状况，其中对于社会伦理道德的揭露很符合一般读者的阅读心理。而福尔摩斯的故事最终宣扬的都是善有善报、恶有恶报之类的思想，客观上也对种种犯罪问题和各种不人道、不道德的行为进行了间接的批判。这种论调很容易引起读者的共鸣，使得人们对于福尔摩斯这一具有正面人物形象的破案专家极为崇拜。这也是福尔摩斯探案故事之所以能够吸引读者的社会意义所在。

梦的解析 / 奥地利 / 弗洛伊德 / 精神分析学派的奠基之作

作者简介

弗洛伊德（1856 ~ 1939 年），奥地利精神病医生、精神分析学派的开山祖师。弗洛伊德出生于捷克的弗莱堡，其父是一个做羊毛生意的犹太商人，4 岁时，全家迁往维也纳。1873 年，17 岁的弗洛伊德进入维也纳大学学习医学。1861 年成为精神病学医生，此后不久开始从事精神分析研究。1885 ~ 1886 年间，先去巴黎向当时著名精神病专家沙可学习，后赴南锡参观催眠疗法。回到维也纳后，弗洛伊德认识到催眠疗法的局限性，1895 年后改用自己独创的精神分析法以挖掘患者遗忘了的观点和欲望。1895 年，与布罗伊尔合作发表《歇斯底里研究》。1896 年，弗洛伊德正式提出了精神分析的观念并创立了他的以潜意识为基本内容的精神分析理论。1908 年创办了维也纳精神分析学会，1910 年发展为国际精神分析学会。1909 年，弗洛伊德应美国克拉克大学校长、著名心理学家霍尔的邀请，赴美国参加该校 20 周年校庆纪念，发表了以精神分析的起源和发展为主题的演讲，在美国掀起了巨大的波澜。1910 年以后，美国报纸充满了论述弗洛伊德的文章。1930 年，弗洛伊德被授予歌德奖金，1936 年 80 寿辰时，荣膺英国皇家学会会员。纳粹德国 1938 年侵占了奥地利，大肆反犹，弗洛伊德作为犹太人在纳粹分子的威迫下，被迫离开维也纳去了伦敦，后来死于伦敦。他的主要著作有《歇斯底里研究》、《日常生活的精神分析》、《精神分析论》、《梦的解析》、《文明与其缺陷》等。

背景介绍

弗洛伊德在写此书前，不仅有了充分的思想准备，而且已搜集了大量资料。1896 年和 1897 年，他已经在维也纳犹太学术厅做了有关梦的演讲。1896 年 10 月，其父亲去世，促使他在先前的理论研究和医疗实践的基础上，开始进行自我分析，可以这样说，他父亲的去世是促使他进行自我分析的主要原因。

名著概要

《梦的解析》第一次告诉曾经无知和充满疑惑的人们：梦是一个人与自己内心的真实对话，是自己向自己学习的过程，是另外一次与你息息相关的人生。当你在最隐秘的梦境，你所看见、所感觉到的一切，你的呼吸、眼泪、痛苦以及欢乐，都并不是没有意义的。弗洛伊德在本书中还认为人在清醒的意识下面，还有一个潜在的心理活动在进行着，这种观点就是著名的潜意识论。全书分 7 章，其主要内容如下：

第一章为 1900 年以前有关梦的研究。着重介绍了关于梦的问题的文献资料，详尽地叙述了前人和当代人（与弗洛伊德同时代的）的有关梦的理论。1900 年以前，有关梦的经典理论都认为，梦是以象征的方式，表明已经发生或正在发生或将要发生的事物。弗洛伊德不同意这种理论，他认为，梦是做梦人在不清醒状态时的精神活动的延续，梦的内容多数是最近的以及孩提时代的资料。只要是外界给神经的刺激和肉体内部的刺激的强度足以引起心灵的注意，即可构成产生梦的出发点和梦的资料的核心，并按照“复现的原则”，使某种心灵上的印象得到重视。

第二章为梦的解析方法。这一章主要介绍了对一个具体的梦的分析方法、步骤和注意要点，并且着重分析了一个名叫伊玛的人关于打针的梦。一个人无法把整个梦的内容作为集中注意的对象，只能就每个小部分梦的内容进行一一解释。同样的一个梦对不同的人、不同的关联将有不同的意义。弗洛伊德认为，梦是一大堆心理元素的堆砌物。

施温德的《囚犯之梦》刻画了在狱中的囚犯因不能出狱而只能通过幻想来满足自己的情景，弗洛伊德视之为“欲望实现”。

第三章为梦是愿望的达成。在这一部分中，弗洛伊德提出了他关于梦是人欲望满足的学说：梦在一定程度上满足了本能欲望，缓和了冲动；又不唤起检查机制的警觉，从而保护了睡眠。弗洛伊德从梦是人主观心灵的动作这一前提出发，肯定所有的梦都是以自我为中心并都与自我有关，即使自己不在梦里出现，那只是利用“自居作用”隐藏在他人的背后。从每一个梦中，都可以找到梦者所爱的自我，并且都表现着自我的愿望。

第四章为梦的改装或梦的伪装。弗洛伊德认为，潜意识中的本能冲动（性欲冲动）趁人睡眠时以伪装的方式骗过了所有松懈的心理检查机制而得以表现，就构成了梦境。愉快的、欢乐的、幸福的梦是欲望的达成；不愉快的甚至痛苦的、悲惨的梦都不外乎是欲望的一种“变相的改装”。梦是一种被压抑的、被抑制的欲望经过改装的满足。为了说明梦的变相改装，弗洛伊德提出了两种科学假设：第一个是在梦中表现出欲望的内容，而第二个却扮演着检查者的角色，而形成了梦的“改装”。

第五章为梦的材料与来源。本章介绍了梦中的最近印象以及无甚关系的印象，如孩提时期经验形成梦的来源，一些典型的梦，诸如尴尬的裸体的梦、亲友之死的梦、考试的梦等。弗洛伊德把梦中所叙述的事物称作“梦的外显内容”；把他认为体现着欲望，而只能通过意念的分析才能达到的隐藏的东西，称为“梦的内隐的思想”。梦的来源有 4 种可能：一是它也许在白天即受到了刺激，不过却因为外在的理由无法满足；二是也许源于白天，但却遭受排斥；三是也许和白天全然无关，它是一些受到潜抑制，并且只有在夜间才有活动的愿望；四是晚间随时产生的欲望冲动（比如口渴或性的要求等）。

第六章为梦的运作或梦的工作。梦境有显梦和隐梦两个层次，显梦是梦的表面情节，其内容可以回忆起来；隐梦则是要通过显梦表现的本能欲望。隐梦转换成显梦是靠梦的运作机制。这一章是篇幅最长的，着重介绍了梦的凝缩作用、梦的转移作用、梦的表现发生方式、梦材料的表现力、梦的象征、梦中的感情和梦中的理智活动，以及一些荒谬的梦、算术及演说的梦等等。梦的表现形式于运作机制主要反映在以下 4 个方面：一是凝缩；二是移置；三是象征；四是“二次校正”。

第七章为梦的程序的心理。这一章为总结性理论部分，也是本书最晦涩、最抽象的一个部分。它依次分析了梦的遗忘、愿望达成，由梦中惊醒到梦的功能和焦虑的梦，原本的与续发的步骤——潜抑制、潜意识与意识的现实等现象和理论。

阅读指导

《梦的解析》是弗洛伊德的代表作，也是精神分析的奠基作，同时也可以被看作是 20 世纪人文社会科学最重要的经典之作，曾被西方许多学者看作是一本震撼世界的书。这部著作不只解析了梦，更重要的是阐述了弗洛伊德心理学理论基础，解释了心理疾病的发病原理，解释了人们日常生活中各种心理行为，这对医学有深远的影响。

童年 / 苏联 / 高尔基 / 不朽的自传体小说

背景介绍

高尔基5岁丧父，10岁丧母，后靠自己努力学习奋斗成为苏联伟大的文学家。包括《童年》在内的自传体三部曲就是作者在列宁的鼓励下写成的。有关高尔基的出生和童年的生活状况，作者自己曾经这样描绘："我于1868年或1869年3月14日出生在下诺夫戈罗德的染匠瓦西里·瓦西里耶维奇·卡希林的家里，母亲是他的女儿瓦尔瓦拉，父亲是彼尔姆的一名小市民，他名叫马克西姆·萨瓦季耶夫·彼什科夫，职业是装裱工。从那时起，我就光荣而清白地享有油漆业行会成员的称号。我5岁丧父，母亲死在库拉文纳村。母亲去世后，外祖父把我送进鞋店当学徒。9岁，外祖父就用《圣经集》和《日课经》教我认字。我不想干修鞋做靴这种活计，终于逃跑了，后来又到绘画师那里当学徒，我还是溜之大吉了。不久，我进了画圣像的作坊，后来又到轮船上当伙夫，后来还帮花匠打杂。在15岁前，我就靠干这些活计维持生活。我酷爱书籍，经常读一些不知名作者的古典作品，如《古阿克——一名无可战胜的忠诚者》、《无畏的安德烈》、《亚潘恰》、《致人死命的亚什卡》等书。"这段叙述可以帮助我们更好地阅读《童年》这部自传体小说，从而对高尔基的童年及其成长过程有一个更为清晰的了解。

名著概要

《童年》与其续篇《在人间》、《我的大学》共同构成了高尔基自传体小说三部曲，《童年》是首篇。在这部小说中，描写的是作者10岁以前的童年时代的生活。书中记叙了主人公成长、生活的历程，描写了那令人窒息的、充满可怕景象的狭小天地。

阿辽沙的记忆始于为他而死去的父亲。当他还只有5岁时，父亲就死了，于是母亲带着他投奔到外祖父家跟着他们过着贫寒艰苦的童年生活。外祖父有着矛盾复杂的性格，他的内心有善良的一面，但对于金钱的贪婪腐蚀了他的灵魂，因此变得极为暴躁和吝啬。在这冷冰冰的世界里，只有曾是织花边女工的外祖母庇护、关心着他，给予他无限的温情，并对他进行了有益的教导。

在这个日渐衰微的小家庭中，阿辽沙常常陷入凶狠的争吵和斗殴中。外祖父开设了一个染坊，成为家庭经济的主要来源。两个舅舅为了争夺家产，互相斗殴。他

影片《高尔基的童年时代》据《童年》改编，图为电影剧照。

们甚至还以愚弄弱者、毒打儿童为乐。因此在小阿辽沙的心目中，在这里每天看到的都是令人作呕的“铅一样沉重的丑事”。在一天深夜，米海勒舅舅因分家不成，就放火烧掉染坊。破产的外祖父草草地给他们分了家，自己另买了一座房子搬了过去。外祖父因为家道中落而变得更加吝啬，最后竟然狠心把外祖母也赶出家门让其自谋生路。

可怜的母亲在这个家庭中成为多余人，她迫于生计只好再嫁。但好赌的继父对阿辽沙很不好，他最终又被继父赶回到外祖父家中。阿辽沙不忍再让外祖母来养活他，就同孩子们一起捡破烂度日。在该书的结尾，可怜的母亲受尽了折磨离开了人间，而阿辽沙也不得不离开家，到“人间”去谋生。

阅读指导

《童年》、《在人间》、《我的大学》这三部曲不啻是高尔基这位伟大作家的生平自述，而且也是一部卓越的艺术珍品。它是高尔基根据自己的生活道路，对俄罗斯19世纪七八十年代的社会生活所描绘的一幅多彩的时代历史画卷。作品的主人公阿辽沙就是作家本人。这一形象不仅是高尔基早年生活的写照，同时也是俄国劳动人民经过艰苦复杂的磨练后走向新生活道路的具有概括性意义的艺术典型。

许多人都指出，三部曲的基本主题就是阿辽沙的成长。但在《童年》这本书中，主要反映的还是生活的苦难。作者为我们描绘了一幅幅真实的生活画卷，这里活跃着一大批生活在俄罗斯最底层的市民，他们的庸俗、自私、无奈、怀疑、亵渎和无尽的苦难使无数的读者为之感到唏嘘和叹息，甚至连亲人之间，也经常因为利益的冲突而尔虞我诈，你争我夺，寸步不让，因而人物显得真实而丰满。而外祖母的形象则是仁慈和希望的代表，也是该书的亮点之一。作品中刻意渲染的这种祖孙之情正是阿辽沙得以度过人生的苦难并勇敢地生活下去的精神来源。同时也向我们暗示，主人公的性格正是在铅一样的生活的重压下，在同无尽的苦难和恶势力的顽强斗争中，在接受和认识现实中所有美好事物的过程中，逐渐地形成并发展起来的。这样的成长过程，从某种程度上来说，也可以算得上是俄罗斯一代新人成长经历的缩影。

欧·亨利短篇小说选 / 美国 / 欧·亨利 / 美国生活的幽默百科全书

作者简介

欧·亨利（1862 ~ 1910年），出生于美国北卡罗来纳州格林斯波罗镇一个医师家庭。他的一生极富传奇色彩，当过药房学徒、牧牛人、会计员、土地局办事员、新闻记者、银行出纳员。在他任银行出纳员时，银行短缺了一笔现金，为避免审讯，他离家流亡到中美的洪都拉斯。后因回家探视病危的妻子被捕入狱，在监狱医务室任药剂师。他在银行工作时，曾有过写作的经历，担任监狱医务室的药剂师后开始进行写作。1901年提前获释后，迁居纽约，专门从事写作。代表作有小说集《白菜与国王》、《四百万》、《命运之路》等。其中一些名篇如《爱的牺牲》、《警察与赞美诗》、《带家具出租的房间》、《麦琪的礼物》、《最后一片长春藤叶》等使他获得了世界声誉。

欧·亨利像

背景介绍

1887年，欧·亨利与阿索尔·埃斯蒂斯成婚，生活本应渐入坦途，不料在奥斯汀银行工作期间因涉嫌贪污而不得不只身流浪中美洲的洪都拉斯。1896年妻子病重，欧·亨利冒险回国探望，不幸于1897年4月被捕入狱，妻子于同年夏去世。欧·亨利在狱中开始认真写作，以稿酬补贴狱外女儿的生活费用。他于1901年出狱，1902年迁居纽约专门从事写作，但在创作盛年却病逝了。欧·亨利善于描写美国社会尤其是纽约百姓的生活。他的作品构思新颖，语言诙谐，结局常常出人意外；又因描写了众多的人物，富于生活情趣，被誉为“美国生活的幽默百科全书”。

名著概要

欧·亨利一生写出了无数脍炙人口的短篇小说，收录在《四百万》、《西部的心》、《善良的骗子》、《剪亮的灯盏》等集子中。其中《麦琪的礼物》、《警察与赞美诗》、《最后一片长春藤叶》等极为出名。

《麦琪的礼物》写杰姆与妻子德拉生活困窘，但两人情深意笃。圣诞节前夕，他们私下为购买赠送对方的礼物而卖掉了自己最心爱的东西：妻子德拉卖掉了她引以为荣的美丽长发，给丈夫买了一条白金表链，以便让他能够在众人面前自豪地拿出祖传的金表；丈夫为给妻子瀑布一样的长发买一套相衬的发梳，卖掉了祖传三代的金表。等到他们圣诞夜互送礼物时，才发现各自为对方做出了最大的牺牲。故事的结局是出人意料的，但却感人至深。夫妻之间的相濡以沫，就是体现在这些方面。

《警察与赞美诗》是欧·亨利的代表作之一，故事中主人公苏比为了被关进监狱，以度过难熬的冬天。他在大街上一连6次惹是生非，去饭店白吃、抢人家的雨伞、砸碎橱窗玻璃甚至召妓等，但这些故意犯罪行为并没有将他送入监狱。后来他来到了一座教堂前，听着教堂里传来的音乐，他想起了自己的一生：从小生活在底层社会，由于懒惰，生活越来越差。优美的圣乐点燃了他的自信和尊严，他觉得再也不能那样窝囊地活着了。就在他准备悬崖勒马、改邪归正的时候，警察出现了，认为他行为不轨，将他逮捕送到了监狱里。这种出人意料、却又在情理之中的结果，意味深长地突出了苏比的愿望与现实的矛盾，从而更深刻地揭露了当时美国社会上一些不合理的现象，使人们认识到这个世界的荒谬和不可理喻。

《最后一片长春藤叶》讲的是一个关于生命本身的故事。苏艾和琼珊住在华盛顿广场西面，这儿住着许多像她们一样的穷艺术家。琼珊得了肺炎，她认为自己快死了。她对苏艾说，当窗外最后一片长春藤叶掉下的时候就是她死去的时候。苏艾竭尽全力，希望鼓起她生存的意志，并把此事告诉了她们楼下的一位老画家贝尔门。这位老画家已执笔40年了，可他口中所说的杰作仍未问世。一天又一天风吹雨落的日子过去了，可那最后的一片藤叶总是顽强的挂在枝上，琼珊从这片不落的叶子上重新找回了生存的勇气和希望，渐渐康复了。可贝尔门却染上肺炎去世了，原来是

名家点评：

欧·亨利的主人公们生活得都很苦。所以女人渴望嫁个大富翁，男人希望找个富婆。想要过上舒心的日子是无可非议的，更何况他们还总是那样善良、那样多情。因而他们也有他们的可爱。他们那不因困窘而失的人性温情仿佛那废墟上的一朵百合，那是困境中的希望，那是悲苦的人们继续生存下去的理由。

——高尔基

他冒着风雪在对面墙上画下了那片永不凋落的藤叶。他终于用生命画出了他一生中的杰作。

阅读指导

欧·亨利的小说在结尾的处理上十分个人化，他常常在文章情节结尾时突然让人物的心理情境发生出人意料的变化，或使主人公命运陡然逆转，出现意想不到的结果，但又在情理之中，符合生活实际，从而揭示出故事的全部意义和人物性格的全部真实，造成独特的艺术魅力。这便是著名的“欧·亨利式结局”。

贝多芬传 / 法国 / 罗曼·罗兰 / 世界名人传记的经典之作

作者简介

罗曼·罗兰（1866 ~ 1944 年），法国作家、音乐评论家，生于法国中部高原上的小市镇克拉姆西。15 岁时，随父母迁居巴黎。1899 年，罗曼·罗兰毕业于法国巴黎高等师范学校，其后入罗马法国考古学校当研究生。归国后在巴黎高等师范学校和巴黎大学讲授艺术史，并从事文艺创作。这时期他写了 7 个剧本，以历史上的英雄事件为题材，试图以“革命戏剧”对抗陈腐的戏剧艺术。

罗曼·罗兰像

20 世纪初，他的创作进入一个崭新的阶段，他连续写了几部名人传记：《贝多芬传》（1903）、《米开朗基罗传》（1906）和《托尔斯泰传》（1911）等，同时发表了他的长篇小说杰作《约翰·克利斯朵夫》。该小说于 1913 年获法兰西学院文学奖金，并使他于 1915 年荣获诺贝尔文学奖。由此，罗曼·罗兰被认为是法国当代重要的作家之一。

两次大战之间，罗曼·罗兰的创作又一次达到高潮。1919 年发表了中篇小说《哥拉·布勒尼翁》，1920年发表了两部反战小说《格莱昂波》和《皮埃尔和吕丝》，1922～1933年又发表了另一部代表作《欣说的灵魂》。这一时期还发表了音乐理论和音乐史的重要著作7卷本《贝多芬的伟大创作时期》（1928～1943），此外还发表过诗歌、文学评论、日记、回忆录等各种体裁的作品。

罗曼·罗兰不仅是一个有广泛国际影响的作家，也是著名的社会活动家，一生为争取人类自由、民主与光明进行了不屈的斗争。

背景介绍

罗兰五六岁时，就从家庭方面受到音乐的熏陶，认识到贝多芬的伟大，这对于他日后思想的形成与才能的发展有很大的影响。青年时代，罗兰曾受到18世纪启蒙思想的影响，向往法国资产阶级革命；同时他对巴黎公社表示出崇敬的感情。他还接受了法国民主主义文化的优秀传统，对法国资本主义社会的丑恶现实深恶痛绝。20世纪初，罗兰感于世风日趋颓靡，于是把变革现实的希望寄托于"英雄"人物的力量，他先后写了《贝多芬传》、《米开朗基罗传》、《托尔斯泰传》等。在这些传记里，作者极力颂扬他们渴望自由、主持正义的精神，赞美他们以造福人类为己任、为坚持真理和信仰而受苦受难的钢铁般的意志。

名著概要

贝多芬出生于一个贫寒的家庭，他的父亲是歌剧演员，性格粗鲁，酗酒，母亲是个女仆。小贝多芬从小就被剥夺了学习、休息和娱乐的时间，被强迫没完没了地练习钢琴和小提琴。1787年，贝多芬前往维也纳拜他仰慕已久的偶像莫扎特为师。可惜，因为母亲病逝，贝多芬在维也纳的学习时光很快就中断了。过度悲痛使他接二连三地得了几场大病，其中一次是出天花，永远地毁了他的容貌，甚至听觉也越来越衰退。1801年，他爱上了一位名叫朱丽埃塔的姑娘，但由于贝多芬的耳聋，两年后这位姑娘嫁给了一个伯爵。肉体与精神的双重折磨，都反映在他这一时期的《幻想奏鸣曲》和《克勒策奏鸣曲》等作品中。

当席卷欧洲的革命浪潮波及维也纳时，贝多芬的情绪开始高涨，创作了不朽名作《英雄交响曲》和《热情奏鸣曲》。1806年5月，贝多芬与布伦瑞克小姐订婚，但幸福又一次把他遗弃，未婚妻和另外的人结婚了。这时贝多芬正处于创作的极盛时期，他将一切都置之度外，专心于他的音乐事业。他获得了荣誉，但是经济的困窘、亲朋好友的离散和耳朵的完全失聪也接踵而来。面对生活苦难，似乎已经没有什么能使贝多芬屈服，他以自己的创作风格扭转了维也纳当时轻浮的作风。

1824年的一天，《第九交响曲》在维也纳首场公开演出，贝多芬亲自担任指挥，这是他最后一次出现在广大听众面前，演出获得了巨大的成功。为了达到完美的境界，贝多芬的创作之路持续了 35 年之久。

阅读指导

该书是以“传记”的形式写作的，作者以敏锐的观察、引人入胜的文笔描绘了这位著名音乐家的一生。全书开篇，作者首先细致地描绘了贝多芬慑人心魄的外貌与神情，然后按照时间的先后顺序记叙了贝多芬一生所经历的重大事件。

他把贝多芬的一生主要分为 5 个阶段：1770 ~ 1789 年的学习阶段，1789 ~ 1805 年的愁苦阶段，1806 ~ 1810 年的最幸福时光，1811 ~ 1814 年是贝多芬命运的顶点，而他生命的最后 10 年则是最悲惨的时期。这 5 个时期的不同经历与遭遇影响着贝多芬的思想和情感，使他创作出各种不同的作品。

吉檀迦利 / 印度 / 泰戈尔 / 东方宗教的神圣赞歌

作者简介

泰戈尔（1861 ~ 1941 年），印度著名的诗人、小说家、艺术家、社会活动家。生于加尔各答市一个具有深厚文化教养的家庭，属于婆罗门种姓，父亲是著名的宗教改革家和社会活动家，6 个哥哥也均献身于社会改革和文艺复兴运动。泰戈尔没有受过多少正规教育，学问主要是靠家庭聘用教师以严格教育和自学获得。但童年时代即崭露才华，14 岁即发表第一首长诗《野花》。1878 年去英国学法律，后转入伦敦大学攻读英国文学。

泰戈尔像

1880 年回国，同年成为职业作家。此后创办过一所学校，并参加过反英人民运动。1913 年，以宗教抒情诗集《吉檀迦利》荣膺诺贝尔文学奖。

1941年8月7日，泰戈尔于加尔各答祖宅中去世。

泰戈尔一生共创作了两千多首诗歌，五十多部诗集，十二中、长篇小说，一百余篇短篇小说，二十余种戏剧，还有大量有关文学、哲学、政治的论著和游记、书简等。其重要诗作有诗集《故事诗集》（1900）、《吉檀迦利》（1910）、《新月集》（1913）、《飞鸟集》（1916）、《边缘集》（1938）、《生辰集》（1941）；重要小说有短篇《还债》（1891）、《人是活着，还是死了？》（1892）、《摩诃摩耶》（1892）、《弃绝》（1893）、《素芭》（1893）、《太阳与乌云》（1894），中篇《四个人》（1916），长篇《沉船》（1906）、《戈拉》（1910）、《家庭与世界》（1916）、《两姐妹》（1932）；重要剧作有《顽固堡垒》（1911）、《摩克多塔拉》（1925）、《人红夹竹桃》（1926）；重要散文有《死亡的贸易》（1881）、《中国的谈话》（1924）、《俄罗斯书简》（1931）等。

背景介绍

作为东方世界第一位获得诺贝尔文学奖的得主，泰戈尔的成功既得益于其自身非凡的艺术才华，也得益于众多艺术名家的督促与引荐。1910年，泰戈尔发表了孟加拉语诗集《吉檀迦利》，这是一本充满自然景观细节描述的诗集。诗集发表之后，威廉·罗森斯坦，一位在伦敦组织印度社团的年轻画家，碰巧于1911年去印度旅行，并顺道拜访了泰戈尔。他发现了《吉檀迦利》的不凡价值，督促泰戈尔尽快将它翻译成英文出版。1912年，泰戈尔访问了美国和英格兰。那一年，在罗森斯坦的努力下，印度社团发表了泰戈尔译诗的自编版《歌曲献礼》。同时，泰戈尔的作品也引起了著名诗人叶芝的注意。这位神秘主义诗人将泰戈尔的诗歌介绍给颇有影响力的评论家和作家厄内斯特·赖斯，后者发表了有关这部诗集的评论，使得作者的名声传到了美国。

在读者和艺术同行们的大力宣扬和支持下，泰戈尔于1913年顺利获得诺贝尔奖。此后，其他各种荣誉奖也接踵而来。1915年，英国殖民政府授予他爵士称号。但泰戈尔并未满足于此，他的一生都在力图使他的作品成为东西方文化交流的中介，为东西文化交流尤其是让西方世界了解东方做出了巨大的贡献。

名著概要

“吉檀迦利”意即献给神的诗，因此这部诗集实际上是一部宗教颂神诗。诗集的主题是敬仰神，渴求与神的结合等等。诗人在作品中不仅表现了自己对于神的虔诚，也反映了诗人希望通过与神的交流来达到认识人生的目的。此外，诗中也有一些作品对大自然进行了精美的描绘。这部诗集发表于1910年，共收诗歌103首，是泰戈尔著名的诗集之一。下面简单向读者介绍其中的两首诗歌，读者可以从中略微窥见泰戈尔诗作的艺术魅力：

一

你已经使我永生，这样做是你的快乐。这脆薄的杯儿，你不断地把它倒空，又不断地以新生命来充满。

这小小的苇笛，你携带着它逾山越谷，从笛管里吹出永新的音乐。

在你双手的不朽的按抚下，我的小小的心，消融在无边快乐之中，发出不可言说的词调。

你的无穷的赐予只倾入我小小的手里。时代过去了，你还在倾注，而我的手里还有余量待充满。

二

请容我懈怠一会儿，来坐在你的身旁。我手边的工作等一下子再去完成。

不在你的面前，我的心就不知道什么是安逸和休息，我的工作变成了无边的劳役，海中的无尽的劳役。

今天，炎暑来到我的窗前，轻嘘微语；群蜂在花树的宫廷中尽情弹唱。

这正是应该静坐的时光，和你相对，在这静寂和无边的闲暇里唱出生命的献歌。

阅读指导

《吉檀迦利》是泰戈尔众多孟加拉语诗歌的汇集。泰戈尔自己从几个孟加拉语诗集中选择了一百多首诗歌，翻译成英语，取名《吉檀迦利》。由于是专门向西方读者介绍他的作品，在翻译过程中他考虑到西方读者的审美趣味，所选择的都是侧重表现人性、爱情、母爱，以及充盈他哲学思想的神秘主义作品，给人以朦胧的难以言传的美感。这类光风霁月的诗歌，总体来看反映了东方人的审美趣味，同时其略带神秘主义的倾向也使得西方世界大开眼界。

《吉檀迦利》是一部颂神诗，由于这部诗集的宗教色彩比较浓厚，因此其中的很多作品看起来都像是哲理诗，这种倾向甚至影响到这部作品中的很多描写大自然的诗歌。这是由作者的泛神论思想决定的，同时与印度的民间宗教传统和古老的文化也有密切的关系。在诗人

《吉檀迦利》书影（冰心翻译）

的心目中，大自然的美景就是神创造的，是神的化身，因此它们与神应该占有同样崇高的地位。此外，这部作品虽然是一首颂神诗，但它的内容和现实也是紧密结合的，表达了诗人对人生理想的追求和探索。诗人一再在诗中表达出对于贫苦劳众的同情，这与作者本人的博爱思想和人道主义精神是相符的。

从艺术上看，泰戈尔的作品常常富有激情，诗人通常会在诗歌中注重自我的表达，使得这部作品具有非常浓厚的浪漫主义色彩。从题材上看，诗人将神秘主义宗教引入到诗歌作品中，使这一古老艺术题材焕发出新的青春，这对于西方艺术家的影响是非常巨大的。此外，泰戈尔的诗歌作品具有形式美和韵律美的典型特征，即使是中文的译文也会传达出不朽的艺术魅力，的确不愧为一部顶尖的艺术杰作。